경제의 책

THE ECONOMICS BOOK

경제의 책

THE
ECONOMICS
BOOK

DK | 지식갤러리
KNOWLEDGE GALLERY

A WORLD OF IDEAS:
SEE ALL THERE IS TO KNOW

www.dk.com

경제의 책

초판1쇄 발행 2013년 3월 15일
초판4쇄 발행 2019년 6월 27일

편저자 | 니알 키시다이니 외
옮긴이 | 권지은, 이시은, 이경희

발행인 | 노승권
주소 | (10881)경기도 파주시 회동길 354
전화 | 031-870-1063(편집), 031-870-1054(마케팅)
팩스 | 031-870-1098
발행처 | (사)한국물가정보
등록 | 1980년 3월 29일
이메일 | chyungim@naver.com
홈페이지 | www.daybybook.com

값은 뒤표지에 있습니다.

지식갤러리, 라이프맵, 마레, 비즈니스맵, 생각연구소, 스타일북스,
책읽는수요일은 KPI출판그룹의 단행본 브랜드입니다.

CONTRIBUTORS 편저자

니알 키시타이니 *Niall Kishtainy*

니알 키시타이니는 런던경제대학(London School of Economics)에서 학생들을 가르치고 경제사와 경제발전학을 전공했다. 그는 세계은행과 국제연합 아프리카 경제위원회(United Nations Economic Commission for Africa)에서 활동한다.

크리스토퍼 월리스 *Christopher Wallace*

크리스토퍼 월리스는 영국의 명망 있는 콜체스터 왕실 문법학교(Colchester Royal Grammar School)의 경제학 학장이다. 그는 25년 이상 경제학을 가르쳐왔다.

존 판던 *John Farndon*

존 판던은 런던 기반의 저술가로, 중국과 인도의 급성장하는 경제를 개관하는 등 현대의 쟁점과 관념의 역사에 관한 많은 저서들을 펴냈다.

마커스 윅스 *Marcus Weeks*

마커스 윅스는 철학을 전공했고 저술가로 활동하기 이전에 교사로 일했다. 그는 예술과 대중 과학에 관한 많은 저서들을 펴냈다.

제임스 미드웨이 *James Meadway*

영국의 경제학자 제임스 미드웨이는 영국의 한 두뇌 집단인 신경제 재단(New Economics Foundation)에서 일한다. 그는 또한 영국 재무부(UK Treasury)의 정책 자문관으로 활동한다.

프랭크 케네디 *Frank Kennedy*

프랭크 케네디는 시티 오브 런던(City of London)의 투자은행에서 자본시장의 최고 투자분석가와 상무이사로 25년간 일했다. 그곳에서 그는 여러 금융기관들을 위한 자문 역할을 하는 한 유럽 팀을 이끌었다. 그는 현재 런던경제대학에서 경제사를 공부하고 있다.

조지 애보트 *George Abbot*

조지 애보트는 영국의 경제학자로, 2012년에 미국 대통령 버락 오바마(Barack Obama)의 재선거 캠페인에서 일했다. 그는 이전에 〈플랜 B : 새로운 사회를 위한 새로운 경제 *Plan B : A New Economy for a New Society*〉와 같은 전략적 문서에 관해 영향력 있는 영국의 두뇌 집단인 콤파스(Compass)와 함께 일했다.

CONTENTS

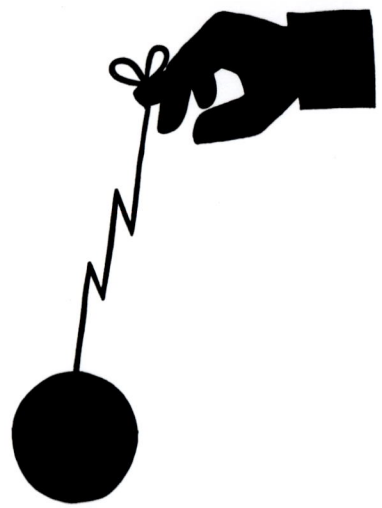

산업 및 경제 혁명
서기 1820~1929년

전쟁과 대공황
서기 1929~1945년

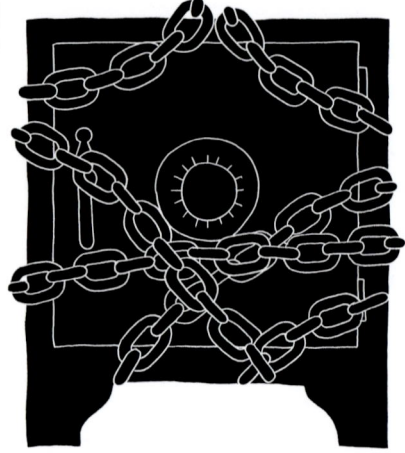

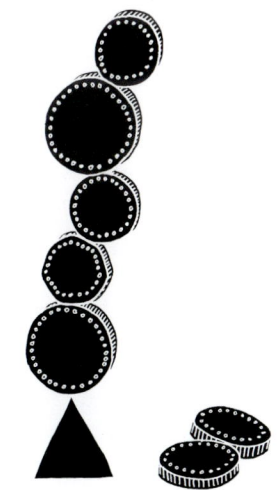

INTRODU

CTION

이 책을 읽기 전에

경제학에 관해 매우 많은 것을 알고 있다고 주장하는 사람은 거의 없다. 아마도 경제학이 일상생활과 거의 관련이 없는 복잡하고 소수만 이해하는 주제로 인식되기 때문일 것이다. 또한 경제학은 일반적으로 비즈니스, 금융, 정부 등의 분야에서 활동하는 전문가들의 전유물로 인식되었다. 하지만 우리는 대부분 부(富)와 행복에 미치는 경제학의 영향력을 강력하게 인식하고 있으며 또한 생계비, 세금, 정부 지출 등의 상승에 대한 여러 견해들(흔히 매우 강력한 견해들)을 지닐 수 있다. 때로는 이런 견해들이 뉴스의 어떤 항목에 직접 반응하는 형태로 나타나기도 하

경제학의 희망과 신뢰는
위대한 과학적 허세와 존경의 깊은
욕구와 동시에 공존한다.
존 케네스 갤브레이스

지만, 흔히 직장이나 식탁에서 토론의 주제가 되기도 한다. 따라서 어느 정도 우리는 모두 경제학에 관심을 가진다고 할 수 있다. 우리가 그 견해들을 정당화하는데 사용하는 주장은 일반적으로 경제학자들이 사용하는 주장과 같기 때문에 경제학자들의 더 나은 이론 지식으로 우리는 일상의 삶에서 접할 수 있는 경제 원칙을 더 잘 이해할 수 있다.

뉴스 속 경제학

오늘날 명백한 경제적 혼란의 세계로 인해 그 어느 때보다 경제학에 관해 배우는 것이 중요한 것처럼 보인다. 경제 뉴스는 이제 신문에서 별도의 한 부문을 차지하거나 텔레비전 뉴스의 작은 일부를 구성하는 것이 아니라 규칙적으로 헤드라인을 차지한다. 1997년 초에 미국 공화당 진영의 전략가 로버트 티터(Robert Teeter)는 경제의 그 지배력을 이렇게 지적했다. "텔레비전 방송에서 정치학 요소가 줄어든 것을 보라, 그리고 투표율이 감소한 것을 보라, 이제 한 나라를 움직이는 것은 정치학이 아니라 경제학과 경제 뉴스이다."

하지만 실업과 인플레이션, 주식시장 위기, 무역 적자 등이 늘어나는 소식을 들을 때 우리는 과연 얼마나 이해하고 있는

것일까? 우리는 경제난에 허리를 졸라매거나 더 많은 세금을 내야 할 때 그 이유를 알고 있는가? 그리고 우리가 위험을 감수하는 은행들과 대기업들에게 휘둘리는 것처럼 보일 때 그들이 얼마나 강력해졌는지 알고 있는가? 또는 그들이 처음부터 계속해서 존재하는 이유를 이해하고 있는가? 경제학 분야는 이 같은 문제의 핵심에 있다.

경영의 연구

우리 모두에게 영향을 주는 많은 쟁점에 대한 경제학의 중요성과 중심적 역할에도 불구하고 학문으로서의 경제학은 흔히 의심을 품게 된다. 일반적인 개념으로 보면 경제학은 통계, 그래프, 공식 등에 의존하므로 딱딱하고 학구적인 것이다. 19세기 스코틀랜드의 역사가 토머스 칼라일은 경제학을 '음울한 학문(dismal science)', 즉 "음침하고, 황량한 것이며, 사실상 참으로 절망적이며 고통스러운 것"이라고 묘사했다. 또 다른 일반적인 오해는 경제학을 '돈에 관한 모든 것'으로 여기는 것인데, 이는 어느 정도의 진리를 포함하지만 결코 전체적인 상황은 아니다.

그렇다면, 경제학은 무엇에 관한 것일까? 경제라는 말은 '가정 경영(household management)'이라는 의미의 그리스어 오이

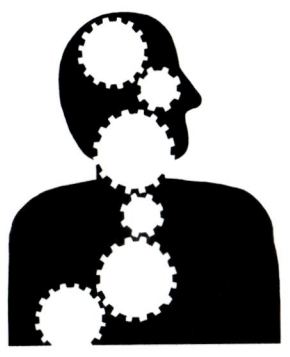

코노미아(Oikonomia)에서 유래된 것이다. 그리고 이것이 자원을 관리하는 방법의 연구를 의미하게 되었는데, 좀 더 구체적으로 말하면 생산과 재화 및 서비스의 교환을 말한다. 물론 재화를 만들고 서비스를 제공하는 일은 문명만큼이나 오래된 것이지만 그 과정이 실제로 얼마나 효과가 있는지에 관한 연구는 비교적 최근의 일이다. 이는 오직 점차적으로 발전했다. 철학자와 정치가들이 고대 그리스 시대 이후 경제 문제에 관해 그들의 견해를 표현했지만 경제에 관한 주제를 연구한 최초의 진정한 경제학자들은 18세기 말이 되어서야 나타났다. 당시의 경제에 관한 연구는 '정치경제학'으로 알려지게 되었고 정치철학의 한 분야로 나타났다. 하지만 그 이론들을 연구하는 사람들은 점차 그것이 독자적인 한 학문으로 구분되어야 한다고 느꼈고 곧 그것을 '경제적 학문(economic science)'으로 언급하기 시작했다. 이는 이후 '경제학(economics)'이라는 말로 축약되면서 널리 알려지게 되었다.

소프트 사이언스

경제학은 하나의 학문인가? 19세기 경제학자들은 분명히 그렇게 생각하기를 좋아했고 칼라일은 경제를 음침한 것으로 여겼지만 그조차도 경제를 학문이라는 꼬리표를 붙이며 중요한 것처럼 보이게 만들었다. 대부분의 경제학 이론은 수학과 물리학('economics'의 끝의 'ics'는 경제학에 과학적인 전문성을 부여하는 데 일조했다)까지 본떠서 만들어졌다. 그리고 이는 과학자들이 자연현상을 근본으로 하는 물리학 법칙들을 발견했던 것과 똑같은 방법으로 경제가 이루어지는 방식을 통제하는 법칙을 결정하려고 했다. 하지만 경제는 인공적인 것이며 경제 내에서 행동하는 인간의 이성적이거나 비이성적인 행동에 의존하기 때문

경제학의 첫 번째 교훈은 희소성이다.
경제에서 사람들을 모두 만족시킬 만한
것은 존재하지 않는다.
정치학의 첫 번째 교훈은 경제학의
첫 번째 교훈을 무시하는 것이다.
토마스 소웰

에 하나의 학문으로서의 경제학은 심리학, 사회학, 정치학 등의 '소프트 사이언스(soft sciences)'와 공통점이 더 많다.

경제학은 영국의 경제학자 라이오넬 로빈스(Lionel Robbins)에 의해 가장 명확해졌을 것이다. 1932년 그는 『경제학의 본질과 의의』라는 저서에서 경제학을 "인간의 선택에서 목적과 희소한 자원 간의 관계를 통해 인간의 행동을 연구하는 학문"이라고 설명했다. 이 넓은 정의는 오늘날 계속해서 가장 널리 사용되고 있는 것이다. 하지만 경제학과 다른 학문 간의 가장 중요한 차이는 경제학을 조사하는 체계가 유동적이라는 데 있다. 경제학자들은 경제와 그 역할을 평가하고 설명하는 것뿐만 아니라 경제가 어떻게 형성되어야 하는지, 또는 어떻게 향상되어야 하는지를 제안할 수 있다.

최초의 경제학자들

현대 경제학은 18세기에 하나의 뚜렷한 학문 분야로 나타났는데, 특히 스코틀랜드 출신의 위대한 사상가 애덤 스미스가 1776년에 저술한 『국부론』의 출간과 함께 나타났다. 하지만 경제학 주제에 대한 관심을 부추긴 것은 경제학자들의 저서들이라기보다 산업혁명의 도래로 이루어진 경제 자체의 거대한 변화였다. 이전의 사상가들은

도덕적, 정치적 철학의 문제로 야기된 문제점들을 다루면서 사회 내에서의 재화와 서비스의 관리에 대해 언급했다. 하지만 공장과 제품의 대량 생산자들의 출현으로 더 큰 정황을 살펴보는 경제 조직의 새로운 시대가 되었다. 이는 말하자면 시장경제의 시작이었다.

스미스는 그 새로운 체제의 분석으로 경쟁시장이라는 포괄적인 설명과 함께 기준을 정했다. 그리고 그는 '보이지 않는 손'이 시장을 이끈다고 주장했다. 그곳에서 이익을 추구하는 개개인들의 합리적 행동이 궁극적으로 더 넓은 사회에 정확히 필요한 것을 제공한다는 것이다. 스미스는 철학자였고 그의 책의 주제는 '정치적 경제'였다. 이는 정치, 역사, 철학, 인류학 등을 포함하기 위해 경제학의 범위 이상으로 확대된 것이다. 스미스 이후 새로운 유형의 경제학 사상가들이 나타났는데, 그들은 경제에만 완전히 집중하기로 했다. 이들 중 각각은 경제에 관한 지식(경제는 어떻게 작용하고 또 어떻게 관리되어야 하는가)을 만들어내고 경제학의 여러 분야의 초석을 마련했다.

경제학 분야가 발전하면서 경제학자들은 검토할 구체적인 분야를 파악했다. 하나의 접근방법은 경제를 전체적으로, 즉 국가적인 차원이나 국제적인 차원으로 살펴보는 것이었는데, 이는 '거시경제학(macroeconomics)'으로 알려지게 되었다. 이런 경제학 분야는 성장과 개발, 생산과 소득에 관한 한 나라의 부의 척도, 그리고 인플레이션과 실업의 통제, 국제무역, 조세 등을 위한 정책이 그 주제로 포함되어 있다. 이와 대조적으로, 우리가 현재 '미시경제학(microeconomics)'이라고 부르는 것은 경제 내에서 개개인과 기업들의 상호작용을 살펴보는 것이다. 즉 수요와 공급, 구매자와 판매자, 시장과 경쟁 등의 일이 포함되어 있다.

경제학은 근본적으로
인센티브를 연구하는 학문이다.
특히 다른 이들이 같은 것을 원하거나
필요로 할 때, 사람들은 어떻게 자신이
원하거나 필요로 하는 것을 얻는지.
스티븐 D 레빗, 스티븐 J 더브너

새로운 학파들

물론, 경제학자들 사이에는 의견 차이가 있었고 다양한 학파들이 생겨났다. 많은 사람들이 근대의 산업경제가 야기한 번영을 환영했고 경쟁시장이 부를 창출하고 기술혁신을 자극하게 하는 '불간섭주의(hands-off)'나 자유방임주의 접근을 지지했다. 어떤 사람들은 사회에 이익을 주는 시장의 능력의 평가에 더욱 신중했고 그 시장 체제의 결점을 파악했다. 그들은 국가 개입을 통해 그 결점이 극복될 수 있다고 생각했고 또한 특정 재화와 서비스를 제공하고 생산자들의 독점을 통제하기 위한 정부의 역할을 주장했다. 그리고 일부 사람들의 분석에서 특히 독일의 철학자 카를 마르크스는 자본주의 경제가 치명적인 결점이 있어서 생존할 수 없게 될 것이라고 주장했다.

스미스와 같은 초기 '고전주의' 경제학자들의 사상은 점점 엄격한 조사를 받았다. 19세기 말, 과학적 지식에 근거한 경제학자들은 수학, 공학, 물리학 등의 분야를 통해 경제에 관한 주제를 접근하고 있었다. 이러한 '신(新)고전주의' 경제학자들은 그래프와 공식으로 경제를 설명했고 또한 시장의 원리를 통제하고 그들의 접근법을 정당화한 법칙을 제안했다.

19세기 말, 경제학은 국가적 특성을 발

전시키기 시작했다. 대학의 학부들이 확립되면서 경제적 사고의 중심지가 증가했고, 또한 특히 경제에서 어느 정도의 국가 개입의 바람직함에 따라 오스트리아, 영국, 스위스 등의 주요 학파들 사이에서 뚜렷한 차이가 생겨났다.

이런 차이는 20세기에 훨씬 더 명백해졌다. 그 당시 러시아와 중국에서는 공산주의 통치하에 세계의 약 3분의 1을 경쟁시장보다 계획된 경제로 이끌어낸 혁명을 이루었다. 하지만 세계의 나머지 나라들은 시장원리만 신뢰해서 경제 번영을 이끌어낼 수 있을지에 의문을 제기하면서 우려를 나타냈다. 유럽 전체와 영국이 정부 개입의 정도에 관한 논쟁을 하는 동안 1929년 월스트리트 붕괴(Wall Street Crash) 이후 대공황(Great Depression)이 찾아오면서 사상들 간의 실제 싸움은 미국에서 일어나게 되었다.

20세기의 후반에 경제사상의 중심은 유럽에서 미국으로 이동했는데, 미국은 지배적인 경제 초강대국이 되었고 점점 더 자유방임주의 정책을 사용하고 있었다. 1991년에 소련의 붕괴 이후 자유시장경제는 스미스가 예측한 대로 사실상 경제 성공에 이르는 길인 것처럼 보였다. 하지만 모든 사람이 이에 동의한 것은 아니었다. 대다수의 경제학자들은 시장의 안정성, 효율성, 합리

성을 신뢰했지만 이에 의구심을 갖는 사람들이 있었고 그로 인해 새로운 접근법이 야기되었다.

대안적 접근법

20세기 말, 경제의 새로운 분야들이 게임 이론, 혼돈 이론과 같은 수학과 물리학의 새로운 발달 분야뿐만 아니라, 심리학과 사회학 같은 학문 분야의 사상들을 그들의 이론에 포함시켰다. 이러한 이론가들은 또한 자본주의 제도의 약점을 경고했다. 21세기 시작부터 발생한 점점 심각하고 빈번해지는 금융위기가 그 제도에서 근본적으로 잘못된 것이 있다는 느낌을 강화시켰다. 그와 동시에 과학자들은 계속 증가하는 경제적 부가 잠재적으로 재앙적인 기후 변화의 형태로 환경에 대가를 치르게 했다는 결론을 내렸다.

유럽과 미국이 그들이 직면한 가장 심각한 경제문제를 처리하기 시작할 때 특히 동남아시아와 이른바 브릭스 국가들(BRICs, 브라질, 러시아, 인도, 중국)을 중심으로 새로운 경제가 나타났다. 경제 세력은 다시 한번 이동하고 있고 분명 새로운 경제사상은 우리의 희소한 자원을 관리하는 데 도움을 줄 수 있도록 발전할 것이다.

최근 경제위기가 일어나면서 큰 타격을

입은 나라는 그리스이다. 그곳은 경제학의 역사가 시작되었고 '경제학'이라는 말이 처음 생겨난 곳이다. 2012년, 아테네의 시위자들은 민주주의 또한 그리스에서 나온 것이지만 재정위기에 대한 해결책을 찾는 데 그리스가 희생될 위험에 처해 있다고 지적했다. 세계 경제가 그 문제를 어떻게 해결할지를 확인하는 것이 남아있지만 이 책에서 개관한 경제학의 원칙을 갖춘 여러분은 현재의 상황을 어떻게 헤치고 나갈지 확인할 수 있을 것이며 또한 어쩌면 하나의 출구를 보기 시작했을 것이다. ■

경제학 연구의 목적은, 경제학자들에게 기만당하는 것을 피하는 방법을 배우는 것이다.
조앤 로빈슨

LET TRADE BEGIN

400 BCE–1770 CE

DING

거래를 시작하다
기원전 400년~서기 1770년

플라톤은 이상국가에서는 재산의 공동소유와 노동의 전문화가 이루어진다고 설명했다.

기원전 380년경

토마스 아퀴나스는 상인이 과도한 이윤을 취하거나 속임수를 쓰는 일이 없을 때만 물건 가격이 정당하다고 주장했다.

1265~1274년

상인은행에서 교환 가능한 환어음은 유럽 무역시장에서 일반적인 지급 수단으로 사용되었다.

1400년경

국제무역회사이자 최초의 세계적 브랜드인 영국의 동인도회사가 설립되었다.

1599년

기원전 350년경

아리스토텔레스는 사유재산을 옹호했으나, 돈 자체를 위해 돈을 축적하는 행위에는 반대했다.

1397년

국제무역을 기반으로 한 최초의 금융기관 중 하나인 메디치 은행이 이탈리아 피렌체에 설립되었다.

1492년

크리스토퍼 콜럼버스가 아메리카 대륙에 도착했다. 얼마 후 금이 유럽으로 흘러 들어와 통화량을 증가시켰다.

1630년경

토마스 먼은 수출을 통해 국부를 증가시키는 중상주의 정책을 지지했다.

고대 문명이 진화하면서 상품과 서비스를 제공하는 시스템도 함께 진화했다. 다양한 직업군 종사자들과 장인들이 교환 가능한 상품을 생산하면서 초기 경제 시스템이 자연스럽게 나타나게 되었다. 사람들은 물물교환 방식을 통해 거래를 시작했으며, 이후에는 귀금속 화폐를 이용해 거래했다. 거래는 삶의 중심을 차지하게 되었다. 물건을 사고파는 사업이 등장하고 수 세기가 지난 후에야 비로소 거래 시스템의 작동 원리에 관한 분석이 이루어졌다.

총체적으로 '경제학'이라 불리는 주제에 관해 처음으로 글을 썼던 사람들 중에는 고대 그리스 철학자도 있었다. 플라톤은 『국가Republic』에서 이상국가의 정치적, 사회적 구조를 묘사했으며, 이 국가는 공익을 위해 생산물을 제공하는 전문적 생산자를 통해 경제적인 기능을 수행하게 될 것이라고 설명했다. 그러나 그의 제자였던 아리스토텔레스는 시장에서 거래 가능한 사유재산 개념을 옹호했다. 이에 대한 논쟁은 오늘날에도 계속되고 있다. 플라톤과 아리스토텔레스는 철학자의 입장에서 경제학을 도덕철학의 문제로 간주했다. 이들은 경제 시스템이 어떻게 작동하는지 분석한 것이 아니라 어떻게 작동해야 하는지 연구했다. 이러한 종류의 접근법은 '규범적'이라 불린다. 규범적 접근은 주관적이며 일이 '어떻게 되어야 하는지'를 다룬다.

경제학에 대한 규범적 접근은 기원후에도 계속 이어졌다. 토마스 아퀴나스 같은 중세 철학자들은 사유재산 및 시장거래 윤리를 규정하는 데 힘썼다. 가격의 도덕성에 대해 깊이 생각했던 아퀴나스는 상인이 과도한 이윤을 추구하지 않고 '공정' 가격을 매겨야 한다고 주장했다.

고대에는 주로 노예가 노동을 담당했으며, 중세 유럽에서는 소작농이 노동과 군역을 수행하는 대가로 지방 영주의 보호를 받는 봉건제가 시행되었다. 따라서 이 시기의 철학자들이 펼쳤던 도덕적 주장은 다소 이론에 치우치는 경향이 있었다.

도시국가의 성장

15세기 들어 유럽에서 발전한 도시국가들이 국제무역을 통해 부를 축적하면서 중요한 변화가 일어났다. 상인층이 신흥 계급으로 떠올라 봉건 지주층을 대체하고 경제에서 중요한 역할을 수행하게 된 것이다. 상인들은 무역과 항해를 재정적으로 지원했던 막강한 은행가들과 협력 관계를 형성

네덜란드 튤립시장의 투기 버블이 터지면서 수천 명의 투자자가 피해를 입었다.

윌리엄 페티는 『화폐론』에서 경제 측정 방법을 제시했다.

그레고리 킹은 17세기 영국의 무역에 대한 통계 자료를 엮어 책으로 펴냈다.

프랑수아 케네를 비롯한 중농주의자들은 토지와 농업이 경제 번영의 유일한 원천이라고 주장했다.

1637년 **1682년** **1697년** **1756년**

1668년 **1689년** **1752년** **1758년**

조시아 차일드는 자유무역에 대해 설명하면서 수입과 수출을 모두 늘려야 한다고 주장했다.

존 로크는 무역이 아니라 노동을 부의 원천으로 지목했다.

데이비드 흄은 정부가 공공재 가격을 지불해야 한다고 주장했다.

케네는 거시경제 활동을 최초로 분석한 『경제표』를 개발했다.

했다.

새로운 무역국가가 등장하여 소규모 봉건경제를 대체했으며, 경제사상은 국가 간 상품 및 화폐 거래를 가장 잘 통제할 수 있는 방법을 찾는 데 초점을 맞추었다. 중상주의로 불리는 이 시기의 지배적 접근 방식은 국제수지(한 국가가 수입품에 지불하는 금액과 수출로 벌어들이는 금액 간에 발생하는 차이)를 중시했다. 상품을 외국에 판매하는 것은 돈을 국내로 유입시키는 일이었기 때문에 긍정적인 평가를 받았으나, 외국 상품을 수입하는 것은 돈을 해외로 유출시키는 일이었기 때문에 국가에 손실을 입히는 행위로 간주되었다. 중상주의자들은 무역 적자를 막고 외국의 경쟁자에 맞서 국내 생산자를 보호하기 위해 수입품에 세금을 부과하자고 주장했다.

무역은 상인 개개인이나 후원자의 능력으로는 감당할 수 없을 정도로 증가하게 되었다. 사람들은 대규모로 이루어지는 무역을 감독하기 위해 동업을 하거나 회사를 설립했으며, 종종 정부의 지원을 받기도 했다. 이러한 회사들은 '주식'으로 분할되어 많은 투자자의 재정 지원을 받았다. 17세기 후반 들어 주식 구입에 대한 관심이 빠르게 증가하면서 많은 주식회사가 설립되었으며, 주식을 사고팔 수 있는 증권거래소도 등장하게 되었다.

새로운 과학
무역의 엄청난 증가는 경제의 작동 원리에 대한 관심을 새롭게 불러일으켰으며, 경제학은 하나의 학문으로 자리 잡기 시작했다. 18세기가 시작되면서 도래한 이른바 계

몽주의 시대에는 합리성이 가장 우월한 가치로 간주되었으므로 '정치경제학'에도 과학적 접근방식이 적용되었다. 경제학자들은 경제활동을 측정하기 위해 노력했으며, 경제 시스템의 도덕적 영향을 분석하는 대신에 그 작동 원리를 설명했다.

프랑스에서는 중농주의 학파로 알려진 사상가 집단이 돈의 흐름을 경제 전반에 걸쳐 분석하고 실질적으로 최초의 거시경제(경제 전체) 모형을 만들어냈다. 이들은 무역이나 금융업보다 농업이 경제에서 더 핵심적인 위치에 있다고 믿었다. 반면 영국의 정치철학자들은 무역 위주의 중상주의적 관점에서 벗어나 생산자와 소비자, 상품의 가치와 효용을 강조했다. 근대 경제학 연구의 기틀이 형성되기 시작했던 것이다. ■

재산은 개인이 소유해야 한다

재산권

맥락읽기

초점
사회와 경제

핵심사상가
아리스토텔레스(기원전 384~322년)

이전의 관련 역사
기원전 423~347년 : 플라톤은 『국가』에서 통치자는 공익을 위해 재산을 공동으로 소유해야 한다고 주장했다.

이후의 관련 역사
서기 1~250년 : 고대 로마법에서는 어떤 사물에 관한 개인의 권리와 권한을 통틀어 소유권(dominium)이라고 불렀다.

서기 1265~1274년 : 토마스 아퀴나스는 사유재산은 당연하고 좋은 것이나 공익보다 중요하지는 않다고 주장했다.

서기 1689년 : 존 로크는 누군가가 일해서 얻은 것은 당연히 그 사람의 소유라고 보았다.

서기 1848년 : 카를 마르크스는 〈공산당 선언〉에서 사유재산을 철폐하자고 주장했다.

장난감을 두고 다투는 어린 시절부터 우리는 소유권과 개인 재산에 대해 배우게 된다. 개인이 재산을 소유한다는 개념은 당연하게 받아들여지는 경우가 많지만 그것이 당연할 이유는 전혀 없다. 사유재산은 자본주의의 핵심이다. 마르크스는 자본주의를 통해 생성된 부가 사회에 엄청난 양의 상품을 제공하며, 개인은 이 상품을 소유하거나 이윤을 위해 거래할 수 있다고 말한 바 있다. 사업체 역시 사유재산이 될 수 있으며 자유시장에서 이윤을 목적으로 운영될 수 있다. 사유재산이라는 개념이 없다면 개인은 이익을 얻을 가능성이 없으

개인의 소유권을 보호하는 것은 자본주의 국가에서 매우 중요한 일이다. 폴란드 바르샤바에 있는 이 주택은 역사상 가장 안전한 집이다. 버튼 하나만 누르면 집이 강철 육면체로 변한다.

며 시장에 참여할 이유도 없다. 이러한 경우 사실상 시장이 존재하지 않는 셈이다.

재산의 유형

물질적 재화에서 특허나 저술 같은 지적 재산에 이르기까지 '재산'의 범위는 매우 넓다. 인간을 상품으로 보는 노예제처럼 자유시장 경제론자조차 옹호하지 않을 영역이 재산에 포함되기도 했다.

역사적으로 볼 때 물질적 재산을 다루는 방식은 세 가지로 나뉜다. 첫 번째는 사람들이 상호 신뢰와 관습을 기반으로 모든 재산을 공동으로 소유하며 각기 자신이 원하는 대로 사용하는 방식이다. 이러한 사례는 부족(部族) 경제에서 나타나며, 아마존에 살고 있는 와오라니(Huaorani) 부족은 지금도 이 방식을 따른다. 두 번째는 집단이 재산을 소유하고 사용하는 방식으로, 이는 공산주의 체제의 본질적 특성이다. 세 번째는 개인이 재산을 소유하여 자신의 선택에 따라 자유롭게 사용하는 방식으로, 자본주의의 핵심을 이루는 개념이라 할 수 있다.

근대 경제학자들은 자원을 어느 정도 배분하지 않으면 시장이 작동하지 않는다는 실용적인 근거를 들어 사유재산을 정당화하는 경향이 있었다. 이와 달리 선대 사상

참조 : ■ 시상과 노덕 22~23쪽 ■ 공공재 공급 46~47쪽 ■ 마르크스주의 경제학 100~105쪽
■ 경제학의 정의 171쪽

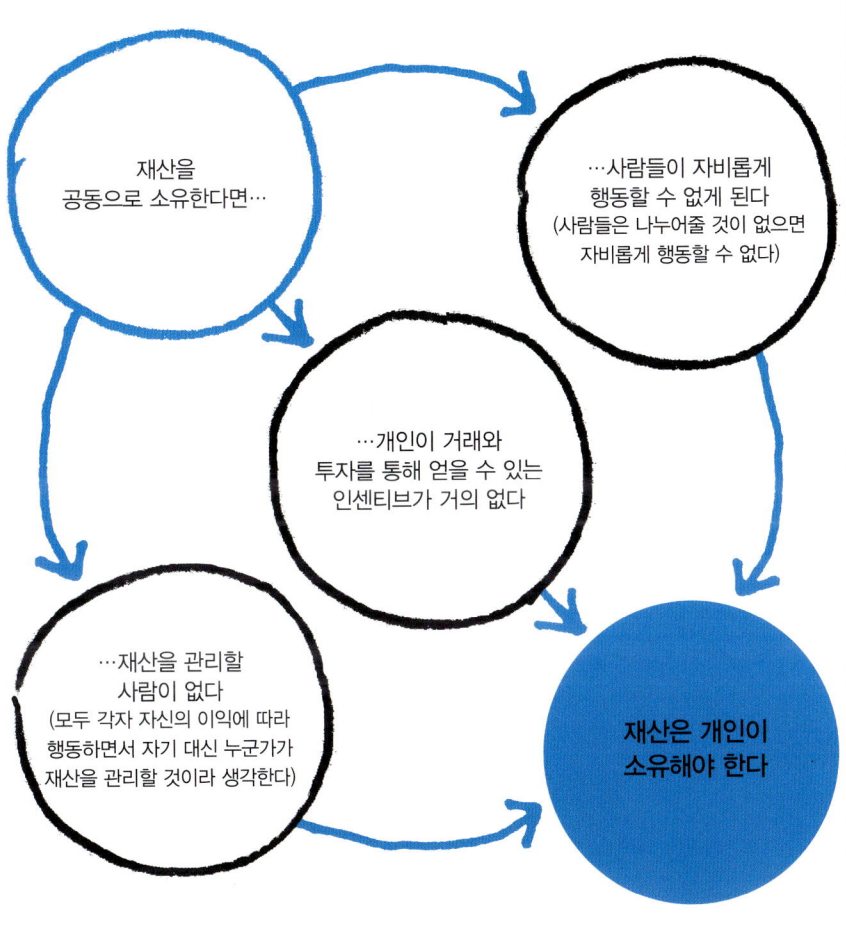

사유재산은 얼마나 보장되는가?

현대사회에서는 구성원들이 도로나 공원 등을 공동으로 소유하고 있다. 반면 자동차 같은 재화는 사유재산에 속한다. 재산권, 즉 법적 소유권은 일반적으로 소유주에게 특정 자원에 대한 배타적인 권리를 부여하지만 항상 그런 것만은 아니다.

예를 들어 사적지 내에 있는 주택의 소유주는 그 집을 허물고 고층건물이나 건물을 지을 수 없으며, 집의 용도를 변경하는 것도 불가능하다. 세계 각국 정부는 기반시설 확충에서 국가 안보에 이르기까지 불가피하다고 여겨지는 상황이 닥칠 경우 사유재산권을 제한할 수 있는 권리를 보유하고 있다.

심지어 확고한 자본주의 국가인 미국에서도 정부가 개인에게 재산권을 포기하도록 강제할 수 있다. 그러나 이러한 강제성은 국가가 소유주에게 시장가격에 따라 보상금을 지급하도록 규정한 14차 수정헌법에 따라 완화되었다.

가들은 보다 도덕적인 이유로 사유재산을 옹호했다. 그리스의 철학자 아리스토텔레스는 "재산은 개인이 소유해야 한다"고 주장했다. 그는 사람들이 재산을 공동으로 소유하게 되면 아무도 재산을 관리하거나 늘리는 일을 맡지 않을 것이라고 지적했다. 또한 사람은 남에게 줄 것을 소유하고 있을 때만 자비로워질 수 있다고 보았다.

재산권

17세기 유럽에서는 군주가 모든 토지와 주택을 실질적으로 소유하고 있었다. 하지만 영국의 사상가인 존 로크는 개인의 권리를 주창하며, 신은 인간에게 자기 신체를 지배할 권리와 함께 자기가 만든 물건을 지배할 권리도 부여했다고 말했다. 그 이후 독일의 사상가인 이마누엘 칸트는 사유재산이 개인의 정당한 자기표현 방법이라고 주장했다.

그러나 독일의 또 다른 사상가인 마르크스는 사유재산이라는 개념을 전적으로 거부했다. 그는 사유재산이란 자본가가 노동자를 착취하고 노예로 만들고 소외시키는 장치일 뿐이라고 주장했다. 노동자는 모든 부와 권력을 통제하는 지배 집단에서 실질적으로 배제된다는 것이다. ■

재산은 개인이 소유하는 편이 분명 더 좋지만 사용은 공동으로 해야 한다. 이렇게 자비로운 기질을 사람들의 내면에 창조하는 것이 입법자가 특별히 할 일이다.
아리스토텔레스

공정가격이란 무엇인가?

시장과 도덕

물건을 사면서 부당한 가격을 지불하는 것, 즉 바가지를 쓰는 것이 무엇인지 많은 사람이 알고 있다. 관광지에서 아이스크림을 살 때 지나치게 많은 돈을 내야 하는 것이 그 예다. 그러나 지배적인 경제학 이론에 따르면 바가지를 쓰는 일은 존재하지 않는다. 모든 가격은 사람들이 지불할 용의가 있는 시장가격일 따름이다. 시장경제학자들은 가격에 도덕적 차원이 있다고 생각하지 않는다. 가격은 수요와 공급에 따라 자동으로 결정된다. 지나치게 비싼 값을 부르는 것처럼 보이는 판매자는 가격을 한계선까지 밀어 올리는 것뿐이다. 사람들의 지불 용의를 뛰어넘는 수준까지 가격을 올

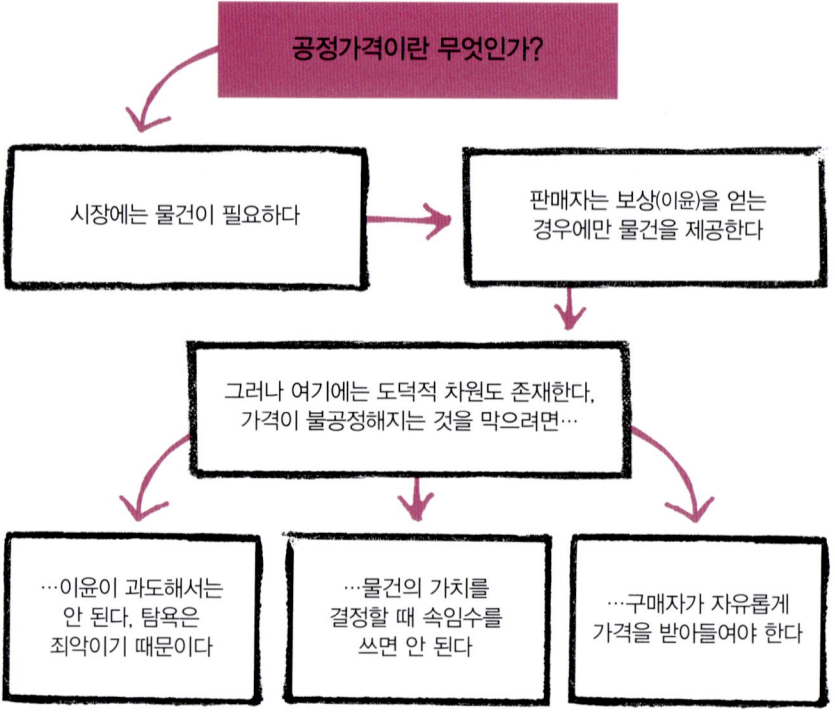

공정가격이란 무엇인가?

시장에는 물건이 필요하다 → 판매자는 보상(이윤)을 얻는 경우에만 물건을 제공한다

그러나 여기에는 도덕적 차원도 존재한다. 가격이 불공정해지는 것을 막으려면…

…이윤이 과도해서는 안 된다. 탐욕은 죄악이기 때문이다

…물건의 가치를 결정할 때 속임수를 쓰면 안 된다

…구매자가 자유롭게 가격을 받아들여야 한다

참조: ■ 재산권 20~21쪽 ■ 자유시장 경제학 54~61쪽 ■ 수요와 공급 108~113쪽 ■ 경제학과 전통 166~167쪽

중세 사람들은 상인이 물건에 매기는 가격에 예민하게 반응했다. 1321년, 런던의 상인 윌리엄 르 볼은 빵 무게를 속인 대가로 거리에서 말에 묶인 채 끌려 다녀야 했다.

릴 경우 구매자는 물건을 사지 않게 되고, 판매자는 압박을 느껴 가격을 내리게 된다. 금을 포함해 그 무엇도 본질적인 가치를 지니고 있지 않기 때문에 시장경제학자들은 시장이야말로 가격을 결정하는 유일한 수단이라고 보았다.

가격을 수용하는 것은 구매자의 자유

시장이 가격을 결정해야 한다는 생각은 시장에 관한 최초의 연구서 중 하나인 『신학대전』에서 토마스 아퀴나스가 취한 관점과 뚜렷하게 대비되는 것처럼 보인다. 학자이자 수사였던 아퀴나스에게 가격은 도덕과 매우 깊이 관련된 사안이었다. 그는 탐욕을 엄청난 죄악으로 간주했다. 그러나 판매자가 이윤을 남기지 못해 거래를 중단하면 사람들이 필요한 물건을 얻지 못하게 된다는 점 역시 알고 있었다.

아퀴나스는 판매자가 폭리와 같은 죄악을 피하면서도 적절한 이윤을 남길 수 있는 '공정가격'을 매겨야 한다는 결론에 이르렀다. 여기에서 말하는 공정가격이란 구매자

가 물건에 대한 정확한 정보를 고려하여 자유롭게 지불에 동의하는 가격을 뜻한다. 그러나 판매자는 저렴한 향신료를 실은 배가 곧 들어온다는 소식처럼 앞으로 가격이 내려갈 수도 있다는 정보를 구매자에게 의무적으로 알릴 필요는 없다.

가격과 도덕에 관한 논쟁은 오늘날에도 매우 활발하게 이루어지고 있다. 경제학자와 대중 모두 은행가의 보너스나 노동자의 최저 임금이 얼마나 되어야 공정한지 제각기 의견을 제시한다. 정부의 시장 개입을 반대하는 자유시장 경제학자들과 정부 개입을 지지하는 사람들은 가격규제의 옳고 그름을 두고 계속 논쟁을 벌이고 있다. ■

다른 사람에게 물건을 팔 때 그 가치보다 더 비싼 값에 팔아서는 안 된다.
토마스 아퀴나스

토마스 아퀴나스

성 토마스 아퀴나스는 중세의 가장 위대한 학자들 중 한 사람으로 꼽힌다. 1225년 이탈리아 아퀴노에서 귀족의 아들로 태어났으며 다섯 살 때부터 공부를 시작했다. 열일곱 살이 되던 해에 속세의 부를 버리고 청빈을 강조하는 도미니크 수도회에 들어가기로 결심했다. 가족들은 이 결정에 놀라 수도원으로 향하던 아퀴나스를 붙잡아서 2년 동안 가둬놓지만 그의 결심이 변하지 않자 결국 포기하고 파리로 갈 수 있게 놓아주었다. 파리에서 그는 성 알베르투스 마그누스의 제자가 되었다. 아퀴나스는 프랑스와 이탈리아에서 공부하고 사람들을 가르쳤으며 1272년에는 나폴리에 수도회 대학을 설립하기도 했다. 철학 연구에서 그가 남긴 업적은 근대로 이어지는 길을 닦는 데 엄청난 영향을 끼쳤다.

주요 저서

1256~1259년 『진리에 관한 정규토론집Disputed Questions on Truth』
1261~1263년 『대이교도대전Summa Contra Gentiles』
1265~1273년 『신학대전Summa Theologica』

화폐가 있다면 물물교환을 할 필요가 없다

돈의 기능

맥락읽기

초점
은행업과 금융

주요 사건
13세기에 몽골 제국의 쿠빌라이 칸은 명목화폐를 채택했다.

이전의 관련 역사
기원전 3000년 : 메소포타미아 지역에서는 세겔(shekel)이라는 통화 단위를 사용했다. 이를테면 특정한 무게의 보리는 특정한 양의 금이나 은과 같은 가치를 지닌 것으로 간주했다.

기원전 700년 : 역사상 가장 오래된 것으로 알려진 화폐는 그리스의 아이기나 섬에서 만들어졌다.

이후의 관련 역사
서기 13세기 : 마르코 폴로는 중국에서 쓰는 약속어음을 유럽에 선보였다. 유럽에서는 이탈리아 은행가들이 약속어음을 사용했다.

서기 1696년 : 스코틀랜드 은행은 은행권을 발행한 최초의 상업 기관이다.

서기 1971년 : 미국의 닉슨 대통령은 달러와 금의 태환을 중지했다.

신용카드나 온라인 이체, 휴대전화 칩을 이용해 물건을 사게 되면서 현금 없는 사회로 이행하는 움직임이 전 세계 곳곳에서 점점 활발해지고 있다. 그러나 현금이 없어진다고 해서 돈을 사용하지 않는 것은 아니다. 돈은 여전히 모든 거래의 핵심에 자리하고 있다.

돈은 인간을 구두쇠로 만들기도 하고 범죄나 전쟁의 원인이 되기도 한다. 또한 돈은 경의를 표하거나 종교의식을 치를 때 사용되기도 하고 장식품으로 쓰이기도 한다. 살인자는 살인의 대가로 '피 묻은 돈'을 받는다. 돈은 개인과 가정, 국가에 지위와 힘을 부여한다.

물물교환 경제

돈이 없다면 물물교환을 하는 수밖에 없다. 사람들은 대개 서로 호의를 베풀 때 소규모로 물물교환을 한다. 예를 들어 이웃에게 몇 시간 동안 아이를 맡기게 되면 그 보답으로 이웃집 문을 고쳐주는 식이다. 하지만 이러한 사적 거래가 보다 큰 규모로 일어날 것이라고 생각하기는 힘들다. 빵 한 덩이만 있으면 되는데 그것과 바꿀 물건이 새 자동차밖에 없다면 어떻게 될지 생각해 보라. 물물교환을 위해서는 우연의 일치가

인도 아삼(Assam) 지역에 사는 티와(Tiwa) 부족민들이 부족 간의 화합과 우정을 도모하는 전통 축제인 존빌 멜라(Jonbeel Mela) 기간에 물물교환을 하고 있다.

이중으로 일어나야 한다. 상대는 내가 원하는 물건을, 나는 상대가 원하는 물건을 갖고 있어야 하는 것이다.

돈은 이 모든 문제를 해결한다. 돈이 있으면 당신과 물건을 바꾸려는 사람이 있는지 찾을 필요가 없다. 필요한 물건이 생기면 돈을 내고 사면 그만이다. 그러면 판매자는 당신에게 받은 돈으로 다른 판매자의 물건을 살 수 있다.

돈은 주고받을 수 있으며, 필요할 때까

참조 : ■ 금융업 26~29쪽 ■ 화폐수량설 30~33쪽 ■ 가치의 역설 63쪽

지 사용하지 않고 보유할 수도 있다. 거래를 용이하게 해주는 돈이 존재하지 않았다면 고도의 문명을 이룩할 수 없었을 것이라고 생각하는 사람이 많다. 돈은 물건의 가치를 결정하는 척도가 되기도 한다. 모든 물건이 금전적 가치를 지니고 있다면, 각각의 물건 값을 파악하고 비교할 수 있다.

각기 다른 돈의 종류

돈은 실물화폐(commodity money)와 명목화폐(fiat money)로 나뉜다. 실물화폐는 명시된 가치 외에도 본질적인 가치를 지니고 있는 것으로 금으로 주조한 동전이 그 예다. 반면 10세기 중국에서 최초로 사용된 명목화폐는 정부가 부여한 가치만 지니고 있는 거래수단으로서 은행에서 발행한 지폐가 그 예라 할 수 있다.

원래 대부분의 지폐는 은행에 보관된 금과 교환 가능한 보증서였다. 이론상 미 연방준비은행이 발행한 달러는 금으로 바꿀 수 있었다. 그러나 1971년 이후 달러와 금의 태환은 중단되었으며, 달러의 가치는 미국의 금 보유고와 상관없이 미 재무부의 뜻에 따라 정해지게 되었다. 이 같은 명목화폐는 해당 국가의 경제적 안정성에 대한 사람들의 신뢰에 기반을 두고 기능하지만 국가의 경제적 안정성은 항상 변하고 있다. ■

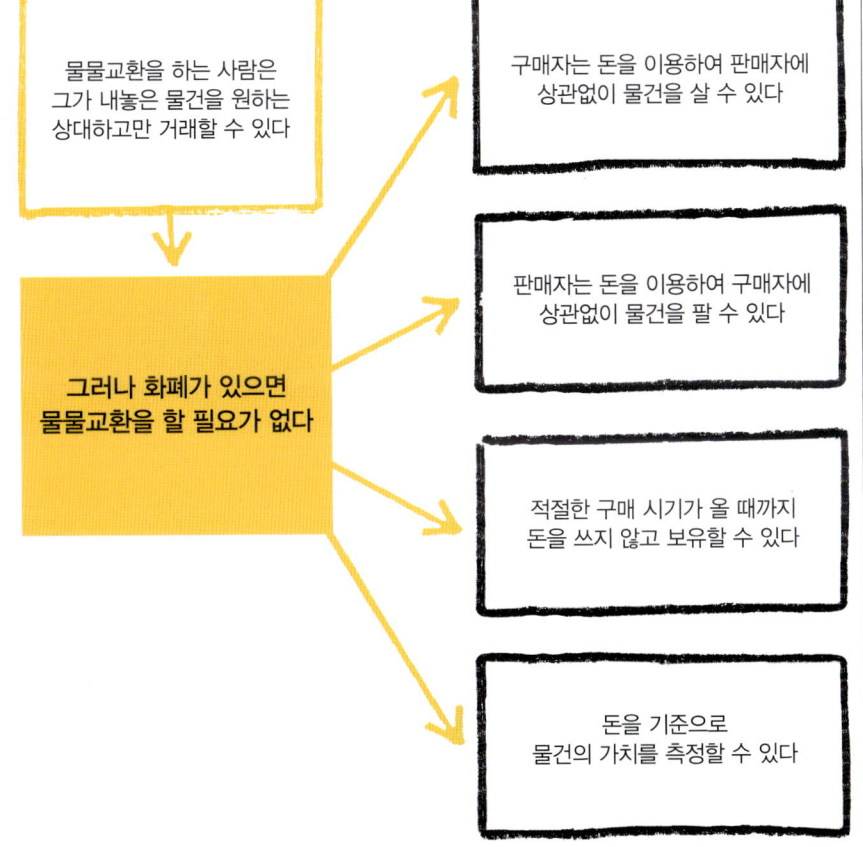

물물교환을 하는 사람은 그가 내놓은 물건을 원하는 상대하고만 거래할 수 있다

↓

그러나 화폐가 있으면 물물교환을 할 필요가 없다

→ 구매자는 돈을 이용하여 판매자에 상관없이 물건을 살 수 있다

→ 판매자는 돈을 이용하여 구매자에 상관없이 물건을 팔 수 있다

→ 적절한 구매 시기가 올 때까지 돈을 쓰지 않고 보유할 수 있다

→ 돈을 기준으로 물건의 가치를 측정할 수 있다

조개껍데기 화폐

왐펌(wampum)은 검은색과 흰색 조개껍데기를 구슬로 만들어 줄에 꿴 물건으로, 북아메리카 동부 삼림지대 원주민 부족들은 이를 귀하게 여겼다. 15세기에 유럽 정착민들이 들어오기 전까지 왐펌은 주로 의식을 치르는 데 사용되었다. 또한 다른 나라와 맺은 협약을 기록하거나 공물을 보낼 때 사용하기도 했다. 왐펌은 매우 뛰어난 제작 기술을 필요로 하며 의식과 관련된 물건이라는 점에서 가치를 인정받았다.

유럽인들이 아메리카 대륙에 들여온 도구는 왐펌 제작에 혁신을 일으켰다. 네덜란드 출신 식민지 개척자들은 왐펌을 대량생산했다. 이들은 왐펌을 이용하여 유럽 동전에는 무관심하고 왐펌을 가치 있게 여기는 원주민들과 거래를 하고 물건을 구입했다. 얼마 지나지 않아 왐펌은 화폐로 자리 잡으며 환율 적용까지 받게 되었다. 뉴욕에서는 흰색 왐펌 8개나 검은색 왐펌 4개를 그 당시 네덜란드 화폐인 1스튀버(stuiver)와 동일하게 취급했다. 왐펌의 이용과 그 가치는 1670년대 이후로 줄어들었다.

쇼니(Shawnee)족이 사용했던 숄더백으로 왐펌 장식이 달려 있다. 어떤 부족들은 왐펌을 화폐로 사용하기도 했다.

돈으로 돈을 벌 수 있다

금융업

맥락읽기

초점
은행업과 금융

핵심사상가
메디치 가문(1397~1494년)

이전의 관련 역사
서기 13세기 : 스콜라 철학자들이 고리 대금업을 비난했다.

이후의 관련 역사
서기 1873년 : 영국의 언론인 월터 배젓 (Walter Bagehot)은 영란은행이 은행 시스템에서 '최종 대부자' 역할을 담당해야 한다고 주장했다.

서기 1930년 : 국제결제은행(Bank for International Settlements)이 스위스 바젤에 설립되면서 은행 업무를 규정하는 국제적인 규칙이 만들어졌다.

서기 1992년 : 미국의 경제학자 하이먼 민스키(Hyman Minsky)가 펴낸 『금융 불안정성 가설』은 2007~2008년에 닥친 금융위기를 설명하는 이론으로 유용하게 쓰였다.

인간은 오래 전부터 대출과 차입을 해 왔다. 인류 문명 발생 초기인 5천 년 전에 메소포타미아 지역(오늘날의 이라크)에서 대출과 차입이 일어났다는 증거도 존재한다. 그러나 근대적인 은행 시스템은 14세기에 이르러서야 북부 이탈리아에서 처음 등장했다.

'bank'라는 단어는 은행가들이 앉아서 일하던 긴 의자를 뜻하는 이탈리아어에서 유래했다. 14세기 당시 이탈리아 반도에는 로마 교황의 영향력과 세입으로 인해 혜택을 누리는 도시국가들이 존재하고 있었다. 이탈리아 반도는 아시아와 아프리카, 유럽의 신흥 국가들 사이에 위치하고 있어 교역

참조 : ■ 공개기업 38쪽 ■ 금융공학 262~265쪽 ■ 시장 불확실성 274~275쪽 ■ 금융위기 296~301쪽 ■ 예금인출 사태 316~321쪽

을 하기에 매우 적합했다. 도시국가들은 부를 축적하기 시작했고 특히 베네치아와 피렌체가 부유해졌다. 해상권을 장악한 베네치아에는 항해 자금과 보험을 취급하는 기관이 설립되었다. 피렌체는 제조업 중심으로 발전했고 북유럽과 활발하게 교역했다. 또한 이곳에는 상인과 자본가를 이어주는 메디치(Medici) 은행이 있었다.

피렌체에는 페루치(Peruzzi)와 바르디(Bardi) 같은 은행 가문은 물론, 개인 소유물을 담보로 돈을 빌려주는 전당포부터 외화를 취급하고 예금을 유치하며 지역 산업에 돈을 빌려주는 지방은행에 이르기까지 각종 금융기관이 이미 존재하고 있었다. 하지만 조반니 디 비치 데 메디치(Giovanni di Bicci de Medici)가 설립한 이 은행은 다른 기관들과 달랐다.

메디치 은행은 모직 같은 상품의 장거리 무역에 자금을 지원했다. 다른 은행과 메디치 은행의 차이는 세 가지로 요약된다. 첫 번째, 메디치 은행은 거대한 규모로 성장했다. 설립자 조반니의 아들인 코시모(Cosimo)는 런던, 브루게, 제네바를 비롯한 열한 개 도시에 지점을 세워 메디치 은행의 전성기를 이끌었다. 두 번째, 메디치 은행의 지점들은 분권 체제로 운영되었다. 지점을 운영한 것은 본점 직원이 아니라 해당 지역의 주니어 파트너였다. 이들은 지점에서 나오는 수익을 피렌체 본점과 나눠 가졌다. 피렌체 본점을 이끄는 메디치 가문은 시니어 파트너로서 전체 지점을 살피고, 수익의 대부분을 벌어들였으며, 가문의 명성을 유지하여 은행에 견실한 이미지를 심어주었다. 세 번째, 메디치 은행의 지점들은 대규모로 유치한 고액 예금을 이용해 일반적인 초기 자본으로는 감당할 수 없는 액수를 빌려주고 곱절로 높은 수익을 올렸다.

은행업의 경제학

위에서 언급한 메디치 은행의 세 가지 성공요인은 오늘날의 은행업과 관련된 세 가지 경제 개념과 일치한다. 첫 번째 개념은 '규모의 경제'이다. 개인이 합법적인 대출 계약을 체결하려면 한 건당 많은 비용이 들어가지만, 은행은 적은 단위 비용으로 수많은 대출 계약을 체결할 수 있다. 돈 거래(현금투자)는 규모의 경제라는 개념에 부합한다. 두 번째 개념은 '리스크 분산'이다. 메디치 은행은 대출을 지리적으로 분산시켜 잘못된 대상에게 대출할 리스크를 줄였다. 또한 주니어 파트너는 지점의 수익과 손실을 모두 메디치 가문과 공유했기 때문에 돈을 현명하게 빌려주어야 했다. 실질적으로

14세기 후반, 상인은행가는 예금과 대출은 물론 외화 환전을 담당했으며 위조화폐나 금지된 화폐가 유통되는지 감시하기도 했다.

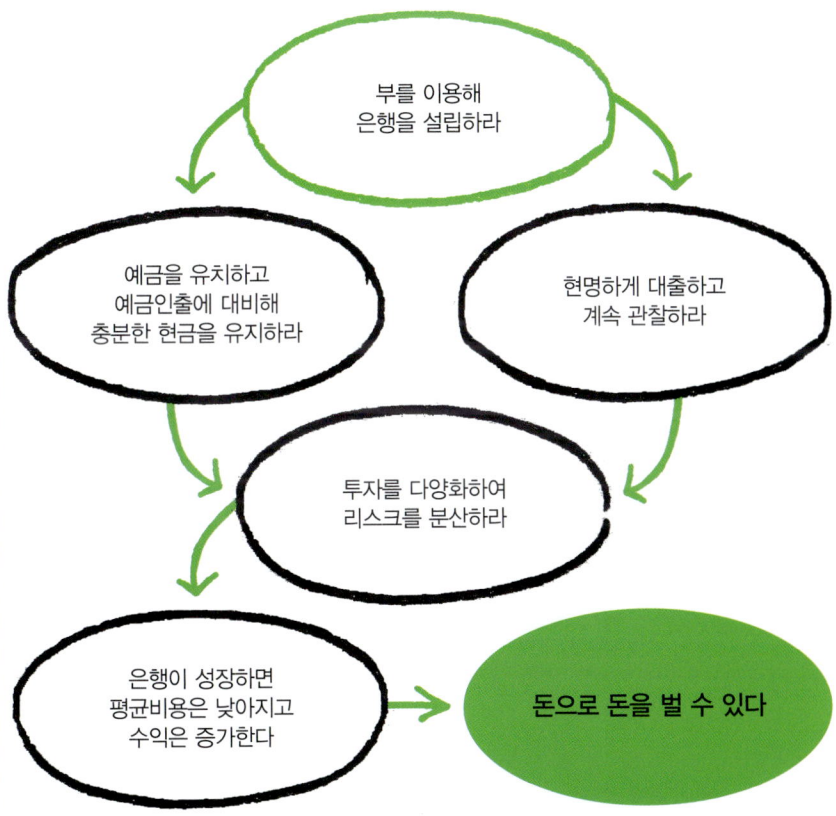

부를 이용해
은행을 설립하라

예금을 유치하고
예금인출에 대비해
충분한 현금을 유지하라

현명하게 대출하고
계속 관찰하라

투자를 다양화하여
리스크를 분산하라

은행이 성장하면
평균비용은 낮아지고
수익은 증가한다

돈으로 돈을 벌 수 있다

이들은 메디치 은행의 리스크를 어느 정도 떠맡았다. 세 번째 개념은 '자산 변환(asset transformation)'이다. 상인들은 수익을 저축하거나 대출을 받고 싶어 했다. 즉 금을 안전하게 보관했다가 필요할 때 재빨리 찾을 수 있는 장소를 원하는 상인도 있었고, 돈을 빌리고 싶어 하는 상인도 있었다. 돈을 빌려주면 은행의 리스크가 높아지고, 돈이 장기간 묶일 가능성도 존재했다. 따라서 은행은 '단기차입', '장기대출'이라는 두 가지 필요성에 직면하게 되었다. 이는 예금자와 대출자, 그리고 물론 은행에도 알맞은 조건이었다. 은행은 고객의 예금을 레버리지(leverage)로 사용해서 수익을 크게 늘린 다음 예금주에게 높은 이자를 돌려주었다.

그러나 한편으로 이러한 방식은 은행을 취약하게 만들기도 했다. 만일 많은 예금주가 동시에 예금을 돌려달라고 요구하는 예금인출사태(bank run)가 일어날 경우 은행은 돈을 돌려주지 못할 가능성이 있다. 예금을 장기대출금으로 사용해서 현금보유량이 적기 때문이다.

14세기 유럽에서 장거리 무역 자금을 조달하는 것은 리스크가 높은 사업이었다. 오랜 시간이 걸리고 거리가 멀기 때문에 이 사업은 근본적으로 교환 문제에 시달렸다. 즉 거래가 끝난 후에 누군가가 상품이나 돈을 들고 달아날 위험성이 있었던 것이다. 이러한 문제를 해결하기 위해 '환어음'이 만들어졌다. 환어음은 구매자가 물건을 받으면 특정한 통화로 대금을 지불하겠다고 약속한 문서이다. 판매자는 곧바로 대금을 회수하기 위해 환어음을 매각할 수 있었다. 환어음 취급에 매우 능했던 이탈리아의 상인은행(merchant bank)은 국제적인 화폐시장의 문을 열었다.

환어음을 사들인 은행은 구매자가 대금을 지불하지 않을 리스크를 떠맡게 된다. 그러므로 은행은 누가 대금을 잘 갚을 것인지 혹은 갚지 않을 것인지 필수적으로 파악해야 한다. 돈을 빌려주는 일, 더 나아가서 금융업 자체가 노련하고 전문적인 지식을 요구한다. '정보의 비대칭'으로 알려진 정보 부족은 심각한 문제를 야기할 수 있기 때문이다. 대출금을 갚지 않을 가능성이 높은 사람일수록 대출을 신청할 가능성이 높다. 이런 사람은 일단 대출을 받으면 갚지 않으려 든다. 은행의 가장 중요한 기능은 현명하게 돈을 빌려준 다음, 대출자가 돈을 갚지 않으려는 유혹에 빠져 채무를 불이행하

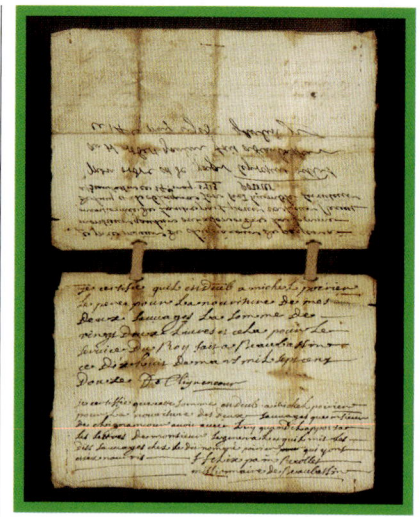

이 환어음은 1713년에 발행되었으며 이러한 환어음은 훗날 일반적인 은행수표로 발전한다. 모든 종류의 환어음에는 특정한 날짜에 구체적인 금액을 어음소지인에게 지급하겠다는 내용이 적혀 있다.

는 '도덕적 해이'에 빠지지 않도록 감시하는 것이다.

지리적인 클러스터 형성

은행들은 정보와 기술을 극대화하기 위해 대도시에 금융지구를 형성하는 경우가 많다. 경제학자들이 '네트워크 외부효과(network externalities)'라고 부르는 이러한 현

21세기의 은행위기

대출금을 상환할 능력이 없는 사람들에게 비우량 주택담보대출을 해준 결과, 대규모 주택압류와 2007~2008년 금융위기가 일어났다.

2007년에 시작된 국제 금융위기는 은행업의 본질에 대한 재고로 이어졌다. 위기의 중심에는 레버리지, 즉 차입금이 존재했다. 1900년에는 은행 자산의 4분의 3이 차입금이었으나 2007년에는 그 비율이 95~99퍼센트에 이르렀다. 은행이 시장의 미래 움직임이라 할 수 있는 파생상품에 투자하는 데 열을 올리면서 레버리지와 그에 수반되는 리스크가 커진 것이다.

중요한 점은 은행 규제 완화 이후 위기가 벌어졌다는 사실이다. 다양한 금융 혁신은 시장이 상승세였을 때에는 수익성이 좋은 것처럼 보였다. 그러나 이로 인해 미국 저소득층 가계에 주택융자를 해준 은행과 신용평가사를 과신한 채권투자자들은 잘못된 대출 기준을 설정하고 말았다. 빈약한 정보와 리스크, 재정적 유인책은 메디치 은행 이후 모든 은행이 직면한 문제다.

> 은행가는 햇볕이 쨍쨍할 때
> 우산을 빌려주고 비가 오기 시작하면
> 바로 돌려달라고 하는 위인이다.
> 마크 트웨인

상은 클러스터를 형성하기 시작하면 네트워크에 속한 모든 은행이 기술 및 정보 향상 효과를 누릴 수 있음을 의미한다. 클러스터의 사례로는 피렌체를 들 수 있다. 금 세공인과 해운업자들이 많았던 '시티 오브 런던(City of London)' 역시 클러스터다. 중국의 경우, 1800년대 초기에 산시성 북부 내륙의 외딴 지역이 선도적인 금융 중심지로 발전했다. 그리고 오늘날에는 인터넷을 통해 온라인 클러스터가 새롭게 형성되고 있다.

업무 전문화에서 오는 이득은 왜 그렇게 다양한 종류의 은행이 존재하는 것인지 설명해준다. 예금이나 담보대출은 물론 자동차 구입자금 대출에 이르기까지 은행의 업무는 매우 다양하다. 또한 은행은 정보 문제를 해결하기 위해 특정한 형태를 취하기도 한다. 예를 들어 실질적으로 고객 소유인 공제조합이나 협동조합은행은 사회 변동기에 은행과 고객 간 신뢰를 증진시키기 위해 19세기에 최초로 설립되었다. 조합 구성원들은 서로의 상태를 점검했고 관리자

시티 오브 런던은 중세 거리 위에 밀집되어 있는 은행들의 클러스터가 있는 곳이다. 현재 이곳에서는 세계 최대 규모의 외환거래와 국가 간 은행대출이 이루어진다.

는 지역에 대해 잘 파악하고 있었으므로, 조합은 돈이 필요한 구성원에게 장기대출을 제공할 수 있었다. 이러한 형태의 은행은 독일 등 몇몇 국가에서 특히 성공을 거뒀다.

하지만 클러스터는 위험한 경쟁을 유발할 수도 있으며 은행들이 군중과 유사하게 행동하도록 만들 가능성도 있다. 은행은 자산 변환 기능을 수행하기 때문에 좋은 평판을 쌓는 것이 특히 중요하다. 은행은 예금을 대출로 변환하며, 이러한 대출 자산은 예금 부채에 비해 위험하고, 회수하는 데 오래 걸리며, 현금으로 바꾸기가 어렵다('유동성'이 낮다).

은행권에서 나쁜 소식은 패닉으로 이어질 수 있다. 1931년에 발생했던 오스트리아의 크레디탄슈탈트 은행(Creditanstalt Bank) 파산 사태는 은행 파산이 다른 은행들과 정부, 사회에 심각한 연쇄반응을 일으킬 수 있음을 보여준다. 이 은행의 파산은 독일 마르크화, 영국 파운드화, 미국 달러화 가치 폭락으로 이어졌으며 미국의 예금인출 사태를 추가로 촉발하여 결국 대공황에도 영향을 끼쳤다.

따라서 은행은 규제될 필요가 있다. 대부분의 국가는 누가 은행을 설립할 수 있으며, 은행은 어떤 정보를 의무적으로 공개해야 하며 어떤 범위에서 사업을 할 수 있는지 엄격하게 규정하고 있다.

광범위한 금융업

금융업에서 가장 큰 비중을 차지하는 것은 은행업이다. 그러나 돈을 생산적으로 사용하기 위해 자신이 가진 것보다 더 많은 돈을 필요로 하는 사람과 필요 이상으로 돈이 많은 사람을 연결시켜주는 것은 금융업 전체의 업무라 할 수 있다. 증권거래는 보통 주, 채권과 그 밖의 다른 수단을 이용하여 이러한 사람들을 직접적으로 연결시킨다.

증권거래는 뉴욕증권거래소처럼 물리적인 장소에서 이루어지기도 하고, 국제 채권 시장처럼 규제된 시장에서 전화나 컴퓨터로 이루어지기도 한다. 증권거래로 인해 형성된 클러스터는 손쉬운 매매와 현금화를 통해 이러한 장기적 투자에 유동성을 제공했다. 거래비용을 낮추고 리스크를 다각화하기 위해 예금을 공동으로 관리하는 것도 가능하다. 뮤추얼 펀드, 연금기금, 보험회사들이 모두 이러한 기능을 수행한다. ■

돈이
인플레이션을
유발한다

화폐수량설

맥락읽기

초점
거시경제

핵심사상가
장 보댕(1530~1596년)

이전의 관련 역사
서기 1492년 : 크리스토퍼 콜럼버스가 아메리카 대륙에 도착했으며, 금과 은이 스페인으로 유입되었다.

이후의 관련 역사
서기 1752년 : 데이비드 흄은 통화량과 물가가 직접적으로 관련되어 있다고 말했다.

서기 1911년 : 어빙 피셔(Irving Fisher)가 화폐수량설을 설명하는 수학 공식을 개발했다.

서기 1936년 : 존 메이너드 케인스는 화폐유통속도가 일정하지 않다고 보았다.

서기 1956년 : 밀턴 프리드먼은 통화량의 변화가 사람들의 소득에 예측 가능한 영향을 끼칠 수 있다고 주장했다.

16세기, 유럽의 물가는 알 수 없는 이유로 치솟고 있었다. 통치자들이 화폐를 주조할 때 관행대로 금이나 은의 양을 줄여서 화폐 가치를 떨어뜨리고 있다는 주장이 제기되었으며 이는 사실이었다. 그러나 프랑스의 법률가인 장 보댕(Jean Bodin)은 그보다 훨씬 더 중요한 일이 벌어지고 있다고 주장했다.

보댕은 1568년『말레트루아 씨의 패러독스에 대한 회답』이라는 책을 펴냈다. 프랑스의 경제학자인 장 드 말레트루아는 인플레이션의 유일한 원인으로 화폐 가치 하락을 지목했으나, 보댕은 순은을 기준으로 측정해도 물가가 급격히 상승한다는 것을

참조 : ■ 돈의 기능 24~25쪽 ■ 케인스의 승수효과 164~165쪽 ■ 통화정책 196~201쪽 ■ 인플레이션과 실업 202~203쪽

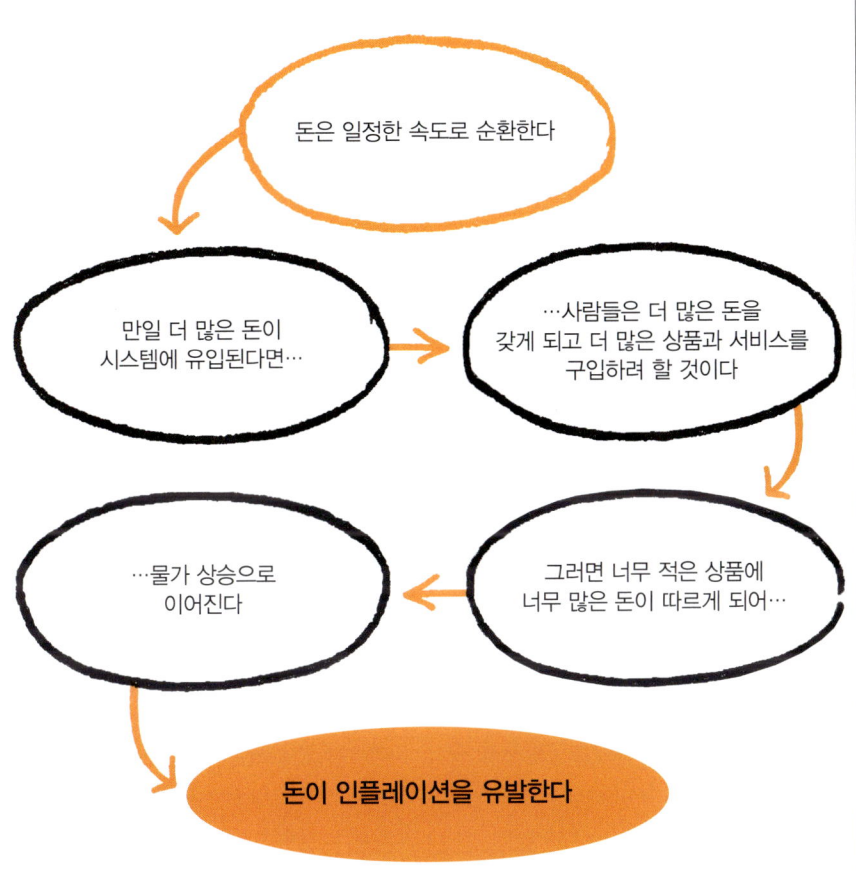

장 보댕

1530년 프랑스 앙제에서 일류 재단사의 아들로 태어났다. 파리에서 교육을 받았으며 툴루즈대학에서 수학했다. 1560년에는 파리에서 왕실 변호사로 일했다. 폭넓은 학식(대학에서 법학, 역사학, 정치학, 철학, 경제학, 종교학을 공부했음)으로 왕족의 관심을 끌었던 보댕은 권력이 막강했던 알랑송 공작의 보좌관으로 1571년부터 1584년까지 일했다.

1576년에 프랑수아즈 트뤼아르와 결혼했으며 처남의 뒤를 이어 프랑스 북부의 랑(Laon)에서 궁정재판관을 지냈다. 1589년, 앙리 3세가 암살당하고 종교전쟁이 발발했다. 보댕은 종교적 관용을 지지했으나, 프로테스탄트인 앙리 4세가 승리를 거두고 랑에 대한 지배권을 행사하게 될 때까지는 가톨릭 옹호를 선언해야 했다. 그 후 1596년 전염병에 걸려 66세를 일기로 눈을 감았다.

주요 저서

1566년 『역사를 쉽게 이해하는 방법 *Method for the Easy Comprehension of History*』
1568년 『말레트루아 씨의 패러독스에 대한 회답*Response to the Paradoxes of Malestroit*』
1576년 『국가론*Six Books of a Commonwealth*』

입증했다. 그는 금과 은이 풍부한 것이 인플레이션의 원인이라고 주장했다. 아메리카에 새롭게 건설된 스페인 식민지에서 나온 금과 은이 스페인으로 유입된 다음 유럽 전체로 퍼져나갔던 것이다.

통화량 증가에 대한 보댕의 계산은 놀랄 만큼 정확했다. 후대 경제학자들은 16세기에 유럽의 물가가 4배 상승했으며 이와 동시에 유럽에 유통된 금과 은의 양도 3배 증가했다는 결론을 내렸다. 이와 관련해 보댕은 금과 은이 2.5배 이상 늘어난 것으로 추정했던 것이다. 또한 그는 인플레이션 뒤에 숨어 있는 다른 요인들도 강조했다. 사치품 수요, 수출과 낭비로 인한 상품 부족, 독점

을 통해 상품 공급을 제한하는 탐욕스러운 상인, 그리고 화폐 가치를 떨어뜨리는 통치자가 여기에 해당된다.

통화량

아메리카에서 유입된 귀금속이 끼치는 새로운 영향과 더불어 통화량 과잉 혹은 결핍이 물가에 어떤 영향을 주는지 보댕보다 먼저 지적한 인물이 있다. 나바루스(Navarrus)라는 이름으로 더 잘 알려진 스페인의 신학자 마르틴 데 아스필쿠에타(Martin de Azpilcueta)는 1556년 보댕과 같은 결론에 도달했다. 하지만 보댕은 이 외에도 논문에서 화폐 수요와 공급의 경제적 기능

에 대해 다뤘으며, 화폐 공급에 발생한 동요가 어떻게 인플레이션으로 이어지는지 논했다. 그의 빈틈없는 연구는 화폐수량설에 대한 최초의 중요한 보고서로 간주된다.

화폐수량설 뒤에 숨겨진 추론은 부분적으로 상식에 근거하고 있다. 부유한 지역에서 파는 커피 한 잔의 가격이 빈곤한 지역에서 파는 것보다 훨씬 더 비싼 이유는 무엇인가? 부유한 지역에 사는 소비자가 쓸 수 있는 돈이 더 많기 때문이다. 한 나라의 국민 전체가 재산이 두 배로 늘어났다고 가정하면, 당연히 이들은 늘어난 구매력을 이용해 더 많은 상품과 서비스를 구입하려 할 것이다. 그러나 상품과 서비스는 항상 제한적으로 공급되기 때문에 너무 많은 돈이 너무 적은 상품을 뒤쫓으면 결국 물가가 오르게 된다.

이러한 일련의 상황은 화폐량과 일반 물가수준 사이에 중요한 관계가 있다는 것을 보여준다. 화폐수량설은 화폐 공급이 두 배로 늘어나면 거래가격(혹은 소득이나 지출)도 두 배로 늘어난다고 본다. 극단적으로 말해서 화폐 공급이 두 배 늘어나면 물가도 두 배 오르게 되는 것이다. 하지만 상품과 서비스의 실제 가치는 상승하지 않는다. 화폐는 중립적이어서 상품과 서비스의 실질적이고 상대적인 가치에는 영향을 끼치지 않기 때문이다. 예를 들어 컴퓨터 한 대 가격으로 구입 가능한 재킷이 몇 벌인지는 알 수 없다.

실질가격과 명목가격

보댕 이후로 많은 경제학자가 그의 생각을 더욱 발전시켰다. 경제학자들은 경제의 실질적 측면과 명목적 측면, 즉 화폐와 관련된 측면 사이에 분명한 차이가 있음을 알게 되었다. 명목가격은 단순한 화폐가격으로서 인플레이션에 따라 변할 수 있다. 이 때문에 경제학자들은 실질가격에 초점을 맞추고 있다. 어떤 것(재킷, 컴퓨터, 노동시간 등)을 얼마나 주어야 다른 것과 바꿀 수 있는지를 명목가격에 상관없이 산출한 것이 실질가격이다. 극단적인 화폐수량설에서는 통화량 변화가 물가에는 영향을 줄 수 있지만 생산량이나 실업 같은 실제적인 경제변수에는 영향을 끼치지 않는다고 본다.

> 오늘날 이 나라가 보유한 금과 은의 양은 지난 400년 동안 보유했던 것보다 훨씬 많다.
> 장 보댕

경제학자들은 한 발 더 나아가 사람들이 소비력을 얻기 위해 화폐 자체를 갖고 싶어 한다는 것을 깨달았다. 그러나 사람들이 원하는 화폐는 명목화폐가 아니라 더 많은 것을 사게 해주는 실질화폐다.

피셔 방정식

미국의 경제학자 어빙 피셔는 MV=PT라는 수학공식을 이용해 화폐수량설에 대한 설명을 완성했다. 여기에서 P는 일반물가

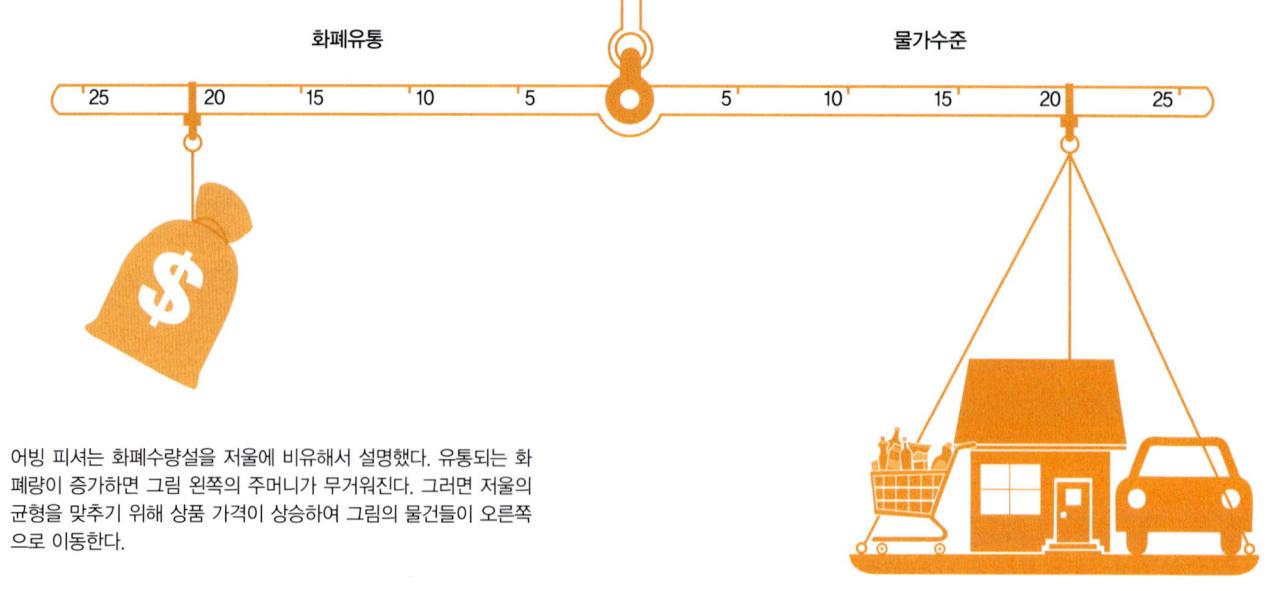

어빙 피셔는 화폐수량설을 저울에 비유해서 설명했다. 유통되는 화폐량이 증가하면 그림 왼쪽의 주머니가 무거워진다. 그러면 저울의 균형을 맞추기 위해 상품 가격이 상승하여 그림의 물건들이 오른쪽으로 이동한다.

1559년 네덜란드 화가 피터 브뤼겔이 그린 이 작품은 사순절 기간에 거지와 부자가 뒤섞여 있는 모습을 보여준다. 당시의 급격한 물가상승 때문에 빈민층의 고통은 더욱 심해지고 부랑자가 늘어났으며 농민 봉기도 발생했다.

수준을, T는 한 해 동안 발생한 거래량을 뜻한다. 따라서 PT(물가×거래량)는 연간 거래 총액이 된다. M은 통화량이다. 하지만 M이 반복해서 사용 가능한 화폐보유량을 의미하는 반면에 PT는 상품의 전체 흐름을 뜻하기 때문에 화폐유통을 나타내는 요소를 이 방정식에 포함시킬 필요가 있었다. 마치 세탁기에 달린 회전통처럼 화폐가 경제 전체를 순환하는 것이 바로 V, 즉 화폐유통속도다.

피셔 방정식을 하나의 이론으로 정립하려면 방정식을 이루는 문자들 간의 관계를 설정해야 한다. 경제학자들은 문자들의 관계를 세 가지 방식으로 상정했다. 첫 번째, 화폐유통속도 V를 고정된 값으로 보았다. 사람들이 돈을 쓰는 방식은 습관과 관습의 일부로서 해가 바뀌어도 크게 달라지지 않기 때문이다(세탁기 회전통이 일정한 속도로 돌아가는 것과 같다). 이는 화폐수량설의 핵심 가정이다. 두 번째, 한 국가의 거래량 T는 오직 소비자의 수요와 생산자의 기술에 따라 좌우된다고 가정했다. 수요와 기술은 모두 가격을 결정하는 요인이다. 세 번째, 통화량 M은 신세계에서 유럽으로 귀금속이 유입되는 것과 같은 일이 발생할 때만

일회성으로 변하는 것이라고 보았다. 따라서 V(화폐유통속도)와 T(거래량)의 값이 변하지 않을 때 통화량이 두 배로 늘어나면 물가도 두 배로 높아진다.

화폐수량설은 명목가격과 실질가격 간 차이에 대한 이론과 결합하여 화폐가 경제에 대해 중립적이기 때문에 아무 영향을 끼치지 않는다는 결론을 이끌어냈다.

이의제기 및 수정

하지만 화폐가 정말 중립적일까? 단기적인 측면에서는 중립적이지 않다는 의견이 우세하다. 사람들은 더 많은 돈이 생기면 즉시 실제 상품과 서비스를 구입하는 데 사용한다. 존 메이너드 케인스는 화폐가 장기적으로는 중립적일 수 있지만 단기적으로는 생산량이나 실업 같은 실제 변수에 영향을 끼친다고 말했다. 화폐유통속도(V)가 고정되어 있지 않다는 증거도 존재한다. V는 인플레이션이 높은 호경기에는 증가하고, 인플레이션이 낮은 불경기에는 감소하는 것으로 보인다.

케인스는 화폐수량설에 맞서 다른 의견을 제시했다. 그는 화폐가 교환수단으로 사

용될 뿐만 아니라 가치를 저장하는 수단으로도 사용된다고 주장했다. 물건을 사거나 미래의 어려움에 대비하거나 향후에 투자하기 위해 돈을 보관할 수 있다는 것이다.

케인스 학파 경제학자들은 이러한 동기들은 소득이나 거래량(피셔 방정식에서 우변인 PT)보다 금리의 영향을 더 많이 받는다고 주장했다. 금리상승은 통화유통속도의 상승으로 이어진다.

1956년 미국의 경제학자 밀턴 프리드먼은 실질화폐 잔고에 대한 개인의 수요가 부에 따라 결정된다고 주장하며 화폐수량설을 옹호했다. 그는 소득이 이러한 수요를 일으킨다고 주장했다.

오늘날, 중앙은행이 화폐를 찍어내 국채를 매입하는 과정을 양적 완화라고 한다. 통화량이 급감하는 사태를 예방하는 것이 양적 완화의 목표이다. 이 방식을 통해 지금까지 얻은 가장 가시적인 성과는 국채금리 인하라 할 수 있다. ∎

인플레이션은 언제 어디서나 통화적 현상이다.
밀턴 프리드먼

외국 상품으로부터 국부를 보호하라

보호무역주의와 무역

34

맥락읽기

초점
세계 경제

핵심사상가
토마스 먼(1571~1641년)

이전의 관련 역사
서기 1620년경 : 제라드 드 말린스는 금과 은의 해외 유출을 막기 위해 영국 정부가 외국과의 무역을 규제해야 한다고 주장했다.

이후의 관련 역사
서기 1691년 : 영국의 상인 더들리 노스(Dudley North)는 국부를 증가시키는 주된 원동력은 소비라고 주장했다.

서기 1791년 : 미 재무부 장관 알렉산더 해밀턴(Alexander Hamilton)은 신생산업을 보호해야 한다고 주장했다.

서기 1817년 : 영국의 경제학자 데이비드 리카도(David Ricardo)는 해외무역이 모든 나라에 유익하다고 주장했다.

서기 1970년대 : 미국의 경제학자 밀턴 프리드먼은 자유무역이 개발도상국에 도움이 된다고 주장했다.

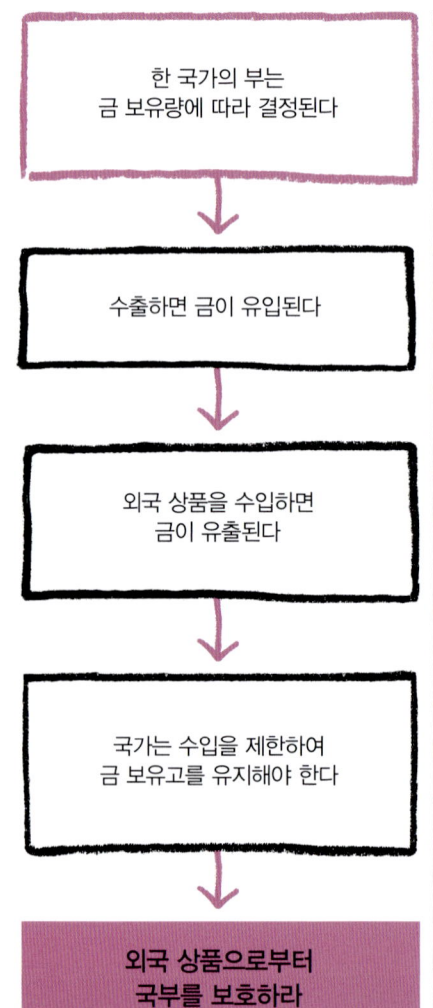

한 국가의 부는 금 보유량에 따라 결정된다

↓

수출하면 금이 유입된다

↓

외국 상품을 수입하면 금이 유출된다

↓

국가는 수입을 제한하여 금 보유고를 유지해야 한다

↓

외국 상품으로부터 국부를 보호하라

지난 반세기 동안 많은 경제학자가 자유무역을 옹호해왔다. 이들은 관세 같은 무역 규제가 사라지면 상품과 돈이 전 세계에 자유롭게 유통되고, 세계시장이 거침없이 발전할 수 있다고 주장한다. 이에 반대하는 사람들은 두 국가 간에 거대한 무역수지 불균형이 존재한다면 자유무역이 일자리와 부에 영향을 미칠 수 있다고 본다.

중상주의자들의 관점

자유무역에 대한 논쟁의 시발점은 유럽에서 16세기부터 18세기 후반까지 이어졌던 중상주의 시대로 거슬러 올라간다. 네덜란드와 영국의 해상무역이 발전하면서 부는 남유럽에서 북유럽으로 이동하기 시작했다.

또한 이 시기에 국가가 보유한 금과 은의 양을 측정하여 나타낸 '국부(wealth of nation)'라는 개념과 더불어 근대 국민국가가 출현하기 시작했다. 중상주의자들은 모든 나라가 한정된 이익을 나눠 갖기 때문에 무역수지 흑자를 확보해야만 국부를 얻을 수 있다고 믿었다. 이때의 무역수지 흑자란 한 국가에 유입되는 금의 양이 유출되는 금의 양보다 많은 것을 뜻한다. 어떤 나라에서 과도한 양의 금이 유출되면 그 나라는

참조 : ■ 비교우위 80~85쪽 ■ 국제무역과 브레턴우즈 체제 186~187쪽 ■ 카를 융 102~107쪽 ■ 시장통합 226~231쪽 ■ 종속 이론 242~243쪽
■ 세계의 저축 불균형 322~325쪽

쇠퇴하고, 임금은 떨어지고, 일자리는 사라지게 된다. 영국은 외국 상품 소비를 제한하기 위해 사치 금지령을 내려서 금이 유출되는 것을 막으려 했다. 질 좋은 외국산 면과 비단의 수요를 줄이기 위해 옷을 만드는 데 사용하는 원단의 종류를 제한하는 법안을 통과시켰던 것이 그 예다.

말린스와 먼

영국의 해외무역 전문가인 제라드 드 말린스(Gerard de Malynes)는 금 유출을 제한해야 한다고 믿었다. 그는 과도하게 많은 금이 유출되면 영국 통화의 가치가 떨어지게 될 것이라고 주장했다.

하지만 그 시대의 가장 위대한 중상주의 이론가로 꼽히는 영국의 토마스 먼(Thomas Mun)은 외국에 대금을 지불하는 것은 문제가 되지 않으며, 무역과 대금 지불이 최종적으로 균형을 이루도록 하는 것이 중요하다고 주장했다. 먼은 수출은 늘리는 반면, 검소하게 국산품을 애용하는 방식을 통해 수입은 줄이기를 원했다. 하지만 그는 수입품 대금을 지불하기 위해 금을 해외로 유출하는 것은 문제 삼지 않았다. 외국에 대금을 지불한다 해도, 그 상품을 더 비싼 값에 다시 수출한다면 궁극적으로 영국이 처음 지불했던 금보다 더 많은 금을 얻을 수 있기 때문이었다. 이렇게 하면 무역이 활발해지고, 해운업에서 일자리가 생기며, 영국의 금 보유고도 늘어나게 된다.

자유무역협정

18세기에 등장한 애덤 스미스는 먼의 이러한 관점에 반대했다. 그는 『국부론』에서 중요한 것은 개별 국가의 부가 아니라 모든 국가의 부라고 주장했다. 또한 이익은 한정되어 있지 않으며 국가 간 무역에 제약이 없다면 시간이 흐르면서 커질 수 있는 것이라고 믿었다. 시장을 자유롭게 놓아두면 시장이 성장하여 결국 모든 국가를 부유하게 만든다는 것이 그의 생각이었다.

지난 반세기 동안 스미스의 관점은 지배적인 위치에 있었다. 대부분의 서구 경제학자들이 국가 간 무역을 규제하면 경제 발전에 방해가 된다고 주장했다. 오늘날에는 EU(유럽연합), ASEAN(동남아시아국가연합), NAFTA(북미자유무역협정)와 같은 자유무역지대가 일반적으로 존재한다. WTO(세계무역기구)와 IMF(국제통화기금) 같은 국제기구는 국가들에 외국 기업이 국내 시장에 진출할 수 있도록 관세나 기타 무역장벽을 축소하라고 촉구한다. 오늘날에는 무역장벽을 수립하면 보호무역주의를 실행하는 것으로 비판받는다.

그러나 경제력이 강해질 때까지 보호장벽 뒤에서 신생산업을 육성했던 영국, 미국, 일본, 한국과는 달리 보호무역을 할 수 없게 된 개발도상국이 막강한 세계시장에 노출되면 피해를 입을 가능성이 있다고 우려하는 경제학자들도 존재한다. 반면에 중

2010년 파리에서 프랑스 농민들이 트랙터 위에 올라가 시위를 벌이고 있다. 수입쿼터 자유화 이후 곡물 가격이 추락한 데 따른 것이다.

국은 대규모 무역흑자를 기록하고 막대한 외환을 보유함으로써 먼의 사상을 여러모로 반영하는 무역정책을 실시하고 있다. ■

토마스 먼

1571년에 태어난 토마스 먼은 런던의 부유한 상인 가정에서 성장했다. 먼이 세 살이 되던 해에 아버지가 사망하고, 어머니는 훗날 영국 최대 무역회사인 동인도회사의 임원이 되는 토마스 코델(Thomas Cordell)과 재혼했다. 상인이 된 먼은 지중해에서 무역을 시작하고 1615년에는 동인도회사의 임원이 된다. 원래 그는 은 수출이 재수출 무역을 일으킨다는 것을 전제로 동인도회사의 막대한 은 수출을 옹호하기 위해 경제이론을 개발했다. 1628년 동인도회사는 네덜란드 경쟁사에 맞서 자사를 보호해 달라고 영국 정부에 호소했으며, 먼은 회사 대표로 의회에 의견을 전달했다. 1641년에 사망할 때까지 그는 상당한 재산을 축적했다.

주요 저서

1621년 『중상주의론A Discourse of Trade』
1630년경 『외국 무역을 통한 영국의 국부 증대England's Treasure by Foreign Trade』

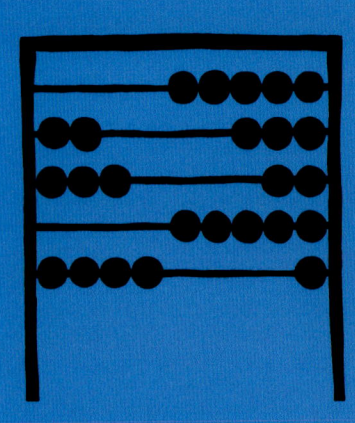

경제는 측정 가능하다

부의 측정

맥락읽기

초점
경제기법

핵심사상가
윌리엄 페티(1623~1687년)

이전의 관련 역사
서기 1620년 : 영국의 철학자 프랜시스 베이컨(Francis Bacon)은 수집한 사실을 토대로 지식에 접근하자고 주장했다.

이후의 관련 역사
서기 1696년 : 영국의 통계학자 그레고리 킹(Gregory King)은 영국 인구 통계조사를 실시하여 책으로 남겼다.

서기 1930년대 : 오스트레일리아의 경제학자인 콜린 클라크(Colin Clark)는 국민총생산(GNP) 개념을 창안했다.

서기 1934년 : 러시아 태생의 미국 경제학자인 사이먼 쿠즈네츠(Simon Kuznets)는 근대적인 국민소득회계(national income accounting) 기법을 개발했다.

서기 1950년대 : 영국의 경제학자 리처드 스톤(Richard Stone)은 국민계정(national accounting)에 복식부기를 도입했다.

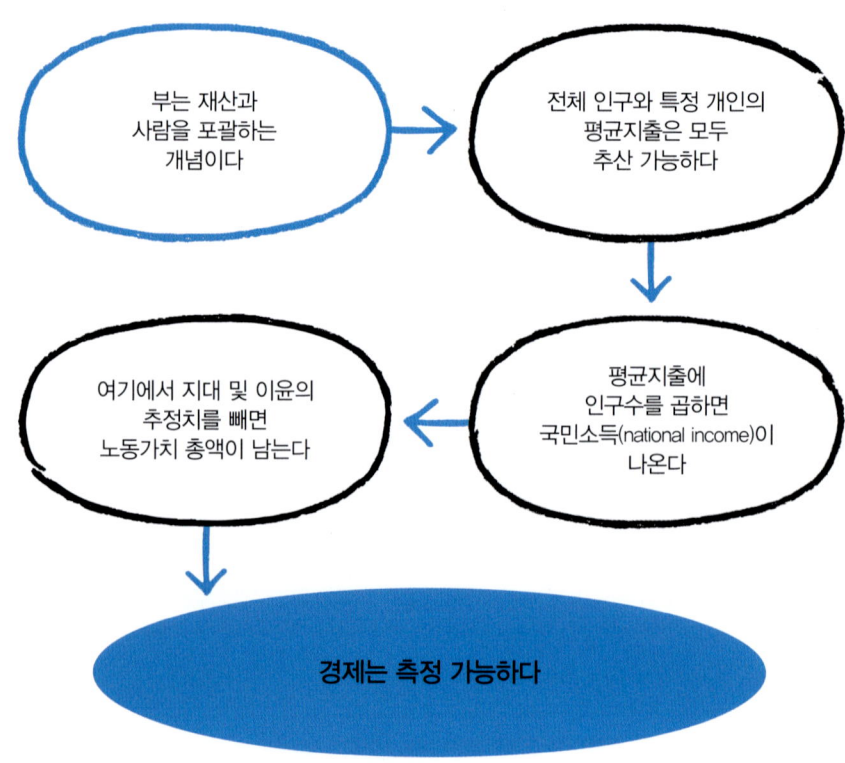

부는 재산과 사람을 포괄하는 개념이다

전체 인구와 특정 개인의 평균지출은 모두 추산 가능하다

평균지출에 인구수를 곱하면 국민소득(national income)이 나온다

여기에서 지대 및 이윤의 추정치를 빼면 노동가치 총액이 남는다

경제는 측정 가능하다

오늘날 우리는 경제를 측정하여 그 팽창과 수축을 정확한 수치로 나타낼 수 있다는 사실을 당연하게 받아들인다. 하지만 예전에도 그랬던 것은 아니다. 경제를 측정한다는 생각의 기원을 찾아 1670년대로 거슬러 올라가면 영국의 과학자 윌리엄 페티(William Petty)의 선구적인 연구를 발견하게 된다. 그는 과학에 적용되던 새로운 경험적 방법을 금융과 정치 영역에 통찰력 있게 적용하여, 논리적 추론에 의존하는 대신 실제 자료를 이용해 연구를 진행했다. 오직 '숫자와 무게, 양'이라는 측면에서만

참조 : ■ 경제순환 40~45쪽 ■ 경제이론의 계량분석 170쪽 ■ 행복의 경제학 216~219쪽 ■ 성과 경제학 310~311쪽

자신의 생각을 전개하기로 했던 것이다. 이러한 접근법은 경제학이라는 학과목의 기초를 형성하는 데 기여했다.

페티는 1690년에 펴낸 저서 『정치산술』에서 '영국은 그 어느 때보다 부유하다'라는 일반적인 믿음이 잘못되었음을 실제 자료를 통해 입증했다. 그의 획기적인 판단 가운데 하나는 연구에 토지와 자본 외에 노동 가치도 포함시켰다는 점이다. 페티가 발표한 수치는 논란의 여지가 있지만 그의 기본적인 생각이 효과적이었다는 점은 부정할 수 없다. 그는 인구 규모, 개인 지출액, 일인당 임금, 임차료 등을 계산에 포함시켰다. 그런 다음 이 수치들을 곱하여 국가의 총체적인 부를 의미하는 수치, 즉 한 국가 전체의 계정을 산출했다.

프랑스의 피에르 드 부아기유베르와 세바스티안 르 프레스트르 역시 이와 비슷한 방법을 개발했다. 영국에서는 그레고리 킹이 영국, 네덜란드, 프랑스의 경제와 인구를 분석했다. 세 나라는 그 당시 9년 전쟁에 휘말려 있었다. 킹은 세 나라의 재정 능력을 계산한 결과 1698년 이후까지 전쟁을 지속할 수 있는 나라는 없다고 말했다. 전쟁이 1697년에 끝난 점으로 미루어 볼 때 그의 계산은 정확했던 것으로 보인다.

진보의 측정

이제 통계는 경제학의 핵심이다. 오늘날의 경제학자들은 일반적으로 국내총생산(GDP)을 측정한다. 국내총생산이란 특정 기간(보통 1년) 동안 한 나라에서 생산한 상품과 서비스 가치를 금전으로 환산하여 모두 합친 것이다. 그러나 방법을 표준화하려는 노력에도 불구하고 국민계정을 산출하는 방법은 아직 확정되지 않았다.

경제학자들은 이제 번영을 측정하는 방법을 확장시키고 있다. 새로운 측정법으로는 소득분배, 범죄, 공해 등을 포함해 산출한 진정진보지수(GPI)와 인간의 행복이나 환경에 대한 영향 등을 측정한 지구행복지수(HPI)가 있다. ■

9년 전쟁 기간에 벌어졌던 라 오그(La Hogue) 해전을 묘사한 그림이다. 영국의 통계학자 그레고리 킹은 참전국들이 얼마나 오래 전쟁을 지속할 수 있을지 계산했다.

윌리엄 페티

1623년 영국 햄프셔 지방에서 가난한 집안의 아들로 태어났다. 영국 시민전쟁(Civil War)을 겪었으며 공화정과 복고왕정에서 모두 고위직을 지냈다. 청년기에는 네덜란드에서 영국의 정치철학자 토마스 홉스(Thomas Hobbes)를 위해 일했다. 영국으로 돌아온 이후 옥스퍼드 대학에서 해부학을 가르치기도 했다. 하지만 새로운 과학을 신봉했던 그는 교수 생활에 지루함을 느끼고 아일랜드로 떠나서 전 지역을 대상으로 기념비적인 토지조사를 실시했다.

1660년대에는 영국으로 돌아와서 그를 유명하게 만든 경제학 연구를 시작했다. 실생활은 물론 연구 초점이라는 면에서도 영국과 아일랜드를 오가며 남은 생애를 보냈다. 위대한 초기 정치경제학자 중 한 사람으로 꼽히며, 1687년 64세를 일기로 세상을 떠났다.

주요 저서

1662년 『조세공납론Treatise of Taxes and Contributions』
1690년 『정치산술Political Arithmetick』
1695년 『화폐론Quantulumcunque Concerning Money』

기업을 거래하라

공개기업

상선(商船)은 늘 이윤 배분을 약속하고 항해 기금을 모았다. 1500년대에 상선에 투자하면 엄청난 이윤을 창출할 수 있었지만, 리스크가 높은 사업인 데다 이윤이 창출될 때까지 돈이 몇 년간 묶인다는 문제가 있었다. 이를 해결하는 방법은 리스크를 공유하는 것이었다. 그리하여 회사 주식을 매입한 투자자들이 주주가 되어 투자 비율에 따라 이윤을 배당받는 주식회사가 설립되었다.

동인도회사

동인도회사(East India Company)는 초창기 주식회사로서 영국과 동인도 간 무역 발전을 도모하기 위해 1599년에 설립되었다. 이 회사는 '중상주의자들의 아버지'라 불렸던 런던의 상인 조시아 차일드(Josiah Child)의 비호 아래 자유무역권을 보장받아 세계적인 기업으로 성장했다. 차일드가 사망할 당시 동인도회사는 3천 명에 이르는 주주를 거느렸으며, 300만 파운드 규모의 주식을 보유했다. 또한 채권으로 600만 파운드 이상의 차입금을 끌어왔으며, 연간 매출액이 200만 파운드에 달했다.

주주가 자신이 투자한 금액까지만 책임지도록 보호하는 제도를 갖춘 유한상장회사(public limited company)는 주식회사가 발전한 형태다. 주식 판매는 재정을 확보하는 중요한 방법이었다. 주주의 주식판매 권리가 단기실적주의를 야기한다고 주장하는 사람들도 있지만, 주식회사는 오늘날까지 자본주의의 주축을 이루고 있다. ■

주식회사는 상선의 고위험, 고수익 가능성을 공유했다. 그림 속의 배는 1850년대 인도 봄베이 항에 정박했던 존 우드(John Wood) 호다. 이러한 상선들은 상품을 싣고 고국으로 돌아갔다.

참조 : ■ 경제 균형 118~123쪽 ■ 기업지배구조 168~169쪽 ■ 제도경제학 206~207쪽

부는 땅에서 온다

농업경제

다른 사람의 노동으로 창출된 부를 취급한다는 이유로 은행가를 기생충으로 표현하는 일이 최근 몇 년 사이에 늘어나고 있다. 프랑스 농민의 아들로 태어나 18세기 최고의 지성인 가운데 한 명으로 꼽히는 프랑수아 케네(François Quesnay)는 이러한 표현이 옳다고 인정할지도 모르겠다. 그는 부(富)가 금이나 은에 담겨 있지 않으며 생산물에서 비롯되는 것이라고 보았다. 일반적으로 생산물은 농업이나 제조업에 의해 창출된다. 케네는 농사가 (농부의 노력과 자원의 효과를 증대시켜주는) 자연과 힘을 합쳐 잉여를 창출하는 행위이므로 매우 가치 있는 일이라고 주장했다. 반면 제조업은 생산에 투입한 가치와 산출한 가치가 동일하기 때문에 생산성이 없다고 여겼다. 그러나 후대 학자들은 제조업 역시 잉여를 창출한다는 사실을 입증했다.

자연 질서
농업의 가치를 옹호한 케네의 영향을 받아 프랑스에서 중농주의 학파가 탄생했다. 중농주의자들은 '자연 질서(natural order)'

농업경제학을 알고 있다면 빈곤의 경제학에 대해 많이 알고 있는 셈이다.
시어도어 슐츠

가 경제에서 가장 우위를 차지한다고 믿었다. 시어도어 슐츠를 포함하여 많은 경제학자가 농업 발전이야말로 빈국의 진보를 위한 기반이라고 주장했다. 2008년, 세계은행(World Bank)은 농업 부문의 성장이 다른 어떤 부문보다 빈곤 퇴치에 가장 크게 기여하고 있다고 보고했다. 그러나 현대 경제학자들은 금융을 비롯한 각종 산업과 서비스를 다양화하는 것이 장기적 발전의 필수 조건임을 인정하고 있다. ■

참조 : ■ 인구통계와 경제학 68~69쪽 ■ 노동가치설 106~107쪽 ■ 근대 경제의 출현 178~179쪽 ■ 개발경제학 188~193쪽

돈과 상품은
생산자와
소비자
사이에서 흐른다

경제순환

맥락읽기

초점
거시경제학

핵심사상가
프랑수아 케네

이전의 관련 역사
서기 1664~1676년 : 영국의 경제학자 윌리엄 페티가 국민소득과 지출의 개념을 도입했다.

서기 1755년 : 아일랜드 출신의 상인은행가 리샤르 캉티용(Richard Cantillon)이 프랑스에서 처음 출간한 『상업론Essay』은 돈이 도시와 시골을 어떻게 순환하는지 논하고 있다.

이후의 관련 역사
서기 1885년 : 카를 마르크스는 『자본론』에서 케네의 영향을 받아 만들어낸 모형을 통해 자본의 순환을 설명했다.

서기 1930년대 : 러시아 출신의 미국 경제학자 사이먼 쿠즈네츠(Simon Kuznets)는 근대적인 국민소득계정을 개발했다.

루이 15세의 정부였던 퐁파두르 부인은 베르사유궁에서 케네를 자신의 주치의로 두었다. 케네는 잉여를 사치에 낭비하는 지주들의 생활양식의 전형이 퐁파두르 부인이라고 생각했다.

경제학은 미시경제학(microeconomics)이라는 말처럼 좁은 의미로 생각할 수도 있고, 전체 시스템과 관련해 넓은 의미로 생각할 수도 있다. 경제학을 넓은 의미에서 연구하는 학문이 거시경제학(macroeconomics)이다.

18세기 프랑스에 등장한 중농주의 경제학자들은 넓은 의미에서 경제학을 연구하려 했다. 즉 경제 전체를 하나의 시스템으로 이해하고 설명하고자 했던 것이다. 이들의 사상은 근대 거시경제학의 기반을 형성했다.

중농주의자

중농주의(physiocracy)는 고대 그리스어로 '자연의 지배'를 뜻한다. 중농주의자들은 국가가 농업 생산을 통해 자연에서 경제적 부를 획득한다고 믿었다. 중농주의 학파의 수장인 프랑수아 케네는 루이 15세의 정부인 퐁파두르 부인(Madame de Pompadour)의 주치의였다. 케네가 인체 내 혈액순환을 반영해서 복잡한 경제모형을 만들어낸 것이라고 생각하는 사람들도 있었다.

그 당시에는 중상주의적 접근법이 경제 사상을 지배하고 있었다. 중상주의자들은 국가가 마치 상인처럼 사업을 성장시키고 금을 획득하고 세금, 보조금, 통제, 독점 혜택 등을 통해 경제에 적극적으로 개입해야 한다고 생각했다. 중농주의자들의 관점은 이와 정반대였다. 경제는 본래 스스로를 조절하며, 악영향이 존재할 때만 보호를 필요로 한다고 보았던 것이다. 중농주의자들은 자유무역과 낮은 세율, 재산권 보장을 옹호했으며 국가부채가 적어야 한다고 주장했다. 중상주의자들은 금을 부의 원천으로 여겼으나, 케네와 그의 추종자들은 근대 경제학에서 말하는 '실물경제'에 부의 원천이 존재한다고 보았다. 실물경제의 여러 부문에서는 실제 상품과 서비스가 생산된다. 이들은 그 중에서 농업이 가장 생산적인 부문이라고 믿었다.

중농주의자들은 프랑스의 지주였던 피에르 드 부아기유베르(Pierre de Boisguilbert)의 사상에서 영향을 받았다. 부아기유베르는 농업이 제조업보다 우월하며, 소모품이 금보다 더 가치 있다고 생각했다. 또한 더 많은 상품을 소비할수록 더 많은 돈이 경제 시스템으로 유입되므로, 소비는 경제의 원동력이라고 주장했다. 경제적 측면에서 보면 가난한 사람(돈을 쓰는 사람)이 가진 적은 돈이 부자(돈을 모아두는 사람)가 가진 많은 돈보다 훨씬 더 가치 있다는 말을 남기기도 했다. 그만큼 돈의 순환을 매우 중시했던 것이다.

경제표

중농주의적 순환 시스템은 케네의 『경제표』에 나타나 있다. 이 표는 발표된 이후 1758년에서 1767년 사이에 여러 차례 수정을 거쳤다. 표에 그려진 선들은 서로 교차하거나 이어지면서 지주, 농부, 장인이라는 세 집단 사이에서 돈과 상품이 어떻게 흐르는지 보여준다. 상품은 농산물과 공산품(각기 농부와 장인이 생산한 것)으로 구성된다. 케네는 농산물의 예로 옥수수를 들었지만, 광물을 비롯해 땅에서 생산된 것이라면 무엇이든 농산물로 분류할 수 있다고 덧붙였다.

이 경제표를 잘 이해하려면 예시를 통해 살펴보는 것이 좋다. 맨 처음에 지주, 농부, 장인 집단이 각각 200만 파운드를 보유

참조 : ■ 부의 측정 36~37쪽 ■ 농업경제 39쪽 ■ 자유시장 경제학 54~61쪽 ■ 마르크스주의 경제학 100~105쪽 ■ 경제 균형 118~123쪽 ■ 케인스의 승수효과 164~165쪽

하고 있다고 상상해보자. 지주 집단은 아무것도 생산하지 않는다. 이들은 200만 파운드를 절반으로 나눠 각각의 돈을 남김없이 농산물과 공산품 구입에 쓴다. 그런 다음 농부들에게 지대로 200만 파운드를 받는다. (농부들은 잉여가치를 생산하는 유일한 집단이므로 지대를 지불할 수 있다.) 그리하여 지주들은 처음과 동일하게 200만 파운드를 보유하게 된다. 농부들은 생산적인 집단이다. 이들은 200만 파운드를 이용해 농사를 시작하여 500만 파운드 가치의 농산물을 생산한다. 자신들이 직접 소비한 농산물의 가치는 제외한 액수다. 지주들은 자신들이 사용하기 위해 이 중에서 100만 파운드어치를 구입한다. 장인들은 200만 파운드어치의 농산물을 사서 절반은 자신들이 쓰고 절반은 공산품의 원재료로 사용한다. 농부들은 팔고 남은 200만 파운드어치의 농산물을 다음 해 농사에 활용한다. 생산의 측면에서 볼 때 농부들은 처음과 동일한 액

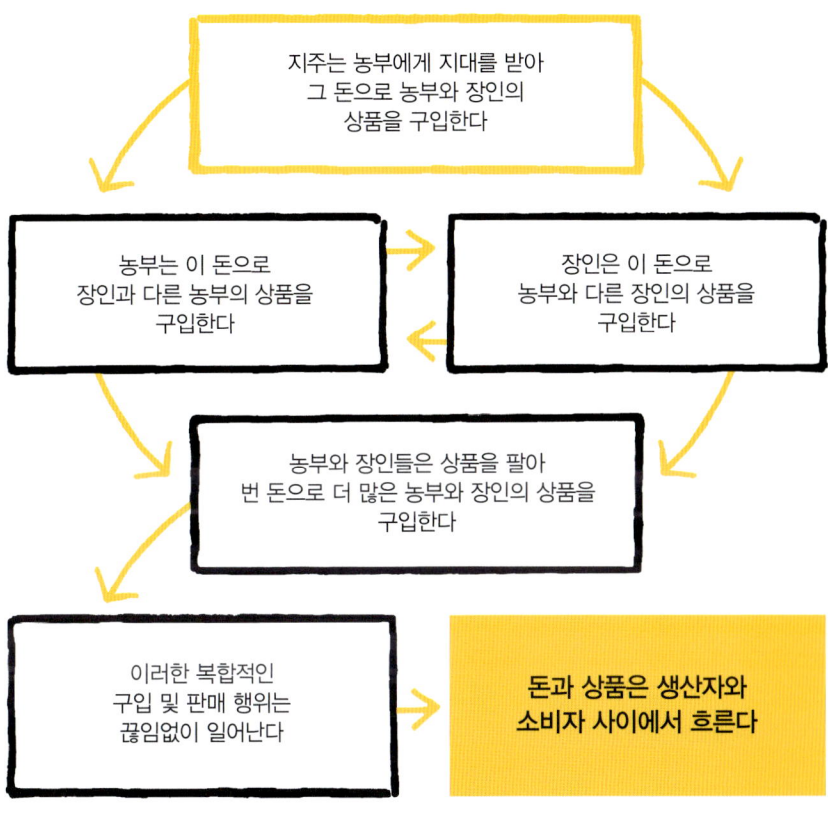

지주는 농부에게 지대를 받아 그 돈으로 농부와 장인의 상품을 구입한다

농부는 이 돈으로 장인과 다른 농부의 상품을 구입한다

장인은 이 돈으로 농부와 다른 장인의 상품을 구입한다

농부와 장인들은 상품을 팔아 번 돈으로 더 많은 농부와 장인의 상품을 구입한다

이러한 복합적인 구입 및 판매 행위는 끊임없이 일어난다

돈과 상품은 생산자와 소비자 사이에서 흐른다

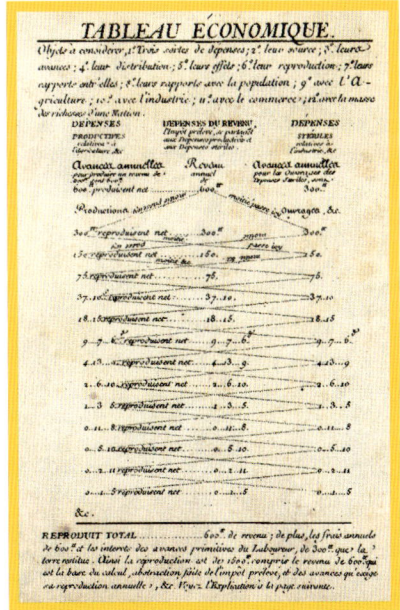

수를 보유하게 된 셈이다. 하지만 이들에게는 농산물 판매 수익 300만 파운드가 별도로 남아 있어서 그 중 200만 파운드는 지대로, 100만 파운드는 자신들이 쓸 공산품(연장, 농기구 등)을 구입하는 데 쓴다. 케네는 땅에 기반을 두고 활동하는 농부와 지주를 제외한 나머지 집단을 '비생산적'이라고 표현했다. 다른 집단은 잉여를 생산하지 못한다고 믿었기 때문이다. 앞서 든 예를 살펴보면 장인들은 처음에 보유한 200만 파운드로 200만 파운드 가치의 공산품을 생산

케네의 경제표는 농부, 지주, 장인 사이에서 부가 지그재그로 흘러가는 모습을 보여준다. 이는 국가 경제의 작동 원리를 설명하려 한 최초의 시도였다.

한다. 자신들이 직접 소비하는 공산품 가치는 제외한 금액이다. 공산품 200만 파운드어치 가운데 절반은 지주에게, 나머지 절반은 농부에게 팔린다. 여기에서 200만 파운드의 판매 수익이 발생하지만 이 돈은 전부 농산물 구입에 쓰인다. 구입한 농산물의 반은 자신들이 소비하고, 반은 공산품 원료로 사용한다. 이런 식으로 장인들은 가진 돈을 모두 사용하게 된다.

케네의 모형은 오늘날의 연말결산보다 더 많은 기능을 수행한다. 한 해 동안 돈과 상품이 어떻게 순환하는지 보여주고 그 순환이 왜 중요한지 알려준다. 다양한 집단이 서로 상품을 판매하여 지속적으로 수익을 올리고, 이 수익은 더 많은 상품을 구입하

> 수익의 총합이 매년 다시
> 순환 경로로 돌아가 흘러가게 하라.
> 프랑수아 케네

는 데 쓰이며, 이렇게 팔린 상품은 더 많은 수익을 창출하게 된다. '승수효과(multiplier effect)'가 발생하는 것이다(케네의 경제표에서는 지그재그로 그려진 선이 이 효과를 나타냄). 이와 유사하게 1930년대에는 존 메이너드 케인스가 불경기에 정부지출이 일으키는 유익한 연쇄효과를 지적한 바 있다.

경제 분석

케네가 던졌던 질문의 종류와 답을 찾기 위해 사용했던 방식을 살펴보면 그가 근대 경제학을 선도했음을 알 수 있다. 그는 경제를 지배하는 일반적이며 추상적인 법칙을 발견하기 위해 노력했던 최초의 인물들 가운데 하나로서, 경제를 구성요소에 따라 분해한 다음 각 구성요소 간의 관계를 세밀하게 분석하는 방식을 취했다. 그의 경제 모형은 투입물과 산출물, 각 경제 부문의 상호의존 관계를 포괄하여 보여준다. 케네는 모든 부문이 균형 상태로 존재한다고 가정하여 경제학 이론 형성의 기반을 마련했다. 훗날 프랑스의 경제학자 레옹 발라스는 균형에 대한 케네의 생각을 더욱 발전시켰다.

케네가 경제법칙에 양적으로 접근했다는 점에서 그의 경제표는 최초의 경험적 거시경제학 모형이라 할 수 있다. 그는 프랑스의 경제 시스템을 치밀하게 연구한 끝에 경험적 근거가 탄탄한 수치를 도출하여 경제표에 사용했다. 그의 연구는 당시의 농업 기술이 최소 100퍼센트의 잉여를 창출하기에 충분한 수준이었음을 보여준다. 앞서 들었던 예에 적용해 보면 농부들은 2백만 파운드어치의 옥수수로 농사를 시작해 여기에 잉여로 2백만 파운드를 더해 돌려받은 셈이 된다. 그리고 이 잉여는 지대를 지불하는 데 쓰인다. 근대 경제학자들은 정책 변화의 영향을 고려할 때 이러한 종류의 경험적 결과를 활용했으며, 케네 역시 자신의 경제표를 비슷한 목적에 이용했다. 그는 농부들이 직간접적으로 지나치게 많은 세금을 내게 되면 농업 기술에 투자할 자본을 삭감하게 되어 결국 경제 번영에 필요한 생산량을 달성하지 못할 것이라고 생각했다. 중농학파는 이러한 논리에 따라 오직 지대에만 세금을 매겨야 한다고 주장했다.

케네는 자신의 경험적 발견에 근거하여 농업 투자, 전체 수익 지출, 소득 비축 금지, 세금 감면, 자유무역 등 여러 가지 다른 정책도 제안했다. 그는 자본을 특히 중시했다. 그의 이론에서는 기업가와 마찬가지인 농부들이 토지를 개량하기 위해 낮은 금리에 돈을 빌려야 했기 때문이다.

고전주의 사상

생산적 혹은 비생산적 부문에 관한 케네의 생각은 경제학 역사 전반에 걸쳐 계속 나타나고 있다. 제조업 대 서비스업 혹은 민간부문 대 공공부문에 관한 연구가 그 예다. 근대적인 관점에서 볼 때 농업에만 초점을 맞추었던 케네의 연구는 편협하게 느껴질 수도 있다. 제조업과 서비스업에서 창출된 부가 경제 성장에 필수적이라는 사실을 지금은 모두 알고 있기 때문이다. 그러나 케네는 경제의 '실제적' 측면을 강조함으로써 근대 경제사상으로 향하는 길을 열었다. 그는 분명 근대적인 국민소득회계를 선도했던 셈이다. 국민소득회계란 국가의 거시경제적 활동을 측정하는 것이다. 이 소득회계는 경제 전반에서 일어나는 수입과 지출의 순환을 기반으로 한다. 한 국가 경제의 총 생산물 가치가 총 국민소득과 동일하

중농주의 학파는 농업 투자가 프랑스의 국부를 확보하는 핵심이라고 주장했다. 자유로운 수출은 수요를 유지하고 상인의 권력을 제한하는 방법이었다.

케네는 소비자와 생산자의 상호 의존 관계를 최초로 설명했다. 소비자는 상품을 구입하고 서비스를 받기 위해 생산자에게 의존하며, 생산자는 상품을 팔고 노동력을 얻기 위해 소비자에게 의존한다.

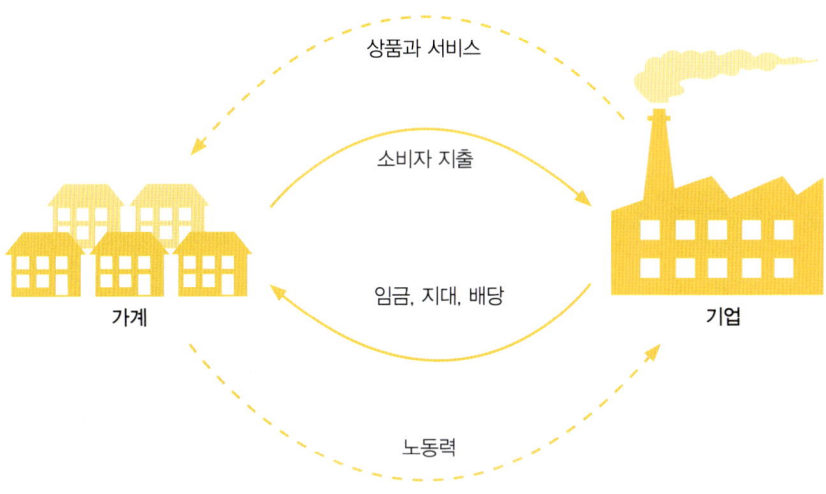

상품과 서비스

소비자 지출

임금, 지대, 배당

가계

기업

노동력

다는 개념은 케네의 이론에서 중요한 위치를 차지한다. 20세기에 이르러 대부분의 거시경제 분석은 케인스 승수를 중심으로 진화했다. 케인스는 정부지출이 '승수 효과'에 따라 더 많은 지출을 불러일으킨다는 것을 입증했다. 이러한 생각은 케네의 경제순환 이론과 분명히 연결되어 있다. 경기 팽창과 침체에 민감하게 반응한다는 점에서 특히 그러하다.

이 시스템은 지금까지 정치경제학 분야에서 발표된 추론 가운데 가장 진실에 가까울 것이다.
애덤 스미스

무엇보다 중요한 점은 케네의 자본과 잉여 개념이 고전주의 경제학자들의 경제 성장 분석에서 핵심적인 위치를 차지했다는 사실이다. 전형적인 고전주의 모형은 생산의 세 가지 요소, 즉 토지, 노동, 자본에 초점을 맞춘다. 지주는 지대를 받고 사치품에 그 돈을 낭비한다. 노동자는 낮은 임금을 받으며, 임금이 오르면 아이를 더 낳는다. 하지만 기업가는 이윤을 창출하여 산업에 생산적으로 재투자한다. 따라서 이윤은 경제 성장을 이끌며, 경제적 성과는 잉여를 생산하는 경제부문에 의존한다고 볼 수 있다. 이와 같이 케네는 경제성장에 대한 사상을 선도했으며, 마르크스에게도 영향을 끼쳤다. 마르크스는 1885년에 직접 경제표를 만들었다. 그는 케네에 대해 "정치경제학에서 이렇게 천재적인 수준의 사고에 도달한 사람은 없었다"고 표현했다. ■

프랑수아 케네

1694년 프랑스 파리 근교에서 농부의 여덟 번째 아들로 태어났다. 17세에 조각가의 견습생으로 들어갔으나 곧 그만두고 대학에 입학했다. 1717년 의대를 졸업하고 외과의사가 되었다.

그는 외과의사로서 명성을 떨쳤으며 귀족을 전문적으로 진료했다. 1749년에 퐁파두르 부인의 주치의가 되어 파리 근교 베르사유 궁에서 거주했다. 1752년 천연두에 걸린 왕자를 치료하여 작위를 받았으며, 이때 받은 상금으로 아들을 위해 땅을 샀다.

1750년대 초기부터 경제학에 관심을 품었으며, 1757년에 미라보(Mirabeau) 후작을 만나 중농주의 학파를 결성했다. 사망연도는 1774년이다.

주요 저서

1758년 『경제표Economic Table』
1763년 『농업철학Rural Philosophy』
1766년 『경제표 계산공식 분석 Analysis of the Arithmetic Formula for the Economic Table』

개인은 절대 가로등 비용을 지불하지 않는다

공공재 공급

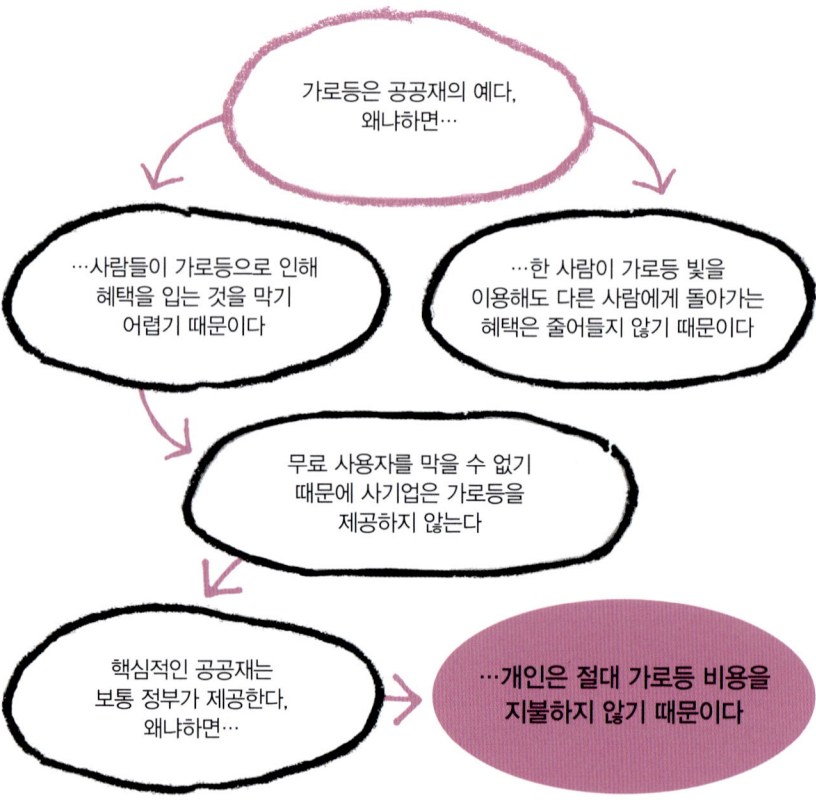

가로등은 공공재의 예다, 왜냐하면…

…사람들이 가로등으로 인해 혜택을 입는 것을 막기 어렵기 때문이다

…한 사람이 가로등 빛을 이용해도 다른 사람에게 돌아가는 혜택은 줄어들지 않기 때문이다

무료 사용자를 막을 수 없기 때문에 사기업은 가로등을 제공하지 않는다

핵심적인 공공재는 보통 정부가 제공한다, 왜냐하면…

…개인은 절대 가로등 비용을 지불하지 않기 때문이다

시장경제가 제 기능을 다하고 있다 해도 시장이 실패하는 영역은 존재하기 마련이다. 시장실패의 중요한 사례 중 하나는 공공재의 공급에서 찾아볼 수 있다. 공공재란 모든 사람이 자유롭게 이용할 수 있으며, 무료 이용자를 막기 힘든 재화나 서비스를 뜻한다. 국방과 같은 일도 포함하는 공공재를 사기업이나 개인이 제공하고 수익을 올리기는 어렵다. '무임승차(소비자가 대가를 지불하지 않고 상품을 이용하는 행위)'라

참조 : ■ 자유시장 경제학 54~61쪽 ■ 외부비용 137쪽 ■ 시장과 사회적 성과 210~213쪽

등대는 무료 이용자를 배제하기 어렵고 많은 사람이 동시에 이용할 수 있다는 점에서 공공재다. 등대 불빛은 언제나 모든 사람에게 제공된다.

고 불리는 이러한 문제는 공공재를 제공해도 인센티브를 얻을 수 없다는 것을 의미한다. 그러나 공공재에 대한 수요가 존재하고 민간시장에서는 이 수요를 충족시킬 수 없기 때문에, 일반적으로 정부가 세금으로 재원을 마련하여 공공재를 제공하는 것이다.

18세기 철학자 데이비드 흄(David Hume)은 시장이 공공재 제공에 실패했다는 것을 깨달았다. 열렬한 자유시장 지지자였던 애덤 스미스는 흄의 영향을 받아 공공재를 제공하는 것이 정부의 역할이라는 점을 인정했다. 개인이나 기업은 공공재로 수익을 창출할 수 없기 때문이었다.

공공재가 지닌 두 가지 뚜렷한 특성 때문에 시장은 이를 제대로 제공할 수 없다. 첫 번째 특성인 비배제성(non-excludability)은 돈을 내지 않고 상품을 이용하는 사람들을 막기 어렵다는 뜻이다. 두 번째 특성은 비경합성(non-rivalry)으로 한 사람의 공공재 소비가 다른 사람의 공공재 소비 능력을 감소시키지 않는다는 것을 의미한다. 이와 같

은 특성을 보여주는 전형적인 예가 가로등이다. 무료 이용자가 가로등의 혜택을 입지 못하게 막는 것은 거의 불가능하며, 누군가가 그 빛을 이용한다고 해도 다른 사람이 누리는 혜택은 줄어들지 않는다.

19세기에 산업경제가 발전하면서 국가들은 지적재산 등의 영역에서 벌어지는 무임승차 문제를 극복해야만 했다. 새로운 지식이나 발견 같은 무형재화는 비배제성과 비경합성을 속성으로 지니고 있으므로 시장에서 공급 부족에 처할 위험성이 존재한다. 따라서 어떤 방법으로든 무형재화를 보호하지 않으면 새로운 기술이 발전할 수 없게 될 것이다. 문제를 해결하기 위해 국가들은 특허, 저작권, 상표승인법을 만들어 새로운 지식과 발명에서 창출되는 수익을 보호하고 있다. 대부분의 경제학자들은 공공재를 제공할 책임이 정부에 있다는 것은 인정하지만, 책임의 정도에 대한 논의는 계속 진행 중이다. ■

소수가 부를 독차지한다면,
그 소수는 공공 필수품을
공급하는 데 크게 기여해야만 한다.
데이비드 흄

데이비드 흄

'스코틀랜드 계몽주의'를 상징하는 인물인 데이비드 흄은 가장 영향력 있는 18세기 영국 철학자들 중 한 사람이다. 1711년에 에든버러에서 태어났으며 어릴 때부터 천재성을 보였다. 12살 때 에든버러 대학교에 입학하여 처음에는 법학을, 나중에는 철학을 공부했다.

1734년에 프랑스로 이주하여 자신의 주요 철학사상을 담은 『인성론』을 발표했다. 그 후에는 문학 및 정치적 주제에 관한 글을 쓰는 데 많은 시간을 보냈으며, 그의 저작에 감명받은 청년 애덤 스미스와 친분을 맺기도 했다. 1763년에 파리에서 외교 사절로 활동하는 동안 프랑스의 혁명적 사상가인 장 자크 루소와 친구가 되었다. 1768년 다시 에든버러로 돌아와 1776년 65세의 나이로 세상을 떠날 때까지 그곳에서 살았다.

주요 저서

1739년 『인성론A Treatise of Human Nature』
1748년 『인간 오성에 관한 탐구 An Enquiry Concerning Human Understanding』
1752년 『정치론Political Discourses』

THE AGE OF REAS

1770-1820

ON

이성의 시대
서기 1770~1820년

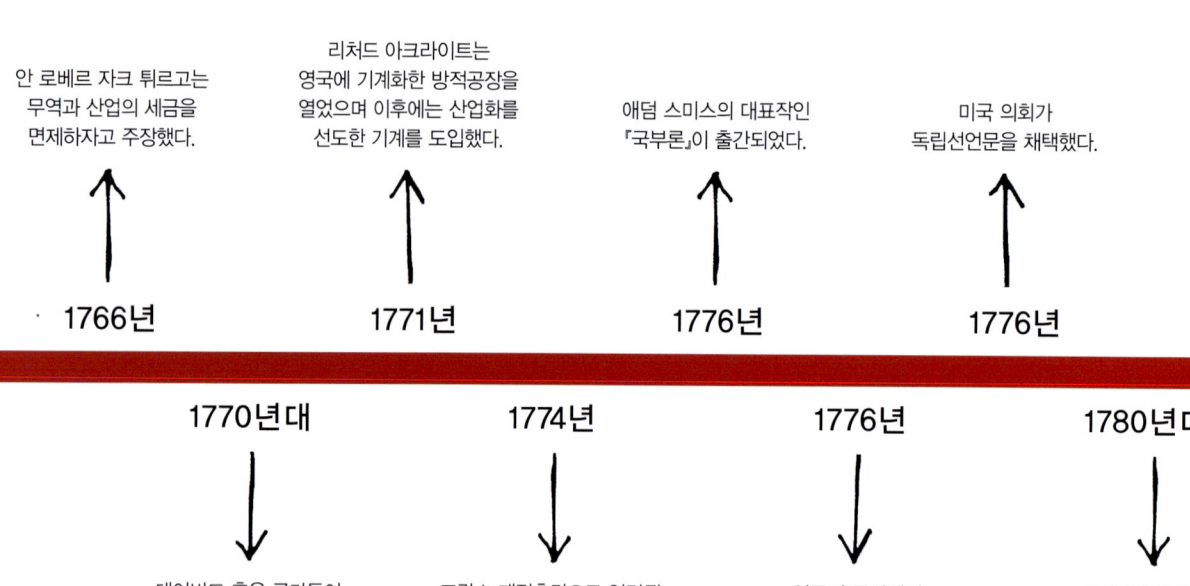

안 로베르 자크 튀르고는 무역과 산업의 세금을 면제하자고 주장했다.

리처드 아크라이트는 영국에 기계화한 방적공장을 열었으며 이후에는 산업화를 선도한 기계를 도입했다.

애덤 스미스의 대표작인 『국부론』이 출간되었다.

미국 의회가 독립선언문을 채택했다.

1766년

1771년

1776년

1776년

1770년대

1774년

1776년

1780년대

데이비드 흄은 국가들이 상품 수입량보다 수출량을 더 늘리는 데 힘써서는 안 된다고 주장하며 무역 보호주의를 강력하게 비판했다.

프랑스 재정총감으로 임명된 튀르고는 부유한 지주들에게 세금을 부과함으로써 세금 제도를 개혁하려 했다.

영국의 공장에서 제임스 와트의 첫 번째 증기기관이 가동되면서 진정한 의미의 산업혁명이 시작되었다.

영국의 수상 윌리엄 피트(小 피트)가 스미스의 제안대로 무역자유화를 채택했다.

18세기가 끝나갈 무렵, 많은 나라가 거대한 정치적 변화를 경험하고 있었다. 이른바 '이성의 시대'에 등장한 과학자들은 다양한 발견을 통해 새로운 기술을 개발했으며 이는 상품 생산방식의 변혁으로 이어졌다. 같은 시기에 정치철학자들은 구세계와 신세계의 사회 구조에 엄청난 영향을 끼친 프랑스와 북아메리카 혁명에 영감을 제공했다.

경제학 분야에서는 보호무역을 추진했으며 부를 유지하기 위해 수출에 의존했던 기존의 중상주의적 관점이 새로운 과학적 접근방식에 밀려 전복되었다. 나폴레옹 전쟁이 끝날 무렵인 1815년에 유럽, 그중에서도 특히 영국에서 전례 없는 규모의 산업화가 시작되었다. 새롭게 급부상하는 경제적 세계의 수요를 설명하고 부응하려면 새로운 접근방식이 필요했다.

합리적 경제인

새로운 도전에 가장 성공적으로 대응한 경제학자는 스코틀랜드 태생의 애덤 스미스였다. 그는 존 로크와 데이비드 흄 같은 영국 계몽주의 철학자들의 영향을 받아 처음에는 도덕철학의 입장에서 경제적 주제에 접근했다. 그러나 1776년에 발표한 『국부론』에서는 시장경제를 포괄적으로 분석하고, 시장경제가 사람들의 경제적 복리에 어떻게 기여하는지 설명했다. 이 책의 핵심적인 개념은 '합리적인 경제인'이었다. 스미스는 개별적 인간이 사회의 이익을 위해서가 아니라 합리성과 자신의 이익에 근거하여 경제적 판단을 내린다고 주장했다. 경쟁시장을 갖춘 자유로운 사회에서 사람들이 이러한 방식으로 행동할 수 있다면, '보이지 않는 손'이 모두에게 이익을 주는 방향으로 경제를 인도할 것이라고 본 것이다. 그는 최초로 자유시장경제를 구체적으로 설명했으며, 번영과 자유를 보장하는 수단으로 자유시장을 지목하고 옹호했다.

일반적으로 스미스의 이론은 경제학을 학과목으로서 발전시키는 데 이정표 역할을 한 것으로 인정받고 있다. 그는 일반적으로 '고전경제학'이라 불리는 접근방식을 수립하는 데 기여했다. 경쟁시장 체제에 대한 그의 분석은 본질적으로 오늘날 자본주의로 알려져 있는 체제를 설명한 것과 같다. 그러나 『국부론』은 전체 경제, 즉 '거시경제'에 대한 설명 외에도 많은 내용을 담고 있다. 스미스는 이 책을 통해 분업과 그것이 성장에 기여하는 바를 분석했으며, 상

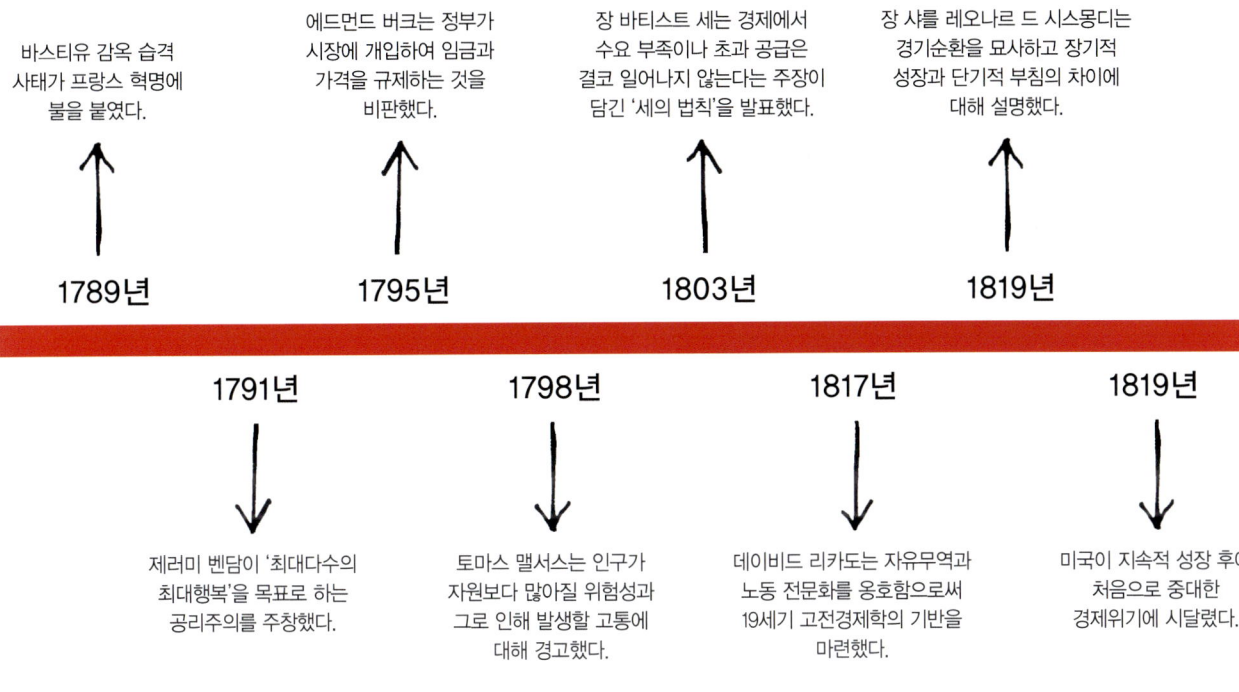

바스티유 감옥 습격
사태가 프랑스 혁명에
불을 붙였다.

에드먼드 버크는 정부가
시장에 개입하여 임금과
가격을 규제하는 것을
비판했다.

장 바티스트 세는 경제에서
수요 부족이나 초과 공급은
결코 일어나지 않는다는 주장이
담긴 '세의 법칙'을 발표했다.

장 샤를 레오나르 드 시스몽디는
경기순환을 묘사하고 장기적
성장과 단기적 부침의 차이에
대해 설명했다.

1789년   **1795년**   **1803년**   **1819년**

1791년   **1798년**   **1817년**   **1819년**

제러미 벤담이 '최대다수의
최대행복'을 목표로 하는
공리주의를 주창했다.

토마스 맬서스는 인구가
자원보다 많아질 위험성과
그로 인해 발생할 고통에
대해 경고했다.

데이비드 리카도는 자유무역과
노동 전문화를 옹호함으로써
19세기 고전경제학의 기반을
마련했다.

미국이 지속적 성장 후에
처음으로 중대한
경제위기에 시달렸다.

품에 가치를 부여하는 요인은 무엇인지 다루기도 했다.

『국부론』이 출판되었을 때 영국에서는 산업혁명이 시작되고 있었다. 역동적인 신기술과 혁신으로 경제 성장과 번영에 가속도가 붙은 시기였다. 경제가 어떻게 작동하는지 이해하고 여기에서 최대한 이익을 얻고자 열망했던 대중은 스미스의 주장에 기꺼이 귀를 기울였다. 그의 연구는 사회에 지대한 영향을 끼쳤으며 산업사회에서 경제를 이끌어나가기 위해 고찰할 필요가 있는 많은 문제를 제기했다. 특히 그는 자본주의 사회에서 정부가 어떤 위치에 있어야 하는지 고심한 끝에 정부의 역할을 제한해야 한다고 주장했다.

보호주의의 종식

영국의 정치경제학자인 데이비드 리카도는 스미스의 추종자들 중 가장 영향력 있는 인물에 속한다. 자유무역의 열렬한 대변자였던 그는 모든 국가, 심지어 생산성이 부족한 국가조차 자유무역에서 이익을 얻을 수 있다는 점을 입증함으로써 보호주의에 최후의 일격을 가했다. 또한 그는 정부 지출과 차입이 경제에 미치는 영향에 대해 비판적인 시선을 던졌다.

스미스의 또 다른 추종자로서 성직자 겸 학자인 토마스 맬서스는 인구가 이를 지탱할 자원보다 빠르게 늘어날 경우 발생할 수 있는 고통을 예견한 인물로 잘 알려져 있다.

프랑스의 중농주의 학파 역시 스미스의 생각을 많이 빌려왔다. 중농주의 학파를 대표하는 인물로는 공정한 조세 제도를 도입

하자고 주장했던 안 로베르 자크 튀르고와 프랑수아 케네, 시장경제에서 수요와 공급의 관계를 최초로 설명한 장 바티스트 세를 들 수 있다.

물론 모든 사람이 스미스의 분석에 동의했던 것은 아니며, 완전히 자유로운 자본주의 시장경제라는 개념은 19세기 들어 곧 강력한 반발에 부딪히게 된다. 하지만 초기 산업화 시대의 고전주의 경제학자들이 제기한 의문은 오늘날에도 여전히 경제학의 중심에 자리 잡고 있다. ■

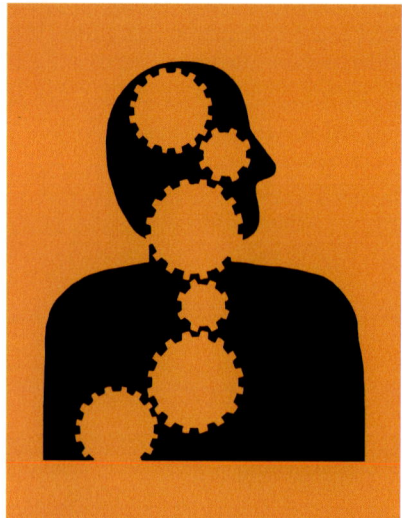

인간은 냉정하고 합리적이고 계산적인 존재다

경제인

맥락읽기

초점
의사결정

핵심사상가
애덤 스미스(1723~1790년)

이전의 관련 역사
기원전 350년경 : 그리스의 철학자 아리스토텔레스는 인간의 선천적 이기심이 경제적 동기를 부여하는 주된 요인이라고 주장했다.

서기 1750년대 : 프랑스의 경제학자 프랑수아 케네는 모든 경제행위 뒤에는 이기심이라는 동기가 숨어 있다고 주장했다.

이후의 관련 역사
서기 1957년 : 미국의 경제학자 허버트 사이먼(Herbert Simon)은 인간이 사용 가능한 모든 정보를 획득하고 이해할 수 없기 때문에 제한된 합리성을 지니고 있다고 보았다.

서기 1992년 : 미국의 경제학자 게리 베커(Gary Becker)는 차별, 범죄, 인간자본 분야에서 일어나는 합리적 선택에 대해 연구하여 노벨상을 받았다.

개별적인 인간으로서 우리는 모두 이기적이다

↓

우리는 상품과 서비스를 소비하고 목표를 달성함으로써 자신의 복리를 증진시키려 한다

↓

우리는 정보를 수집하고, 과도한 비용 지출 없이 목표 달성에 도움이 되는 행위가 무엇인지 계산하여 결정을 내린다

↓

인간은 냉정하고 합리적이고 계산적인 존재다

대다수 경제모형은 인간이 본질적으로 합리적이고 이기적인 존재라고 가정한다. 이를 호모 에코노미쿠스(Homo Economicus), 즉 '경제인'이라고 부른다. 남녀에 동일하게 적용되는 이 개념은 모든 개인이 모든 사실을 신중하게 평가하여 자신의 복리를 극대화하는 결정을 내린다고 보는 것이다. 인간은 가장 적은 노력을 요하면서 최대 효용(만족)을 제공하는 쪽을 선택한다. 1776년에 발표된 애덤 스미스의 『국부론』에 이러한 생각이 잘 나타나 있다.

스미스는 인간의 경제적 상호작용이 주로 이기심의 지배를 받는다는 점이 가장 중요하다고 믿었다. 그는 "우리가 저녁식사를 할 수 있는 것은 정육점 주인, 양조장 주인, 빵집 주인이 자비로워서가 아니라 그들이 자기 이익을 추구하기 때문"이라고 주장했다. 합리적 의사결정에서 공급자는 자신의 이익을 극대화하려 한다. 이로 인해 우리가 저녁을 먹게 된다는 사실은 공급자에게 그리 중요하지 않다.

19세기에 영국의 철학자 존 스튜어트 밀이 스미스의 생각을 더욱 발전시켰다. 밀은 사람들이 돈뿐만 아니라 좋은 것들을 모두 풍부하게 소유하고 싶어 하는 욕구를 지닌 존재라고 믿었다. 그는 개인이 가능한 한

참조 : ■ 자유시장 경제학 54~61쪽 ■ 경제 버블 98~99쪽 ■ 경제학과 전통 166~167쪽 ■ 시장과 사회적 성과 210~213쪽 ■ 합리적 기대 244~247쪽 ■ 행동경제학 266~269쪽

최소의 노력을 들여 가능한 한 최대의 복리를 달성하겠다는 의지에 따라 움직인다고 생각했다.

비용과 이득

오늘날 호모 에코노미쿠스에 대한 발상은 합리적 선택이론(rational choice theory)으로 불린다. 이 이론에서는 사람들이 비용과 이득에 근거하여 모든 종류의 경제적, 사회적 결정을 내린다고 본다. 예를 들어 은행을 털겠다고 생각하는 사람이 있다면 그는 범죄를 저지를 것인지 결정하기에 앞서 이득(부의 증가, 다른 범죄자들의 존경)과 비용(체포될 가능성, 은행 침입 계획을 세우는 데 들어가는 노력)을 가늠해 보게 된다.

목적 달성과 관련된 비용 및 이득을 냉철하게 계산하여 수행한 행위를 경제학자들은 이성적인 것으로 간주한다. 경제학은 목적 자체에 대해서는 거의 설명하지 않으며, 어떤 목적은 대부분의 사람들에게 매우 비합리적으로 보일 수도 있다. 예를 들어 일반적으로 사람들은 검증받지 않은 경기력 향상 약물을 인체에 투여하는 것은 위험한 결정이라고 생각하지만, 수많은 운동선수들은 (최고가 되고 싶다는 맥락에서) 이러한 결정을 합리적이라고 여길 수도 있는 것이다.

호모 에코노미쿠스라는 개념이 현실적인 것인지 의문을 제기하는 사람들도 존재한다. 이들은 인간이 어떤 결정과 관련된 모든 요소를 가늠할 수는 없다는 사실을 합리적 선택이론이 감안하지 않았다고 주장한다. 모든 행위의 비용과 이득을 계산하기 위해 관련 사실을 모두 수집하고 평가하기에는 세상이 너무 복잡하다는 것이다. 실제로 인간은 종종 과거의 경험이나 습관, 어림짐작으로 신속한 결정을 내린다.

합리적 선택이론은 장기적 목적과 단기적 목적이 충돌하는 경우에도 흔들린다. 예를 들어 햄버거를 먹으면 건강에 해롭다는 사실을 알면서도 당장의 배고픔을 해소하기 위해 이를 구입하는 사람이 존재할 수 있는 것이다. 행동경제학자들은 사람들이 선택에 직면했을 때 호모 에코노미쿠스와 다른 방식으로 행동하는 것을 관찰하기 시작했다. '경제인'이라는 개념이 개인의 행동을 완전히 정확하게 설명할 수는 없을 것이

사후의 삶을 기대하며 재물을 거부하고 금식과 기도 위주의 생활을 영위하는 수도사들은 다른 사람이 그들의 목표에 대해 어떻게 생각하든지 상관하지 않고 나름의 신념 안에서 합리적으로 행동하고 있다.

다. 하지만 많은 경제학자는 이 개념이 수익 극대화를 추구하는 기업의 행위를 분석하는 데 여전히 유용하다고 주장한다. ■

베커의 주장에 따르면 자녀에 대한 부모의 투자, 특히 교육을 통한 투자는 경제에서 자본의 중요한 원천이다.

가족경제학

미국의 경제학자 게리 베커는 보통 사회학의 영역으로 간주되는 분야에 경제학을 최초로 적용한 인물들 중 하나다. 그는 가족이 비용과 이득을 감안하여 생활과 관련된 결정을 내린다고 주장했다.

예를 들어 베커는 결혼을 시장으로 간주하고 경제적 특성이 배우자를 결정하는 데 어떻게 영향을 미치는지 분석했다. 또한 가족 구성원들이 사랑 때문이 아니라 경제적 보상을 기대하는 이기심 때문에 서로 돕는다는 결론을 내린 바 있다.

그는 자녀에 대한 투자가 전통적인 퇴직연금보다 더 나은 수익을 돌려준다는 사실 때문에 부모가 자녀를 교육시킨다고 믿었다. 그러나 아이에게 법적으로 부모를 부양하라고 강요할 수는 없다. 따라서 부모는 아이가 자신들을 돕게 하는 데 효과적인 감정인 죄책감, 의무감, 사랑을 양육방식에 적용한다. 이러한 점을 근거로 들어 복지국가가 가족의 상호의존성을 감소시켜 가족관계를 훼손한다는 주장이 제기될 수도 있다.

보이지 않는 손이 시장에 질서를 부여한다

자유시장 경제학

맥락읽기

초점
시장과 기업

핵심사상가
애덤 스미스

이전의 관련 역사
서기 1714년 : 네덜란드의 작가 버나드 맨더빌(Bernard Mandeville)은 이기심이 의도하지 않은 결과를 일으킬 수 있다는 것을 표현했다.

서기 1755~1756년 : 아일랜드 출신의 은행가 리샤르 캉티용은 '자생적 질서(spontaneous order)'에 대해 설명했다.

이후의 관련 역사
서기 1874년 : 레옹 발라스는 수요와 공급이 어떻게 일반균형(general equilibrium)을 불러일으키는지 증명했다.

서기 1945년 : 오스트리아의 경제학자인 프리드리히 하이에크(Friedrich Hayek)는 시장경제가 효율적인 질서를 생산한다고 주장했다.

서기 1950년대 : 케네스 애로(Kenneth Arrow)와 제라르 드브뢰(Gérard Debreu)는 자유시장이 사회적으로 최적의 결과를 낳는 조건은 무엇인지 밝혀냈다.

스코틀랜드 태생의 철학자인 애덤 스미스는 서양이 18세기 이전에 거대한 혁명기에 접어들었다고 말했다. 농업사회에서 벗어나 상업사회로 이동했기 때문이다. 중세에 형성된 도시들은 도로를 통해 점차 서로 연결되었다. 각종 상품과 신선한 농산물이 도시로 유입되면서 시장은 사고파는 행위와 함께 사람들의 생활 속에 자리 잡게 되었다. 사람들은 지배자의 이익뿐만 아니라 자기 자신의 이익을 위해 상품을 거래하기 시작했다.

스미스는 자유로운 개인들의 행위가 어떻게 질서정연한 시장을 낳을 수 있는지에 대해 의문을 제기했다. 그리고 그 답으로 1776년 위대한 연구 업적인 『국부론』을 발표하여 자유롭고 경쟁적이며 이익을 추구하는 인간은 "자기 의지와 상관없이 목적 달성을 촉진하는 보이지 않는 손에 이끌린다"는 주장을 내놓았다.

자유방임주의 경제학

'자생적 질서'라는 개념은 1714년 네덜란드의 작가 버나드 맨더빌이 풍자시 〈꿀벌의 우화The Fable of the Bees〉에서 이미 제시한 바 있다. 이 작품은 벌들의 '부도덕(이

맨더빌은 〈꿀벌의 우화〉에서 꿀벌이 자기이익을 추구하여 벌집 전체를 이롭게 하는 것처럼 사람들의 이기적인 행동이 사회 전체를 이롭게 한다는 발상을 탐구했다.

기적인 행동)'이 벌집을 번성하게 했다는 내용을 담고 있다. 벌들이 도덕적으로 행동(더 이상 이기적으로 행동하지 않고 벌집 전체의 이익을 위해 행동함)하자 벌집은 멸망하고 말았다. 스미스는 이기심이라는 개념을 사악하다는 의미로 사용한 것이 아니었다. 그는 인간이 흥정하고 교환하는 과정에서 자기 이익을 추구하는 성향을 지녔다고 보았다. 인간은 자신을 도덕적으로 절제하여 공정한 경쟁을 벌이는 사회적 동물이라는 것이 그의 생각이었다.

스미스는 정부가 상업에 개입해서는 안 된다고 믿었다. 데이비드 흄을 비롯한 그의 주변 철학자들도 같은 생각이었다. 앞선 시대에 살았던 프랑스 작가 피에르 드 부아기유베르는 "자연 그대로 내버려두라(laisse

1774년 런던의 코벤트 가든에서 열렸던 시장을 묘사한 그림이다. 스미스는 시장이 공정한 사회를 이룩하는 데 반드시 필요하다고 생각했다. 물건을 사고파는 자유를 통해 사람들은 '자연적 자유'를 누릴 수 있었다.

참조 : ■ 경제인 52~53쪽 ■ 분업 66~67쪽 ■ 경제균형 118~123쪽 ■ 경쟁시장 126~129쪽 ■ 창조적 파괴 148~149쪽 ■ 경제적 자유주의 172~177쪽 ■ 시장과 사회적 성과 210~213쪽

faire la nature)"는 구절을 통해 상업을 그냥 내버려두라는 뜻을 드러냈다. '자유방임(laisse-faire)'이라는 용어는 경제학에서 최소국가를 옹호할 때 사용된다. 스미스는 국가를 방위하고, 사법 정의를 구현하고, 도로처럼 민간시장이 제공할 가능성이 낮은 공공재를 제공하는 것이 국가가 수행해야 할 중요한 역할이라고 보았다.

스미스의 관점은 근본적으로 낙관적이었다. 일찍이 영국의 철학자 토마스 홉스는 강한 국가권력이 없으면 인간은 짐승처럼 끔찍하게 살다 단명할 것이라고 주장한 바 있다. 영국의 경제학자인 토마스 맬서스는 시장을 관찰한 후 부의 증가가 직접적으로 대규모 기아를 일으킬 것이라고 예측했다. 스미스 이후에 등장한 카를 마르크스는 시장이 혁명을 초래할 것이라고 보았다. 그러나 스미스는 사회가 완벽하게 제 기능을 수행하고 있다고 보았으며, 전체 경제 시스템이 상상속의 기계처럼 성공적으로 돌아가고 있다고 생각했다. 총 다섯 권으로 이루어진 『국부론』에서 '보이지 않는 손'은 단한 번 언급되지만, 그 손의 존재는 책 전체에 걸쳐 종종 느껴진다. 이 책에서 스미스는 '완벽하게 자유로운' 시스템이 어떻게 긍정적인 성과를 도출할 수 있는지 설명했다.

첫 번째로 자유시장은 사람들이 원하는 물건을 제공한다. 만일 어떤 제품에 대한 수요가 공급을 초과할 경우, 소비자들의 경쟁 때문에 가격이 올라가게 된다. 이렇게 되면 생산자들은 수익을 창출할 기회를 얻게 되어 더 많은 제품을 공급하기 위해 서로 경쟁을 벌인다.

스미스의 이러한 주장은 오랜 세월이 지난 후에도 여전히 인정받고 있다. 오스트리아의 경제학자 프리드리히 하이에크는 1945년에 발표한 〈지식의 사회적 이용The

Use of Knowledge in Society〉이라는 논문에서 가격이 개인의 한정된 지식과 욕구에 반응하여 시장의 상품 수요량과 공급량에 변화를 일으키는 원리를 설명했다. 그는 이러한 정보가 엄청나게 많은 데다 뿔뿔이 흩어져 있기 때문에 중앙계획경제에서는 수집할 엄두도 내지 못할 것이라고 말했다. 동유럽에서 공산주의가 붕괴한 원인은 중

앙계획경제가 사람들이 원하는 제품을 제공하지 못했기 때문이라는 의견이 지배적이다. 그러나 스미스의 첫 번째 주장에 대한 비판 역시 제기되고 있다. 우선 자유시장이 가난한 사람들의 욕구는 무시한 채 부자들이 원하는 제품만 공급할 가능성이 있다는 의견이 존재한다. 또한 자유시장이 해로운 욕구에도 반응하여 약물 중독자를 양

산하거나 비만을 촉진할 수 있다는 주장도 나오고 있다.

공정한 가격

두 번째로 스미스는 시장 시스템이 '공정한' 가격을 만들어낸다고 주장했다. 그는 모든 제품에는 그것을 생산하는 데 들어간 노력만 반영된 자연가격이 존재한다고 믿었다. 농산물을 재배하는 데 사용된 땅은 자연지대를 받아야 한다. 제조업에 투입된 자본은 자연수익을 올려야 한다. 생산에 참여한 노동력은 자연임금을 획득해야 한다. 그런데 일시적으로 회소성이 나타날 가능성이 있기 때문에 시장가격과 수익률은 때에 따라 그 자연적 수준과 차이를 보일 수도 있다. 이러한 경우, 생산자가 수익을 얻을 기회가 늘어나고 제품 가격이 상승한다. 하지만 새로운 기업이 시장에 진입해 경쟁을 일으키면서 가격은 다시 자연수준으로 떨어진다. 한 산업이 수요 부족을 겪게 되면, 그 제품의 가격과 여기에 종사하는 노

스미스는 경제 시스템을 계속 움직이고 성장시키기 위해 노동, 지주, 자본(이 그림에서는 말과 쟁기에 투입되었음)이 함께 어떤 방식으로 작동하는지 설명했다.

동자의 임금은 추락하게 된다. 그러나 이때 다른 산업이 새롭게 부상하면서 노동자를 유인하기 위해 높은 임금을 제시하게 되는 것이다. 스미스는 장기적인 관점에서 볼 때 '시장가격'과 '자연가격'은 동일하다고 말했다. 근대 경제학자들은 이를 균형이라고 불렀다.

가격이 공정하려면 경쟁은 필수다. 스미스는 정부의 무역 통제를 요구하는 중상주의 체제에서 독점이 발생한다고 비판했다. 어떤 제품을 공급하는 기업이 하나밖에 없으면 그 기업은 자연적인 수준을 초과하는 가격을 계속 유지할 수 있다. 스미스는 한 가지 제품을 공급하는 기업이 2개만 존재할 때보다 20개 존재할 때 시장이 더 경쟁적이 된다고 말했다. 효율적인 경쟁과 더불어 스미스가 또 하나의 필수 조건으로 꼽았던 낮은 시장 진입장벽이 존재할 때 가격은 떨어지는 경향이 있다. 주류 경제학자들은 경쟁에 대해 스미스와 대체로 비슷한 관점을 지니고 있다. 그러나 오스트리아 태생의 미국 경제학자 조지프 슘페터는 훗날 이러한 관점에 반기를 들고 경쟁이 거의 일어나지 않는 곳에서도 혁신을 통해 가격을 낮출 수 있다고 주장했다. 혁신적인 기업가가 낮

> 소비는 모든 생산의 유일한 결말이자 목적이다.
> 애덤 스미스

은 가격에 고품질 제품을 공급함으로써 '창조적 파괴(creative destruction)'의 폭풍을 일으켜 기존의 기업들을 도태시키는 것이다.

공정한 소득

스미스는 시장경제가 공정한 소득을 제공한다고 주장하기도 했다. 노동자는 지속 가능한 순환 시스템 안에서 이 소득을 사용해 물건을 구입할 수 있다. 지속 가능한 '순환'이란 노동자가 물건을 구입할 때 임금으로 받은 돈을 사용해서 임금이 다시 경제 시스템으로 돌아가 순환하는 것을 뜻한다. 순환 과정을 반복하려면 상품을 구입할 때

임금으로 받은 돈을 사용해야 한다. 생산시설에 투입된 자본은 노동생산성 증가에 도움이 된다. 노동생산성이 증가했다는 것은 고용주가 노동자에게 더 높은 임금을 지급할 수 있게 되었다는 뜻이다. 만일 고용주가 임금을 올릴 수 있는 상황이라면 실제로 임금을 올리게 될 것이다. 노동자를 두고 다른 고용주와 경쟁해야 하기 때문이다.

한편 스미스는 자본을 투자해서 벌 수 있을 것으로 기대되는 수익이 자본에 대한 이자와 거의 동일하다고 말했다. 고용주들이 수익성 있는 기회에 투자할 자금을 빌리기 위해 서로 경쟁하기 때문이다. 분야에 상관없이 모든 사업은 시간이 지날수록 자본이 축적되고 수익을 올릴 기회가 고갈되면서 수익률이 떨어진다. 반면 지대와 노동자의 소득은 점점 올라가고 사업용 토지는 더 확장된다.

토지, 노동, 자본의 상호의존 관계에 대한 스미스의 인식은 진정 혁신적이었다. 그는 노동자와 지주가 소득을 소비에 사용하는 경향이 있는 반면에 고용주는 소득을 절약해서 사업 자본금으로 투자하는 경향을 보이는 데 주목했다. 또한 임금률(wage rates)은 노동자가 지닌 '기술, 솜씨, 판단력'의 다양한 수준에 따라 달라진다고 보았다. 노동을 생산적 노동(농업이나 제조업에 종사하는 것)과 비생산적 노동(핵심 작업을 뒷받침하는 데 필요한 서비스를 제공하는 것)의 두 가지 형태로 구분하기도 했다. 그러나 생산적 노동과 비생산적 노동에 대해 스미스가 예상했던 것과 오늘날의 시장 시스템에서 도출된 결과는 매우 다르다.

경제성장
스미스는 보이지 않는 손 자체가 경제성장을 촉진한다고 주장했다. 성장 동력은 두 가지 요소로 이루어져 있다. 첫 번째는 분업을 통해 얻는 효율성이다. 경제학자들은

시장에서 수요는 많은 이유로 변할 수 있다. 그러므로 시장은 공급을 변경하여 수요 변화에 대응한다. 이러한 일은 자생적으로 일어난다. 자기 이익을 추구하는 사람들이 서로 경쟁하도록 유도하는 시장에서는 안내장치나 계획이 존재할 필요가 없다.

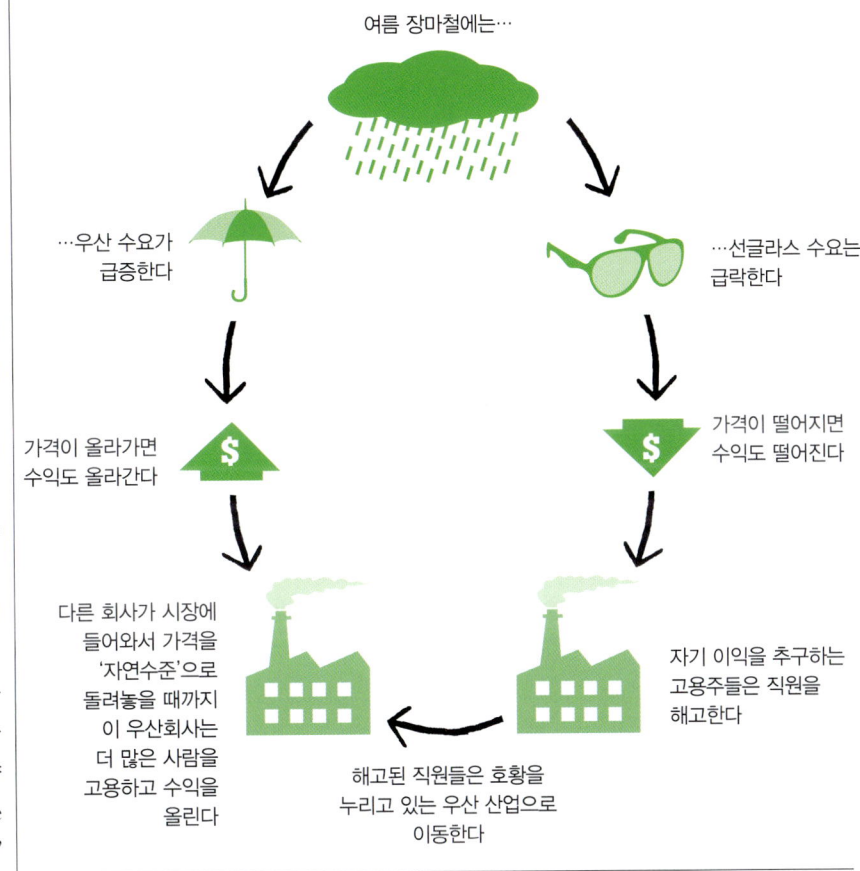

이를 '스미스적 성장(Smithian growth)'이라고 부른다. 더 많은 상품이 생산되고 소비될수록 경제와 시장은 성장한다. 시장이 성장하면 업무를 전문화할 수 있는 기회가 늘어난다.

두 번째 성장 동력은 저축과 이윤 동기로 인해 이루어진 자본 축적이다. 스미스는 상업적인 실패가 발생하거나, 고정 자본금 유지에 필요한 재원이 부족하거나, 화폐 제도가 부적절하거나(금을 사용했을 때보다 지폐를 사용했을 때 경제가 더 크게 성장했다), 비생산적 노동자의 비율이 높을 때 경제 성장률이 낮아진다고 말했다. 또한 그는 자본을

우리가 저녁식사를 할 수 있는 것은 정육점 주인, 양조장 주인, 빵집 주인이 자비로워서가 아니라 그들이 자기 이익을 추구하기 때문이다.
애덤 스미스

농업에 투자하는 것이 제조업에 투자하는 것보다 더 생산적이며, 제조업 투자는 무역이나 운송에 투자하는 것보다 더 생산적이라는 주장을 펼쳤다.

고전주의의 유산

스미스의 시스템은 종합적이다. 그는 경제의 세부사항(미시경제)과 전체적인 그림(거시경제)을 모두 고려했다. 또한 단기적인 측면과 장기적인 측면에서 경제를 관찰했으며, 분석에 있어서는 정태적인 방식(거래 상태 분석)과 동태적인 방식(경제의 움직임 분석)을 모두 활용했다. 노동자로 알려진 계급을 면밀히 조사하여 농부나 공장주 같은 기업가(entrepreneur)를 노동력 공급자와 구분했다. 그는 이 시스템을 수립함으로써 본질적으로 '고전주의' 경제학의 매개변수(parameter)를 확립한 셈이다. 고전주의 경제학은 자본, 노동, 토지라는 생산요소와 여기에서 나오는 수익에 초점을 맞췄다. 훗날 자유시장 이론은 이와 달리 일반균형이론에 입각하여 '신고전주의' 형식을 채택했

> 정부는 국민들의 주머니에서
> 돈을 빼내는 기술을
> 그 어떤 것보다 빨리 배운다.
> 애덤 스미스

으며, 한 국가 전체의 물가가 어떻게 안정된 균형 상태에 이르는지 입증하려 했다. 레옹 발라스와 빌프레도 파레토 같은 경제학자들은 보이지 않는 손이 사회를 이롭게 한다는 스미스의 주장을 수학을 이용하여 재구성했다. 케네스 애로와 제라르 드브뢰는 자유시장이 어떻게 사회를 이롭게 하

지 증명했으나, 여기에 필요한 조건이 엄격한 데다 현실성이 떨어진다는 점 역시 증명했다.

제2차 세계대전이 끝난 뒤 자유방임이라는 발상은 뒤로 밀려났다. 그러나 1970년대 이후, 경제에 대한 정부의 개입을 옹호했던 케인스 정책이 무너지면서 자유방임주의가 부활하게 되었다. 자유방임주의가 전성기를 맞게 된 근원은 밀턴 프리드먼과 오스트리아 학파, 그 중에서도 특히 하이에크의 시장경제 연구에서 찾아볼 수 있다. 하이에크는 정부 개입이 유익할 수도 있다는 관점에 회의적인 반응을 보였으며 사회적 진보는 통제받지 않는 자유시장을 통해 이루어진다고 주장했다. 케인스 학파 역시 시장의 힘을 인정했으나, 시장이 제 기능을 최대한 발휘하게 하려면 정부가 적절히 개입하는 것이 필요하다고 보았다.

자유시장을 옹호하는 접근방식은 1960년대와 1970년대에 합리성 및 합리적 기대의 역할에 기반을 두고 등장한 이론들에 힘입어 크게 비약할 수 있었다. 예를 들어 공공선택 이론은 정부를 자기 이익은 극대화하면서 사회적 이익은 고려하지 않고 돈을 낭비(지대추구rent-seeking)하는 이기적인 개인들이 모인 집단으로 묘사했다. 신고전주의 학파(new classical economists)의 거시경제학에서는 '시장은 항상 정상적인 상태로 되돌아간다'는 스미스의 가정에 '사람들은 정부의 행위가 앞으로 끼칠 영향을 파악하고 경제 시스템의 작용을 이해할 수 있기 때문에 정부 개입은 효과가 없다'는 생각을 덧붙였다. 그럼에도 오늘날 대부분의 경제학자들은 시장이 실패할 수도 있다고 믿는다.

인도 케랄라(Kerala)에 있는 이 지역 시장은 스미스가 말했던 자유시장의 특성을 모두 보여주며, 공급과 가격이 수요에 자연스럽게 적응하는 방식을 설명해준다.

애덤 스미스

근대 경제학의 창시자 애덤 스미스는 1723년, 스코틀랜드의 커콜디에서 유복자로 태어났다. 멍하니 혼자 있기를 좋아하는 모범생이었던 그는 14살에 글래스고 대학에 들어갔으며, 그 후 옥스퍼드 대학에서 6년간 공부하고 다시 스코틀랜드로 돌아와 글래스고 대학의 논리학 교수로 취임했다. 1750년에는 철학자 데이비드 흄을 만나 친분을 맺었다.

1764년에 스미스는 교수직을 사임하고 스코틀랜드 귀족인 버클루 공작(Duke of Buccleuch)의 개인교사가 되어 프랑스로 떠났다. 프랑스에서 중농주의 경제학자들과 철학자 볼테르(Voltaire)를 만났으며, 『국부론』을 집필하기 시작했다. 10년을 『국부론』 집필에 바치고 나서 스코틀랜드 관세감독관으로 취임했다. 그 후 1790년에 사망했다.

주요 저서

1759년 『도덕감정론The Theory of Moral Sentiments』
1762년 『법학강의Lectures on Jurisprudence』
1776년 『국부론An Inquiry into the Nature and Causes of the Wealth of Nations』

이들은 시장에 참여하는 다양한 사람들 간에 존재하는 정보 비대칭에 초점을 맞춘다. 행동경제학자들은 합리성이라는 개념 자체에 의문을 제기했으며, 인간은 비합리적인 존재로서 시장실패의 원인이 된다고 보았다.

자유방임주의 경제학의 쟁점은 경제학자들을 정치적으로 갈라놓았다. 우파 성향

추상적이고 철학적인 관점에서 볼 때 인간 사회는 크고 엄청난 기계와도 같다.
애덤 스미스

스미스는 현대 자유시장에서 발생하는 종류의 불평등을 예견하지 못했다. 증권거래소나 단기금융시장에서 '공정'은 의미 없는 개념으로 변했다.

의 경제학자들은 자유방임주의를 신봉하는 반면, 좌파 성향의 경제학자들은 케인스의 사상을 이어받아 정부 개입을 지지한다. 이는 현대 경제학의 핵심적인 논쟁거리로 남아 있다.

2007년부터 2008년까지 이어진 금융위기는 이 논쟁에 기름을 부었다. 자유시장주의자들은 경기순환에 관한 자신들의 이론이 정당하다고 생각했던 반면에 케인스주의자들은 시장이 실패했다고 지적했다. 금융위기를 예견했던 미국의 경제학자 누리엘 루비니는 애덤 스미스의 사상을 왜곡한 사람들을 겨냥하여 "수십 년 동안 득세했던 자유시장 근본주의가 붕괴의 기반을 구축했다"고 말하기도 했다. ■

마지막 노동자는 첫 번째 노동자보다 생산에 적게 기여한다

수확 체감

프랑스의 경제학자 안 로베르 자크 튀르고는 중농주의 학파로 알려진 소규모 집단의 일원이었다. 이들은 국부가 농업에서 창출된다고 믿었다. 튀르고는 세금과 토지 산출물이라는 두 가지 관심사를 지니고 있었다. 이 때문에 그는 노동자들을 연이어 생산 과정에 투입할 경우, 추가 노동자 각각의 산출물이 어떻게 변하는지 설명하는 이론을 개발하게 되었다. 그의 동료였던 귀에르노드 생 페라비는 각각의 추가 노동자에 대한 추가 산출물의 양은 일정하다고 주장했다. 그러나 1767년에 튀르고는 갈지 않은 땅에 씨를 뿌리면 수확량이 매우 적다는 것을 지적했다. 땅을 한 번 갈아서 씨를 뿌리면 산출물이 증가하고, 두 번 갈아서 농사를 지으면 산출물이 네 배로 늘어날 수도 있는 것이다. 하지만 결국 추가 노동으로 인해 늘어나는 산출물의 양은 점점 줄어들기 시작하여 마침내 추가 노동자들은 생산에 아무런 기여도 하지 못하게 된다. 땅의 생산력이 고갈되기 때문이다.

튀르고는 고정요소(토지)에 가변요소(노동자)를 추가할 경우 최종 노동자는 첫 번째 노동자보다 생산에 적게 기여하게 될 것이라고 생각했다. 이는 한계수확 체감(diminishing marginal returns)의 법칙이라고 불리며, 근대 경제 이론을 구성하는 가장 중요한 요소 가운데 하나로 인정받고 있다. 이 법칙은 생산을 늘리려면 더 많은 비용을 지불해야 하는 이유는 물론, 기술 발전 없이 인구가 늘어나게 되면 국가들이 부유해지기 힘든 이유도 설명해 준다. ∎

> 땅의 생산력은 아래쪽으로 눌려 있는 용수철과 비슷하다. 누르는 무게를 추가로 늘려도 그 효과는 점점 감소하게 된다.
>
> A. R. J. 튀르고

참조 : ■ 경제순환 40~45쪽 ■ 인구통계와 경제학 68~69쪽 ■ 경제성장 이론 224~225쪽

다이아몬드는 왜 물보다 비싼가

가치의 역설

안 로베르 자크 튀르고는 1769년에 물이 필수적인 자원임에도 불구하고 물이 풍부한 나라에서는 귀하게 여겨지지 않는 것으로 보인다고 언급했다. 7년 후, 튀르고의 생각을 더욱 발전시킨 애덤 스미스는 물은 가장 유용한 자원이지만 다른 물건과 교환하는 데 쓸 수는 없다고 말했다. 반면 실용성의 측면에서 볼 때 다이아몬드는 거의 가치가 없지만 종종 엄청나게 많은 물건과 바꿀 수 있다. 다시 말해서 어떤 상품의 가격과 그것이 사람들에게 지니는 중요성 사이에는 명백한 모순이 존재한다.

한계효용

이러한 역설은 한계효용이라는 개념을 통해 설명할 수 있다. 한계효용이란 상품을 소비할 때 그 상품의 최종 단위에서 얻게 되는 만족감의 양을 뜻한다. 1889년, 오스트리아의 경제학자인 오이겐 폰 뵘바베르크는 밀 다섯 자루를 가진 농부의 예를 들어 한계효용에 대해 설명했다. 농부는 밀을 중요한 일(자신이 먹음)과 사소한 일(새 모이로 줌)에 모두 사용했다. 그런데 이 농부가

밀 한 자루를 잃게 된다면 그는 그저 새 모이 주는 일만 중단할 것이다. 자신이 먹기 위해 밀이 필요하다 해도, 그는 잃어버린 밀 한 자루 대신 새 밀을 사는 데 비용을 적게 들이려 한다. 다시 구입한 밀은 적은 양의 즐거움(새 모이 주기)만 생성하기 때문이다.

물은 풍부하지만 다이아몬드는 드물다. 추가로 생긴 다이아몬드 한 개는 높은 한계효용을 지니므로 추가로 생긴 물 한 잔보다 더 가격이 높다. ■

다이아몬드는 물보다 가치 있다. 다이아몬드는 몇 개를 가지고 있건 상관없이 하나하나가 매우 가치 있는 반면 물은 가지고 있는 양이 늘어날수록 단위별 가치가 떨어지기 때문이다.

참조 : ■ 노동가치설 106~107쪽 ■ 효용과 만족 114~115쪽 ■ 기회비용 133쪽

공정하고 효율적인 조세 제도를 만들자

조세 부담

맥락읽기

초점
경제정책

핵심사상가
안 로베르 자크 튀르고

이전의 관련 역사
서기 1689~1763년 : 지주와 길드의 세금을 면제해주는 비효율적인 조세 제도와 막대한 비용이 들어간 전쟁은 프랑스 재정위기와 혁명의 기반을 마련했다.

이후의 관련 역사
서기 1817년 : 영국의 경제학자 데이비드 리카도는 『정치경제학과 과세의 원리에 대하여』에서 사치품에 세금을 부과해야 한다고 주장했다.

서기 1927년 : 영국의 수학자 프랭크 램지(Frank Ramsay)는 가격 탄력성이 중요하다고 강조했다.

서기 1976년 : 경제학자 앤서니 앳킨슨과 조지프 스티글리츠는 〈금 구조설계〉라는 논문에서 물품세를 단일하게 책정하는 것이 최선이라고 제안했다.

누가 세금 부담을 떠맡고 있는가? '조세 귀착(tax incidence)'에 관한 이 핵심적 질문은, "누가 세금을 내야 하는가?"라는 질문처럼 단순하지 않다. 세금은 가격과 수익은 물론 소비되는 상품의 양과 노동자 임금에 이르기까지 많은 것에 영향을 끼치기 때문이다. 세금에 변화가 생길 경우 경제 전반에 걸쳐 엄청난 파문이 일어날 수 있다. 행복, 복지, 재산의 감소를 뜻하는 것으로 받아들여지는 조세 '부담'은 한 사람이나 집단에게서 다른 쪽으로 옮겨질 수 있다. 가령, 휴가계획을 세우고 있던 참에 새로운 유류세가 도입되어 당신이 내려고 마음먹은 수준 이상으로 항공료가 인상된다면, 이

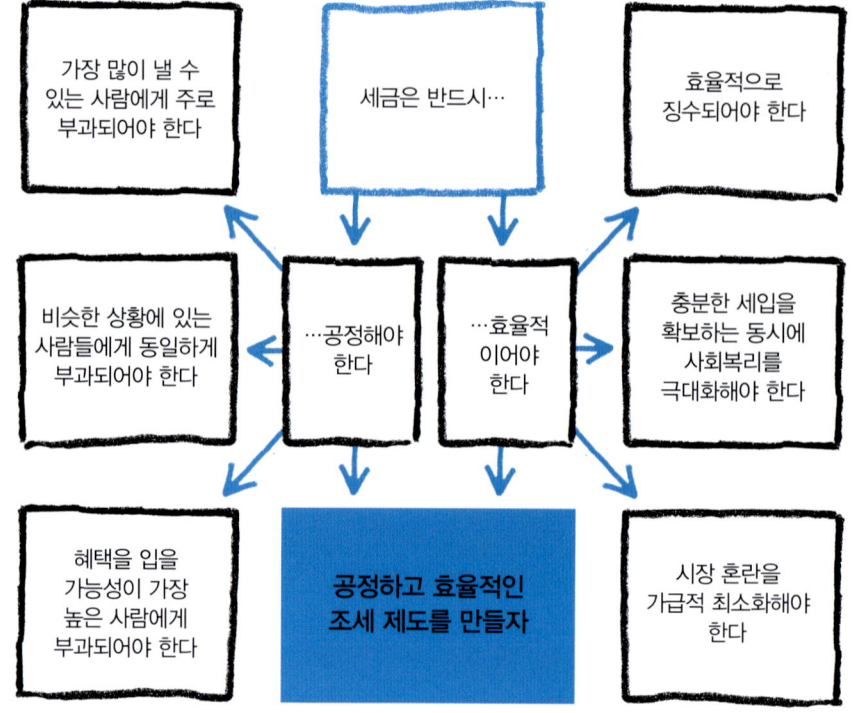

세금은 반드시…

가장 많이 낼 수 있는 사람에게 주로 부과되어야 한다

효율적으로 징수되어야 한다

비슷한 상황에 있는 사람들에게 동일하게 부과되어야 한다

…공정해야 한다

…효율적이어야 한다

충분한 세입을 확보하는 동시에 사회복리를 극대화해야 한다

혜택을 입을 가능성이 가장 높은 사람에게 부과되어야 한다

공정하고 효율적인 조세 제도를 만들자

시장 혼란을 가급적 최소화해야 한다

참조 : ■ 경제순환 40~45쪽 ■ 효율성과 공정성 130~131쪽 ■ 외부비용 137쪽 ■ 차선 이론 220~221쪽 ■ 조세와 경제적 유인 270~271쪽

때 당신은 세금 때문에 행복을 빼앗긴 셈이 된다. 하지만 새 유류세가 항공사의 수익도 필연적으로 감소시키는 것은 아니다.

누가 세금을 내야만 하는가?

튀르고는 세금이 자유시장을 방해한다고 보았으며, 조세 제도가 단순해져야 한다고 주장했다. 권력층이 세금을 면제받아서는 안 되기 때문에 이들에게 세금을 부과할 구체적인 실행 방안을 찾는 것이 중요했다. 그는 한 국가에서 생산된 상품과 서비스의 가치를 모두 합한 것에서 감가상각비를 뺀 금액인 순생산(net product)에 단일한 세금을 매기자고 제안했다.

튀르고의 이러한 생각은 중농주의자들로 이루어진 경제학파의 영향을 받은 것이었다. 농업(토지)만이 잉여를 생산한다고 믿었던 이들은, 가격과 요금 인상을 통해 세금 부담이 지주에게 도달할 때까지 농부들에게 세금을 떠넘기려 들고, 농부들은 아무것도 생산하지 않는 지주에게 지대를 지불하는 데 잉여의 많은 부분을 사용한다. 튀르고는 지주가 받는 지대에 세금을 부과해야 한다고 주장했다.

후대 경제학자들은 최적의 조세 제도에 적용되는 공정성과 효율성의 원칙을 개선했다. 공정성의 원칙에는 세금을 낼 능력이 가장 많은 사람은 반드시 세금을 내야 하며, 상황이 비슷한 사람들은 비슷한 세금을 내야 하며, 새로운 교량 건설과 같은 정부 지출로 인해 혜택을 입는 사람은 반드시 세금으로 기여해야 한다는 내용이 포함되어 있다. 효율성의 원칙은 세금 징수는 효율적이어야 하며, 필요한 세입을 거두면서 사회복리를 극대화해야 한다는 것을 의미한다. 경제학자들은 효율성이 시장 혼란을 가급적 최소화하는 것을 뜻하며, 특히 노동과 투자에서 나오는 인센티브를 약화시키는 일은 없어야 한다고 주장했다.

완벽한 조세 제도 설계

지난 수십 년 동안 조세제도 설계는 공정성과 효율성을 결합시켜 대단히 정교해졌다. 예를 들어 '완벽한 시장' 이론은 물품세를 단일화해서 최종 상품(최종 사용자에게 판매할 물건)에만 부과해야 한다고 제안한

튀르고는 1776년 세금 개혁에서 베르사유의 귀족들을 타깃으로 삼았다. 그가 귀족들이 더 이상 세금을 면제받아서는 안 된다고 주장하자 귀족들은 그를 공직에서 몰아냈다.

다. 또한 소득 자체보다 세금을 낼 수 있는 능력과 연결시켜 소득세를 부과해야 하며, 기업 수익세와 자본소득에 대한 세금을 최소화해야 한다고 주장한다. '시장실패' 분석은 이와 반대로 공해처럼 바람직하지 않은 일에 세금을 부과하면 복지를 향상시킬 수 있다는 제안을 내놓고 있다. 일반적으로 조세정책은 세입과 정치적 수용성에 초점을 맞추는 동시에 위에서 소개한 이론들이 제시하는 방향으로 움직이고 있다. ■

안 로베르 자크 튀르고

1727년 프랑스 파리에서 출생한 튀르고는 원래 성직자가 될 예정이었으나 1751년에 물려받은 유산 덕분에 행정가가 될 수 있었다. 1760년대 후반쯤에 중농주의자들과 친분을 맺었고 이후에 애덤 스미스를 만나게 되었다. 1761년에서 1774년까지 리모주(Limoges) 지역의 행정 감독관을 지냈다.

1774년 루이 16세가 즉위하면서 재정총감이 된 튀르고는 자유무역을 장려하는 방향으로 개혁을 추진하기 시작했다. 1776년에 길드를 폐지했으며, 도로 건설에 강제로 무임금 노동력을 동원하는 정부 정책을 폐기하고 도로 건설세를 도입했다. 그러나 루이 16세가 이러한 정책을 승인하지 않고 튀르고를 해임하면서 프랑스 혁명을 막을 수도 있었던 개혁은 실패로 돌아갔다. 튀르고는 1781년에 54세를 일기로 사망했다.

주요 저서

1763년 『일반조세론*Taxation in General*』
1766년 『부의 형성과 분배에 관한 성찰 *Reflections on the Production and Distribution of Wealth*』
1776년 『여섯 개 항목의 포고령*The Six Edicts*』

핀 생산을 분담하면 더 많은 핀을 얻게 된다

분업

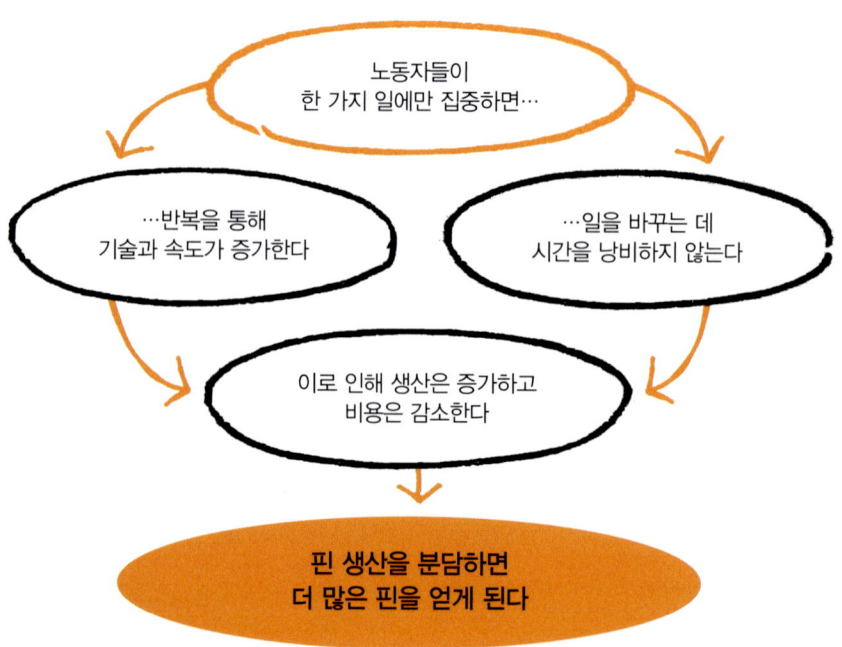

노동자들이 한 가지 일에만 집중하면…

…반복을 통해 기술과 속도가 증가한다

…일을 바꾸는 데 시간을 낭비하지 않는다

이로 인해 생산은 증가하고 비용은 감소한다

핀 생산을 분담하면 더 많은 핀을 얻게 된다

사람들은 여럿이 모여서 일할 때면 언제나 누가 무슨 일을 맡을 것인지를 먼저 결정한다. 이러한 분업을 경제학의 핵심 개념으로 만든 사람은 바로 애덤 스미스였다.

스미스는 자신의 저서 『국부론』의 초반부에서 무엇인가를 만들기 위해 거쳐야 하는 모든 작업을 한 사람이 수행할 때와 여러 사람이 하나씩 나눠서 수행할 때 발생하는 생산량의 차이에 대해 설명했다. 그는 핀 생산을 예로 들며 만일 한 사람이 핀을 만드는 데 필요한 많은 과정을 혼자 수행하면 "하루에 한 개도 생산하지 못할 것"이라고 말했다.

그러나 생산 과정을 여러 사람이 나누어 각자 하나의 작업만 전문적으로 수행한다면 하루 동안 많은 핀을 생산할 수 있을 것이라고 보았다. 그는 분업이 "모든 기술의

참조 : ■ 비교우위 80~85쪽 ■ 규모의 경제 132쪽 ■ 근대 경제의 출현 178~179쪽

분주한 물품창고에서는 짐꾼, 물품목록 관리인, 매니저, 회계원, 유통 전문가, IT 기술자, 트럭운전사가 일을 분담한다.

노동 생산력을 균형 있게 증가시킨다"는 결론을 내렸다.

성장 동력

분업의 가치를 인식했던 최초의 인물은 스미스가 아니다. 플라톤은 그보다 2천 200년 앞서서 국가가 필요를 충족시키려면 농부나 건축가 같은 전문가가 필요하다고 주장했다. 이슬람 철학자인 알 가잘리(Al-Ghazali)는 빵 생산과 관련된 모든 단계를 고려해보면, 씨앗 뿌리기와 잡초 뽑기부터 밀 수확에 이르기까지 1천 명 이상이 일해야 빵이 완성된다는 사실을 알 수 있다고 말했다.

많은 초기 철학자가 분업을 도시 및 시장의 성장과 연결시켰다. 분업이 성장을 불러일으켰다는 의견도 있었고, 이와 반대로 도시의 성장이 분업을 가능하게 했다는 의견도 있었다.

분업을 경제 시스템의 중심에 놓았다는 점에서 스미스의 발상은 획기적이었다. 그는 분업이 경제 성장의 동력임을 강조했다. 노동자와 기업이 전문화할수록 시장은 더

크게 성장하고 투자수익은 더 높아진다고 보았던 것이다.

필요악

카를 마르크스는 분업의 위력을 알고 있었지만, 분업을 일시적인 필요악으로 간주했다. 전문화가 노동자를 반복 작업을 수행하는 기계처럼 무기력한 상태에 빠뜨려 소외시킨다고 생각했던 것이다. 그는 분업을 주택 건설에서 사람들이 각자 전문적인 업무를 수행하는 것과 같은 기술적 분업과 권력 및 지위 계급에 따라 강제로 부여되는 사회적 분업으로 구분했다. 사회적 분업이라는 개념은 사적 유물론의 기초로서 사회적 분업의 형성과 상품 교환의 개시, 생산수단의 사유와 계급사회의 발생을 설명했다.

오늘날 대부분의 기업에서 분업은 일반적으로 이루어진다. 많은 대기업이 이전에는 자사 직원들에게 시켰던 업무를 임금이 저렴한 해외 노동자들에게로 위탁하면서 국제적인 차원에서 분업이 이루어지게 되었다. ■

개인적인 분업의 확대는
분업에 참여한 모든 사람에게
이득을 안겨준다.
루트비히 폰 미제스

모두 미국인이 하는 일인가?

산업계 종사자들이 자국의 경제력과 취업률을 염려한 나머지 소비자들에게 국산품을 구입하라고 촉구하는 경우가 가끔 있다. 그러나 오늘날에는 분업이 국제적인 차원에서 이루어지고 있으므로 어떤 상품이 국산품인지 알아내기란 쉽지 않다.

예를 들어 애플(Apple)이 미국 기업이기 때문에 소비자들은 아이폰(iPhone) 구입이 미국 내 일자리 창출에 기여한다고 생각할 가능성이 있다. 하지만 실제로 아이폰 제조와 관련된 모든 공정 가운데 오직 제품 및 소프트웨어 디자인과 마케팅만 주로 미국에서 이루어진다.

각각의 아이폰은 한국, 일본, 독일과 그 외 6개 국가에서 만든 (케이스, 화면, 프로세서 등의) 부품을 이용해 중국의 생산 라인에서 조립된다. 게다가 각각의 부품들은 세계 각국의 전문가들이 조립한 것이다. 수만 명의 손을 거쳐 탄생한 아이폰은 진정 국제적인 상품이다.

중국의 조립 라인 노동자들이 9개 국가에서 생산한 부품을 이용해 컴퓨터 프로세서를 만들고 있다.

인구 증가는 인류를 계속 빈곤하게 만든다

인구통계와 경제학

맥락읽기

초점
성장과 발전

핵심사상가
토마스 맬서스(1766~1834년)

이전의 관련 역사

서기 17세기 : 중상주의자들은 인구가 많은 것이 경제에 이롭다고 주장했다.

서기 1785년 : 프랑스의 철학자 마르퀴드 콩도르세(Marquis de Condorcet)는 생활수준 향상을 위해 사회를 개혁해야 한다고 주장했다.

서기 1793년 : 영국의 철학자 윌리엄 고드윈(William Godwin)은 국가 자원을 재분배하여 빈민을 구제하자고 주장했다.

이후의 관련 역사

서기 1870년대 : 카를 마르크스는 맬서스의 사상을 공격하며 그가 현상을 반동적으로 옹호하는 인물이라고 규정했다.

서기 1968년 : 미국의 생태학자 가렛 하딘(Garrett Hardin)은 〈공유지의 비극The Tragedy of the Commons〉이라는 논문에서 인구 과잉의 위험성을 경고했다.

18세기 계몽 철학자들은 현명한 사회적, 경제적 개혁을 통해 사회를 개선할 수 있는지 검토하기 시작했다. 이와 같이 낙관적인 시대 분위기 속에서 영국의 경제학자인 토마스 맬서스는 인구 증가가 사회를 빈곤으로 내몰 것이라며 비관적인 목소리를 냈다. 그의 주장에 따르면 인간의 성욕 때문에 인구는 점점 더 빠르게 증가한다. 반면 더 많은 사람이 한정된 넓이의 토지에서 일하면 산출물 증가는 점점 줄어들게 되는 수확 체감의 법칙에 따라 식량 생산은 인구 증가를 따라잡을 수 없게 된다. 결과적으로 인구수와 식량 공급 사이에는

파키스탄 지진 생존자들이 식량 지원을 받고 있다. 맬서스는 극빈층을 도와주면 그들이 더 많은 아이를 낳게 할 뿐이라고 주장하며 이러한 지원에 반대했다.

역사상 가장 큰 불균형이 존재하게 되는 것이다.

그러나 여기에 대항하는 힘이 있다. 맬서스는 식량 공급 제한 때문에 발생한 영양실조와 질병이 사망률을 높임으로써 통제할 수 없는 불균형을 멈추게 한다고 보았다. 식량이 부족하다는 것은 부양할 수 있는 어린이 수가 줄어든다는 것을 의미하므로 출생률이 낮아지게 된다. 그리하여 토지에 대한 압력은 줄어들고, 생활수준이 회복되는 것이다.

맬서스의 덫

출생률과 사망률에서 발생하는 변화는 총체적인 기아를 예방하기도 하지만, 인류가 보다 높은 생활수준을 장기간 누리지 못하게 가로막기도 한다. 새로운 땅을 발견하는 횡재가 경제에 일어났다고 가정해보자. 추가로 발견된 땅은 식량 생산에 일회성으로 활력을 불어넣으며, 일인당 소비 가능한 식량의 양을 증가시킨다. 이로 인해 사람들이 건강해지면서 사망률이 낮아진다. 반면 생활수준이 높아지면서 출산율은 높아진다. 사망률 감소와 출산율 증가가 겹치면서 인구가 늘어난다. 식량 생산이 인구 증가를 따라가지 못하고 경제가 원상태로 돌아

참조 : ■ 농업경제 39쪽 ■ 수확 체감 62쪽 ■ 근대 경제의 출현 178~179쪽 ■ 경제성장 이론 224~225쪽

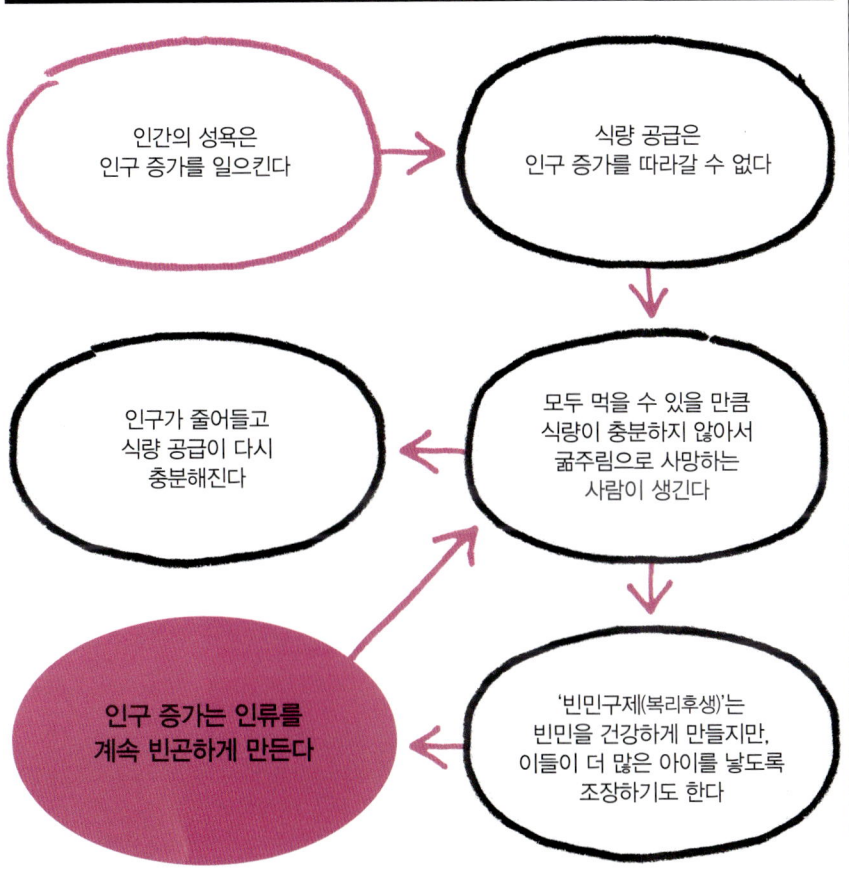

인간의 성욕은
인구 증가를 일으킨다

식량 공급은
인구 증가를 따라갈 수 없다

인구가 줄어들고
식량 공급이 다시
충분해진다

모두 먹을 수 있을 만큼
식량이 충분하지 않아서
굶주림으로 사망하는
사람이 생긴다

인구 증가는 인류를
계속 빈곤하게 만든다

'빈민구제(복리후생)'는
빈민을 건강하게 만들지만,
이들이 더 많은 아이를 낳도록
조장하기도 한다

토마스 맬서스

토마스 로버트 맬서스는 영국의 서리 지방에서 1766년 태어났으며 그 지방의 대지주였던 아버지에게 자유주의 교육을 받았다. 철학자 데이비드 흄과 장 자크 루소가 맬서스의 대부였다. 그는 선천성 구개파열로 인해 언어장애를 겪었다.

케임브리지 대학에서 국교회 비판자인 윌리엄 프렌드(William Frend)의 가르침을 받았으며, 1788년에 영국 국교회 성직자로 임명되었다. 그는 스승과 마찬가지로 논쟁을 피하지 않았다. 1798년에는 그에게 악명을 안겨준 『인구론』을 출간했다. 1805년 동인도회사가 새롭게 설립한 대학의 정치경제학 교수로 부임했다. 이 과목은 그때까지 단 한 번도 대학에서 가르친 적이 없는 학문이었으므로 맬서스는 최초의 경제학 교수가 된 셈이었다. 그는 68세였던 1834년에 심장병으로 사망했다.

주요 저서

1798년 『인구론 An Essay on the Principle of Population』
1815년 『지대의 본질 The Nature of Rent』
1820년 『정치경제학의 원리 The Principle of Political Economy』

가면서 생활수준은 다시 낮아진다. 이처럼 높은 생활수준이 항상 인구 증가로 인해 가로막히는 현상을 '맬서스의 덫'이라 부른다. 따라서 어떤 일이 벌어져도 경제는 항상 안정인구(stable population)를 부양하기에 충분한 식량을 생산하는 수준으로 되돌아간다.

경제를 정체된 것으로 파악했던 맬서스는 사람들의 삶은 빠듯하고 인구 증가는 굶주림과 질병으로 억제된다고 보았다. 그러나 농부가 단순한 도구를 이용해 한정된 넓이의 땅에서 일한다고 본 그의 경제모형은 18세기로 접어들 무렵 이미 시대에 뒤떨어져 있었다. 새로운 기술로 인해 같은 넓이의 땅에 같은 양의 노동력을 투입해서 더

많은 식량을 생산했다. 또한 새로운 기계와 공장이 만들어지면서 일인당 제품 생산량이 증가했다. 증가하는 인구는 기술의 진보 덕분에 유사 이래 가장 높은 생활수준을 누릴 수 있었다. 서기 2000년, 영국의 인구는 맬서스가 살았던 시대보다 세 배 늘어났으며, 소득은 그때보다 열 배 증가했다.

시간이 흐르면서 기술은 토지와 인구통계학적 제약을 극복했으나 맬서스는 이를 예견하지 못했다. 하지만 오늘날, 인구수준이 새로운 기술로도 해결 불가능한 방식으로 지구의 수용 능력을 압박하고 있다는 두려움이 일면서 맬서스의 사상은 반향을 일으키고 있다. ■

상인들의 회합은 가격을 올리자는 모의로 끝난다

카르텔과 담합

자유시장이 효율적으로 기능하려면 경쟁이 필수다. 시장에 생산자가 여러 명 존재하면 고객 유치 경쟁이 벌어져서 생산이 활발해지고 가격은 낮게 유지된다. 반면 생산자가 단 한 명이어서 독점이 발생하면 생산이 제한되거나 가격이 높게 매겨질 수 있다.

이 극단적인 두 가지 상황 사이에 존재하는 것이 소수의 생산자가 시장에서 특정 제품의 판매를 독점하는 과점이다. 이때 생산자 수가 두세 명에 그치는 경우도 간혹 있다. 과점에서 생산자들이 경쟁을 벌이면 소비자에게 분명 이익이 되겠지만, 생산자들에게는 그보다 더 수익성 있는 대안, 즉

참조 : ■ 제한 경쟁의 영향 90~91쪽 ■ 독점 92~97쪽 ■ 경쟁시장 126~129쪽 ■ 시장과 사회적 성과 210~213쪽 ■ 게임 이론 234~241쪽

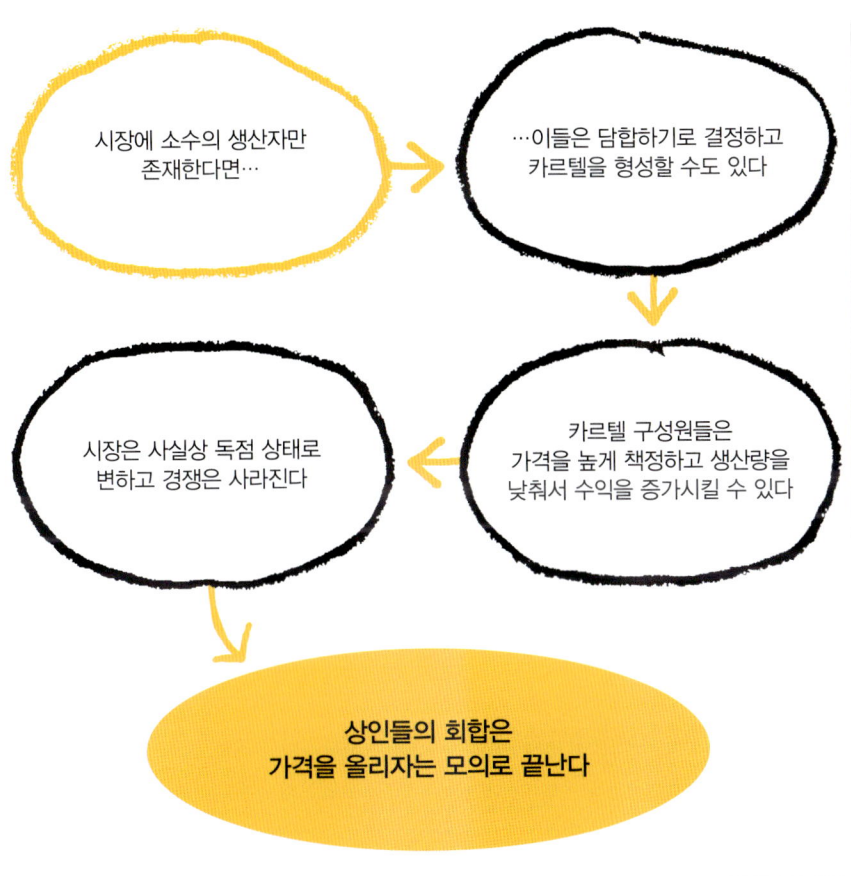

시장에 소수의 생산자만 존재한다면…

…이들은 담합하기로 결정하고 카르텔을 형성할 수도 있다

카르텔 구성원들은 가격을 높게 책정하고 생산량을 낮춰서 수익을 증가시킬 수 있다

시장은 사실상 독점 상태로 변하고 경쟁은 사라진다

상인들의 회합은 가격을 올리자는 모의로 끝난다

버진애틀랜틱 항공이 브리티시 항공과 여섯 차례 만나 가격 인상에 대해 논의했다고 인정한 후, 브리티시 항공에는 담합에 대해 3억 파운드가 넘는 벌금이 부과되었다.

협력이 존재한다. 만일 생산자들이 협력하는 방식을 택하여 상대방보다 저가로 팔지 않기로 합의한다면, 이들은 단체로 시장을 독점하고 자신들의 이익에 따라 시장 조건을 좌우할 수 있게 된다.

카르텔 형성

기업들 간에 이루어지는 이러한 종류의 협력을 경제학자들은 '담합'이라고 부른다. 담합의 결과로 가격이 정해지면 시장의 효율성이 떨어지게 된다. 스코틀랜드 출신 경제학자인 애덤 스미스는 자유시장에서 이기심이 중요하다는 것을 인식했으나 생산자들의 동기에 대해서는 의혹을 품고 다음

과 같이 경고했다. "같은 사업에 종사하는 사람들은 서로 좀처럼 만나지 않으며 어울려서 즐기는 일도 드물지만, 이들이 대화를 나누게 되면 대중을 상대로 음모를 꾸미거나 가격을 올리기 위해 재주를 부리는 것으로 끝난다."

시장이 생긴 이후로 생산자들은 오랜 기간 협력해왔으며, 다양한 분야의 기업들은 상호 이익을 위해 조합을 형성해왔다. 19세기 미국에서는 이렇게 자유경쟁을 제한하는 독점적인 행위를 '트러스트(trust)'라고 불렀으나, 오늘날에는 기업들이 국가적으로 혹은 국제적으로 담합하는 행위를 '카르텔(cartel)'이라는 용어로 설명한다. 이 용어는

독일과 미국 경제에서 1920년대와 1930년대에 나타났던 중요한 특성을 나타내는 한편 부정적인 의미도 함께 내포하고 있다.

20세기에 미국과 유럽연합(EU)은 담합을 막기 위해 법률을 제정했다. 그러나 생산자들 간의 카르텔은 여전히 시장경제의 특징으로 남아 있다. 기업들 간의 협력은 2011년에 유니레버(Unilever)와 프록터앤갬블(Procter & Gamble)이 유럽에서 세탁용 세제 가격을 고정하기로 담합했던 것처럼 단순한 협의의 형태를 띠기도 하고, 국제항공운송협회(IATA)처럼 국제무역협회의 형태로 나타나기도 한다. IATA는 원래 운임의 액수를 결정하는 기능을 담당했으며 그로 인해 담합 혐의를 받게 되었지만, 지금도 여전히 항공 산업을 대표하는 단체로 남아 있다. 심지어 특정한 제품을 생산하는 국가들의 정부 간 협력을 통해 카르텔이 형성되기도 한다. 이런 사례로는 1960년에 설립되어 회원국들 사이에서 원유 가격을 조정해온 석유수출국기구(OPEC)를 들 수 있다.

카르텔에 대한 도전

그러나 상품 가격과 구성원 간 신뢰에 초점을 맞추는 카르텔을 형성하고 유지하려면 해결해야 할 문제들이 있다. 구성원들이 쉽게 가격을 고정시킬 수 없다는 것이 첫 번째 문제다. 고정가격을 유지하려면 생산 한도를 정해야 하며, 수익 배분 역시 합의해야 한다. 카르텔의 구성원 수가 적을수록 협상은 쉬워진다. 소수 기업이 상품 대부분을 공급할 때 카르텔은 더욱 강력해진다.

두 번째 문제는 구성원들이 반드시 규칙을 준수하도록 해야 한다는 것이다. 생산자들은 더 높은 수익을 기대하여 담합을 벌이지만, 한편으로는 이러한 이기심이 카르텔을 약화시키는 원인이 되기도 한다. 구성원들은 제각기 다른 구성원을 속이고 과잉 생산과 저가 판매를 통해 이득을 취하고 싶어 할 수도 있다. 실질적으로 이는 '죄수의 딜레마'이다. 죄수의 딜레마는 공범인 두 명의 죄수가 각기 죄에 대해 입을 다물거나 자백하는 것 중 하나를 택할 때 일어난다.

만일 두 사람이 똑같이 입을 다물거나 자백하면 둘 다 가벼운 형벌을 받게 된다. 하지만 둘 중 한 사람만 자백하는 경우, 입을 연 사람은 죄를 면하고 다른 사람은 무거운 형벌을 받게 된다. 이들 각각에게 최선의 전략은 침묵(이때의 형기가 가장 짧음)이지만, 상대방은 침묵하고 자신은 자백하여 죄를 면하고 싶은 유혹에 빠질 수도 있다. 이 딜레마에 적용되는 전략들은 카르텔에도 똑같이 적용 가능하다. 카르텔에서는 구성원들이 협력하면 모두 경쟁할 때보다 더 큰 이익을 얻게 된다. 그러나 구성원 한 사람이 합의를 깰 경우 그는 가장 큰 이익을 얻게 되지만, 다른 구성원들은 담합의 대가를 치르게 된다.

카르텔에서는 실제로 이러한 일이 발생하는 경향이 있으며 할당량이 불평등한 경우에 특히 그러하다. 예를 들어 OPEC의 12개 회원국은 원유 생산량과 가격을 협의하기 위해 정기적으로 모이지만, 협의 결과를 지키는 일은 거의 없다. 규모가 작고 덜 부유한 회원국들은 추가 수익을 올릴 기회를 찾아서 할당량보다 더 많은 원유를 생산한다. 이로 인해 경쟁 요소가 도입되며 카르텔 전체의 힘이 약화된다. 다른 구성원을 속이는 일이 단 한 번만 발생해도 카르텔의 기능을 저해하기에 충분하다. 또한 카르텔의 구성원 수가 많을수록 규칙이 깨질 위험성은 더 커진다.

합의의 이행

카르텔 구성원들 중 생산력이 가장 강한 구성원이 '집행자'로 등장하는 일이 매우 빈번하게 발생한다. 예를 들어 앙골라 등의 국가가 수익 증대를 위해 원유를 과잉생산하여 OPEC의 실질적인 영향력을 위협하면, 이 카르텔의 최대 산유국인 사우디아라비아가 제재 조치를 취할 수 있다. 이처럼 가장 낮은 비용으로 가장 많은 제품을 만들어내는 국가는 자국의 수익을 단기적으로 줄이는 대신, 상대적으로 규모가 작은 국가를 처벌하거나 심지어 파산시킬 수 있는 수준까지 생산을 늘리고 판매가를 낮출 능력이 있다. 그러나 구성원들은 속임수의 유혹에 넘어가고 집행자는 자기 이익이 줄어드는 것을 꺼리기 때문에 결국 카르텔이 붕괴하는 경우가 많다.

카르텔은 실질적인 독점 행위를 통해 가격을 고정시킬 수 있다. 만일 소비자에게 낮은 가격을 제시할 수 있는 생산자가 없다면, 생산비를 훌쩍 뛰어넘어서 카르텔에 고수익을 안겨주는 가격만 존재하게 된다.

우리는 강압적인 정부나 독점 및 카르텔의 형태로 나타나는 산업 과두제를 결코 용인해서는 안 된다.

헨리 A. 월리스

카르텔을 형성하고 유지하는 데 따르는 어려움은 애덤 스미스의 예상만큼 담합 음모를 꾸미는 일이 자주 발생하지 않는다는 것을 보여준다. 1960년대에 미국의 경제학자 조지 스티글러는 경쟁자들 간의 본능적인 불신이 카르텔에서 담합이 이루어지는 것을 방해하며, 시장에 진입하는 기업이 많을수록 담합 발생 확률이 낮아진다는 것을 증명했다. 그 결과, 비디오 게임기나 휴대전화 산업처럼 소수의 대기업만 존재하는 분야에서조차 일반적으로 협력보다는 경쟁이 일어나게 되는 것이다.

그럼에도 불구하고 현존하는 몇 개의 카르텔은 정부가 개입해야 할 필요성을 느낄 정도로 시장을 충분히 위협하고 있다. 가격 담합에 반대하는 소비자들이 대중적 압력을 가하자 20세기에는 대부분의 국가에서 카르텔을 불법으로 규정하는 '반독점' 입법을 추진하게 되었다. 담합을 입증하기가 어렵기 때문에 많은 반독점법이 카르텔 붕괴를 위한 또 다른 인센티브로, 담합을 가장 먼저 자백하는 구성원에게 죄수의 딜레마에 나오는 것처럼 면제권을 부여하고 있다. 이 전략은 2007년 항공료 담합 조사로 인해 곤경에 처한 버진애틀랜틱 항공(Virgin Atlantic Airlines)이 브리티시 항공(British Airways)과 담합한 사실을 자백하면서 확실한 성과를 올렸다. 이때 브리티시 항공에는 엄청난 벌금이 부과되었다.

2011년 네덜란드의 휴대전화 사업자들은 선불전화기용 모바일 데이터 요금을 고정시킨 것을 비롯해 담합 행위를 벌인 혐의로 조사를 받았다.

"
경제학자들은 명예로운 업적을 쌓았지만, 내가 보기에 독점금지법은 거기에 포함되지 않는다.
조지 스티글러
"

정부 승인

스티글러 같은 일부 자유주의 경제학자들은 카르텔의 불안정성을 고려할 때 반독점법은 필요하지 않다는 입장을 취한다. 정부는 카르텔에 대해 애매모호한 태도를 보일 때가 종종 있으며 잠재적으로 바람직한 형태의 협력이 존재한다는 입장을 취한다. 예를 들어 IATA의 가격 결정정책은 담합으로 간주되는 반면, OPEC은 시장 안정정책을 보유한 무역블록으로 간주되어 보다 긍정적인 시선을 받기도 한다. 이와 똑같은 주장이 경기가 침체된 국가에서 원유나 강철 같은 사업 분야의 공공 카르텔을 옹호하기 위해 제기된다. 정부 규제를 받는 생산자 간 협력은 생산과 가격을 안정시키고, 소비자와 소규모 생산자를 보호하며, 해당 산업 전체의 국제 경쟁력을 보다 강화시킬 수 있다. 이와 같은 공공 카르텔은 유럽과 미국에서 1920년대와 1930년대에 흔하게 존재했으나 제2차 세계대전 이후 대부분 사라졌다. 하지만 일본 경제에서는 여전히 국가 카르텔이 특징적으로 존재한다. ■

반독점법

독점과 마찬가지로 카르텔은 일반적으로 자유시장의 효율성을 저해하고 경제 전체의 안녕에 위협을 가하는 것으로 인식된다. 대부분의 정부에서는 이러한 종류의 담합을 반독점법이나 경쟁법의 제정을 통해 금지하려는 움직임을 보이고 있다.

1890년, 미국은 국내외 교역을 제한하는 모든 계약과 음모를 불법으로 규정한 셔먼법(Sherman Act)을 제정함으로써 최초로 입법을 통해 독점에 개입했다. 그 이후 경쟁을 마비시키는 부분적 가격 인하를 금지한 1914년의 클레이튼법(Clayton Act)을 비롯해 반독점법을 추가로 제정했다.

그러나 경제학자들은 집행상의 어려움을 이유로 반독점법 제정에 회의적인 반응을 보이고 있다. 이들은 기업 간 협력이 항상 가격담합이나 입찰조작 같은 행위로 이어지는 것은 아니라고 지적한다. 또한 독점 해소법을 제정하려는 동기가 경제적 분석에서 나온 것이 아니라 정치적 압력에서 비롯된 것이라고 믿는다.

1906년에 발행된 한 정치 신문의 표지에는 미국 정치인 넬슨 올드리치(Nelson Aldrich)가 외국의 경쟁자로부터 미국 상품을 보호하고 국내 가격을 올리기 위해 관세로 '거미줄'을 친 풍자화가 실렸다.

공급은 스스로 수요를 창출한다

시장의 공급 과잉

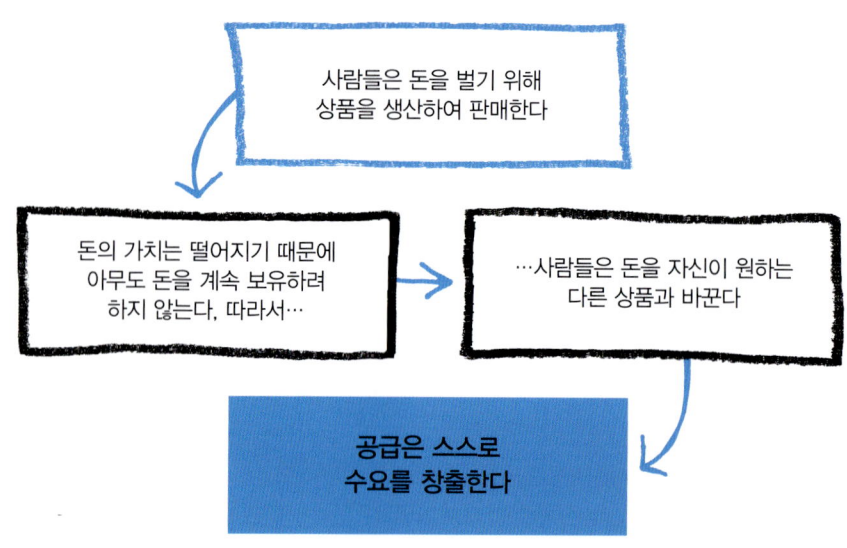

사람들은 돈을 벌기 위해 상품을 생산하여 판매한다

돈의 가치는 떨어지기 때문에 아무도 돈을 계속 보유하려 하지 않는다, 따라서…

…사람들은 돈을 자신이 원하는 다른 상품과 바꾼다

공급은 스스로 수요를 창출한다

애덤 스미스는 1776년 『국부론』을 저술하면서 자기 주변의 상인들은 흔히 사업 실패 요인으로 자금 부족이나 과잉 생산을 꼽는다고 적었다. 스미스는 경제에서 돈이 수행하는 역할을 설명하여 자금 부족은 실패 요인이 아니라는 것을 증명했다. 그러나 과잉 생산이 실패 요인이라는 생각을 뒤집는 일은 후대 프랑스 경제학자인 장 바티스트 세(Jean-Baptiste Say)에게 넘겼다. 세는 1803년에 발표한 저서 『정치경제학 개론』에서 과잉 생산의 불가능성을 설명하는 데 전념했다. 그는 하나의 제품은 생산되는 즉시 그 자체의 전체적 가치에 따라 다른 제품들을 위한 시장을 창출한다고 주장했다. 예를 들면 재단사가 셔츠를 만들어 판매하고 받은 돈은 제빵사에게서 빵을 사고 양조업자에게서 맥주를 사는 데 쓰인다. 세는 사람들이 돈을 계속 보유하려는 욕망을 품고 있지 않기 때문에 결국 생산자가 공급하는 상품의 총 가치는 소비자가 요구하는 상품의 총 가치와 일치할 것이라고 믿었다. '세의 법칙'으로 알려진 이러

참조 : ■ 자유시장 경제학 54~61쪽 ■ 경제 균형 118~123쪽 ■ 대공황과 실업 154~161쪽

한 내용은 흔히 "공급은 스스로 수요를 창출한다"는 말로 표현할 수 있다. 사실 이 문구는 미국의 경제학자 프레드 테일러(Fred Taylor)가 1921년 『경제학의 원리Principles of Economics』라는 저서에서 만들어 사용한 것으로 보인다.

공급이 수요를 창출한다는 발상은 세에게 중요한 의미를 지녔다. 만일 공급이 수요와 동일한 가치를 창출한다면 경제 전체에서 과잉 생산, 즉 과잉 공급은 절대 일어날 수 없기 때문이다. 물론 기업이 수요를 잘못 파악하여 상품을 과잉 생산할 가능성은 있지만, 미국 경제학자 루트비히 폰 미제스가 훗날 말했던 것처럼 '어설픈 기업가'의 실패로 인해 시장에서 금방 밀려나게 되며 사용하지 않은 자원은 보다 수익성 있는 경제 분야에 재분배되게 마련이다. 사실 종합적으로 볼 때 과잉 생산이 일어나는 것은 불가능하다. 인간의 욕망은 상품 생산 능력을 훌쩍 뛰어넘기 때문이다.

세의 법칙은 고전주의 학파와 케인스 학파가 충돌하는 토론의 장이 되었다. 세와 같은 고전주의 경제학자들은 생산, 즉 경제의 공급 측면이 경제를 성장시키는 가장 중요한 요인이라고 믿는다. 반면 케인스주의자들은 수요가 증가해야 경제가 성장한다고 주장한다.

왜 돈을 계속 보유하는가?

케인스는 1936년에 발표한 역작 『고용, 이자 및 화폐에 관한 일반이론』을 통해 경제에서 돈이 수행하는 기능에 초점을 맞춰 세의 법칙을 비판했다. 세는 사람들이 번 돈은 모두 다른 상품을 구입하는 데 사용된다고 생각했다. 다시 말해서 경제가 마치 물물교환 시스템에 기반을 둔 것처럼 작동한다고 본 것이다. 그러나 케인스는 사람들

이 물건 구입이 아닌 다른 이유로 돈을 계속 보유할 때가 있다는 의견을 내놓았다. 예를 들어 사람들은 소득의 일부를 저축하고 싶어 할 수도 있다. 만일 저축한 돈을 다른 사람에게 빌려주지도, 경제에 투자(사업 운영자금으로 사용)하지도 않는다면 그 돈은 더 이상 순환하지 않게 될 것이다. 사람들이 이렇게 돈을 움켜쥐고 있으면 결국 상품 수요가 공급보다 더 낮아지게 된다. 이처럼 수요가 마이너스인 상태를 '수요 부족(demand deficiency)'이라고 부른다. 케인스는 수요 부족으로 인해 실업이 만연하게 될 것이라고 주장했다.

1930년대 초반의 대공황 기간 동안 세계 경제가 직면했던 끔찍한 상황을 감안하면 케인스의 주장은 매우 설득력 있는 것으로 여겨졌다. 실업이 몇몇 산업에서만 단기적으로 발생한다고 본 세의 법칙에 기초한 세계와 비교하면 특히 그랬다. ■

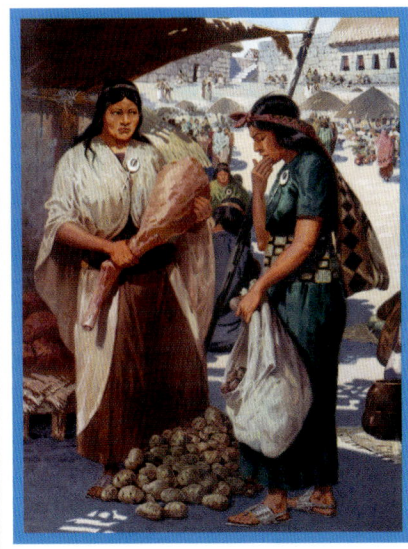

세는 수요와 공급의 기능이 일종의 물물교환처럼 이루어진다고 생각했다. 우리는 돈을 벌어서 원하는 상품과 교환하는 데 사용한다. 잉카의 시장을 묘사한 이 그림에서 고기는 야채와 교환된다.

장 바티스트 세

1767년 프랑스 리옹에서 직물 상인이자 신교도의 아들로 태어났다. 18세에 영국으로 건너가 2년 동안 상인 견습생으로 일하다 2년 후 파리로 돌아와 보험회사에 취직했다. 신교도인 위그노에게 가해졌던 종교 박해를 중단시켰으며 봉건적인 경제 제도를 폐지하고 상업이 보다 번영할 수 있는 시대를 열었다는 점에서 1789년의 프랑스 혁명을 반겼다.

그는 1794년에 정치 잡지의 편집자가 되어 애덤 스미스의 이론을 널리 알렸다. 1799년에는 프랑스 정부에 참여하게 되었으나, 나폴레옹이 세의 관점 중 일부를 거부하면서 1814년까지 연구를 검열받았다. 이 시기에 그는 면직 공장을 운영하여 재산을 모았다. 말년에 파리에서 경제학을 강의하기도 했다. 뇌졸중을 여러 차례 겪은 후 1832년 66세의 나이로 세상을 떠났다.

주요 저서

1803년 『정치경제학 개론A Treatise of Political Economy』
1815년 『잉글랜드와 잉글랜드인 England and the English』
1828년 『실천경제학 통론Complete Course of Practical Political Economy』

오늘의 차입은 내일의 세금이다

차입과 부채

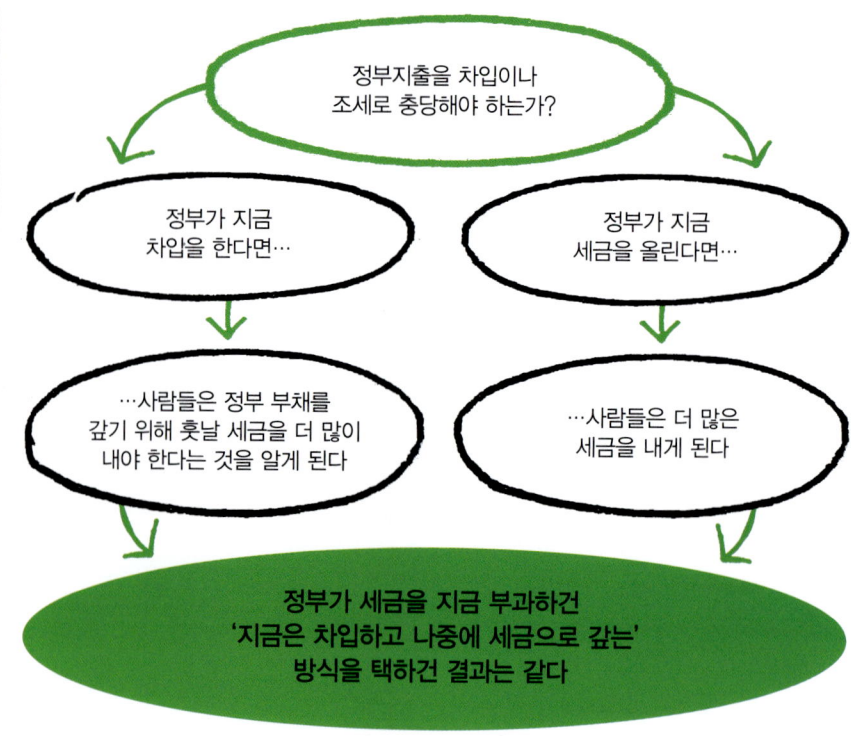

정부지출을 차입이나 조세로 충당해야 하는가?

정부가 지금 차입을 한다면…

정부가 지금 세금을 올린다면…

…사람들은 정부 부채를 갚기 위해 훗날 세금을 더 많이 내야 한다는 것을 알게 된다

…사람들은 더 많은 세금을 내게 된다

정부가 세금을 지금 부과하건 '지금은 차입하고 나중에 세금으로 갚는' 방식을 택하건 결과는 같다

정부지출을 차입이나 조세로 충당해야 하는가? 영국이 프랑스와 나폴레옹 전쟁을 치르며 엄청난 비용을 지출하고 있던 시기에 데이비드 리카도가 이 질문을 처음으로 세밀하게 다뤘다. 1817년에 발표한 『정치경제학과 과세의 원리에 대하여』에 서 그는 어떤 방식으로 재정을 충당해도 차이가 발생하지 않는다고 주장했다. 정부가 지금 돈을 차입하면 미래의 조세 부담이 커진다는 것을 납세자들이 당연히 알게 되기 때문이다. 정부의 선택에 상관없이 사람들은 세금을 내게 되어 있으므로 당장 세금을

참조 : ■ 경제인 52~53쪽 ■ 조세 부담 64~65쪽 ■ 케인스의 승수효과 164~165쪽 ■ 통화정책 196~201쪽 ■ 지출을 위한 저축 204~205쪽 ■ 합리적 기대 244~247쪽

낸다고 가정했을 때 납부해야 할 금액을 만일의 사태에 대비하여 따로 저축해둘 것이라는 의미다. 리카도는 사람들이 정부 예산의 한계를 알고 있으며 당장의 조세나 차입에 상관없이 결국 똑같은 비용을 지불해야 한다는 점을 알기에 동일한 소비방식을 고수한다고 지적했다. 이러한 생각을 '리카도 등가(Ricardian Equivalence)'라고 부른다.

아버지가 아들들에게 돈을 받아 도박에 쓰는 가정이 있다고 상상해보자. 아버지는 친구 알렉스에게 돈을 빌렸으니 이번 달에는 아들들이 돈을 주지 않아도 된다고 말한다. 이 말에 성격이 태평한 차남 톰은 여윳돈을 사용한다. 하지만 형 제임스는 아버지가 다음 달에 알렉스에게 돌려줄 원금과 이자를 부탁하리라는 것을 알고 있다. 그래서 그는 이번에 남는 돈을 따로 보관해서 다음 달에 아버지에게 건넬 생각이다. 자신의 전체적인 부에 변화가 없다는 사실을 알고 있기 때문에 현재의 지출을 변화시킬 이유가 없는 것이다.

리카도는 리카도 등가를 이론화했으나 이러한 현상이 현실에서 명확하게 드러난다고 주장하지는 않았다. 그는 보통 시민들이 위에서 예로 든 가족과 같은 재정적 악몽에 시달리며, 가진 돈을 모두 사용할 것이라고 믿었다. 하지만 어떤 근대 경제학자들은 사람들이 그러한 고통을 겪지 않는다고 주장했다.

근대에 벌어진 논쟁

리카도 등가 이론은 미국의 경제학자 로버트 배로의 1974년 기고문에서 다시 등장했다. 근대 경제학은 정부의 조세나 차입 정책에도 사람들이 지출을 늘리지 않는 조건을 분석하는 데 초점을 맞추고 있다. 이와 관련해서 인간은 합리적인 의사결정자

이며 미래를 완벽하게 예측하는 존재라는 가정이 제기되었다. 즉 사람들은 지금 쓰는 돈이 나중에 세금으로 돌아온다는 사실을 알고 있다는 것이다. 하지만 이러한 가정이 현실적으로 성립할 가능성은 낮다. 이렇게 되려면 차입과 대출 역시 거래 비용 없이 동일한 이자율에서 이루어져야 한다.

인간의 수명이 유한하다는 점도 문제가 된다. 만일 사람들이 이기적이라면 자신이 죽고 난 후에 부과되는 세금에는 신경 쓰지 않을 확률이 높다. 하지만 배로는 부모가 자식을 신경 써서 유산을 남기는 경우가 많으며, 이 유산은 부분적으로 부모 사후에 부과되는 조세 부채를 갚는 데 쓰일 수 있다고 주장했다. 개인은 이러한 방식으로 자신의 사후에 부과될 것으로 예상되는 세금의 영향까지 고려하여 의사결정을 내린다.

정부지출

때때로 국채의 중립성(debt neutrality)이라고 불리기도 하는 리카도 등가정리는 근대 정부의 높은 지출과 차입, 조세 때문에 오늘날 뜨거운 관심을 받고 있다. 신고전주의 학파의 경제학자들은 정부지출을 통

한 수요증대와 성장촉진을 노리는 케인스 정책에 리카도의 통찰력을 이용하여 반론을 제기했다. 만일 사람들이 정부지출의 목적이 경기 부양이라는 점을 안다면 훗날 더 많은 세금이 부과된다는 것을 합리적 기대를 통해 깨닫게 되므로, 당장의 통화량 증가에 맹목적으로 반응하지 않는다는 것이다. 하지만 이러한 주장에 부합하거나 맞서는 실제적 증거는 아직 확실하게 나타나지 않았다. ■

그리스 정부는 파산을 피하기 위해 2011년 막대한 금액을 강제로 차입해야 했다. 이에 따른 국내 불안은 정부가 차입하고 세금으로 부과할 수 있는 액수에 한계가 있다는 것을 명확하게 보여주었다.

신고전주의 학파의 거시경제학

미국의 경제학자 로버트 배로(Robert Barro), 로버트 루카스(Robert Lucas), 토마스 사전트(Thomas Sargent)는 1970년대 초반에 신고전주의 거시경제학파를 설립했다. 이 학파의 핵심적인 신조는 합리적 기대 가설과 시장청산(market clearing)이다.

시장청산이란 가격이 자생적으로 새로운 균형의 위치에 적용한다는 의미다. 신고전주의 학파 이론가들은 이러한 개념을 노동시장에 적용했다. 임금의 수준

은 공급(일자리를 찾는 사람의 수)과 수요(필요한 노동자의 수)의 상호 조정을 통해 결정된다. 이러한 관점에서 보면 일하기를 원하는 모든 사람은 현행 임금을 수용하면 일할 수 있다. 따라서 모든 실업은 자발적이라는 결론에 이르게 된다.

합리적 기대 가설은 사람들이 결정을 내릴 때 과거와 미래를 모두 고려하기 때문에 차입과 세금을 선택해야 하는 상황에서 정부의 기만에 넘어가지 않는다고 주장했다.

경기는 요요와 같다

호황과 불황

상승이나 팽창이 일어나는 성장기와 하락이나 부진이 일어나는 침체기 사이를 오가는 것을 경기순환이라고 한다. 이러한 현상은 종종 호황과 불황(boom & bust) 순환이라고 불린다. 스위스의 역사가 장 샤를 시스몽디(Jean Charles Sismondi)는 경제위기가 주기적으로 발생한다는 사실을 최초로 규명했으나, 그 순환형태를 밝혀낸 것은 후대 프랑스 경제학자인 샤를 뒤노아이에였다. 시스몽디는 애덤 스미스와 장 바티스트 세, 데이비드 리카도가 주창한 "시장이 가장 잘 안다"는 통설에 도전했다. 이들은 시장이 자체적인 장치를 이용해 돌아가도록 내버려두면 경제 균형을 쉽고 빠르게 달

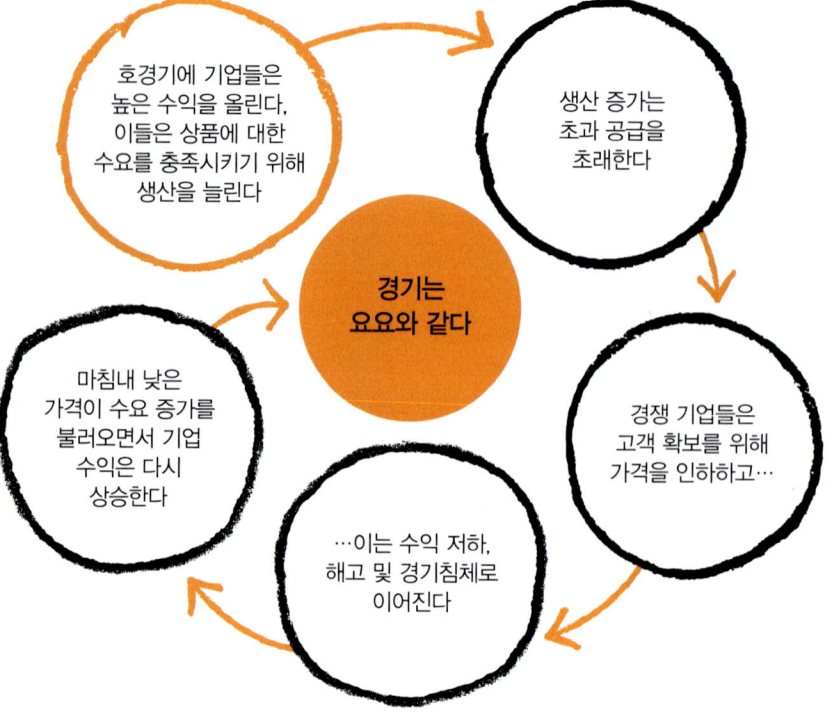

호경기에 기업들은 높은 수익을 올린다. 이들은 상품에 대한 수요를 충족시키기 위해 생산을 늘린다

생산 증가는 초과 공급을 초래한다

경기는 요요와 같다

경쟁 기업들은 고객 확보를 위해 가격을 인하하고…

…이는 수익 저하, 해고 및 경기침체로 이어진다

마침내 낮은 가격이 수요 증가를 불러오면서 기업 수익은 다시 상승한다

참조 : ■ 자유시장 경제학 54~61쪽 ■ 케인스의 승수효과 164~165쪽 ■ 금융위기 296~301쪽 ■ 주택 공급과 경기순환 330~331쪽

초고층 건물은 경기과열의 확실한 징후인 과도한 낙관주의가 만연하는 시기에 종종 세워진다. 건물이 완공될 무렵이면 경기는 추락하고 있는 경우가 많다.

성하고 완전고용을 실현할 것이라고 믿었다. 반면 시스몽디는 '끔찍하게 큰 고통'을 겪고 난 후에야 마침내 일종의 균형이 달성된다고 생각했다.

시스몽디가 1819년에 『정치경제학의 새로운 원리』를 펴내기 전까지 경제학자들은 단기적인 버블과 붕괴를 간과하거나, 그러한 현상이 발생하는 원인을 전쟁 같은 외부 사건으로 돌렸다. 그러나 시스몽디는 시장의 힘에서 자연적으로 비롯된 과잉 생산 및 과소 소비(호경기 동안 불균형이 증가하면서 발생함)가 경제의 단기적 움직임을 유발한다는 것을 입증했다.

호황을 부채질하다

경제가 성장하고 기업이 성공을 거두면 노동자들은 임금 인상을 요구할 수 있으며 자신들이 생산한 상품을 더 많이 살 수 있게 된다. 이러한 현상은 호황을 부채질한다. 더 많은 상품이 팔릴수록 기업은 팽창하면서 더 많은 상품을 생산하기 위해 더 많은 노동자를 고용한다. 새로 채용된 노동자들은 상품을 살 돈을 갖게 되고 호황은 계속 이어진다.

시스몽디는 경쟁이란 공급이 수요를 앞지를 때까지 모든 기업이 생산을 늘리는 행위라고 주장했다. 기업들이 경쟁에 떠밀려 고객 유치를 위해 가격을 내리면 그로 인해 수익 감소, 임금 삭감, 노동자 해고 등이 발생한다. 다시 말해서 경기가 추락하고 뒤이어 불황이 오는 것이다. 일단 가격이 수요를 촉진할 정도로 충분히 낮아지고 신용거래가 수월해지면 기업들은 원래 상태로 돌아오기 시작한다. 경기순환이 처음부터 다시 시작되는 것이다.

위에서 설명한 경기순환이 사실임을 보여준 이전의 경제위기 사례로는 1825년에 영국에서 일어난 공황을 들 수 있다. 순전히 내부적인 사건으로 인해 발생한 이때의 주식시장 붕괴는 최초로 기록된 공황들 중 하나다. 사기꾼이 투자를 유치하기 위해 꾸며낸 가상국가 포이에스(Poyais)에 투기성 투자가 몰리면서 위기가 촉발되었다. 이 사건의 파급력은 전 세계 시장으로 퍼져나갈 정도로 대단했다.

시스몽디는 애덤 스미스의 자유방임적 접근방식에 맞서서 부의 발전을 조정하고 주기적인 위기를 방지하려면 정부 개입이 필수라고 주장했다.

경제학자들은 경기순환에 대한 발견으로 경제를 새로운 방식으로 분석할 수 있었으며 붕괴나 불황을 피하기 위한 전략을 수립하는 데 힘쓰게 되었다. 케인스는 시스몽디와 뒤노아이에의 연구에 기초하여 20세기를 지배한 경제적 접근방식의 하나로 꼽히는 이론을 개발했다. ■

강세장과 약세장

경제가 전체적으로 팽창과 수축을 반복하는 동안 여기에 속한 시장 역시 상승과 하강을 반복한다. 지속적인 가격상승을 나타내는 시장을 강세장(bull market)이라고 부르며, 반대로 지속적으로 가격이 하락하는 시장을 약세장(bear market)이라고 부른다. 이러한 명칭은 보통 주식이나 채권, 주택 같은 자산을 취급하는 시장에 적용된다.

강세장(상승세에 있는 주식시장을 예로 들 수 있음)은 경제 성장기에 종종 나타난다. 투자자들은 경제를 낙관적으로 전망하고 기업의 주식을 매입하여 자산가치 상승을 부채질한다. 경제가 흔들리는 시기에는 이와 정반대 상황이 전개된다. 시장이 하락하면 투자자들은 곰처럼 느리게 행동하며 자산을 매도하기 시작한다. 미국 주식시장에서는 1990년대 닷컴 열풍 당시 강세장이 나타났다. 약세장의 주요 사례는 1930년대 대공황 시기에 나타난 바 있다.

보편적인 경쟁, 즉 항상 더 낮은 가격에 더 많은 상품을 생산하려고 노력하는 것은 위험한 시스템이다.
장 샤를 시스몽디

무역은 모두에게 이롭다

비교우위

맥락읽기

초점
세계 경제

핵심사상가
데이비드 리카도

이전의 관련 역사
기원전 433년 : 아테네가 메가라를 대상으로 무역규제 조치를 취한 것은 최초로 기록된 무역전쟁 사례에 속한다.

서기 1549년 : 영국의 정치가 존 헤일스(John Hales)는 자유무역이 국가에 불이익을 준다고 표현하여 당시의 일반적 시각을 대변했다.

이후의 관련 역사
서기 1965년 : 미국의 경제학자 맨서 올슨(Mancur Olson)은 정부가 흩어져 있는 집단보다는 조직화한 집단의 호소에 더 쉽게 반응한다는 것을 입증했다.

서기 1967년 : 스웨덴의 경제학자 베르틸 올린(Bertil Ohlin)과 엘리 헥셔(Eli Heckscher)는 리카도의 무역 이론을 발전시켜 비교우위가 시간이 지남에 따라 어떻게 변하는지 분석했다.

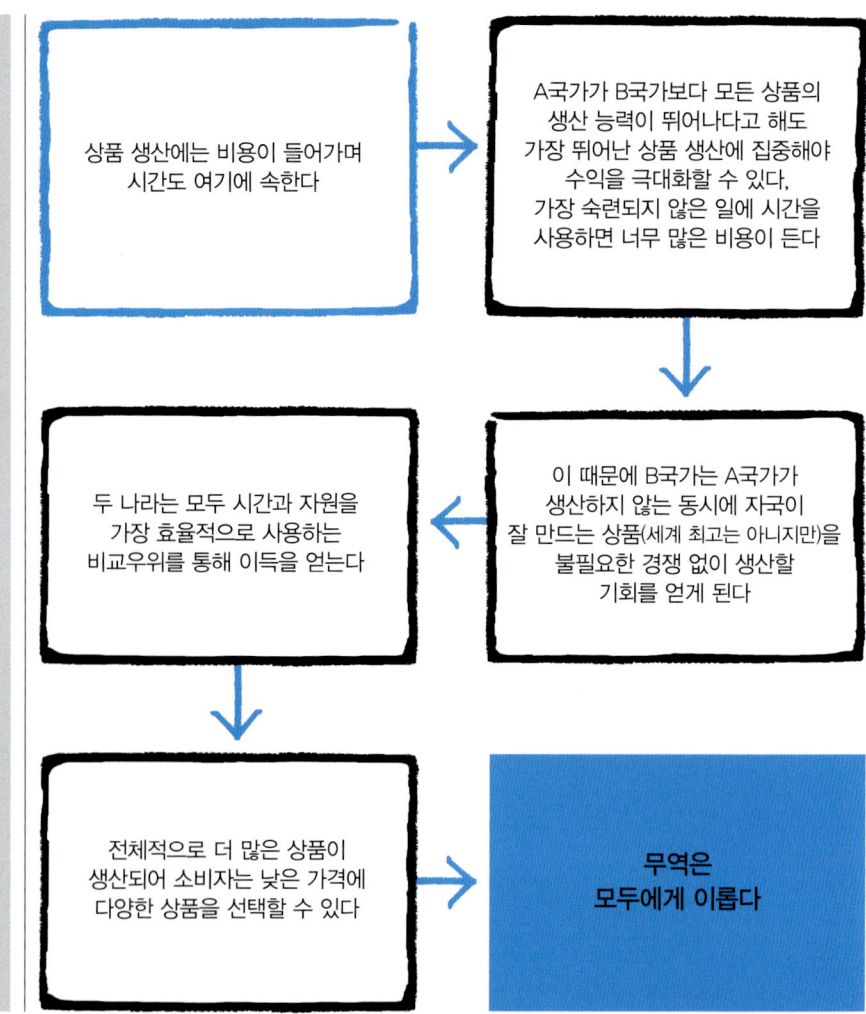

상품 생산에는 비용이 들어가며 시간도 여기에 속한다

A국가가 B국가보다 모든 상품의 생산 능력이 뛰어나다고 해도 가장 뛰어난 상품 생산에 집중해야 수익을 극대화할 수 있다. 가장 숙련되지 않은 일에 시간을 사용하면 너무 많은 비용이 든다

이 때문에 B국가는 A국가가 생산하지 않는 동시에 자국이 잘 만드는 상품(세계 최고는 아니지만)을 불필요한 경쟁 없이 생산할 기회를 얻게 된다

두 나라는 모두 시간과 자원을 가장 효율적으로 사용하는 비교우위를 통해 이득을 얻는다

전체적으로 더 많은 상품이 생산되어 소비자는 낮은 가격에 다양한 상품을 선택할 수 있다

무역은 모두에게 이롭다

18세기의 유명한 영국 경제학자 데이비드 리카도의 사상은 그가 살던 세계와 개인적 삶의 영향을 받아 형성된 것이 분명하다. 그는 중상주의가 경제적 시각을 지배하던 시기에 영국 런던에서 살았다. 중상주의는 국제무역을 강하게 규제해야 한다는 입장을 취했다. 그 결과 정부는 금의 유입으로 국부를 늘리기 위해 수출 증가와 수입 감소를 목표로 한 정책을 도입했다. 이러한 정책의 시작은 엘리자베스 1세 시대로 거슬러 올라간다. 그러나 리카도는 보호주의 정책이 장기적으로는 국부를 증진시킬 수 있는 능력을 제한할 가능성이 크다고 생각했다.

초기의 보호무역

리카도는 특히 영국의 곡물법(Corn Law) 도입을 가장 우려했다. 나폴레옹 전쟁 기간에는 유럽에서 밀을 수입하는 것이 불가능했기 때문에 영국의 밀 가격은 상승하게 되었다. 그 결과 많은 지주가 곡물 경작에 사용하는 토지의 비중을 늘렸다. 하지만 1812년 전쟁으로 곡물 가격이 다시 떨어질 위기에 처하자 지주들은 밀 수입을 제한하고 국내산 곡물의 최저가를 보장하는 곡물법을 통과시켰다. 1815년에 전쟁이 끝나면서 곡물법은 곡물의 최저가를 다시 올리는 데 이용되었다. 이 법은 농민을 보호했으나 한편으로는 빵 가격을 가난한 사람이 감당할 수 없는 수준으로 끌어 올리는 역할을 했다.

리카도는 자신이 부유한 지주였음에도 곡물법에 강하게 반대했다. 그는 이 법이 영국을 가난하게 만들 것이라고 주장했으며, 국가 간 자유무역을 옹호하는 사람들이 논거로 내세울 수 있는 이론을 개발했다.

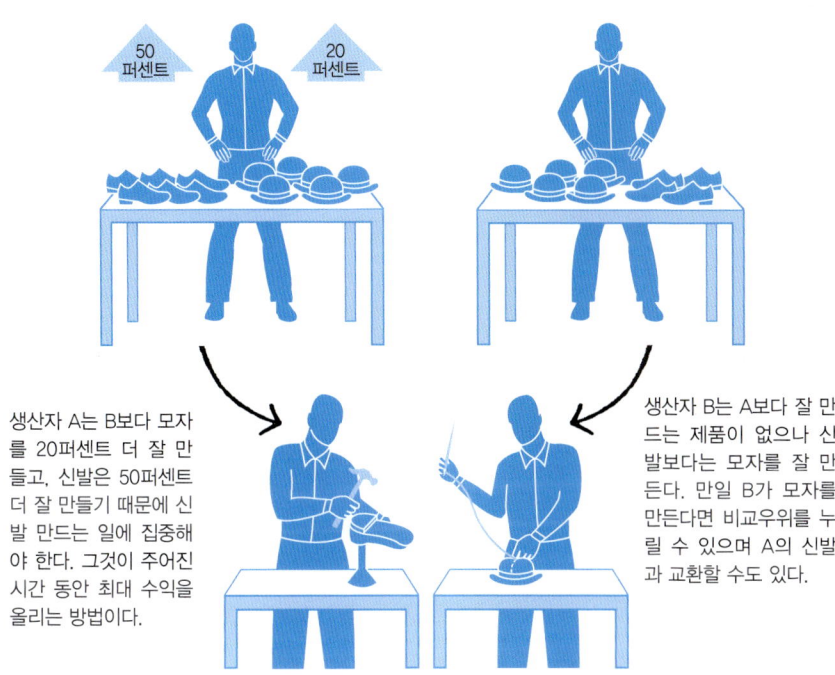

생산자 A는 B보다 모자를 20퍼센트 더 잘 만들고, 신발은 50퍼센트 더 잘 만들기 때문에 신발 만드는 일에 집중해야 한다. 그것이 주어진 시간 동안 최대 수익을 올리는 방법이다.

생산자 B는 A보다 잘 만드는 제품이 없으나 신발보다는 모자를 잘 만든다. 만일 B가 모자를 만든다면 비교우위를 누릴 수 있으며 A의 신발과 교환할 수도 있다.

비교우위

애덤 스미스는 포르투갈과 영국의 기후가 다르기 때문에 두 국가가 무역을 통해 이득을 얻게 될 것이라고 지적한 바 있다. 포르투갈 노동자는 영국 노동자보다 포도주를 더 많이 생산할 수 있으며, 영국 노동자는 포르투갈 노동자보다 양모를 더 많이 생산할 수 있다. 단위자원당 생산량이 더 높은 개인이나 국가를 '절대우위(absolute advantage)'에 있다고 표현한다. 스미스는 영국과 포르투갈이 각기 가장 잘 만드는 상품을 전문적으로 생산하여 잉여를 거래한다면 최대 수익을 올릴 수 있다고 주장했다. 리카도는 스미스의 주장을 확장시켜 한 국가가 두 상품에서 모두 절대우위를 보일

때에도 두 나라가 생산 전문화와 무역을 통해 이득을 얻을 수 있는지 분석했다. 한 나라가 다른 나라보다 노동자 한 명당 포도주와 양모 생산량이 모두 높은 경우에도 무역을 할 가치가 있을까?

이 문제를 다른 시점에서 살펴보자. 모

자와 신발을 다른 누구보다 더 잘 만드는 생산자가 있다. 이 사람이 시간을 나눠서 두 상품을 모두 생산할 것인지 혹은 한 가지 상품만 만든 다음 자신보다 기술이 열등한 생산자와 거래를 할 것인지 생각해보자. 이때 다른 사람은 기술이 부족하지만 우수한 생산자가 만들지 않은 상품을 생산한다(왼쪽 그림 참조). 우수한 생산자는 열등한 생산자보다 모자를 20퍼센트 더 잘 만들고, 신발은 50퍼센트 더 잘 만든다. 만일 우수한 생산자가 신발(가장 뛰어나게 만드는 상품)만 생산하고, 열등한 생산자가 모자(그나마 가장 잘 만드는 상품)를 생산한다면 두 사람 모두 이득을 얻을 수 있다.

이러한 주장 뒤에 숨겨진 논리는 상품 생산에 들어가는 상대적 비용과 관련되어 있다. 여기에서는 생산시간에서 이득을 보았는지 혹은 손실을 입었는지에 따라 비용을 계산했다. 신발 생산력이 매우 뛰어난 우수한 생산자가 모자를 생산하려면 높은 비용을 지불해야 한다. 더 높은 가치를 창출하는 신발 생산 기회를 잃게 되기 때문이다. 절대적 관점에서 볼 때 열등한 생산자는 우수한 생산자에 비해 신발과 모자의 생

1819년, 8만 명의 군중이 수입을 제한하여 밀 가격을 높게 유지하는 곡물법에 항의하기 위해 영국 맨체스터에 모였다. 이 시위는 잔인하게 진압되었다.

중국산 타이어(왼쪽 사진) 수입이 늘어나자 미국은 2009년 무역 규제 조치를 취했다. 이로 인해 거센 무역 분쟁이 일어났으며 양국의 외교 관계가 악화되었다.

산력이 모두 떨어지지만, 그는 우수한 생산자보다 상대적 비용을 적게 들여 모자를 생산할 수 있다. 열등한 생산자는 모자 하나 당 포기해야 하는 신발 생산량이 우수한 생산자에 비해 적기 때문이다. 따라서 열등한 생산자는 모자 생산에서, 우수한 생산자는 신발 생산에서 각기 '비교우위'를 차지하고 있다. 마찬가지로 국가들이 각기 비교우위를 점하고 있는 상품을 전문적으로 생산한다면 전체적으로 더 많은 상품을 생산할 수 있으며, 무역을 통해 두 국가 모두 더 많은 상품을 저렴하게 구입하게 될 것이다.

비교우위는 상품 생산력이 열등하여 '절대열위(absolute disadvantage)'에 있다고 불리는 국가들조차 수출을 통해 이득을 얻을 수 있다고 강조했던 애덤 스미스의 역설에 해답을 제시한 셈이다.

20세기의 비교우위
비교우위를 결정하는 요인은 무엇인가? 스웨덴의 경제학자 엘리 헥셔와 베르틸 올린은 국가들이 자본과 노동력을 각기 다르게 보유하고 있기 때문에 비교우위가 발생하는 것이라고 주장했다. 자본이 풍부한 국가는 기계와 같은 자본집약적 상품에 비교우위를 지니고 있다. 반면 노동력이 풍부한 국가는 농산물과 같은 노동집약적 상품에서 비교우위를 차지하고 있다. 결과적으로 국가들은 자국에 풍부한 생산요소를 이용해서 상품을 생산하여 수출하는 경향을 보인다. 그러므로 미국처럼 자본이 풍부한 국가는 가공품을 수출할 가능성이 높다. 헥셔와 올린의 분석은 또 다른 예측으로 이어졌다. 무역은 다른 국가들 사이에 존재하는 상품의 가격 차이를 줄일 뿐만 아니라 임금 격차를 줄일 수도 있다는 것이다. 노동력이 풍부한 국가에서 노동집약적 산업의 전문화가 이루어지면 그 산업에 종사하는 노동자의 임금이 인상되는 경향이 있는 반면, 자본이 풍부한 국가에서는 정반대의 현상이 나타나게 된다. 따라서 단기적으로는 전체 임금이 인상된다 해도 결국 이득을 보는 사람이 있으면 손해를 보는 사람도 존재하

데이비드 리카도

역대 세계 최고의 경제이론가 중 한 사람으로 꼽히는 데이비드 리카도는 1772년에 태어났다. 그의 부모는 네덜란드에서 영국으로 이주했으며, 리카도는 14살 때부터 아버지를 도와 증권 중개인으로 일했다. 21세가 되던 해에 퀘이커교도인 프리실라 윌킨슨(Priscilla Wilkinson)과 사랑에 빠져 집을 나왔다. 양가의 종교적 차이로 인해 모든 가족과 인연이 끊기자 리카도는 직접 증권 중개회사를 차렸다. 그는 프랑스가 워털루 전쟁에서 패배할 것으로 보고 영국 정부 채권을 구입함으로써 재산을 모았다. 토마스 맬서스와 존 스튜어트 밀을 비롯한 당대의 저명한 경제학자들과 친분을 쌓기도 했다. 1819년에 주식 거래에서 손을 떼고 하원의원이 되었다. 1823년 귓병으로 갑작스럽게 사망했을 때 그가 남긴 부동산의 규모는 오늘날의 가치로 환산하면 1억 2천만 달러에 이른다.

주요 저서

1810년 『금괴의 높은 가격』
1814년 『낮은 곡물 가격의 영향에 관한 소론』
1817년 『정치경제학과 과세의 원리에 대하여』

> 한 나라에서 화폐량이 감소하고
> 다른 나라에서 증가하는 현상은
> 하나의 상품 가격뿐만이 아니라
> 모든 상품의 가격에 영향을 끼친다.
> 데이비드 리카도

기 마련이며, 이 때문에 무역개방에 반대하는 사람도 나타나게 되는 것이다.

리카도의 시대만큼이나 오늘날에도 보호주의를 요구하는 목소리는 드높다. 2009년에 중국은 미국이 중국산 수입 타이어에 대해 높은 관세를 부과한 사실을 두고 미국이 보호주의를 남발하고 있다며 비난했다. 2004년부터 2008년까지 미국의 중국산 타이어 수입량이 1천400만 본(本)에서 4천600만 본으로 늘어나면서 미국 노동자들은 타이어 생산량 감소, 공장 폐쇄, 해고를 경험했다. 이러한 일을 겪은 노동자들의 압력에 따라 미국 정부는 관세를 높이겠다는 결정을 내렸다. 그러나 타이어 산업에 불공정하게 보조금을 지급하고 있다는 이유로 미국이 중국을 비난한 전례가 있기 때문에 양국의 갈등은 고조되었다. 미국이 관세를 올리자 중국은 미국산 수입 자동차와 가금류에 보복관세를 부과하겠다고 위협했다. 관세는 경제 전체에 파급되는 영향력을 지니고 있다. 예를 들어 수입 타이어에 대한 관세 부과를 통해 미국의 타이어 생산자들이 얻은 이득은 다른 부문에서 부정적 영향을 불러일으켰다. 타이어 가격이 높아지자 미국산 자동차의 생산비용이 증가하고 경쟁

력이 떨어지게 되어 미국 내 국산차 판매량이 줄어들게 되었다. 중국의 보복 조치 역시 미국 수출 산업에 악영향을 끼쳤다. 미국은 타이어 노동자들의 일자리는 지킬 수 있었지만 전체적으로 볼 때 더 많은 일자리를 잃은 셈이었다.

미국 경제학자 맨서 올슨은 얼마나 많은 비용이 들어가는지 널리 알려져 있음에도 불구하고 경제 전체에 손실을 입힐 확률이 높은 정책을 정치인들이 왜 계속 도입하는지 설명했다. 그는 관세에 의존하는 사람들(소수의 대규모 국내 기업과 소속 노동자)의 경우, 싼 수입 제품 때문에 가시적인 손실을 입고 있다고 지적했다. 그러나 관세를 도입할 경우 더 높은 가격을 지불해야 하는 수많은 잠재 소비자와 관세의 연쇄적인 영향으로 실직할 위험이 있는 관련 산업 종사자들은 경제 전반에 흩어져 있는 실정이다.

현대의 무역

오늘날, 대부분의 경제학자들이 무역에 대한 리카도의 기본적인 입장을 지지하고 있다. 미국의 경제학자 데이비드 달러(David Dollar)와 아르트 크레이(Aart Kraay)는 지난 수십 년 동안 무역이 개발도상국의 성장과 빈곤퇴치에 도움을 주었다고 주장했다. 이들은 관세를 낮춘 국가들이 더 빠르게 성장했으며 빈곤율도 더 낮았다고 밝혔다. 그러나 다른 경제학자들은 무역이 항상

개발도상국에 도움이 되었는지에 대해 의문을 제기했다. 미국의 경제학자 조지프 스티글리츠는 개발도상국이 시장실패와 제도적 약점에 시달리기 때문에 지나치게 빠른 무역 자유화로 비싼 대가를 치르는 경우가 종종 발생한다고 지적했다.

또한 이론과 현실 사이에서 모순이 발생하기도 한다. 예를 들어 인도 정부가 인도네시아에서 수입한 야자유에 부과했던 관세를 철폐하자 리카도의 이론에 부합하여 인도인 수백만 명의 생활수준이 개선되는 긍정적인 효과가 발생했다. 하지만 그와 동시에 야자유가 콩기름을 밀어내면서 기름 생산을 위해 땅콩을 재배하는 농민 100만 명의 삶을 파괴하는 결과를 낳기도 했다. 리카도가 구상했던 완벽한 세계에서는 땅콩 재배농민들이 재배작물을 간단히 바꿀 수 있지만 현실에서는 그렇게 할 수 없다. 이들이 투자한 자본은 이동이 불가능하기 때문이다. 땅콩을 처리할 때 사용하는 기계는 다른 용도로 쓸 수 없다.

리카도를 비판하는 사람들은 장기적으로 볼 때 이러한 종류의 영향이 빈곤한 국가의 산업화와 다각화를 방해할 것이라고 주장한다. 게다가 부유한 산업국가들의 경우, 지금은 성공적인 무역국가로 자리 잡았지만 발전 초기에는 자유무역을 실행하지 않았다. 국가들이 장기적으로 비교우위를 수립하는 방법은 리카도의 모형이 제시했던 것보다 더 복잡할 수도 있다. 어떤 학자들은 유럽과 아시아의 호랑이들이 보호무역을 통해 비교우위를 수립한 후에 무역을 개방했다고 주장한다. ∎

아시아에서 생산한 상품이 거대한 화물선에 실려 서구 국가들을 향해 운송되고 있다. 전형적인 미국 소비자의 장바구니에 담기는 상품의 75퍼센트가 아시아산 수입품인 것으로 추정된다.

INDUSTRI
AND ECON
REVOLUTI
1820-1929

AL
OMIC
ONS

산업 및 경제 혁명
서기 1820~1929년

앙투안 쿠르노는 경제학에 함수와 확률을 도입했으며 최초로 수요와 공급을 그래프로 나타냈다.

존 스튜어트 밀은 무역과 사회정의를 모두 옹호했으며 자유주의 경제학의 기반을 마련했다.

카를 마르크스가 『자본론』 제1권을 출간했으며 나머지는 그의 사후에 엥겔스의 손으로 출간되었다.

카를 멩거가 사회주의 이론에 맞서 자유시장 경제학을 옹호하는 오스트리아 학파를 설립했다.

1838년

1848년

1867년

1871년

1841년

1848년

1871년

1874년

찰스 매케이는 『대중의 미망과 광기』에서 경제 버블 현상을 설명했다.

카를 마르크스와 프리드리히 엥겔스가 〈공산당 선언〉을 발표했다.

윌리엄 제번스는 한계효용 이론을 통해 구매자에게 전달되는 상품의 가치에 대해 설명했다.

레옹 발라스가 자유시장의 안정성을 주장하는 일반균형 이론의 기반을 형성했다.

19세기 초반, 산업혁명의 영향이 영국에서 유럽과 북아메리카로 퍼져나가면서 농업국가들은 산업경제국가로 탈바꿈했다. 변화는 빠르고 극적이었으며 경제구조를 근본적으로 바꿔놓았다. 경제의 초점이 물건을 거래하는 상인에서 자본을 소유한 생산자로 이동했다. 또한 경제에 대한 새로운 사고방식인 자본주의가 새로운 사회적, 정치적 논쟁을 불러일으켰다.

왜곡된 시장

가장 두드러진 사회적 변화는 생산자인 기업가가 새로운 지배계층으로 출현했다는 점이었다. 상품을 생산하는 기업의 수가 꾸준히 증가했으며 많은 기업의 주식이 주식시장에서 거래되었다는 점 역시 눈길을 끌었다. 이러한 변화가 발생하면서 고전주의 경제학의 초점이었던 경쟁시장이 나타나게 되었다. 고전주의 경제학에서는 시장의 운용을 가장 중요하게 다뤘다. 하지만 시장경제가 발전하고 성장하면서 새로운 문제가 일어나기 시작했다. 예를 들어 애덤 스미스가 1776년에 경고했던 것처럼 거대기업이 시장을 독점하거나 카르텔을 형성하여 가격은 높은 수준으로 고정시키고 생산량은 낮게 유지할 위험이 있었다. 이러한 일은 규제를 통해 방지할 수 있었으나, 소수의 생산자만 존재하는 시장에서는 기업들이 경쟁을 왜곡하는 전략을 쉽게 개발할 수 있었다.

스미스는 인간이 경제적인 측면에서 합리적으로 행동한다고 가정했으나 이러한 주장에도 의문이 제기되었다. 투자자들이 가치가 부풀려진 기업의 주식을 사기 위해 몰려들었기 때문이다. 이로 인해 버블이 형성되면서 인간의 합리적 행동에 기반을 둔 안정적 경제라는 개념과 모순을 이루게 되었다. 그럼에도 불구하고 레옹 발라스와 빌프레도 파레토는 시장경제가 항상 균형을 향해 움직이는 경향이 있으며, 균형이 생산과 가격의 수준을 결정하게 된다고 주장했다. 이들과 동시대에 살았던 알프레드 마셜은 수요와 공급에 대해 설명했으며 완전경쟁시장에서 수요와 공급, 가격이 어떻게 상호작용하는지 밝혔다.

새롭게 출현한 자본주의 사회에서 가격이 생산자와 소비자에게 영향을 끼치자 많은 경제학자가 가격 문제에 관심을 품게 되었다. 이전 세대까지 도덕철학자들에게 가려져 있던 경제학자들이 전면에 나서서 상품의 가치를 원자재에 더해진 노동의 가치

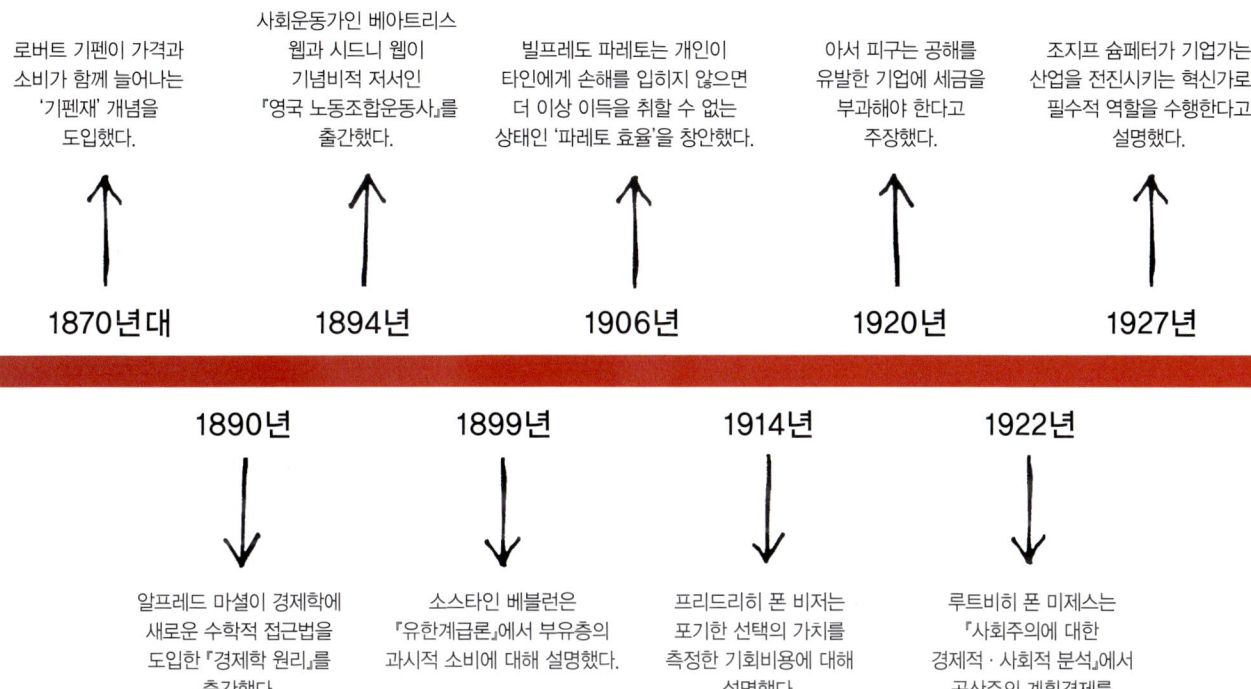

로버트 기펜이 가격과 소비가 함께 늘어나는 '기펜재' 개념을 도입했다.

사회운동가인 베아트리스 웹과 시드니 웹이 기념비적 저서인 『영국 노동조합운동사』를 출간했다.

빌프레도 파레토는 개인이 타인에게 손해를 입히지 않으면 더 이상 이득을 취할 수 없는 상태인 '파레토 효율'을 창안했다.

아서 피구는 공해를 유발한 기업에 세금을 부과해야 한다고 주장했다.

조지프 슘페터가 기업가는 산업을 전진시키는 혁신가로서 필수적 역할을 수행한다고 설명했다.

1870년대 **1894년** **1906년** **1920년** **1927년**

1890년 **1899년** **1914년** **1922년**

알프레드 마셜이 경제학에 새로운 수학적 접근법을 도입한 『경제학 원리』를 출간했다.

소스타인 베블런은 『유한계급론』에서 부유층의 과시적 소비에 대해 설명했다.

프리드리히 폰 비저는 포기한 선택의 가치를 측정한 기회비용에 대해 설명했다.

루트비히 폰 미제스는 『사회주의에 대한 경제적·사회적 분석』에서 공산주의 계획경제를 비판했다.

로 보는 것이 아니라 효용(상품이 주는 만족)의 관점에서 보기 시작했다. 윌리엄 제번스는 수학적 관점에서 한계효용(특정 상품을 소비하여 얻는 이득)의 개념을 설명했다.

마르크스의 가치 이론

상품의 가치는 그것을 생산하는 데 들어간 노동에 의해 결정된다는 이론을 옹호하는 사람은 여전히 존재했다. 특히 이 이론은 소비자나 생산자 위주가 아니라 고용주인 자본가를 위해 상품을 생산하는 노동자에 초점을 두었다는 점에서 지지를 받았다. 가치를 이러한 관점에서 바라본 카를 마르크스는 시장경제의 불평등성이 자본가가 노동계급을 착취하는 수준에 이르렀다고 주장했다. 그는 〈공산당 선언〉과 『자본론』을 통해 프롤레타리아 혁명이 일어나 자본

주의를 대체할 것이라고 주장했다. 경제발전 과정에서 프롤레타리아 혁명이 자본주의의 다음 단계라고 보았던 것이다. 혁명 이후 생산수단을 노동자가 소유하는 사회주의 국가가 수립되고, 궁극적으로는 사유재산 제도가 폐지된다는 것이 그의 생각이었다.

많은 국가에서 마르크스의 이론을 채택했지만 그 밖의 다른 곳에서는 시장경제가 계속 그 기능을 수행했다. 비록 자본주의가 불평등을 보상하는 수단을 통해 완화되기는 했지만 일반적으로 경제학자들은 번영을 보장하는 최고의 수단으로 자본주의를 계속 옹호하고 있다. 수요와 공급에 초점을 둔 수학적 접근방식과 사회주의 사상에 대한 반발에 뒤이어 자본주의 시스템의 창의력을 강조하는 오스트리아 학파가 등장했다.

1929년 월스트리트 붕괴가 일어난 후 얼마 지나지 않은 시점에 자유시장경제는 몇 차례의 극심한 타격을 받았다. 그러나 신고전주의 경제학자들의 이론, 특히 오스트리아 학파의 이론은 20세기 서구의 경제를 설명하는 모형으로 훗날 재등장하며, 심지어 대부분의 공산주의 계획경제를 대체하는 모형으로 자리 잡게 되었다. ■

경쟁을 감안하면 얼마나 많이 생산해야 할까

제한 경쟁의 영향

17세기 중반 이후, 경제학자들은 독점과 치열한 경쟁이 시장에 미치는 영향을 관찰하기 시작했다. 이들은 독점 기업이 생산량을 제한하여 가격과 수익을 높게 유지하는 경향이 있음을 발견했다. 이와 달리 경쟁이 활발히 일어나는 시장에서는 가격이 생산비용 수준으로 낮고 수익이 적은 반면 생산량은 많았다. 프랑스의 경제학자 앙투안 쿠르노(Antoine Cournot)는 비슷한 제품을 판매하는 소수의 기업이 존재할 경우 어떤 일이 벌어지는지 밝혀내려 했다.

쿠르노는 동일한 샘물을 판매하는 두 개의 기업이 시장을 복점하고 있다는 가정에 근거하여 모형을 개발했다. 이때 두 기업은 협력하여 카르텔을 형성할 수 없으며, 다른 기업은 이 시장에 진입할 수 없다(또 다른

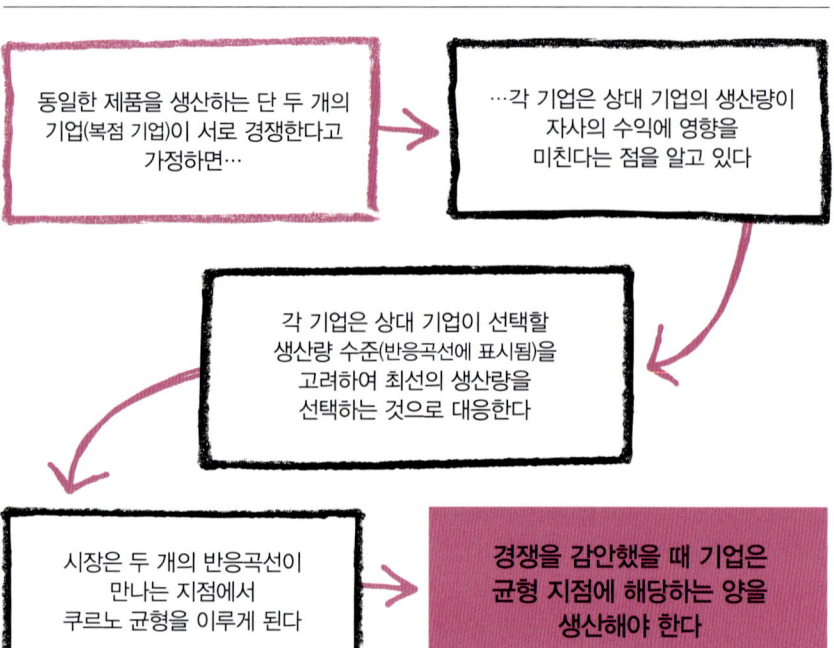

동일한 제품을 생산하는 단 두 개의 기업(복점 기업)이 서로 경쟁한다고 가정하면…

…각 기업은 상대 기업의 생산량이 자사의 수익에 영향을 미친다는 점을 알고 있다

각 기업은 상대 기업이 선택할 생산량 수준(반응곡선에 표시됨)을 고려하여 최선의 생산량을 선택하는 것으로 대응한다

시장은 두 개의 반응곡선이 만나는 지점에서 쿠르노 균형을 이루게 된다

경쟁을 감안했을 때 기업은 균형 지점에 해당하는 양을 생산해야 한다

참조 : ■ 카르텔과 담합 70~73쪽 ■ 독점 92~97쪽 ■ 경쟁시장 126~129쪽 ■ 게임 이론 234~241쪽

샘이 존재하지 않기 때문임). 또한 두 기업은 샘물을 몇 병이나 공급할 것인지 동시에 결정해야 한다.

두 기업이 결정한 생산량을 합치면 산업의 총 생산량이 도출된다. 각 기업은 상대 기업의 예상 생산량에 근거하여 수익을 극대화할 수 있는 생산량을 선택해야만 한다. 만일 A기업이 B기업의 생산량을 0으로 예상한다면, A기업은 수익을 극대화하기 위해 독점 기업처럼 적게 생산하는 방식을 택할 것이다. 반대로 B기업의 생산량이 많을 것으로 예상한다면, A기업은 아무것도 생산하지 않을 것이다. 이러한 경우 가격이 너무 낮아져 제품을 생산할 가치가 없기 때문이다. 쿠르노는 두 기업의 결정을 '반응곡선'으로 나타냈다. 두 반응곡선이 교차하는 지점에서 시장 균형이 이루어진다. 상대 기업의 결정을 감안했을 때 각 기업은 이 교차 지점의 생산량에서 가장 많은 수익을 올리게 된다. 이러한 균형의 개념은 훗날 내시 균형(Nash equilibrium)으로 불리게 되었다. 내시 균형은 근대 경제학의 한 분파인 게임 이론(game theory)의 주축을 이루고 있다. 게임 이론은 기업과 개인 사이에서 일어나는 전략적 상호작용을 분석한다.

쿠르노는 수학을 이용해서 이러한 균형을 발견하고 복점 기업들이 독점 상태보다는 높지만 완전경쟁 상태보다는 낮은 생산량을 선택한다는 점을 증명했다. 다시 말해서 소수의 기업은 독점 기업보다는 사회에 유익하지만, 완전경쟁을 벌이는 기업들에 비하면 해로운 영향을 끼친다.

이와 같은 관점에서 출발한 쿠르노는 모형을 확장하여 기업의 수가 늘어날 경우, 산업 전체의 생산량이 어떻게 완전경쟁시장의 수준에 근접하게 되는지 입증했다. 프랑스의 경제학자 조제프 베르트랑은 쿠르

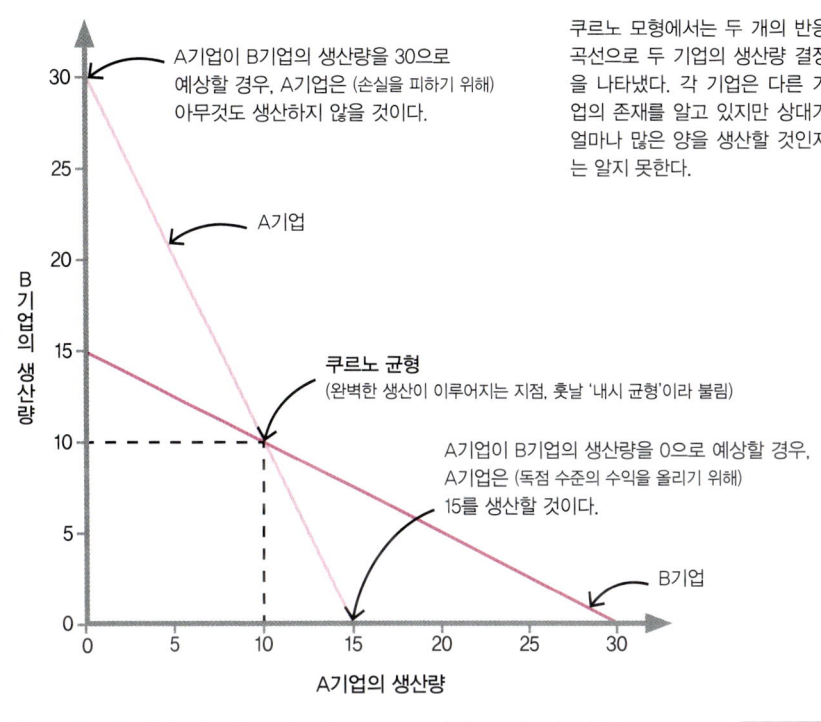

A기업이 B기업의 생산량을 30으로 예상할 경우, A기업은 (손실을 피하기 위해) 아무것도 생산하지 않을 것이다.

A기업

쿠르노 모형에서는 두 개의 반응곡선으로 두 기업의 생산량 결정을 나타냈다. 각 기업은 다른 기업의 존재를 알고 있지만 상대가 얼마나 많은 양을 생산할 것인지는 알지 못한다.

쿠르노 균형
(완벽한 생산이 이루어지는 지점, 훗날 '내시 균형'이라 불림)

A기업이 B기업의 생산량을 0으로 예상할 경우, A기업은 (독점 수준의 수익을 올리기 위해) 15를 생산할 것이다.

B기업

B 기업의 생산량 (세로축)

A기업의 생산량 (가로축)

노의 모형을 더욱 발전시켰다. 그는 복점 기업들이 생산량 대신 원하는 가격수준을 선택한다면, 복점시장의 균형과 완전경쟁시장의 균형이 일치하게 된다는 것을 증명했다. 높은 가격을 설정한 기업은 낮은 가격을 선택한 기업에 구매자를 빼앗기게 되기 때문이다. 가격은 이러한 방식을 통해 가장 경쟁적인 수준에 이르게 된다. ■

앙투안 쿠르노

지칠 줄 모르는 독서가인 앙투안 오귀스탱 쿠르노는 1801년 프랑스에서 태어났다. 상대적으로 가난한 집안 출신이었으나 프랑스의 최고 명문학교 중 한 곳에서 수학을 공부했으며 공학박사 학위를 받았다. 가정교사로 일하기도 하고 나폴레옹 휘하에 있는 장군의 비서직을 수행하기도 했으나, 얼마 후 대학 강사로 임용되었으며 나중에는 교수가 되었다. 눈에 이상이 있어 고통을 겪었음에도 불구하고 눈이 멀기 전까지 경제학에 수학을 선구적으로 적용한 여러 편의 연구서를 발표했다. 생소한 수학

적 표기법 때문에 살아있는 동안에는 연구의 가치를 제대로 평가받지 못했다. 그러나 오늘날에 이르러 쿠르노는 선견지명을 갖춘 심오한 사상가로 인정받고 있다.

주요 저서

1838년 『부 이론의 수학적 원리에 관한 연구Researches into the Mathematical Principles of the Theory of Wealth』
1863년 『부 이론의 원리Principles of the Theory of Wealth』

경쟁이 없으면 전화비가 더 비싸다

독점

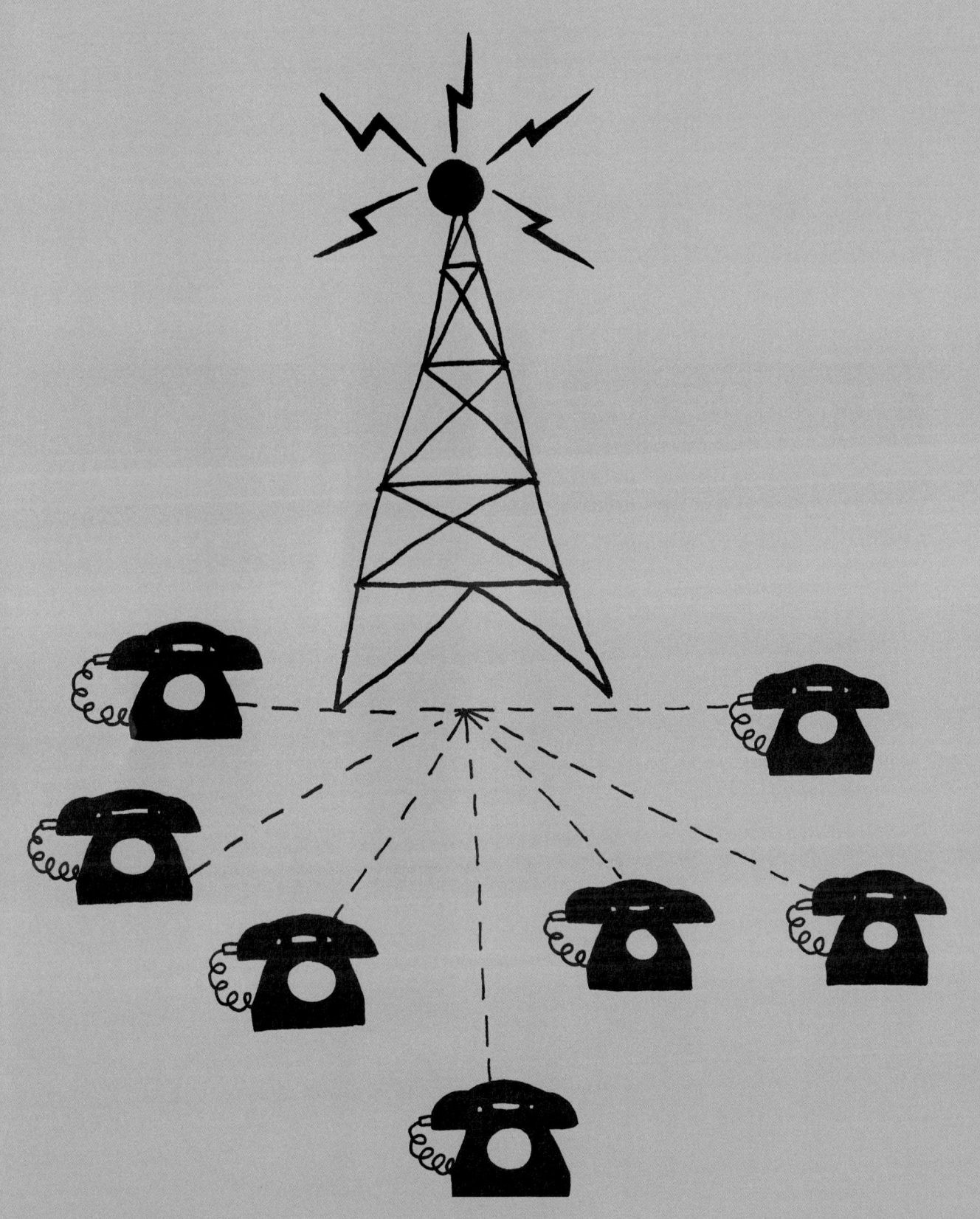

독점은 이동통신 시장에서 나타나는 것처럼 한 기업이 특정 시장을 통제하는 상황을 뜻한다. 이런 기업은 특정 제품이나 서비스를 단독으로 공급하거나 시장을 지배적으로 점유하고 있을 가능성이 높다. 많은 국가에서는 한 기업의 시장점유율이 25퍼센트 이상인 경우를 독점으로 간주한다.

여러 기업이 제공하는 상품의 가격보다 독점 기업이 제공하는 상품의 가격이 더 높다고 보는 견해는 아주 오래 전부터 존재했다. 그 기원은 최소한 아리스토텔레스(기원전 384~322년) 시대까지 거슬러 올라간다. 그는 그리스 철학자인 밀레투스의 탈레스(Thales)에 관한 이야기를 통해 독점의 문제를 경고한 바 있다.

대중은 탈레스가 돈을 벌지 못하는 무능한 철학자라고 조롱했다. 그러자 탈레스는 사람들의 생각이 틀렸음을 증명하기 위해 그 지역의 올리브 압착기를 가격이 저렴한 겨울에 모두 사들였다. 그 후 압착기가 필요한 여름이 오자 그는 독점력을 이용하여 매우 비싼 가격에 압착기를 판매했다. 이런 식으로 그는 부자가 되었다.

탈레스는 철학자는 원하기만 하면 부자가 될 수 있다는 교훈을 남겼다. 그러나 경제학자들은 이 이야기가 독점의 잠재력을 경고한 것이라고 받아들인다.

시장지배력
1848년 영국의 정치학자 존 스튜어트 밀(John Stuart Mill)은 『정치경제학 원리』를 출간했다. 이 책은 경쟁의 결여가 가격상승을 초래하는지 여부를 깊이 있게 다루고 있다. 밀은 일반적으로 몇몇 산업에서는 경쟁이 결여되는 경향이 있다는 관점을 취했다. 경쟁의 결여는 수입품에 대한 정부의 관세 부과와 같은 인위적 수단을 통해 형성되기도 하고, 기업의 전례 없는 성장과 같은 자연적 수단을 통해 형성되기도 했다. 19세기 후반에 이르러 산업에 필요한 자본이 엄청나게 증가하자 대기업이 시장을 지배하기 시작했다. 필수적인 투자에 자금을 조달할 수 있을 만큼 시장을 점유하고 있었기에 성장이 가능했던 기업들은 시장지배력을 이용해 소규모 경쟁기업을 몰아내고 상품에

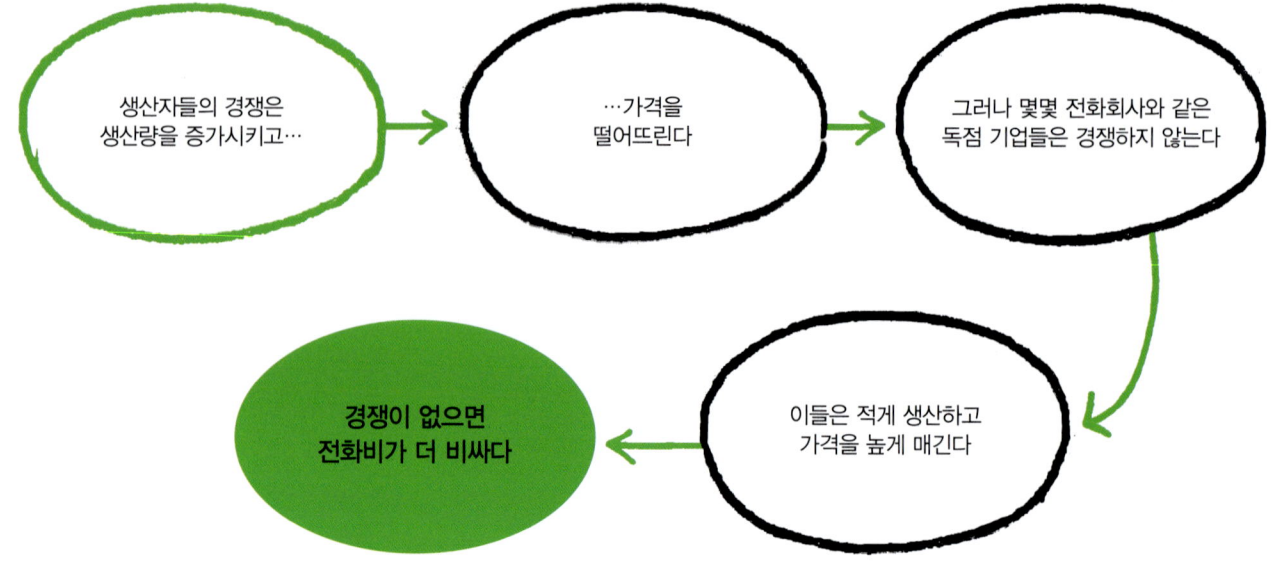

참조 : ■ 카르텔과 담합 70~73쪽 ■ 경쟁시장 126~129쪽 ■ 규모의 경제 132쪽 ■ 창조적 파괴 148~149쪽

높은 가격을 매길 수 있었다.

산업혁명 기간에는 특정 기업들이 석탄, 철도, 상수도 사업권을 집중적으로 보유하는 경향이 나타났다. 광산업에서는 광산 소유권이 소수에게 집중되었다. 철도와 상수도의 경우, 서비스를 제공하는 기업의 수가 제한적일 수밖에 없었다. 사업에 필요한 기반시설의 규모가 엄청나서 소수의 기업만이 그 비용을 감당할 수 있었던 것이다. 밀은 이전에 애덤 스미스가 그랬던 것처럼 시장의 이러한 특성이 필연적으로 독점을 일으키는 것은 아니라고 믿었다. 그는 기업들이 담합하여 가격을 높게 유지할 확률이 가장 높다고 보았다. 이러한 방식은 독점과 마찬가지로 소비자가 높은 비용을 지불하게 만든다.

노동시장 독점

밀은 경쟁의 부재로 인해 가격이 올라가는 현상이 상품시장에만 국한된 것이 아님을 깨달았다. 독점의 효과는 노동시장에서

도 나타날 수 있다. 그는 금 세공인을 독점 사례로 지목했다.

금 세공인은 (희귀하고 쉽게 입증할 수 없는 특성인) 신뢰성을 지녔다는 이유로 비슷한 기술을 보유한 노동자들보다 훨씬 많은 임금을 받았다. 이로 인해 금 세공인 노동시장에는 높은 진입장벽이 생겼으며, 이들은 서비스에 대해 독점 가격을 요구할 수 있게 되었다.

밀은 다른 직업에서도 이와 같은 현상이 발생한다는 것을 알았다. 그는 전문 직업군이 장기간의 교육과 훈련을 수반하기 때문에 수많은 노동자가 이 시장에 진입하지 못하고 있다는 데 주목했다. 가족 구성원이 이 과정을 통과하도록 비용을 지원할 수 있는 가정은 거의 없었으므로, 비용을 감당할 능력이 있는 사람만 기대 이상의 임금을 누

밀이 저술활동을 펼치던 시기에는 철도가 독점 사례로 꼽혔다. 기존의 기업들이 서비스를 제공하고 있는 노선에 새로운 철도를 추가하는 것은 비용이 많이 들고 비실용적인 일이었다.

존 스튜어트 밀

1806년 런던에서 출생했으며, 훗날 지적으로 위대한 가문의 반열에 오른 부유한 집안에서 성장했다. 그의 아버지는 자녀에게 지나치게 많은 부담을 주는 유형의 부모로, 그를 집에서 교육시켰다. 밀은 세 살 때부터 그리스어 학습을 비롯해 빠르고 어려운 교육 프로그램을 따라가야 했다. 밀이 아버지의 철학 연구를 이어받아 발전시킬 수 있도록 양육하는 것이 교육의 목적이었다. 이러한 교육의 압박은 밀이 이십대 초반에 겪었던 정신건강 문제에 상당한 영향을 끼쳤다.

그는 당대의 위대한 지성인 중 한 사람으로서 프랑스 혁명이나 여성인권과 관련된 난해하고 인기 없는 대의명분을 기꺼이 공개적으로 옹호했으며, 노예제를 설득력 있게 비판했다. 그러나 사생활에서는 자신의 저서에 많은 영감을 불어넣은 인물로 인정한 해리엣 테일러와 20년 동안 애정관계를 지속해 좋지 않은 소문에 휩싸이기도 했다. 그는 1873년에 66세를 일기로 세상을 떠났다.

주요 저서

1848년 『정치경제학 원리*Principles of Political Economy*』
1861년 『공리주의*Utilitarianism*』
1869년 『여성의 종속*The Subjection of Women*』

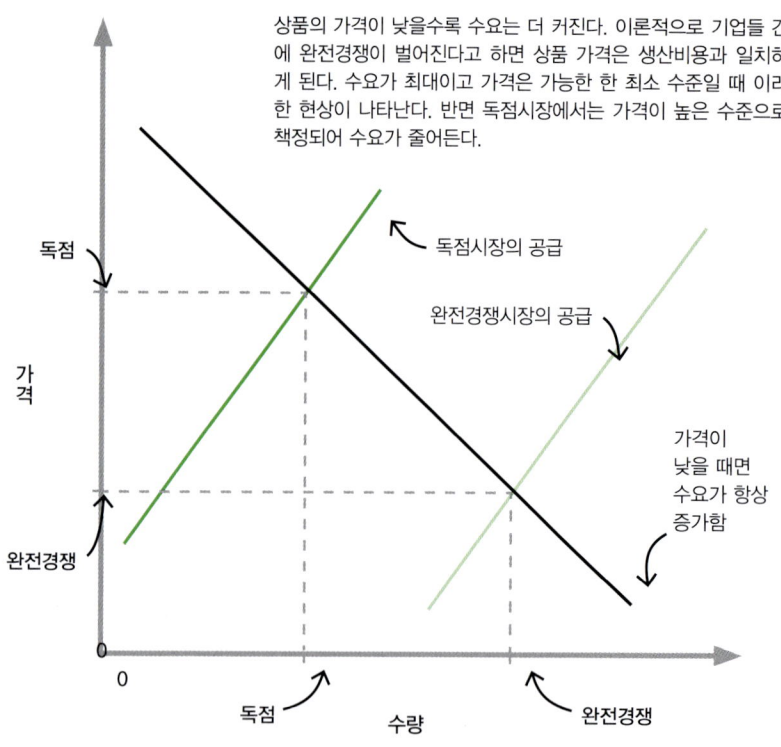

상품의 가격이 낮을수록 수요는 더 커진다. 이론적으로 기업들 간에 완전경쟁이 벌어진다고 하면 상품 가격은 생산비용과 일치하게 된다. 수요가 최대이고 가격은 가능한 한 최소 수준일 때 이러한 현상이 나타난다. 반면 독점시장에서는 가격이 높은 수준으로 책정되어 수요가 줄어든다.

독점

완전경쟁

가격

독점시장의 공급

완전경쟁시장의 공급

가격이 낮을 때면 수요가 항상 증가함

0   독점   수량   완전경쟁

릴 수 있었다. 어떤 역사학자들은 다른 노동자의 진입을 차단하려 했던 장인 특권층의 예로 중세의 길드를 꼽기도 했다.

1890년대 후반 이후, 영국의 경제학자 알프레드 마셜은 독점이 가격과 소비자 복리에 미치는 영향을 정밀하게 분석했다. 그는 독점으로 인해 발생한 높은 가격과 적은 생산량이 사회 전체의 복리를 손상시키는지 알고 싶어 했다. 『경제학 원리』에서 그는 '소비자 잉여(consumer surplus)'라는 개념을 체계화했다. 소비자 잉여는 소비자가 상품에 지불하고자 하는 최대 금액과 실제로 지불한 금액의 차이를 뜻한다. 사과 한 개에 50펜스를 지불할 용의가 있었던 소비자가 20펜스만 지불하고 사과를 구입하게 되었다고 가정해보자. 이때 이 사람이 사과 구입에서 얻은 소비자 잉여는 30펜스다. 시장에 많은 기업이 존재하면 이들은 가격 경쟁을 벌이며 전체적인 소비자 잉여를 창출

하는 사과를 함께 공급한다. 마지막으로 사과를 구입한 소비자가 지불하려 한 가격과 실제로 지불한 가격은 동일하며, 사과는 더 이상 팔리지 않는다. 독점으로 인한 복리의 손실은 완전경쟁시장에서 판매하는 사과의 양에 비해 독점시장에서 판매하는 사과

> 시장을 늘 상품 부족 상태로 유지하는 독점 기업들은 상품을 자연가격보다 훨씬 비싼 값에 판매한다.
> 애덤 스미스

의 양이 더 적다는 데서 비롯된다. 본질적으로 이 말은 시장에 공급 가능하며 소비자 잉여를 창출하는 사과가 존재하지만, 이 사과는 결코 시장에 나오지 않는다는 것을 뜻한다.

독점의 장점

한편 독점은 보다 복합적인 가격과 복리 효과를 창출한다. 마셜은 독점 기업이 고객을 유인하기 위해 실질적으로 가격을 인하할 수도 있다고 보았다. 예를 들어 전화시장에서 일단 전화망이 연결되고 나면, 휴대전화와 같은 경쟁기술이 최소한 동일한 수준의 서비스를 대안으로 제공한다 해도 사람들은 계속 기존의 전화망을 이용하는 경향이 있다.

몇몇 경제학자들은 독점이 긍정적인 효과를 불러일으킬 수도 있다고 지적했다. 여러 소규모 기업의 생산비용을 합친 액수보다 한 독점 기업의 생산비용이 더 낮은 시장이 많다. 독점 기업은 광고비용이 적게 드는 데다 규모의 경제를 충분히 활용하기 때문이다. 이러한 까닭으로 독점 기업은 (생산비용이 더 높은) 많은 기업이 경쟁하여 정한 가격보다 더 낮은 가격을 매길 때조차 고수익을 올릴 수 있는 것이다. 낮은 가격은 소비자에게 보탬이 되며, 경제성장에도 추진력을 제공한다.

비슷한 방식으로 대기업은 짧은 기간 동안 가격을 공격적으로 인하하여 경쟁기업을 제거함으로써 독점 수익을 올리려 할 수도 있다. 경제학자들은 이를 약탈적 가격정책(predatory pricing)이라고 부른다. 이 정책은 장기적으로 시장 독점을 초래하여 소비자에게 피해를 줄 수 있다. 하지만 1950년대와 1960년대에 미국의 경제학자 윌리엄 보몰은 독점 기업이 존재한다 해도 시장 진입과 퇴장을 막는 장벽이 없는 한 문제가 되지 않는다고 주장했다. 독점 기업은 경쟁

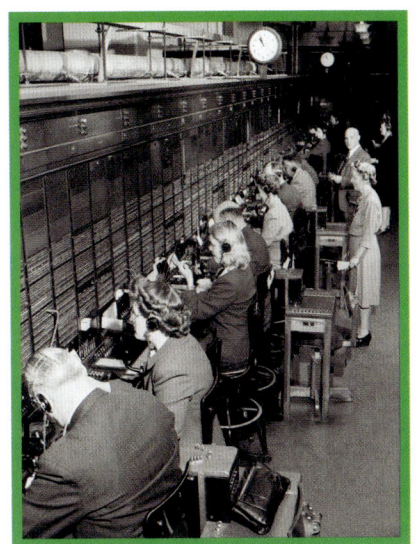

1940년대, 뉴욕에서 전화교환원들이 AT&T의 교환대에서 일하고 있다. 이 회사는 규모가 크고 시장을 지배했기 때문에 자연독점 기업으로 간주되었다.

의 위협만 느껴져도 가격을 경쟁적인 수준으로 설정하게 된다. 높은 가격은 시장 점유율을 나눠 가질 새로운 기업을 유인하기 때문이다. 따라서 많은 기업이 경쟁하는 시장의 가격에 비해 독점시장의 가격이 높지 않을 가능성도 있는 것이다.

자연독점

단 하나의 기업만 존재하는 경우에 막대한 비용우위가 발생한다면 '자연적인' 독점으로 볼 수 있다는 주장이 마셜의 생전에 형성되기 시작했다. 전화 통신망, 가스, 수도 공급을 비롯한 많은 공익사업은 자연독점 상태다. 예를 들어 가스 배관망을 설치하려면 가스를 추가로 뽑아낼 때보다 막대한 고정비용을 지출해야 한다.

이러한 생각은 많은 국가에서 공익사업의 국가 독점을 수용하는 움직임으로 이어졌다. 하지만 정부는 독점효과가 발생할 가능성에 맞서기 위해 이 시장에 개입하기 시

작했다. 자연독점에는 매우 높은 고정비용이 들어가기 때문에 기업에 경쟁가격을 매기도록 강요하면 기업이 수익을 올리지 못할 가능성이 있다는 것이 문제다. 이에 대한 해결책으로는 산업의 대규모 국유화나 가격 인상을 제한하는 규제기관 설립을 들 수 있다. 규제기관은 소비자뿐만 아니라 산업의 경제적 생존력 확립에도 도움이 된다.

주류 경제학자들은 독점시장이 완벽하게 경쟁하는 이상적 시장에는 미치지 못한다고 주장한다. 이러한 시각은 시장 경쟁을 독려하는 반독점 정책으로 이어졌다. 독점기업이 시장지배력을 남용하지 못하게 막고, 독점을 해체하며, 독점을 야기할 수 있는 기업 합병을 금지하는 데 초점을 맞춘 방안을 도입한 것이다.

근대 오스트리아 학파와 미국의 경제학자 토마스 딜로렌조는 이와 같은 접근방식에 비판적이다. 이들은 완벽하게 경쟁적인 기업들이 균형 상태에서 수동적으로 행동하는 것은 진짜 시장경쟁이 아니라고 주장한다. 실제 시장경쟁은 종종 소수의 대기업 사이에서 격렬하게 일어난다. 경쟁은 가격 측면과 비가격 측면에서 모두 발생하며, 광고와 마케팅을 통해 혹은 혁신적으로 신제품을 개발하는 대기업을 통해 이루어지기도 한다.

또한 오스트리아의 경제학자인 조지프 슘페터는 다른 오스트리아 학파 학자들과는 조금 다르게 독점의 역동적 잠재력을 강조했다. 그는 기업이 잠재수익을 얻기 위해 신제품 개발과 시장지배를 두고 경쟁을 벌인다고 보았다. 진정한 경쟁이 소비자에게 유익하다는 점에는 경제학자들이 모두 동

무역이나 사업에서는 필수적인 자본을 더 많이 제공하는 존재가 그 사업의 경쟁을 제한한다.
존 스튜어트 밀

의한다. 독점이 진정한 경쟁과 공존할 수 있는지에 대해서는 아직 확실한 합의가 이루어지지 않았다. 20세기 초반, 독일의 경제학자인 로베르트 리프만(Robert Liefmann)은 "경쟁과 독점이 독특하게 결합할 때만 욕구를 가능한 한 최대로 충족시킨다"고 주장했다. ■

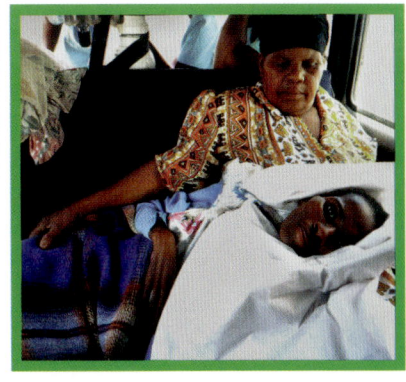

1998년, 미국 제약업계는 저렴한 복제약을 구입하는 남아프리카공화국 정부에 맞서 에이즈 치료제의 독점권을 주장하는 소송을 제기했다.

대중이 집단 광기에 빠지다

경제 버블

스코틀랜드의 언론인 찰스 매케이(Charles Mackay)는 1841년 시장과 대중의 비이성적인 '집단' 행위를 심리학의 관점에서 연구한 고전인 『대중의 미망과 광기』를 출간했다. 그는 이 책에서 튤립 광풍(1630년대), 존 로(John Law)의 미시시피 버블 사건(1719~1720년), 영국의 남해회사 버블 사건(1720년) 등 역사상 가장 잘 알려진 광적 투기 사례를 다뤘다.

매케이는 대중이 집단 광기에 빠져 투기를 벌이면 상품의 가격이 그 본질적인 가치를 훨씬 뛰어넘는 수준으로 상승하게 된다고 추정했다. 이렇게 통제되지 않는 방식으

헨드릭 포트(Hendrik Pot)가 튤립 광풍을 표현한 그림(1640년 작)에서 꽃의 여신은 술을 마시거나 돈의 무게를 재고 있는 사람들과 함께 수레에 타고 있다. 다른 사람들은 이 무리를 따라잡으려 안간힘을 쓰며 수레를 뒤쫓고 있다.

로 자산이 증가하는 상황을 '경제 버블'이라고 부른다. 실제 거품과 마찬가지로 버블로 부풀려진 가격은 상승하는 동시에 점점 약해지면서 필연적으로 터지게 되어 있다.

튤립 광풍

1630년대에 일어난 네덜란드의 튤립 광풍은 초기 버블 사례이자 가장 악명 높은 사례이기도 하다. 17세기 초반, 콘스탄티노플에서 들어온 튤립이 네덜란드와 독일 부유층 사이에서 인기를 얻기 시작했고 얼마 안 가 모든 사람이 튤립을 원하게 되었다. 튤립은 소유자에게 부유하고 세련된 자질을 부여한다고 여겨졌으며 네덜란드의 중산층은 희귀종 튤립 수집에 열을 올리게 되었다. 1636년경에는 희귀종에 대한 수요가 극에 달해서 암스테르담 주식거래소에서 튤립 거래가 이루어질 정도였다.

많은 사람이 순식간에 부자가 되었다. 황금 미끼가 사람들의 눈앞에서 유혹적으로 흔들리자 (귀족부터 하녀에 이르기까지) 모든 사람이 튤립의 뜨거운 인기가 영원할 것이라 상상하며 튤립 시장으로 달려갔다. 그러나 부유층이 더 이상 정원에 튤립을 심지 않게 되자 튤립의 인기는 사그라졌고, 사람들은 이 어리석은 일이 계속될 수 없다는

참조 : ▪ 수요와 공급 108~113쪽 ▪ 행동경제학 266~269쪽 ▪ 예금인출 사태 316~321쪽 ▪ 세계의 저축 불균형 322~325쪽

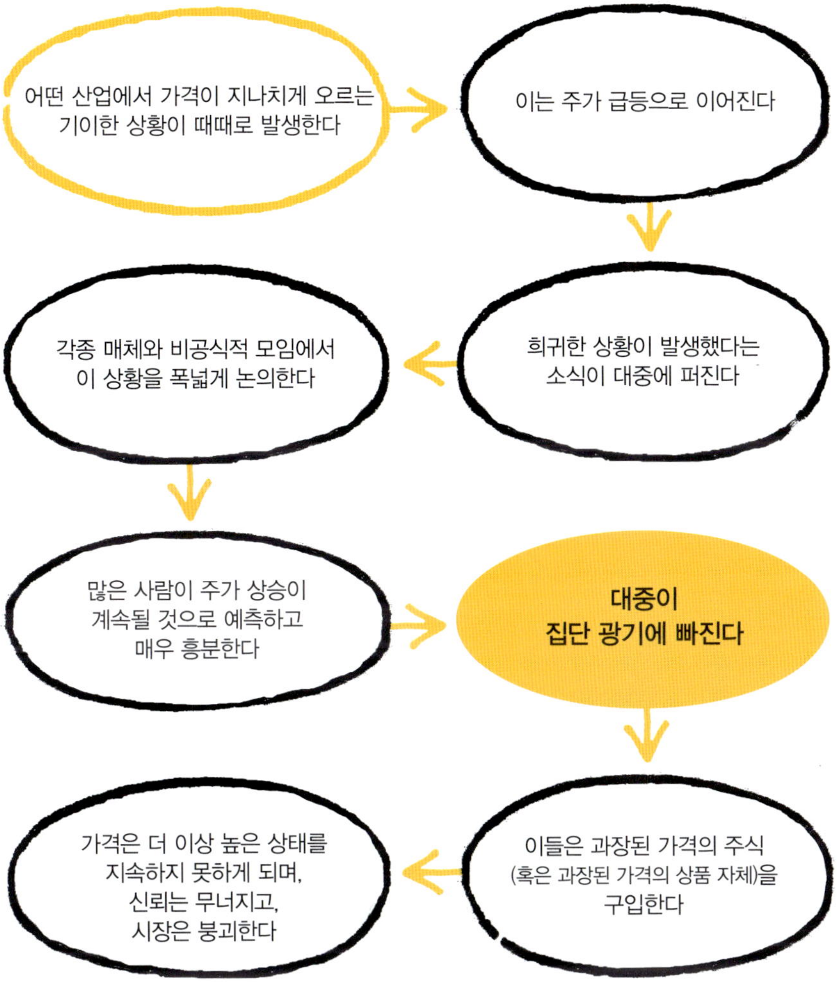

어떤 산업에서 가격이 지나치게 오르는 기이한 상황이 때때로 발생한다

→ 이는 주가 급등으로 이어진다

각종 매체와 비공식적 모임에서 이 상황을 폭넓게 논의한다

← 희귀한 상황이 발생했다는 소식이 대중에 퍼진다

많은 사람이 주가 상승이 계속될 것으로 예측하고 매우 흥분한다

→ 대중이 집단 광기에 빠진다

가격은 더 이상 높은 상태를 지속하지 못하게 되며, 신뢰는 무너지고, 시장은 붕괴한다

← 이들은 과장된 가격의 주식 (혹은 과장된 가격의 상품 자체)을 구입한다

것을 깨달았다. 튤립 판매 움직임은 더욱 급박해졌고, 신용은 땅에 떨어졌으며, 튤립 가격은 붕괴했다. 투자를 위해 돈을 빌린 사람들은 재앙에 직면한 셈이었다.

버블은 어떻게 형성되었는가?

미국의 경제학자 피터 가버는 이 광풍에서 튤립 가격이 그 '내재가치'보다 훨씬 높았다는 사실을 투자자들이 잘 알면서도, 마지막에 붕괴하기 전까지는 가격이 더 상승할 것이라 기대하면서 튤립을 구입했다고

주장했다. 가격이 영원히 오를 수는 없으므로 이러한 생각에는 '내 튤립을 살 사람은 나보다 멍청하고 붕괴가 오는 것을 깨닫지 못할 것'이라는 비합리적인 신념이 내포되어 있었다고 볼 수 있다. 그러나 가버는 프랑스 여성들이 희귀종 튤립으로 드레스를 장식하려 했던 것처럼 가격 상승 뒤에 간혹 진짜 이유가 숨겨진 경우도 있다고 보았다. 그렇지만 어떤 버블이 발생하건 "구매자 스스로 조심하게 놓아두라"는 충고에는 변함이 없다. ■

21세기의 버블

2000년 3월에 터진 닷컴 버블(Dotcom Bubble)은 21세기 들어 처음 발생한 버블이었다. (생산량이나 자산에 기반을 둔) 실제 가치의 변화 때문이 아니라 순전히 투기 때문에 가격이 상승했다는 점에서 닷컴 버블은 고전적인 버블의 특성을 지니고 있었다. 투자자들은 세상이 인터넷의 영향으로 완전히 변하기 직전이라고 생각했으므로 전자상거래에 투자하는 것을 일생일대의 기회로 간주했다.

신생 기업들은 거래 기록도 없고, 실적이 매우 저조했으며, 실질적으로 아무 수익을 내지 못하는 상태였음에도 수천억 달러의 투자금을 유인했다. 사람들은 모든 기업이 아메리카온라인(AOL)이 될 수 있는 잠재력을 지녔다고 믿었던 것이다. AOL의 고객 수는 2년 만에 20만 명에서 100만 명으로 증가했으며, 그 이후로 매달 100만 명의 사용자가 새로 가입하고 있었다. 탐욕이 두려움을 압도하면서 사람들은 투자에 뛰어들었다. 하지만 2000년 3월부터 2002년 10월 사이에 닷컴 주식의 시장가치에서는 7조 달러가 넘는 돈이 사라지고 말았다.

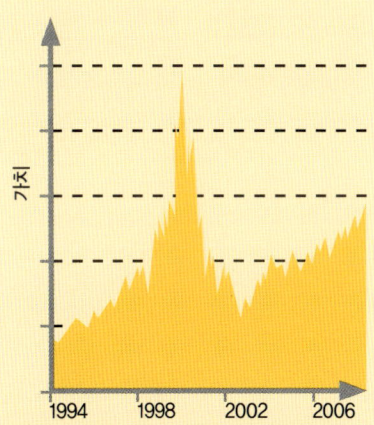

닷컴 버블은 2000년에 정점을 찍었다. 가격이 매우 극단적으로 상승했기 때문에 사람들은 저녁식사 시간이면 어디에서나 이에 대한 이야기를 나눴다. 버블이 붕괴할 징조가 명확하게 나타났던 것이다.

공산주의 혁명으로 지배계급을 전율하게 하라

마르크스주의 경제학

맥락읽기

초점
경제 시스템

핵심사상가
카를 마르크스(1818~1883년)

이전의 관련 역사
서기 1789년 : 혁명으로 프랑스에서는 오랜 봉건제와 귀족제가 폐지되었다.

서기 1816년 : 게오르그 헤겔(Georg Hegel)이 저서 『논리학The Science of Logic』에서 변증법에 대해 설명했다.

서기 1848년 : 불만을 품은 중산층과 노동자 계층이 유럽 각지에서 혁명을 일으켰다.

이후의 관련 역사
서기 1922년 : 마르크스주의에 기반을 둔 소비에트 연방이 블라디미르 레닌(Vladimir Lenin)의 주도로 수립되었다.

서기 1949년 : 마오쩌둥이 중화인민공화국을 수립했다.

서기 1989년 : 베를린 장벽의 붕괴는 동구권 공산주의의 몰락을 상징한다.

1848년 6월, 파리의 노동자들이 정부에 맞서 봉기하여 인간 바리케이드를 친 모습이다. 앞서 유럽 곳곳에서 일어났으나 실패로 돌아간 혁명의 영향을 받아 발생했던 이 봉기는 신속하게 진압되었다.

경제학의 대부분이 자유시장경제를 다루고 있으나, 20세기 이후 상당기간 동안 전 세계 국가의 3분의 1이 어떤 형태로든 공산주의나 사회주의 원칙을 따랐다는 사실을 잊어서는 안 된다. 이러한 국가들은 중앙집권경제나 계획경제를 채택했다. 정치철학자들은 근대 자유시장경제가 나타났을 때조차 자본주의를 대체할 제도를 찾고 있었다. 그러나 19세기 중반에 카를 마르크스가 자본주의를 비판하는 글을 쓴 이후에야 비로소 공산주의에 대한 경제적 논거가 형성되었다.

마르크스가 정치에 끼친 영향은 잘 알려져 있지만 사실 그는 다른 무엇보다도 경제학자라고 볼 수 있다. 그는 경제조직이 사회 및 정치 조직의 근간을 형성하며 사회변화를 주도한다고 믿었다. 그는 전쟁이나 식민주의의 관점에서 역사를 바라보지 않았으며, 새로운 형태의 사회 조직을 창조하는 경제 시스템으로 진보해나가는 과정이 역사라고 생각했다.

시장은 상인과 공장, 산업 프롤레타리아와 함께 성장했다. 봉건제도는 자본주의에 자리를 내주었고, 자본주의는 훗날 공산주의에 자리를 내줄 것이었다. 1848년에 발표한 〈공산당 선언〉에서 마르크스는 공산주의가 혁명을 통해 자본주의를 대체할 것이라고 말했다. 이러한 변화가 필연적으로 일어나는 이유를 설명하기 위해 그는 세 권으로 구성된 『자본론』을 통해 자본주의 시스템과 그 태생적 약점을 분석했다.

그러나 마르크스가 자본주의를 절대적으로 비판하기만 한 것은 아니었다. 그는 봉건제(소작농이 법적으로 지역 영주에게 속해 있는 것)와 중상주의(정부가 해외교역을 통제하는 것)를 시대에 뒤떨어진 시스템으로 간주했으며, 이를 대체하고 경제 진보를 이루기 위해서는 역사적으로 자본주의 단계를 반드시 거쳐야 한다고 보았다. 자본주의가 기술 혁신과 산업 능률을 이끌어낸다는 점을 설명하는 부분에서는 감탄에 가까운 태도를 취하기도 했다. 하지만 궁극적으로 자본주의는 지나가는 단계일 뿐이며 그 자체의 결함 때문에 불가피하게 몰락하여 대체될 수밖에 없는 불완전한 시스템이라는 것이 그의 생각이었다.

마르크스의 연구에서 가장 핵심적인 부분은 생산수단을 소유한 소수의 '부르주아'와 노동력을 제공하는 다수의 '프롤레타리아'로 사회계급을 나눈 것이다. 그는 이러한 사회계급이 자본주의의 특징을 규정한다고 보았다.

노동자 착취
근대적 산업이 출현하면서 생산수단을 소유한 부르주아는 인구의 대다수를 차지하는 프롤레타리아를 실질적으로 지배하게 되었다. 노동자가 임금을 받고 상품과 서비스를 생산하면 자본을 소유한 기업가

참조 : ■ 재산권 20~21쪽 ■ 노동가치설 106~107쪽 ■ 단체교섭 134~135쪽 ■ 중앙계획 142~147쪽 ■ 사회적 시장경제 222~223쪽 ■ 계획경제의 생산량 부족 232~233쪽

나 공장주는 그 상품과 서비스를 팔아 이윤을 남겼다.

마르크스가 믿었던 것처럼 만일 어떤 상품의 가치가 그것을 만드는 데 필요한 노동에 따라 결정된다면, 자본가는 상품의 초기 생산비용에 노동가격을 더한 다음 여기에 이윤을 덧붙여 최종 가격으로 정해야 한다. 따라서 자본주의 시스템에서 노동자는 자신이 받는 임금보다 더 많은 가치를 생산하고 있는 셈이다. 자본가가 이러한 방식으로 노동자에게서 얻어내는 잉여가치가 바로 이윤이다.

자본가는 이윤 극대화를 위해 임금을 최소한으로 유지하려 한다. 또한 효율성을 높이는 기술을 도입하여 노동의 질을 저하시키거나 단조롭게 만들며, 심지어 노동자를 해고하는 경우도 종종 있다.

마르크스가 자본주의의 필연적 특징으로 지목한 노동 착취 때문에 노동자는 적절한 경제적 보상이나 직업적 만족을 얻지 못하며 생산과정에서 소외된다. 그는 이러한 소외가 불가피하게 사회불안으로 이어진다고 지적했다.

19세기 중반 무렵, 신기술과 노동 전문화는 산업의 효율성을 높였다. 마르크스는 그 결과 노동자 착취와 소외가 일어나게 되었다고 주장했다.

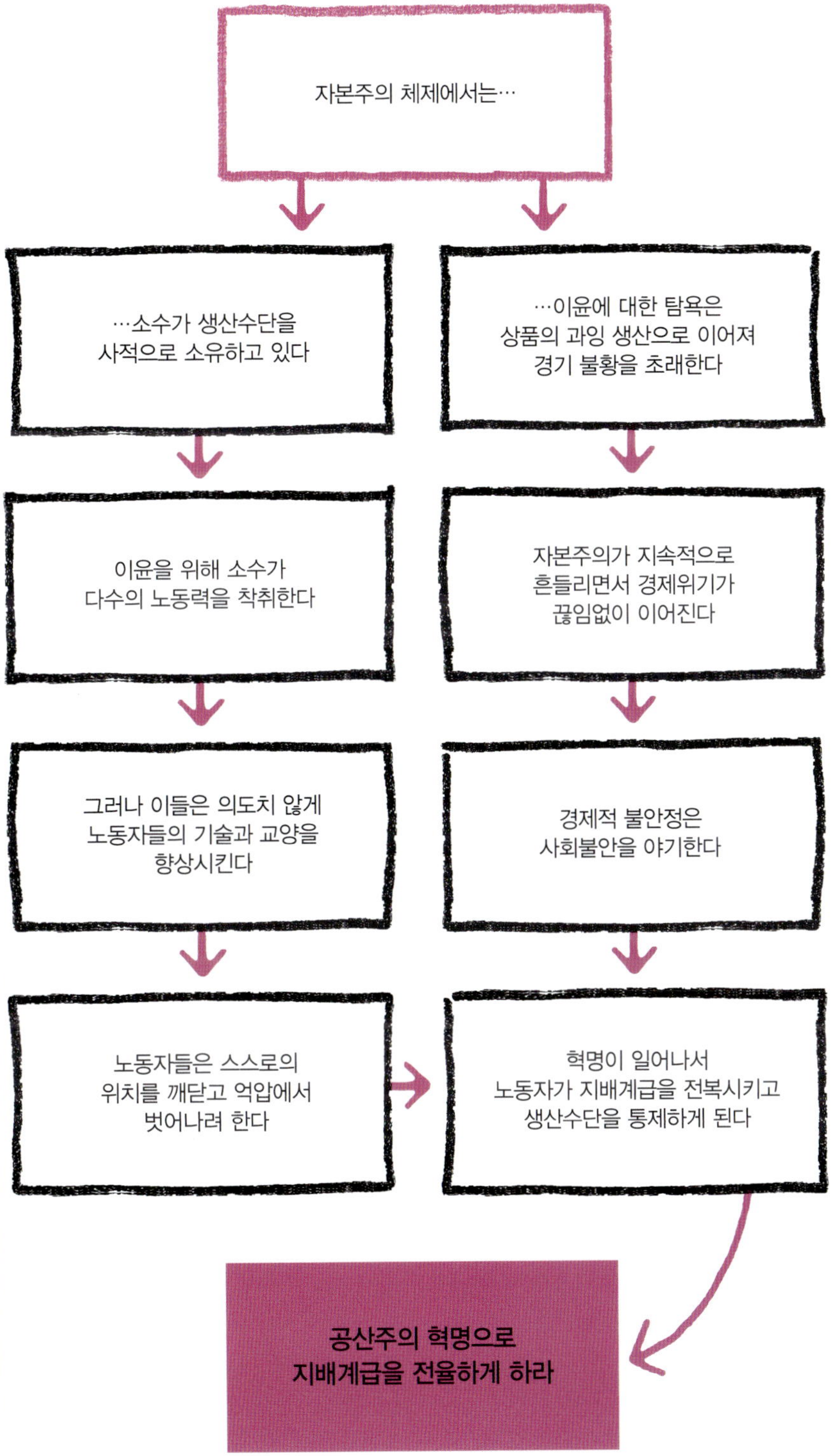

자본주의 체제에서는…

…소수가 생산수단을 사적으로 소유하고 있다

…이윤에 대한 탐욕은 상품의 과잉 생산으로 이어져 경기 불황을 초래한다

이윤을 위해 소수가 다수의 노동력을 착취한다

자본주의가 지속적으로 흔들리면서 경제위기가 끊임없이 이어진다

그러나 이들은 의도치 않게 노동자들의 기술과 교양을 향상시킨다

경제적 불안정은 사회불안을 야기한다

노동자들은 스스로의 위치를 깨닫고 억압에서 벗어나려 한다

혁명이 일어나서 노동자가 지배계급을 전복시키고 생산수단을 통제하게 된다

공산주의 혁명으로 지배계급을 전율하게 하라

사슬 외에는 잃을 것이 없는 노동자가 상징적으로 자신의 족쇄를 파괴하고 자유로워지는 모습이 1917년 러시아 혁명을 기념하는 포스터에 나타나 있다. 러시아 혁명은 마르크스주의의 직접적 영향을 받았다.

경쟁과 독점

자본주의의 또 다른 핵심요소는 생산자 간 경쟁이다. 시장에서 경쟁하기 위해 기업은 생산비용을 절감해야 하며 경쟁자보다 저렴한 가격에 상품을 판매해야 한다. 이 과정에서 실패하여 파산하는 기업이 있는 반면에 시장 점유율을 늘리는 기업도 있다. 마르크스가 지적한 것처럼 이러한 경향 때문에 생산수단을 통제하는 기업의 수는 점점 줄어들고, 부는 소수의 부르주아에게 집중된다. 장기적으로 기업 수 감소는 노동자뿐만 아니라 소비자까지 착취하는 독점 창출로 이어질 가능성이 있다. 더불어 부르주아 출신과 실업자가 합류하면서 프롤레타리아의 수는 크게 늘어나게 된다.

마르크스는 자본주의 시스템의 또 다른 실패 요인으로 경쟁을 지목했다. 이윤이 증가하는 시장에 뛰어들기 위해 기업은 때때로 수요에 상관없이 생산량을 늘린다. 과잉생산은 낭비뿐만 아니라 경제 전체의 정체나 퇴보를 초래할 수도 있다. 본질적으로 자본주의는 비계획적이며 오직 시장의 복잡성에 따라 규제된다. 경제위기는 수요와 공급이 어긋나면서 발생하는 필연적 결과다. 그러므로 자본주의 경제에서 성장이란 순조로운 진보가 아니라 주기적인 위기에 의해 흔들리는 과정을 뜻한다. 마르크스는 위기가 점점 더 자주 발생할 것이며 이로 인해 프롤레타리아가 특히 고통받게 될 것이라고 보았다.

그는 자본주의가 명백히 극복 불가능한 약점 때문에 결국 붕괴할 것이라고 생각했다. 붕괴가 어떻게 일어날지 설명하기 위해 그는 독일의 철학자 헤겔이 제안했던 개념을 활용했다. 헤겔은 모순적인 개념들이 변증법을 통해 양립하게 된다는 것을 증명한 바 있다. 모든 생각이나 일의 상태를 뜻하는 '테제(thesis)'는 그 자체에 모순, 즉 '안티테제(antithesis)'를 포함하고 있으며 여기에서 생기는 갈등은 새롭고 풍부한 개념인 '진테제(synthesis, 종합)'를 낳는다.

마르크스는 경제에 포함된 태생적인 모순(서로 다른 집단이나 계층 간 갈등으로 나타남)이 역사적 변화를 이끄는 힘이라고 여겼다. 그는 자본주의 사회에서 부르주아가 프롤레타리아를 착취하고 소외시키는 현상을 사회적 모순의 사례로 지목하여 분석했다. 테제(자본주의)는 그 자체에 안티테제(착취당하는 노동자)를 포함하고 있다. 노동자 억압 및 소외는 이 위기에서 저 위기로 휘청거리며 넘어가는 자본주의 시스템의 타고난 불안정성과 결합하여 엄청난 사회불안을 야기하게 된다. 역사적 진보 과정에서 자본주의의 뒤를 이어 진테제인 공산주의가 도래하기 위해서는 필연적으로 프롤레타리아 혁명을 거쳐야 한다. 마르크스는 〈공산당 선언〉을 맺으며 다음과 같이 혁명을 독려했다. "프롤레타리아가 잃을 것은 사슬뿐이며, 얻을 것은 온 세상이다. 만국의 노동자들이여, 단결하라!"

혁명

마르크스는 부르주아를 타도하고 나면 프롤레타리아가 생산수단을 지배하게 될 것이라고 예견했다. 우선 그가 '프롤레타리아 독재'라고 불렀던 사회주의 단계에 진입하면 다수가 경제적 권력을 쥐게 된다. 그러나 이는 사유재산 제도를 폐지하고 재산을 공동으로 소유하는 공산주의 국가를 이루기 위해 거쳐야 할 첫 번째 단계에 불과하다.

마르크스는 자본주의를 철저히 분석한 것에 비해 이를 대체하는 공산주의 경제에 대해서는 구체적인 기록을 남기지 않았다. 공산주의 국가에서는 재산을 공동으로 소유해야 하며, 수요와 공급의 일치를 보장하는 계획경제를 수립해야 한다고 설명했을 뿐이다. 그는 자본주의의 부당함과 불안정성을 제거한다는 면에서 공산주의를 역사적 진보의 정점으로 간주했다. 자본주의 경제에 대한 그의 비판은 자연히 반발을 불러일으켰다. 그 당시 경제학자의 대부분은 자

> 부르주아는 모든 국가에 부르주아적 생산 양식을 채택하도록 강요하며, 이를 따르지 않으면 멸망할 것이라고 위협한다.
> 카를 마르크스, 프리드리히 엥겔스

유시장이 적어도 특정 계층에는 경제 성장과 번영을 보장해 준다고 여겼기 때문이다. 그러나 마르크스에게도 지지자는 있었으며 주로 정치철학자들이 그를 옹호했다. 또한 그의 생각과 달리 공산주의 혁명이 산업화한 유럽이나 미국이 아니라 농촌국가인 러시아와 중국에서 일어나긴 했지만, 혁명 발생에 대한 예상 자체는 적중한 것으로 드러났다.

마르크스는 소비에트 연방이나 중화인민공화국 같은 공산주의 국가의 수립을 생전에 볼 수 없었으며, 현실에서 계획경제가 얼마나 비효율적인지 예상하지 못했다. 오늘날 공산주의 계획경제 국가는 얼마 남아 있지 않다(쿠바, 중국, 라오스, 베트남, 북한). 스탈린이나 마오쩌둥 같은 지도자들의 통치 하에 있던 국가들의 공산주의가 얼마나 마르크스주의적인가에 대한 논의가 이루어지고 있긴 하지만, 많은 경제학자가 동구권 공산주의의 붕괴와 중국의 경제 자유화를 마르크스주의의 결함을 나타내는 증거로 받아들이고 있다.

혼합경제

제2차 세계대전 이후 수십 년 동안 서유럽은 공산주의와 자본주의 사이에서 '제3의 길'을 발전시켰다. 영국을 위시한 몇몇 국가들이 혼합경제를 멀리하고 국가의 역할을 축소하는 자유방임주의 경제정책을 강화하고 있는 반면에 다수의 유럽연합 국가들은 지금도 다양한 수준의 국가개입과 국유화를 통해 혼합경제를 시행하고 있다.

하지만 공산주의에 대한 신뢰가 크게 떨어지고, 마르크스 생존 당시보다 자본주의가 붕괴할 가능성이 늘어나지도 않았다는 점에서 자본주의의 역동성이 위기와 혁명을 불러일으킨다는 그의 생각은 빗나간 것으로 보인다. 그럼에도 불구하고 마르크스주의 경제학을 지지하는 사람은 여전히 존재하며, 최근의 경제위기로 인해 그의 사상을 재평가하는 움직임도 일어나고 있다.

증가하는 불평등과 소수 대기업에 편중된 부, 빈발하는 경제위기, 그리고 2008년의 '신용경색'에 이르기까지 모든 책임의 화살이 자유시장경제로 향하고 있다. 혁명이나 사회주의를 지지하는 정도는 아니더라도 마르크스가 자본주의에서 비판했던 요소를 진지하게 고려해보는 사상가들(정치적으로 좌익이 아닌 사람도 있음)이 늘어나는 추세다. ∎

1959년, 피델 카스트로의 혁명군이 쿠바에서 권력을 잡았다. 이 혁명은 처음에는 민족주의적 성격을 띠고 있었으나, 카스트로가 소련과 동맹을 맺으면서 공산주의 혁명으로 변했다.

카를 마르크스

1818년 프로이센의 트리어에서 변호사이자 기독교로 개종한 유대인의 아들로 태어났다. 마르크스는 법학을 공부했으나 철학에 흥미를 느끼게 되어 예나대학에서 철학박사 학위를 취득했다. 1842년에 쾰른으로 이주하여 언론인으로 일하기 시작했지만 사회주의적 시각 때문에 곧 검열을 받게 되자 아내인 예니(Jenny)와 파리로 도피했다.

그는 파리에서 독일 태생의 기업가 프리드리히 엥겔스와 만났다. 두 사람은 1848년에 함께 〈공산당 선언〉을 집필했다. 마르크스는 1849년 독일로 잠시 돌아갔으나 혁명이 진압되자 런던으로 떠나 여생을 그곳에서 보냈다.

런던에서 마르크스는 『자본론』을 비롯한 저서를 집필하는 데 전념했으며, 엥겔스의 지속적인 재정 지원에도 불구하고 가난에 시달리다 1883년에 세상을 떠났다.

주요 저서

1848년 〈공산당 선언〉(프리드리히 엥겔스와 공저)
1858년 『정치경제학 비판 요강 *Contribution to the Critique of Political Economy*』
1867년, 1885년, 1894년 『자본론 *Capital : A Critique of Political Economy*』

생산물의 가치는 그것을 만드는 데 필요한 노력에서 나온다

노동가치설

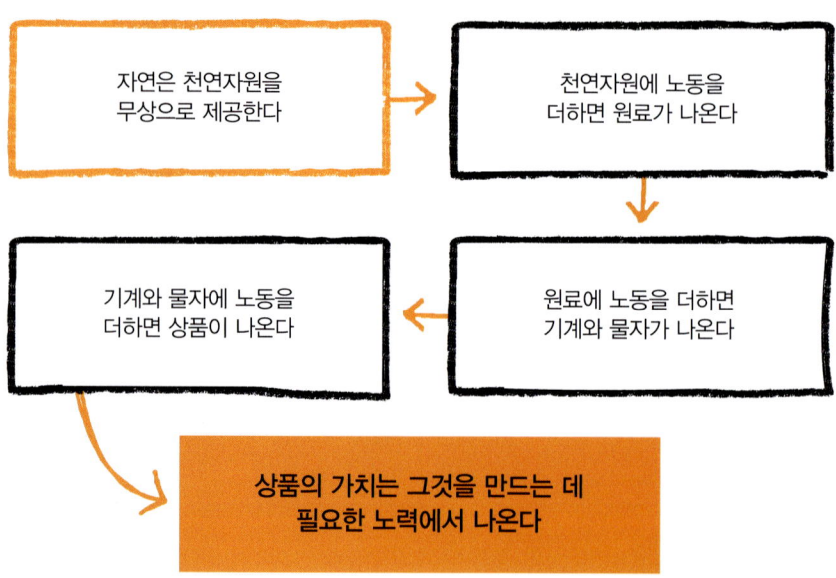

자연은 천연자원을 무상으로 제공한다

천연자원에 노동을 더하면 원료가 나온다

원료에 노동을 더하면 기계와 물자가 나온다

기계와 물자에 노동을 더하면 상품이 나온다

상품의 가치는 그것을 만드는 데 필요한 노력에서 나온다

상품의 가치를 판단할 때 노동에 중요한 의미를 부여하기 시작한 것은 고대 그리스 철학자들이었다. 17세기 중반 이후 200여 년 동안 노동을 중시하는 관점이 경제사상을 지배했다. 원시사회와 산업화 이전 사회에서 물건들 간의 교환 가능성을 결정하는 데 있어 노동의 역할은 매우 단순했다. 예를 들어 어떤 사람이 일주일 걸려 그물을 만들었다면, 그는 이것을 반나절 걸려 만든 나무 숟가락과 바꾸려 하지 않았을 것이다. 하지만 18세기에 근대 산업사회가 출현하면서 문제는 훨씬 더 복잡해졌다. 고전주의 경제학자인 애덤 스미스와 데이비드 리카도가 각기 노동과 관련된 가치 이론을 개발했다. 그러나 노동가치설에 대한 가장 유명한 주장은 카를 마르크스의 『자본론』에 담겨 있다.

노동과 비용

마르크스는 어떤 상품의 생산에 사용된 노동량이 그 상품의 가치와 비례한다고 보았다. 그의 이론을 뒷받침하는 논거는 다음

> 가치로서의 모든 상품은
> 인간 노동의 구현이다.
> **카를 마르크스**

과 같다. 만일 이발을 하는 데 시간당 4만 원 가치의 노동을 반시간 동안 사용한다고 하면, 이발의 가치는 2만 원이 된다. 또한 이발에 사용하는 가위와 빗의 총 가치가 6만 원이며 이 도구들을 사용할 때마다 1천 원씩 가치가 감소한다고(마모되기 때문) 가정하면, 이발의 총 가치는 2만1천 원이 된다. 도구 중에서 가위의 가치는 2만 원이다. 강철을 연마하여 가위로 만드는 데 45분의 노동이 투입되기 때문이다. 또한 강철은 1만 2천 500원의 가치를 지니고 있다. 앞서 말한 것과 같은 추론 방식을 적용하여 철광에서 강

철을 생산하는 데 들어간 시간과 비용을 추적하면 1만 2천500원이라는 비용이 나오는 이유를 찾게 된다. 이런 방식으로 무상으로 제공된 원래의 천연자원에 도달할 때까지 모든 중간 투입물에 대한 비용을 거꾸로 추적할 수 있다. 그리하여 모든 가치는 노동에 의해 창출되었다는 결론에 이르게 되는 것이다.

마르크스는 모든 상품의 가치를 이러한 방식으로 계산하기는 어려우므로, 상품 자체에 한 덩어리로 '응결된' 노동량에 따라 그 가치를 판단해야 한다고 지적했다. 또한 가치는 사람들이 제품 생산에 들어갈 것으로 예상하는 '일반적인' 노동량에 따라 결정된다는 점도 언급했다. 비효율적인 이발사가 손님의 머리를 자르려면 한 시간이 걸릴 수도 있지만, 그렇다고 해서 이발 비용이 2만 원 더 올라가야 하는 것은 아니다. 마르크스는 시장의 수요와 공급이 상품의 가격이나 가치에 영향을 끼칠 수도 있다는 점을 부정하지는 않았으나, 장기적인 관점에서 가치 시스템의 기본 구조와 역학관계는 노동에서 나온다고 주장했다.

노동가치설은 경제사상을 지배하던 시기에 역설적인 질문에 근거한 수많은 비판에 직면했다.

만일 노동을 통해 모래성을 만들었다면 이것은 왜 가치가 없는가?
마르크스는 노동을 통해 만들었다고 해서 모두 가치 있는 것은 아니라고 대답했다. 아무도 원하지 않는 상품을 만들기 위해 헛된 노동을 할 가능성은 오늘날에도 남아 있다.

예술작품의 가치를 어떻게 그것을 만드는 데 들어간 노동시간에 따라 평가할 수 있는가?
이러한 비판에 대해서는 위대한 예술작품은 유일한 것이기 때문에 이 법칙의 적용을 받지 않는다는 답변이 돌아왔다. 그러므로 가격을 도출하는 근거가 되는 평균적인 노동량이 존재하지 않는다.

노동의 추가 투입 없이 10년간 포도주를 보관했는데 가치가 어떻게 증가할 수 있는가?
포도주가 숙성되는 것을 기다리면서 발생한 추가비용이 노동에 누적되었기 때문이라는 답변이 나왔다.

노동의 행복

카를 마르크스는 사람들이 다른 사람과 연결되고 싶은 욕구에 따라 움직이며 이로 인해 행복을 느끼게 된다고 주장했다. 인간은 노동을 통해 이러한 욕구를 드러낸다.

누군가가 만들어내는 물건은 그 사람의 인격을 나타낸다. 다른 사람이 그 물건을 구입할 때 생산자는 행복을 느낀다. 다른 사람의 필요를 충족시켰을 뿐만 아니라 구매자가 생산자의 인격이 '훌륭하다'는 것을 입증해준 셈이기 때문이다.

자본주의는 이와 같은 인간의 본질을 파괴한다. 마르크스는 자본주의가 노동자를 직접 생산한 상품에서 소외시키는 것이 그 원인이라고 주장했다. 노동자들은 더 이상 자신의 생산량을 통제하지 않으며, 창의성을 투입할 필요도 없고, 그들이 직접 소비하거나 거래하지도 않을 상품을 생산하기 위해 고용되어 있을 뿐이다. 사람들이 일자리 경쟁을 벌이느라 고립되면서 협동이라는 사회적 본성은 사라지고 말았다. 마르크스는 인간이 자신의 일과 분리되면서 불행해진 것이라고 주장했다.

가격은
수요와
공급에서
도출된다

수요와 공급

맥락읽기

초점
가치이론

핵심사상가
알프레드 마셜(1842~1924년)

이전의 관련 역사
서기 1300년경 : 이슬람 학자인 이븐 타이미야(Ibn Taymiyyah)는 수요와 공급이 가격에 미치는 영향을 연구했다.

서기 1691년 : 영국의 철학자 존 로크는 판매자와 구매자의 비율이 상품가격에 직접적인 영향을 끼친다고 주장했다.

서기 1817년 : 영국의 경제학자 데이비드 리카도는 가격이 주로 생산비용의 영향을 받는다고 주장했다.

서기 1874년 : 프랑스의 경제학자 레옹 발라스는 시장 균형(평형)을 연구했다.

이후의 관련 역사
서기 1936년 : 영국의 경제학자 존 메이너드 케인스는 거시경제 차원에서 수요와 공급을 분석했다.

수요와 공급은 경제 이론을 구성하는 근본 요소에 속한다. 시장에서 구할 수 있는 상품의 양과 그 상품을 구매하려는 소비자의 의욕 사이에서 일어나는 상호작용이 시장의 근본을 형성한다.

경제관계에서 수요와 공급이 중요하다는 점은 중세에도 연구의 대상이었다. 당시 스코틀랜드의 학자였던 둔스 스코투스(Duns Scotus)는 가격이 소비자에게 공정해야 할 뿐만 아니라, 생산 과정에서 비용이 발생하기 때문에 생산자에게도 공정해야 한다는 것을 깨달았다. 후대 경제학자들은 상품의 최종 가격에 공급 측면의 비용이 끼치는 영향을 연구했으며, 애덤 스미스와 데이비드 리카도는 상품의 가격을 그것을 만드는 데 필요한 노동과 연결시켰다. 이를 고전적인 노동가치설이라고 부른다.

1860년대 들어 발전하기 시작한 새로운 경제 이론은 신고전주의라는 기치를 내걸고 기존의 사상에 도전했다. 이 학파는 한계효용 이론을 도입했다. 한계효용이란 소비자가 어떤 상품을 많이 혹은 적게 가짐으로써 얻거나 잃게 되는 만족이 수요와 가격에 영향을 준다는 것을 뜻한다.

영국의 경제학자 알프레드 마셜은 수요

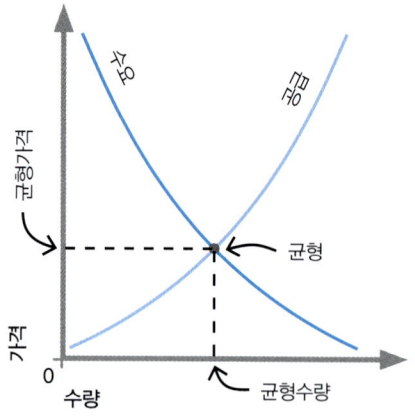

'마셜의 십자'로 알려진 이 그래프는 수요와 공급의 관계를 보여준다. 수요곡선과 공급곡선이 교차하는 지점에서 가격이 결정된다.

에 신고전주의적 방식으로 접근하여 공급을 분석하는 작업에 합류했다. 그는 수요와 공급이 나란히 시장가격을 형성한다고 보았다. 장기시장(예를 들어, 금시장)과 단기시장(예를 들어, 부패하기 쉬운 상품을 취급하는 시장)을 대비시켜 그 안에서 이루어지는 수요와 공급의 역학관계를 다양화하여 설명했다는 점에서 그의 연구는 중요한 의미를 지녔다. 마셜은 수학을 경제 이론에 적용했

알프레드 마셜

1842년 영국 런던에서 태어났으며 런던 교외의 클래펌에서 성장한 후 장학생으로 케임브리지 대학에 들어갔다. 대학에서 그는 수학을 전공했으며 형이상학과 윤리학 공부에도 매진했다. 이렇게 공부한 결과, 그는 경제학을 자신의 윤리적 신념을 실행에 옮기는 실용적 수단으로 간주하게 되었다.

1868년에 마셜은 그를 위해 특별히 개설된 윤리학 강좌를 맡는다. 윤리학에 대한 그의 관심은 1875년 미국 방문 이후 정치경제학으로 연구의 초점을 옮길 때까지 계속되었다. 1877년에 자신의 제자였던 메리 페일리(Mary Paley)와 결혼했으며 브리스톨의 유니버시티 칼리지에 학장으로 취임했다. 1885년 경제학

교수로 임용되어 케임브리지 대학으로 돌아온 마셜은 1908년에 은퇴할 때까지 자리를 지켰다. 1890년부터 그가 세상을 떠난 1924년까지 영국 경제학을 지배한 인물로 간주되었다.

주요 저서

1879년 『산업경제학 *The Economics of Industry*』 (메리 페일리 마셜과 공저)
1890년 『경제학 원리 *Principles of Economics*』
1919년 『산업과 무역 *Industry and Trade*』

참조 : ■ 가치의 역설 63쪽 ■ 노동가치설 106~107쪽 ■ 경제 균형 118~123쪽 ■ 효용과 만족 114~115쪽 ■ 지출의 역설 116~117쪽 ■ 수요의 탄력성 124~125쪽 ■ 경쟁시장 126~129쪽

> 어떤 경우든지 시장에
> 제공되는 상품이 많을수록
> 그 물건이 구매자에게 팔리는
> 가격은 낮아진다.
> **알프레드 마셜**

으며, 교차하는 선으로 수요와 공급을 표현하여 '마셜의 십자(Marshallian Cross)'라는 그래프를 만들어냈다. 이 그래프에서 수요와 공급 곡선이 교차하는 지점은 수요(소비자)와 공급(생산자)의 필요가 완벽한 평형을 이루는 '균형' 가격을 의미한다.

공급의 법칙

기업은 상품을 어떤 가격에 판매할 수 있는가에 따라 판매량을 결정한다. 생산의 여러 가지 요소(노동, 재료, 기계, 사업부지 등)에 소요되는 비용이 시장에서 소비자가 상품에 지불할 의향이 있는 가격 수준을 넘어선다면 기업은 수익을 올릴 수 없게 되므로 상품 생산을 줄이거나 중단하게 된다. 반대로 상품에 대한 시장가격이 생산비용보다 상당히 높은 경우라면 기업은 가능한 한 많은 수익을 올리기 위해 생산을 늘리려 할 것이다. 이 이론은 기업이 시장가격에 영향을 미치지 못하며 시장이 제시하는 가격을 받아들여야만 한다고 가정한다.

예를 들어 컴퓨터 한 대를 생산하는 비용이 200만 원일 때 시장가격이 그 밑으로

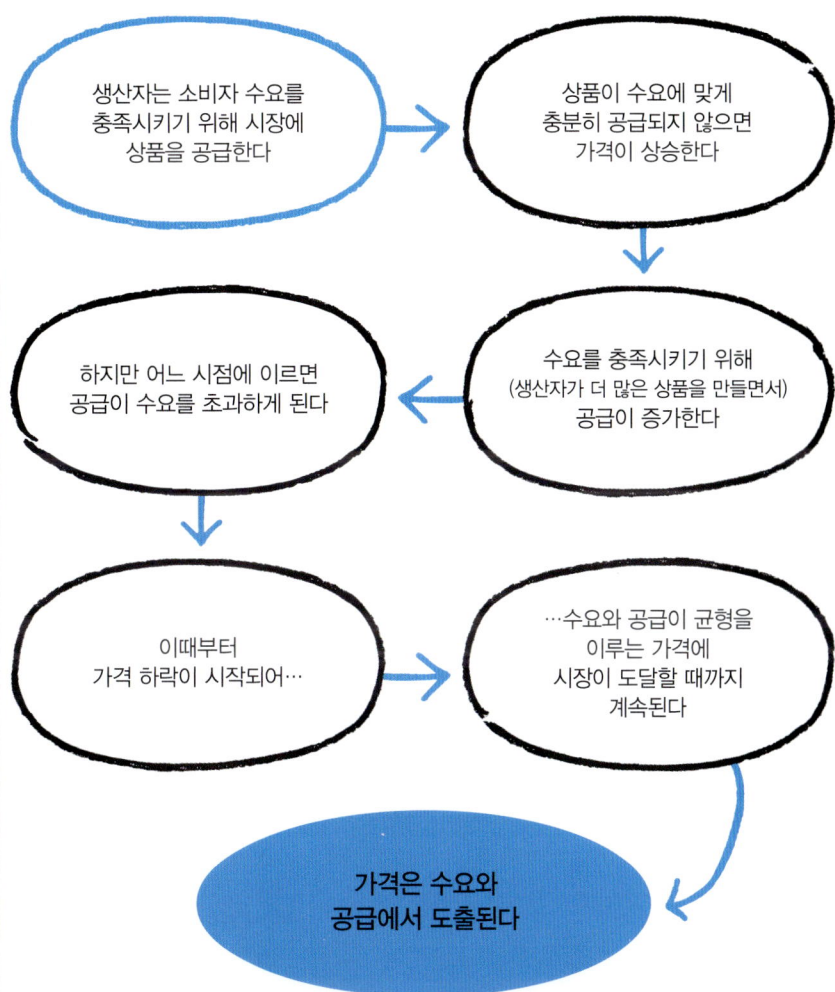

떨어지게 되면 기업은 수익을 낼 수 없다. 이와 반대로 시장가격이 1천만 원이 되면 기업은 수익을 극대화하기 위해 최대한 많은 컴퓨터를 생산하려 할 것이다. 공급곡선(110쪽 그래프 참고)을 사용하면 공급의 법칙을 시각적으로 표현할 수 있다. 공급곡선 위의 모든 지점은 기업이 특정 가격에 얼마나 많은 상품을 판매하려 할 것인지를 나타낸다.

또한 고정비용과 가변비용 간 차이도 분명히 존재한다. 위 사례는 생산의 단위비용

을 안정적으로 유지하면서 생산을 늘릴 수 있다고 가정한 것이다. 그러나 이는 사실과 다르다. 만일 컴퓨터 공장의 하루 생산량이 100대인 상황에서 110대의 수요가 존재한다고 가정하면 생산자는 엄청난 추가 비용을 투자해서 완전히 새로운 공장을 열 것인지 아니면 보다 사리에 맞게 수요를 하루 100대로 줄이기 위해 판매가격을 조금 올릴 것인지 결정해야 한다.

수요의 본성

수요의 법칙은 생산자의 입장보다 소비자의 입장에서 상황을 파악한다. 상품 가격이 오르면 수요는 필연적으로 줄어든다(약품처럼 필수적인 상품은 예외). 인상된 가격을 감당할 수 없거나 다른 곳에 돈을 쓰는 편이 더 낫다고 판단하는 소비자들이 존재하기 때문이다.

앞에서 제시했던 컴퓨터 시장의 사례를 다시 떠올려보자. 만일 컴퓨터 가격이 50만 원에 불과하다면 대부분의 사람들이 컴퓨터를 한 대씩 장만할 수 있을 것이다. 반대로 가격이 1천만 원에 달한다면 부유한 사람들만 그 가격을 감당할 수 있으므로 수요가 매우 낮아지게 된다. 이처럼 가격이 오르면 수요는 떨어지게 마련이다.

낮은 가격이라 할지라도 수요를 자극할 수 있는 수준에는 한계가 있다. 만일 컴퓨터 한 대의 가격이 5만 원 아래로 떨어진다면 모든 사람이 한 대씩 구입할 수 있을 것이다. 그러나 두세 대 이상의 컴퓨터를 필요로 하는 사람은 없다. 소비자들이 돈을 다른 곳에 사용하는 편이 더 낫다는 것을 알게 되면서 수요의 증가세는 멈추게 된다.

> 수요 가격이 공급 가격과 일치하면 상품 생산량은 늘어나거나 줄어드는 경향을 보이지 않는다. 생산량이 균형을 이룬 것이다.
> 알프레드 마셜

수요에 영향을 미치는 요소에 가격만 있는 것은 아니다. 소비자의 기호와 태도 역시 수요를 결정하는 중요한 요소다. 만일 어떤 상품의 인기가 더 높아지면 수요곡선 전체가 오른쪽으로 이동하게 된다. 이는 각각의 가격에서 소비자가 그 상품을 더 많이 원하고 있다는 뜻이다. 공급곡선이 정지해 있다는 점을 감안하면 수요곡선의 이동은 가격 상승을 유발한다. 또한 생산자는 광고와 같은 기술을 통해 소비자 기호를 조종하여 수요곡선의 형태와 위치에 영향을 줄 수 있다.

균형의 추구

소비자는 늘 최대한 낮은 가격을 지불하려 하는 반면에 생산자는 최대한 높은 가격을 받으려 한다. 어떤 상품의 가격이 지나치게 높아지면 소비자는 흥미를 잃고 그 상품을 찾지 않게 된다. 반대로 가격이 지나치게 낮은 경우에는 생산자가 상품을 계속 생산할 경제적 유인이 존재하지 않는다. 그러므로 모두에게 만족을 주는 중간 수준에 도달해야만 한다. 이것이 바로 소비자와 생산자가 모두 수용할 수 있는 균형가격이다. 균형가격은 공급곡선과 수요곡선이 교차하는 지점에서 나타난다. 이때 소비자는 가격을 즐겁게 지불할 수 있고 생산자는 상품을 즐겁게 판매할 수 있다.

그러나 상대적으로 단순한 이 법칙을 복잡하게 만드는 요소들이 많다. 그 중 시장의 위치와 크기가 시간과 함께 가격을 결정하는 핵심적인 요소에 속한다. 생산자가 만족하는 판매가격은 생산비용의 영향만 받는 것이 아니다.

예를 들어 신선한 농산물을 판매하는 가판대가 있다고 가정해보자. 농부는 씨앗을 샀으며, 그것을 땅에 심고 추수하기 위해 노동력을 투입했고, 생산물을 시장으로 운송함으로써 이미 생산비용을 지불한 상태로 가판대에 도착했다. 그는 이윤을 남기려면 사과를 하나당 1천200원에 판매해야 한다는 것을 알고 있다. 따라서 장사를 시작하면서 농부는 사과 가격을 개당 1천200원

과일 판매자들은 하루를 마감할 때 팔리지 않은 사과를 모두 버려야 한다. 시간 안에 상품을 판매해야 한다는 절박함은 부패할 가능성이 있는 상품의 가격을 정하는 데 중요한 요인으로 작용한다.

코카콜라(Coca Cola)와 같은 상품의 생산자들은 상품과 브랜드를 알리는 광고를 통해 수요에 영향을 끼칠 수 있다. 수요가 늘어나면 상품 가격도 상승한다.

으로 결정한다. 만일 장사가 잘된다면 그는 돈을 더 많이 벌 수 있으리라 느끼고 가격을 1천250원으로 올릴 수도 있다. 가격을 올리면 판매 속도가 떨어지겠지만, 그가 어떻게 해서든 남은 사과를 모두 판매할 수 있다면 만족스러운 결과를 얻게 될 것이다. 하지만 시장이 끝날 시간은 다가오는데 아직도 상당량의 사과가 팔리지 않은 상태라면 농부

상품의 가격은 구매자와 판매자 수의 비율에 따라 올라가거나 내려가며, 이 규칙은 매매되는 모든 것에 보편적으로 적용된다.
존 로크

는 재고가 발생하는 것을 막기 위해 가격을 1천150원으로 낮추겠다는 결정을 내리게 될 것이다. 남은 사과는 다음에 팔 기회가 오기 전에 상할 확률이 높기 때문이다.

이 사례는 고정된 생산비용과 사과를 신속하게 팔아야 한다는 압박 요인을 갖추고 있다. 이는 단기시장과 장기시장의 차이점을 설명하는 데 유용하다. 농부는 이번 판매를 기준으로 삼아 다음에 얼마나 많은 사과를 수확할 것인지 결정하게 되며, 이러한 방식으로 시장은 결국 균형에 도달하게 된다.

또한 이 시장에는 거리 제한이 존재한다. 농부는 특정 반경 내에서 사과를 판매해야 경제적 이득을 얻을 수 있다. 예를 들어 사과를 외국에서 판매한다면 높은 운송비용 때문에 해당 국가의 국내 생산자보다 가격 경쟁력이 떨어지게 될 것이다. 다른 한편으로 이는 소비자들이 먼 곳까지 대안을 구하러 다닐 수 없기 때문에 농부가 어느 정도까지는 자유롭게 가격을 높여서 매길 수 있다는 의미이기도 하다.

금과 같은 국제적 상품을 다루는 시장은 과일시장과 정반대 상황에 놓여 있다.

이 시장은 장기시장이기 때문에 금 소유주는 시간의 압박을 받지 않는다. 그는 금이 가치를 계속 유지할 것이라고 확신할 수 있다. 시장이 클수록, 그리고 시장에 대한 지식이 광범위하게 퍼져 있을수록 상품이 균형가격에 도달할 확률이 높다. 이 때문에 시장가격에 미미한 변화만 일어나도 중요한 일로 취급되며, 어떤 변화든 혼란스러운 매매를 유발할 수 있다.

이러한 사례들은 시장을 더욱 복잡하게 만들었지만 여기에는 시장의 기본 규칙에 해당하는 진리가 담겨 있다. 즉 공급자는 수용 가능하다고 판단한 가격에만 상품을 판매하고, 구매자는 합리적이라고 판단한 가격에만 상품을 구매한다는 것이다.

앞서 제시한 사례는 모두 물리적 상품을 거래하는 시장과 관련되어 있지만, 수요와 공급의 원리는 경제적 추론 전체와 관련을 맺고 있다. 예를 들어 노동시장에도 수요와 공급 모형을 적용할 수 있다. 노동시장에서는 개인이 자신의 노동력을 파는 공급자가 되며, 고용주는 노동력을 최대한 저렴하게 구입하려 하는 소비자가 된다. 화폐시장 역시 수요와 공급 시스템으로 분석될 수 있으며 금리가 가격의 역할을 담당한다.

경제학자들은 마셜의 연구를 '부분균형' 분석이라고 불렀다. 그의 연구는 단일시장이 수요와 공급의 힘을 통해 균형 혹은 평형에 도달하는 방법을 보여주기 때문이다. 하지만 실제 경제는 상호작용하는 다양한 시장으로 구성되어 있다. 모든 시장들이 함께 '일반균형' 상태에 도달할 수 있는 원리를 파악하는 것은 복잡한 문제이며, 19세기에 레옹 발라스가 이를 분석한 바 있다. ∎

마지막에 먹은 초콜릿은 맨 처음 먹은 초콜릿보다 맛이 없다

효용과 만족

수요는 가격과 반비례 관계다. 즉 가격이 떨어지면 수요가 증가한다

↓

이는 소비자들이 가격이 떨어진 경우에만 구매를 더 늘린다는 것을 의미한다. 왜냐하면…

↓

…소비되는 각각의 추가 단위는 앞선 단위보다 적은 기쁨을 주기 때문이다. 예를 들어…

↓

…마지막에 먹는 초콜릿은 맨 처음에 먹은 초콜릿보다 맛이 없다

아리스토텔레스는 유용한 물건이라도 지나치게 많으면 쓸데없는 물건이 된다는 점을 간파한 최초의 인물이었다. 한계효용체감(diminishing marginal utility)의 법칙이라 불리는 경제 이론에는 어떤 상품을 더 많이 소비할수록 거기에서 얻는 만족의 증가는 점점 줄어든다는 발상이 담겨 있다. 여기에서 한계란 초콜릿을 한 개 더 먹는 행위와 같이 경계(border)에 발생하는 변화를 의미한다. 효용은 소비를 결정하는 데서 오는 '기쁨이나 고통'을 뜻한다. 영국의 경제학자 윌리엄 제번스(William Jevons)는 1871년에 발표한 『정치경제학 이론』에서 사용 가능한 상품의 양과 관련하여 효용을 측정할 수 있다는 것을 입증했다.

수요곡선

경제학자들이 상품 가격을 결정하는 요인을 밝히기 위해 노력하면서 한계효용체감이라는 개념은 더욱 중요해졌다. 만일 모든 사람이 추가로 초콜릿을 한 개씩 먹을 때마다 효용 증가가 줄어든다는 데 일반적으로 동의한다면, 당연히 초콜릿 가격이 떨어지는 경우에만 초콜릿에 대한 추가 수요가 발생하게 될 것이다. 추가로 먹는 초콜릿에서 얻는 기쁨이 점점 줄어들기 때문이

참조 : ■ 가치의 역설 63쪽 ■ 노동가치설 106~107쪽 ■ 수요와 공급 108~113쪽 ■ 위험과 불확실성 162~163쪽

다. 여기에서 나타나는 수요는 가격과 반비례 관계를 형성하며, 공급과 더불어 초콜릿의 균형가격 혹은 '자연' 가격 결정에 영향을 끼친다.

한계효용체감의 법칙에는 중요한 예외가 많이 존재한다. 예를 들어 퍼즐의 마지막 한 조각을 찾아내는 것은 엄청난 만족감을 준다. 약물이나 술처럼 중독성이 강한 제품 역시 예외에 속하는 것으로 보인다. 또한 한계효용체감의 법칙은 "소비가 끊이지 않고 이어져야 한다"와 같은 특정한 전제 하에 성립된다. 예를 들어 초콜릿을 띄엄띄엄 먹는 것보다는 한 번에 다 먹는 것이 이 법칙을 설명하는 데 더 적합하다.

긍정적 기여

한계효용체감의 법칙은 소득을 보다 공평하게 재분배하여 더 큰 사회복리를 창출하는 데 특히 중요한 역할을 수행한다. 만일 정부가 매우 부유한 사람에게 1만 원을 받아 매우 가난한 사람에게 준다면 사회 전체의 효용이 증가하게 된다.

개인이 불확실성과 리스크에 직면하여 결정을 내려야 하는 상황에서도 효용 이론을 확장시켜 적용할 수 있다. 이때 사람들은 상품에 대한 자신의 기호와 다른 선택을 했을 때 얻을 수 있는 결과를 평가한 다음, 이를 근거로 결정을 내리게 된다. 1950년대에 미국의 수학자 레너드 새비지(Leonard J. Savage)는 다양한 사람들이 어떻게 다양한 선택을 하게 되는지 증명했다. 사람들은 제각기 자신이 상품에 부여하는 효용의 수준과 더불어 그 상품이 리스크를 줄이는 데 도움이 되는가를 기준으로 결정을 내린다. 즉 리스크를 회피하는 사람은 이를 최소화할 수 있는 상품을 선택하는 것이다. ■

윌리엄 제번스

1835년 영국 리버풀에서 철강업자의 아들로 태어났다. 법률 및 경제학과 관련된 사안에 대해 글을 썼던 아버지의 영향을 받아 경제학에 대한 흥미를 키웠다. 유니버시티 칼리지 런던(UCL)에서 자연과학을 공부하다가 1855년 아버지의 사업이 실패하면서 금전적인 문제로 학업을 중단해야 했다. 오스트레일리아에 가서 조폐국 검사관으로 일하다 5년 후 다시 UCL에 복학하여 공부를 마쳤다.

1863년 맨체스터에서 가정교사로 일하다 해리엇 테일러(Harriet Taylor)를 만나 결혼했다. 1876년 UCL의 교수로 임용되면서 가족과 함께 런던으로 거주지를 옮겼다. 건강이 좋지 않아 고통에 시달렸지만 왕성한 저술활동을 펼쳐 경제학과 논리학 분야에 중요한 저서를 남겼다. 또한 그는 컴퓨터의 초기 형태로서 논거의 진실성을 분석할 수 있는 '논리 피아노(logic piano)'를 개발한 것으로 유명하다. 47세에 불과했던 1882년 갑작스러운 익사 사고로 세상을 떠났다.

주요 저서

1865년 『석탄 문제*The Coal Question*』
1871년 『정치경제학 이론*The Theory of Political Economy*』
1874년 『과학의 원리*Principles of Science*』

수요와 공급 법칙의 설명방식을 역으로 이해하면 한계효용체감이라는 개념을 명확하게 파악할 수 있다. 인간은 가지고 있는 상품이 많을수록 그 상품의 각 단위에 적은 액수를 지불하려 한다.

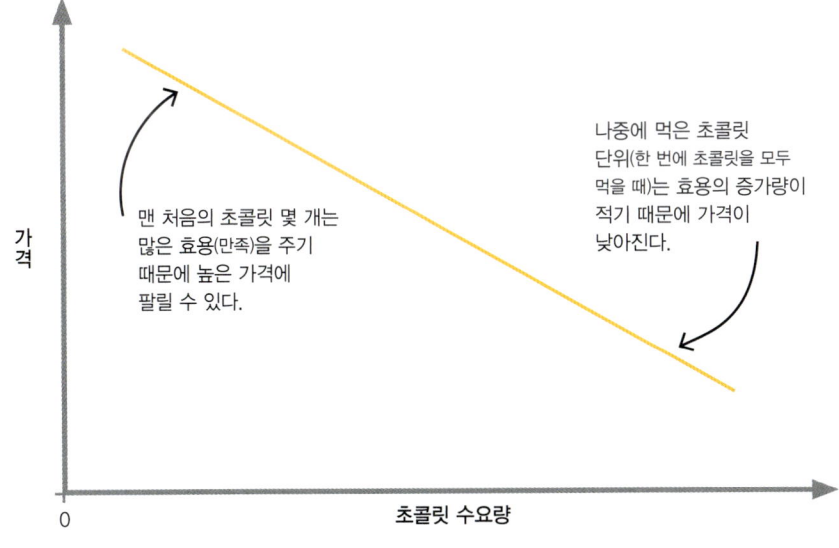

맨 처음의 초콜릿 몇 개는 많은 효용(만족)을 주기 때문에 높은 가격에 팔릴 수 있다.

나중에 먹은 초콜릿 단위(한 번에 초콜릿을 모두 먹을 때)는 효용의 증가량이 적기 때문에 가격이 낮아진다.

가격

0   초콜릿 수요량

물건 가격이 오르면 구입을 늘리는 사람들이 있다

지출의 역설

영국의 경제학자 알프레드 마셜은 1895년 수요와 공급이 어떻게 물건 값을 결정하는지 입증했다. 가격이 낮아질수록 수요가 늘어난다는 일반적인 규칙을 설명하고 난 후 그는 여기에 흥미로운 예외가 존재할 수 있음을 보여주었다. 어떤 상황에서는 가격 상승이 놀랄 만한 수요 증가를 불러일으킬 수 있다는 것이었다. 그는 이러한 예외를 발견하게 된 공로를 스코틀랜드의 유명한 경제학자이자 통계학자인 로버트 기펜(Robert Giffen) 경에게 돌렸다. 오늘날에는 가격이 오를 때 수요 역시 증가하는 상품을 '기펜재'라고 부른다.

19세기 영국에서 극빈 지역 주민들의 가장 중요한 식량이었던 빵이 가장 먼저 기펜재로 지목되었다. 노동자 계층에서도 가장 빈곤한 사람들은 소득의 대부분을 빵 구입에 썼다. 빵은 살기 위해 꼭 필요한 음식이었지만, 사치스러운 음식으로 여겨지던 고기에 비해 열등재로 취급되었다. 마셜은 빵 가격이 오르면 극빈층이 생존에 필요한 칼로리를 얻기 위해 소득의 더 많은 부분을 빵 구입에 쓰게 된다고 설명했다. 이들은 고기 대신 빵을 살 수밖에 없었다. 결과적

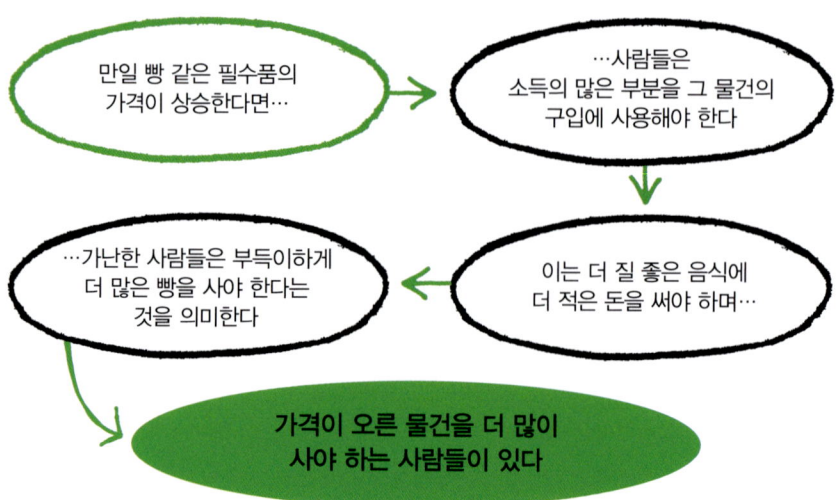

만일 빵 같은 필수품의 가격이 상승한다면…

…사람들은 소득의 많은 부분을 그 물건의 구입에 사용해야 한다

이는 더 질 좋은 음식에 더 적은 돈을 써야 하며…

…가난한 사람들은 부득이하게 더 많은 빵을 사야 한다는 것을 의미한다

가격이 오른 물건을 더 많이 사야 하는 사람들이 있다

참조 : ■ 수요와 공급 108~113쪽 ■ 수요의 탄력성 124~125쪽 ■ 과시적 소비 136쪽

으로 빵 가격이 오르면 수요도 같이 올라갔던 것이다.

열등재와 빈곤층

기펜재가 되려면 몇 가지 가정을 충족시켜야 한다. 첫 번째, 기펜재는 반드시 열등재(inferior goods)여야 한다. 소득이 증가하면 사람들은 열등재 구입을 줄이고 더 나은 대안을 선택한다. 위에서 제시한 사례에서는 고기가 빵보다 더 나은 대안이 된다. 두 번째, 소비자는 소득의 많은 부분을 기펜재에 사용해야 한다. 이런 까닭으로 위 사례에서 사회 극빈층을 언급한 것이다. 마지막으로 기펜재를 대체할 상품이 존재해서는 안 된다. 빵 같은 경우에 주식으로 이보다 더 저렴한 대안은 존재하지 않는다.

이러한 가정을 감안하면 빵 가격 상승은 두 가지 결과를 초래한다. 첫 번째, 지출 금액 1천 원당 빵이 주는 만족감이 다른 물건의 만족감에 비해 떨어지기 때문에 사람들은 빵 구입을 줄이게 된다. 이러한 대체 효과(substitution effect)로 인해 빵은 가격이 높을수록 수요가 낮아진다는 일반적 법칙을

따르게 된다. 그러나 빵 가격이 오르면 다른 물건을 구매할 능력도 함께 줄어든다. 이렇게 실질적으로 소득이 줄어들면 열등재인 빵에 대한 수요가 상승하게 된다. 기펜재가 특별한 이유는 빈곤층이 소득의 많은 부분을 빵 구입에 쓰기 때문에 소득 효과(income effect)가 대체 효과보다 훨씬 커서 빵 가격이 올라가도 더 많은 빵을 사는 사람이 발생하는 데 있다. 기펜재의 또 다른 예로는 1842~1853년에 벌어졌던 아일랜드 감자기근 기간의 감자를 들 수 있다. 전해진 바에 따르면 이때 감자 가격이 오르면서 감자 수요도 증가하게 되었다고 한다.

발견하기 힘든 증거

영국 경제학자인 프란시스 에지워스는 마셜이 명확한 증거 없이 일반적인 수요 법칙에 모순되는 상품이 있는 것처럼 가정했다고 비판했다. 이론적으로 기펜재는 수요 곡선의 기반을 이루는 소비자행동 원리(소득 효과와 대체 효과의 상호작용을 통해 일어남)에 부합한다. 그러나 기펜재는 설령 실재한다 해도 매우 드물게 나타난다. 기펜재

한 소녀가 방글라데시에서 쌀을 구입하고 있다. 방글라데시 정부는 2011년에 빈곤층의 식량안보 증진을 위해 보조금을 지급했다.

의 증거는 특별한 맥락에서 나오며, 대표적인 기펜재로 꼽히는 물건 중에서도 미심쩍은 것들이 존재한다. 그러나 경제학자들은 지금도 기펜재를 찾고 있다. 2007년 하버드 대학 경제학 교수인 로버트 젠센(Robert Jensen)과 놀란 밀러(Nolan Miller)는 중국의 가난한 가족에게 쌀이 기펜재가 된다는 증거를 제시했다. ■

새로 나온 롤스로이스 리무진이 중국 산시성에 전시되었다. 경제학자들은 사람들이 높은 가격 때문에 고급차를 선호한다고 믿는다.

베블런재

베블런재는 '과시적 소비' 이론을 창안한 미국의 경제학자 소스타인 베블런(Thorstein Veblen)의 이름을 딴 것이다. 가격이 높을수록 수요가 증가한다는 점에서 베블런재는 특이하다. 그러나 반드시 열등재여야 하는 기펜재와 달리 베블런재는 구매자의 지위가 높다는 것을 나타내야 한다.

사람들은 질 좋은 물건을 갖고 싶어서가 아니라 자신의 부를 과시하기 위해 베블런재에 높은 가격을 기꺼이 지불한다. 그러므로 진정한 베블런재는 저렴한 등가물보다 품질

이 확연히 뛰어날 필요는 없다. 만일 가격이 떨어져서 상대적으로 덜 부유한 사람들도 베블런재를 구입할 수 있게 되면 부자들은 그 물건을 사지 않을 것이다.

이러한 행위의 증거는 고급차, 샴페인, 시계, 특정 의류 브랜드 시장에서 많이 나타난다. 가격이 떨어지면 일시적으로 물건 판매가 늘어나지만, 그 후에는 판매량이 감소하기 시작한다.

자유시장 시스템은 안정적이다

경제 균형

맥락읽기

초점
시장과 기업

핵심사상가
레옹 발라스(1834~1910년)

이전의 관련 역사
서기 1881년 : 프랜시스 에지워스는 경제학에 수학적 평가방식을 도입한 『수리심리학』을 발표했다.

이후의 관련 역사
서기 1906년 : 빌프레도 파레토는 개인의 인센티브와 제약이 양립할 수 있는지 고려한 새로운 균형 이론을 개발했다.

서기 1930년대 : 존 힉스(John Hicks), 오스카 랑게(Oskar Lange), 모리스 알레, 폴 새뮤얼슨을 비롯한 경제학자들은 계속해서 일반균형 이론을 개발했다.

서기 1954년 : 케네스 애로와 제라르드 드브뢰는 일반균형의 수학적 증거를 제시했다.

뉴턴의 운동법칙과 같은 과학법칙은 수학적으로 예측이 가능하다. 경제 역시 이러한 예측 가능성에 따라 움직일 수 있다는 발상은 지금까지 오랫동안 경제학자들의 관심을 끌어왔다. 뉴턴의 법칙은 복잡하고 조밀하며 물리적인 우주 전체를 단순하고 믿을 수 있는 세 개의 수학적 관계로 축약했다. 복잡하고 변화무쌍한 시장의 세계에서도 유사한 관계를 발견하는 것이 가능할까?

1881년 프랜시스 에지워스라는 영국의 교수가 경제학에 수학적 방식을 도입해 연구한 결과물인 『수리심리학Mathematical Psychics』을 출간했다. 에지워스는 경제학이 변수들 간의 관계를 다루기 때문에 방정식으로 변환할 수 있다는 것을 인식했다. 그는 경제적 수익을 실용적인 측면에서 고려했다. 다시 말해서 경제적 성과를 행복이나 쾌락의 단위로 측정할 수 있다고 믿었던 것이다.

다른 경제학자들 역시 수학적 접근방식에 흥미를 느꼈다. 독일의 경제학자 요한 폰 튀넨(Johann von Thünen)은 정당한 노동 임금과 최대 수익을 올리는 토지 사용법에 대한 방정식을 도출했다. 또한 훗날 '가

레옹 발라스는 경제에서 모든 초과 수요의 합계는 0이라고 주장했다. 사과와 체리 시장으로만 구성된 경제에서 사과에 대한 초과 수요는 체리의 초과 공급을 의미한다.

장 위대한 경제학자'로 칭송받은 레옹 발라스는 경제학 전체를 위해 수학적, 과학적으로 완벽한 틀을 마련하는 데 힘썼다. 그는 뉴턴의 '순수자연과학'처럼 경제학을 '순수정신과학(인간의 행위를 설명하는 학문)'으로 정립시킬 법칙을 찾아내겠다는 열렬한 신념을 품고 있었다. 그가 창안했던 일반균형 이론은 경제 전반의 생산, 소비, 가격에 대해 설명한다.

수요와 공급
발라스는 거래가 이루어지는 방식, 즉

레옹 발라스

마리 에스프리 레옹 발라스(Marie Esprit Léon Walras)는 프랑스 노르망디에서 1834년에 태어났다. 청년 시절 파리의 자유분방한 삶에 빠져 있었으나, 그의 아버지는 경제학을 과학으로 만드는 일이야말로 가장 낭만적인 과업이 될 것이라고 그를 설득했다. 발라스는 돈이 떨어질 때까지 자유분방한 삶을 지속했으나 결국 아버지의 권고에 따라 1870년 로잔으로 가서 경제학 교수가 되었다. 이곳에서 그는 일반균형 이론을 개발했다.

발라스는 사회 조직이 경제학의 과학적 영역 바깥에 존재하는 '예술'의 문제라고 생각했다. 그는 사회정의에 대한 강한 신념을 품고 있었으며 공평한 토지 분배를 위해 우선

토지를 국유화해야 한다고 주장했다. 1892년에 은퇴하여 제네바 호수가 내려다보이는 클라랑 지역으로 이주했으며, 낚시와 경제학 연구에 매진하다 1910년 세상을 떠났다.

주요 저서

1874년 『순수경제학 요론Elements of Pure Economics』
1896년 『사회경제학 연구Studies in Social Economics』
1898년 『응용경제학 연구Studies in Applied Economics』

참조 : ■ 경제순환 40~45쪽 ■ 자유시장 경제학 54~61쪽 ■ 수요와 공급 108~113쪽 ■ 효율성과 공정성 130~131쪽 ■ 시장과 사회적 성과 210~213쪽 ■ 복잡성과 혼돈 278~279쪽

상품의 가격과 양, 그리고 수요가 상호작용하는 방식에 초점을 맞추고 연구를 시작했다. 다시 말해서 수요와 공급이 어떻게 일치하는지 밝히려 노력했던 것이다. 그는 어떤 상품의 가치가 본질적으로 그것의 '라르테(rareté)'에 달려 있다고 믿었다. 이 불어 단어는 원래 '희소성'을 뜻하나, 발라스는 어떤 물건이 얼마나 많이 필요한가를 나타내기 위해 이 단어를 사용했다. 이러한 면에서 그는 에지워스나 윌리엄 스탠리 제번스처럼 쾌락이나 유용성과 같은 효용이 가치의 핵심이라고 믿었던 동시대 학자들과 달랐다.

발라스는 수요와 공급의 관계를 나타내는 수학적 모형을 구축하기 시작했다. 그는 여러 모형을 통해 가격이 올라가면 수요가 줄어들고 공급이 늘어난다는 것을 증명했다. 수요와 공급이 일치할 경우, 시장은 균형 혹은 평형 상태를 이루게 된다. 뉴턴의 운동법칙에서 균형을 잡아주는 힘이 명확히 드러났던 것처럼, 여기에도 같은 종류의 단순한 힘이 반영되어 있다.

일반균형

일반균형을 확실하게 설명하기 위해 현재 휴대전화의 시장가격이 20만 원이라고 상상해보자. 어떤 지역시장 상인이 보유하고 있는 휴대전화 100대를 한 대당 20만 원에 팔고 싶어 한다고 가정하자. 만일 소비자 100명이 시장을 방문하여 기꺼이 20만 원씩 내고 이 전화기를 구입하고 싶어 한다면, 저렴한 휴대전화를 취급하는 이 시장은 수요와 공급이 부족이나 잉여 없이 완벽한 평형을 이루면서 균형 상태에 도달하게 된다. 발라스는 일반균형 이론을 창안하기 위해 균형의 개념을 경제 전체에 적용했다. 이 이론은 어떤 상품의 잉여는 그 상품

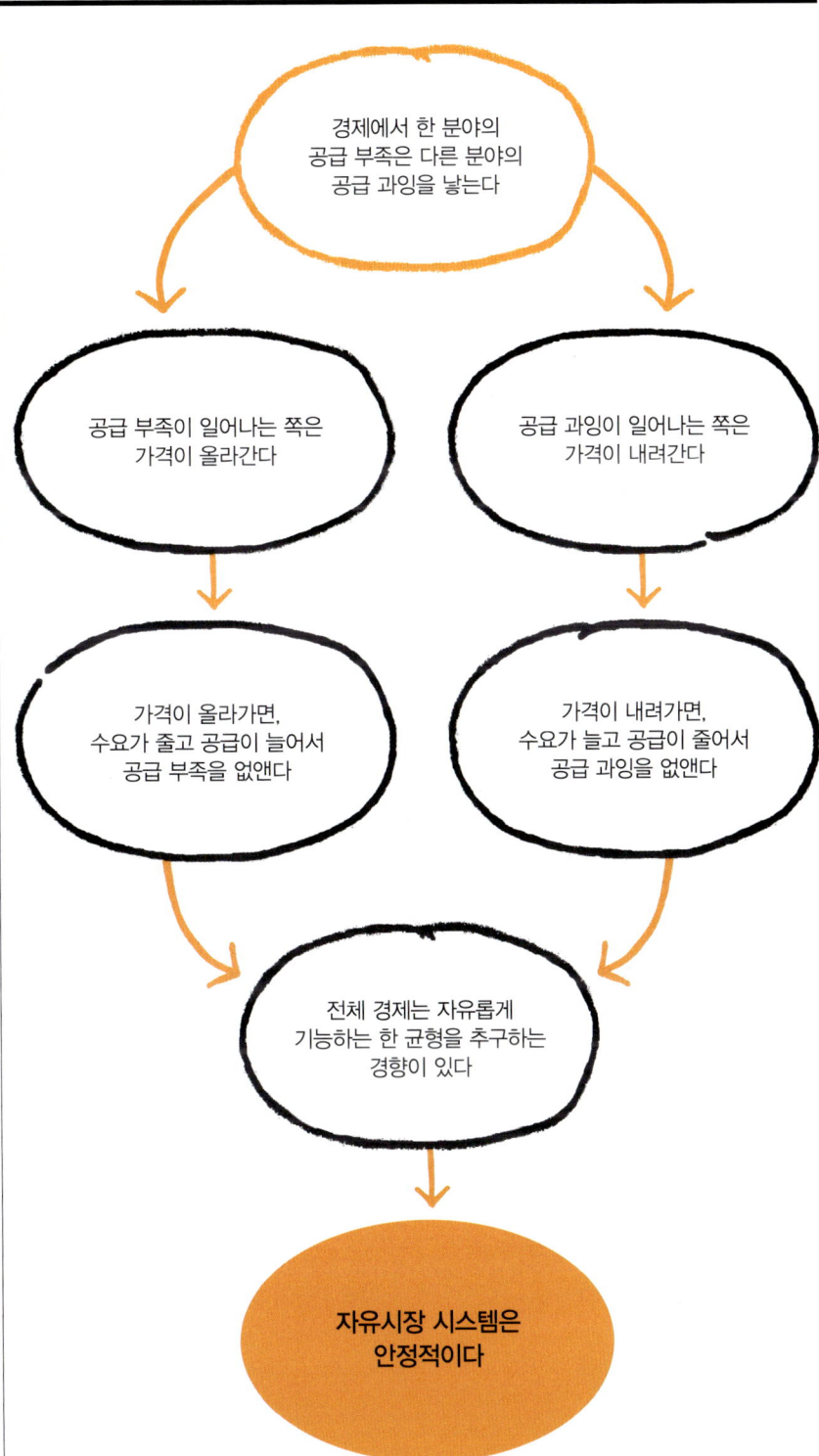

경매사가 가축 경매에서 입찰을 받고 있다. 발라스는 시장에 완벽한 정보를 제공하는 경매사가 있다고 상상했다. 경매사는 가격을 발표하며, 가격이 균형점에 도달해야 비로소 판매가 이루어진다.

의 가격이 지나치게 높을 때 발생한다는 가정에 기반하고 있다. 가격이 지나치게 높다는 결론은 비교를 통해 나온다. 따라서 만일 어떤 상품의 시장가격이 '지나치게 높으면', 반드시 시장가격이 '지나치게 낮은' 상품이 존재하게 되어 있다. 그리하여 상대적으로 가격이 높은 상품의 과잉 공급이 발생하게 된다.

발라스는 경제 전체에 적용할 수 있는 수학적 모형을 만들어냈다. 이 모형에는 의자나 밀 같은 상품과 자본 및 노동과 같은 생산 요소가 포함되어 있다. 모형의 모든 구성 요소들은 서로 연결되어 있으며 상호 의존한다. 발라스는 가격 변동이 진공 상태에서 이루어지는 것이 아니기 때문에 요소 간 상호 의존이 가장 중요하다고 주장했다. 가격 변동은 수요와 공급이 변할 때만 일어난다. 또한 가격이 변하면 다른 모든 요소가 함께 변한다. 경제의 한 부분에서 일어나는 작은 변화 하나가 경제 전체에 파급효과를 불러일으킬 수 있는 것이다. 예를 들어 주요 산유국에서 전쟁이 발발했다고

균형은 흐트러지는 즉시
스스로 원상태를 회복한다.
레옹 발라스

가정해보자. 전 세계에서 유가가 상승하고, 이는 정부와 기업, 개인에게 광범위한 영향을 끼칠 것이다. 개인의 경우, 주유비와 가정 난방비가 오르고 비용 증가 때문에 휴가나 출장을 포기하는 일이 발생하게 된다.

균형을 향하여

발라스는 자신의 수학적 경제 모형을 가격과 수량에 관한 방정식으로 축약하는 데 성공했다. 그는 이 연구에서 두 가지 결론을 이끌어냈다. 첫 번째 결론은 일반균형 상태가 이론적으로만 가능하다는 것이었다. 두 번째는 경제가 어떤 상태에서 출발하건 상관없이 자유시장은 일반균형을 향해 움직이기 때문에 자유시장 시스템은 본질적으로 안정적이라는 결론이었다.

발라스는 자유시장이 일반균형에 도달하는 방법을 '모색(tâtonnement)'이라는 개념을 통해 증명했다. 모색이란 등반가가 산을 더듬거리며 올라가는 것처럼 경제 역시 균형을 향해 더듬거리며 올라간다는 의미다. 발라스는 이때 이론상의 경매사가 존재한다고 가정했다. 구매자와 판매자는 그들이 각자 어떤 가격에 상품을 사거나 팔 것인지에 관한 정보를 경매사에게 알린다. 정보를 입

수한 경매사가 수요와 공급이 일치하는 가격을 모든 시장에서 발표하고 나면 그때부터 비로소 구매와 판매가 시작되는 것이다.

모형의 결함

발라스는 이 수학적 모형이 그저 경제학자들을 돕기 위해 만들어진 것일 뿐이라고 언급하길 원했다. 현실 세계를 설명하기 위해 창안한 모형이 아니었던 것이다. 동시대 학자들은 그의 연구를 대부분 무시했으며 이들 중 대다수는 현실에서 일어나는 상호작용이 너무 복잡하고 혼란스러워서 진정한 균형 상태에 도달할 수 없다고 믿었다.

기술적인 수준에 대해 살펴보면 발라스의 제자였던 빌프레도 파레토가 훗날 스승의 연구를 새로운 방향으로 발전시킨 바 있지만, 그 밖의 많은 경제학자는 발라스의 복잡한 방정식을 이해하기 어려워했다. 이는 발라스의 연구가 무시당한 또 다른 원인이었다. 발라스가 사망한 후 20년이 지난 1930년대에 헝가리 출신의 미국 수학자인 존 폰 노이만이 발라스의 방정식을 세밀하게 분석했다. 노이만은 그의 방정식에서 결함을 찾아냈다. 몇 개의 답이 마이너스 가격으로 나온다는 사실을 증명했던 것이다.

각각의 상품에 대응하여
모든 상품의 수요와 공급을
일치시키는 가격들의 집합이 있다.
케네스 애로

마이너스 가격은 판매자가 구매자에게 돈을 지불해야 한다는 뜻이 된다.

존 메이너드 케인스는 발라스의 접근방식을 특히 비판했던 인물로, 경제는 결코 균형에 도달하지 않기 때문에 일반균형 이론으로는 현실을 제대로 설명할 수 없다고 주장했다. 또한 그는 장기적인 관점에서 균형에 도달하는 방법을 생각하거나 고민할 필요가 없다고 주장했다. "장기적으로 볼 때 인간은 모두 죽는다"는 것이 그 이유였다.

하지만 1950년대에 이르러 미국 경제학자인 케네스 애로와 라이오넬 맥켄지(Lionel W. McKenzie), 프랑스 경제학자인 제라르 드브뢰가 발라스의 이론을 재조명하여 보다 세련된 모형으로 발전시켰다. 애로와 드브뢰는 수학을 정밀하게 적용하여 일반균형의 조건을 도출했다.

계산 가능한 경제

1980년대에 이르러 경제학자들은 컴퓨터를 활용하여 실제로 존재하는 여러 시장들의 상호작용이 일으키는 효과를 계산할 수 있게 되었다. 이러한 연산가능 일반균형(Computable General Equilibrium ; CGE) 모형에서는 상호 의존에 대한 발라스의 주장을 특정한 상황에 적용하여 가격 변동 및 정부 정책의 영향을 분석했다.

정부나 세계은행, 국제통화기금과 같은 대규모 기관에서 사용할 수 있다는 것이 CGE의 장점이다. CGE를 이용하면 다양한 매개변수 변동의 영향을 알아볼 수 있으며, 전체 경제 상황을 파악하기 위해 빠르고 믿을 수 있는 연산을 하는 것도 가능하다.

오늘날의 경제학도들이 가장 먼저 배우는 내용은 부분균형 분석(단일 시장에서 수요와 공급을 일치시키는 힘에 대해 고찰하는 것)이다. 또한 일반균형에 대한 발라스의 통찰력은 최신 경제학 이론에 끊임없이 연구 과제를 제공하고 있다. 대다수 경제학자는 경제를 균형 상태로 돌려놓는 힘의 존재와 균형 자체를 근본적인 원리로 간주한다. 균형에 대한 발상은 주류 경제 분석의 핵심을 이룬다고 볼 수 있을 것이다. ■

어떤 시장에서 가격이 지나치게 높다는 판단이 내려지면, 그 시장에서는 초과 공급이 일어나게 된다. 레옹 발라스가 '모색'이라고 부른 과정을 통해 가격은 경제 전반의 초과 공급이나 초과 수요를 조정하여 제거한다.

초과 공급

낮은 수요

높은 가격

초과 수요

낮은 공급

낮은 가격

수요와 공급이 균형을 이룸

알맞은 가격

사람들은 임금이 오르면 빵 대신 캐비아를 산다

수요의 탄력성

수요의 '탄력성'이란 가격과 같은 다른 요소의 변화에 수요가 얼마나 민감하게 반응하는가를 뜻한다. 보통 영국의 경제학자 알프레드 마셜이 1890년에 최초로 탄력성의 개념을 정의한 것으로 인정받고 있다. 하지만 독일의 통계학자인 에른스트 엥겔(Ernst Engel)이 마셜보다 5년 먼저 소득 변화가 수요의 수준을 변화시킨다는 논문을 발표했다. 탄력성이라는 개념의 기원에는 논란의 여지가 있지만 개념 자체가 중요하다는 것은 분명하다. 수요의 탄력성은 경제 분석에서 가장 널리 쓰이는 도구 가운데 하나로 빠르게 자리 잡았다.

마셜은 가격이 올라가면 수요가 줄어든다는 발상을 처음으로 공식화한 인물들 중 하나다. 이러한 생각을 조금 더 발전시키면 (빵과 캐비아처럼) 각기 다른 제품들의 가격이 변할 때 그 수요는 어떻게 달라지는지 알아볼 수 있다. 마셜은 빵과 같은 필수적 식량은 가격이 변해도 수요는 거의 변하지 않는다는 것을 발견했다. 빵은 대체재가 드물기 때문에 가격 변동에 거의 반응하지 않는다. 반대로 사치품 수요는 가격에 매우 활발히 반응한다. 이러한 상품을 '가격 탄력적'이라고 부른다. 마셜은 자신이 원하는 만큼 사치품을 살 수 있는 초부유층보다는

소득이 올라가면 사람들이 디자이너 의류 같은 사치품에 사용하는 소득 비율이 증가한다. 반면 빵과 같은 필수재에 사용하는 소득 비율은 감소한다.

평균적인 수입을 올리는 사람들의 수요가 캐비아 같은 사치품의 가격 변동에 극히 민감하게 반응한다는 것을 알았다.

엥겔의 법칙

에른스트 엥겔은 사람들이 부유해질수록 소득 증가 수준에 비해 식비지출 증가 수준은 낮아진다고 주장했다. 식량에 대한 수요가 '소득 비탄력적'이라는 그의 주장은 엥겔의 법칙으로 불리게 되었다. 엥겔은 벨기에 가정 199개의 예산을 조사하여 소득

참조 : ■ 효용과 만족 114~115쪽 ■ 지출의 역설 116~117쪽 ■ 수요와 공급 108~113쪽 ■ 경쟁시장 126~129쪽

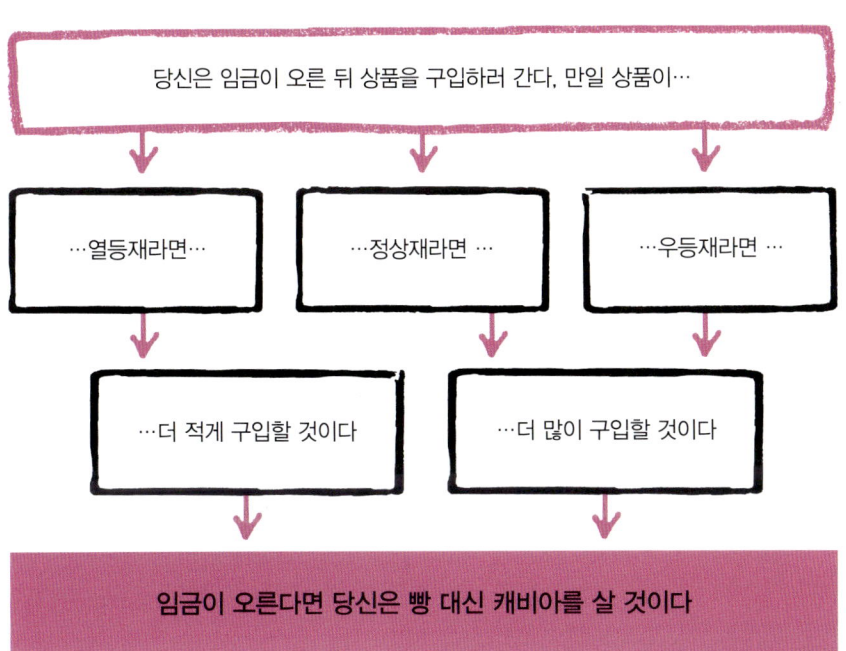

당신은 임금이 오른 뒤 상품을 구입하러 간다. 만일 상품이…

| …열등재라면… | …정상재라면 … | …우등재라면 … |

…더 적게 구입할 것이다 | …더 많이 구입할 것이다

임금이 오른다면 당신은 빵 대신 캐비아를 살 것이다

에른스트 엥겔

독일 드레스덴에서 1821년에 태어난 엥겔은 프랑스 파리의 광산학교에서 광산학을 공부했다. 이곳에서 그는 가족예산 연구 분야의 선구자인 프레데릭 르 플레 (Frédéric Le Play) 의 영향을 받았다. 독일로 돌아간 엥겔은 작센과 프로이센 지방의 통계국장을 지냈으며, 프로이센에서는 자신의 이름을 널리 알린 법칙을 개발했다.

1881년에 엥겔은 오토 폰 비스마르크 (Otto von Bismarck) 수상의 농업 보호주의를 비판하는 기고문을 발표했다가 건강 문제를 이유로 즉각 해임되었다. 독일 역사학파에 속해 있던 그는 많은 글을 썼으며 정책개혁이 노동계급의 삶을 개선할 것이라고 믿었다. 유럽 여러 나라의 통계분석 기관 설립에 영향을 미친 것이 엥겔이 남긴 가장 위대한 유산이다. 1896년에 76세의 나이로 세상을 떠났다.

이 올라갈 때 식량과 같은 필수재 수요는 상대적으로 느리게 증가하는 반면, 휴가와 같은 사치재 수요는 최소한 소득 증가 속도에 맞춰 증가한다는 것을 입증했다. 경제학자들은 상품을 두 가지 유형으로 구분하고 있다. 첫 번째 유형은 정상재(normal goods)로서 소득이 상승할수록 수요도 올라가는 상품이다. 사치재는 정상재의 특별한 사례로서 우등재(superior goods)로 불리며 그 수요는 소득이 늘어나는 것보다 더 크게 증가한다. 두 번째 유형은 열등재로서 소득이 올라갈수록 수요는 떨어지게 된다.

식량과 같은 몇몇 상품군은 (예를 들어 캐비아와 빵 같은) 사치재와 필수재를 모두 포함한다. 식량 전체를 단일 집단으로 볼 경우, 소득 증가가 식량에 미치는 영향을 잘못 판단할 가능성이 있다는 의미다. 더 복잡한 문제는 동일한 상품이 항상 정상재거나 열등재가 아니라는 데 있다. 이는 소득 수준에 따라 달라질 수 있는 것이다. 추가 소득이 생겼다고 가정하면 극도로 가난한 사람들은 빵을 더 구입할 것이며 소득이 높은 사람들은 캐비아 구입을 늘리겠지만, 초부유층의 경우에는 캐비아를 택하는 대신 얇게 저민 식용 금을 먹을 수도 있다. ■

가정이 가난할수록
음식물에 들어가는 예산의
비율이 더 크다.
에른스트 엥겔

주요 저서

1857년 『작센 지방의 생산과 소비 Production and Consumption in Saxony』
1883년 『인간의 가치The Worth of People』
1895년 『벨기에 노동자들의 생활비 The Cost of Living for Belgian Workers』

기업은 가격 설정자가 아니라 가격 수용자다

경쟁시장

맥락읽기

초점
시장과 기업

핵심사상가
알프레드 마셜

이전의 관련 역사
서기 1844년 : 프랑스의 공학자 쥘 뒤피(Jules Dupuit)는 소비자 잉여(consumer surplus)라는 개념을 창안했다. 이 개념은 소비자의 복리를 측정한 것으로, 경쟁의 영향을 평가할 때 사용할 수 있다.

서기 1861년 : 존 엘리엇 케언스(John Elliott Cairnes)는 밀과 리카도의 경쟁 이론에 담긴 논리를 명확하게 설명했다.

이후의 관련 역사
서기 1921년 : 미국의 경제학자 프랭크 나이트(Frank Knight)는 완전경쟁 개념을 발전시켰다.

서기 1948년 : 프리드리히 하이에크는 『개인주의와 경제질서』에서 완전경쟁에 대한 마셜의 시각을 비판했다.

18세기 후반, 애덤 스미스는 가격을 결정하고 '자연적' 수준을 뛰어넘는 수익을 올리는 기업의 역량에 경쟁이 미치는 영향을 이야기한 바 있다. 그러나 영국의 경제학자 알프레드 마셜이 1890년에 『경제학 원리』를 발간하기 전에는 이에 대한 공식적인 분석은 존재하지 않았다. 마셜의 모형에 담긴 발상은 경쟁의 진정한 본성을 나타내지 않는다는 비판에도 불구하고 여전히 주류 경제학 이론의 핵심을 이루고 있다.

완전경쟁

기업이 스스로 가격을 결정하지 못하는 이유를 설명하기 위해 마셜은 '완전경쟁(perfect competition)'이라 불리는 모형을 개

참조 : ■ 독점 92~97쪽 ■ 수요와 공급 108~113쪽 ■ 경제적 자유주의 172~177쪽 ■ 가격차별 180~181쪽 ■ 시장과 사회적 성과 210~213쪽

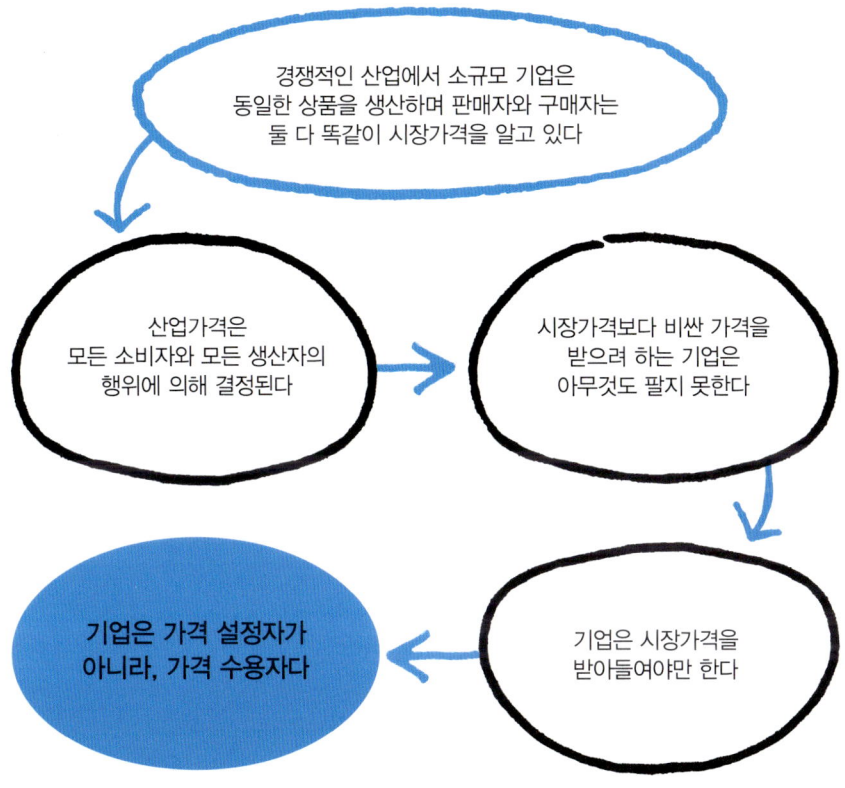

경쟁적인 산업에서 소규모 기업은 동일한 상품을 생산하며 판매자와 구매자는 둘 다 똑같이 시장가격을 알고 있다

산업가격은 모든 소비자와 모든 생산자의 행위에 의해 결정된다

시장가격보다 비싼 가격을 받으려 하는 기업은 아무것도 팔지 못한다

기업은 가격 설정자가 아니라, 가격 수용자다

기업은 시장가격을 받아들여야만 한다

완벽한 시장은 하나의 구역이다. 이곳에서는 많은 구매자와 판매자가 매우 날카롭게 서로 경계하며 상대의 일을 잘 파악하고 있어서 전체 구역의 상품 가격이 실질적으로 항상 동일하다.
알프레드 마셜

발했다. 사실 마셜 자신은 '완전경쟁'보다는 '자유경쟁(free competition)'과 '완벽한 시장(perfect market)'이라는 용어를 선호했다.

완전경쟁 모형은 시장 조건과 기업 행위에 관한 몇 가지 가정에 기초하고 있다. 이 가정은 고전주의 경제학자들의 사상에서 유래했다. 첫 번째 가정은 수많은 소비자에게 상품을 판매하는 수많은 기업이 존재하기 때문에 개별 소비자와 기업은 시장에서 무시해도 될 만큼 미미한 부분을 차지한다는 것이다. 두 번째 가정은 모든 기업이 동일한 상품을 판매하려 노력한다는 점이다. 세 번째 가정은 이 모형에 존재하는 모든 기업이 자기 뜻대로 산업에 자유롭게 진입하거나 떠날 수 있다는 점이다. 또한 이 기업들은 생산에 필요한 요소를 아주 쉽게 옮

기거나 획득할 수 있다.

경쟁의 실현

외환시장은 이러한 조건들을 충족한다는 점에서 완전경쟁이 어떻게 이루어지는지 탐구하는 데 유용한 사례다. 첫 번째 가정의 경우, 달러시장을 예로 들면 세계적으로 엄청나게 많은 기업이 외환을 판매하기 때문에 각 기업은 시장에서 매우 미미한 부분을 차지한다. 기업들은 외환이 필요한 수백만의 구매자에게 외환을 판매하며 각각의 구매자(예를 들면 관광객 한 사람) 역시 시장에서 미미한 부분을 차지하게 된다. 두 번째 가정을 충족하는지 살펴보면, 관광객이 개별 기업에서 구입한 달러나 유로의 가치는 정확히 동일하기 때문에 구매자들은

어떤 기업에서 외환을 살 것인지에 관심을 기울이지 않는다. 세 번째 가정에 대해 알아보면 누구나 법적, 사회적, 기술적 제약을 받지 않고 외환을 사고파는 일을 시작할 수 있다. 다시 말해서 시장 진입이 용이하다는 뜻이다.

완벽한 시장에는 완벽한 정보가 존재한다. 모든 시장 구성원이 '현행 가격'이 얼마인지 정확히 알고 있는 것이다. 외환을 사고파는 사람들은 어떤 화폐에 어느 정도의 가격이 매겨지는지 항상 파악하고 있다. 게다가 각 기업은 다른 기업의 생산비용과 관련된 모든 사항을 알고 있다. 이러한 투명성은 기업에 속아 높은 가격을 지불하는 소비자가 존재할 수 없다는 것과 기업들이 제품을 공급하는 가장 저렴하고 좋은 방법을 알고 있다는 것을 의미한다. 마지막으로 자기이익을 추구하는 기업들은 수익 극대화를 목표로 삼는다. 노동자는 임금이 가장 높은 일자리를 구할 것이며, 자본가는 최고

수익을 올릴 수 있는 시장을 찾아 투자할 것이다.

마셜의 모형에서 제시한 가정을 따를 경우, 완벽한 경쟁 산업에 속한 기업들은 특정한 결과를 얻게 된다. 가장 중요한 결과 중 하나는 기업들이 가격에 아무런 영향력도 행사할 수 없다는 점이다. 그 이유는 동일한 상품을 판매하는 기업이 매우 많아서 경쟁자들보다 가격을 높이는 기업은 아무것도 판매할 수 없다는 데 있다. 소비자들은 기업이 요구하는 가격에 대해 완벽하게 알고 있기 때문에 실질적으로 이러한 결과가 나타날 것이 분명하다. 이처럼 시장가격은 모든 기업과 소비자의 종합적인 상호작용에 의해 결정된다. 각 기업은 단일한 특정 가격이 물건을 판매할 수 있는 가격이라는 사실을 받아들여야만 한다. 기업은 가격을 정하는 것이 아니라 '수용해야' 한다.

경쟁적인 판매

마셜이 주장한 것처럼 완벽하게 경쟁적인 산업을 표준화하여 나타낸 아래의 그래프에는 지금까지 설명한 내용이 담겨 있다.

예를 들어 해당 산업에 의해 결정된 밀의 국제 가격(그래프에 나온 톤당 350파운드와 같은)은 항상 존재한다. 이러한 산업가격(그래프에서 점선으로 표시된 영역)에서 기업들은 각기 원하는 양을 판매할 수 있으나 이보다 높은 가격에는 아무것도 판매할 수 없다(구매자들이 다른 기업을 선택할 수 있기 때문임). 원하는 농장들은 다른 농장보다 낮은 가격에 밀을 판매할 수 있지만 그렇게 해도 아무 이득이 없다. 완전경쟁시장에서는 각 농장이 전체 밀 공급량(세계적인 밀 공급량은 7억 톤에 달함)에서 아주 미미한 부분을 차지하기 때문에 가격을 낮춰도 추가 수요가 발생하지 않는다. 가격을 낮추면 농장 수익만 줄어들 뿐이다. 농장은 수익 극대화를 위해 얼마나 많은 양을 생산할 것인지만 결정하면 된다. 그래프에서 제시한 사례의 경우, 농부는 3천 톤을 생산하여 톤당 3천 파운드에 팔면 수익을 극대화할 수 있다는 사실을 알고 있다.

이 사례에서 농장은 생산비용보다 훨씬 많은 돈을 받고 밀을 판매한다. 톤당 350파운드에 3천 톤을 팔면 농장은 105만 파운드의 소득을 올리게 된다. 이때 (150파운드×3

> 노동자는 임금이 가장 높은 직장을 구할 것이며, 자본가는 가장 높은 수익을 내는 방식으로 자본을 투자하려 할 것이다.
> **존 엘리엇 케언스**

천 톤으로 계산하여) 45만 파운드의 생산비용이 들어간다. 따라서 농장의 수익은 소득에서 비용을 제한 나머지인 60만 파운드가 된다. 리카도와 같은 고전주의 경제학자들은 이러한 수익에 대해 '자연적인 가격에서 멀어진 시장가격'이라고 표현한 바 있다. 그러나 완벽한 경쟁시장에서 이와 같은 고수익을 오래 지속할 수는 없다.

단기수익

스미스와 리카도 같은 고전주의 경제학자들은 (경쟁시장에서) 상품 가격이 생산비용을 충당하고도 여유 있게 남는 경우에 어떤 결과가 발생하는지 잘 알고 있었다. 고수익은 새로운 기업들이 해당 산업에 진출하게 만드는 인센티브로 작용한다. 완전경쟁시장에는 진입장벽이 없기 때문에 어떤 기업이든 쉽게 시장에 진입할 수 있다. 앞서 나온 사례에 대입하여 생각해보자. 만일 밀의 수익성이 보리보다 높다고 하면, 농부들이 보리에서 밀로 생산 작물을 전환하는 모습을 쉽게 상상할 수 있을 것이다. 새로운 경쟁자가 합류하면 총 공급량이 증가하게 되고 경쟁적 압력을 통해 가격이 내려가게 된다. 따라서 기업들은 단기적으로 '정

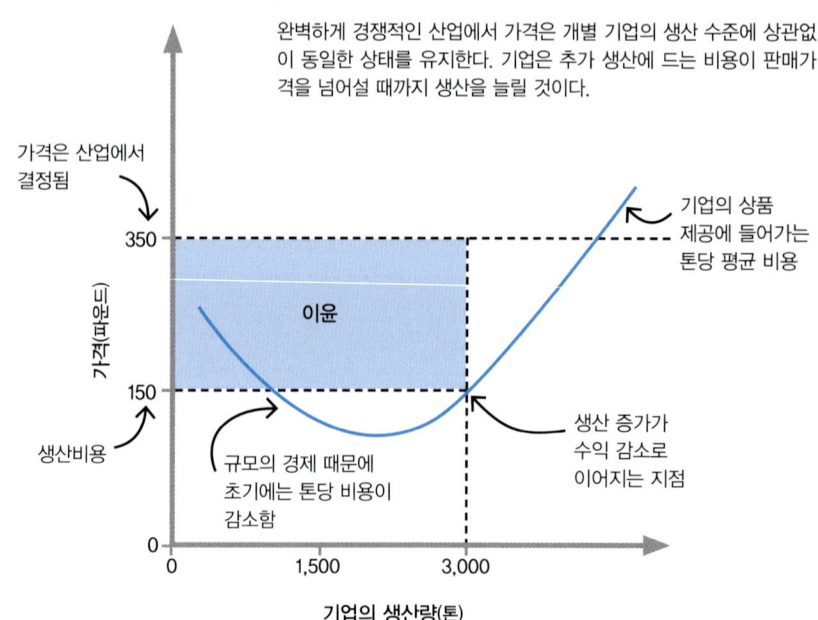

완벽하게 경쟁적인 산업에서 가격은 개별 기업의 생산 수준에 상관없이 동일한 상태를 유지한다. 기업은 추가 생산에 드는 비용이 판매가격을 넘어설 때까지 생산을 늘릴 것이다.

가격은 산업에서 결정됨

350

가격(파운드)

이윤

150

생산비용

규모의 경제 때문에 초기에는 톤당 비용이 감소함

기업의 상품 제공에 들어가는 톤당 평균 비용

생산 증가가 수익 감소로 이어지는 지점

0

0   1,500   3,000

기업의 생산량(톤)

상적인(normal)' 수준의 이윤을 얻는 데 그 친다. 정상이윤(normal profit)이란 상품 가격이 생산비용을 충당하는 수준에 머무르는 것을 뜻하며 이때 (그래프에서 파란색으로 표시된) 초과 수익은 존재하지 않는다.

완전경쟁의 밑바탕을 이루는 전제들이 충족되지 않으면 기업은 장기적으로 고수익을 올릴 수 있다. 예들 들어 어떤 산업에 진입장벽(기술적 혹은 법적인 장벽 등)이 존재하면 초과수익을 두고 경쟁할 필요가 없게 된다. 이러한 사례를 가장 극단적으로 보여주는 형태는 독점이다. 수익을 극대화하기 위해 독점 기업은 완전경쟁시장에 비해 상품에 더 높은 가격을 매기고 더 적은 양을 생산한다. 이 때문에 경제학자들은 완전경쟁시장이 독점시장보다 사회적으로 더 유익하다고 믿는다.

완전한 시장의 불가능성

마셜의 완전경쟁시장 모형을 둘러싸고 많은 논란이 일고 있다. 우선 이 모형을 적용하는 데 필요한 가정들을 충족시킬 수 있는 산업은 현실에서 극소수이거나 아예 없다는 반박이 제기되고 있다. 실제로 통화시장과 농산물시장 모두 완전경쟁 이론의 사례로 들기에는 적합하지 않다. 가격에 영향을 줄 수 있는 대기업이 존재하는 데다 정부가 시장을 조종할 수 있으며 실제로 조종하고 있기 때문이다. 완전경쟁 모형을 옹호하는 쪽에서는 이 모형이 이론적이고 이상적인 형태의 시장구조를 나타내고 있다고 주장한다. 현실적으로 완전경쟁시장의 전제조건을 충족하는 산업이 없다고 해도, 이 모형에서 제시한 시장구조는 기업의 행위를 이해하는 데 유용하다는 것이 이들의 주장이다.

보다 더 근본적인 비판은 마셜이 설명한 완전경쟁의 개념이 사실상 무의미하다는 것이다. 즉 이 모형에는 '경쟁'이 존재하지 않는다는 뜻이다. 모형에 나오는 기업들은 동일한 상품을 생산하고, 가격에 수동적으로 반응하며, 정상이윤만 얻게 된다는 점을 수용하는 것처럼 보인다. 이는 스미스가 제시했던 상황과는 매우 거리가 멀다. 스미스는 기업이 필사적으로 경쟁자보다 다양하고 품질이 뛰어난 제품을 생산하여 높은 가격에 판매하려 하며, 생산비용을 절감하고 수익을 지속적으로 높이기 위해 간간이 새로운 기술을 도입한다고 주장한 바 있다.

이러한 점에서 완전경쟁 모형을 공격하

판매자들은 경쟁을 통해 밀과 같은 상품의 가격을 결정한다. 경쟁시장에서 단독으로 가격에 영향을 미칠 수 있는 판매자는 존재하지 않는다.

는 움직임은 20세기 내내 이어졌다. 오스트리아 태생의 영국 경제학자인 프리드리히 하이에크는 경쟁이 역동적인 발견의 과정으로서, 이 과정을 통해 기업가들은 끊임없이 변하는 세상에서 수익을 창출하는 새로운 기회를 찾아낸다고 주장했다. 마셜의 모형에서 제시한 바와 같이 무익하게 상대방의 가격만 따라 하는 행위는 경쟁이 아니라는 것이다. ∎

알프레드 마셜은 리스크, 불확실성, 수익에 대해 어떻게 생각했는가

1921년 미국 경제학자 프랭크 나이트는 『리스크, 불확실성 그리고 이윤*Risk, Uncertainty and Profit*』에서 불확실성이 마셜의 완전경쟁 모형에 끼치는 영향에 대해 분석했다. 나이트는 리스크를 샴페인 병이 터질 가능성과 같이 측정 가능한 불확실성으로 정의했다.

터지는 병의 비율은 실질적으로 일정하기 때문에 생산자는 생산비용을 늘리거나 폭발에 대비해 보험을 든다. 따라서 리스크는 경쟁 균형(competitive equilibrium)을 깨뜨리지 않으며, 기업가는 예측 가능한 리스크를 감수한 대가로 수익을 올리지 않는다.

반대로 진짜 불확실성은 측정이 불가능하며, 주로 앞날을 내다볼 수 없는 상황에서 발생한다. 나이트는 기업가가 불확실한 미래로 인해 생기는 일을 책임지며, 이러한 불확실성에 근거하여 판단을 내린다고 보았다. 이때 미래 자체가 미지수이기 때문에 기업가가 올리게 될 수익 역시 미지수다.

한 사람의 이득이 다른 사람의 손해가 되지 않게 하라

효율성과 공정성

19세기 영국의 공리주의 철학자들은 개인의 행복을 측정할 수 있으며 종합하여 합계를 낼 수도 있다고 주장했다. 하지만 이탈리아의 경제학자 빌프레도 파레토(Vilfredo Pareto)는 이러한 생각에 찬성하지 않았다. 그는 훗날 근대 경제학을 지배하게 된 사회적 후생(social welfare)을 언급하며, 행복을 절대적으로 측정한 '기수적 효용'이 아니라 상대적인 순위를 매겨 나타낸 '서수적 효용'에 근거하여 주장을 펼쳤다.

파레토는 사람들이 각자 자신이 무엇을 선호하는지 알고 있으며, 최대한 그에 적합하게 행동할 것이라고 보았다. 만일 모든 사람이 자기 취향에 따라 행동한다면 장해물에 직면했을 때와 같이 제약을 받게 되며, 사회는 곧 누구도 타인에게 피해를 주

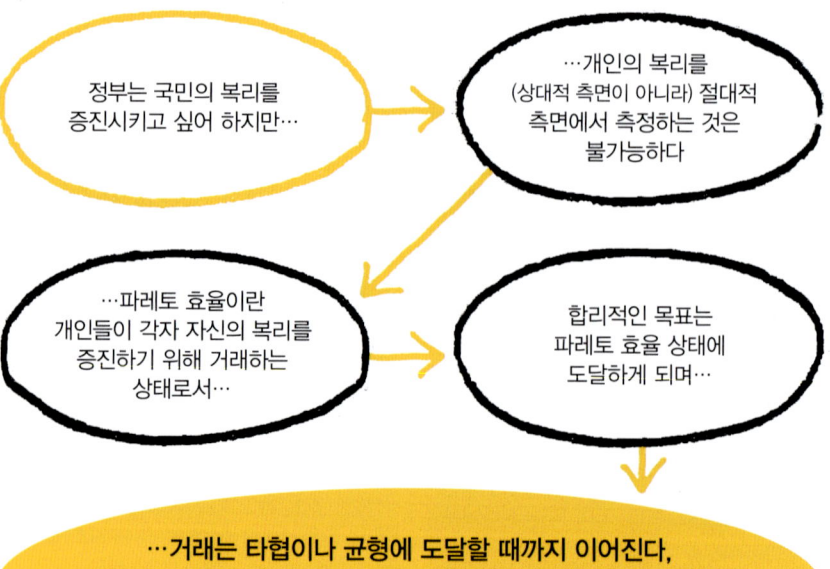

정부는 국민의 복리를 증진시키고 싶어 하지만…

…개인의 복리를 (상대적 측면이 아니라) 절대적 측면에서 측정하는 것은 불가능하다

…파레토 효율이란 개인들이 각자 자신의 복리를 증진하기 위해 거래하는 상태로서…

합리적인 목표는 파레토 효율 상태에 도달하게 되며…

…거래는 타협이나 균형에 도달할 때까지 이어진다, 타협이나 균형은 한 사람이 다른 사람에게 손해를 입히지 않으면 자신의 이익을 더 이상 추구할 수 없는 상태를 뜻한다

참조 : ■ 자유시장 경제학 54~61쪽 ■ 경제 균형 118~123쪽 ■ 시장과 사회적 성과 210~213쪽

지 않고서는 이득을 취할 수 없는 지점에 도달하게 될 것이다. 이러한 상태를 파레토 최적(Pareto optimality) 혹은 파레토 효율(Pareto efficiency)이라고 부른다.

둘 다 쌀을 좋아하는 제인과 존 커플이 있다고 가정해보자. 우리에게 쌀 한 자루가 있다면 이것을 두 사람에게 어떤 방식으로 분배해도, 심지어 한 사람에게 쌀을 모두 준다 해도 최적의 분배가 될 것이다. 쌀을 빼앗는 행위가 아니라면 이들이 손해를 보는 일은 없기 때문이다. 이러한 측면에서 파레토 효율은 공정성과 다르다.

대부분의 경우, 상품도 많고 개인의 취향도 다양하다. 예를 들어 존이 쌀을 좋아하고 닭을 싫어하며 제인은 닭을 좋아하고 쌀을 싫어한다고 가정하면, 존에게 쌀과 닭을 모두 주는 것은 파레토 비효율(Pareto inefficiency)이다. 존에게서 닭을 가져와 제인에게 주는 행위는 존에게 손해를 입히지 않는 동시에 제인에게 이득을 부여한다. 그런데 개인의 선호에 대해 딱 잘라 말하기 어려울 때가 종종 있다. 제인과 존이 닭과 쌀을 모두 좋아한다 해도 좋아하는 정도는 각기 다를 수도 있는 것이다. 이러한 경우에 제인과 존은 최적의 분배에 도달할 때까지 닭과 쌀을 조금씩 주고받을 수 있다.

파레토 효율을 활용하면 이해관계 대립에 관해 판단할 필요성이 줄어든다. 이렇게 판단을 모면하는 것이 바로 규범경제학(일이 어떻게 되어야 하는지 규정하는 방식을 취함)에 맞서는 실증경제학(일 있는 그대로 기술하는 방식을 취함)의 전형적인 특징이다. 파레토는 자신의 관점에서 볼 때 자유시장은 효율적이라고 주장했다. 이기심과 자유시장에서의 경쟁이 공익을 위해 작용한다는 애덤 스미스의 생각을 공식적인 형태로 나타낸 것이 파레토 효율이다. ■

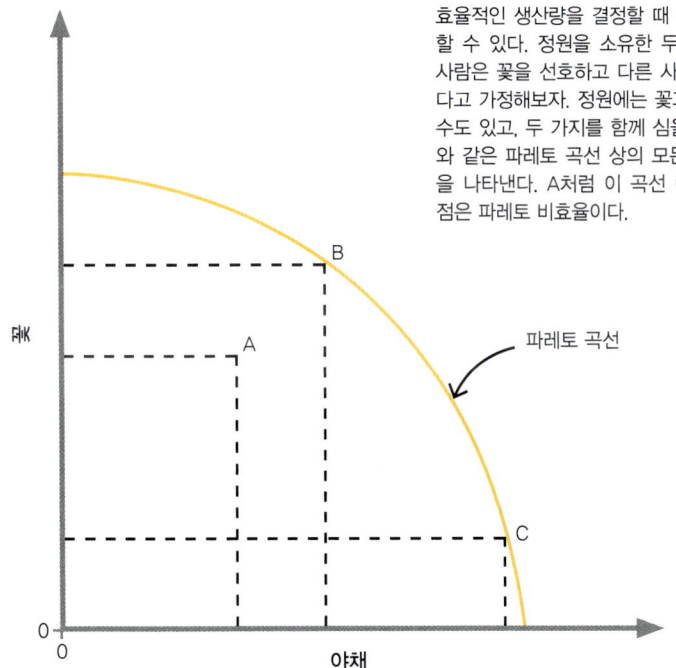

효율적인 생산량을 결정할 때 파레토 효율을 사용할 수 있다. 정원을 소유한 두 사람이 있으며, 한 사람은 꽃을 선호하고 다른 사람은 야채를 선호한다고 가정해보자. 정원에는 꽃과 야채를 각각 심을 수도 있고, 두 가지를 함께 심을 수도 있다. B나 C와 같은 파레토 곡선 상의 모든 점은 파레토 효율을 나타낸다. A처럼 이 곡선 아래에 위치한 모든 점은 파레토 비효율이다.

파레토 곡선

꽃

야채

빌프레도 파레토

1848년 프랑스에서 이탈리아 후작이었던 아버지와 프랑스인 어머니의 아들로 태어났다. 가족들은 그가 4살이 되던 해에 이탈리아로 이주했다. 피렌체에서 교육을 받았으며 그 후 토리노에서 공학 박사 학위를 취득했다. 토목기사로 일하는 동안 경제학과 자유무역에 흥미를 느끼게 되었다. 1893년에는 친구이자 경제학자인 마페오 판탈레오니(Maffeo Pantaleoni)의 추천으로 레옹 발라스의 뒤를 이어 스위스 로잔 대학의 정치경제학 교수로 부임했다. 교수 임명 당시 45세였던 파레토는 이곳에서 소득분배 이론을 비롯한 주요 업적을 남겨 경제학에 기여했다.

그는 1911년까지 강단에 섰으며, 경제학은 물론 사회학, 철학, 수학까지 포괄하는 다양한 연구를 진행했다. 그 후 1923년 제네바에서 세상을 떠났다.

주요 저서

1897년『정치경제학 강의*Course of Political Economy*』
1906년『정치경제학 교본*Manual of Political Economy*』
1911년『수리경제학*Mathematical Economics*』

공장이 클수록 비용이 낮아진다
규모의 경제

산업혁명 초기부터 제조업이 소규모 사업체에서 거대한 공장으로 이동하면서, 더 큰 기업이 더 낮은 비용으로 제품을 생산할 수 있다는 사실이 명확해졌다. 기업이 성장하고 더 많은 제품을 생산하면서 더 많은 기계, 노동력, 원료를 사용하게 된다. 따라서 규모가 큰 공장일수록 총 생산비용은 더 높다. 그러나 큰 공장은 단위당 생산비용이 더 저렴하기 때문에 더 많은 제품을 만들어낼 수 있다. 이렇게 평균생산비용이 감소하는 것을 규모의 경제라고 부른다.

1890년 알프레드 마셜은 『경제학 원리』에서 이러한 현상을 분석했다. 그는 기업이 생산량을 늘릴 때 단기적으로 할 수 있는 일은 노동자 수를 조정하는 것뿐이며 그 외에는 아무것도 할 수 없다고 지적했다. 추가로 투입된 인력은 앞서 일한 노동자들보다 산출물에 적게 기여하기 때문에 단위 생산비용이 늘어난다. 그러나 장기적인 관점에서 기업이 공장 규모와 노동력, 기계를 두 배로 늘릴 수 있다면, 노동 전문화의 이점을 누리는 동시에 생산비용도 절감하게 된다.

1960년대에 또 다른 미국 경제학자인 앨프리드 챈들러는 대기업의 성장이 20세기 초반에 어떻게 새로운 산업혁명을 일으켰는지 설명했다. 대기업은 낮은 비용으로 더 많은 제품을 생산하고 경쟁자를 몰아내면서 산업을 지배하게 되었다. 대기업들은 이런 식으로 종종 '자연적 독점'을 누렸던 셈이다. ■

앨프리드 챈들러는 미국 대기업의 발전에 대해 설명했다. 예를 들어 자동차 산업에서 기업들은 거대 생산라인을 갖춘 대기업으로 성장했다.

참조 : ■ 수확 체감 62쪽 ■ 분업 66~67쪽 ■ 독점 92~97쪽 ■ 경쟁시장 126~129쪽

당신의 영화관람 비용은 스케이트장에 갔다면 느꼈을 즐거움과 같다

기회비용

경제학자들은 1800년대 말, 상품의 가치를 결정하는 것은 무엇인지를 두고 여전히 씨름하고 있었다. 1914년경 오스트리아의 경제학자 프리드리히 폰 비저(Friedrich von Weiser)는 무언가의 가치는 그것을 얻기 위해 무엇을 포기해야 하는가에 따라 결정된다고 확신했다. 이 세상에서 인간의 욕구는 무한하지만 그것을 충족시켜줄 자원은 한정되어 있다. 비저는 이러한 희소성 때문에 인간은 선택을 할 필요가 있다고 주장했다. 그는 『사회경제의 기초 *Foundations of Social Economy*』에서 이 개념을 '기회비용(opportunity cost)'이라고 불렀다. 그 후 1935년에는 영국의 경제학자 라이오넬 로빈스(Lionel Robbins)가 인생의 비극은 하나를 선택하면 다른 무언가를 포기해야 하는 것이라고 주장했다.

영화관람 비용에는 극장 입장료만 포함되는 것이 아니라 차선책에서 얻을 수 있었으나 포기한 즐거움까지 포함된다. 그러므로 어떤 행동을 선택하면 금전적 결과가 따르지만 기회비용은 그 이상을 뜻한다. 영화를 보는 동시에 빙판에서 스케이트를 탈 수

> 경제학은 인간 존재의 영원한 특성 중 하나인 선택의 갈등을 보여준다.
> **라이오넬 로빈스**

는 없다. 때때로 금전적인 비용이 존재하지 않는 상황에서도 기회비용으로 부를 수 있는 것이 존재하기도 한다. 비저는 궁극적으로 어떤 상품의 가치는 인간이 그것을 얼마나 원하는지에 따라 결정된다고 생각했다. 따라서 그 상품의 생산비용이 아니라 그것을 얻기 위해 무엇을 포기하는가에 따라 가치를 측정할 수 있다고 보았다. ■

참조 : ■ 경제인 52~53쪽 ■ 노동가치설 106~107쪽 ■ 효용과 만족 114~115쪽

노동자들은 함께 운명을 개척해야 한다

단체교섭

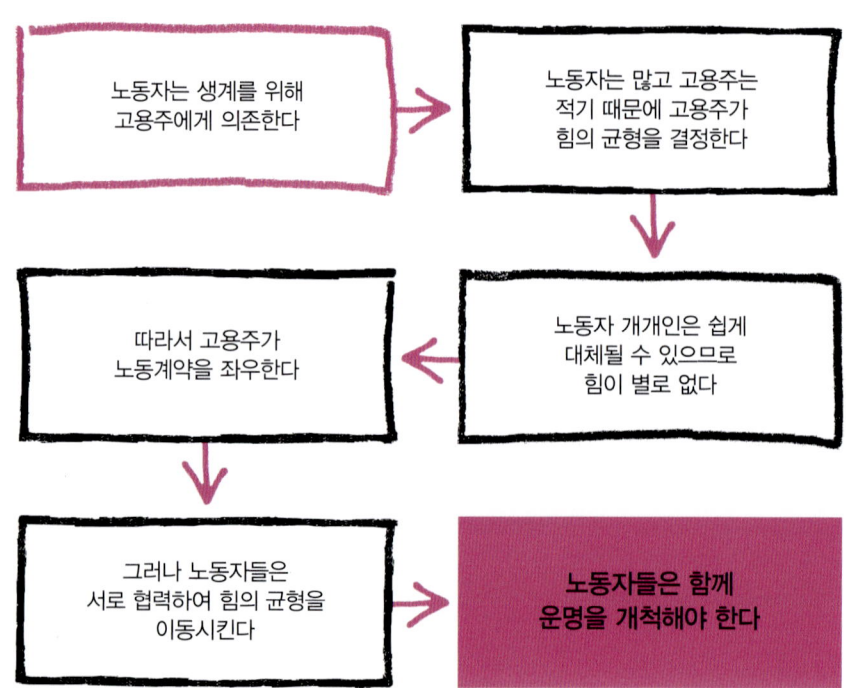

노동자는 생계를 위해 고용주에게 의존한다

노동자는 많고 고용주는 적기 때문에 고용주가 힘의 균형을 결정한다

노동자 개개인은 쉽게 대체될 수 있으므로 힘이 별로 없다

따라서 고용주가 노동계약을 좌우한다

그러나 노동자들은 서로 협력하여 힘의 균형을 이동시킨다

노동자들은 함께 운명을 개척해야 한다

단체교섭(collective bargaining)이라는 용어는 영국의 사회주의 개혁가 베아트리스 웹(Beatrice Webb)이 1891년에 만든 것이다. 그녀는 이 용어를 사용해서 노동자들이 임금과 노동조건을 고용주와 협상하기 위해 자신들을 대변하는 조합을 결성하는 과정을 설명했다. 그녀와 남편 시드니 웹은 빈곤퇴치운동을 벌였으며 이들이 쓴 책은 정부 차원의 변화를 일으켰다. 1894년 웹 부부는 수많은 노동자가 새로 생긴 공장으로 내몰렸던 영국의 산업혁명 기간 동안 조합이 어떻게 발전했는지 기록한 『영국 노동조합운동사』를 펴냈다. 노동조건은 가혹했고, 직업안정성은 거의 존재하지 않았으며, 임금은 최저 수준에 가까운 경우가 많았다. 1799년과 1800년에 제정된 단결금지

참조 : ■ 마르크스주의 경제학 100~105쪽 ■ 노동가치설 106~107쪽 ■ 대공황과 실업 154~161쪽 ■ 사회적 시장경제 222~223쪽 ■ 경직성 임금 303쪽

> 만일 한 무리의 노동자들이
> 협력하여 그들 전체를 위해
> 교섭에 나설 대표를 파견한다면
> 위치가 단번에 바뀌게 된다.
> **베아트리스 웹, 시드니 웹**

법(Combination Acts)은 노조를 불법으로 규정했으며, 임금 인상이나 근로시간 단축을 위해 다른 노동자와 연대하는 노동자는 3개월간 수감했다. 1824년 단결금지법이 폐지되자 노조는 빠르게 생겨났으며 특히 섬유 산업에서 활발히 결성되었다. 파업이 여러 번 일어나자 노조의 권리를 제한하여 집단

교섭을 목적으로 한 집회만 허용하는 새로운 법이 제정되었다.

19세기 유럽에서는 조합원이 늘어나면서, 노조를 구성원의 노동조건 개선을 위해 협상했던 동업자조합의 계보를 잇는 조직이라고 보는 사람들과 모든 노동자들을 위해 더 나은 세상을 건설하려 투쟁하는 혁명의 선봉이라고 보는 사람들 사이에 갈등이 일어났다.

계속되는 갈등

단체교섭은 노동자뿐만 아니라 고용주에게도 효과적이었으므로 널리 채택되었다. 노동조건에 합의하는 과정은 단체교섭 덕분에 매우 간단해졌다. 합의가 하나 이루어지면 그것을 산업 전반에 적용할 수 있었기 때문이다.

그러나 1980년대 이후로 노조와 단체교섭의 힘은 급격히 줄어들었다. 미국의 경제학자 밀턴 프리드먼은 노조 결성이 조합원들에게는 높은 임금을 안겨주지만, 이는 노조가 없는 다른 산업 노동자들의 일자리와 임금을 희생시켜 얻은 대가라고 주장했다.

2010년 스페인 마드리드에서 공공부문 근로자들이 일자리 감축에 항의하는 시위를 벌이고 있다. 오늘날 대부분의 나라에서는 민간부문보다 공공부문의 노조가 더 강하다.

이러한 이유 때문이거나 좀더 정치적인 이유에서 정부는 동정파업(sympathetic strike)을 불법으로 규정하여 노조의 힘을 종종 제한하려 하고 있다.

생산의 세계화 역시 노조를 개별 국가 안에 고립시키고 있다. 세계 시장에서 팔리는 상품을 만드는 노동자들이 따르는 조건은 보통 전국적으로 산업 전반에 걸쳐 정해지는 것이 아니라, 산업노동자와 기업 사이에서 국부적으로 결정된다. ■

베아트리스 웹

1858년 영국의 글로스터셔에서 급진적인 하원의원의 딸로 태어났다. 사회적 문제에 대한 날카로운 관심을 지니고 자란 그녀는 빈곤의 근간을 이루는 구조적 문제에 몰두하게 되었다. 1891년에 평생의 동반자인 시드니 웹을 만나게 되었으며, 두 사람은 함께 영국 노동운동의 핵심인물로 활동하게 된다. 웹 부부는 '국민생활 최저선(national minimum)'이라는 개념을 수립했다. 이는 노동자가 그 밑으로 떨어지도록 용인해서는 안 되는 최저수준의 임금과 삶의 질을 뜻한다. 두 사람은 런던경제대학(London School of Economics)을 설립하고 〈새로운 정치인The New Statesman〉이라는 잡지를 창간하기도 했다. 또한 노동조합운동

의 형성에도 힘을 보탰다. 이 외에도 웹 부부는 영국에서 시행되는 국민보건서비스(NHS)의 청사진을 제시했으며, 복지 시스템을 개발하여 세계 각국에 영향을 끼쳤다. 베아트리스 웹은 1943년에 사망했다.

주요 저서

1894년 『영국 노동조합운동사History of Trade Unionism』 (시드니 웹과 공저)
1919년 『남성과 여성의 임금The Wages of Men and Women』
1923년 『자본주의 문명의 부패The Decay of Capitalist Civilization』

사람들은 주목받기 위해 소비한다

과시적 소비

미국의 경제학자인 소스타인 베블런은 합리적인 이기심만큼 두려움이나 지위 추구 같은 심리적 요인 역시 경제행위를 유발할 수 있다는 점에 처음으로 주목한 인물이었다. 미네소타 주의 노르웨이 이주민 농업 공동체에서 성장한 베블런은 이방인으로 취급되었다. 그는 매우 부유한 동시에 자기만족에 빠져 살아가는 1890년대 미국인들을 관찰했다. 그 후 1899년에 충격적인

미국의 석유부호 존 D. 록펠러(왼쪽)와 그 아들을 찍은 사진이다. 록펠러는 사상 최초로 10억 달러가 넘는 재산을 보유했던 인물이다. 그는 베블런이 비판했던 뉴욕 상류사회 구성원들 중 하나였다.

비평을 담은 『유한계급론』을 발표했다. 과도한 여가와 돈이라는 뉴욕 상류사회의 결정적 특성은 원시시대 부족 족장의 특성과 다를 바가 없으며, 부유층은 필요해서가 아니라 자신들의 부와 지위를 과시하기 위해 물건을 구입한다는 것이 이 책의 내용이었다. 베블런은 이러한 현상을 최초로 '과시적 소비'라고 표현했다.

소비의 덫

오늘날 '베블런재'는 포르쉐 자동차나 롤렉스(Rolex) 시계 같은 사치품을 일컫는다. 사치품을 더 많이 소유할수록, 또한 다른 사람이 사치품을 적게 가질수록 인간의 만족도는 더욱 증가한다. 베블런은 부유층이 '상대적인 소비의 덫'에 빠질 가능성이 있다고 믿었다. 이 덫에서는 사치품을 만드는 데 생산력이 낭비된다. 사치품을 구입하는 사람이 늘어날수록 사회 전체의 복리에는 전혀 득이 되지 않을 것이다. 신용카드 지출 때문에 발생한 쓸데없는 소비가 2008년 세계 금융위기에 영향을 미쳤다고 주장하는 경제학자들도 있다. ■

참조 : ■ 경제인 52~53쪽 ■ 지출의 역설 116~117쪽 ■ 경제학과 전통 166~167쪽 ■ 행동경제학 266~269쪽

오염 유발자가 비용을 내게 하라

외부비용

만일 어떤 슈퍼마켓에서 폐기물 비용 절감을 위해 낡은 상자를 인근 정원에 버린다면, 상자를 치워야 할 책임은 분명 그 슈퍼마켓에 있을 것이다. 그러나 공장 매연 때문에 발생하는 공기 오염처럼 피해가 불분명하게 나타나지만 사회적 비용이 들어가는 경우라면, 과연 시장 시스템이 그 해결책을 마련할 수 있을까?

1950년대, 경제학자들은 이 같은 비용을 외부효과라고 부르기 시작했다. 이러한 비용은 시장에 반영되지 않지만 제삼자에게 영향을 끼치기 때문이었다. 공장은 매연 유발 행위로 인해 발생하는 정확한 사회적 비용을 지불할 필요가 없으므로 사회적 효율성을 넘어서는 엄청난 공해를 유발하게 된다. 따라서 이러한 외부효과는 시장실패라고 할 수 있다. 영국의 경제학자 아서 피구(Arthur Pigou)는 오염 유발자에게 세금을 부과해 문제를 해결하자고 주장했다. 이 세금에는 '피구세(Pigouvian tax)'라는 이름이 붙었다.

오늘날 정부는 이 발상을 정책에 활용하고 있다. 탄소배출을 줄이기 위해 부과되는 탄소세가 그 예다. 오염 유발자가 공해에 대한 비용을 지불하게 하고 기업이 문제를 책임지게 하는 방식은 경제적으로 효율적일 뿐만 아니라 도덕적으로도 올바른 일이라고 믿는 사람이 많다. 그러나 피구세를 부과하는 것은 그리 간단하지 않다. 피구 스스로 지적한 것처럼 공해가 유발하는 비용을 정확하게 계산하는 것은 쉬운 일이 아니기 때문이다. ∎

일반적으로 기업가들은 기업활동으로 발생하는 순생산에 대해 사회적 측면이 아니라 오직 개인적 측면에서만 관심을 기울인다.
아서 피구

참조 : ▪ 조세 부담 64~65쪽 ▪ 시장과 사회적 성과 210~213쪽 ▪ 차선 이론 220~221쪽 ▪ 경제학과 환경 306~309쪽

프로테스탄티즘이 인간을 부유하게 만들었다

종교와 경제

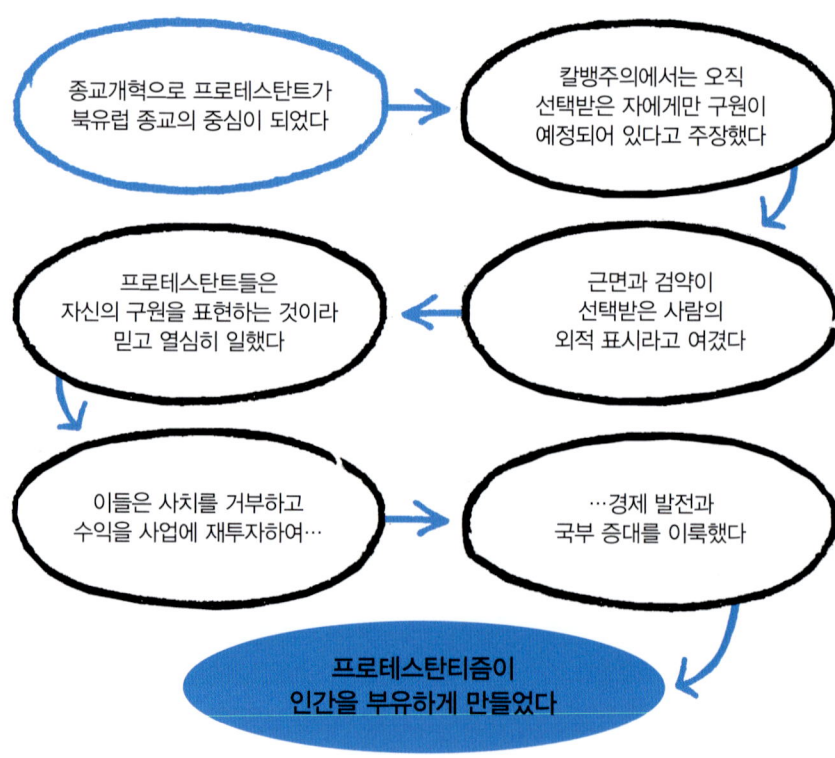

종교개혁으로 프로테스탄트가 북유럽 종교의 중심이 되었다

칼뱅주의에서는 오직 선택받은 자에게만 구원이 예정되어 있다고 주장했다

근면과 검약이 선택받은 사람의 외적 표시라고 여겼다

프로테스탄트들은 자신의 구원을 표현하는 것이라 믿고 열심히 일했다

이들은 사치를 거부하고 수익을 사업에 재투자하여…

…경제 발전과 국부 증대를 이룩했다

프로테스탄티즘이 인간을 부유하게 만들었다

독일의 사회학자인 막스 베버는 16~19세기에 걸쳐 이루어졌던 여러 국가들의 경제 성장이 뚜렷한 수준 차이를 보인다는 점에 흥미를 느꼈다. 그는 『프로테스탄트 윤리와 자본주의 정신』에서 프로테스탄트의 예정설, 직업소명설, 직업윤리를 따랐던 북유럽과 미국이 가톨릭을 믿었던 남미와 지중해 국가들보다 더 큰 성장을 이뤘다고 주장했다.

가톨릭은 신의 심판을 미래에 다가올 일로 규정한다. 따라서 인간은 건실하게 살아야 하며 구원받기 위해서는 선행을 해야 한

참조 : ■ 경제인 52~53쪽 ■ 경제학과 전통 166~167쪽 ■ 제도경제학 206~207쪽 ■ 시장 정보와 장려책 208~209쪽 ■ 사회적 자본 280쪽

베버의 주장에 따르면 마을의 대장장이는 신이 내린 직업을 수행하면서 많은 사람을 자주 대했기 때문에 지역사회에서 중요한 위치를 차지했다.

다. 그러나 프로테스탄트, 특히 칼뱅주의 분파들은 구원받을 사람은 이미 정해져 있으며, 선택받은 결과로 고결하게 살아갈 것이라고 주장했다. 이들이 물질적인 인생을 살아가며 하는 행동은 구원으로 이어지지 않으며 단지 이미 구원받은 사람이라는 것을 보여줄 뿐이라고 보았다. 성경에서 근면

과 검약을 권장했기 때문에 프로테스탄트 신자들은 이러한 덕목을 구현하고, 남들은 지옥으로 가는 반면 자신은 구원받았다는 것을 입증하려 했다. 사치품을 사는 행위는 금지되어 있었으므로 이들은 수익을 사업에 재투자했다.

직업소명설

가톨릭에서는 신이 내린 직업은 오직 성직뿐이라고 여겼으나, 프로테스탄트에서는 세속적 기술이나 교역에 종사하는 모든 사람이 신의 부름을 받았다고 믿었다. 자신이 신을 위해 봉사한다는 믿음 때문에 이들은 종교적 열정을 품고 일했으며, 그 결과 더 많은 상품을 생산하고 더 큰돈을 벌게 되었다.

베버는 프로테스탄트의 신념이 필연적으로 자본주의 경제사회를 불러일으켰다고 보았다. 이 신념 때문에 신자들은 수익 추구를 탐욕이나 야망같이 도덕적으로 의심스러운 동기가 아니라 신에 대한 헌신의 증거로 간주할 기회를 얻었던 것이다. 또한 예정설 때문에 신자들은 사회적 불평등과

하늘은 스스로 돕는 자를 돕는다.
막스 베버

빈곤을 염려할 필요가 없었다. 물질적 부는 영혼이 부유하다는 표시였기 때문이다.

그러나 베버의 주장은 반박에 부딪힐 가능성이 있다. 16~17세기에 유럽의 패권을 장악했으며 세계 최초의 초강대국이었던 스페인 제국은 철저한 가톨릭 국가였다. 또 다른 반박 근거로는 프로테스탄트는 물론 아예 기독교 국가였던 적도 없는 아시아 국가들의 성장을 들 수 있다. 일본은 세계 3위의 경제대국이며 중국 역시 빠르게 성장하고 있다. ■

막스 베버

칼 에밀 막시밀리안 베버(Karl Emil Maximilian Weber)는 경제학자이자 근대 사회과학의 창시자 가운데 한 사람이다. 1864년 독일 에르푸르트 지방에서 태어나 부유하고 세계주의적이며 지적인 가정에서 자랐다. 그의 아버지는 외향적인 공무원이었으나 어머니는 엄격한 칼뱅주의 신봉자였다.

베버는 하이델베르크 대학과 베를린 대학에서 법학을 공부한 뒤 독일의 여러 대학에서 경제학 교수를 지내다 1897년 아버지를 잃은 괴로움에 강단을 떠났다. 자원입대하여 제1차 세계대전을 경험한 후 정치적 관점을 바꾸고 황제를 비판하는 데 앞장섰다. 정계에서 폭넓은 존경을 받았으며 전쟁이 끝난 뒤에는

바이마르 공화국의 헌법을 작성하는 데 힘을 보탰다. 강단에도 다시 섰지만 1920년에 스페인 독감으로 사망했다.

주요 저서

1904~1905년 『프로테스탄트 윤리와 자본주의 정신The Protestant Ethic and the Spirit of Capitalism』
1919년 『소명으로서의 정치Politics as a Vocation』
1923년 『일반경제사General Economic History』

빈민은 나쁜 사람이 아니라 운이 없는 사람이다

빈곤 문제

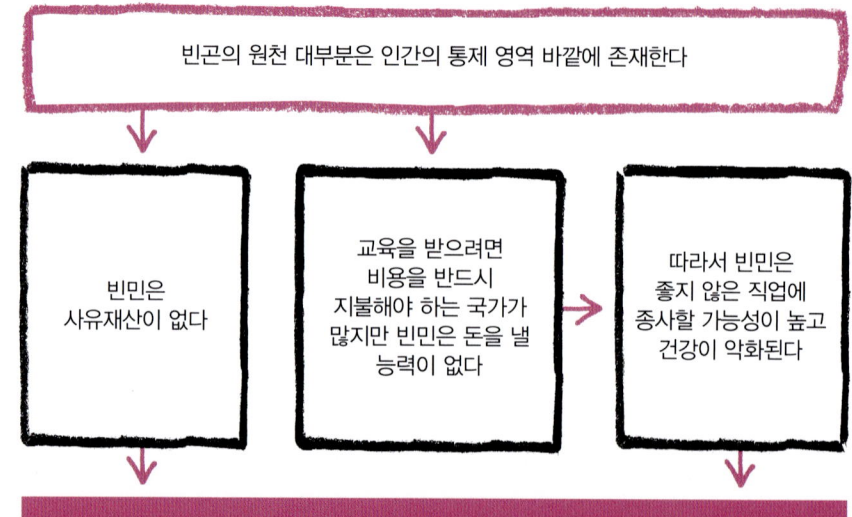

빈곤의 원천 대부분은 인간의 통제 영역 바깥에 존재한다

빈민은 사유재산이 없다

교육을 받으려면 비용을 반드시 지불해야 하는 국가가 많지만 빈민은 돈을 낼 능력이 없다

따라서 빈민은 좋지 않은 직업에 종사할 가능성이 높고 건강이 악화된다

빈민은 나쁜 사람이 아니라 운이 없는 사람이다

고소득 국가의 경제에서 정부지출이 차지하는 비율은 30~50퍼센트 정도다. 정부지출의 절반은 '사회적 소득 이전', 다시 말해서 복지지출로 구성되어 있다. 역사적 관점에서 볼 때 이렇게 높은 사회적 지출은 1930년대와 1940년대부터 나타나기 시작했다는 점에서 비교적 새로운 발전 현상이다.

복지지출의 역사는 길다. 16세기 영국의 구빈법(Poor Law)은 빈민의 유형을 세 가지로 구분했다. 첫 번째는 복지를 누릴 자격이 있는 빈민(노인, 영유아, 환자)이었으며, 두 번째는 복지를 누릴 자격이 있는 실업자(일할 의지는 있으나 일자리를 찾지 못하는 사람)였고, 세 번째는 복지를 누릴 자격이 없는 빈민(거지)이었다. 앞선 두 가지 유형에 속하는 빈민들은 지역 주민들이 기부한 음식과 돈을 제공받았으나, 세 번째 유형은 범죄자처럼 취급되었다. 그 후 산업화가 진행되면서 빈민을 보는 시각이 변하기 시작

참조 : ■ 인구통계와 경제학 68~69쪽 ■ 개발경제학 188~193쪽 ■ 권리부여 이론 256~257쪽

하여 18세기 무렵에는 많은 사람이 빈곤은 빈민 자신의 책임이라고 생각하게 되었다. 영국의 경제학자 데이비드 리카도와 토마스 맬서스는 빈민 지원이 일할 인센티브를 약화시킨다는 근거를 들어 구빈법을 폐지하라고 요구했다.

이러한 시각은 널리 받아들여졌으나 영국의 철학자 존 스튜어트 밀이 1848년에 대안적 시각을 제시했다. 경제학은 오직 생산과 관련되어 있을 뿐이며, 부의 분배는 사회의 선택에 달려 있다는 것이 그의 견해였다. 그는 정치학을 연구하면서 일반적으로 정부의 역할을 제한하는 데 찬성했지만, 이 경우에는 정부가 개입해서 스스로 일어설 수 없는 사람들을 돕고 시민들에게는 생계 유지에 필요한 교육을 제공해야 한다고 주장했다.

19~20세기에 유럽에서 투표권이 확대되면서 사회적 지출 및 부의 재분배에 대한 요구도 커졌다. 그리하여 정교한 공중보건 및 교육 시스템과 함께 복리후생 시스템이 발전하게 되었다.

귀스타브 도레(Gustave Doré)가 그림으로 나타낸 런던의 비위생적인 생활 여건은 유럽의 다른 도시에서도 마찬가지로 나타났다. 어른과 아이, 해충까지 소중한 공간을 두고 경쟁을 벌였다.

21세기의 빈곤 문제

서기 1800년 이후, 유럽 및 북미 지역과 세계 다른 지역들 간의 빈부격차가 커졌다. 빈곤 문제는 남아시아와 사하라 사막 이남 아프리카에서 끊임없이 발생하고 있다. 경제학자들은 이 문제를 해결하려면 직접적인 빈민 지원 못지않게 보건과 교육, 교통의 역할이 중요하다고 강조했다.

인도의 경제학자 아마르티아 센은 빈곤이 '능력과 기능'의 한계에 대한 문제이지, 이들이 접근하는 상품이나 서비스의 한계에 대한 문제가 아니라고 주장했다. 센의 이러한 생각은 빈곤선(poverty line)이 절대적인 것(기본적 필요를 충족시키는 것)인지 상대적인 것(예를 들어 평균 소득 대비 비율)인지를 두고 끊임없이 제기되는 의문에 반영되어 있다. ■

발전 목표

2000년 9월, UN의 189개국 지도자가 2015년까지 달성 예정인 8개 조항의 새천년 개발목표(Millennium Development Goals)에 서명했다. 8개의 목표는 빈곤과 기아의 종식, 보편적 교육, 양성평등, 아동보건, 모성보건, 질병퇴치(인간 면역결핍 바이러스/후천성 면역결핍 증후군, 결핵, 말라리아), 지속가능한 환경보전, 국제적 동반관계 구축으로 이루어져 있다. UN은 2015년까지 극빈 인구를 절반으로 줄이겠다는 목표도 세웠다.

세계은행에 따르면 각국의 각기 다른 물가를 조정하여 계산한 결과, 하루에 1달러 미만을 버는 개발도상국 인구 비율이 1990년에는 30.8퍼센트였으나 2008년에는 14퍼센트로 줄어들었다고 한다. 이는 동아시아의 발전에 힘입은 바가 크다. 그러나 1달러는 극단적인 수준이며, 개발도상국에서 적용하는 평균적인 '빈곤선'은 하루 2달러다. 2008년 개발도상국에 거주하는 25억 명(개발도상국 인구의 43퍼센트)이 평균적 빈곤선에 미달하는 소득을 기록했다.

브라질의 포르탈레자에서 한 남자가 구걸을 하고 있다. UN 보고에 따르면 오늘날의 빈민은 '비인간적인 상황'에 직면해 있다. UN은 2015년까지 세계 빈곤 인구를 절반으로 줄이기 위해 노력하고 있다.

사회주의는 합리적 경제를 폐지한다

중앙계획

맥락읽기

초점
경제 시스템

핵심사상가
루트비히 폰 미제스(1881~1973년)

이전의 관련 역사
서기 1867년 : 카를 마르크스는 과학적 사회주의가 거대한 공장처럼 조직적이라고 생각했다.

서기 1908년 : 이탈리아의 경제학자 엔리코 바로네(Enrico Barone)는 사회주의 경제에서도 효율성을 달성할 수 있다고 주장했다.

이후의 관련 역사
서기 1929년 : 미국의 경제학자 프레드 테일러(Fred Taylor)는 사회주의 체제에서 수학적 시행착오를 통해 경제 균형을 이룰 수 있다고 주장했다.

서기 1934~1935년 : 경제학자 라이오넬 로빈스와 프리드리히 하이에크는 필요한 계산의 규모나 리스크 감수의 부재와 같은 사회주의의 실질적 문제를 강조했다.

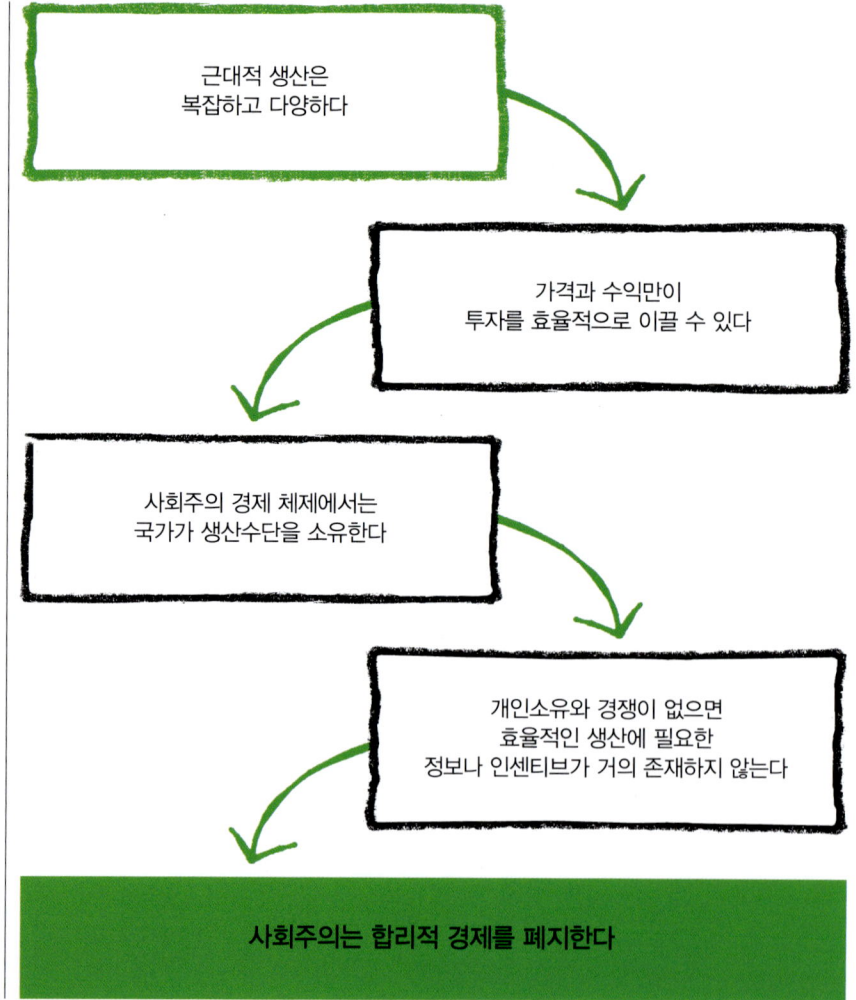

독일의 철학자 카를 마르크스는 1867년 『자본론』을 통해 사회주의 경제 조직에 대해 설명했다. 사회주의 경제에서는 국가가 (공장처럼) 생산수단을 소유해야 한다는 것이 그의 견해였다. 여기에서 경쟁은 낭비일 뿐이었다. 마르크스는 거대한 공장을 돌리는 것처럼 사회를 운영하자고 제안했으며, 자본주의가 필연적으로 혁명을 초래할 것이라고 믿었다.

경제학자들은 마르크스의 생각을 진지하게 받아들였다. 이탈리아의 경제학자 빌프레도 파레토는 수학을 이용해 자유시장 경쟁이 어떻게 효율적인 성과를 도출하는지 설명했으며, 더불어 사회주의 체제의 중앙계획자도 이러한 성과를 이룰 수 있다고 주장했다. 그와 마찬가지로 이탈리아 태생의 경제학자인 엔리코 바로네는 1908년에 발표한 『집산주의 국가의 생산부처』에서 파레토의 개념을 확장시켰다. 몇 해 뒤에 유럽이 제1차 세계대전에 휩싸이면서, 많은 사람이 구질서의 비극적인 실패를 목격했다. 1917년에 일어난 러시아 혁명은 사회주의의 경제 장악을 보여주는 사례로 꼽힌다. 또한 제1차 세계대전 패전국(독일, 오스트리아, 헝가리)에서는 사회주의 정당이 집권하게 되었다.

자유시장 경제학자들은 사회주의에 반박하는 이론을 내놓지 못하는 것처럼 보였다. 그러나 1920년에 오스트리아의 경제학자인 루트비히 폰 미제스가 사회주의 계획경제는 실현이 불가능하다고 주장하며 근본적인 반론을 제기했다.

돈을 이용한 계산
미제스는 1920년에 기고한 『사회주의 연합의 경제계산 *Economic Calculation in*

참조 : ■ 자유시장 경제학 54~61쪽 ■ 마르크스주의 경제학 100~105쪽 ■ 경제적 자유주의 172~177쪽 ■ 시장과 사회적 성과 210~213쪽 ■ 사회적 시장경제 222~223쪽 ■ 계획경제의 생산량 부족 232~233쪽

the Socialist Commonwealth』에서 단순명료한 반론을 펼쳤다. 그는 근대 경제에서 생산은 매우 복잡한 일이기 때문에 (수익 확보에 초점을 맞춘 생산자들의 경쟁을 통해 생성되는) 시장가격이 제공하는 정보가 경제계획 수립에 필수적이라고 주장했다. 수요가 어디에 존재하는지 밝히고 투자를 이끌기 위해서는 가격과 수익이 필요하다는 의미였다. 미제스의 발상은 자본주의와 사회주의 사이에서 벌어진 '사회주의 계산 논쟁' 혹은 '시스템 논쟁'의 시발점이 되었다.

두 도시 사이에 철도를 내기 위해 계획을 수립한다고 가정해보자. 어떤 경로에 철도를 깔아야 할지 혹은 철도 공사 자체를 해야만 하는지 의문이 생길 것이다. 이를 결정하려면 비용과 이익을 비교해보아야 한다. 이익으로는 많은 사용자가 수송비용을 절약하게 된다는 점을 들 수 있다. 반면 비용에는 노동시간, 철, 석탄, 기계 등이 포함된다. 이를 계산하려면 공통 단위를 이용하는 것이 필수적이며, 시장가격에 가치 기반

보리스 쿠스토디예프의 〈볼셰비키〉는 러시아 혁명의 이상적 정책을 반영했다. 이 정책들은 4년 동안 난관에 봉착해 있다가 결국 '신경제정책(New Economic Policy)'로 대체되었다.

> 사회주의 연합에서 일어나는 모든 경제적 변화는 미리 성공이라고 평가할 수도, 나중에 돌이켜보고 성공이라고 판단할 수도 없는 일이 된다. 오직 암중모색만 존재하는 것이다.
> **루트비히 폰 미제스**

을 둔 화폐를 그 단위로 사용할 수 있다. 그러나 사회주의 체제에서는 이 물건들에 대한 진짜 화폐가격이 존재하지 않으며 정부가 그 가격을 만들어낸다. 미제스는 소비재와 관련해서는 이것이 큰 문제가 되지 않는다고 말했다. 예를 들어 토지를 포도주 1천 리터 생산에 사용할지, 기름 500리터 생산에 사용할지를 소비자의 기호에 근거하여 결정하는 것은 그리 어렵지 않다. 이는 가족기업의 단순 생산에서도 마찬가지다. 하루 동안 과일을 딸 것인지, 담을 쌓을 것인지는 한 사람이 마음속으로 간단히 계산할 수 있다. 그러나 복잡한 생산에는 공식적인 경제계산이 필요하다. 미제스는 이러한 계산을 하지 않으면 인간의 정신은 "경영과 입지의 문제에 직면해 그저 당황스러워 할 것"이라고 주장했다.

시장가격

경제계획을 평가할 때 화폐가격을 공통

단위로 이용하는 것 외에도 자본주의 체제 하에서 이루어지는 경제계산에는 두 가지 장점이 더 존재한다. 첫 번째, 시장가격은 거래에 연관된 모든 사람의 평가를 자동적으로 반영한다. 두 번째, 시장가격은 기술적, 경제적인 측면에서 실행 가능한 생산기술을 반영한다. 생산자들 사이에서 벌어지는 경쟁은 가장 수익성 있는 생산기술만 채택된다는 것을 의미한다.

미제스는 진정한 시장가격을 파악하려면 화폐가 존재해야 한다고 주장했다. 화폐는 시장의 모든 단계, 즉 생산에 관련된 물품의 구입과 판매, 그리고 생산한 물품의 시장구입 및 판매에서 필수적으로 사용된다. 반면 사회주의 체제에서 화폐는 좀더 제한적으로 쓰인다. 여기에서도 임금 지불과 소비재 구입에는 화폐를 사용한다. 그러

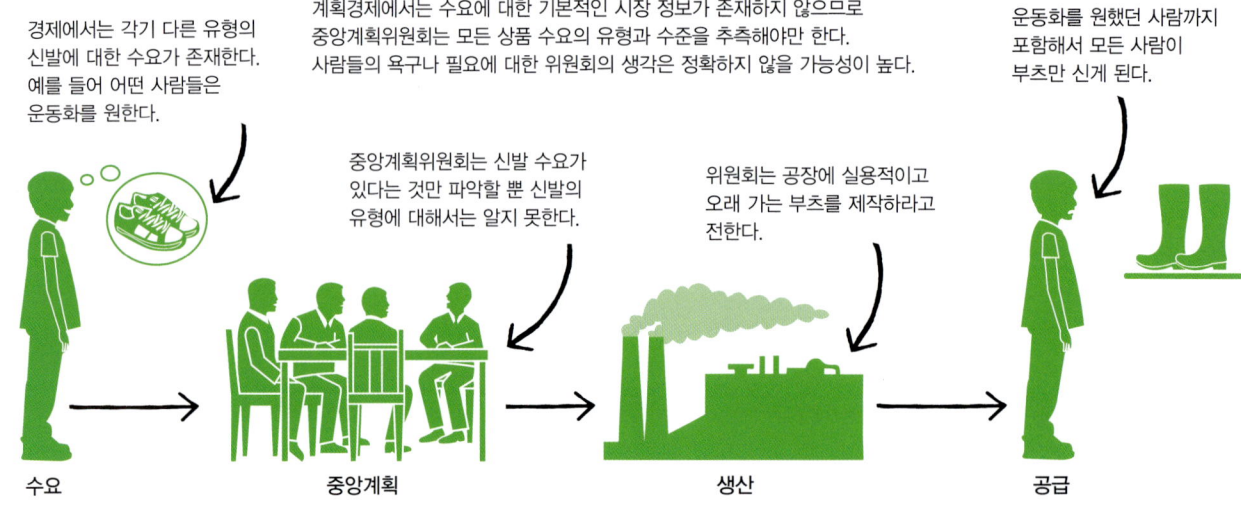

경제에서는 각기 다른 유형의 신발에 대한 수요가 존재한다. 예를 들어 어떤 사람들은 운동화를 원한다.

계획경제에서는 수요에 대한 기본적인 시장 정보가 존재하지 않으므로 중앙계획위원회는 모든 상품 수요의 유형과 수준을 추측해야만 한다. 사람들의 욕구나 필요에 대한 위원회의 생각은 정확하지 않을 가능성이 높다.

운동화를 원했던 사람까지 포함해서 모든 사람이 부츠만 신게 된다.

중앙계획위원회는 신발 수요가 있다는 것만 파악할 뿐 신발의 유형에 대해서는 알지 못한다.

위원회는 공장에 실용적이고 오래 가는 부츠를 제작하라고 전한다.

수요   중앙계획   생산   공급

나 공장 내부 작업에 화폐가 필요하지 않은 것처럼, 국가가 생산수단을 소유하여 제품을 만들어내는 단계에서는 화폐가 더 이상 필요하지 않다. 마르크스가 상품가치를 결정할 때 그것을 생산하는 데 투입한 노동시간을 기준으로 삼았던 것처럼 미제스는 화폐를 대신할 기준에 대해 숙고해보았다. 하지만 그러한 기준은 각기 다른 물건의 상대적 희소성이나 노동의 질적 차이, 생산과정에 소요된 실제 시간(노동시간에 대비되는 개념) 등을 감안하지 않는다. 오로지 시장가격만이 앞서 말한 모든 요소를 고려한다.

변화하는 가격

미제스와 그를 추종하는 오스트리아 학파의 학자들은 사회가 자연적으로 특정 수준이나 평형 상태 주변을 맴돌며 균형에 도달한다고 생각하지 않았다. 미제스는 경제가 끊임없는 불균형 상태에 놓여 있다고 주장했다. 경제는 늘 변화하며 그 속에서 활동하는 사람들은 불확실성에 둘러싸여 있다고 본 것이었다. 또한 중앙계획자는 이전의 시장 시스템에서 흔히 나타났던 가격을 간단히 채택할 수 없다. 만일 중앙계획경제가 다른 시스템에서 도출된 가격에 의존한

다면 사회주의가 어떻게 시장경제를 대체할 수 있겠는가?

미제스의 반론은 여러 가지 반응을 불러 일으켰다. 어떤 경제학자들은 중앙계획자가 시행착오를 통해 수요와 공급의 균형을 맞출 수 있다고 주장했다. 이는 레옹 발라스가 시장경제에서 균형을 달성하는 과정으로 제시했던 방식과 유사하다. 그러나 이러한 수학적 접근은 바로네가 주장했던 것과 아무 차이가 없었다. 오스트리아 학파는 수학적 균형에 관한 모든 논의를 비현실적인 것으로 간주했다.

미제스를 옹호했던 라이오넬 로빈스와 프리드리히 하이에크는 반대파들이 제안한 수학적 계산은 현실성이 없다고 주장했다. 또한 불확실성에 직면했을 때 사회주의 시스템은 시장경제에서 기업가들이 했던 것처럼 리스크를 감수할 수 없다는 점도 지적했다. 1936년 경제학자 오스카 랑게와 아바 러너(Abba Lerner)는 '시장 사회주의(market socialism)'라는 시스템을 제안했다. 시장 사회주의에서는 국가 소유의 많은 개별 기업이 국가가 설정한 가격을 고려하여 수익 극대화를 추구한다. 그러자 오스트리아 학파의 새로운 거목 하이에크는 시장

사회주의에 주도적으로 대응하여 오직 자유시장만이 필수적인 인센티브와 정보를 제공할 수 있다고 주장했다.

사회주의 실행

소비에트 연방은 존립하는 동안 시장 사회주의 형식을 실행했던 적이 있다. 처음에는 일이 성공적으로 진행되는 것처럼 보였으나, 사실 경제 시스템은 지속적인 문제에 시달렸다. 그리하여 목표를 생산량에서 판매로 옮기거나 국유기업에 좀더 재량권을 부여하는 것과 같은 개혁이 주기적으로 단행되었다. 그러나 국유기업은 중앙계획자가 알 수 없도록 자원을 숨기거나, 소비자 욕구를 충족시키지 않는 손쉬운 방법으로 목표를 달성하거나, 계획하지 않은 과업은 수행하지 않고 방치했다. 그리하여 엄청난 낭비가 발생했으며 목표에 크게 미달하는 성과가 발생했다. 소비에트 연방이 붕괴하자 오스트리아 학파가 인센티브와 정보에 관심을 기울인 것은 정당했다는 평가가 내려졌다.

미제스는 시장경제에 국가가 어떤 방식으로든 개입하는 것에 반대했다. 그는 국가 개입이 또 다른 개입을 초래하는 부작용

을 일으켜서 결국 완전한 사회주의에 이르게 될 것이라고 주장했다. 미제스와 오스트리아 학파는 시장경제에서 기업이 소비자를 위해 일하고 수익을 창출하는 가치 있는 일을 하기 때문에 이를 제한해서는 안 된다고 믿었다. 오스트리아 학파는 시장실패라는 개념을 인정하지 않거나 적어도 정부실패보다는 폐해가 적다고 보았다. 이들은 독점이 사기업보다는 정부에 의해 발생한다고 생각했다. 공해와 같은 외부효과(시장가격에 반영되지 않은 성과)는 소비자가 고려할 것이며, 외부효과 때문에 재산권을 침해당한 사람들이나 자발적으로 결성된 단체가 문제를 해결할 것이라는 의견도 내놓았다.

오스트리아 학파는 통화량에 관한 정부 개입을 최악으로 간주한다. 이들은 정부가 통화량을 늘리면(예를 들어 화폐를 더 많이 발행하는 방식으로) 금리가 지나치게 낮아져서 결국 잘못된 투자를 유발할 것이라고 주장한다. 버블이 터질 때는 상업적 실패와 그로 인한 불경기를 받아들여야 한다. 중앙은

행을 없애고 금과 같은 실제 상품본위제를 택하자는 것이 오스트리아 학파의 입장이다. 이들은 자유방임(불간섭주의)적인 정부를 굳게 신봉한다.

1900년 경제학 분야에는 마르크스주의 학파와 독일 역사학파(이 학파 역시 시장경제에 비판적임), 그리고 자유시장을 옹호하는 주류 학파인 영국 학파(마셜이 이끌었음)와 로잔 학파(방정식을 통해 일반균형을 구하는 데 중점을 두었음)가 있었으며 카를 멩거가 이끄는 오스트리아 학파까지 더해 총 다섯 개의 주요 학파가 존재했다. 영국 학파와 로잔 학파는 주류 학파가 되었지만 오스트리아 학파는 당시 주목받지 못했다. 이 학파는 2008년 금융위기가 닥치고 사회주의가 후퇴한 최근에 와서야 인기를 얻기 시작했다. ■

사회주의 경제 체제는 스스로를 경제에 필요한 모든 것을 갖춘 거대한 생산라인으로 간주했다. 이렇게 생산라인을 지휘하는 양식은 제2차 세계대전 기간 동안 비교적 높은 효율을 보였다.

루트비히 폰 미제스

오스트리아 학파의 수장인 루트비히 폰 미제스는 1881년에 오스트리아-헝가리 제국 영토인 렘베르크에서 철도 기술자의 아들로 태어났다. 그는 빈 대학교에서 공부하며 경제학자 오이겐 폰 뵘바베르크가 여는 세미나에 정기적으로 참석했다. 1909년부터 1934년까지 미제스는 빈 상공회의소에서 오스트리아 정부의 경제고문으로 근무했다. 이와 동시에 그는 빈 대학의 경제학 강사로 일하며 추종자들을 거느리게 되었지만 이 대학의 교수로 임용되지는 않았다. 1934년 나치 세력을 염려한 그는 오스트리아를 떠나 제네바 대학의 교수로 취임했다. 독일의 프랑스 침공 직후인 1940년 8월에는 뉴욕으로 이주하여 1948년부터 1967년까지 뉴욕대학교에서 경제 이론을 가르쳤다. 사망연도는 1973년이다.

주요 저서

1912년 『화폐와 신용 이론The Theory of Money and Credit』
1922년 『사회주의에 대한 경제적·사회적 분석Socialism : An Economic and Sociological Analysis』
1949년 『인간행위의 경제학Human Action : A Treatise on Economics』

자본주의는 옛것을 파괴하고 새로운 것을 창조한다

창조적 파괴

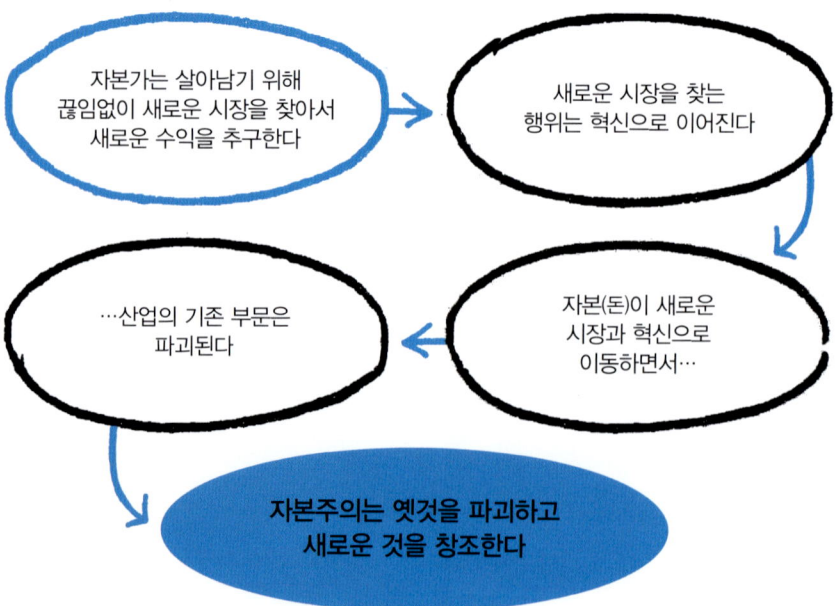

경기가 하락하고, 기업과 일자리가 사라지기 시작하면 이에 대응하기 위해 정부 개입을 요구하는 경우가 많다. 하지만 오스트리아의 경제학자이며 1930년대 대공황에 관해 깊이 있는 글을 남긴 조지프 슘페터는 그러한 의견에 반대한다. 그는 불경기야말로 마르크스가 본디 '창조적 파괴'로 표현했던 과정에 따라 자본주의가 비효율성을 제거하고 새로운 성장의 길을 열면서 전진하는 방식이라고 주장했다.

슘페터는 자본주의 진보의 핵심은 기업가라고 믿었다. 수익의 원천을 두고 애덤 스미스는 자본 소득을 지목한 반면, 마르크스는 노동 착취를 지목했다. 그러나 슘페터는 자본이나 노동에서 유래하지 않는 혁신이 수익을 창출한다고 말했다. 그는 기업가를 자본소유 계급이나 노동 계급 외부에 존재하는 새로운 계층의 인간, 즉 '신흥 강자'

참조 : ■ 자유시장 경제학 54~61쪽 ■ 호황과 불황 78~79쪽 ■ 마르크스주의 경제학 100~105쪽
■ 기술 비약 313쪽

로 간주했다. 이들은 혁신을 통해 불확실한 조건 속에서 새로운 제품과 생산방식을 창조한다.

경제 변화에 창조적으로 대응하는 기업가는 사소한 변화에 '적응'하는 데 그치는 기존 기업의 소유주와 확연히 구분된다. 창조적 기업가는 시장에 혁신을 일으키기 위해 어쩔 수 없이 대출을 받는 리스크를 감수하며 불가피한 저항에 부딪히기도 한다. 하지만 이들은 기존의 시스템을 흔들고 새로운 수익 창출 기회를 연다. 슘페터는 혁신이야말로 스미스의 '보이지 않는 손'이나 자유시장경제보다 훨씬 더 효과적으로 새로운 시장을 만들어낸다고 보았다.

돌파구 찾기

슘페터는 하나의 혁신이 이루어지면 새로운 시장이 성장하겠지만, 곧 다른 기업들이 혁신가를 모방하고 수익을 잠식하기 시작할 것이라고 주장했다. 이윽고 시장은 정체하기 시작한다. 불경기는 마치 죽은 나무를 싹 베어버리는 것처럼 고통스러운 과정이지만 모든 것을 다시 전진시키는 필수적인 방법이기도 하다. 최근 들어 미국의 경제학자인 클레이튼 크리스텐슨을 비롯한 비즈니스 전략가들은 혁신을 두 종류로 구

선견지명을 갖춘 미국 기업가 스티브 잡스는 애플에서 아이폰을 출시했다. 아이폰은 업계 판도를 바꾼 게임체인저(game changer)로서 경쟁자들은 이것과 겨룰 수 있는 제품을 생산해내야 했다.

> 새로운 제품과 새로운 방식은 옛것과 같은 조건이 아니라 옛것을 없애버릴 수 있을 만큼 결정적으로 우세한 위치에서 경쟁을 벌인다.
> **조지프 슘페터**

분하고 있다. 우선 '존속적 혁신(sustaining innovation)'은 현재 시스템을 유지하는 혁신으로 흔히 기술 발전을 뜻한다. 반대로 '파괴적 혁신(disruptive innovation)'은 시장을 뒤엎고 실제적인 변동을 일으키며 제품 혁신을 통해 시장을 변화시킨다. 예를 들어 애플은 디지털 음악재생기기 제조기술을 발명하지는 않았지만 디자인이 뛰어난 제품인 아이팟(iPod)과 음악 다운로드 프로그램인 아이튠즈(iTunes)를 결합하여 소비자에게 음악을 접하는 새로운 방법을 제시했다.

마르크스는 창조적 파괴가 자본주의에 엄청난 에너지를 안겨줄 뿐만 아니라 자본주의를 파괴할 수 있는 폭발적인 위기도 함께 제공한다고 믿었다. 슘페터는 마르크스의 생각에 동의했으나, 자본주의는 실패해서가 아니라 성공했기 때문에 스스로를 파괴하는 것이라고 주장했다. 그는 독점 기업을 혁신의 동력으로 간주했지만 이들은 과잉 성장하게 마련이며 그 운영진은 기업에 생명력을 불어넣었던 기업가 정신을 결국 억압하게 될 것이라고 보았다. ■

조지프 슘페터

1883년 슘페터는 당시 오스트리아-헝가리 제국의 영토였던 모라비아에서 독일 태생 공장주의 아들로 태어났다. 네 살이 되던 해에 아버지를 여의고 어머니와 함께 빈으로 떠났다. 그곳에서 어머니는 빈 귀족 출신의 장군과 재혼했다. 장군은 영특한 청년 경제학자였던 슘페터의 앞길이 열리도록 도왔다. 그 후 슘페터는 경제학 교수, 오스트리아 재무장관, 비더만(Bierdermann) 은행 총재를 지냈다.

그러나 비더만 은행이 1924년에 파산하고 오스트리아와 독일이 나치에 굴복하면서 슘페터는 미국으로 이주했다. 그는 하버드 대학에서 강의를 맡았으며 많지는 않으나 열렬한 추종자를 거느리게 되었다. 1950년에 66세를 일기로 눈을 감았다.

주요 저서

1912년 『경제발전론*The Theory of Economic Development*』
1939년 『경기순환론*Business Cycles*』
1942년 『자본주의, 사회주의, 민주주의*Capitalism, Socialism and Democracy*』
1954년 『경제 분석의 역사*History of Economic Analysis*』

WAR AND DEPRESS

1929-1945

ONS

전쟁과 대공황
서기 1929~1945년

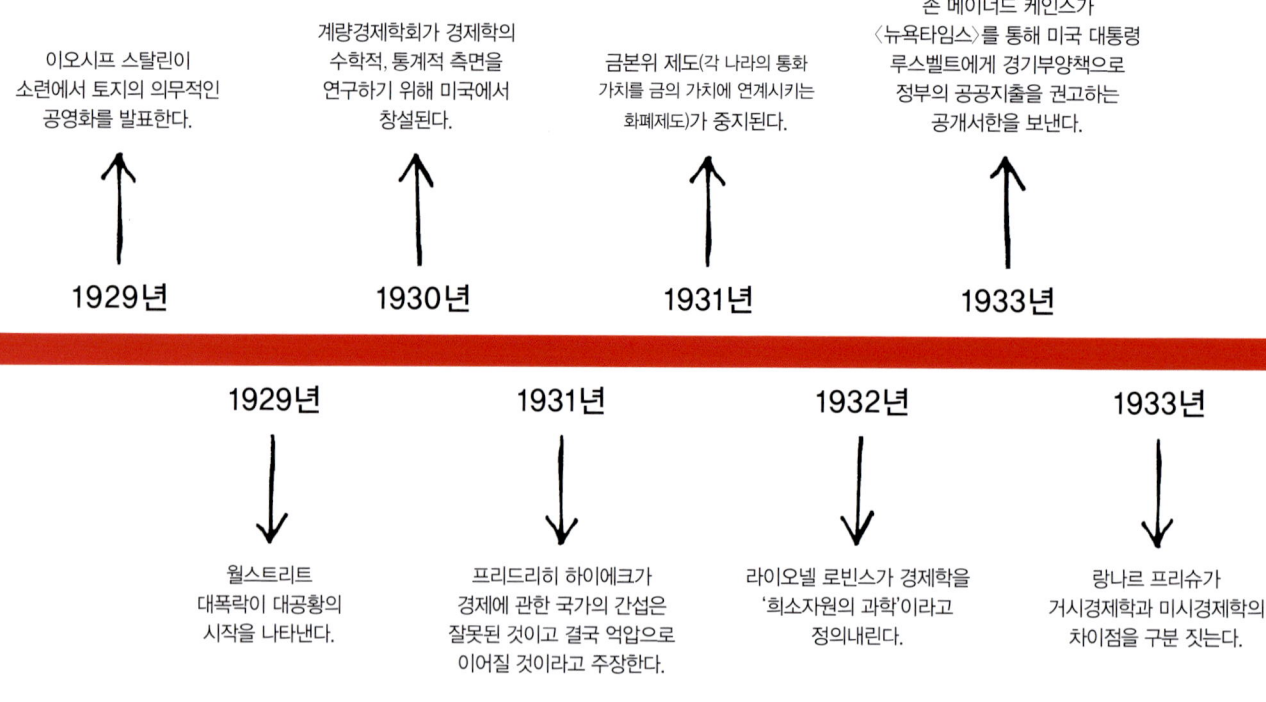

이오시프 스탈린이 소련에서 토지의 의무적인 공영화를 발표한다.

계량경제학회가 경제학의 수학적, 통계적 측면을 연구하기 위해 미국에서 창설된다.

금본위 제도(각 나라의 통화 가치를 금의 가치에 연계시키는 화폐제도)가 중지된다.

존 메이너드 케인스가 〈뉴욕타임스〉를 통해 미국 대통령 루스벨트에게 경기부양책으로 정부의 공공지출을 권고하는 공개서한을 보낸다.

1929년   **1930년**   **1931년**   **1933년**

1929년   **1931년**   **1932년**   **1933년**

월스트리트 대폭락이 대공황의 시작을 나타낸다.

프리드리히 하이에크가 경제에 관한 국가의 간섭은 잘못된 것이고 결국 억압으로 이어질 것이라고 주장한다.

라이오넬 로빈스가 경제학을 '희소자원의 과학'이라고 정의내린다.

랑나르 프리슈가 거시경제학과 미시경제학의 차이점을 구분 짓는다.

제1차 세계대전 이후 수년이 지난 뒤, 전통적인 경제사상에 대한 신뢰는 유럽과 북아메리카 지역에서 일어난 일들 때문에 시험대에 올랐다. 러시아에서는 사회적, 정치적 불안이 공산주의 혁명으로 이어졌고 독일에서는 초(超)인플레이션(hyperinflation)으로 경제가 붕괴되었다.

1920년대에 미국은 1928년 허버트 후버(Herbert Hoover) 대통령이 "우리는 세계 역사상 최초로 빈곤 극복 직전의 상황에 도달하고 있다"고 언급할 정도로 번영을 누렸다. 하지만 1년 뒤, 월스트리트 대폭락(Wall Street Crash, 미국 채권과 주식 가격의 급격한 하락)이 일어났다. 주가는 폭락했고, 수천 개의 회사들이 문을 닫게 되었다. 그리고 1932년까지 1천300만 명의 미국인들이 실업자가 되었다. 미국은 그들이 이전에 유럽에 빌려주었던 엄청난 대출금을 회수하기 시작했고, 그로 인해 유럽 은행들은 파산 지경에 이르렀다. 거의 10년 동안 전 세계의 여러 나라들은 심각한 불황에 빠져 있었다. 라이오넬 로빈스(Lionel Robbins)가 경제학을 '희소자원의 과학'이라고 정의내린 것은 바로 이 시기였다.

새로운 접근

안정과 성장을 제공하는 자유시장의 능력에 대한 신뢰는 무너졌고 경제학자들은 경제적 문제, 특히 실업문제를 해결하기 위한 새로운 전략들을 찾았다. 미국의 경제학자 아돌프 벌(Adolf Berle)과 가디너 민즈(Gardiner Means)는 경영자들이 기업보다 자신의 이익을 위해 기업을 어떻게 운영하고 있는가를 입증했다. 가장 절실히 필요했던 것은 경제를 자극할 수단을 찾는 것이었고 이 때문에 완전히 새로운 접근방식이 필요했다. 그에 대한 해결책은 영국의 경제학자 존 메이너드 케인스에게서 나왔다. 그는 그 어떤 개입도 받지 않는 완전한 자유시장의 실패를 인식했다. 이전의 세대들은 자유시장 제도의 결점을 바로잡기 위해 자유시장 자체의 방식을 신뢰했지만, 케인스는 국가의 개입을 지지했고 특히 수요를 늘리고 경제를 불황에서 끌어올리기 위한 정부의 공공지출을 권고했다. 처음 그 주장은 회의론에 부딪혔지만 이후 지지를 얻었다. 그의 모형은 통화공급량과 공공지출 등의 조절할 수 있는 변수를 통해 정부가 규제할 수 있는 하나의 기구로써 경제를 생각한 것이다. 1933년 케인스의 주장은 미국 대통령 프랭클린 D. 루스벨트가 뉴딜(New Deal) 정

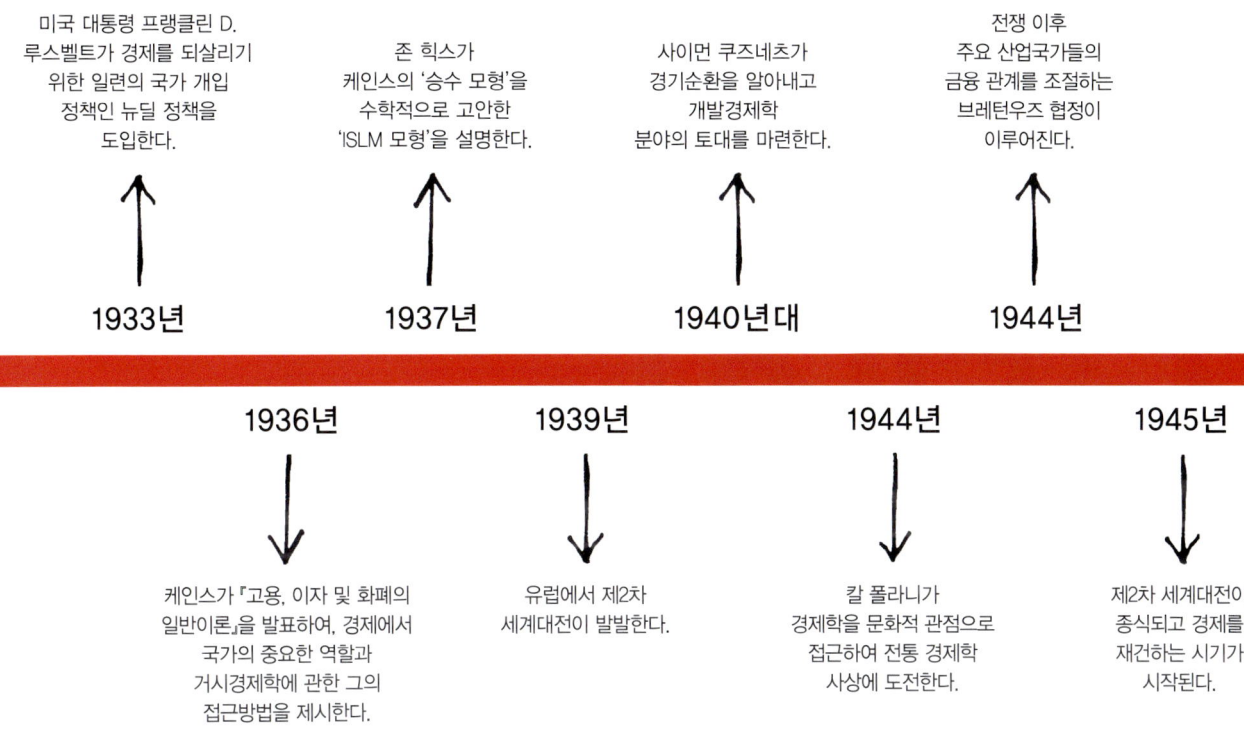

미국 대통령 프랭클린 D. 루스벨트가 경제를 되살리기 위한 일련의 국가 개입 정책인 뉴딜 정책을 도입한다.

존 힉스가 케인스의 '승수 모형'을 수학적으로 고안한 'ISLM 모형'을 설명한다.

사이먼 쿠즈네츠가 경기순환을 알아내고 개발경제학 분야의 토대를 마련한다.

전쟁 이후 주요 산업국가들의 금융 관계를 조절하는 브레턴우즈 협정이 이루어진다.

1933년

1937년

1940년대

1944년

1936년

1939년

1944년

1945년

케인스가 『고용, 이자 및 화폐의 일반이론』을 발표하여, 경제에서 국가의 중요한 역할과 거시경제학에 관한 그의 접근방법을 제시한다.

유럽에서 제2차 세계대전이 발발한다.

칼 폴라니가 경제학을 문화적 관점으로 접근하여 전통 경제학 사상에 도전한다.

제2차 세계대전이 종식되고 경제를 재건하는 시기가 시작된다.

책으로 미국 경제를 활성화하는 근거를 제공했다. 정부는 공공지출로 거대한 사회기반시설 계획에 자금을 지원했고 모든 은행들은 연방정부의 통제 하에 운영되었다. 뉴딜 정책은 제2차 세계대전 이후 미국과 유럽에서 경제정책을 위한 기반이 되었다.

노르웨이의 경제학자 랑나르 프리슈(Ragnar Frisch)는 경제학을 연구할 수 있는 두 가지 방법으로 주목을 끌었는데, 하나는 부분적인 방식이었고(미시경제학), 다른 하나는 전체적인 방식(거시경제학)이었다. 또한 계량경제학(econometrics, 경제 자료의 수학적 분석)이라는 새로운 분야가 경제계획과 경제예측에서 유용한 도구로 등장했다. 현대의 거시경제학은 케인스의 접근방식을 취했다. 하지만 1930년대의 경기불황에 대한 케인스식 해결책에도 불구하고 많은

경제학자들은 여전히 국가 개입에 대한 주장을 자유경제의 해로운 간섭으로 여겼다. 어떤 미국인들은 그 주장을 '미국의 방식'에 이질적인 것으로 여긴 반면, 유럽의 경제학자들은 그 주장을 사회주의와 결부시켰다. 케인스 자신은 경제학의 엄연한 사실이 사회적 고려사항으로 완화된다는 점에서 국가 개입의 주장을 영국의 자유당(British Liberal) 전통의 일부로 여겼다.

세계적 차이

경제학은 폭넓은 문화적 방식에 따라 발달한 여러 사상 학파들과 함께 어떤 국가별 특성들을 발전시켰다. 오스트리아의 경우, 주로 프리드리히 하이에크에 바탕을 둔 완전한 자유시장을 지지한 급진적인 학파가 발전했다. 그는 서구의 자유와 민주주의

가 자유시장경제와 밀접한 관련이 있는 반면, 공산주의 정권의 압제는 계획경제와 중앙집권화된 경제로 이런 자유를 없앤다고 주장했다. 다른 사람들은 이런 관점을 더욱 심각하게 받아들였는데, 서구 자본주의 국가들의 보다 높은 생활수준에서 입증되었듯이 경쟁시장이 성장에 필수적이라고 주장했다.

1930년대에는 독일과 오스트리아의 많은 사상가들이 영국과 미국으로 이주하면서 이런 사상들은 널리 퍼지게 되었다. 이후 케인스 경제학에 대한 신뢰가 약해지기 시작하면서 새로운 세대의 경제학자들은 시장을 그 자체의 방식 그대로 두어야 한다는 사상을 재도입했다. ■

실업은 선택이 아니다

대공황과 실업

존메이너드 케인스는 1936년 흔히 『일반이론』으로 언급되는 『고용, 이자 및 화폐의 일반이론*The General Theory of Employment, Interest, and Prices*』이라는 획기적인 저서를 출간했다. 이는 사람들이 경제 원리를 완전히 다른 관점에서 생각해보게끔 만들었다. 이 책으로 케인스는 세계에서 가장 유명한 경제학자들 중 한 명이 되었다.

1776년 스코틀랜드의 경제학자 애덤 스미스가 고전경제학의 대표적인 작품 『국부론』을 출간한 이후 경제는 개별적인 시장들과 의사결정자들이 완벽하게 균형을 이루는 하나의 집합으로 여겨졌다. 경제학자들은 경제가 일을 하고 싶은 사람들은 누구나 직업을 찾을 수 있는 하나의 균형 상태를 자발적이고 자연스럽게 이룰 것이라는 데 의견을 모았다.

케인스는 고전적인 모형의 기본적인 인과관계를 그 뿌리부터 뒤엎으려고 했다. 그는 거시경제(전체의 경제)와 미시경제(경제의 한 부분)가 전혀 다르게 작용한다고 주장했다. 처음에 고전학파에서 교육을 받았던 케인스는 고전학파의 습관적인 사고방식에서 벗어나려고 고군분투했다. 그렇게 노력한 결과, 그는 실업에 대한 완전히 다른 여러 원인들과 그에 대한 여러 해결책들을 나타내는 근본적인 경제학적 방법을 알아내는 데 성공했다. 『일반이론』이 출간되기 이전 거의 100년 동안에는 실업이 아닌 빈곤이 계속 문제로 대두되었다. 1880년대까

1875년에 그려진 이 그림은 파리의 한 카페에서 압생트(absinthe)를 마시는 게으른 술꾼들을 묘사하고 있다. 케인스의 사상이 1936년에 발표되기 전까지는 알코올 남용과 다른 여러 범죄들이 실업의 원인으로 여겨지고 있었다.

고전주의 경제학에서 실업은 늘 하나의 선택이다, 사람들이 저임금으로 일할 준비가 되어 있다면 일자리는 존재한다

→

하지만 임금은 천천히 변화하기 때문에 불경기에 물가가 하락하면서 임금은 상승한다, 그러면 회사는 노동의 수요를 줄인다

↓

경제의 수요가 급락하면서 노동자들은 실업 상태에 빠지고 회사는 생산부족을 초래한다

←

실업은 선택이 아니다

참조 : ■ 자유시장 경제학 54~61쪽 ■ 시장의 공급 과잉 74~75쪽 ■ 케인스의 승수효과 164~165쪽 ■ 인플레이션과 실업 202~203쪽 ■ 합리적 기대 244~247쪽 ■ 인센티브와 임금 302쪽 ■ 경직성 임금 303쪽

근심 가득한 군중이 주식시장이 붕괴되었던 1929년 10월 29일 뉴욕의 월스트리트에 모여들었다. 미국 주식의 절반이 하루 만에 휴지조각이 되었고, 이로써 대공황이 시작되었다.

지 산업혁명의 결과로 급속한 성장을 경험하고 있었던 영국과 미국 같은 나라들은 생활수준에서 진보를 누렸지만, 지독히 가난한 나라들이 여전히 존재하고 있었다.

나태와 빈곤

경제학자들은 오랫동안 빈곤을 가장 큰 사회정책의 문제로 여겼지만 19세기 말에는 근로자들의 실업문제에 점점 관심을 돌리기 시작했다. 처음 실업문제는 나태, 부도덕, 진취성의 부족, 노동윤리의 부족 등 근로자의 성격에 어떤 결함이 있거나 질병으로 야기되는 것으로 여겨졌다. 이는 실업이 일반적으로 사회의 문제가 아닌 어떤 이유로 일할 수 없는 개인들의 문제로 인식되었다는 것을 의미했다. 공공정책으로 그 문제를 다루어야 하는 쟁점으로 생각하지 않았던 것이다.

1909년 영국 사회운동가 베아트리체 웹은 『왕립 구빈법 위원회의 소수파보고서The Minority Report of the Royal Commission on the Poor Laws』, 일명 『마이너리티 리포트』를 발표했다. 이는 복지국가의 개념과 정책을 제시하는 최초의 문서였으며, 또한 "실업을 예방하거나 최소화하기 위해 국가의 노동시장을 조정하는 책임은 장관에게 주어져야 할 것이다"라고 강조했다. 또한 '비자발적 실업(involuntary unemployment)'이라는 용어가 처음으로 사용되기 시작했다. 이로 인해 실업은 개개인의 결점에 의해 생겨나는 것이 아니라 개개인의 통제할 수 없는 여러 경제상황 때문에

야기된다는 개념이 생겨났다.

비자발적 실업

1913년 비자발적 실업이라는 개념은 영국의 경제학자 아서 피구가 정의내린 것으로 이해되었는데, 이는 산업 근로자들이 현행 임금수준에서 일할 의사와 능력이 있으나 일할 기회를 갖지 못하는 상황을 말한다. 오늘날에도 이 정의는 근로자들이 일을 하거나 하지 않는 것을 전혀 선택할 수 없는 상태가 되었다는 의미에서 비자발적 실업의 성격을 표현하는 데 적합한 것으로 여겨지고 있다. 이 시기에는 실업에 관한 고전주의의 관점이 여전히 우세했다. 이는 실업이 대개 자발적이었고 노동자들이 현행 임금률에서 일하지 않거나 또는 보유과 같은 어떤 '노동시장 외의 활동(non-market

activity)'에 종사하는 것이 낫다고 선택했기 때문에 실업이 존재한다는 관점이었다. 이런 관점을 가진 사람들은 어떤 비자발적 실업도 자유시장의 자동적이면서 자기수정적인 방식으로 해결될 수 있다고 주장했다.

고전주의적 관점에서 비자발적 실업은 오랫동안 지속될 수 없었다. 시장의 원리가 경제를 완전고용으로 늘 재빨리 돌아가게 만든다. 케인스가 초기에는 이런 고전주의적 관점에 어느 정도 공감했음을 나타내는 증거가 있다. 그는 1930년 『화폐론A Treatise on Money』에서 물가가 비용보다 더 빨리 하락할 때 회사들은 세 가지 선택을 한다고 주장했다. 손실을 감당하거나, 폐업을 하거나, 또는 생산 단위에 맞춰 고용인들의 소득을 줄이도록 고용인들과 함께 투쟁에 착수하는 것이다. 결국 마지막에

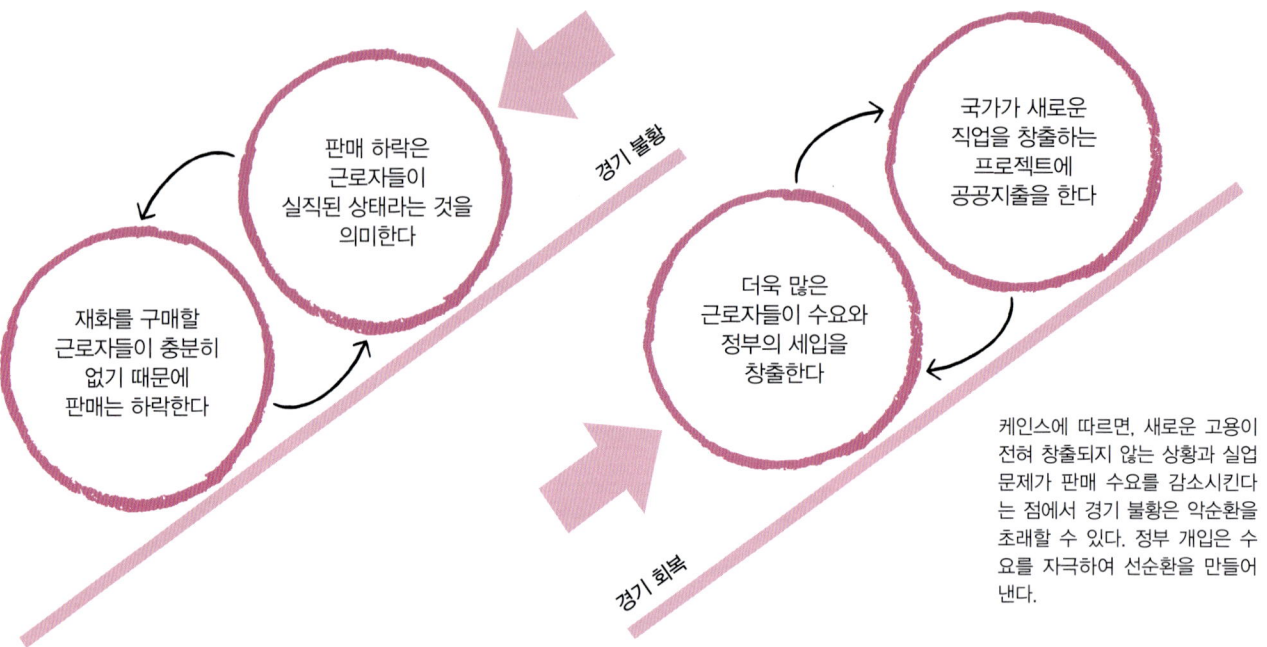

판매 하락은 근로자들이 실직된 상태라는 것을 의미한다

재화를 구매할 근로자들이 충분히 없기 때문에 판매는 하락한다

경기 불황

국가가 새로운 직업을 창출하는 프로젝트에 공공지출을 한다

더욱 많은 근로자들이 수요와 정부의 세입을 창출한다

경기 회복

케인스에 따르면, 새로운 고용이 전혀 창출되지 않는 상황과 실업 문제가 판매 수요를 감소시킨다는 점에서 경기 불황은 악순환을 초래할 수 있다. 정부 개입은 수요를 자극하여 선순환을 만들어 낸다.

는 국가적 관점에서 실제적인 평형 상태를 회복할 수 있다고 케인스는 주장했다.

하지만 1929년 미국 주식시장의 붕괴와 그 여파로 전 세계를 휩쓸었던 대공황 이후 케인스는 마음을 바꾸었다. 월스트리트의 재정적 붕괴는 세계 경제를 생산 하락의 주기로 몰아넣었는데, 미국에서는 40퍼센트까지 하락했다. 1931년에 미국의 국민소득은 대공황 전의 870억 달러에서 420억 달러까지 떨어졌다. 그리고 1933년에는 1천400만 명의 미국인들이 실직자가 되었다. 그 당시 미국인들의 수척해진 모습은 쉽게 눈에 띄었고 생활수준의 급속한 하락은 그 시대의 빈곤과 절박함의 이미지로 분명히 나타났다. 이런 황폐한 상황에 자극을 받은 케인스는 『일반이론』을 저술하게 되었다.

대공황

케인스는 대공황의 세계를 그의 시작점으로 받아들였다. 시장의 일반적인 원리가 경제에서 높고 지속적이고 비자발적인 실업의 문제를 수정하는 데 필요한 압력을 만들어낼 수 없는 것처럼 보였다. 일반적으로 근로자의 수는 실질임금 수준(이용할 수 있는 재화와 용역의 가격과 관련된 임금의 수준)으로 결정된다. 경제 불황의 시기에는 재화의 가격이 임금의 수준보다 더 빨리 하락하는 경향이 있다. 이는 재화의 수요는 낮아지고 물가는 하락하는 반면에 근로자들은 임금 삭감을 거부하기 때문이다. 이는 실질

새로운 관념을 받아들이는 것이 어려운 일이 아니라 예전의 관념에서 벗어나는 것이 어려운 일이다.
존 메이너드 케인스

임금을 오르게 한다. 이런 실질임금의 높은 수준에서 일하려는 사람들의 수는 증가할 것이고 회사가 필요로 하는 근로자의 수는 임금이 더욱 비싸기 때문에 하락할 것이다. 그 결과 실업이 생겨난다.

임금의 경직성

실업을 없애는 한 가지 방법은 현행 임금 이하로 기꺼이 일을 함으로써 명목임금이 떨어지도록 압박하는 (사람들이 흔히 회피하는) 과도한 노동이다. 고전주의 경제학자들은 시장이 실질임금을 조절하여 하락시킬 정도로 신축성이 있다고 믿었다. 하지만 케인스는 명목임금은 '경직성'이 있어서 조절할 수 없다고 주장했다. 따라서 비자발적 실업은 지속된다. 그는 근로자들이 보다 낮은 임금을 받아들임으로써 자발적으로 직장으로 돌아가도록 스스로의 가치를 매길 수 없으며, 대공황 당시 나타난 것처럼 수요의 붕괴 후 회사는 이론상 낮은 실질임금으로 더 많은 근로자들을 기꺼이 고용할

1931년에 남자들이 시카고 직업소개소(Chicago job agency)에서 직장을 구하고 있다. 1933년까지 1천만 명 이상의 미국인들이 직업을 잃었다. 국가는 뉴딜 정책이라는 부양책을 내놓았다.

수 있지만 실제로는 그렇지 않다고 지적했다. 이는 생산량의 수요가 회사가 만들어내는 재화에 대한 전체 경제의 수요 부족으로 제한되기 때문이다. 공장과 기계가 제대로 돌아가야 하기 때문에 근로자들은 더 많이 공급하기를 원하고 회사들은 더 많이 만들기를 원한다. 수요의 부족은 근로자와 회사를 실업과 생산 하락의 악순환으로 몰아넣었다.

정부의 역할

케인스는 비자발적 실업의 문제에 대한 해결책은 근로자와 회사가 통제할 수 없는

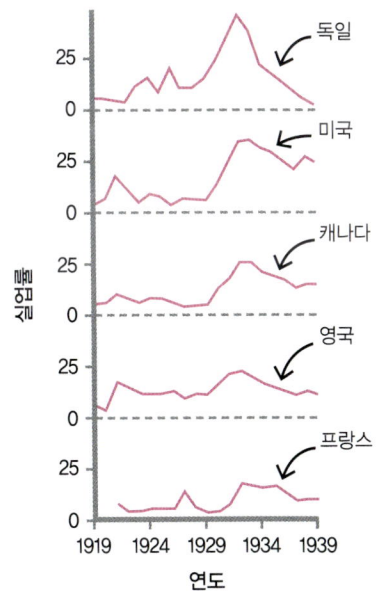

1919년과 1939년 사이에 몇몇 나라들의 실업률은 이 그래프처럼 나타나고 있다. 경제는 대부분 1920년대에 회복되었지만 결국 1930년에 대공황의 시작으로 실업의 급증에 시달려야 했다.

영역이라고 생각했다. 그 해결책은 정부가 경제에 더 많은 지출을 하여 생산의 전반적인 수요를 높여주는 것이라고 그는 주장했다. 이는 회사가 더 많은 근로자들을 고용할 수 있게 하고 물가가 오르면서 실질임금이 하락하여 경제가 완전고용으로 돌아가게 할 수 있다.

케인스에게, 국가가 얼마나 더 많은 공공지출을 해야 하는지는 별로 중요하지 않았다. 그는 "재무부는 헌 병에 은행권을 가득 넣어 그것들을 묻은 뒤, 그 은행권을 다시 발굴하는 것을 개인 기업의 방임에 맡겨야 한다"라는 유명한 말을 남겼다. 정부가 수요를 경제에 투입하는 한, 전체적으로 경제는 회복되기 시작할 것이다.

실질임금

『일반이론』은 이해하기가 쉽지 않다. 케인스조차도 그 책을 "복잡하고 체계화되지 않았으며 때로는 모호한" 것이라고 말했다. 케인스의 주장이 정확히 무엇을 의미하는지에 관해, 특히 비자발적인 실업과 자발적

인 실업 간의 차이점에서 아직도 상당한 논쟁이 이어지고 있다.

비자발적인 높은 실업에 대한 한 가지 주장은 회사의 노동 수요가 회사가 지불해야 하는 실질임금에 따라 결정된다는 생각에 근거를 둔다. 근로자들과 회사들은 오직 해당 직업이나 해당 산업에 대해서만 명목임금을 협상할 수 있다. 그들은 더욱 넓은 일반적인 경제 측면에서의 물가수준을 전혀 통제할 수가 없다. 사실상, 낮은 임금은 일반적으로 생산비용을 줄이고 그에 따라 재화의 물가도 감소시킬 것이다. 이는 실질임금이 실업을 없애는 데 필요한 수준으로 하락할 것이라는 의미일 수 있다.

이런 식으로, 근로자들이 그에 대해 어떤 조치도 취할 수 없기 때문에 실업은 비자발적인 것이다. 노동조합이 집단행동 과정을 통해 완전한 고용을 요구하는 수준으로 임금을 조정하는 것을 거부할 수 있으므로 실직자들은 직장을 구하지 못한다는 일반적인 견해가 있다. 케인스는 이런 실직 형태를 자발적인 범주로 놓고 전체 근로자

들이 현행 임금 이하로 일하지 않으려고 공개적으로 또는 은연중에 동의하고 있다고 주장했다.

케인스의 논리는 수학적 모형이 지배하는 이후 경제학의 논리와 달랐다. 전쟁 이후의 거시경제학은 대부분 케인스의 주장을 분명히 밝혀내고 그것을 더욱 공식적인 모형과 방정식의 관점으로 정립하는 것이었다. 영국의 경제학자 존 힉스는 'ISLM 모형'으로 알려진 한 금융 모형의 관점에서 케인스의 사상을 공식화했다. 전쟁 후, 이는 거시경제학 모형의 표준이 되었고 여전히 경제학도들이 처음 배우는 교과목 중 하나다.

새로운 해석

케인스의 업적에 관한 현대적 고찰은 근로자들이 가장 관심이 있는 것이 다른 근로자들과 비교한 그들의 임금이라는 데 있다. 근로자들은 이른바 이론적인 임금의 '실적 일람표(league table)'에서 그들의 위치가 어떤 것인지 알고 있고, 그 일람표에서 그들의 위치를 더욱 떨어지게 하는 임금 삭감과 치열하게 싸울 것이다. 실질임금의 삭감을 유발할 수 있는 또 한 가지 요인, 인플레이션을 통한 일반적인 물가수준의 증가가 모든 근로자들에게 동등하게 영향을 주기 때문에 별로 강하게 거부되지 않는다는 것은 흥미로운 일이다.

효율임금 모형들로 알려진 경제 이론들은 회사들이 수익을 증가시키기 위해 왜 임금을 삭감하지 않는지에 의문을 제기한다. 그리고 임금 삭감이 실적 일람표에서 그들의 상대적 위치가 하락한 것으로 여기는 기존 근로자들의 의욕을 꺾을 수 있기 때문에 회사들이 어쩔 수 없이 임금을 삭감하지 못하는 것이라고 주장한다. 임금 삭감의 최종적인 영향은 사실상 수익의 손실이 될 수 있다. 이는 저임금의 영향이 사기를 떨어뜨리고 숙련된 근로자들을 떠나게 하여 생산성의 하락을 상쇄하지 못하기 때문이다. 이런 식으로 근로자들은 직장에서 스스로에 대한 가치를 매길 수 있는 선택권이 없다. 임금 결정과 관련된 '새로운 케인스 모형들'은 임금의 경직성에 대한 다른 이론들을 제시한다.

고전주의의 부활

유럽 경제가 곤경에 빠지면서 케인스 이론은 1970년대에 신임을 잃었다. 실업에 관한 고전주의 관념은 계속된 비자발적 실업의 가능성을 또 다시 부인한 경제학자들의 '신고전주의 학파'에 의해 부활되었다. 미국의 경제학자 로버트 루카스는 케인스 이론

> 국가 수요의 조직화로 실직자들의 비자발적 게으름을 방지한다면 국민생산에 실질적인 보탬이 된다.
> **시드니 웹, 베아트리체 웹**

미국의 프랭클린 D. 루스벨트 대통령은 콜로라도 강의 후버 댐과 같은 새로운 공공기반시설에 투자했다. 그래도 정부는 케인스 정책을 추구하지 않고 있었다.

택시를 운전하는 회계원은 실직 중인 회계원인가 아니면 직업을 갖고 있는 택시 운전사인가? 케인스는 그가 비자발적으로 실직된 상태라고 주장할 수 있다. 새로운 고전주의 경제학자들은 그가 직업을 갖고 있다고 주장한다.

을 맹비난하는 선도자들 중 한 사람이었다. 회계원 일자리를 찾을 수 없어서 택시를 운전하고 있는 사람을 어떻게 묘사할지에 관한 질문을 받았을 때, 그는 "그가 하는 일이 택시를 운전하는 일이라면 그를 택시 운전사로 설명할 수 있다"고 대답했다. 현대 고전주의자들에게 자유시장은 늘 명백하고, 근로자들은 항상 일을 할지 안 할지 선택할 수 있다.

효율임금 이론가들은 불황 속에서 직업을 원하는 모든 근로자들이 직업을 구할 수 있다는 데 동의하면서도, 그 회계원 일자리를 원한 택시 운전사처럼 어떤 근로자들은 그들의 가치를 경제에 최대한 활용하지 못하고 있다고 생각한다. 택시 운전사인 그 남자는 여전히 비자발적으로 실직한 회계원이다. 경제의 수요가 정상수준으로 돌아가면 그는 그에게 가장 생산적이고 효율적인 직업인 회계원으로 돌아갈 것이다. 자유시장이 조절할 수 있는 능력에 관한 관점의 근본적인 차이는 케인스주의자들과 고전주의 경제학자들 사이의 논쟁의 핵심에 있다.

비자발적인 실업은
빨리 해결될수록 좋다.
로버트 루카스

고전주의의 현실

케인스는 아마도 노벨상을 수상한 미국의 경제학자 조지프 스티글리츠의 관점에 동의했을 것이다. 그는 미국의 대공황 시기에 시카고 실직 노동자들의 4분의 1이 실직 상태를 선택한 것이라 할 수 있다고 말했다. 그들은 수백만 명의 다른 사람들처럼 농장의 과일을 따기 위해 캘리포니아 서쪽으로 이주할 수도 있었기 때문이다. 그럼에도 불구하고 이는 여전히 자유시장의 엄청난 실패를 나타내는데, 고전주의 이론이 운이 나쁜 실직자들에게 위로를 표하는 것에 지나지 않는다는 것을 나타낸다면 우리는 그 이론을 고려하지 않는 것이 더 나을 것이라고 그는 주장했다. ■

존 메이너드 케인스

카를 마르크스가 사망한 1883년에 태어난 존 메이너드 케인스는 노동자 계급의 뜻밖의 구원자였다. 영국의 케임브리지에서 교육자 부모 슬하에서 자란 그는 특권의 삶을 누렸다. 그는 케임브리지 대학에서 장학금을 받으면서 수학을 전공한 뒤 인도에서 영국 정부를 위해 일했으며 최초의 저서 『인도의 화폐와 금융*Indian Currency and Finance*』을 출간했다.

케인스는 제1차 세계대전 후 파리 평화조약(Paris Peace Conference)과 제2차 세계대전 후 브레턴우즈 회의(Bretton Woods Conference)의 고문관으로 일했다. 그는 늘 한꺼번에 몇 가지 일을 해냈다. 『일반이론』을 저술하면서 극장을 세웠는데, 그로 인해 주도적인 저술가이자 예술가로 인식되었다. 케인스는 주식시장에서 번 거의 모든 돈을 예술가 친구들을 지원하는 데 거의 사용했다. 1946년에 심장질환으로 세상을 떠났다.

주요 저서

1919년 『평화의 경제적 결과*The Economic Consequences of the Peace*』
1930년 『화폐론』
1936년 『고용, 이자 및 화폐의 일반이론』

위험을 즐기는 사람들도 있고 위험을 회피하는 사람들도 있다

위험과 불확실성

위험성이 낮은 투자는 낮은 수익을 얻는 경향이 있다

위험성이 높은 투자는 더욱 높은 수익을 얻는 경향이 있다

위험을 회피하는 투자가들은 확실한 수익을 얻기 위해 낮은 수익을 받아들일 준비가 되어 있다

위험을 즐기는 투자가들은 높은 수익을 얻기 위해 더 많은 위험요소를 받아들일 준비가 되어 있다

위험을 즐기는 사람들도 있고 위험을 회피하는 사람들도 있다

시장경제에서 벤처사업이든 투자든 위험요소가 한 가지는 존재한다. 누구든 행동 방침을 정하기 전에는 반드시 가능한 결과를 고려해야 하고 그 가능성에 반대되는 잠재적 수익을 가늠해야 한다. 즉 '기대효용'을 계산해야 한다. 안전한 대안이 있다면 위험성이 있는 선택에 대한 기대수익이 상당히 끌리지 않는 이상 일반적으로 위험성 있는 선택보다 안전한 대안을 선택하게 된다. 위험성이 클수록 투자가들을 끌어야 하기 때문에 그 수익은 더욱 높다.

이는 분명 도박에서 확률을 따지는 것과 유사하고, 위험요소에 관한 초기 연구는 도박에서 확률을 분석한 18세기 수학자들로 인해 이루어졌다. 1920년대에 미국의 경제학자 프랭크 나이트는 자유시장경제에서

참조 : ■ 경제인 52~53쪽 ■ 비이성적인 의사결정 194~195쪽 ■ 의사결정의 역설 248~249쪽 ■ 금융공학 262~265쪽 ■ 행동경제학 266~269쪽

> 수익은 내재되어 있는 완전히 예측 불가능한 것들에서 생겨난다.
> 프랭크 나이트

위험과 수익 간의 관계를 처음으로 분석한 경제학자들 가운데 한 사람이었다. 그는 또한 위험과 불확실성의 차이를 구분지었다. 그의 정의에 따르면, 위험은 행동방침의 결과를 모를 때 일어나지만 여러 가능한 결과의 확률을 결정하는 것이 가능한 곳에서도 일어난다. 이는 위험수준의 수학적인 평가를 따르는데, 그러면 위험에 대비할 수 있다. 또한 그렇게 되면 기대효용은 현실적으로 여러 대안들과 비교될 수 있다.

나이트에 따르면, '불확실성'은 결과의 개연성을 모르는 상황을 설명하므로 여러 가능한 결과들은 기대효용의 관점에서 비교될 수 없다. 이는 위험이 수학적으로 측정될 수 없다는 것을 의미한다. 예를 들어, 회사가 보험에 들 수 없는 이런 불확실성을 받아들일 준비가 되어 있고 그들의 위험 부담이 성공한다면 그 회사는 수익을 올리게 된다. 경제가 장기간 균형 상태에 있을 때에도 마찬가지다.

투자가들과 기업가들은 흔히 위험과 불확실성의 상황에서 행동을 취하여 높은 수익의 잠재성을 알아본다. 이처럼 '대담한 자가 승리한다(who dares, wins)'라는 태도는 막대한 재산을 손실하거나 획득하여 신문의 표제를 장식하는 증권거래자나 은행가의 경우처럼 때로는 극단적일 수 있다. 고정금리 저축예금으로 평생저축을 하는 대부분의 사람들은 위험을 회피하는 것을 선호하여 위험성 높은 투자의 수익을 포기한다. 여러 위험수준이 있는 것처럼 위험을 즐기는 사람들에서 위험을 회피하는 사람들에 이르기까지 근본적으로 위험에 대한 선호도 역시 매우 다양하다. 높은 수익에 대한 매력은 위험을 회피하는 사람들에게도 어느 정도 위험수준을 받아들이게 하는 유혹의 시작이 될 수 있다.

위험의 수준

위험은 주식투자, 무담보대출, 완전히 새로운 시장에서의 판매 사업 등 모든 종류의 경제활동에 적용된다. 또한 직장을 다니거나 자신의 사업을 하든지, 그리고 개인 저축에 얼마나 투자해야 하는지 등 개개인의 경제적 결정도 위험의 관점에서 기본 틀이 갖추어진다. 보험시장은 우리가 위험을 회피하기 때문에 존재한다. 보험업자와 보험회사나, 신용평가기관, 시장조사 등은 우리가 위험수준과 그 수익을 올릴 가치가 있는지를 평가하는 데 도움이 될 수 있지만 어떤 헤아릴 수 없을 정도의 불확실성은 항상 남아 있을 것이다. ■

브라질의 상파울루에 있는 한 선물시장의 거래자들이 상품 가격들의 미래 동향에 실질적으로 돈을 걸고 있다. 작은 가격 변동으로도 막대한 이익이나 손실을 야기할 수 있다.

프랭크 나이트

동시대 가장 선도적인 경제학자들 중 한 명인 프랭크 나이트는 1885년 미국 일리노이 주에서 태어났다. 그는 코넬 대학에서 철학을 전공하다가 1년 뒤 경제학으로 전공을 바꿨다. 그의 박사학위 논문은 『위험, 불확실성 및 이윤』의 토대가 되었다.

나이트는 아이오와 대학 최초의 경제학 교수가 되었고 이후 1927년 시카고 대학으로 옮겨가 그곳에서 삶의 여생을 보냈다. 그는 시카고 학파의 초창기 회원이었다. 그의 제자로는 이후 노벨상을 수상하게 되는 밀턴 프리드먼, 제임스 뷰캐넌, 조지 스티글러 등이 있다. 그들은 나이트를 '끊임없는 지적 호기심'을 가진 사람으로 묘사했다.

주요 저서

1921년 『위험, 불확실성 및 이윤』
1935년 『경쟁의 윤리』
1947년 『자유와 개혁 : 경제학과 사회철학에 관한 논문』

정부지출은 지출 이상으로 경제를 향상시킨다

케인스의 승수효과

맥락읽기

초점
거시경제

핵심사상가
존 메이너드 케인스

이전의 관련 역사
서기 1931년 : 영국의 경제학자 리처드 칸은 케인스가 주장한 정부지출의 다양한 효과들을 설명하기 위해 하나의 명백한 이론을 만들어내기 시작한다.

이후의 관련 역사
서기 1971년 : 폴란드 경제학자 미할 칼레키(Michal Kalecki)가 승수 개념을 더욱 발전시킨다.

서기 1974년 : 미국 경제학자 로버트 배로가 (사람들이 정부의 예산 변동에 맞추어 행동을 바꾸는) '리카도 대등정리(Ricardian Equivalence)'의 개념을 부활시킨다. 이는 정부지출로 인한 승수효과는 전혀 없다는 것을 의미한다.

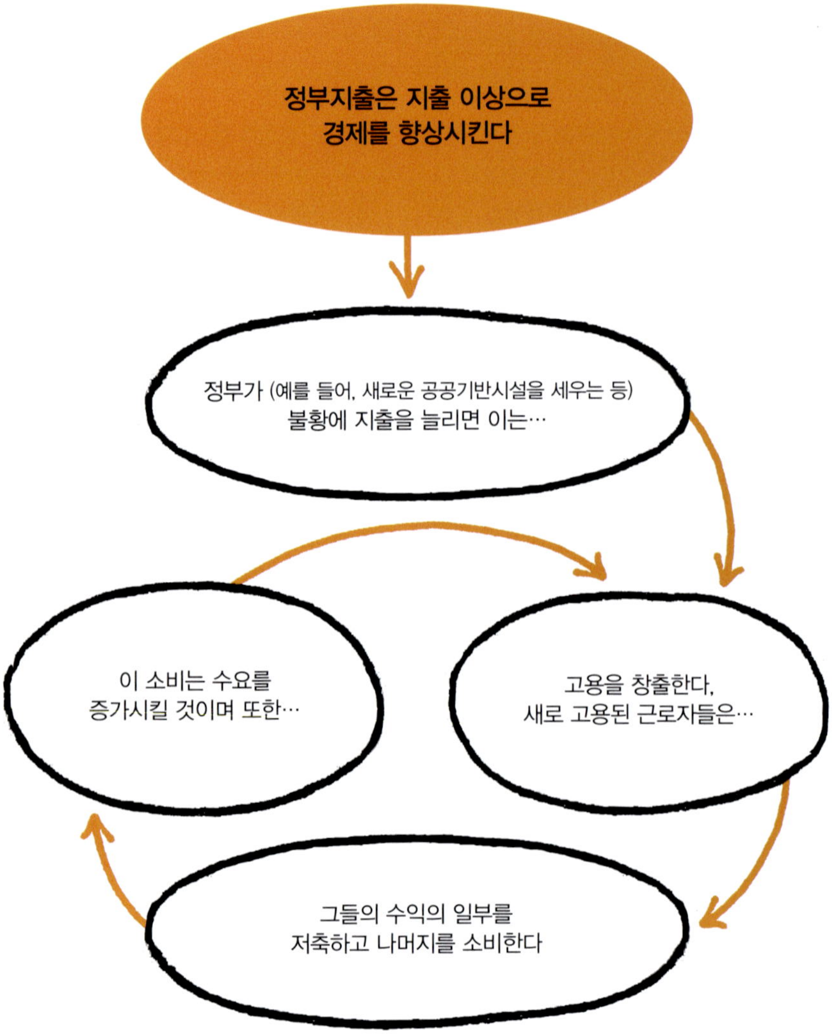

정부지출은 지출 이상으로 경제를 향상시킨다

정부가 (예를 들어, 새로운 공공기반시설을 세우는 등) 불황에 지출을 늘리면 이는…

고용을 창출한다, 새로 고용된 근로자들은…

그들의 수익의 일부를 저축하고 나머지를 소비한다

이 소비는 수요를 증가시킬 것이며 또한…

참조 : ■ 경제순환 40~45쪽 ■ 시장의 공급 과잉 74~75쪽 ■ 차입과 부채 76~77쪽 ■ 대공황과 실업 154~161쪽

거시경제학은 전체 경제의 원리를 설명하려고 한다. 1758년에 프랑스 경제학자 프랑수아 케네는 경제구조의 최상위층 사람들(지주들)의 엄청난 양의 지출이, 그들로부터 돈을 받은 사람들이 그 돈을 다시 지출하면서 얼마나 증대되는지 입증했다.

20세기에 영국의 경제학자 존 메이너드 케인스는 특히 불황의 시기에 물가와 노동이 왜 균형 상태, 즉 자연 수준으로 돌아가지 않는지를 살펴보았다. 고전주의 경제학(18세기에서 20세기까지의 주류 사상 학파)은 이것이 자유시장의 일반적인 원리를 통해 자연스럽게 일어나야 한다고 주장한다. 케인스는 경제 회복에 도움이 되는 가장 빠른 방법은 단기간에 정부지출을 늘려 수요를 증가시키는 것이라고 결론을 내렸다.

여기에서의 핵심 개념은, 케인스와 특히 리처드 칸 등의 사람들이 주장했고 이후 존 힉스가 수학적으로 발전시킨 승수 이론에 있었다. 그들의 주장에 따르면, 정부가 불황의 시기에 (도로 건설과 같은) 큰 프로젝트에 투자하면 고용률은 직접 고용된 근로자들의 수보다 더욱 높은 수준까지 올라갈 것이다. 그리고 국민소득은 정부가 지출한 양보다 더 많이 늘어날 것이다.

이는 정부의 프로젝트에 고용된 근로자들이 그 수입의 일부를 주변의 다른 사람들이 만든 것에 소비할 것이고 그 소비가 더 많은 고용을 창출하기 때문이다. 이렇게 새로 고용된 근로자들은 또한 수익의 일부를 소비하여 훨씬 많은 고용을 창출하게 될 것이다. 이 과정은 지속될 수 있지만 그 효과는 소비의 각 단계에서 줄어들 수 있는데, 이는 각 단계마다 추가 소득의 일부가 저축되거나 수입품에 소비될 수 있기 때문이다. 평균적으로 추산해보면 정부지출 1천 원마

중국의 삼협댐(Three Gorges Dam)과 같은 거대한 공공시설 프로젝트는 수천 개의 직업을 창출할 수 있다. 그리고 새로운 근로자들의 임금은 다시 경제로 흘러들어가 지출의 2차 효과를 만들어낼 수 있다.

다 이런 2차 효과를 통해 1천400원의 수익 증가를 창출할 것이다.

1936년 영국의 경제학자 존 힉스는 케인스의 승수 이론에 기반을 둔 수학적 모형을 고안했다. ISLM 모형[투자(Investment), 저축(Savings), 유동성의 선호(demand for Liquidity), 화폐 공급(Money supply)]으로 알려진 이 모형은, 정부지출이나 조세에서의 변화가 승수효과를 통해 고용의 수준에 얼마나 영향을 줄 것인지 예측하는 데 사용될 수 있었다. 전쟁 이후, 경제의 원리를 설명하는 표준 도구가 되었다.

어떤 경제학자들은 케인스의 승수 이론을 맹비난하면서 정부가 조세 또는 부채를 통해 공공지출에 자금을 댈 것이라고 주장했다. 조세는 경제에서 얻은 수익에 부과될 수 있으므로 바라는 것과 반대의 효과를 낼 수 있고, 부채는 인플레이션을 야기함으로써 그 필수적인 임금의 구매력을 감소시킬 수 있다. ■

존 힉스

존 힉스는 1904년 잉글랜드 워릭에서 저널리스트의 아들로 태어났다. 그는 수학 장학금 지원을 받아 옥스퍼드 대학에서 철학, 정치학, 경제학 등의 학위를 받았다. 1923년 프리드리히 하이에크와 1935년에 그의 아내가 된 저명한 영국 경제학자 우르술라 웹(Ursula Webb)과 함께 런던경제대학에서 강의를 시작했다. 이후 힉스는 케임브리지, 맨체스터, 옥스퍼드 대학 등에서 교수로 활동했다. 그는 자신의 모든 활동에 인도주의를 핵심에 두고 있었기 때문에 그의 아내와 함께 제2차 세계대전 후 널리 여행을 다니면서 많은 새로운 독립국가들에 재무구조에 관한 조언을 제공했다. 힉스는 1964년 기사 작위를 받았으며 1972년 노벨상을 받았다. 그는 1989년 세상을 떠났다.

주요 저서

1937년 『미스터 케인스와 고전경제학 *Mr. Keynes and the Classics*』
1939년 『가치와 자본*Value and Capital*』
1965년 『자본과 성장*Capital and Growth*』

초기의 공공사업비는 1차적인 고용을 창출할 뿐만 아니라 추가적인 간접 고용을 창출한다.
돈 파틴킨

경제는 문화 속에 내재되어 있다

경제학과 전통

경제학자들은 사람들이 차를 선택하는 일이건 대통령을 선택하는 일이건 간에 가장 높은 경제적 수익을 약속하는 행동을 취할 것이라는 점에서 이성적이라고 믿는다. 하지만 오스트리아 출신의 경제학자 칼 폴라니(Karl Polanyi)는 이 생각을 근본적으로 뒤엎었다. 그는 사람들에 관한 중요한 것은 그들이 문화와 전통이라는 하나의 '수프'에 담긴 사회적 존재라는 데 있다고 주장했다. 그의 주장에 따르면, 이런 수프는 계산적인 개개인의 이윤동기가 아닌 경제적 삶의 영양공급원이다.

섬 경제학

폴라니는 『거대한 전환』이라는 저서에서 파푸아뉴기니 근처의 트로브리안드 제

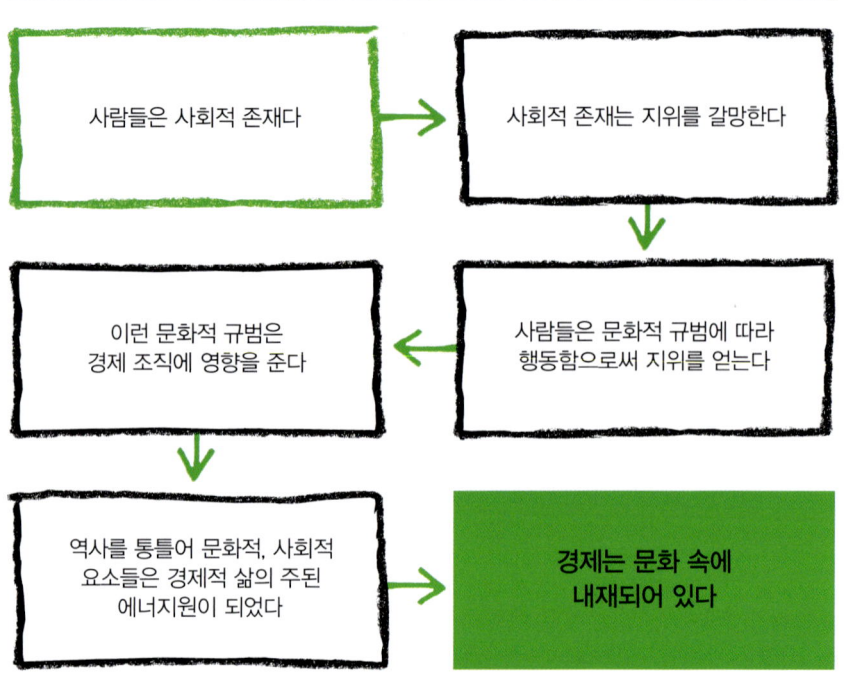

참조 : ■ 경제인 52~53쪽 ■ 종교와 경제 138~139쪽 ■ 제도경제학 206~207쪽 ■ 사회적 자본 280쪽

> 경제 체계는 사실상 사회조직의
> 일개 기능에 지나지 않는다.
> 칼 폴라니

도(Trobriand Islands)에 관한 글을 썼는데, 그 곳의 부족 경제가 놀라운 방법으로 비경제적 행동에 의해 추진된 사실을 설명했다. 그 섬에서는 오늘날에도 흥정이 아닌 선물을 통해 교역이 이루어진다. 부족민들은 붉은 조개로 만든 목걸이와 흰색의 팔띠 등의 선물을 주기 위해 이웃 부족을 향해 위험한 항해를 하는데, 그런 관행은 관습과 '쿨라(kula)'로 알려진 마법의식으로 규정되고 있다. 그 선물들은 한 곳에 보관되지 않고 다른 사람들에게 전해진다. 섬사람들은 관대함을 나타내면서 그들의 사회적 지위를 강화한다. 이익이 아닌 지위를 위한 동기가 교역의 원동력인 것이다.

물론 부족 경제는 오늘날 산업국가들의 경제와 다르다. 폴라니는 유럽 국가들이 발달하면서 관습과 전통이 자유시장의 익명성으로 대체되었다고 주장했다. 그렇기는 하지만 문화적, 사회적 연결이라는 수프는 여전히 선진 경제권을 지속시키고 있다.

이스라엘의 경제학 역사가 애브너 오퍼는 선물을 주는 일과 호의적인 일을 포함한 현대의 경제적 삶에서 비시장형 원칙의 역할을 만들어냈다. 트로브리안드 제도의 사람들처럼 현대 사회는 부의 재분배를 실천하고 있다. 아니면 도로를 건설하거나 군대

를 양성하는 일은 불가능했을 것이다. 요리, 청소, 양육 등의 가정기반 경제활동은 이익보다 유용성을 위해 이루어진다. 오퍼는 20세기 말 영국에서 이런 형태의 비시장형 생산이 국민 소득의 30퍼센트에 이른다고 추정한다.

폴라니는 경제가 사회의 '실질적인' 특징들(특별한 역사와 문화의 변동)에서 비롯된다고 믿었다. 순수 경제학파에게 이 모든 것은 경제와 관련 없고, 사실상 경제를 돌아가게 하는 것이 무엇인지 모호하다. 즉 그것은 이익을 얻으려는 갈망이 종교나 문화, 심지어 가장 전통적인 공동체들보다 앞서는 이성적인 개개인들에게 물가가 보내는 신호다. 이런 두 입장은 이기적인 개개인의 행동에 대해 전체 사회를 통제하는 사회적 규범을 줄이는 것이 가능하다면 해결될 수 있다. 폴라니는 이를 거부했다. 그는 현대 시장과 사회적 구조가 충돌하고, 또한 시장이 확장하면 사회적 격변이 불가피하게 따를 것이라고 확신했다. ■

트로브리안드 섬의 사람들은 선물 교환이라는 특이한 관습을 따른다. 붉은 조개껍데기 목걸이는 바다를 통해 섬 주변의 시계 방향으로 운반된다. 흰색의 팔띠는 시계 반대방향으로 회전하여 운반된다.

칼 폴라니

1886년 빈에서 유대인 부모 슬하에 태어난 칼 폴라니는 헝가리 부다페스트에서 자랐고 법학을 전공했다. 그는 학생 때 마르크스 철학자 게오르크 루카치(Georg Lukács)와 사회학자 칼 만하임(Karl Mannheim)과 같은 급진파들을 접하게 되었다. 제1차 세계대전 당시 그는 오스트리아-헝가리 군대에서 복무한 다음 빈으로 옮겨가 저널리스트로 일했다. 그는 젊은 혁명가 일로나 두친스카(Ilona Duczynska)와 결혼했고, 1933년 두 사람은 나치정권을 피하기 위해 영국으로 망명했다.

런던에서 폴라니는 저널리스트로 일했고 그에게 지속적인 영향을 준 가난한 환경 속의 근로자들을 가르쳤다. 1940년부터 그는 은퇴할 때까지 미국에서 강의를 했지만 캐나다에서 살아야 했다. 그의 아내가 헝가리 혁명에 연루되어 미국에 들어가는 것이 금지되었기 때문에 통근해야 했던 것이다. 그는 1964년에 세상을 떠났다.

주요 저서

1944년 『거대한 전환The Great Transformation』
1957년 『초기 제국의 교역과 시장 Trade and Markets in the Early Empires』
1966년 『다호메이 왕국과 노예들 Dahomey and the Slave Trade』

경영자들은 회사의 이익이 아닌 특전을 위해 노력한다

기업지배구조

사람들은 대부분 자유시장경제의 기본 원리가 기업이 주주들에게 가장 좋은 이익이 되는 경영으로 운영되는 데 있다고 생각한다. 미국의 경제학자 아돌프 벌(Adolf Berle)와 가디너 민즈(Gardiner Means)에 따르면, 이 관점은 완전히 잘못된 것이다. 그들은 1932년 출간한 저서 『현대 기업과 사유재산The Modern Corporation and Private Property』에서 기업지배구조에 서광을 비추며 권력의 균형이 어떻게 기업의 소유주에서 경영으로 이동하는지를 보여주었다.

기업지배구조의 실패는 2008년에 큰 쟁점이 되었다. 그 당시 많은 사람들은 고위 경영진의 급료가 그들 회사의 실적과 주가 하락에 어울리지 않게 많이 올랐다는 것을 느꼈다.

벌과 민즈는 경영의 지배가 공장 체계가 출현한 산업혁명의 시기에 시작되었다고 주장했다. 점점 증가하는 많은 근로자들은 한 지붕 아래에 모이게 되었고 그곳에서 임금을 받는 대가로 그들의 노동을 경영에 넘겨주었다. 현대에서는 기업들이 무수히 많은 개개인들(주주들)의 재산을 한데 모은다. 그리고 그 개개인들은 이익 배당금의 대가로 그 통제권을 하나의 작은 경영진에 넘겨준다. 이는 설명할 필요도 없이 강력한 경영을 야기한다.

무관심한 주주들

벌과 민즈는 현대의 주주들을 소극적인 소유주로 확인했다. 이 소유주들은 그들의 재산을 기업의 관리방식에 이양하고 더 이상 그들이 투자한 것을 '돌보는' 방법에 관해 의사결정을 하지 않는다. 말하자면 그들은 책임과 권한을 경영에 넘긴 것이다. 주주들의 무관심은 그저 현상 유지나 투표 선택권을 행사하지 못하는 결과를 야기한다.

어떤 경우에도 그들은 다음과 같은 사항들을 이해하지 못할 것이다. 그들이 정말 무언가를 바꾸기를 바란다면 더 많은 주식을 보유하거나 충분히 많은 주주들이 변

참조 : ■ 공개기업 38쪽 ■ 자유시장 경제학 54~61쪽 ■ 경쟁시장 126~129쪽 ■ 제도경제학 206~207쪽

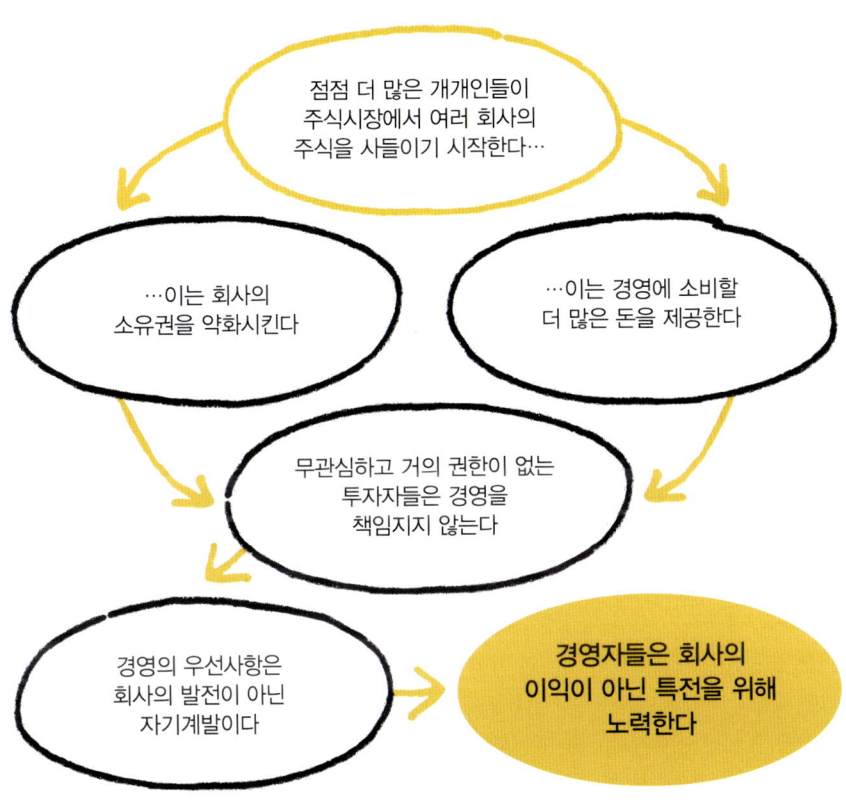

경영진의 급료

벌과 민즈는 1932년에 사리사욕을 추구하는 경영진의 위험을 경고했지만 그 문제는 지난 20년 동안 유럽과 미국에서 악화되었다. 주주들은 이사회를 선택하는 투표를 하지만 경영진 급료는 다른 고소득자들로 구성된 보수위원회(remuneration committee)에서 결정된다. 그들은 어떤 '시장 시세'를 강행하기 위해 높은 급료를 유지한 다음, '시장 원리' 덕택에 막대한 임금 인상을 받기를 고대할 수 있다. 주주는 그 위원회를 해산시킬 권한이 있지만 이는 시장 원리로 인해 제대로 수용되지 않을 것이다. 그 결과 주가가 떨어질 수 있기 때문이다.

문제는 많은 주식들이 해당 회사에서 장기간 이익이 아닌 헤지펀드(투기성 투자회사)로 보유된다는 사실이다. 펀드매니저들은 최고경영진과 비슷한 막대한 임금 인상을 받는 데 목표를 두므로, 높은 대우에 반대하는 투표를 하는 것은 그들에게 이익이 되지 않는다.

화를 추진할 수 있도록 충격요법을 써야 할 것이다. 하지만 기업의 소유주들은 회사를 운영하는 데 더욱 더 작은 영향을 미친다. 이는 경영의 이익이 언제 주주의 이익과 일치하는가의 문제가 아니다. 하지만 경영이 이기적인 방법으로 이루어지고 있고 그들만의 개인적인 이익을 추구하고 있다고 한다면 그들의 이익은 소유주의 이익과 매우 다를 것이다.

벌과 민즈는 기업에 대해 주주들이 권한을 위임하는 회사법이 바뀌어야 한다고 주장했다. 주주들이 경영진을 고용하고 해고하며 정기 총회를 열 수 있는 권리가 부여되어야 한다고 그들은 주장했다. 그들의 책이 처음 출간되었을 때, 미국의 회사법에는 일반적으로 그런 방법들이 포함되어 있지 않았다. 벌과 민즈는 현대의 기업 법률 제도 설립에 중요한 역할을 했다.

기업의 실패

오늘날, 기업지배구조의 실패는 자본주의에 대한 매우 보편적인 불만의 중심에 놓여 있다. 기업의 리더십은 계속 늘어나는 급료와 보너스를 받고 있는 일부 중역들의 사리사욕을 드러내면서 주목받게 되었다. 사람들은 대부분 주주들이 기업이라는 기구 앞에서 여전히 무력한 상태라고 느낀다. ■

오늘날 쳇바퀴 돌듯이 돌아가는 보상위원회 구성원들이 기업의 급료를 정한다. 주주들이 이런 위원회에 발언할 수 있는 법이 제정될 가능성이 있다.

경제는 예측할 수 있는 하나의 기구다

경제 이론의 계량분석

노르웨이 경제학자 랑나르 프리슈(Ragnar Frisch)는 1930년대에 그가 '계량경제학(econometrics)'이라고 칭하는 새로운 분야를 개발했다. 그의 목적은 경제 동향을 설명하고 예측하기 위한 방법을 개발하는 데 있었다. 계량경제학은 수학적인 시험 방법을 활용하여 경제 이론이 옳거나 틀림을 증명할 수 있는 통계적 기반을 제시하는 것이다. '학력이 높을수록 임금수준이 높다'와 같은 경제적 신념이 옳을 수도 있지만, 이는 교육수준에 관한 자료를 뽑아 그 자료를 급여수준과 비교하는 공식을 통해서만 입증될 수 있다. 또한 계량경제학은 경제 자료에서 여러 유형들을 끌어내어 경제학자들이 과거의 시장 동향을 분석하고 미래의 성과를 예측할 수 있게 한다.

통계학상의 위험

계량경제학은 실증적 해석의 중요한 도구이지만 여러 위험요소들이 존재한다. 예를 들어, 과거의 시장 동향이 미래의 시장 성과를 실질적으로 보장하는 것은 아니다. 또한 모든 변수들을 고려하기가 어렵다. 교육 사례의 경우에서도, 교육수준이 임금수준에 영향을 주는 유일한 요소는 아니다. 다른 수량화할 수 없는 능력들도 중요한 역할을 할 수 있다. 이런 종류의 문제들은 여러 경제 모형들의 결과의 타당성을 약화시킬 수 있다. 또한 통계적 중요성을 경제적 중요성과 혼돈하지 않는 것이 필요하다. ■

수학과 통계학과 경제학 사이의 중간 단계에서 새로운 분야를 찾아냈는데, 그것을 계량경제학이라 한다.
랑나르 프리슈

참조 : ■ 부의 측정 36~37쪽 ■ 인플레이션과 실업 202~203쪽 ■ 금융공학 262~265쪽 ■ 복잡성과 혼돈 278~279쪽

경제학은 희소자원을 연구하는 학문이다

경제학의 정의

맥락읽기

초점
경제적 방법론

핵심사상가
라이오넬 로빈스(1898~1984년)

이전의 관련 역사
서기 1890년 : 영국의 경제학자 알프레드 마셜이 『경제학 원리』를 발표하여 경제학을 "행복을 위해 물질적 필수요건을 획득하고 사용하는 일과 가장 밀접하게 연결되어 있는 개인적, 사회적 행동의 일부"로 정의내린다.

이후의 관련 역사
서기 1962년 : 미국의 경제학자 밀턴 프리드먼이 로빈스의 경제학 정의를 지지하면서도 그 범위를 확대한다.

서기 1971년 : 미국의 경제학자 게리 베커가 『경제 이론』을 발표하여, 경제학을 "여러 목적의 경쟁을 만족시키기 위한 희소 수단들의 배분에 관한 연구"로 정의를 내린다.

영국의 경제학자 라이오넬 로빈스는 1932년 경제학의 새로운 정의를 설명하는 『경제학의 본질과 의의Essay on the Nature and Significance of Economic Science』를 출간하여 논란을 불러일으켰다. 로빈스는 경제학을 "필요성에 비해 한정되어 있는 자원에 직면한 인간의 행동을 연구하는 학문"으로 정의내렸다. 그는 그 정의를 인간의 욕구는 무한하지만 자원은 한정되어 있다는 사실에 기반을 두었다.

하나의 욕구가 충족되면 또 다른 욕구가 생겨난다. 하지만 이런 욕구를 충족시키기 위해서는 한정된 자원(토지, 노동, 기업가 능력, 자본)만 사용할 수 있다. 희소성은 욕구를 모두 만족시킬 수 없다는 것을 의미한다.

욕구 대 자원
무한한 욕구와 한정된 자원 사이의 긴장은 경제학의 기본이다. 모든 자원은 둘 중 하나의 선택이 따른다. 가령, 한 들판을 가축을 먹이는 데 사용한다면 그와 동시에 그 들판에서는 작물을 생산할 수 없다. 이는 우리가 자원을 사용할 때 가장 좋은 방법을 결정해야 한다는 것을 의미한다. 로빈스는 이것이 모든 사회가 직면하는 중요한 문제라고 확신했다. 소비자를 가장 만족시키기 위해 어떤 재화를 생산하고 얼마나 생산할 것인지를 결정해야 한다. 그것이 바로 자원에 가치를 부여하는 자원의 희소성이다.

오늘날 로빈스의 정의는 널리 받아들여지고 있지만 어떤 사람들은 경제학을 더 넓은 관점으로 파악해야 한다고 주장한다. 사회가 시간이 지날수록 더 많은 자원을 창출하는 방법을 연구해야 한다는 것이다. ■

라이오넬 로빈스의 정의는 희소성으로 인해 경제적 선택을 할 수밖에 없다는 사실에 중점을 둔다. 하나의 들판을 목초지로 쓸 것인지 밀 경작지로 쓸 것인지 선택해야 한다.

참조 : ■ 인구통계와 경제학 68~69쪽 ■ 기회비용 133쪽 ■ 시장과 사회적 성과 210~213쪽 ■ 계획경제의 생산량 부족 232~233쪽

우리는 자유 사회를 지키기를 원한다

경제적 자유주의

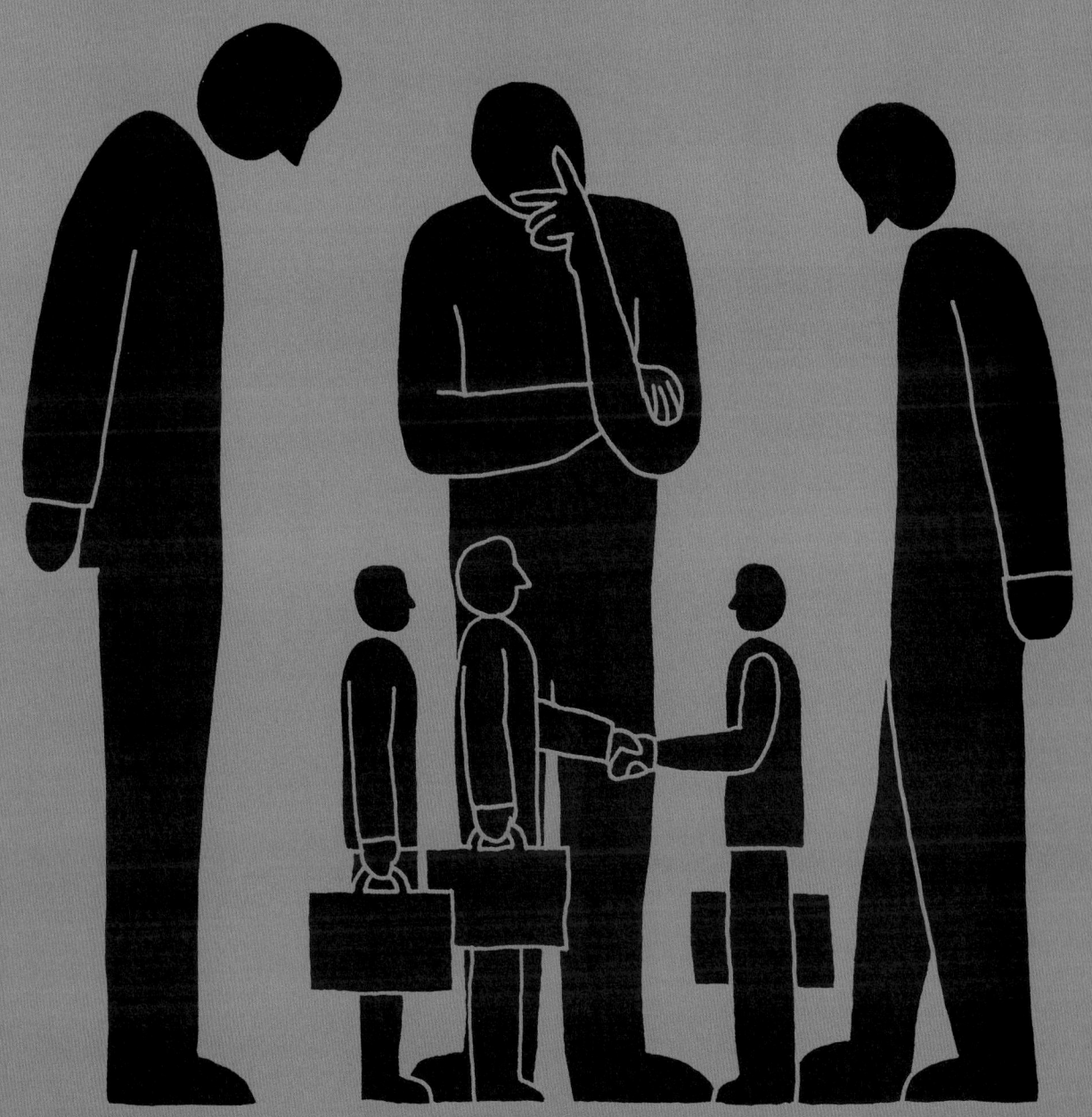

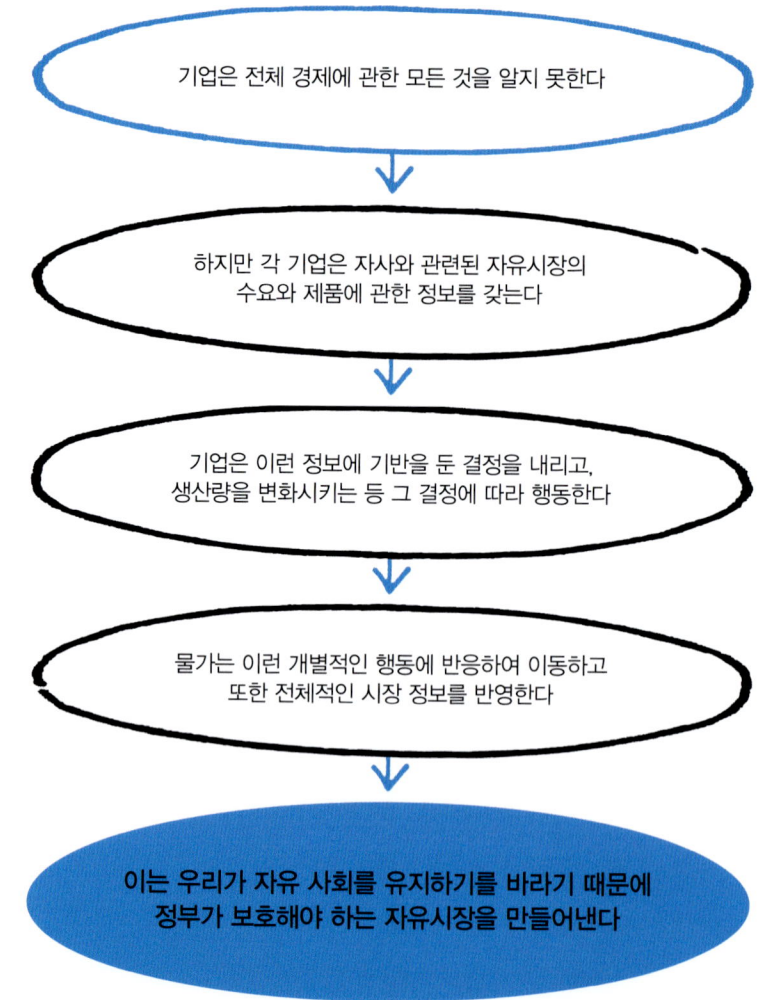

주류 경제학에는 늘 비평가들이 따라다녔다. 수학 공식에 초점을 맞추고 때로는 광범위한 가정들을 펼쳐놓은 그 주류 경제학 때문에 경제학자들은 그 방법과 실증적 증거의 부족성에 문제를 제기했다. 이 비평가들은 대부분 좌파 정치인 출신으로, 주류 경제학을 불공평한 자유시장을 위해 보기에 그럴듯하게 힘을 보태고 있는 것으로 여긴다.

한 소수 전통학파인 오스트리아 학파는 전혀 다르게 주장했다. 자유시장을 굉장히 옹호하면서도 주류 경제학을 비평한 그들은 그 원칙 내에서 독특한 분야를 개척했다. 이 급진파들 중 가장 저명한 사람은 오스트리아 출신의 영국 경제학자 프리드리히 하이에크(Friedrich Hayek)였다. 하이에크는 20세기의 가장 영향력 있는 경제학자라는 칭호를 두고 존 메이너드 케인스와 경쟁하면서, 또한 정치적·경제적 사상에 많은 기여를 했다. 여기에는 경제학, 법학, 정치학, 신경과학 등이 포함되어 있었다. 그의 저서들은 거의 논증이 된 일관적인 일련의 원칙들을 유지하고 있었다. 그 원칙들은 자유시장과 사유 재산에 대한 지지, 사회를 형성하는 정부의 능력에 대한 깊은 비관주의 등 고전적 자유주의 전통에 바탕을 두고 있었다.

독재정부의 창출

프리드리히 하이에크의 가장 유명한 주장은 1944년 『노예의 길』에서 나타났다. 그 당시에는 정부의 개입과 중앙계획에 대한 의욕이 점점 증대되고 있었다. 하이에크는 사회에 집산주의 질서를 부여하려는 모든 시도는 결국 실패할 것이라고 주장했다. 그런 시도는 거침없이 파시즘이나 스탈린

참조 : ▪ 재산권 20~21쪽 ▪ 경제인 52~53쪽 ▪ 경제 균형 118~123쪽 ▪ 중앙계획 142~147쪽 ▪ 케인스의 승수효과 164~165쪽 ▪ 계획경제의 생산량 부족 232~233쪽

주의 공산주의라는 전체주의를 초래할 것이라고 말했다. 시장의 '자발적인 질서'에 반대하는 모든 필연적인 계획된 행동 때문에 이는 오직 힘의 정도, 즉 강압으로만 일어날 수 있다. 정부가 계획을 세워 시행할수록 더 많은 강압이 필요하다. 정부가 시장의 세부적인 원리에 대한 정보를 잘 알지 못하기 때문에 계획경제는 그 목표에서 계속 실패할 수밖에 없고 그런 실패를 보상하기 위해 점점 강제적인 성격을 띠게 되는 것이다. 그 시점에서 계획경제의 초기 목표가 아무리 온건할지라도 모든 자유가 없어지기 때문에 사회는 전체주의 국가로 기울어지게 된다.

좌익 경제학자들은 중앙계획경제가 가능할 뿐만 아니라 자유시장보다 더욱 효율적이라고 주장했다. 1920년 중앙계획경제에 처음으로 반대했던 중요한 인물은 오스트리아 학파의 또 다른 회원인 루트비히 폰 미제스였다. 그는 사회주의(여기서는 중앙계획으로 정의함)가 경제적으로 성공할 수 없다고 주장했다. 이는 상품에 가격을 매기는 합리적인 수단을 전혀 제공하지 않는다. 자유시장에서 엄청난 수의 개개인을 통해 이루어지는 배분 결정을 사회주의에서는 하나의 중앙계획자나 위원회의 강권(diktat, 절대적 명령)에 의존하기 때문이다. 시장의 부족과 과잉을 평가하여 물가를 올바르게 정하는 데 필요한 정보의 양이 너무 커서 그 시도는 결국 실패하게 된다. 폰 미제스에 따르면, 사회주의는 '합리적인 경제의 폐지'를 말한다. 오직 사유재산을 갖는 자유시장

만이 복잡한 경제에 필요한 분권화된 가격 결정을 위한 기반을 제공할 수 있다.

사회주의 옹호
하지만 폴란드의 경제학자 오스카 랑게(Oskar Lange)는 폰 미제스에 동의하지 않았다. 그는 1936년 한 일반균형 이론을 개발하면서 활용한 〈사회주의 경제 이론에 관해 On the Economic Theory of Socialism〉에서 폰 미제스의 주장에 반박했다. 제2차 세계대전 이후까지도 완벽하지 않았던 이 이론은 꼭 필요한 것들만 나타낸 시장경제의 정확한 표현이다. 시장의 모든 결함이 없어지고 시장의 모든 참여자들은 완전한 정보를 얻게 되어 그들의 이익에만 관심을 두게 된다. 랑게에 따르면, 이런 기반에서 중앙계획 위원회는 경제의 초기에 정해진 물가를 수정할 수 있고 그렇게 해서 주어진 가격으로 수요와 공급을 조절하면서 사회의 모든 사람들이 자유롭게 무역을 할 수 있게 한다. 그리고 그 결과는 효율적일 수 있다고 그는 주장했다. 또한 중앙계획 입안자는

> 국가가 더 많이 '계획할수록' 개개인은 계획하기가 더욱 어려워진다.
> **프리드리히 하이에크**

소득 불평등을 줄일 수 있고 시장의 동향을 단기적 사고로 제한할 수 있다.

랑게는 (수요와 공급이 물가를 결정하는) 일반적인 미시경제학의 이론들을 받아들여 그 이론들을 완전히 뒤엎었다. 이후 그의 업적은 자유시장이 어떻게 사회적으로 원하는 목적을 달성할 수 있는지를 살펴보는 후생경제학의 기반이 되었다.

전체주의 국가인 북한은 정기적으로 식량 부족과 기근에 시달리고 있다. 오스트리아 학파 경제학자들은 이는 자유시장을 무시하는 중앙계획의 불가피한 결과라고 주장한다.

오스트리아 학파

하지만 프리드리히 하이에크와 그의 동료들은 자유시장의 장점에서 아주 다른 유형을 제시했다. 그들은 시장이 결함이 없거나 개개인들이 완전히 정보를 얻을 수 있다고 주장하지는 않았다. 그와 반대로 자유시장의 장점은 개개인과 기업이 정보를 제대로 얻을 수 없고 시장 원리가 상품을 유통시키기에 가장 좋은 방법이라는 불완전한 사회이기 때문이라고 그들은 주장했다. 이 관점은 오스트리아 학파의 중요한 원칙이 되었다.

하이에크에 따르면, 지속적인 무지의 상황에서 시장은 정보를 제공하는 것이 아니라 정보를 습득할 수 있는 가장 유용한 수단이다. 개개인과 기업은 모두 그들만의 가장 좋은 상황을 잘 알고 있다. 그들은 사람들이 필요로 하는 재화와 용역을 갖고 있고, 미래를 위해 계획할 수 있으며, 또한 그들에게 적절한 가격을 확인한다. 정보는 명확하며 사회의 모든 사람들 속에 흩어져 있다. 물가는 개개인과 기업들의 행동에 반응하여 이동하므로 전체적으로 사회에 유용한 많은 정보를 반영하게 된다.

하이에크는 사회에 관한 지식이 결코 완벽할 수 없다는 점에서 이 '자발적인 질서'가 복잡한 현대 경제를 조직하기 위한 가장 유용한 수단이라고 주장한다. 이 질서에 관해 집단적인 제약을 부과하는 시도는 사회의 원시적이고 본능적인 질서로 돌아가는 것을 나타낸다. 따라서 자유시장은 그곳으로부터 보호되어야 한다.

집단주의의 독재

자발적인 질서라는 관념은 하이에크의 사상을 지배하게 되었고 그는 그와 관련하여 정치적 문제에 점점 관심을 돌려 저술활동을 펼쳤다. 이는 그의 『자유 헌정론The Constitution of Liberty』에 가장 잘 거론되어 있었는데, 시장의 자발적인 원리가 가능한 곳에서 정부는 그 원리를 지키기 위해서만 행동해야 한다고 설명하고 있다. 사유재산과 계약은 법적으로 신성불가침한 것이고 또한 자유 사회는 국가 자체를 포함한 모든 정당들을 결속시키는 규칙을 준수해야 한다. 더 나아가서 그 국가는 필요하다면 법의 지배를 약화시키려고 위협하는 집단행동주의 세력에 반대하는 행동을 할 수 있다. 하이에크는 폭넓게 민주주의를 옹호했지만 어떤 경우에는 '집단주의의 민주적인 독재' 성향에 비평을 했다.

신자유주의의 탄생

제2차 세계대전 이후, 경제적인 재건이 필요한 여러 나라에서는 경제에 대한 정부의 적극적인 개입을 주장하는 케인스주의의 합의를 야기했다. 그와 동시에 하이에크와 그 외 오스트리아 학파의 사람들은 '몽 페를랭 협회(Mont Perelin Society)'를 만들었는데, 이는 1970년대 케인스주의의 합의가

하이에크에 따르면, 개별적인 판매자들 사이의 정보의 자유 흐름은(왼쪽 그림) 재화의 적절한 가격을 야기한다. 반면에 중앙계획 경제는 한 개인이나 위원회(오른쪽 그림)의 관점을 부여하여 개인의 의사소통의 자유와 회사의 거래 능력을 축소시킨다.

경매는 구매자와 판매자 사이에서 지역 정보를 직접적이면서 신속히 교환하여 생겨나는 자유시장이다.

실패한 시기에 생겨난 자유시장 두뇌 집단들에 선도적인 영향을 미쳤다. 이와 유사한 경제정책의 새로운 접근이 남아메리카에서 나타났지만 이는 영국의 마가렛 대처(Margaret Thatcher)와 미국의 로널드 레이건(Ronald Reagan) 정부가 채택하여 세계적으로 의미가 있었다. 그것은 바로 신자유주의였고, 한때 비방을 받았던 오스트리아 학파의 관념을 밀접하게 따랐다.

국영화된 산업들은 민영화되었고 정부의 개입은 시장의 원리에서 축소되었다. 그리고 소련의 붕괴로 정치에서 하이에크의 주장들은 더욱 큰 효과를 거두었다. 전 세계에 걸쳐 한때 자유시장에 단호하게 반대하던 정당들도 실행 가능한 대안이 없다는 것을 확신하게 되었다. 그 정당에는 하이에크의 『노예의 길』의 직접적인 표적이 되었던 영국의 노동당(Labour Party)도 포함되어 있었다.

밀턴 프리드먼(Milton Friedman)과 같은 자유시장 사상에 강하게 영향을 받은 주류 경제학자들은 그 영향력이 증가했다. 2000년에 '새로운 합의점(new consensus)'이라는 입장이 국가의 제한된 역할을 강조한 거시경제학에서 우세했다.

새로운 타당성

경제학에서 오스트리아 학파가 설정한 주제의 명백한 승리와 하이에크의 1974년 노벨상 수상에도 불구하고 오스트리아 학파의 독특한 방법과 이론은 비주류로 남아 있었다. 하지만 2007년과 2008년의 세계적인 금융 제도 붕괴와 이후의 은행 긴급구제는 그 이론들에 관해 새로운 관심을 불러일으켰다. 오스트리아 학파 경제학자들은 은행 긴급구제를 맹비난하면서 그것이 자유시장에서 부당한 간섭을 나타낸다고 주장했다. 정부의 통화 공급량 독점 종식을 촉구하는 자유 은행 학파(Free Banking School)는 1976년 하이에크의 논문 〈화폐의 비국유화Denationalization of Money〉에서 단서를 얻어 그들의 주장을 부각시켰다. 정부의 공공지출 증대라는 케인스 프로그램도 마찬가지로 비난을 받았다. 계속되는 혼란의 상황에서 주류 경제학으로 대두된 오스트리아 학파는 새로운 영향력을 달성하기 시작했다. ■

프리드리히 하이에크

프리드리히 아우구스트 폰 하이에크(Friedrich August von Hayek)는 오스트리아의 빈에서 태어났다. 제1차 세계대전 중이던 23살 때 이탈리아 군대에서 1년간 복무를 했고, 이후 법학과 정치학 박사학위를 받았다. 사회주의에 관심이 있었던 그는 빈에서 루트비히 폰 미제스의 세미나에 참석했고, 폰 미제스의 후원으로 오스트리아 경기순환연구소(Austrian Institute of Business Cycle Research)를 설립했다. 1923년 1년 동안 뉴욕을 여행하면서 미국의 전쟁에 관한 신문 보도의 정확성을 보고 오스트리아 정부에 깊은 불신을 지니게 되었다.

1931년 런던으로 옮겨간 그는 런던경제대학에서 학생들을 가르쳤고 존 메이너드 케인스와 2년간의 매우 공적인 논쟁에 휘말리게 되었다. 하이에크는 1938년 영국 시민이 되었지만 1950년 영국을 떠나 시카고 대학으로 옮겼다. 그는 1992년 독일 프라이부르크(Freiburg)에서 93세의 나이로 세상을 떠났다.

주요 저서

1944년 『노예의 길The Road to Serfdom』
1948년 『개인주의와 경제 질서Individualism and Economic Order』
1988년 『치명적 자만The Fatal Conceit』

산업화가 지속적인 성장을 창출한다

근대 경제의 출현

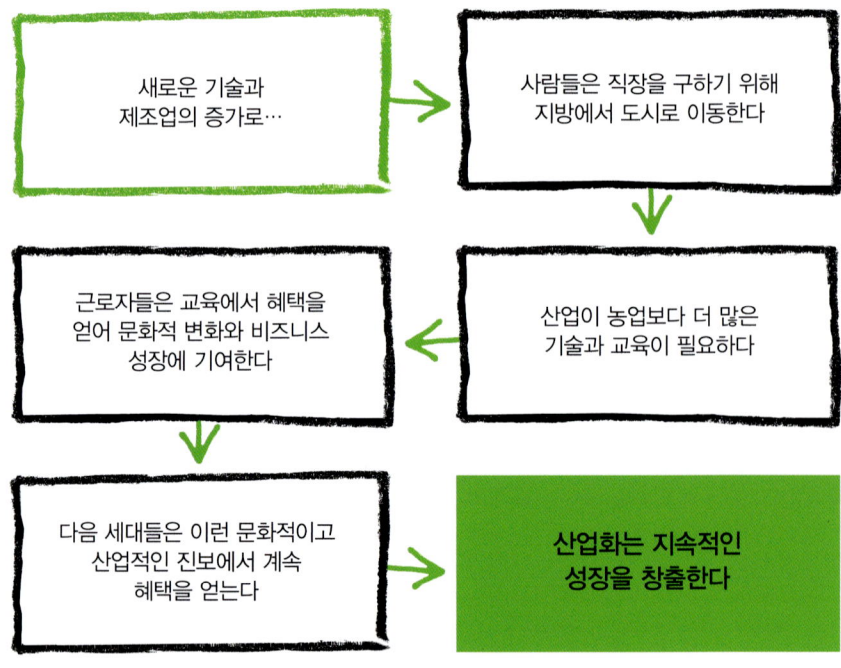

새로운 기술과 제조업의 증가로…

사람들은 직장을 구하기 위해 지방에서 도시로 이동한다

근로자들은 교육에서 혜택을 얻어 문화적 변화와 비즈니스 성장에 기여한다

산업이 농업보다 더 많은 기술과 교육이 필요하다

다음 세대들은 이런 문화적이고 산업적인 진보에서 계속 혜택을 얻는다

산업화는 지속적인 성장을 창출한다

러시아 출신의 경제학자 사이먼 쿠즈네츠(Simon Kuznets)는 근대 경제의 출현을 공장이 농장을 대신한다는 점에서 하나의 통제된 혁명으로 설명했다. 그 결과로 생긴 높은 생활수준은 처음에 간단한 수치의 성장률로 나타났을 때보다 더욱 심오한 경제적, 사회적 변화를 필요로 한다. 쿠즈네츠는 이 과정을 '근대적 경제성장'이라 칭하고 이를 달성하는 성공의 여부가 부유한 나라들과 그렇지 못한 나라들을 구분하는 것이라고 입증했다.

쿠즈네츠 성장 이론의 주요 특징은 인구가 팽창하더라도 개인당 소득이 급속히 증가한다는 데 있다. 사람들은 점점 많아지고 더욱 부유해진다는 것이다. 이런 성장은 공장과 기계의 확산으로 추진된다. 산업 성장

참조 : ■ 농업경제 39쪽 ■ 인구통계와 경제학 68~69쪽 ■ 규모의 경제 132쪽 ■ 시장통합 226~231쪽 ■ 기술 비약 313쪽

을 유지하기 위한 자본의 증가로 근로자들은 작은 가내기업에서 개인 회사와 공장으로 이동된다.

하지만 새로운 기술과 대규모 생산 방법은 사람들이 문맹일 경우 미신적이고, 또는 시골에 매여 있다면 활용될 수 없다. 쿠즈네츠에게 이런 성장은 도시화의 증가와 종교의 약화와 함께 엄청난 사회적 변화를 유발한다.

산업혁명

영국은 처음으로 근대 경제성장을 이뤄낸 나라였다. 18세기 산업혁명으로 영국은 선진 산업국의 길로 들어섰다. 증기력과 여러 발명이 생산방식을 바꾸어놓았다. 근로자들은 농촌을 떠나 공장으로 들어갔다. 도시는 비약적으로 성장했다.

새로운 운송수단과 통신 기술로 영국의 회사들은 세계 경제 속으로 진출하게 되었다. 그 경제 자체가 하룻밤에 바뀌는 것은 아니었지만 기술적, 사회적, 제도적 변화는 계속 이루어지고 있었다. 그로 인해 점점 늘어나고 있는 인구의 생활수준은 엄청나

게 향상되었다.

진정한 근대 경제성장의 확산은 제한되고 있었다. 미국, 오스트레일리아, 일본 등 부유한 나라들 사이에서 그 과정은 오늘날에도 지속되고 있다. 산업화의 첫 물결 이후, 이러한 경제는 일반적으로 중공업에서 벗어나 서비스 부문으로 발전했는데, 이는

1837년에 발명된 이 증기 해머는 기계들이 또 다른 기계들을 생산해내는 산업화의 진보를 증진시킨 공작 기계들 중 하나였다.

불가피하게 더 나은 종류의 사회적 변화에 영향을 미칠 것이다. ■

사이먼 쿠즈네츠

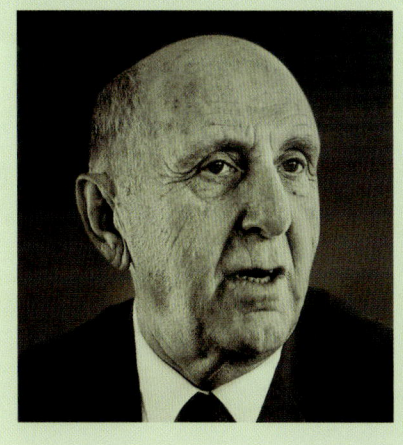

사이먼 쿠즈네츠는 1901년 오늘날의 벨라루스(Belarus) 핀스크(Pinsk)에서 태어났다. 그는 초기부터 경제학과 관련을 맺고 있었는데, 학생 신분으로 러시아 통계청의 책임자를 맡기도 했다. 러시아 혁명 후, 쿠즈네츠의 가족은 터키로 이주했다가 이후 미국으로 건너갔고, 그는 1922년에 가족들을 뒤따랐다.

쿠즈네츠는 뉴욕의 콜롬비아 대학에 입학하여 1926년 박사학위를 받았다. 그 뒤 그는 미국 '전국경제조사국(National Bureau of Economic Research)'에서 일했는데, 그곳에서 전 세계적으로 여러 정부들이 오늘날에도 사용하고 있는 국민소득회계라는 현대적인 시스템을 개발했다. 1947년에 쿠즈네츠

는 많은 정부들에 조언을 하고 있는 '소득과 부의 연구를 위한 국제협회(International Association for Research in Income and Wealth)'를 설립하는 데 도움을 주었다. 그는 폭넓게 강의활동을 했고, 1971년 근대 경제성장(Modern Economic Growth) 분석으로 노벨상을 받았다. 그는 1985년 84세의 나이로 세상을 떠났다.

주요 저서

1941년 『국민소득과 그 구성요소』
1942년 『평화시와 전시의 국민소득 활용』
1967년 『인구와 경제성장』

다양한 사람들, 서로 다른 가격

가격차별

프랑스 공학자이자 경제학자인 쥘르 뒤피(Jules Dupuit)는 1840년대에 그가 건설하고 있는 다리와 도로에 통행료를 정해야 한다고 주장했다. 그는 각자 얼마나 많이 지불할 수 있는지에 따라 통행료를 부과해야 한다고 제안했다. 뒤피는 똑같은 서비스에 대해 다양한 사람들에게 다양한 가격을 정하는 것을 처음으로 생각해낸 경제학자였다. 이는 '가격차별'로 알려져 있다. 가격차별은 회사들이 다양한 가격을 부과할 수 있도록 어느 정도 독점력이 있는 곳에서만 보통 발생할 수 있다.

1920년 가격차별의 세 가지 다른 '등급'은 영국의 경제학자 아서 피구가 파악한 것

기업들은 수익을 최대화하기를 원한다

그들은 일반적으로 낮은 가격으로 더 많은 구매자들을 끌어들일 것이다

하지만 그렇게 되면 그들은 기꺼이 더 많이 지불하려는 사람들에게서 얻을 수 있는 초과 수익을 놓친다

해결책은 다양한 사람들에게 서로 다른 가격으로 같은 제품을 판매하는 방법을 찾는 것이다

참조 : ■ 시장과 도덕 22~23쪽 ■ 제한 경쟁의 영향 90~91쪽 ■ 독점 92~97쪽 ■ 경쟁시장 126~129쪽 ■ 효율적 시장가설 272쪽

이다. 1급 가격차별은 뒤피가 사용했던 모형으로, 이는 한 회사가 각 개인에게 기꺼이 지불하려는 최댓값을 부과하는 것을 말한다. 사실상 이는 판매자가 모든 개개인의 상품에 대한 평가를 알아야 하기 때문에 드문 일이다.

2급 가격차별은 하나의 상품이 구매될 때마다 추가되는 상품의 가격을 절반으로 줄이는 것과 관련이 있다. 이런 선택은 '콜라 한 병을 사고 절반 가격으로 두 번째 병을 얻는 것'과 같은 제의로 흔히 슈퍼마켓 거래에서 사용된다.

가장 흔한 형태라고 볼 수 있는 3급 가격차별은 고객들을 각기 다른 특징으로 식별하는 것과 관련이 있다. 예를 들어, 한 영화관에서 아동, 학생, 연금수급자 등을 위해 보다 값싼 영화표를 판매한다.

차별 효과

영국의 경제학자 조앤 로빈슨은 1933년에 발표한 저서 『불완전경쟁의 경제학』에서 사회에서의 가격차별의 결과를 살펴보았다. 고객들은 대부분 가격차별의 세 가지 유형들이 모두 불공평하다고 본능적으로 생각한다. 각각의 콜라가 똑같은 비용이

학생들은 수입이 낮기 때문에 높은 물가는 사실상 그들이 어떤 것을 행하거나 구매하지 못하게 한다. 학생 할인율은 알맞은 범위 내에서 활동과 재화를 제공한다.

가격차별은 하나의 통제 하에 생산되는 동일한 물품을 다양한 구매자들에게 서로 다른 가격들로 판매하는 행위다.
조앤 로빈슨

든다면 슈퍼마켓은 왜 첫 번째 콜라를 또한 낮은 가격으로 판매하지 않을까? 어떤 극장표는 어떻게 값이 더 저렴할 수 있을까? 우리는 이런 제안을 독점자가 소비자들의 희생으로 대부분 수익을 올리고 있다는 의미로 해석한다.

로빈슨에 따르면, 독점자가 동일한 결과를 만들어내지만 특정 사람들에게 높은 가격을 부과한다면 소비자들은 손해를 보게 된다. 하지만 때로는 가격차별이 사람들에게 할 수 없는 것을 가능하게 할 수 있다. 철도 회사의 가격차별의 경우를 예로 들면, 붐비는 시간 때의 통근자들은 높은 요금을 지불하지만 한산한 때에 회사가 훨씬 낮은 요금을 정하는 것은 합리적인 조치다. 이는 한산한 때에 사람들에게 기차를 타도록 권장할 필요가 있기 때문이다. 따라서 어떤 소비자들은 더 많이 지불할지라도 많은 수의 사람들이 낮은 가격으로 여행할 수 있게 된다. 이런 식으로 회사가 다양한 사람들에게 다양한 가격을 정할 때 소비자들은 전체적으로 혜택을 얻는 것이 가능하다. ■

조앤 로빈슨

1903년에 부유한 영국의 집안에서 태어난 조앤 바이올렛 로빈슨(Joan Violet Robinson)은 20세기의 가장 훌륭한 여성 경제학자로 알려져 있다. 그녀는 세인트 폴 여학교에 다녔고 케임브리지 대학에서 경제학을 공부했다. 결혼 후 2년 동안 인도를 여행하고, 이후 케임브리지 대학에서 교수로 활동했다.

그곳에서 그녀는 평생의 지식인 동업자가 된 경제학자 리처드 칸(Richard Kahn)을 포함한 존 메이너드 케인스 팀의 회원이 되었다. 로빈슨은 열정적인 여행자였기 때문에 70대까지 널리 해외에서 강연을 했는데, 북미와 남미, 오스트레일리아, 아프리카, 유럽 대부분 등지에서 학생들을 가르쳤다. 논란을 두려워하지 않는 독창적인 사상가였던 그녀는 노벨상을 수상하지 않은 가장 훌륭한 경제학자라고 알려져 있다. 그녀는 80세의 나이로 세상을 떠났다.

주요 저서

1933년 『불완전경쟁의 경제학*The Economics of Imperfect Competition*』
1937년 『실업 이론*Essays on the Theory of Unemployment*』
1956년 『자본 축적론*The Accumulation of Capital*』

POST-W
ECONOM
1945-1970

AR
CS

전쟁 이후의 경제학

서기 1945~1970년

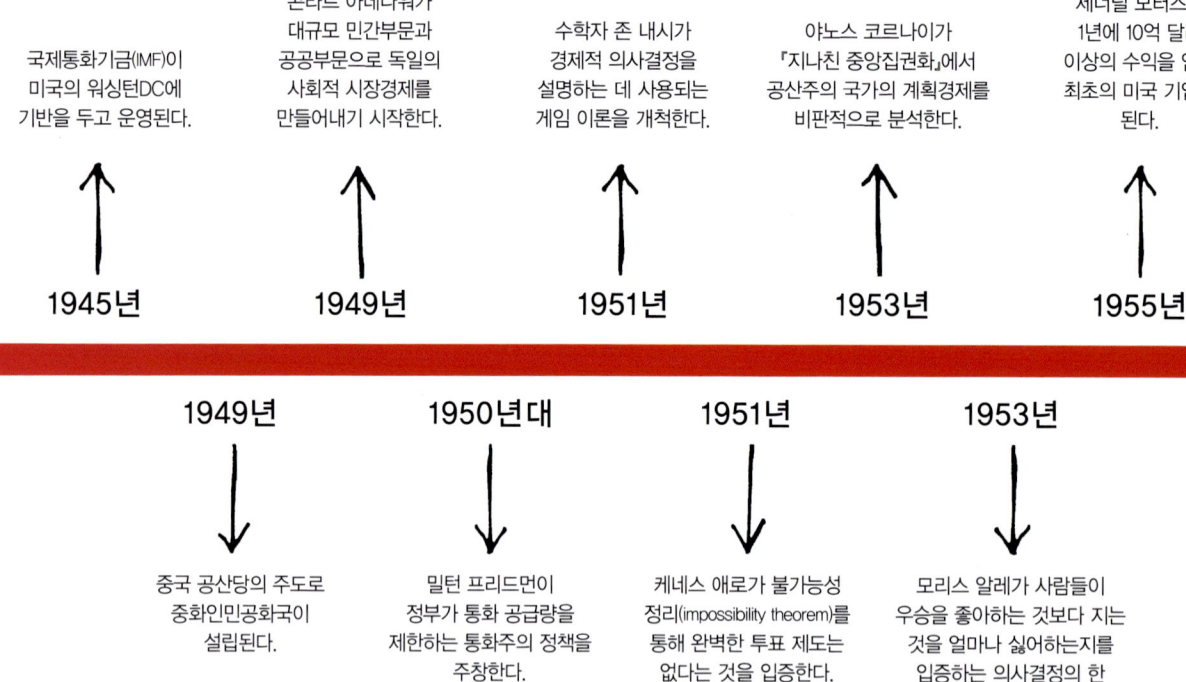

국제통화기금(IMF)이 미국의 워싱턴DC에 기반을 두고 운영된다.

콘라트 아데나워가 대규모 민간부문과 공공부문으로 독일의 사회적 시장경제를 만들어내기 시작한다.

수학자 존 내시가 경제적 의사결정을 설명하는 데 사용되는 게임 이론을 개척한다.

야노스 코르나이가 『지나친 중앙집권화』에서 공산주의 국가의 계획경제를 비판적으로 분석한다.

제너럴 모터스가 1년에 10억 달러 이상의 수익을 얻는 최초의 미국 기업이 된다.

1945년   **1949년**   **1951년**   **1953년**   **1955년**

1949년   **1950년대**   **1951년**   **1953년**

중국 공산당의 주도로 중화인민공화국이 설립된다.

밀턴 프리드먼이 정부가 통화 공급량을 제한하는 통화주의 정책을 주창한다.

케네스 애로가 불가능성 정리(impossibility theorem)를 통해 완벽한 투표 제도는 없다는 것을 입증한다.

모리스 알레가 사람들이 우승을 좋아하는 것보다 지는 것을 얼마나 싫어하는지를 입증하는 의사결정의 한 역설을 제시한다.

제2차 세계대전 이후 수년 동안은 불가피하게 경제를 다시 일으키는 시기였다. 전쟁이 끝나기 전부터 정치인들과 경제학자들은 평화를 위한 계획을 시작했다. 그들은 제1차 세계대전 후의 여러 문제들을 피하고 국제적인 경제협력으로 평화적인 세계를 확립하기를 열망했다.

평화를 유지하기 위해 설립된 국제연맹(The League of Nations)은 전쟁이 시작되면서 붕괴되었고 1945년에 이는 더욱 강력한 국제연합(UN)으로 대체되었다. UN의 최초의 과제 중 하나는 국제통화금융회의(UN Monetary and Financial Conference)의 대표들이 만든 제안을 투표하는 일이었다. 이는 미국 뉴햄프셔 주의 브레턴우즈에서 열린 것으로 더욱 잘 알려져 있다. 그곳에서 소련, 영국, 미국의 대표들은 국제통화기금(International Monetary Fund ; IMF), 국제부흥개발은행(International Bank for Reconstruction and Development ; IBRD), 관세무역일반협정(General Agreement on Tariffs and Trade ; GATT) 등 새로운 주요 기관들의 설립에 동의했다.

전쟁 이후의 케인스 학설

브레턴우즈 회의의 영국 대표는 존 메이너드 케인스였다. 그는 1919년에 출간된 저서 『평화의 경제적 귀결』을 통해 경제정책의 결과로 제1차 세계대전 이후에 어떤 일이 일어날 수 있는지 경고한 바 있었다. 케인스의 사상은 미국 대통령 프랭클린 D. 루스벨트에게 뉴딜 정책이라는 국가의 공공지출 프로그램으로 1930년대의 대공황에서 미국의 경제를 끌어올리는 데 영감을 주었다. 케인스의 사상이 제2차 세계대전 이후 똑같이 영향력을 준 것은 놀랄 일이 아니었다. 미국에서는 케인스 정책이 캐나다 출신의 미국인 존 케네스 갤브레이스(John Kenneth Galbraith)와 같은 경제학자들에게 열정적으로 지지를 받았고 자유민주주의 정부에 재빨리 채택되었다.

영국에서는 새로 선출된 노동당 정부가 복지국가를 수립하는 안을 제출했다. 일본과 독일에서는 경제의 부흥이 그들의 역사에서 하나의 전환점을 나타내는 일이었다. 특히 독일에서는 콘라트 아데나워(Konrad Adenauer) 총리의 주도로 하나의 '경제 기적(Wirtschaftswunder)'을 이뤄냈다. 자유시장 경제를 정부의 개입으로 조절한 사회적 시장경제의 성공은 20세기 후반에 많은 서유럽 경제의 모형이 되었다. 하지만 다른 나

리처드 립시와 켈빈 랭카스터가
시장의 실패를 바로잡기 위한
정부 개입은 상황을 더욱
악화시킬 수 있다고 주장한다.

빌 필립스가
인플레이션과 실업 사이의
관계를 보여주는
필립스 곡선을 설명한다.

석유수출국기구(OPEC)가
바그다드에 설립된다.

안드레 군더 프랑크가
종속 이론을 통해 세계 경제가
선진국과 후진국 간의 분열을
초래한다고 주장한다.

 **1956년**
 **1958년**
 **1960년**
 **1970년**

1955년
1957년
1958년
1962년
1970년

동부유럽의 7개
공산국가들과 소련 간에
바르샤바 협정(Warsaw
Pact)이 맺어진다.

유럽 경제
공동체(EEC)가
로마 조약에 따라
창설된다.

마오쩌둥이 대기근을
초래한 중국을 산업화하기
위해 대약진운동을 전개한다.

로버트 먼델과 마커스
플레밍이 환율과
생산의 관계를 설명한다.

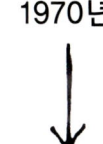
유진 파마가 투자자들이
계속 시장을 지배할 수 없다는
것을 시사하는 효율적
시장 가설을 주장한다.

라들은 같은 방식으로 움직이고 있지 않았다. 아시아는 대부분 공산주의 통치하에 있었고 철의 장막이 이제 유럽을 동부와 서부로 나누었다. 소비에트 연합과 서구 세력 사이의 냉전 시대가 된 것이다. 공산주의 정권의 확산은 서구의 많은 경제학자들, 특히 그들의 압제에 시달린 경험을 갖고 있는 사람들에게 반발을 불러일으켰다.

자유시장의 부활

루트비히 폰 미제스와 프리드리히 하이에크 같은 오스트리아 학파들에 영향을 받은 미국의 시카고 학파 경제학자들은 케인스 학설의 지배적인 분위기에 반대하는 보수적인 입장을 취했다. 그들은 정부의 개입이 거의 없는 자유시장체제로 돌아가는 것을 지지했다. 이런 생각의 근원은 20세기가

시작되면서 생겨난 신고전주의 경제학에 있었는데, 이는 수요와 공급에 대한 분석에 중점을 두고 있었다. 그리고 시카고 학파 경제학자들은 영감을 얻기 위해 과학에 관심을 돌렸다. 케네스 애로는 시장의 안정성과 효율성을 입증하기 위해 수학을 활용했고, 빌 필립스는 물리학에서 얻은 아이디어를 인플레이션과 실업 간의 균형을 설명하는 데 활용했다. 모리스 알레와 같은 어떤 서구 경제학자들은 1950~1960년대에 심리학에서 얻은 아이디어를 도입했다. 이는 애덤 스미스가 처음 설명한 '합리적 경제인(rational economic man)'에 대한 믿음에 도전한 의사결정의 새로운 모형에 영감을 주었다.

통신 기술의 거대한 진보는 전쟁 이후 수십 년 동안 세계를 더 좁게 만들었고, 경제학자들은 경제학의 세계적인 성격을 이

전보다 더욱 이해하게 되었다. 미국과 유럽이 공산주의 국가들을 제외한 경제사상을 여전히 지배했지만, 개발도상국 또한 원자재의 원천으로서가 아닌 독자적인 능력을 발휘하는 경제로 인식되고 있었다.

세계화는 빠른 속도로 계속되었고 경제학자들은 선진국과 후진국이 점점 차이가 나는 이유를 분석하고 이 차이를 어떻게 하면 줄일 수 있는지 검토하기 시작했다. 개발을 위한 아이디어들이 자본 투자에서 채무 구제로 이동했지만 정치, 문화, 경제와 관련하여 문제는 확실히 더욱 복잡해졌다. 그와 동시에 경제학자들은 경제 번영은 한 나라의 행복을 측정하는 유일한 방법(또는 최고의 방법)이 아닐 것이라고 주장하기 시작했다. ■

전쟁과 공황의 여파로 국가들은 협력을 해야 한다

국제무역과 브레턴우즈 체제

맥락읽기

초점
세계 경제

주요 사건
브레턴우즈 협정이 1944년 7월 미국의 뉴햄프셔 주에서 이루어진다.

이전의 관련 역사
서기 1930년대 : 대공황의 시기에 세계 경제 체제가 붕괴되고 경제 간의 협력이 깨진다.

서기 1944년 : 존 메이너드 케인스가 세계 무역을 조절하기 위해 '국제통화연합(international currency union)'을 위한 계획을 발표한다.

이후의 관련 역사
서기 1971년 : 미국의 닉슨 대통령이 달러와 금의 태환 정지를 선언하여 브레턴우즈 체제를 종식시킨다.

서기 2009년 : 중국은행이 미국의 국내와 국제 정책 간의 갈등 때문에 달러는 신뢰할 수 있는 준비통화의 역할을 할 수 없다고 주장한다.

금본위 제도는 금을 가치척도로 하여 화폐의 가치를 보장하는 통화 제도였다. 이는 1821년 브리튼에서 시행되었고 1871년에 국제적으로 채택되었다.

금본위 제도는 금의 가치와 관련된 여러 통화의 환율을 고정시킴으로써 국제 통화 제도를 위한 안정적인 버팀목이 되었다. 이는 또한 국가들 간의 금의 이동이 무역과 자본 흐름의 새로운 균형을 반영할 수 있는 하나의 기구 역할을 했다. 하지만 제1차 세계대전이 정부의 자금공급을 이례적으로 필요로 했기 때문에 금본위 제도는 붕괴하기 시작했다.

일부 국가는 간단히 자금을 충당하는 상당한 대출과 공공지출을 허용할 수 있도록 화폐를 발행함으로써 금본위 제도의 회원 자격을 포기했다. 전쟁이 종식되어도 원래 상태로 순조롭게 돌아가지 못했다. 독일과 같은 나라들은 이미 금 보유고가 고갈된 상태였으므로 금본위 제도의 회원으로 돌아갈 수 없었던 반면 일부 국가는 변동금리에 금본위 제도로 다시 돌아가기도 했다.

금본위 제도의 폐지

1930년대의 대공황 시기에 국가들은 수출을 촉진 하기 위해 화폐를 평가절하하여 경제를 성장시키려고 했기 때문에 금본위 제도를 모두 포기했다. 그와 동시에, 전쟁 전에 거의 제한을 받지 않았던 국제무역은 국가들이 위축된 세계 경제에서 자국의 입장을 유지하려고 했기 때문에 점점 많은 제한을 받게 되었다. 이런 정책들은 대공황을 더 오래 끌게 했는데, 각각의 새로운 제한이나 통화의 평가절하가 세계 시장을 더욱 축소시켰기 때문이었다.

제2차 세계대전 후, 연합국은 전쟁 이후

드레스덴(Dresden)은 제2차 세계대전 때 파괴된 유럽과 아시아의 수많은 도시들 가운데 하나였다. 국제부흥개발은행이 그런 황폐화된 국가의 재건에 자금을 대기 위해 설립되었다.

참조 : ■ 비교우위 80~85쪽 ■ 대공황과 실업 154~161쪽 ■ 시장통합 226~231쪽 ■ 국제적 채무 면제 314~315쪽

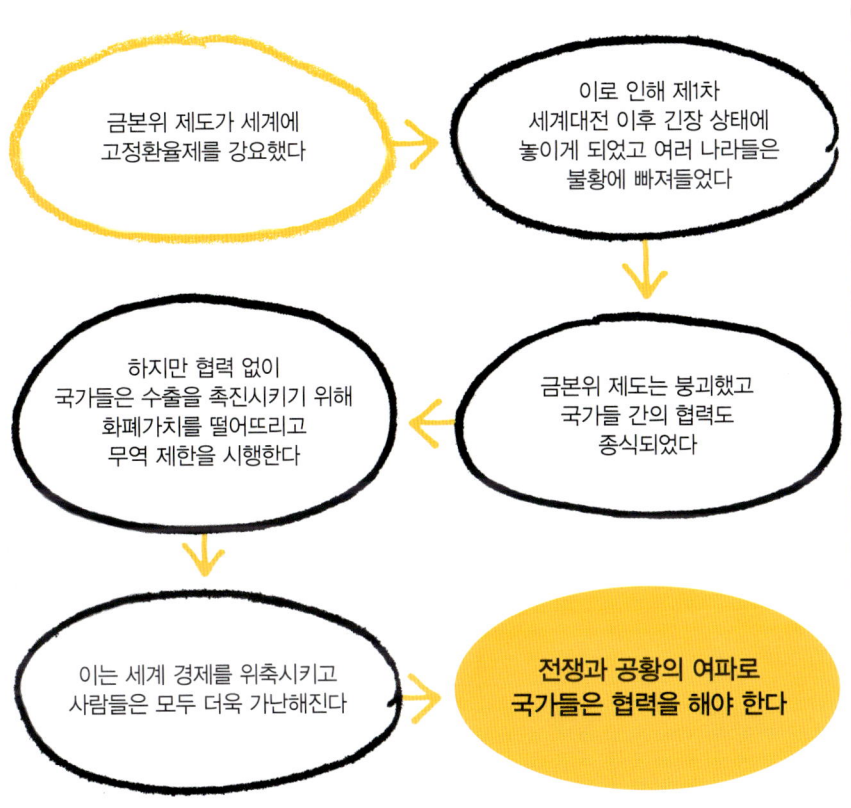

금본위 제도가 세계에 고정환율제를 강요했다

이로 인해 제1차 세계대전 이후 긴장 상태에 놓이게 되었고 여러 나라들은 불황에 빠져들었다

하지만 협력 없이 국가들은 수출을 촉진시키기 위해 화폐가치를 떨어뜨리고 무역 제한을 시행한다

금본위 제도는 붕괴했고 국가들 간의 협력도 종식되었다

이는 세계 경제를 위축시키고 사람들은 모두 더욱 가난해진다

전쟁과 공황의 여파로 국가들은 협력을 해야 한다

국제통화기금

브레턴우즈 협정으로 만들어진 국제통화기금은 오늘날 세계에서 가장 논란이 많은 국제기관들 중 하나다. 이는 처음에는 국제수지 적자나 외채 위기 또는 흔히 둘 다 발생하는 재정적인 어려움을 겪는 나라들을 위한 긴급자금 지원 목적으로 설립되었다. 180개국 이상의 회원국들이 그들의 경제 규모에 따라 출자하여 공동의 기금을 만들고, 또한 그들은 그 기금으로부터 저금리 대출을 신청할 수 있다. 브레턴우즈의 고정환율 제도가 1971년에 중단되었을 때 국제통화기금의 역할은 바뀌게 되었다.

국제통화기금이 대출금에 대해 엄격한 조건을 부과하기 시작했다. 1970년대 말부터 이는 민영화와 정부의 공공지출 중단을 지지한 신자유주의 사상에 많은 영향을 받았다. 경제학자들은 1990년대 말의 동아시아 위기 같은 여러 위기들을 더욱 악화시킨다고 국제통화기금을 비난했다.

경제 복원의 문제에 관심을 돌렸다. 1944년 6월, 미국 뉴햄프셔 주의 브레턴우즈(Bretton Woods)에서 열린 한 회의에서 각 대표들은 다른 주요 통화들을 달러에 고정시키는 미국의 계획에 동의했다. 결국, 미국의 달러를 중심으로 한 금환 본위제가 성립된 것이다.

이 제도는 긴급자금 지원을 제공하는 데 책임이 있는 새로운 국제통화기금에 의해 감독되었고 또한 국제부흥개발은행(현재는 세계은행 그룹의 일부)이 개발 프로젝트를 위한 자금을 제공하도록 설립되었다. 1947년에 발족된 관세무역일반협정은 국제무역을 재건하는 데 목표를 두었다. 이런 새로운 조직들은 모두 국가들 간의 경제협력으로 두 차례의 세계대전으로 대가가 컸던 손실을 회복하려고 노력했다.

이 제도는 거의 30년 동안 이례적인 경제성장을 유지했지만 구조적으로 결함이 있었다. 계속 이어진 미국의 (수입이 수출을 초과하는) 무역적자가 이 제도를 계속 유지시키는 데 도움이 되었지만 달러는 그 비축량이 미국의 금 보유고를 초과할 때까지 해외로 넘쳐흘러 달러로 지급되는 금의 가치가 금의 고정가치를 넘어서게 되었다. 미국 정부의 지출이 증가하면서 부담은 더욱 악화되었다. 1971년 닉슨 대통령은 달러와 금을 교환하는 금태환제를 정지시켜 결국 브레턴우즈 체제도 막을 내렸다. ■

증권 거래자들은 태국 바트화의 폭락으로 야기된 위기가 1997년 아시아 전체로 확산된 것으로 주목하고 있다. 태국은 바트화를 유통시키기 위해 국제통화기금의 압력에 굴복했다.

가난한 나라들에 필요한 것은 강한 압박이다

개발경제학

맥락읽기

초점
성장과 개발

핵심사상가
폴 로젠스타인-로단(1902~1985년)
월트 로스토(1916~2003년)

이전의 관련 역사
서기 1837년 : 독일의 경제학자 프리드리히 리스트가 국내 산업을 확립시키기 위해 보호무역을 주장한다.

이후의 관련 역사
서기 1953년 : 에스토니아의 경제학자 래그나 넉시가 개발도상국을 위한 균형 성장 정책을 주장한다.

서기 1957년 : 오스트리아 출신의 헝가리 경제학자 피터 바우어가 '빅 푸시' 이론과 국가계획이라는 통설을 비판한다.

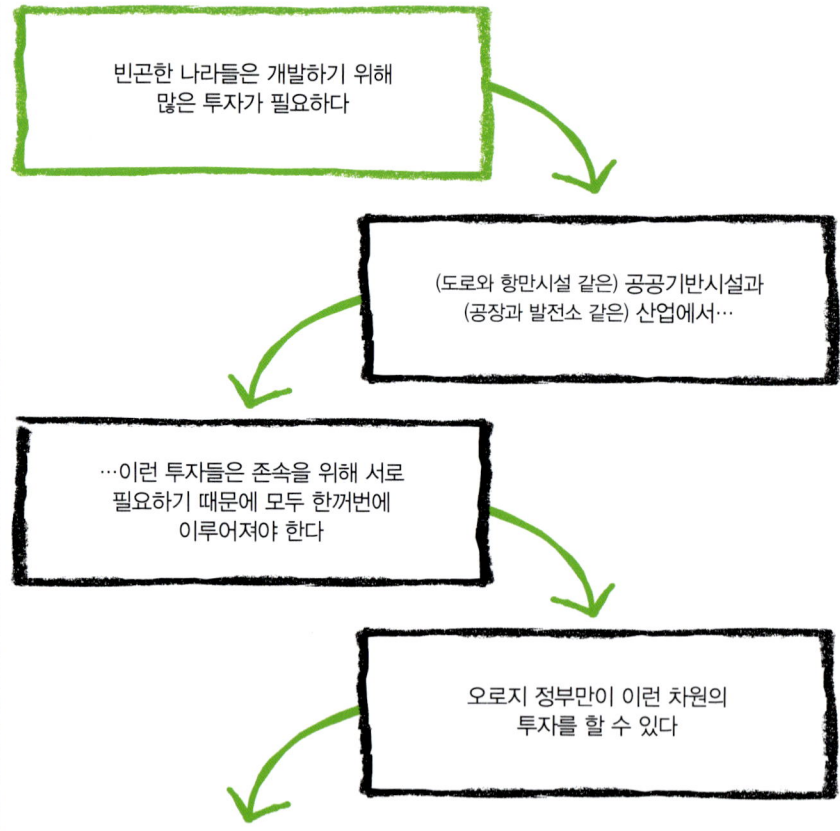

빈곤한 나라들은 개발하기 위해 많은 투자가 필요하다

(도로와 항만시설 같은) 공공기반시설과 (공장과 발전소 같은) 산업에서…

…이런 투자들은 존속을 위해 서로 필요하기 때문에 모두 한꺼번에 이루어져야 한다

오로지 정부만이 이런 차원의 투자를 할 수 있다

정부가 그렇게 한다면 그 나라는 성장할 것이다,
가난한 나라들에 필요한 것은 강한 압박(big push)이다

경제학자들에게 가장 중요한 문제들 중 하나가 '빈곤한 나라들은 어떻게 부유해졌는가?'라는 점이다. 제2차 세계대전 후, 이 문제는 새로운 영향력으로 다시 나타났다. 무너지는 식민지 제국들로부터 신생 독립국가들이 생겨나게 되었지만 그 국가들은 이전의 지배국에 비해 생활수준이 점점 더 떨어지고 있었다. 그 국가들은 대부분 인구가 급격하게 늘어나고 있었으므로 생활수준을 향상시키기 위해 그들이 만들어내는 재화와 용역에서 그에 상응하는 발전이 필요했다.

유럽은 마셜 플랜(Marshall Plan, 공공기반시설과 산업의 재건에 자금을 대는 미국 정부로부터의 거대한 자금의 투입)의 지원으로 전쟁에서 빠르게 회복했다. 폴란드 경제학자 폴 로젠스타인-로단(Paul Rosenstein-Rodan)은 경제발전을 하기 위해 1950년대와 1960년대의 새롭게 독립한 나라들이 유럽이 마셜 플랜으로부터 지원받은 것처럼 투자에서 '빅 푸시(big push, 대규모 지원 전략)'가 필요하다고 주장했다.

그와 관련하여 국가들이 전통사회에서 대량 소비자 중심 경제로 옮겨가도록 여러 단계들을 거쳐야 한다는 주장이 있었다. 이 이론을 제안한 미국의 경제학자 월트 로스토(Walt Rostow)는 전통 국가들이 발전하기 위해서는 거대한 자본 투자가 필요할 것이라고 주장했다. 즉 자립적 성장으로 도약할 계기가 되는 것이 바로 빅 푸시라는 것이다. 이는 결국 빈곤한 나라들을 인구 대다수가 높은 생활수준을 갖춘 완전히 발달한 경제국으로 전환시키게 한다. 따라서 어떻게 하면 빅 푸시를 위한 투자가 이루어질 수 있는가의 문제가 개발경제학이라는 새로운 분야의 핵심이 되었다.

동시에 세우기
폴 로젠스타인-로단은 저개발 국가에서는 시장이 자원을 유익한 투자로 효율적으로 전달하지 못해 성장을 이끌어내기 어렵다고 주장했다. 이는 도로, 항만, 공장 등의

참조 : ■ 규모의 경제 132쪽 ■ 근대 경제의 출현 178~179쪽 ■ 시장과 사회적 성과 210~213쪽 ■ 경제성장 이론 224~225쪽 ■ 아시아의 호랑이 경제 282~287쪽

거대한 계획들이 상호보완적이기 때문이다. 그 한 요소가 다른 요소를 경제적으로 더욱 실행 가능하게 만든다는 것이다. 하지만 이는 논리적인 딜레마에 빠질 수 있다. 첫 번째 투자는 두 번째 투자가 이루어져야 이익이 생길 수 있지만 그 두 번째 투자는 첫 번째 투자가 이루어져야만 이익이 생기게 된다. 예를 들어, 한 공장은 경제적으로 성공할 수 있도록 인근에 발전소가 필요하지만 발전소는 전력을 살 공장이 있어야 이익이 된다. 이에, 두 가지 결과가 생겨날 수 있다. 하나는 공장과 발전소가 모두 없는 경우이며, 또 하나는 둘 다 존재하는 경우다.

이와 같은 주장은 더욱 복잡한 여러 생산 유형에 적용된다. 거대한 신발 공장이 한 저개발국가에 세워진다고 상상해보라. 여기서는 1천만 원 가치의 신발을 만들어내어 그 판매수익은 임금과 이윤으로 들어간다. 하지만 이 공장은 생겨나는 모든 소득이 (근로자들의 경우) 신발에 소비되어야만 성공할 수 있지만 사실상 사람들은 그들의 돈을 다양한 재화에 사용한다. 사람들이 소득의 60

퍼센트를 빵에, 20퍼센트를 옷에, 10퍼센트를 등유에 사용하고 나머지 10퍼센트를 신발에 사용한다고 가정해보라. 빵, 옷, 등유, 신발 등을 만드는 공장들이 정확히 이 비율로 세워진다면 이 기업들로부터 창출되는 수익은 같은 비율로 각 산업의 제품에 소비될 수 있다. 이 산업들은 그런 정확한 비율로 함께 존재할 때만 성공하게 된다.

필수적인 연관

독일의 경제학자 알버트 허쉬만(Albert Hirschman)은 산업들 간의 상호연결성을 설명하기 위해 '연관(linkage)'이라는 용어를 사용했다. 예를 들어, 한 페인트 공장이 페인트 공급을 늘려 자동차 산업의 발전을 돕는다. 허쉬만은 이를 '전방연관(forward linkage)'이라 불렀다. 이 페인트 산업의 확대는 또한 페인트를 만드는 데 사용되는 화학제품의 필요성을 증가시키고 그에 따라 화학제품 공장의 수익성을 증가시킨다. 이는 '후방연관(backward linkage)'이라 부른다. 실제로 여러 산업에서는 다른 산업과 여러

> 대량 소비를 충족시키는 대부분의 산업들은 그들이 서로에게 시장을 제공하고 그에 따라 서로를 지원해준다는 점에서 상호보완적이다.
> 래그나 넉시

전방연관과 후방연관을 갖고 복잡한 여러 상호작용을 창출하는데, 이는 전체적으로 다양한 생산기반의 경제적 생존력을 이끌어낼 수 있다.

빅 푸시 이론은 국가들이 아무것도 없는 상태에서 모든 것을 갖는 것과 관련이 있다. 발전소와 공장이 전혀 없는 상태의 개발도상국들은 그 둘을 모두 가질 필요가 있

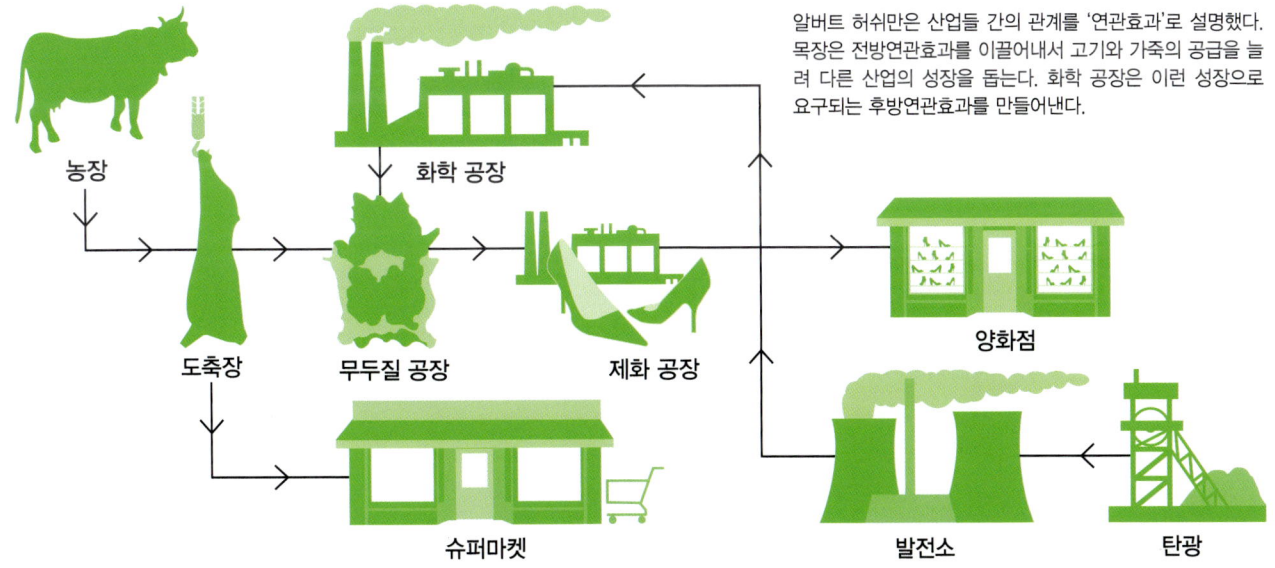

알버트 허쉬만은 산업들 간의 관계를 '연관효과'로 설명했다. 목장은 전방연관효과를 이끌어내서 고기와 가죽의 공급을 늘려 다른 산업의 성장을 돕는다. 화학 공장은 이런 성장으로 요구되는 후방연관효과를 만들어낸다.

농장　　화학 공장　　도축장　　무두질 공장　　제화 공장　　양화점　　슈퍼마켓　　발전소　　탄광

인도의 투자로 세워진 견과류 껍질을 제거하는 큰 공장은 탄자니아에서 근로자들을 고용한다. 그 공장의 서비스를 제공하기 위해 또 다른 산업들이 갑자기 생겨났고, 이는 탄자니아의 보편적인 개발에 도움이 되었다.

다. 비록 산업 부문의 개발이 전혀 없는 상태에서 시작하더라도 이 둘을 한꺼번에 확립해야 한다. 하지만 이 둘의 투자는 전혀 별개의 것을 필요로 하기 때문에 개별 기업가들이 투자전략을 이끌기가 어렵다. 로젠스타인-로댄과 그를 따르는 사람들은, 발전소와 공장이 필요하지만 개발이 거의 불가능하다시피 한 현실 때문에 빅 푸시는 자유시장이 아닌 국가에서 비롯되어야 한다고 주장했다.

이러한 사상적 배경에 따라, 전쟁 이후 개발도상국의 정부들은 국가적인 개발계획의 일부로 산업 및 공공기반시설 프로젝트를 착수하면서 대규모 투자 프로그램에 관여하게 되었다. 저개발 국가들은 새로운 산업으로 이루어진 현대적인 부문들과 함께 (많은 비생산적 노동을 포함한) 전통적인 농업 부문들로 구성된 이중 구조 경제를 갖는 것으로 여겨졌다. 이 관념은 빅 푸시가 지방으로부터 엄청난 노동을 흡수하여 이를 새로운 산업분야에 비축할 것이라는 데서 비롯되었다. 이 사고방식은 투자 추진력의 가속화를 부추길 수 있는 대규모의 대외원조 투입에 대한 근거를 제시했다.

국가 주도적인 투자는 어떤 곳에서는 유익한 산업화를 야기했다. 일부 동남아시아 국가들은 산업 확대와 빠른 소득 증대를 이루었다. 그 결과 한 선진 국가와 대규모 사업의 성공적인 연결은 발전국가 모형(Developmental State model)으로 알려지게 되었다. 하지만 1948년에 제정된 마셜 플랜의 조건들은 1950년대의 신생 독립국가들의 조건과 달랐다. 그로 인해 빅 푸시의 많은 시도들은 곤경에 빠지게 되었다.

비효율적인 투자

경제개발 초기 단계에 투자가 필요하다는 것은 명백하다. 여러 산업에서 전반적으로 투자 추진을 조정하는 것이 하나의 거대한 과제이기도 하다. 정부는 소비자 수요의 구조로 나타나는 생산의 정확한 균형(신발, 옷, 빵 등의 적절한 배분)을 적확하게 맞춰야 성공할 수 있는 산업을 창출할 수 있다. 산업들 간의 전방연관성과 후방연관성에 대한 상세한 지식이 있을 때만 여러 종류의 생산 간 상호작용을 이용하는 것이 가능하다. 정부들이 모두 이를 성공적으로 수행하기 위한 전문지식, 정보, 정치적 영향력을 갖는 것은 아니다.

많은 나라들은 결국 비대해지고 비효율적인 국유산업들을 갖게 되어 지속적인 성장으로 도약하는 데 실패했다. 산업화는 무역 관세의 이면에서 흔히 시도되었다. 신생 산업군에 발전할 기회를 제시하려는 희망에서 수입품의 국내유입이 차단되었던 것이다. 국가가 외국과의 경쟁에서 자국의 기업을 보호한다는 차원에서 한 지대추구가 상업적인 이익집단들로 하여금 그들의 특권을 보호하기 위해 정부를 상대로 낭비적인 로비활동을 하도록 만들기도 했다. 이는 기업가들과 정부 간의 정치적 유착을 초래함으로써 경쟁과 혁신을 방해했다.

1970년대 동안, 빅 푸시 이론은 개발도

상국들이 선진국들과 근본적으로 다르지 않다고 확신한 경제학자들에게 공격을 받았다. 그들은 경제적으로 합리적인 행동과 가격 신호의 힘은 부유한 국가들과 마찬가지로 가난한 국가들에서도 타당하다고 주장했다. 투자는 중요하지만 경제 전체에 올바르게 분배되어야 했다. 정부가 아닌 시장이 바로 투자할 장소에 대한 최고의 결정 주체였다.

이런 새로운 사상은 개발도상국들이 시장에 내재된 비효율성이 아닌 잘못된 정책으로 인해 방해받은 것이라고 주장했다. 지나친 국가간섭이 (시장가격이 수요와 공급으로 정해지는) 가격 기구를 약화시켜 자원을 효율적으로 분배하는 능력을 방해했다. 좋은 정책은 '가격을 올바르게 정하고' 시장원리를 자유롭게 돌아가게 하여 자원을 최대한 잘 활용하게 하는 것과 관련되어 있었다. 즉 성공으로 가는 길은 국가의 개입을 한 발 물러나게 하고 지대추구를 제거하고 그 역할을 가격 기구에 맡기는 데 있었다.

1980년대에 수정된 이 이론은 자유시장 개발정책을 부상시켰다. 세계은행과 국제통화기금은 시장 원리를 아프리카 경제로 주입하기 위해 '구조조정 정책'을 도입했다.

여러 산업들의
상보성(Complementarity)은
큰 규모의 조직적인 산업화를
지지하는 가장 중요한 일련의
논쟁들을 제공한다.
폴 로젠스타인-로댄

공산주의의 붕괴 후 이 기관들이 동유럽에서 사용한 소위 '충격요법'은 시장 체계를 급속히 확립하는 데 목표를 두었다. 하지만 이런 자유시장 실험은 또한 역동적이고 다양한 경제를 성장시키지 못하면서 결국 빈곤을 더욱 악화시켜 비난을 받았다.

시장 친화적인 정책

구조조정으로 인한 환멸은 초기 경제개발 사상가들의 통찰력을 시장의 더욱 낙관적인 관점으로 결합시키면서 새로운 합의를 야기했다. 시장은 유익한 방법으로 자원을 동원할 장려책을 창출하기 위해 빈곤한 나라에서 이제 중요한 것으로 여겨진다. 그와 동시에 미국의 조지프 스티글리츠 같은 경제학자들은 소규모 경제의 시장실패가 개발도상국의 개발을 저지하고 있다고 지적했다. 예를 들어, 소규모 기업들이 대출을 받을 수 없다면 유리한 투자는 이루어질 수 없다. 국가는 이런 실패를 바로잡는 데 중요한 역할을 할 수 있고 또 그렇게 하여

가격 기구가 더욱 순조롭게 기능할 수 있도록 도와줄 수 있다. 때로는 시장 친화적 접근법이라 불리는 이런 합의는 국가와 시장을 상호보완적인 것으로 여긴다.

하지만 21세기가 시작되면서 더욱 명백한 빅 푸시 이론들이 다시 등장했다. 2000년에는 국제연합이 보편적 초등교육 달성, 기아 퇴치, 아동 사망률 감소 등을 포함한 2015년까지의 개발목표를 세웠다. 이는 지원을 계속하기 위한 원조국의 약속을 포함하고 있으며, 또한 다양한 부문과 공공기반시설 프로젝트에 걸쳐서 대규모의 조직적인 투자를 필요로 한다. ∎

싱가포르는 1965년에 현재의 국가적 체제를 갖추었다. 싱가포르는 정부정책으로 해외투자를 끌어들였고 정제된 석유와 같은 수출산업으로 번창했다.

전쟁 이후 라틴아메리카의 발전

제2차 세계대전 후, 라틴아메리카의 정부들은 대부분 폭넓은 부문에 걸쳐 산업화를 촉진시키기 위해 그들의 경제에 개입했다. 그들은 대외 경쟁을 제지하기 위한 관세와 외국환 관리를 시행하면서 수입을 제한하고 같은 재화를 생산하기 위한 새로운 산업을 설립했다.

정부는 또한 대외 원조와 기술지원의 도움을 받아 산업에 필요한 기반시설에 직접 투자했다. 이 과정은 수입대체 산업화(Import Substitution Industrialization)로 알려지게 되었고 이는 브라질과 베네수엘라처럼, 중공업이 실행 가능한 방법에서 소비자 중심의 기업들과 나란히 위치할 수 있을 정도로 큰 내부 시장을 갖는 나라에서 가장 성공적이었다.

비평가들은 라틴아메리카 국가들이 기업들을 국제적인 경쟁을 갖추고 그들의 제품을 수출할 수 있게 하면서 비교우위를 갖는 부문들을 강화시키는 데 중점을 두었어야 했다고 주장한다.

볼리비아의 석유산업은 2011년에 정부로부터 기록적인 투자유치를 누렸다. 1990년대에 민영화된 이 석유산업은 2006년 다시 국유화되었다.

사람들은 무관한 대안들에 영향을 받는다

비이성적인 의사결정

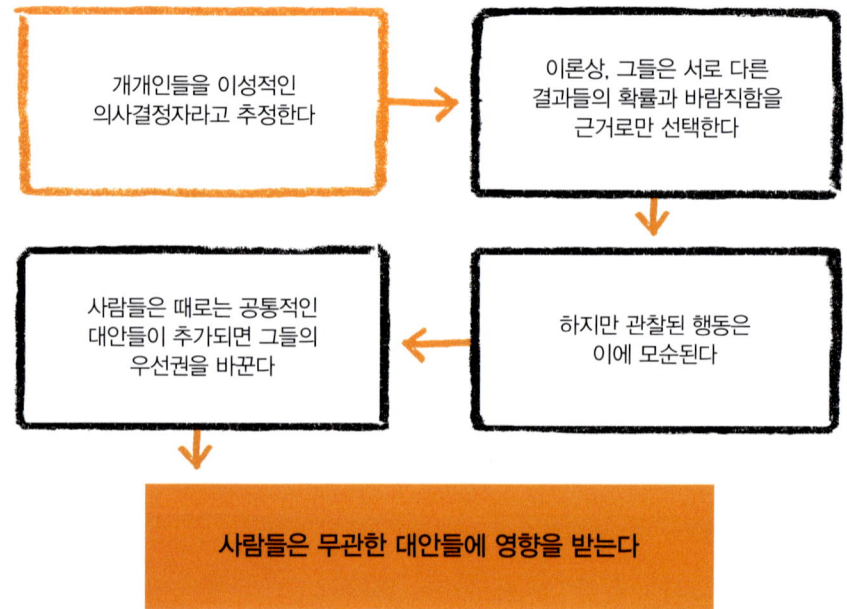

개개인들을 이성적인 의사결정자라고 추정한다

이론상, 그들은 서로 다른 결과들의 확률과 바람직함을 근거로만 선택한다

사람들은 때로는 공통적인 대안들이 추가되면 그들의 우선권을 바꾼다

하지만 관찰된 행동은 이에 모순된다

사람들은 무관한 대안들에 영향을 받는다

미국의 수학자 존 폰 노이만(John von Neumann)과 독일 출신의 경제학자 오스카 모르겐슈테른(Oskar Morgenstern)은 1944년 사람들이 불확실한 상황에서 어떻게 의사결정을 하는지를 설명하기 위해 기대효용 이론을 만들어냈다. '효용'은 만족의 척도이고, 또한 경제학자들은 효용의 단위를 여러 결과로부터 얻게 되는 만족의 양에 관해 언급하는 데 사용한다. 기대효용 이

론은 사람들이 전혀 확실하지 않은 결과에서 선택을 해야 할 때 이성적이라고 가정한다. 그들은 일어날 수 있는 확률에 의해 각각 가능한 결과로부터 얻게 되는 효용을 평가한 다음 가장 큰 효용을 전망하는 대안을 선택한다. 이 모형은 수학적 접근법을 의사결정에 이용하고 불확실한 상황에 있는 모든 종류의 경제적 행동을 분석하는 데 이용되었다. 하지만 1953년에 프랑스의 경제학

참조 : ■ 경제인 52~53쪽 ■ 위험과 불확실성 162~163쪽 ■ 의사결정의 역설 248~249쪽 ■ 행동경제학 266~269쪽

자 모리스 알레(Maurice Allais)는 그가 미국 경제학파라고 언급한 것으로부터 나온 이 이론에 도전했다.

그는 기대효용 이론이 어떤 '독립성 공리(independence axiom)'로 알려진 하나의 가정에 기반을 두고 있다고 지적했다. 이는 사람들이 결과의 가능성과 각각의 결과에서 얻을 수 있는 효용을 냉정하게 살펴볼 수 있다고 주장하는 것이다. 특히 각각의 대안에 공통점이 있는 요소들을 모두 무시하면서 각각의 선택을 독립적으로 볼 수 있다. 알레는 이는 사실이라 하더라도 극히 드문 일이라고 주장했다. 그 주장은 '알레의 역설(Allais paradox)'로 알려졌다.

비이성적인 선택

우리는 사람들이 선택할 때의 사고 과정을 직접 볼 수 없지만 그들의 선택을 관찰하여 그것이 합리성과 독립성 공리에 일치하는지 확인할 수 있다. 만일 당신이 사과와 오렌지 중 하나를 선택할 수 있는 상황에서 사과를 선택한다고 생각해보라. 그리고 이번엔 당신이 사과, 오렌지, 복숭아 중에서 하나를 선택해야 한다고 생각해보라. 이 '독립성 공리'는 당신이 다시 사과를 선택하거나 복숭아를 선택할 것이지만 오렌지는 선택하지 않을 것이라고 가정한다. 이는 추가된 복숭아가 오렌지에 대한 사과의 선호도를 바꿀 수 없기 때문이다.

하지만 알레는 불확실한 상황에서 독립성의 위배가 일어나는 것을 알아냈다. 당신이 두 개의 '복권' 중에 하나를 선택했다고 가정해보자. 그 복권은 각각 특정한 확률로 몇 가지 가능한 결과를 갖고 있다. 첫 번째 복권은 당신에게 사과라는 50퍼센트 확률과 복숭아라는 50퍼센트 확률을 제시한다. 두 번째 복권은 당신에게 오렌지라는 50퍼센트의 확률과 복숭아라는 50퍼센트의 확률을 제시한다. 결국 당신은 오렌지보다 사과를 선호하기 때문에 첫 번째 복권을 선택해야 한다. 독립성 공리 하에서는 복숭아라는 복권의 추가가 오렌지에 대한 사과의 선택에 아무런 영향을 주지 않아야 한다. 하지만 실제로는 영향을 받는 경우가 흔하다.

이런 종류의 선택에 관한 더욱 복잡한 형식을 사용하는 여러 실험의 결과, 사람들은

> 그들의 매력이 무엇이든 간에,
> 미국 경제학파가 만들어낸
> 근본적인 가설들은 어느 것도
> 분석을 이겨낼 수 없다.
> 모리스 알레

독립성 공리를 위반하는 일이 빈번하다. 이는 인간이 늘 이성적으로 행동한다는 일반적인 경제적 사고에 모순된다. 어떤 이유로 일련의 선택에서 다른 선택을 하는 사람들이 있다. 이런 종류의 행동의 발견은 행동경제학의 새로운 분야를 개척했는데, 이는 의사결정의 더욱 심리적이고 현실적인 모형을 고안하기 위한 시도다. ■

모리스 알레

모리스 알레는 1911년 프랑스 파리에서 태어났다. 그는 제1차 세계대전 때 세상을 떠난 아버지에게서 깊은 영향을 받았다. 그는 뛰어난 학생이었으며, 에콜 폴리테크니크(École Polytechnique)라는 명문 학교에서 수학을 전공하며 1933년에 최우등으로 졸업했다. 군복무 이후 기술자로 일한 뒤 파리고등 광업학교(École Nationale Supérieure des Mines)로 자리를 옮겼다. 이 시기에 그는 처음으로 경제학에 관한 저서를 출간했다. 1948년부터 국립 광업학교에서 강의와 저술활동에 완전히 전념할 수 있었는데, 이후 경제학 분석 교수가 되었다. 박식가였던 알레는 물리학에도 기여를 했다. 1978년에 그는 프랑스의 국립과학연구센터(France's National Centre of Scientific Research)에서 금메달을 받은 최초의 경제학자가 되었고, 1988년에는 노벨 경제학상을 받았다. 그는 2010년에 세상을 떠났다.

주요 저서

1943년 『경제학을 찾아서』
1947년 『경제와 이익』
1953년 『위험에 직면하는 이성적인 인간의 행동』

정부는 통화 공급량만 조절해야 한다

통화정책

존 메이너드 케인스는 1930년대에 출간한 저서에서 통화 공급량을 조절하는 데 목표를 둔 정책은 흔히 비효율적이라고 주장했다. 그는 이자율이나 통화 공급량을 변경시키는 것은 예측할 수 있는 방법으로 경제에 영향을 주지 않는다고 확신했다. 대신 정부는 실업이나 인플레이션을 막기 위해 재정정책(정부의 지출과 조세율을 변화시키는 것)을 사용하는 것이 더 나을 수 있었다.

하지만 1950년대부터, 미국의 경제학자 밀턴 프리드먼은 '통화가 중요하다'는 생각으로 케인스에 도전하기 시작했다. 프리드먼은 통화가 단기간으로 생산에 영향을 주

고 장기간으로 물가에 영향을 준다고 확신했다. 그는 통화정책이 경제를 관리하는 데 중요한 역할을 한다고 주장했다. 이는 오늘날 '통화주의(monetarism)'로 알려져 있다.

1963년에 프리드먼은 그의 동료 안나 슈워츠(Anna Schwartz)와 함께 『미국 통화의 역사』를 출간했다. 그들은 경기순환에서 통화의 역할을 관찰하여 통화 팽창의 변동이 생산 증가의 변동보다 먼저 일어난다는 것을 알아냈다. 특히 그들은 1929년에서 1933년에 발생한 대공황을 통화량을 3분의 1 이상으로 줄어들게 한 미국의 중앙은행인 연방준비제도 이사회(FRB)의 무능함 탓으로 돌렸다.

대공황으로 수백만 명의 미국인들은 농사일을 찾아 서부로 이주하게 되었다. 밀턴 프리드먼은 그 불황을 미국 연방준비제도 이사회가 통화량을 줄인 탓으로 돌렸다.

소비 이론

슬럼프에 빠진 정부 지출에 대한 케인스의 사례는 그의 소비에 관한 관념들에 일부 기반을 두고 있었다. 그는 사람들의 소득이 증가하면서 또한 그들의 소비가 증가하지만 그리 많이 증가하지는 않는다고 주장했다. 불황의 경우에는 사람들이 돈을 저축하는데, 이는 그 불황을 더욱 연장시킨다. 그런 상황에서 국가의 지출은 소득을 증대시키고 소비에 예측할 수 있는 큰 효과를 낳게 되어 경제를 완전 고용으로 회복시킨다.

참조 : ■ 케인스의 승수효과 164~165쪽 ■ 인플레이션과 실업 202~203쪽 ■ 지출을 위한 저축 204~205쪽 ■ 합리적 기대 244~247쪽

1957년에 프리드먼은 케인스의 통설에 도전하기 시작한 중요한 저서로『소비함수 이론』을 출간했다. 프리드먼은 사람들이 '항상소득(permanent income)'과 '일시소득(transitory income)'의 차이를 구분한다고 주장했다. 항상소득은 소비에 자신감을 갖는 안정된 장기간의 수익이고, 일시소득은 지속적이지 않고 긍정적이거나 부정적일 수 있으며 또한 사람들의 소비에 영향을 주지 않는 것이다. 매우 높은 소득을 가진 사람들은 긍정적인 일시소득을 지닐 것이고, 그들은 총소득의 극히 일부만 소비할 것이다. 반면에 매우 낮은 소득을 가진 사람들은 부정적인 일시소득을 지닐 것이고, 그들의 수

한 남자가 1923년 독일의 초인플레이션 시기에 돈으로 벽을 도배하고 있다. 프리드먼은 실업을 줄이기 위한 정부의 간섭이 높은 인플레이션을 불가피하게 초래한 것이라고 여겼다.

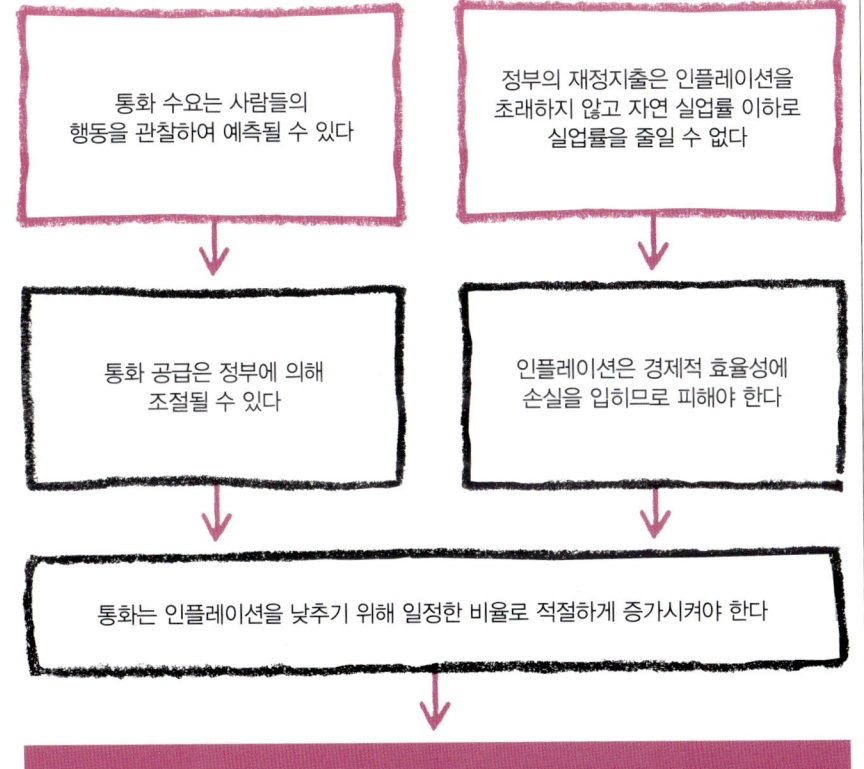

통화 수요는 사람들의 행동을 관찰하여 예측될 수 있다

↓

통화 공급은 정부에 의해 조절될 수 있다

↓

정부의 재정지출은 인플레이션을 초래하지 않고 자연 실업률 이하로 실업률을 줄일 수 없다

↓

인플레이션은 경제적 효율성에 손실을 입히므로 피해야 한다

↓

통화는 인플레이션을 낮추기 위해 일정한 비율로 적절하게 증가시켜야 한다

↓

정부는 통화 공급량만 조절해야 한다

밀턴 프리드먼

밀턴 프리드먼은 1912년 뉴욕 브루클린(Brooklyn)에서 헝가리 이주민의 아들로 태어났다. 그는 미국의 최고 경제학자들에게 교육을 받았는데, 뉴저지 주 러트거스 대학에서 학사학위를, 시카고 대학에서 석사학위를 받았으며, 또한 뉴욕 컬럼비아 대학에서 박사학위를 받았다. 시카고 대학의 경제학도였던 로즈 디렉터(Rose Director)를 만나, 1938년에 결혼했다. 1935~1946년까지 그는 뉴욕과 위싱턴에서 통계학자와 경제학자로 활동했다. 1946~1976년까지 시카고 대학에서 교수로 활동했는데, 그곳에서 경제학 분야의 주요 인사가 되었다. 그의 명성은 텔레비전 시리즈이면서 이후 책으로도 출간된『선택의 자유Free to Choose』를 통해 상승했다. 그는 미국 대통령 리처드 닉슨과 로널드 레이건의 고문으로 일했으며, 2006년에 세상을 떠났다.

주요 저서

1957년『소비함수 이론A Theory of the Consumption Function』
1963년『미국 통화의 역사A Monetary History of the United States』(안나 슈워츠와 공저)
1967년『통화정책의 역할The Role of Monetary Policy』

> 인플레이션은 입법을
> 거치지 않는 세금이다.
> 밀턴 프리드먼

익보다 더 많이 소비할 것이다. 하지만 그 두 가지 소득의 경우를 합한다면 긍정적이고 부정적인 일시소득은 대부분 상쇄될 것이다.

프리드먼의 이론은 아귀가 잘 맞는 것처럼 보였다. 인구의 한 단면에서는 소비가 소득과 함께 많이 올라가지 않았다. 하지만 오랜 시간을 두고 측정하고 (일시소득 효과가 상쇄될 수 있도록) 총인구에서 살펴본 결과, 소비는 소득과 함께 상승했다. 프리드먼은 케인스의 소비 모형이 잘못되었다는 결론을 내렸다. 국가 지출은 일시소득으로 다루어질 수 있고 개인적인 지출을 간단히 '밀어낼' 수 있다. 그에 따라 부적절한 소비로 야기되는 끝없는 불황은 발생하지 않을 것이다.

화폐수량설

프리드먼은 통화정책이 효과가 있다는 것을 입증하는 데 목표를 두었다. 즉 경제에서 통화량의 변화는 총소득에 예측할 수 있는 영향을 미친다는 것이다. 케인스는 사람들이 여러 이유로 돈을 갖고 있기 때문에 이런 관계가 불안정하다고 주장했다. 그 이유 중 일부는 케인스가 '추측에 근거한 것'이라고 하는 이해하기가 어려운 것이었다. 프리드먼은 화폐수량설을 제대로 입증하기 위해 화폐수요가 안정적이라는 것을 입

중해야 했다. 그는 화폐수요에 대한 검증 가능한 이론을 생각해내야 했다.

1956년 그는 『화폐수량설 : 재해석*The Quantity Theory of Money : A Restatement*』을 출간했다. 그는 화폐를 하나의 재화, 즉 '구매력의 일시적 거처'로 다루었다. 시장의 재화 수요가 사람들의 전체 예산에 달려 있으며 구매자의 취향뿐만 아니라 다른 경쟁 재화들에 대한 상대가격에 의존한다는 것이다. 프리드먼은 화폐 수요가 여러 요소에 영향을 받을 것이라고 생각했다. 먼저 화폐 수요는 물가의 일반적인 수준으로 증가할 것이다. 이는 화폐가 실제 재화의 구매력을 위해 필요하기 때문이다. 또한 화폐 수요는 사람들의 '실제' 재산이나 항상소득, 그리고 화폐, 채권, 주식, 내구재 등의 수익에 영향을 받을 것이다. 마지막으로, 화폐 수요는 '취향(tastes)'에 영향을 받을 것이다. 이 맥락에서 취향이란 사람들이 돈을 갖고 있기를 원하게 하는 경제적 불확실성과 같은 요소를 의미한다.

화폐수요량이 명확하게 제시된다면 화폐 공급은 소비자들에게 추가로 이루어질 필요가 없을 것이다. 소비자들은 이미 필요한 돈을 갖고 있을 것이다. 따라서 소비자들은 여분의 현금을 사용할 수 있다. 물가는 단기간에 즉시 조정되지 않으므로 이는 보다 높은 생산을 야기할 것이다. 하지만 장기간에 물가는 조정될 것이고 여분의 현금의 영향만으로 물가는 더욱 높아질 것이다. 따라서 프리드먼의 접근법은 M은 화폐공급량, V는 화폐유통속도를 나타내어 MV = PT라는 공식으로 표현되는 화폐수량설의 부활이라 할 수 있다. 여기서 물가수준을 나타내는 P를 거래액 T로 곱하면 거래의 총 가치를 얻어낼 수 있다. 이 방정식은 V와 T가 일정하면 높은 화폐공급량이 높은 물가수준을 의미한다는 것을 대략적으로 보여준다. 장기간을 볼 때 화폐는 경제에

'실제적인' 영향을 전혀 미치지 않는다.

자연실업

통화주의라는 말은 프리드먼이 필립스 곡선에 관한 새로운 평가를 제시한 1968년에 처음 사용되었다. 필립스 곡선은 이른바 인플레이션과 실업 사이의 안정된 관계를 보여주었는데, 이는 정부가 실업을 늘리고 인플레이션을 줄이거나 실업을 줄이고 인플레이션을 더욱 늘리는 것 사이에서 선택할 수 있게 했다. 프리드먼은 매우 단기간의 경우를 제외하고 그런 균형이 존재하는 것을 부정했다. 그는 직업을 찾는 과정에서 일시적인 실직자들로 이루어진 단 하나의 '자연실업률'이 있다고 주장했다. 실제로, 자연실업률 상태가 되면 경제는 완전한 고용 상태에 있다. 정부가 인플레이션 증가를 유발하게 되는 실업을 자연실업률 이하로 줄이기 위해 재정을 지출한다면 임금노동자들은 그들의 임금 인상 요구를 더욱 부풀릴 것이다. 그러면 두 가지 결과가 생겨날 수 있다. 실업은 새로운 높은 물가상승

1975~1999년 사이에 미국 정부는 해마다 통화 공급량을 늘리는 목표를 정했다. 하지만 이는 정부 목표의 상한선 이상으로 규칙적으로 증가했다.

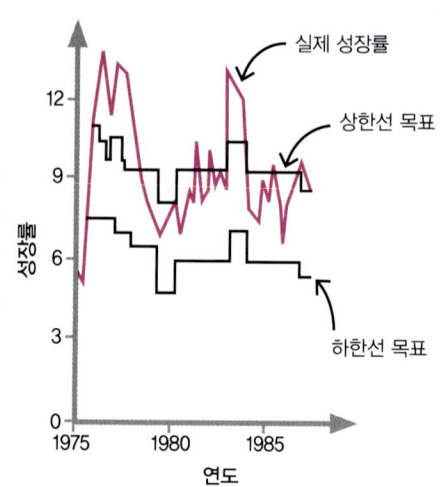

1973년에 칠레는 처음으로 통화주의 정책을 실행한 나라가 되었다. 독재자 아우구스토 피노체트(Augusto Pinochet) 정권에서 급진적인 삭감과 민영화 프로그램이 실행되었다.

률에서 자연실업률로 돌아갈 수 있다. 또는 정부가 낮은 실업률을 유지하려고 노력하지만 가속화되는 인플레이션의 소용돌이라는 대가를 치르게 된다.

결론은 분명했다. 정부가 재정 정책을 통해 고용을 안정시키려고 하는 것은 소용이 없다. 통화 공급량을 증가시키는 것은 마찬가지로 더욱 높은 물가를 야기할 뿐이다. 장기간에서 볼 때, 필립스 곡선은 자연실업률에서 곧은 수직선 상태가 된다.

통화량 변화와 생산량 변화의 시간상의 차이는 흔히 몇 분기에 불과하다. 물가 변동이 이루어지는 데에는 1년에서 2년이나 그 이상 걸릴 수 있다. 이러한 차이는 상당히 변동이 심하다. 이런 이유로 프리드먼은 경제에서 일어나고 있는 일을 잘못 해석하기가 쉽기 때문에 시장을 적극적으로 조작하기 위한 통화정책을 사용하려는 정부에 반대했다. 그들은 간단한 규칙을 따라야 한다. 즉 아무리 분명할지라도 화폐는 일정한 양해마다 (선택된 돈의 정의에 따라) 2~5퍼센트으로 증가한다는 것을 보장한다.

미국의 경제학자 로버트 루카스(Robert Lucas)와 토마스 사전트(Thomas Sargent)가 주도하는 신고전주의 거시경제학파는 이런 주장을 다시 수정하여 미래의 경제정책에 대한 합리적인 기대 이론에 기반을 둔 사상을 제시했다. 프리드먼의 모형은 합리적인 기대 이론을 과거의 실수에만 맞추는 것처럼 다루었다. 루카스와 사전트는 사람들의 합리적인 기대는 미래 지향적인 것이라고 주장했다. 사람들은 정부가 무엇을 계획하든 그에 따라 자연실업률 이하로 실업을 줄이기 위한 정부의 시도는 모두 즉시 높은 인플레이션을 야기할 것이라는 점을 확인할 수 있다. 다시 말해서, 필립스 곡선은 또한 단기간에 수직선을 나타낸다. 결국 정부는 실직을 줄이기 위한 힘이 전혀 없다는 것이다.

실제의 통화주의

프리드먼의 경고가 옳다는 것이 입증된 것은 그리 오래 걸리지 않았다. 1970년대에 인플레이션과 실업이 모두 증가(스태그플레이션으로 알려진 현상)하면서 필립스 곡선 가설의 균형은 무너졌다. 정부는 통화 공급량을 늘리는 정책을 그들의 계획에 도입하기 시작했다. 독일, 일본, 미국, 영국, 스위스 등은 1970년대에 통화목표 관리를 채택했다. 하지만 통화팽창을 조절하는 것은 어렵다는 것이 입증되었다. 한 가지 문제는 통화의 어떤 유형을 목표로 두는가 하는 것이었다. 대부분의 중앙은행은 은행의 정기예금을 포함한 통화의 넓은 유형에 목표를 두었다. 하지만 이는 조절하기가 어렵다는 것이 입증되었다. 그 뒤 좁은 본원통화, 즉 중앙은행에서 보유하는 지폐와 동전과 지급준비금에 관심이 집중되었다. 이는 조절하기가 더욱 쉽지만 이른바 넓은 차원의 통화와 안정된 관계를 누리는 것처럼 보이지 않았다.

통화주의 실험은 대개 성공하지 못했지만 통화주의의 영향은 중요한 의미가 있었다. 이는 통화 공급량에 대한 정책 방안에서 경제의 모든 측면에서 정부의 개입을 줄이는 데 목표를 둔 계획으로 성장했다. 오늘날에는 '화폐가 중요하다'는 것에 거의 반대하지 않을 것이다. 통화정책은 재정정책만큼 주목받고 있으며 대개 인플레이션을 조절하는 데 목표를 두고 있다. 하지만 통화주의의 가장 순수한 형태와 그 정책의 영향력은 논란이 많은 여러 가설들에 의존하고 있다. 즉 예측할 수 있는 화폐 수요가 있다는 점과 정부 당국이 통화 공급량을 쉽게 조절할 수 있다는 점이다. 1990년대에는 여러 나라들이 이러한 방식의 통화목표 관리에서 떠났다. 대부분은 인플레이션을 조절하거나 금리정책을 인플레이션 동향에 직접 연결시키기 위해 환율을 사용하기 시작했다. ∎

미국의 레이건 대통령과 영국의 마가렛 대처 수상은 보수주의적 동맹이었다. 두 사람 모두 임기 초기에 엄격한 통화주의 정책을 추구했다.

사람들의 고용률이 높아질수록 물가는 더욱 상승한다

인플레이션과 실업

제2차 세계대전 후 30년 동안 세계의 더욱 발전된 경제는 여느 때보다 가장 긴 성장의 시기를 누렸다. 실업률은 낮아지고 소득이 증가하면서 경제학자들은 1930년대의 위기를 극복했다고 여겼다.

이런 신뢰는 경제를 관리하는 정부 개입의 힘을 믿는 것에서 비롯되었는데, 이는 필립스 곡선(Phillips Curve)으로 강력하게 요약되었다. 1958년 뉴질랜드 출신의 빌 필립스(Bill Phillips)는 1861~1957년 영국의 임금 인플레이션과 실업 간의 관련성을 나타내는 『실업과 명목임금 변화율과의 관계The Relationship Between Unemployment and the Rate of Change of Money Wages』를 출간했다. 수년간의 높은 인플레이션이 수년간의 낮은 실업을 야기했고 또한 그 반대로 작용했다는 내용이었다.

인플레이션인가, 고용인가?

그런 작용은 이후 다른 선진국들의 경우

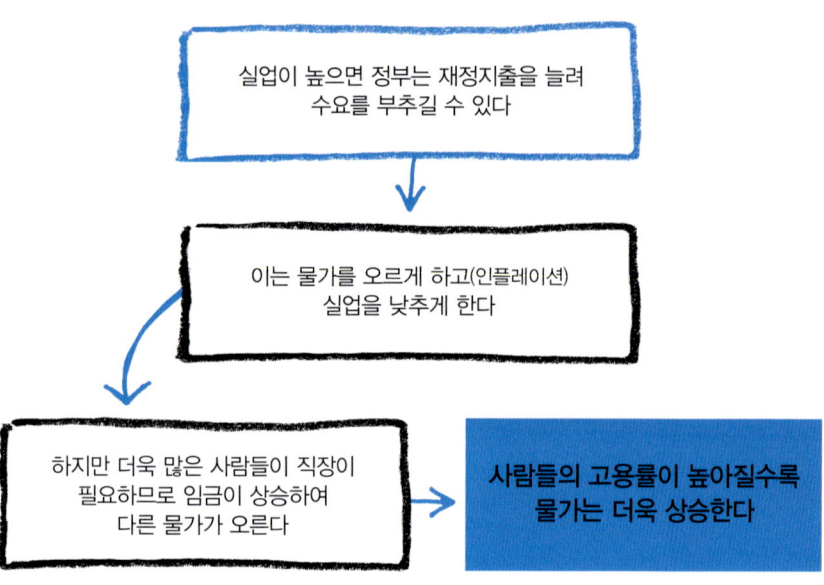

실업이 높으면 정부는 재정지출을 늘려 수요를 부추길 수 있다

↓

이는 물가를 오르게 하고(인플레이션) 실업을 낮추게 한다

하지만 더욱 많은 사람들이 직장이 필요하므로 임금이 상승하여 다른 물가가 오른다 → **사람들의 고용률이 높아질수록 물가는 더욱 상승한다**

참조 : ■ 대공황과 실업 154~161쪽 ■ 케인스의 승수효과 164~165쪽 ■ 통화정책 196~201쪽 ■ 합리적 기대 244~247 ■ 경직성 임금 303쪽

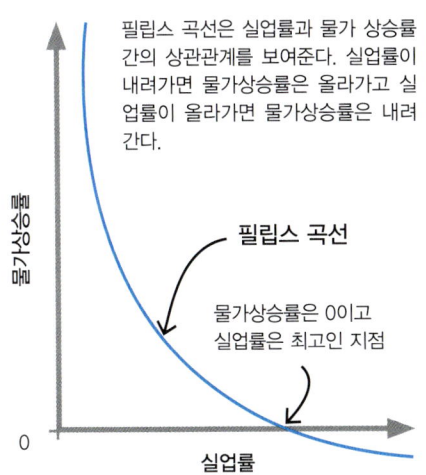

필립스 곡선은 실업률과 물가 상승률 간의 상관관계를 보여준다. 실업률이 내려가면 물가상승률은 올라가고 실업률이 올라가면 물가상승률은 내려간다.

필립스 곡선

물가상승률은 0이고 실업률은 최고인 지점

에도 비슷한 패턴들이 나타났다. 각 정부들은 인플레이션과 실업 사이에 어떤 균형이 있다는 것을 깨달았다. 그들은 낮은 실업률과 높은 인플레이션 또는 낮은 인플레이션과 높은 실업률을 선택하면서 필립스 곡선에 따라 그들이 선호하는 핵심을 골라 정책을 알맞게 조절할 수 있었다. 그들은 재정지출을 늘리거나 줄이고 또한 통화정책(통화 공급량과 이자율)을 강화시키거나 완화시킴으로써 필립스 곡선에 따라 경제를 고정하기 위해 총수요(총지출)를 조절할 수 있었다. 그 경제는 하나의 거대한 기계처럼 다루어졌다. 거시경제(그 나라의 전체 경제 체제)에 대한 모든 주요한 문제들이 외견상으로 이념에 대한 투쟁이 아닌 기술적인 해결책으로 줄어들 수 있는 것처럼 보였다.

필립스 곡선은 그 당시에 널리 퍼졌던 케인스의 거시경제학에 잘 맞았다. 실업률이 높으면 노동 및 제품 시장의 침체가 임금과 물가를 하락으로 이끌 수 있다고 추정되었다. 즉 인플레이션은 낮아지게 된다. 그리고 고용률이 높아지면 경제의 추가 수요(아마도 정부의 재정지출로부터)는 생산과

고용을 늘리지 못했지만 물가와 임금을 상승시켰다. 즉 인플레이션은 상승하게 된다. 하지만 1970년대에 이 안정된 관계는 붕괴된 것처럼 보였다. 인플레이션과 실업률이 함께 오르는 '스태그플레이션'이 발생한 것이다. 미국의 경제학자 밀턴 프리드먼은 이것을 거시경제 이론을 지배하게 된 하나의 방법으로 설명했다. 그는 필립스 곡선이 실제 물가와 실업의 관계를 나타내는 것 외에도 인플레이션에 대한 예상을 고려해야 한다고 주장했다. 사람들은 정부가 경제를 촉진시키기(그리고 고용을 늘리기) 위해 지출을 늘리면 인플레이션이 확실히 따르게 될 것이라고 여겼다. 결과적으로, 높은 실업률의 시기에 정부 재정지출의 증가는 인플레이션이 임박할 것이라는 징후로 여겨졌고 근로자들은 물가가 실제로 오르기 전에 임금 인상을 요구했다. 결국 프리드먼이 주장했듯이, 실업과 인플레이션 사이에는 어떤 균형도 존재하지 않는다. 그 경제는 '자연실업률'로 해결된다. 경제를 안정시키기 위한 정부의 시도는 그저 인플레이션이 앞으로 상승할 것이라는 예상을 부추겼고 그 결과

실제로 인플레이션은 상승했다.

프리드먼의 도전은 케인스의 거시경제학을 맹렬히 공격하기 위한 길을 열어주었고 정부는 수요를 조절하는 데 노력을 집중하는 대신, 자본과 노동의 공급을 향상시키기 위한 방법으로 전환했다. ■

1931년 미국에서 실업은 그에 상응하는 물가의 하락과 함께 거의 23퍼센트에 이르렀다. 정부는 직업을 창출하기 위해 공공사업 프로그램을 시작했다.

빌 필립스

1914년 뉴질랜드에서 태어난 올번 윌리엄 필립스(Alban William Phillips)는 이십대 초에 오스트레일리아로 옮겨가 한때 악어 사냥꾼으로 일하기도 했다. 그는 1937년 중국여행 중에 일본의 침략으로 탈출하는 경험을 했고, 이후 1938년 공학을 공부하기 위해 영국으로 갔다. 제2차 세계대전이 일어났을 때 필립스는 영국 공군(RAF)에 들어갔다. 1942년에 일본군에게 포로로 잡혀 전쟁이 끝날 때까지 포로수용소에서 보냈다. 1947년에 그는 사회학 전공으로 런던 경제대학에 입학했지만 대학원에서 경제학으로 전공을 바꾸었다. 1958년에 모교의 교수가 되었다. 1967년 오스트레일리아로 옮겨 교직활동을 계속했지만, 뇌졸중으로 고생했다. 그 후 은퇴하여 뉴질랜드로 옮겨갔다.

주요 저서

1958년 『실업과 명목임금 변화율과의 관계』
1962년 『고용, 인플레이션, 성장 Employment, Inflation and Growth』

204

사람들은 평생에 걸쳐 소비를 원활하게 한다

지출을 위한 저축

맥락읽기

초점
의사결정

핵심사상가
프랑코 모딜리아니(1918~2003년)

이전의 관련 역사

서기 1936년 : 존 메이너드 케인스가 소비를 설명하기 위해 간단한 수학 함수를 제시하는 『고용, 이자 및 화폐의 일반이론』을 출간한다.

서기 1938년 : 케인스 학파 경제학자 앨빈 한센이 미국 경제에서 장기 경기침체를 예측한다.

이후의 관련 역사

서기 1978년 : 미국의 경제학자 로버트 홀이 미국의 소비를 설명하기 위해 하나의 함수를 추정하여 프리드먼의 이론을 잠재적으로 확인시켜준다.

서기 1982년 : 미국의 경제학자 로버트 홀과 프레더릭 미시킨이 가계의 소비 계획은 '경험 법칙'을 따른다고 주장한다.

가계는 현재의 소득 변화율에 따라 소비를 한다

↓

이는 사람들이 이성적이고 장래를 바라보며 충격받는 것을 싫어하기 때문이다

↓

그들은 현재의 소득이 아닌 평생 소득의 기대에 근거하여 소비한다

↓

그들은 젊었을 때 저축하고 늙으면 저축한 것을 사용한다

↓

사람들은 평생에 걸쳐 소비를 원활하게 한다

케인스는 1936년, 저서 『고용, 이자 및 화폐의 일반이론』을 통해 소비중심 단계의 쟁점을 제시했다. 경제에서 총수요가 순조롭게 돌아가는 게 결정적이라면, 그 수요를 구성하는 집단들은 상당히 중요하다는 것이다. 공공지출은 정부의 통제를 받게 되었고, 기업들의 투자는 이자율과 관계가 있었다. 하지만 가계의 소비는 오히려 하나의 도전을 제시했다.

케인스는 가계가 소득의 극히 일부분만 소비하고 나머지는 저축하는데, 더욱 부유한 가계일수록 더 많이 저축한다고 주장했다. 모든 가계들이 소비하는 비율은 '승수'의 크기(정부의 재정지출이 실행에 옮겨질 때 증가하는 양)를 결정한다. 이는 직업과 소득을 창출하여, 그 추가된 직업과 소득을 제공받는 사람들의 소비가 늘어나게 된다. 또 그것들은 일반 경제에 영향을 주는 식으로 이어진다. 케인스 경제학자들에게, 이 승수효과는 시간이 흐르면서 경제가 호황과 불황 사이로 이동하는 방식 이면에 있다. 이런 이유로 소비의 정확한 상황을 파악하는 것은 매우 중요하다.

케인스의 이론은 세 가지 실증적인 예측을 야기한다. 첫째, 부유한 가계가 가난한 가계보다 더 많이 저축할 것이다. 둘째, 시

참조 : ■ 경제인 52~53쪽 ■ 차입과 부채 76~77쪽 ■ 케인스의 승수효과 164~165쪽 ■ 합리적 기대 244~247쪽

간이 흘러 경제가 성장하면서 사람들이 소비하는 양은 소득보다 더 빨리 증가하지 않을 것이다. 이는 가계가 더 부유해질 것이고 또한 그들의 소득에 거의 비례하지 않게 소비를 할 것이기 때문이다. 셋째, 그 결과 부유해진 경제는 점점 더 '활발하지 못하게' 될 것이다. 소비가 소득의 비율로 떨어지면 이는 승수효과를 줄이고 경제는 침체되기 시작한다.

평생의 저축

하지만 이 케인스 이론의 예측은 실제와 잘 맞지 않았다. 장기간에 걸친 가계의 소비와 소득의 비율은 경제 성장을 감소시키는 것이 아니라 여러 나라에 걸쳐 안정된 것으로 판명되었다. 이는 단기간에 걸쳐 변동을 거듭했지만 어떤 특정한 방향으로 지속적으로 이동하지는 않았다. 제2차 세계대전 후, 경제학자들은 장기간의 경기 침체를 예측했지만 경제는 모든 곳에서 호황을 맞았다.

그 수수께끼에 대해 두 가지 해결책이 받아들여졌다. 그 두 해결책은 이성적인 개

세대를 거듭할수록 점점 절약하는 것이 줄어드는 것처럼 보인다.
프랑코 모딜리아니

개인들이 현재의 소득에서 무작정 소비하지 않고 장래를 바라보며 그들이 얼마나 많이 저축해야 하는가에 대한 예상을 발전시킨다는 것을 제시했다. 1954년에 이탈리아의 경제학자 프랑코 모딜리아니(Franco Modigliani)는 이것이 삶의 여러 단계들과 관련이 있다고 주장했다. 사람들은 경제적으로 활동적일 때 노년기를 대비해 저축한다. 그리고 그들은 나이가 들면 저축한 것을 소비한다. 그들은 소비를 일정하고 원활하게 유지하려고 한다. 이는 '라이프사이클 가설'로 알려져 있다.

3년 뒤, 미국의 경제학자 밀턴 프리드먼은 '항상소득(주로 현재의 부에 근거를 둔 장래 소득의 기대)'을 중심으로 추가의 소득은 모두 '일시적인 것'이며 저축될 것이라는 관련 이론을 제시했다. 이는 '항상소득 가설'로 알려져 있다.

더욱 최근에 발달한 소비 이론에서는 사실상 소비자들이 얼마나 많이 소비하거나 저축해야 하는지에 대해 의사결정을 할 때 '경험 법칙(rules of thumb)'과 그 외 여러 '비이성적인' 행동을 사용하는 경향이 있다고 주장했다. ■

은퇴는 우리가 소득을 대체할 자금을 갖고 있을 때만 누릴 수 있다. 프랑코 모딜리아니는 이런 인식 때문에 사람들이 일정한 소비를 고려하여 시간을 두고 저축하는 것이라고 주장했다.

프랑코 모딜리아니

프랑코 모딜리아니는 1918년 이탈리아 로마에서 태어났다. 그는 초기에 로마 대학에서 법학을 공부했지만 경제학으로 전공을 바꾸었다. 1938년 무솔리니(Mussolini)가 잇달아 반유대인 법률을 통과시키자 파시즘에 열렬히 반대했던 모딜리아니는 파리로 망명한 후 반파시즘 운동가였던 아내 세레나 칼라비(Serena Calabi)와 함께 뉴욕으로 이주했다. 그는 공부를 하면서 서적을 판매하는 일로 늘어나는 가족을 부양했다. 여러 대학에서 강의를 하다가 매사추세츠 공과대학(MIT)에서 경제학 교수가 되었다. 1985년에 그는 저축 및 금융시장 분석에 선구적인 연구 성과를 올린 공로로 노벨상을 수상했다. 2003년에 그가 세상을 떠난 후, 경제학자 폴 새뮤얼슨(Paul Samuelson)이 그를 일컬어 "가장 위대한 거시경제학자"라고 언급했다.

주요 저서

1954년 『효용분석과 소비함수 Utility Analysis and the Consumption Function』 (리처드 브럼버그와 공저)
1958년 『자본비용, 기업재무 및 투자이론 The Cost of Capital, Corporation Finance and the Theory of Investment』 (머턴 밀러와 공저)
1966년 『저축의 라이프사이클 가설 The Life-cycle Hypothesis of Saving』

제도는 중요하다

제도경제학

표준 경제학은 시장의 존재를 가정한다. 이는 또한 정부가 무역, 투자, 혁신 등을 장려하는 데 필요한 정책 수단을 갖고 있다고 가정한다. 하지만 제도경제학자들은 더 깊이 들어가, 시장의 기원과 국가와의 관련성, 그리고 경제활동에 도움이 되는 정치적·사회적 조건 등을 탐구한다.

미국의 경제학자 더글러스 노스(Douglass North)는 제도를 "인간의 상호작용을 이루는, 인간이 만들어낸 제약"이라고 정의했다. 이런 제약은 '게임의 규칙'이고, 공식적이며 비공식적인 모습으로 나타난다.

공식적인 제약은 각 나라의 법과 정치에 뿌리를 두고 있는 규칙들인 반면, 비공식적

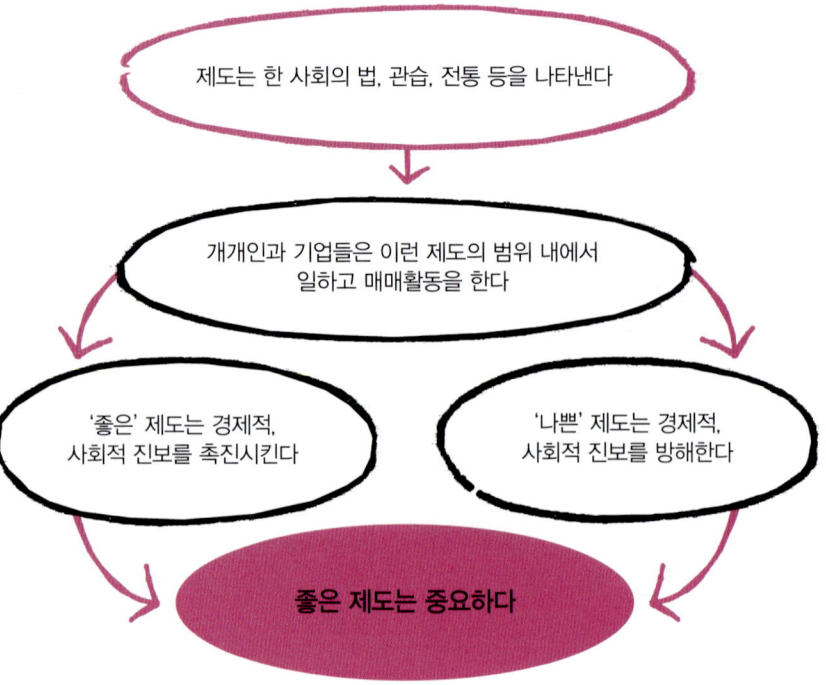

제도는 한 사회의 법, 관습, 전통 등을 나타낸다

개개인과 기업들은 이런 제도의 범위 내에서 일하고 매매활동을 한다

'좋은' 제도는 경제적, 사회적 진보를 촉진시킨다

'나쁜' 제도는 경제적, 사회적 진보를 방해한다

좋은 제도는 중요하다

참조 : ■ 재산권 20~21쪽 ■ 공개기업 38쪽 ■ 경제학과 전통 166~167쪽 ■ 사회적 자본 280쪽
■ 경제 변화에 대한 저항 328~329쪽

인 제약은 한 사회의 도덕, 관습, 전통 등을 나타낸다. 이 모든 것이 결합된 것들이 더글러스 노스가 주장하는 제도를 형성하고, 그 제도는 폭넓은 게임의 규칙을 정하여 그 범위 안에서 인간들은 근로자, 소비자, 투자자 등으로 상호작용한다.

시장과 재산

재산권(물리적 재산과 지적 재산을 포함)은 경제성장의 필수적인 제도다. 노스는 영국에서 재산권이 생겨난 것이 왕권이 의회에 굴종한 1688년이라고 주장했다. 그 전에는 군주가 자원을 몰수하여 사유재산권을 함부로 다루는 일이 흔했다. 노스는 왕권이 제한된 후 교역비용은 저렴해지고 장려책은 향상되었다는 것을 알아냈다. 그의 관점은 비난받았지만 그 접근방법은 현재까지 영향을 미치고 있다.

노스의 사례는 제도경제학의 핵심에 있는 하나의 갈등을 드러낸다. 재산권이 무질서 상태에서는 존속할 수 없기 때문에 국가는 재산권을 활성화시킬 권한을 부여하는 질서를 보장한다. 하지만 이는 또한 국가가 스스로의 이익을 위해 자원을 사용할 수 있게 하는 권한이 된다.

독일의 연방의회는 1945년 이후에 설립된 새로운 제도였다. 그 역할은 전쟁 이후 독일의 법과 경제를 형성하는 데 중요했다.

터키 출신의 미국 경제학자 대런 에이스모글루(Daron Acemoğlu)는 이런 갈등이 사회의 식민지 기원에 뿌리를 두고 있다는 것을 입증했다. 전염병의 위험을 받고 있는 아프리카와 같은 지역에서 식민지 개척자들은 오래 머물지 못했다. 제도는 경제성장을 촉진시키기 위한 것이 아니라 국가 차원에서 천연자원을 재빨리 뽑아낼 목적으로 세워진 것이다. 하지만 북아메리카 식민지에서는 정착민들이 장기간의 성장을 촉진시키는 제도를 확립했다.

제도는 경제의 성공이나 실패를 결정한다. 제도가 필수적인 구조를 창출하기 때문이다. 경제학자들은 경제 발전을 촉진시키는 제도적인 변화를 아직 분명히 파악하지 못했다. 과거는 늘 현재에 흔적을 남기므로 제도의 개혁은 어렵다. ■

제도는 경제를 장려하는
구조를 제공한다.
더글러스 노스

더글러스 노스

더글러스 노스는 미국의 매사추세츠 주 케임브리지에서 태어났다. UC버클리 학생이었던 그는 제2차 세계대전 때 군 복무를 거부했고 졸업 후 전쟁을 피하기 위해 미국 상선의 승무원이 되었다. 그는 3년 동안 노역을 하면서 많은 경제학 서적을 읽었고 미국으로 돌아왔을 때 평생의 취미인 사진을 공부할 것인지 경제학을 공부할 것인지를 두고 갈등을 했다. 결국 그는 경제학을 선택해 1952년 UC버클리에서 박사학위를 받았다. 그는 워싱턴 대학에서 강의를 시작했는데, 그곳에서 계량경제사(cliometrics, 역사의 경제적·통계적 분석)라는 새로운 분야를 만들어내는 데 일조했다.

노스는 1983년까지 워싱턴 대학에서 교수로 지냈지만 1966년 제네바에서 유럽의 경제사를 연구하는 데 1년이라는 시간을 보내면서 제도의 역할에 관한 흥미를 느끼게 되었다. 그는 1993년에 노벨 경제학상을 수상했다.

주요 저서

1981년 『경제사에서의 구조와 변화
Structure and Change in Economic History』
1990년 『제도*Institutions*』

사람들은 가능한 움츠러들 것이다

시장 정보와 장려책

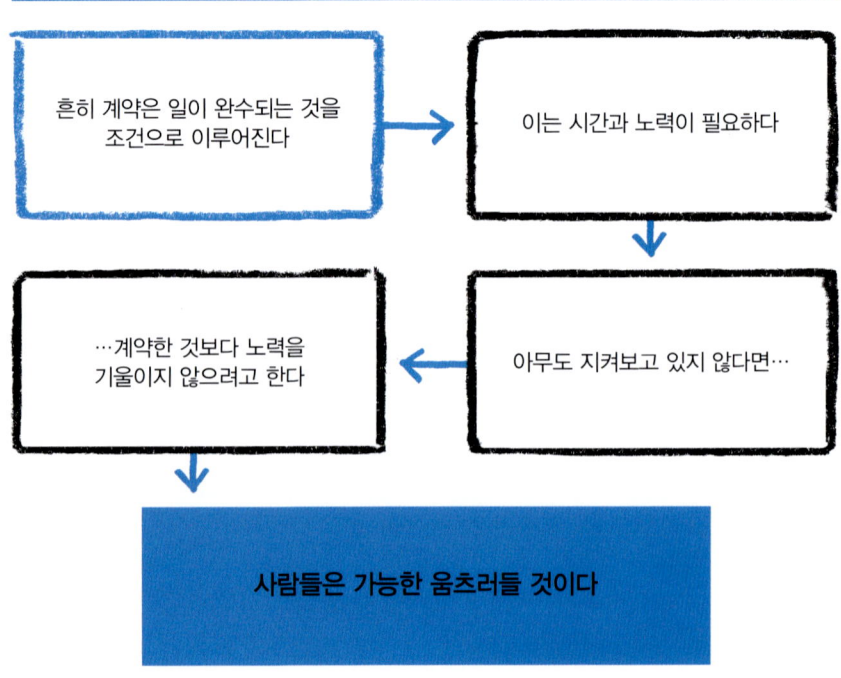

흔히 계약은 일이 완수되는 것을 조건으로 이루어진다 → 이는 시간과 노력이 필요하다

…계약한 것보다 노력을 기울이지 않으려고 한다 ← 아무도 지켜보고 있지 않다면…

사람들은 가능한 움츠러들 것이다

애덤 스미스가 최초로 세운 경제행동의 표준모형에서는 시장의 참가자들이 모두 이성적이고 정보에 능통한 사람들이라고 주장하고 있다. 하지만 항상 그렇지는 않다.

미국의 경제학자 케네스 애로(Kenneth Arrow)는 처음으로 시장에서 완벽하지 않은 정보의 문제를 분석한 사람들 중 한 사람이었다. 그는 양방이 계약을 작성하는 데 동의할 수 있지만 모두가 그 계약대로 이행할 것이라는 보장은 없다고 지적했다. 한쪽이 다른 쪽의 행동을 관찰할 수 없다면 관찰되지 않는 당사자는 상대방 모르게 그 계약의 모든 조항을 이행하지 않으려는 유혹에 빠질 수 있다. 행동이 숨겨지기 때문에 정보의 불균형이 생기게 된다.

참조 : ■ 공공재 공급 46~47쪽 ■ 경제인 52~53쪽 ■ 시장과 사회적 성과 210~213쪽 ■ 게임 이론 234~241쪽 ■ 시장 불확실성 274~275쪽 ■ 인센티브와 임금 302쪽

여행보험은 여행객들이 위험으로부터 보호된다고 느껴 그들이 더욱 위험한 행동을 시도하도록 유발할 수 있다. 그 결과 보험회사는 보험료를 올린다.

도덕적 해이

이런 상황은 '도적적 해이(moral hazard)'로 알려져 있다. 예를 들어, 보험시장에서 보험증권은 피보험자가 더욱 위험을 무릅쓰게 하는 자극제 역할을 할 수 있다. 이는 피보험자가 위험에 드는 비용을 보험사에서 충당할 것이라는 점을 알기 때문이다. 그 결과 보험사들은 지나친 위험 부담을 권장하여 궁극적으로 과도한 비용을 부담하는 것이

두렵기 때문에 낮은 보험금을 제시한다. 이는 시장실패로 이어질 수 있다는 것을 의미한다. 즉 보험에 가입하는 사람들은 보험료를 매우 많이 지불할 것이고 그로 인해 많은 사람들이 자신들은 보험시장에서 완전히 제외되었다고 생각할 수 있었다. 애로는 이런 환경에서 시장실패를 바로잡기 위해 정부 개입이 필요하다고 주장했다.

도덕적 해이는 한 사람이(본인)이 다른 사람(대리인)을 어떤 방식으로 행동하게 하려는 상황에서 나타날 수 있다. 본인이 바라는 행동이 대리인의 노력을 필요로 하고 또한 본인이 대리인의 행동을 관찰할 수 없다면 그 대리인은 몸을 사릴 수 있는 동기와 기회를 갖는다. 보험계약은 회사와 고객 간에 이루어지지만 그런 문제는 한 회사 내에서도 나타날 수 있다. 고용인들은 고용주가 그들을 관찰하고 있지 않으면 몸을 사릴 수 있다. 이러한 본인-대리인의 문제는 혼히 복잡한 업무에 대한 장기간의 계약에서 발생한다. 그런 상황에서 모든 필요조건은 미리 규정될 리가 없고 도덕적 해이는 뜻하지 않은 방식으로 나타날 수 있다. 본인-대

리인 문제는 계약을 표현하기 위한 가장 좋은 방법을 다루면서 복잡한 업무의 운영에 관한 대 문헌집의 발달을 야기했다.

너무 커서 실패하지 않는다?

최근에 도덕적 해이는 2008년 금융위기 이후 정치적 논쟁에서 중대한 쟁점이 되었다. 은행이 '너무 커서 실패하지 않는 것'으로 묘사될 때, 여기에도 도덕적 해이가 작용할 수 있다. 주요 은행들은 그들의 실패가 불황을 유발할 수 있다는 것을 알고 그로 인해 그들이 어떻게든 정부로부터 지원받을 것이라고 확신할 수 있었다. 경제학자들은 이러한 자만심으로 은행이 지나치게 위험한 투자에 착수하게 된다고 주장했다. 2012년의 유로화위기 또한 진행 중인 도덕적 해이의 한 사례로 여겨지고 있다. 그리스와 같은 나라들은 국가가 '너무 커서 실패하지 않는다'는 근거로 경제를 운영하고 있다는 의혹을 받고 있었다. ■

케네스 애로

미국 뉴욕 출신의 케네스 애로는 1921년에 태어났다. 그는 뉴욕에서 교육을 받은 전형적인 뉴요커다. 뉴욕 시립대학에서 사회학, 컬럼비아 대학에서 수학 석사학위를 받았다. 이후 그는 경제학으로 전공을 바꾸었지만 제2차 세계대전이 발발한 후, 미국의 육군항공대에 들어가 기상장교로 복무하면서 바람의 활용에 관해 연구했다.

전쟁이 끝난 후 애로는 셀마 슈바이처(Selma Schweitzer)와 결혼하여 두 아들을 두었다. 그는 1948년 컬럼비아 대학에서 강의를 시작하여, 스탠퍼드 대학과 하버드 대학에서 경제학 교수를 역임했다. 1979년 스탠퍼드 대학으로 돌아와 1991년 은퇴할 때까지 교수

로 지냈다. 그는 일반균형과 사회적 선택에 관한 연구로 가장 잘 알려져 있고, 1972년 경제학에 관한 독창적인 연구로 노벨상을 수상했다.

주요 저서

1951년 『사회적 선택과 개인적 평가 *Social Choice and Individual Values*』
1971년 『위험감수 이론에 대한 에세이 *Essays in the Theory of Risk-bearing*』
1971년 『일반 경쟁 분석 *General Competitive Analysis*』 (프랭크 한과 공저)

시장 효율성에 관한 이론들은 많은 가설이 필요하다

시장과 사회적 성과

맥락읽기

초점
후생경제학

핵심사상가
제라르 드브뢰(1921~2004년)

이전의 관련 역사
서기 1874년 : 프랑스의 경제학자 레옹 발라스가 경쟁적이고 분권화된 경제가 안정된 균형을 달성할 수 있다는 것을 입증한다.

서기 1942년 : 폴란드의 경제학자 오스카 랑게가 시장의 효율성을 처음으로 입증한다.

이후의 관련 역사
서기 1967년 : 미국의 경제학자 허버트 스카프가 실세계의 경제자료를 일반균형 모형에 적용할 방법을 입증한다.

서기 1990년대 : 거시경제의 새로운 모형들이 갈수록 일반균형분석을 실세계 경제자료에 통합시킨다.

주류 경제학은 1860~1870년대에 경제학자들이 확실한 시장 조건에서 개별 행동을 평가할 수 있는 수학적 모형들을 제시하면서 세상에 대한 독특한 일련의 주장들이 발달되었다. 때로는 '한계혁명(marginalist revolution)'이라 불리는 이 증명은 더 객관적이거나 절대적인 기준이 아닌 사람들의 선호도와 자원으로 가치가 결정된다는 주장과 관련이 있었다. 이익을 추구하는 개인들은 과연 애덤 스미스가 주장하는 시장의 '보이지 않는 손'으로 가장 유용한 성과를 낼 수 있었는가, 시장이 경제를 이끄는 다른 방법보다 더 효율적이었는가, 자유시장은 지금까지 완벽하게 존재할

참조 : ■ 자유시장 경제학 54~61쪽 ■ 경제 균형 118~123쪽 ■ 효율성과 공정성 130~131쪽 ■ 차선 이론 220~221쪽

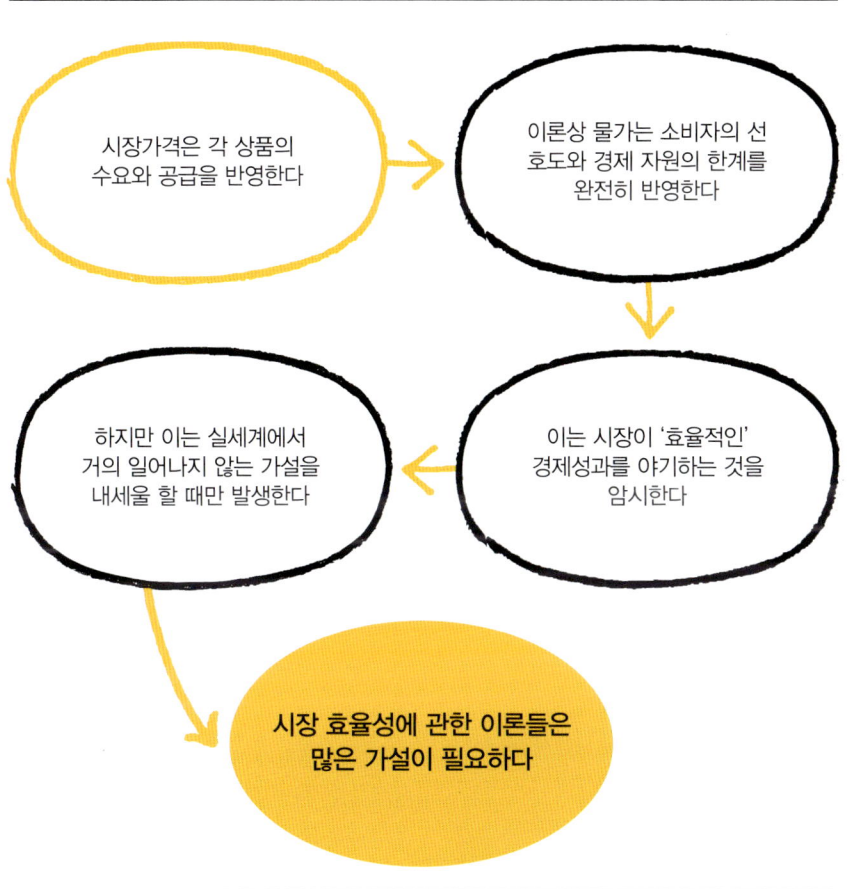

시장가격은 각 상품의 수요와 공급을 반영한다

이론상 물가는 소비자의 선호도와 경제 자원의 한계를 완전히 반영한다

하지만 이는 실세계에서 거의 일어나지 않는 가설을 내세울 할 때만 발생한다

이는 시장이 '효율적인' 경제성과를 야기하는 것을 암시한다

시장 효율성에 관한 이론들은 많은 가설이 필요하다

제라르 드브뢰

1921년 프랑스 칼레에서 태어난 제라르 드브뢰는 독일의 점령시기에 파리의 고등사범학교에서 교육을 받았다. 드브뢰는 군복무 후, 수학을 공부하기 위해 다시 돌아왔고 경제적 문제에 관심을 두었다. 1949년에 한 단체의 후원으로 미국, 스웨덴, 노르웨이 등의 명문학교를 방문하여 그 당시 프랑스에 알려지지 않은 경제발전에 관한 최신 정보를 접하게 되었다. 그 뒤 미국으로 이주했고, 거기서 경제적 쟁점들을 수학적으로 다루기 위해 1930년대에 만들어진 매우 영향력 있는 콜스 위원회(Cowles Commission)의 회원이 되었다. 그리고 미국의 스탠퍼드와 버클리 대학에서 경제학과 수학을 가르쳤다. 1983년에는 노벨상을 수상했으며, 2004년 세상을 떠났다.

주요 저서

1954년 『경쟁적 경제를 위한 균형의 존재Existence of an equilibrium for a competitive economy』(케네스 애로와 공저)
1959년 『가치 이론 : 경제 균형의 공리적 분석Theory of Value : An Axiomatic Analysis of Economic Equilibrium』

수 있었는가, 등 시급한 이론상의 문제들을 새로운 방식으로 제기할 수 있었다.

안정적인 시장

프랑스의 경제학자 레옹 발라스는 이론상의 이런 혁명의 개척자들 가운데 한 명이었다. 그는 자유시장이 소비자 및 기업의 수요와 재화 및 용역의 공급을 완벽하게 균형을 이루게 하면서 전반적으로 안정적인 성과를 달성할 수 있음을 입증하려고 했다. 하나의 시장이 이런 균형이나 평형 상태를 달성할 수 있다고 알려져 있었지만 시장 전체가 똑같이 그런 성과를 낼 수 있는지는 분명하지 않았다.

정부는 휘발유와 같은 재화에 세금을 매겨 부를 재분배한다. 어떤 가설에서는 세금에도 불구하고 자유시장이 재화를 효율적으로 사용할 수 있게 조절하는 것이 입증될 수 있다.

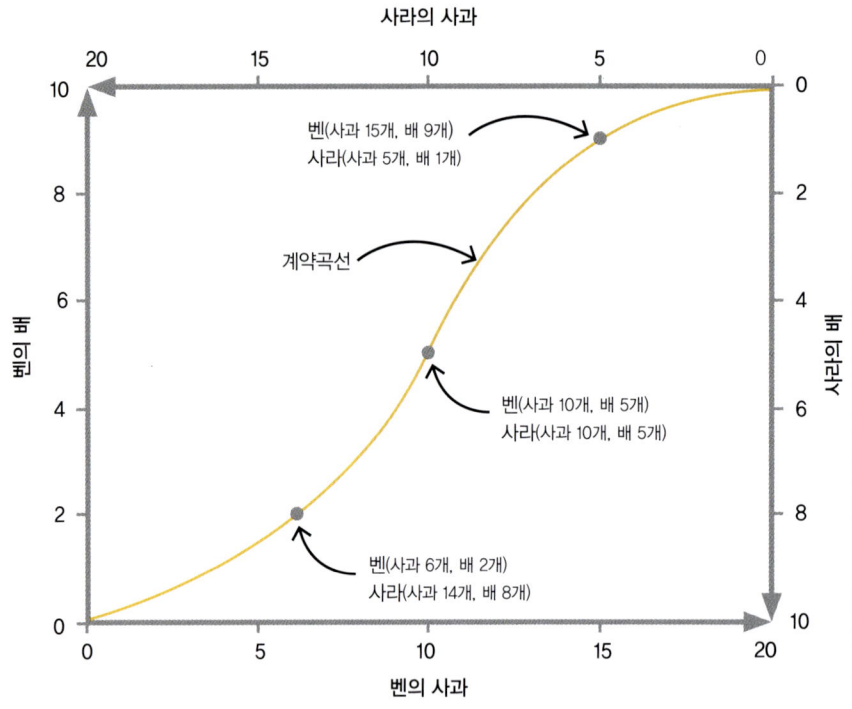

에지워스 상자(Edgeworth box)란 경제 시스템 안에서 재화의 배분을 나타내는 방식을 말한다. 이 사례에서 경제는 두 사람(벤과 사라)과 두 재화(20개의 사과와 10개의 배)를 포함하고 있다. 네모 안의 각 점은 벤과 사라에게 사과와 배의 배분이 가능한 곳을 나타낸다. 그 노란 선이 서로 거래가 이루어진 후 벤과 사라가 도달할 수 있는 재화의 분배가 가능한 곳을 나타내는 계약곡선(contract curve)이다. 이 곡선의 지점들에서 거래하는 것이 파레토 효율성(Pareto efficiency)을 야기한다.

1954년 프랑스의 수학자 제라르 드브뢰(Gérard Debreu)와 미국의 경제학자 케네스 애로는 이 '일반균형(general equilibrium)'의 문제를 해결했다. 그들은 고급 수학을 이용하여 어떤 환경에서 일련의 시장들이 전체적인 균형을 달성할 수 있다는 것을 입증했다. 다른 의미로 보자면, 애로와 드브뢰가 자유시장이 사회적 질서를 이끌 수 있다는 애덤 스미스의 주장을 바꿨다. 하지만 스미스는 시장이 안정성이라는 지점을 향하려는 경향이 있다는 강력한 주장을 했고, 이런 균형은 자유사회를 수반하기 때문에 바람직한 것이라고 했다.

파레토 효율성의 성과

현대의 경제학자들은 '파레토 효율성'으로 알려진 개념을 사용하여 분배의 바람직함을 측정한다. 이 모델에 의하면 어떤 사람이 다른 누군가를 더 가난하게 만들지 않고 더 부유해지는 것이 불가능하다. 적어도 한 사람의 후생이 증가하고 누구의 후생도 하락하지 않는 식으로 재화가 이동한다면 경제는 향상하게 된다. 애로와 드브뢰는 시장균형을 파레토 효율성과 연결시켰다. 그렇게 함으로써 시장의 성과가 향상된다는 스미스의 궁극적인 주장을 엄밀히 조사했다. 그리고 '후생경제학의 근본적인 원리들'로 알려진 두 가지 원리를 입증함으로써 이를 실행했다.

첫 번째 원리는 균형 상태의 순수한 자유시장경제에서는 (어떤 사람의 후생을 감소시키지 않고서는 다른 사람의 후생을 증대시킬 수 없는 자원의 분배를 야기하는) '파레토 효율성'이 필수라는 것을 제시하고 있다. 개인은 재화의 '기부'로 시작해서 서로 거래를 이어가면서 평형 상태에 도달하여, 효율적인 결과에 이른다.

파레토 효율성은 하나의 윤리적 기준이다. 부유한 한 사람이 원하는 재화를 모두 갖고 있고 그 밖의 다른 사람들은 원하는 재화를 아무것도 갖지 못한 상황은 파레토 효율성을 나타낼 수 있다. 이는 그 부유한 사람을 더욱 가난하게 만들지 않고 그로부터 재화의 일부를 없애는 것이 불가능할 것이기 때문이다. 즉 이 원리는 시장이 효율적이라고 주장하지만 분배에 따르는 비판적인 쟁점에 관해서는 어떤 해답도 내놓지 못한다.

두 번째 원리는 이 문제를 다루고 있다. 경제에서는 일반적으로 파레토 효율성의 자원배분 형태가 존재한다. 어떤 재화는 거의 균등하게 배분될 것이고 또 어떤 것은 매우 불공평하게 배분될 것이다. 이 두 번째 원리는 파레토 효율성에 따른 분배가 모두 자유시장을 활용하면서 달성될 수 있다고 주장한다. 경제학자들이 '계약곡선'이라고 나타내는 개념이 바로 그것이다. 하지만

> 공급과 수요의 조정이 일어나는 이런 방식은 애덤 스미스 이후 경제 이론의 주요한 집착이 되었다.
> **케네스 애로**

> 자원의 배분은 파레토의 의미에서
> 효율적일 수 있지만 어떤 사람들에게는
> 거대한 부를 만들어내고
> 또 어떤 사람들에게는 대단히
> 심각한 가난을 만들어낸다.
>
> 케네스 애로

이런 배분들 중 하나의 특정한 배분을 달성하기 위해 개인이 기부하는 재화 역시 초기에 재분배되어야 한다. 그런 다음에 거래가 시작될 수 있고 그로 인해 그 특정한 파레토 효율성의 자원 배분이 일어난다.

여기서 파생하는 현실적 모델은 정부가 (누진세와 같은 세금의 추가부담금을 통해) 자원을 재분배하고, 그런 다음 자유시장의 원칙에 따라 최종적으로 효율적인 배분이 이루어질 수 있다는 점이다. 그렇게 해서 형평성(공평성)과 효율성이 함께 이루어진다.

현실 세계의 한계

애로와 드브뢰의 결과는 엄격한 가설들에 의존한다. 이 가설들이 지켜지지 않으면 효율성은 위태로워질 수 있는데, 이것이 경제학자들이 '시장실패'라 부르는 상황이다. 그 두 원리가 지켜지기 위해서는, 개인이 경제적 합리성에 따라 행동해야 한다. 그들은 시장의 신호에 완벽하게 반응해야 하는데, 이는 실제로 그렇게 되리란 보장이 없다. 기업들의 행동은 경쟁적이어야 하지만 사실상 현실 세계는 독점으로 가득하다.

게다가 그 후생 원리들은 높은 구축비용을 갖는 대기업이 있는 상황과 같은 규모의

경제가 있으면 지켜지지 않는다. 예를 들어, 여러 공공기업체들이 그러한 경우다. 균형의 효율성을 위한 더욱 중요한 조건은 '외부효과(externalities)'가 전혀 없어야 한다. 여기에는 시장가격에 등록하지 않는 비용과 편익이 있다. 예를 들어, 오토바이 작업장(A)의 소음이 이웃 회계사무실(B)의 생산성에 손실을 입힐 수 있지만, A작업장 소유주는 그들의 비용에 영향을 주지 않기 때문에 이 폭넓은 비용을 고려하지 않는다. 외부효과는 효율성을 방해한다. 또한 개개인이 구매하려는 재화의 가격과 특성에 대한 완전한 정보가 없다면 시장은 실패할 가능성이 크다.

후생 원리들이 의미하는 것

우리가 세우는 가설들이 어떤 상황에서든 적용할 수 없을 정도로 현실에서 사라진다면 그 모형의 핵심이 무엇인지 궁금하게 여길 수 있지만 이론상의 모형들은 현실에서 충실하게 표현되는 것이 목적이 아니다. 만일 그것이 목적이었다면 애로와 드브뢰의 모형은 쓸모가 없을 것이다. 대신, 그들의 이론은 '어떤 조건에서 시장이 효율성을 달성할 수 있을까?'라는 핵심문제를 해결한

균형 모형들은 리먼브러더스 은행(Lehman Brothers Bank)이 파산하고 그곳의 모든 직원들이 해고되면서 시작된 2008년의 금융위기를 예측하는 데 실패했다. 이 때문에 그 균형 모형의 기본 가설들에 대한 비난이 이어졌다.

다. 이 조건들은 실제 경제가 완전한 효율성의 기준에서 얼마나 많이 벗어나 있고 또 어떤 방식으로 있는지를 알려주는 데 설득력이 있다. 애로와 드브뢰의 조건들은 우리가 효율성에 더욱 가까이 갈 수 있기 위해 무엇을 할 수 있는지를 지적한다. 예를 들어, 우리는 외부효과를 처리하기 위해 공해에 가격을 매기고, 더욱 경쟁적인 시장을 만들기 위해 독점을 없애고, 또는 소비자들이 구매하는 재화에 관해 그들에게 정보를 알려주는 데 도움이 되는 제도를 만들기 위해 노력할 수 있다.

애로와 드브뢰의 업적은 전쟁 이후 다양한 분야에서 경제학적 기초가 되었다. 그들의 연구결과를 개선하고 다른 여러 가설들로 경제의 효율성을 조사하려는 시도들이 이루어졌다. 많은 거시경제학 모형들이 이론적으로 그리고 실질적으로, 애로와 드브뢰의 일반균형 접근법을 사용하면서 세워졌다. 혹자는 현실 세계의 경제에서 예측할 수 없는 혼란상태의 특성을 고려하지 않는다며 균형접근법을 비난했다. 특히 이런 종류의 모형들이 2008년의 금융위기를 예측해내지 못한 것 때문에 이런 목소리들은 최근에 더욱 커졌다. ■

완벽한 투표 제도는 없다

사회선택 이론

언뜻 보기에는 투표방식을 수학적으로 다루는 것이 경제학과 전혀 관련 없는 것처럼 보일 수 있다. 하지만 후생경제학 분야와 특히 사회선택 이론에서 이는 중요한 역할을 한다. 사회선택 이론은 1950년대에 미국의 경제학자 케네스 애로가 개발한 것이다. 그는 한 사회의 경제적 후생을 평가하기 위해 그 사회의 개별적인 구성원들의 가치가 고려되어야 한다고 생각했다. 한 사회의 후생과 사회적 상황을 정하는 집단의사결정을 하기 위해서는 개인들이 그들의 선호도를 표현하고 이러한 것들이 결합될 수 있는 하나의 제도가 있어야 한다. 이런 집단의사결정 과정은 공정하고 효율적인 투표 제도에 의존할 수 있다. 하지만 애로는 1951년 『사회적 선택과 개인의 가

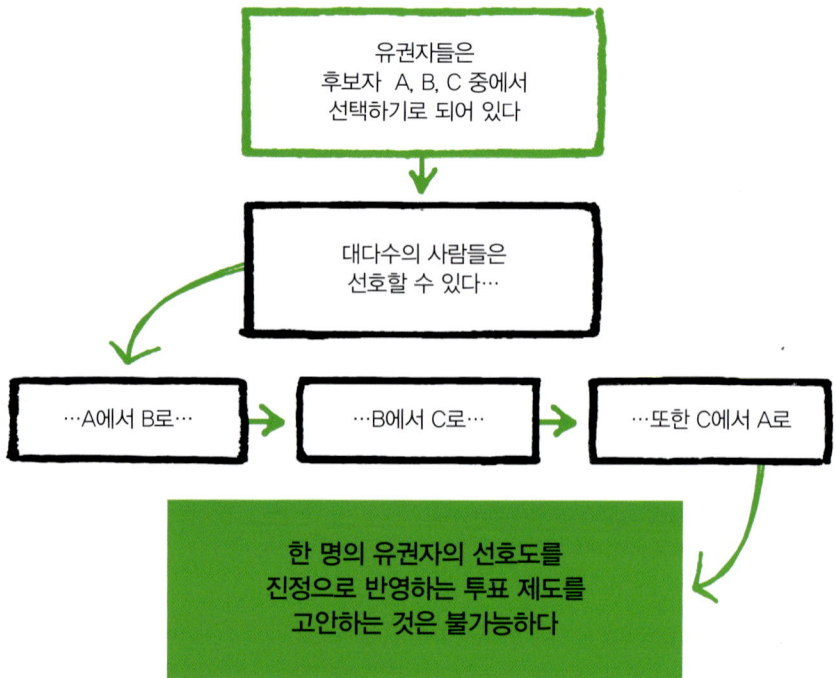

참조 : ■ 효율성과 공정성 130~131쪽 ■ 시장과 사회적 성과 210~213쪽 ■ 사회적 시장경제 222~223쪽

> 자본주의적인 민주주의에서
> 사회적 선택이 이루어질 수 있는 데에는
> 근본적으로 두 모형들이 있다.
> 그것은 바로 투표와 시장 원리다.
>
> **케네스 애로**

치Social Choice and Individual Values』에서
하나의 역설이 작용한다는 것을 입증했다.

투표의 역설

이른바 '투표의 역설(voting paradox)'은
프랑스의 정치사상가이자 수학자인 니콜
라 드 콩도르세(Nicolas de Condorcet)가 거의
200년 전에 처음으로 설명한 이론이었다.
그는 대다수의 유권자들이 B보다 A를 선호

하고 C보다 B를 선호하지만 그와 동시에 A
보다 C를 선호한다는 것을 알아냈다. 예를
들어, 유권자들의 3분의 1이 A-B-C 순서를
선택하고 또 3분의 1이 B-C-A 순서를 선택
하고 나머지 3분의 1이 C-A-B 순서를 선택
하면 대다수는 분명 B보다 A를, C보다 B를
선호하게 된다. 직감적으로 우리는 C가 선
택의 목록에서 제일 밑에 있다고 예상할 수
있다. 하지만 대부분은 또한 A보다 C를 선
호한다. 그렇게 되면 공정한 집단의사결정
에는 분명 문제가 있는 것이다.

애로는 유권자의 선호도를 진정으로 반
영하는 투표 제도는 그저 문제가 있는 것이
아니라 불가능하다는 것을 입증했다. 그는
이상적인 투표 제도로 충족되어야 하는 일
련의 공정성 기준을 제시했다. 그리고 하나
의 제도가 이런 모든 조건들을 만족하기는
불가능하다는 것을 입증했다. 사실상 대다
수의 합리적인 가설들이 충족되면 반직관
적인 결과가 하나 존재하게 된다. 공정성에
대한 기준 가운데 하나는 '독재자'가 전혀
없어야 한다는 데 있었다. 즉 집단의사결정
을 판단하는 개인이 없어야 한다는 것이다.

여기에서 보여주듯이, 19세기 프랑스에서 실시된
투표함에 사람들이 투표하는 권리는 서구 문명에
서 확립된 것이고 거의 보편적이지만 정말 완벽한
투표 제도는 어디에서도 찾아보기 힘들다.

하지만 역설적으로 다른 모든 조건들이 지
켜지면 꼭 그런 독재자가 나타난다.

대중의 복지를 위해

애로의 역설[또는 일반가능성 정리(general
possibility theorem)로 알려진은 현대 사회선
택 이론의 초석이며, 또한 애로의 공정성
기준이 개개인의 선호도를 고려하는 투표
의 공정한 방법들을 고안하기 위한 토대를
이루었다.

사회선택 이론은 경제정책의 효과를 평
가하면서 이제 후생경제학에서 주요한 연
구 분야가 되었다. 추상적인 원리의 개발로
시작된 이 분야는 정부와 기획자들이 대부
분 사람들의 복지를 지속적으로 검토해야
하는 구체적인 경제적 상황에 적용되었다.
그리고 그 대부분은 자원의 배분과 부의 분
배에 관한 근본적인 경제 문제에 중요한 영
향력을 미치고 있다. ■

사회후생함수란 무엇인가?

한 사회의 후생을 평가하는 데에는 여러
방법들이 있다. 19세기의 공리주의자들은
소득 같은 것이 아닌 사람들의 효용, 즉 행
복의 수준이 전체의 후생을 측정하는 데
추가될 수 있다고 생각했다.

이후 경제학자들은 그와 같은 방식을
시도하기 위해 '사회후생함수(social welfare
functions)'를 개발했지만 이는 효용의 척
도와 반드시 관련되어 있는 것이 아니었
다. 케네스 애로와 다른 사람들은 이런 함
수를, 개인 선호도가 가능한 사회적 선호

순위(사회에서 그들의 경제적 지위)로 바뀌는
수단으로 만들었다.

그리고 사회복지 사고에는 하나의 윤
리적 관점이 있다. 공리주의의 단순한 형
태는 전체 행복의 극대화를 거의 강조하
지 않고 있다. 미국의 철학자 존 롤스(John
Rawls)가 제안한 또 다른 형태에는 사회에
서 가장 가난한 사람의 복지를 최대화하고
있다.

소득이 아닌 행복을 극대화하는 것이 목표다

행복의 경제학

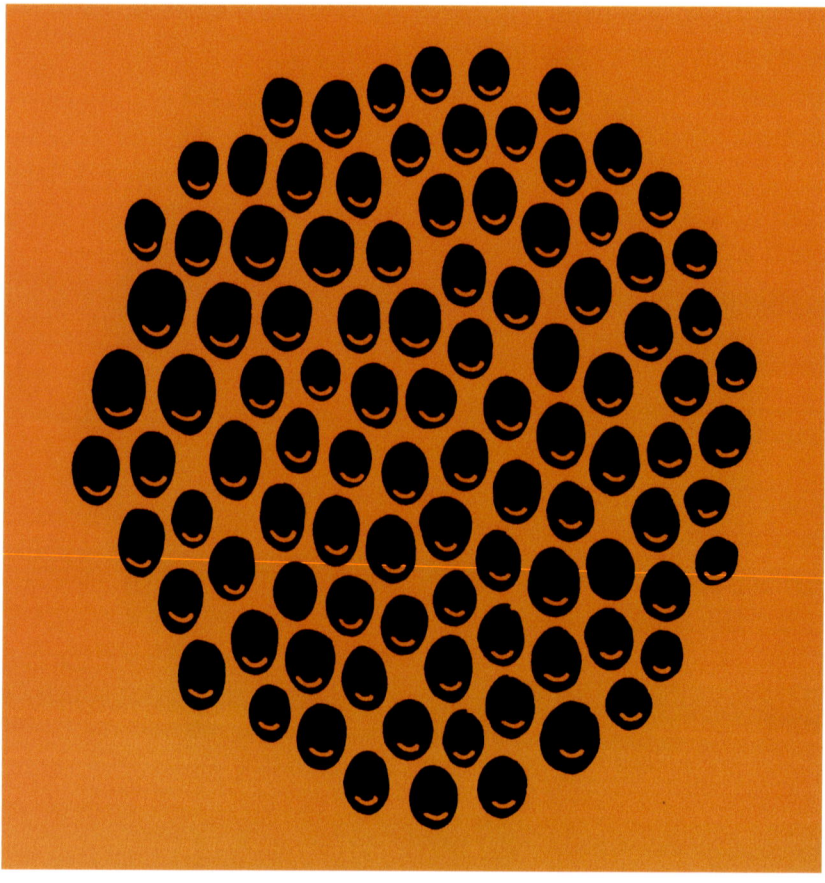

맥락읽기

초점
사회와 경제

핵심사상가
리처드 이스털린(1926년~)

이전의 관련 역사
서기 1861년 : 존 스튜어트 밀이 도덕적인 행동은 전체 행복을 극대화하는 것이라고 주장한다.

서기 1932년 : 사이먼 쿠즈네츠가 단순히 전통적인 경제변수에 근거를 둔 미국을 위한 최초의 국민소득계정을 발표한다.

이후의 관련 역사
서기 1997년 : 영국의 경제학자 앤드류 오스왈드는 실직을 불행의 주요 원인이라고 주장한다.

서기 2005년 : 영국의 경제학자 리처드 레이어드(Richard Layard)가 행복과 소득의 관련성에 관한 논쟁을 다시 논의하는 『행복 : 신과학에서 얻는 교훈』을 출간한다.

러시아 출신의 미국 경제학자 사이먼 쿠즈네츠(Simon Kuznets)는 1930년대에 최초로 미국을 위해 국가의 국민계정(national accounts)이라는 개념을 만들었다. 그의 선구적 업적은 이후 영국, 독일 등 여러 선진국들에서 국민계정의 창출을 이끌었다. 이런 국민계정은 국내총생산(GDP)으로 알려지게 된 국민소득의 수치를 계산하기 위해 1년 동안의 경제에서 이루어진 모든 거래를 합한 것과 관련되어 있었다. 프랑스의 프랑수아 케네 같은 초기 경제학자들은 비슷한 측정방식을 끌어내리려고 시도했지만 그들의 노력은 그 일의 엄청난 규모 때문에 실패했다. 이는 통계학의 활용, 현

참조 : ■ 부의 측정 36~37쪽 ■ 효율성과 공정성 130~131쪽 ■ 과시적 소비 136쪽 ■ 시장과 사회적 성과 210~213쪽 ■ 행동경제학 266~269쪽 ■ 성과경제학 310~311쪽

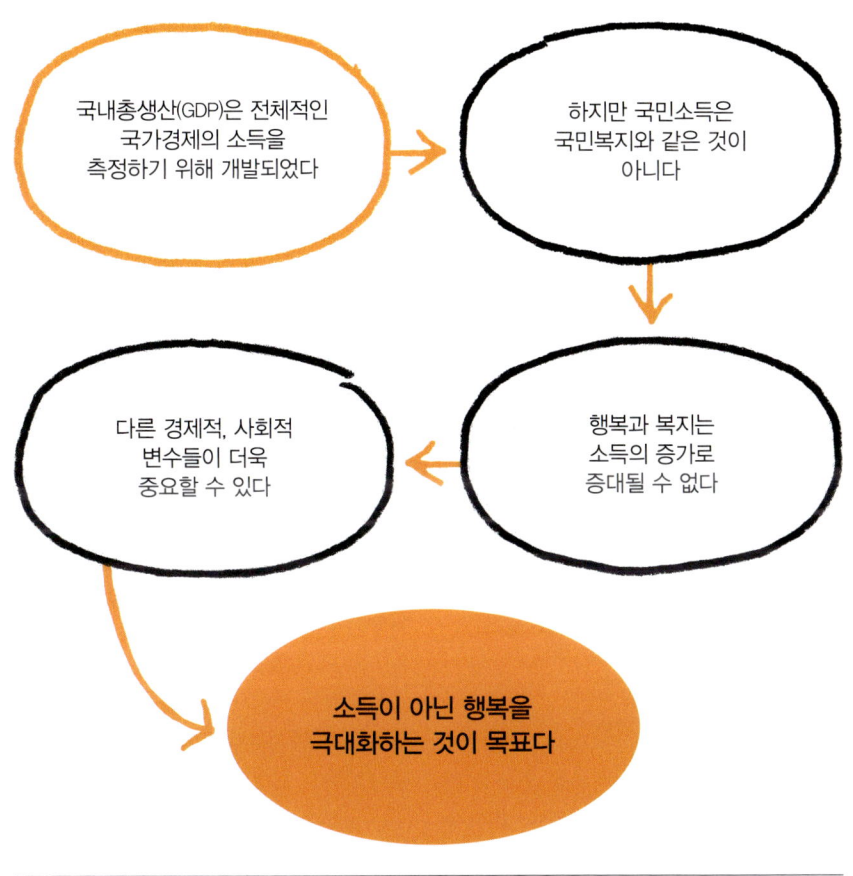

국내총생산(GDP)은 전체적인 국가경제의 소득을 측정하기 위해 개발되었다

하지만 국민소득은 국민복지와 같은 것이 아니다

다른 경제적, 사회적 변수들이 더욱 중요할 수 있다

행복과 복지는 소득의 증가로 증대될 수 없다

소득이 아닌 행복을 극대화하는 것이 목표다

선망은 불행의 한 원인이 된다. 자신보다 이웃이 더 많이 소유하고 있느냐의 여부가 자신이 얼마나 많은 것을 소유하고 있느냐보다 행복에 더욱 중요한 요소가 될 수 있다.

은 사람들을 행복하게 만드는 다른 요소들은 간단히 크기로 나타내지 못한다. 그럼에도 불구하고 국내총생산은 경제학에서 무엇보다 중요한 통계가 되었고 한 나라가 성공하고 있는지를 나타내기 위해 채택되었다. 국내총생산이 복지와 완전히 일치하지 않더라도 복지와 국내총생산은 같은 방향으로 이동할 수 있다는 것은, 전혀 입증되지 않았지만 널리 인식되고 있었다.

국내총생산과 국민소득의 개념에 대한 직접적인 도전은 미국 경제학자 리처드 이스털린(Richard Easterlin)에 의해 1974년 제시되었다. 그는 지난 30년 동안 19세기 사람들의 행복에 대한 보고들을 조사하여 국내총생산과 복지 간의 관계가 사람들이 생각한 만큼 단단한 것이 아님을 주장했다. 이스털린은 그 조사에서 행복은 소득과 함께 증가한다는 사실을 알아냈다. 하지만 각국의 사정이 다르다는 것을 전제로 하더라

지 조사법, 경제 전체의 연구조사 등을 통해서만 가능해졌다.

중대한 수

최초의 등장부터 국내총생산의 수치는 정치가, 저널리스트, 경제학자들에게 거의 불가항력적인 유혹을 제시했다. 간단한 형태에서 그 수치들은 경제에 관한 가장 중요한 요소들을 모두 합한 수치를 나타내는 것처럼 보인다. 국내총생산의 증가는 더 많은 직업과 더 높은 임금을 의미하지만 국내총생산의 하락은 실업과 불확실성을 의미한다. 제2차 세계대전 후, 경제정책에 대한 논쟁들은 국내총생산을 늘리는 가장 좋은 방

법에 관한 잇따른 논의로 매우 급속하게 바뀌었다. 여러 정책들이 추구되었지만 그것들은 모두 목적이 같았다.

하지만 이는 어떤 중요한 문제를 간과했다. 국내총생산은 하나의 수치일 뿐이므로 가장 중요한 것이 아닐 수 있다는 점이다. 쿠즈네츠가 미 의회 청문회(US Congressional hearing)에서 한번 지적했던 것처럼, 국내총생산과 실제 사회복지 사이에는 필연적인 연관성이 전혀 없다. 국내총생산의 증가는 매우 고르지 않게 분배될 수 있으므로 소수의 사람들이 상당히 많은 돈을 갖고 있는 반면 다수의 사람들은 적은 양의 돈을 갖고 있을 수 있다. 가족이나 친밀한 관계와 같

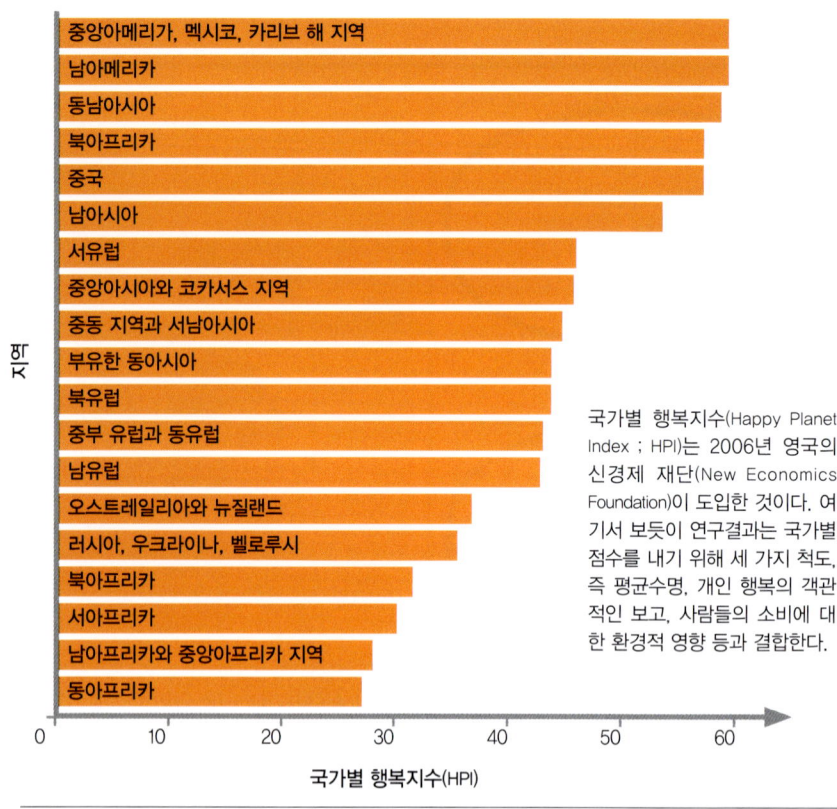

중앙아메리카, 멕시코, 카리브 해 지역
남아메리카
동남아시아
북아프리카
중국
남아시아
서유럽
중앙아시아와 코카서스 지역
중동 지역과 서남아시아
부유한 동아시아
북유럽
중부 유럽과 동유럽
남유럽
오스트레일리아와 뉴질랜드
러시아, 우크라이나, 벨로루시
북아프리카
서아프리카
남아프리카와 중앙아프리카 지역
동아프리카

지역

0 10 20 30 40 50 60

국가별 행복지수(HPI)

국가별 행복지수(Happy Planet Index ; HPI)는 2006년 영국의 신경제 재단(New Economics Foundation)이 도입한 것이다. 여기서 보듯이 연구결과는 국가별 점수를 내기 위해 세 가지 척도, 즉 평균수명, 개인 행복의 객관적인 보고, 사람들의 소비에 대한 환경적 영향 등과 결합한다.

관해 어떻게 느끼고 있는지에 영향을 줄 수 있는 방식을 평가하려고 했다.

심리학자 필립 브릭먼(Phillip Brickman)과 도널드 캠벨(Donald Campbell)이 1971년에 처음 주장한 '쾌락의 쳇바퀴(hedonic treadmill)'라는 개념으로 또 다른 이론이 제시되었다. 그들은 사람들이 현재의 행복수준에 매우 빨리 적응하여 좋거나 나쁜 사건들과 관계없이 이 수준이 유지된다고 주장했다. 소득이 오르면 그들은 물질적인 안정성의 새로운 수준에 빨리 적응하여 그것을 보통으로 여기고 그들이 이전보다 행복하지 않다고 생각한다. 이 이론의 극단적인 형태는, 최저생계의 소득을 넘어 모든 경제 발달은 복지와 근본적으로 상관이 없다는 것을 암시할 수 있다. 이는 사람들의 행복이 성격이나 우정 등 완전히 다른 것들로 결정되기 때문이다.

이에 대한 대안으로 학자들은 지위의 중요성과 다른 사람과의 비교를 내세웠다. 예를 들어 어떤 사회에서 자동차를 소유한 사람이 아무도 없다면, 자동차의 소유 여부는 개인의 행복에 어떤 영향도 미치지 못한다. 하지만 자동차를 소유한 사람이 있다면, 이

도 행복에 대한 변수는 국민소득의 차이에도 불구하고 크게 다르지 않았다. 부유한 나라의 사람들이 반드시 가장 행복한 것은 아니었다.

시간이 지나면서, 그런 정황은 훨씬 더 이상한 것처럼 보였다. 미국에서는 1946년부터 계속해서 국내총생산이 비교적 급속히 증가하는 추세를 보였지만 조사에서 보고된 행복의 수준은 전례를 따르는 것 같지 않았다. 사실상, 그 수준은 1960년대에 걸쳐 감소했다. 돈은 실제로 행복을 가져다주지 못하는 것처럼 보였다.

이 조사 결과는 '이스털린의 역설'로 알려지게 되었다. 그리고 이것은 경제학과 행

복 사이의 관계에 대한 새로운 연구를 야기했다. 연구가들은 개개인, 회사, 정부 등에 의한 결정들이 사람들이 자신과 사회에

부탄(Bhutan) 봄 축제의 대명사는 춤이다. 1972년 부탄의 왕은 '국민총행복(Gross National Happiness)'을 극대화하는 정책을 추구할 것을 명했다.

> 경제적인 요소들은 다만
> 사람들을 더욱 행복하게
> 만드는 한에서 중요하다.
> **앤드류 오스왈드**

를 소유하지 못한 사람들은 이를 지위의 손실로 경험할 수 있다. '이웃 따라잡기'는 경제가 성장하면서 새로 창출된 부유함이 행복에 긍정적 영향을 미치는 것은 아니라는 사실을 방증한다. 모든 사람들은 결국 극심한 생존경쟁을 하고 다른 사람보다 많은 소비를 하기 위해 미친 듯이 노력하게 된다. 사회가 불평등할수록 이런 현상은 더욱 심해진다.

역설에 대한 도전
이스털린의 역설에 대한 관심이 2000년

대에 증가하면서 그 역설은 비평을 받기 시작했다. 많은 국가의 자료를 활용한 미국 경제학자 벳시 스티븐슨(Betsey Stevenson)과 저스틴 울퍼스(Justin Wolfers)는, 2008년 행복은 여러 나라에 걸쳐 소득과 함께 증가하고 또한 소득의 증가는 더 큰 행복을 이끌어낸다고 주장했다.

일반적으로 학자들은 높은 소득이 행복의 증대로 쉽게 이동하지 못하지만, 소득을 잃는 것은 행복에 대단히 해로운 영향을 준다는 것을 알아냈다. 정리해고와 실업은 심각한 질병과 새로운 장애가 그러한 것처럼 행복에 특히 심한 타격을 준다.

다시 말해서, 국내총생산과 국민소득 사이에는 어떤 관계가 있지만 이는 간단한 관계가 아니다. 이와 관련한 양질의 자료 활용이 용이해지면서 정부정책을 위한 가능한 목표로서 행복과 복지에 대한 개념은 더욱 강력해졌다. 행복과 복지의 개념은 중대한 경제적 변수로 국내총생산을 대체하는 단계로 천천히 이동했다. 간단히 표현하면, 널리 보고된 경제적 변수들이 경제적, 사회적 삶의 중요한 측면을 포착하지 못한다면 그 변수에 집중하는 것은 나쁜 정책 결정을 초래할 수 있다는 것이다. 만일 정책이 국

바하마 사람들은 행복의 느낌을 측정하기 위해 영국 심리학자 애드리언 와이트(Adrian White)가 고안한 생활만족지수(Satisfaction with Life Index)에서 매우 높은 점수를 갖고 있다.

내총생산만이 아닌 '행복의 지표'에 기반을 둔다면 새로운 우선순위들이 나타날 것이다. 이는 더 좋은 직업과 삶의 균형을 장려할 척도를 포함할 수 있다. 실업은 실업 자체를 완화하기 위해 채택된 더욱 가치 있고 더욱 좋은 척도라고 생각될 수 있다. 복지의 더 넓은 척도는 이미 활용중인데, 특히 개발도상국에 관한 회담에서 활용되고 있다. 예를 들어, 인간의 개발 지수는 소득을 기대수명 및 교육과 결합시킨다. 국내총생산의 성장에 중점을 둔 편협한 생각이 2008년 금융위기 이전의 부채 증가로 만들어진 문제들을 모호하게 하는 데 일조했다는 주장이 제기되었다. 복지의 인식에 더욱 적절히 대응하고 사람들의 실제 관심사에 더욱 가까운 훨씬 넓은 지표들을 활용했다면 국내총생산의 증가라는 단 하나의 지표만이 축하해야 할 일이 되지는 않았을 것이다. ■

행복의 척도
2007년 프랑스 대통령 니콜라 사르코지(Nicolas Sarkozy)는 조지프 스티글리츠, 아마르티아 센, 장 폴 피투시(Jean-Paul Fitoussi) 등의 경제학자들에게 사회적, 경제적 진보의 척도를 조사하여 보다 넓은 복지의 척도를 도입할 수 있는 방법을 살펴보도록 요청했다.

2009년에 발표된 그들의 보고서는 경제적 정책결정의 초점이 (국내총생산과 같은) 경제적 생산의 척도에서 행복과 지속가능성의 척도로 반드시 이동해야 한다고 주장했다. 특히 그들의 보고서는 공통된 경제

적 지표들과 보고된 행복 간의 차이가 넓어지고 있는 것처럼 보인다는 사실에 중점을 두었다.

척도의 대안은 단 하나의 수를 통해 모든 것을 요약하려는 시도가 아닌, 생활방식의 환경적 영향과 건강 등 다양한 범위의 지표들을 사용하는 것이다.

시장을 바로잡기 위한 정책은 상황을 더욱 악화시킬 수 있다

차선 이론

맥락읽기

초점
경제정책

핵심사상가
켈빈 랭카스터(1924~1999년)
리처드 립시(1928~)

이전의 관련 역사
서기 1776년 : 애덤 스미스가 스스로 조절되는 시장의 '보이지 않는 손'이 정부 개입보다 낫다고 주장한다.

서기 1932년 : 영국의 경제학자 아서 피구가 시장의 실패를 바로잡기 위해 세금의 활용을 지지한다.

서기 1954년 : 『경쟁 경제를 위한 균형의 존재』에서, 제라르 드브뢰와 케네스 애로가 오로지 자유시장경제만이 참여자들의 복지를 극대화할 수 있음을 입증한다.

이후의 관련 역사
서기 1970년대부터 : 복지경제학은 조지프 스티글리츠와 아마르티아 센 등의 경제학자들의 업적을 통해 개발된다.

이론상, 자유시장이 가장 효율적인 경제일 것이다

↓

하지만 실제 경제에는 비효율적이고 손해를 입힐 수 있는 많은 왜곡들이 포함되어 있다

↓

그 왜곡들은 연결될 수 있어서 이는 정부가 그 일부를 제거하기가 불가능할 수 있다

↓

제거하려는 시도는 다른 왜곡의 영향을 더욱 악화시킬 수 있으므로 정부는 신중하게 행동해야 한다

↓

시장을 바로잡기 위한 정책은 상황을 더욱 악화시킬 수 있다

표준 경제 이론은 시장이 모든 재화와 용역에 유용하고 그 시장을 이용하는 사람들이 모두 정보를 잘 알 수 있는 상황에서 경제는 효율적일 것이라고 제시한다. 또한 한 사람이 다른 사람을 가난하게 만들지 않고 더욱 부유하게 만들기 위한 자원의 분배를 변화시키기가 불가능하므로 사회 복지는 자유시장 내에서 이루어지는 것이 좋다. 자유시장주의자에 따르면, 가장 유용한 정책은 정부가 시장의 결함을 제거하여 시장을 가능한 한 이상에 가깝게 만드는 것이다.

결함을 안고 일하기

하지만 효율적인 정책이 달성되기 위해서는 엄격한 조건들이 충족되어야 한다. 1956년 오스트레일리아의 경제학자 켈빈 랭카스터(Kelvin Lancaster)와 그의 캐나다 출신 동료 리처드 립시(Richard Lipsey)는 어떤 환경에서는 시장의 효율성을 개선하는 데 목표를 둔 정책들이 전체적으로 상황을 더욱 악화시킬 수 있다는 것을 입증했다. 『차선의 일반이론The General Theory of Second Be』에서 그들은 시장의 결함이 오래 지속되고 정부가 그 결함을 수정하거나 제거할 방법이 없는 사례들을 검토했다.

참조 : ■ 자유시장 경제학 54~61쪽 ■ 경제 균형 118~123쪽 ■ 외부비용 137쪽

'가장 좋은' 해결책은 없었다. 그런 경우, 경제의 어느 곳이든 정부 개입이 기존 결함의 영향을 악화시킬 수 있어서 시장을 이상과 훨씬 동떨어지게 할 수 있다. 랭카스트와 립시의 통찰력은 하나의 시장 안에 있는 결함이 제거될 수 없는 곳에서 다른 모든 시장들은 그곳을 피해 운영할 수 있다는 데 있었다. 그 시장들은 기존의 결함을 고려하면서 비교적 효율적인 자원의 분배를 달성할 것이다.

최소한의 손실

그런 다음 랭카스터와 립시는 그 통찰력을 더 발전시켰다. 한 가지의 왜곡은 수정될 수 있지만 다른 것들은 수정될 수 없을 때 가장 유용한 정책 대안은 이론상 필요한 것의 정반대 요소들을 밝혀내는 것이다. 예를 들어, 정부가 복지를 전체적으로 개선하기를 원한다면 시장을 더 많이 왜곡시키는 것이 좋을 수 있다. 말하자면, 이상적인 정책은 추상적인 원리로만 인도될 수 없다. 이는 시장들이 어떻게 함께 운영되고 있는지를 완전히 이해하는 데 기반을 두어야 한다.

일반적인 사례로 한 독점 기업이 생산을 하면서 강을 오염시킨다고 가정해보자. 그 오염은 사회에는 큰 손실을 안겨주지만, 생산 과정에서 필연적으로 나타나는 결과다. 이 오염은 생산 과정에서 제거될 수 없으므로, 영구적인 시장 결함으로 볼 수 있다. 하지만 독점은 제거될 수 있다.

표준 경제 이론은 정부가 독점을 없애고 시장에 더 많은 경쟁을 도입하도록 정보를 제공할 수 있다. 그렇게 해서 경제를 효율적인 이상에 더 가까이 다가갈 수 있게 한다. 하지만 생산자들의 경쟁은 더 많은 생산자들이 생겨나게 할 수 있지만, 생산 과정의 필연적인 결과인 오염 또한 더 악화시킬 수 있다. 결과적으로 전체적인 사회복지는 불확실해진다. 사람들은 생산 증가와 낮은 비용으로부터 이익을 낼 수 있지만 그들은 더 많은 오염으로부터 손해를 볼 수 있다. 그러면 차선책으로 독점을 그 자리에 남겨둘 수 있다.

차선 이론은 정부가 이상을 달성하는 것보다 신중하게 행동할 것을 권장하면서 경제정책에 중요한 요소로 남아 있다. ■

리처드 립시

1928년에 태어난 캐나다 출신의 경제학자 리처드 립시는 켈빈 랭카스터와 함께 만들어낸 차선 이론으로 가장 잘 알려져 있다. 그는 미국과 영국에서 강연을 해왔고 현재 캐나다의 사이먼프레이저 대학 명예교수다. 1968년에 그는 밀턴 프리드먼의 비평에 맞서 필립스 곡선을 옹호했고 이것이 경제학에서 큰 논쟁들 가운데 하나가 되었다. 립시는 경제학 이론에서 표준 교과서가 된『긍정적인 경제학Positive Economics』을 저술했으며, 또한 최근에는 역사적인 변화의 과정에 관한 영향력 있는 책을 공동으로 저술하면서 진화경제학을 발달시키는 데 일조했다.

주요 저서

1956년『차선의 일반이론』(켈빈 랭카스터와 공저)
2006년『경제적 변화 : 다목적 기술과 장기적 경제성장Economic Transformations : General-Purpose Technologies and Long-Term Economic Growth』

최소한의 나쁜 해결책을 선택하기

(1) 한 독점 기업이 오염을 유발하고 있다. 독점과 오염은 둘 다 시장에서 결함이 된다.

(2) 정부는 독점 기업을 제거하여 그 대신 기업들을 경쟁시키는 것으로 대체할 수 있었다. 하지만 더 많은 기업들을 경쟁시킨 결과, 오염은 더욱 악화되었다.

공정한 시장을 만들어라

사회적 시장경제

제2차 세계대전의 여파로 서독은 아무런 사전 준비 없이 경제와 정치 제도를 재건해야 했다. 연합군의 독일 점령 이후 1949년 콘라트 아데나워 총리가 이 과업을 실행했다. 그가 선택한 모형은 1930년대 프라이부르크 학파의 발터 오이켄(Walter Eucken)과 프란츠 뵘(Franz Böhm)의 사상에 근원을 두고 있었는데, 이는 1940년대에 '질서자유주의(ordoliberalism)'로 다시 떠올랐다. 그 사상의 주요 옹호자들은 빌헬름

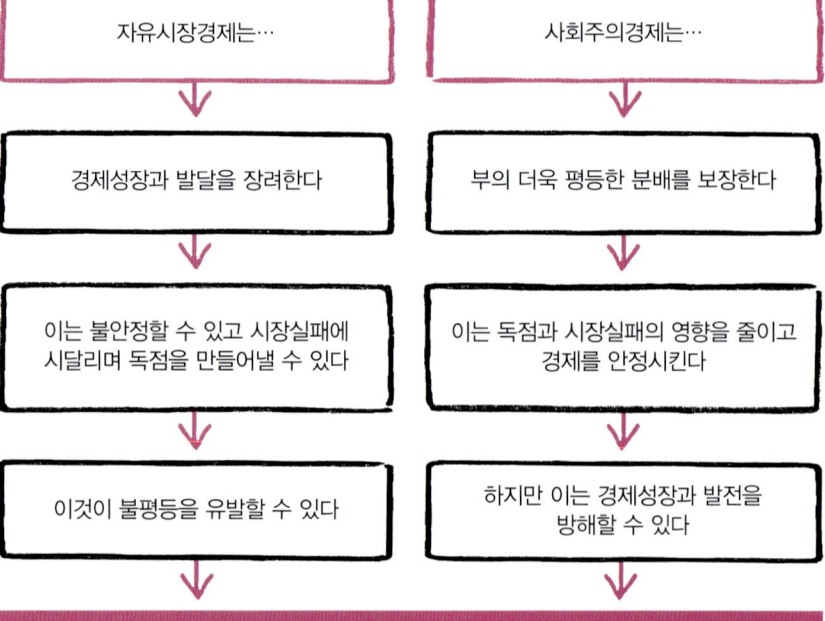

자유시장경제는…	사회주의경제는…
경제성장과 발달을 장려한다	부의 더욱 평등한 분배를 보장한다
이는 불안정할 수 있고 시장실패에 시달리며 독점을 만들어낼 수 있다	이는 독점과 시장실패의 영향을 줄이고 경제를 안정시킨다
이것이 불평등을 유발할 수 있다	하지만 이는 경제성장과 발전을 방해할 수 있다

사회적 시장경제는 중도(middle way)를 창출하여 시장을 공평하게 만드는 것이 목표다

참조 : ■ 시장과 도덕 22~23쪽 ■ 자유시장 경제학 54~61쪽 ■ 마르크스주의 경제학 100~105쪽 ■ 단체교섭 134~135쪽 ■ 케인스의 승수효과 164~165쪽

동독과 서독은 베를린 장벽이 붕괴하고 1년 뒤인 1990년에 재통일되었다. 동독은 서독의 사회 및 시장과 합병하기 위해 중앙계획경제를 포기했다.

뢰프케(Wilhelm Röpke)와 알프레드 뮐러-아르마크(Alfred Müller-Armack)였다.

이 경제학자들은 뮐러-아르마크가 '사회적 시장경제'라 부른 것을 달성하는 데 목표를 두었다. 사회적 시장경제는 정부가 가장 기본적인 필수 공공재를 제공하는 '혼합경제'뿐만 아니라 두 세계의 최상에 목표를 둔 자유시장 자본주의와 사회주의 사이의 중도를 포함한 것이다. 산업시설은 여전히 개인 소유로 자유롭게 경쟁을 했지만 정부는 보편적인 의료서비스가 포함된 사회보장 제도, 연금, 실업수당, 독점과 카르텔(기업 연합)을 금하는 조치 등을 포함한 많은 공공재와 공공서비스를 제공했다. 사회적 시장경제는 자유시장의 경제적 성장을 허용하면서 그와 동시에 낮은 인플레이션, 낮은 실업률, 부의 더욱 공평한 분배 등을 만들어냈다.

경제 기적

자유시장을 사회주의 요소들과 혼합하는 것은 극적으로 효과가 좋았다. 독일은 전쟁 이후의 황폐한 상태에서 주요 선진국으로 탈바꿈한 1950년대의 '경제 기적'을 경험했다. 이와 유사한 사회적 시장경제들이 그 외의 다른 곳에서 발달했는데, 특히 스칸디나비아와 오스트리아에서 발달했다. 유럽이 경제동맹을 맺기 시작하면서 사회적 시장경제는 1950년대 유럽경제공동체(European Economic Community ; EEC)의 모형으로 격찬을 받았다. 유럽의 많은 나라들은 사회적 시장경제 체제에서

번영했지만 1980년대에 일부 국가들(특히 영국)은 '보다 작은' 정부를 지지한 밀턴 프리드먼의 사상에 매료되었다. 영국의 수상 마가렛 대처는 경쟁의 방해요소로 국가 개입과 높은 세금으로 표현되는 유럽의 모형을 비난했는데, 그녀는 과도한 국가 개입과 높은 세율이 경쟁을 방해한다고 확신했기 때문이다.

동구권에서의 공산주의 붕괴로 동유럽의 계획경제는 혼합경제의 여러 형태로 대체되었다. 그와 동시에 일부 남아 있는 공산국가들은 개혁을 도입할 움직임을 보였다. 가령, 중국에서는 덩샤오핑 주석이 중앙경제 내에서 운영하기 위한 자유시장경제의 요소를 채택했다. 그는 이것을 '중국의 특성을 갖는 사회주의 시장경제'로 설명했다. 그는 경제성장을 촉진시켜 세계무대에서 경쟁력을 갖추는 것을 목표로 삼았다. 오늘날 중국의 경제는 유럽의 사회적 시장 모형에서 여전히 멀리 떨어져 있지만, 이는 혼합경제가 되기 위한 중요한 움직임을 보이기 시작했다. ■

노르딕 모형

독일의 사회적 시장경제는 중도 우파의 정치와 관련되어 있는 반면, 스칸디나비아의 경제는 그와 유사한 방침을 따라 발달하면서도 시장을 공정하게 만드는 것을 더욱 강조한 정치적으로 중도 좌파였다. 이른바 '노르딕 모형(Nordic model)'은 높은 세금과 공공지출을 통해 달성된 관대한 복지 제도와 부의 공정한 분배에 대한 헌신을 특징으로 한다. 노르웨이를 비롯한 북유럽 국가들은 강력한 제조업, 원유와 함께 국토 면적 대비 적은 인구를 토대로 높은 생활

수준과 강력한 경제성장을 누렸다.

오늘날에는 국제적으로 경쟁을 유지하기 위해 국가의 역할을 줄이기 위한 압력이 있다. 하지만 점차 변화가 일어나고 있다. 정부들은 1990년대에 아이슬란드의 규제완화가 금융위기로 이어진 경제성장을 초래했다는 것을 염두에 두고 있다.

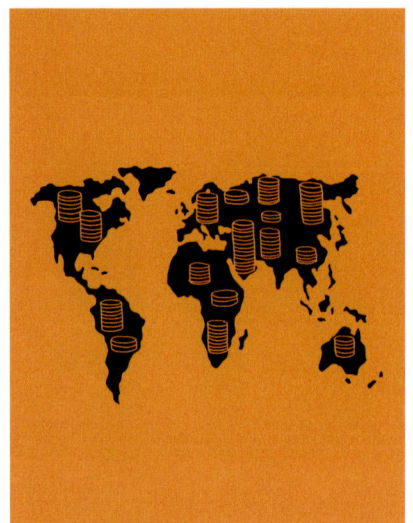

시간이 지나면 모든 국가들이 부유해질 것이다

경제성장 이론

미국의 경제학자 로버트 솔로(Robert Solow)는 1950년대에 세계 전체의 생활수준 균등화를 예측한 경제성장의 모형을 만들어냈다. 그의 가설은 자본이 수확체감을 갖는다는 데 있었다. 다시 말해, 추가 자본이 생산량을 점차 줄이고 있다는 것이다. 가난한 나라들은 자본이 거의 없기 때문에 추가 자본이 생산량을 늘리게 할 수 있고 또 그로 인해 늘어난 수익이 새로운 투자를 끌어당긴다. 이 기술을 사용하여 가난한 나라들은 생산량을 증가시키기 위해 추가 자본을 이용한다. 그 효과는 부유한 나라의 경우보다 더 클 것이다. 그 결과, 가난한 나라들은 성장률이 높아지고 그들의

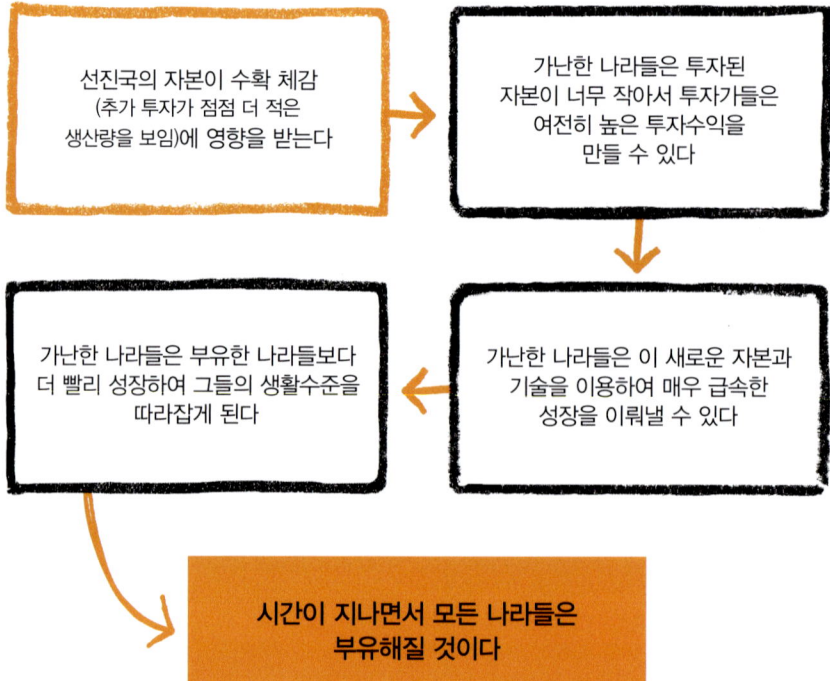

선진국의 자본이 수확 체감 (추가 투자가 점점 더 적은 생산량을 보임)에 영향을 받는다

가난한 나라들은 투자된 자본이 너무 작아서 투자가들은 여전히 높은 투자수익을 만들 수 있다

가난한 나라들은 이 새로운 자본과 기술을 이용하여 매우 급속한 성장을 이뤄낼 수 있다

가난한 나라들은 부유한 나라들보다 더 빨리 성장하여 그들의 생활수준을 따라잡게 된다

시간이 지나면서 모든 나라들은 부유해질 것이다

참조 : ■ 수확 체감 62쪽 ■ 인구통계와 경제학 68~69쪽 ■ 근대 경제의 출현 178~179쪽 ■ 개발경제학 188~193쪽 ■ 기술 비약 313쪽 ■ 불평등과 성장 326~327쪽

중국 베이징의 자전거 타는 사람들이 자전거 전용도로에 주차된 페라리를 쳐다보고 있다. 중국과 인도는 다른 나라들을 '따라잡기' 위한 협회에 참여하고 있다.

생활수준은 부유한 나라들의 생활수준을 따라잡게 되는데, 실제로 경제학자들은 이 것을 '수렴현상(convergence)'이라고 부른다.

1950년대 이후 아시아의 몇몇 국가들은 서구를 따라잡았지만 아프리카 나라들은 대부분 서구보다 훨씬 뒤처지게 되었다. 기술은 보편적이지 않으며, 지식을 이용할 수 있을 때조차 그 지식의 사용에 장해가 있을 수 있다. 또한 자본이 늘 가난한 나라로 흘러들어가는 것은 아니다. 이를테면, 열악한 재산권과 정치적 불안정은 투자가들을 망설이게 할 수 있다. 마침내 1980년대 중반에 '생래적 성장 이론(endogenous growth theory)'이 개발되었고 이는 기술적 변화의 영향을 더욱 사실적으로 분석하여 솔로 모형을 앞지르게 된다. 이 이론에 따르면, 한 회사가 개발한 새로운 기술은 다른 회사에 이익을 줄 수 있다. 그리고 이것이 투자 수익률을 증가시킬 수 있다. 따라서 그 결

과는 수렴현상이 아닌 나라 간의 '발산현상(divergence)'이라 할 수 있다.

수렴현상은 소득 외에 다른 요소들을 사용하면서 측정될 수 있다. 건강과 교육수준이 소득과 관련되어 있지만 꼭 그러한 것은 아니다. 가령, 어떤 가난한 나라들은 비교적 건강하고 교육을 잘 받은 인구를 갖는 경우가 있기 때문이다. 기대수명은 예방접종과 같은 간단한 의학적 개입을 통해 극적으로

증가할 수 있다. 따라서 소득 외의 생활수준 측면에서 가난한 나라들은 선진국을 따라잡을 정도로 더 많은 성공을 이루었다.

이런 성공에도 불구하고, 경제학자들은 대부분 소득 차이를 설명하는 데 초점을 두고 있다. 그리고 관심은 자본과 기술에 대한 우려에서 개발도상국들이 더 부유해지기 위해 필요한 제도적인 전제조건으로 이동되었다. ■

로버트 솔로

로버트 솔로는 1928년 뉴욕에서 태어났다. 그는 대공황의 경험으로 경제가 어떻게 성장하고 생활수준이 어떻게 개선될 수 있는지에 관심을 두게 되었다. 그는 1940년에 하버드 대학에 들어갔지만 1942년에 미군에 입대, 제2차 세계대전에 참전했다. 전쟁에서 돌아온 그는 경제학자 바실리 레온티예프(Wassily Leontief)에게 교육을 받았고 박사논문으로 하버드 웰즈 상(Harvard's Wells Prize)을 수상했다. 웰즈 상은 500달러의 상금과 그의 논문을 책으로 출간할 수 있는 기회를 제공했지만, 솔로는 그 박사논문보다 더 좋은 논문을 발표할 수 있다고 생각하여 박사학위 논문을 책으로 출간하지 않았다. 1950년대에 그는 매

사추세츠 공과대학(MIT)에서 자리를 얻었고, 그곳에서 경제성장의 새로운 모형을 요약한 아이디어를 발표했다. 이 연구는 경제성장의 연구에서 새로운 분야에 영감을 주었고 그로 인해 그는 1987년에 노벨상을 수상했다.

주요 저서

1956년 『경제성장 이론에 관한 기고』
1957년 『기술 변화와 총생산함수』
1960년 『투자와 기술의 발전』

세계화는 필연적인 것이 아니다

시장통합

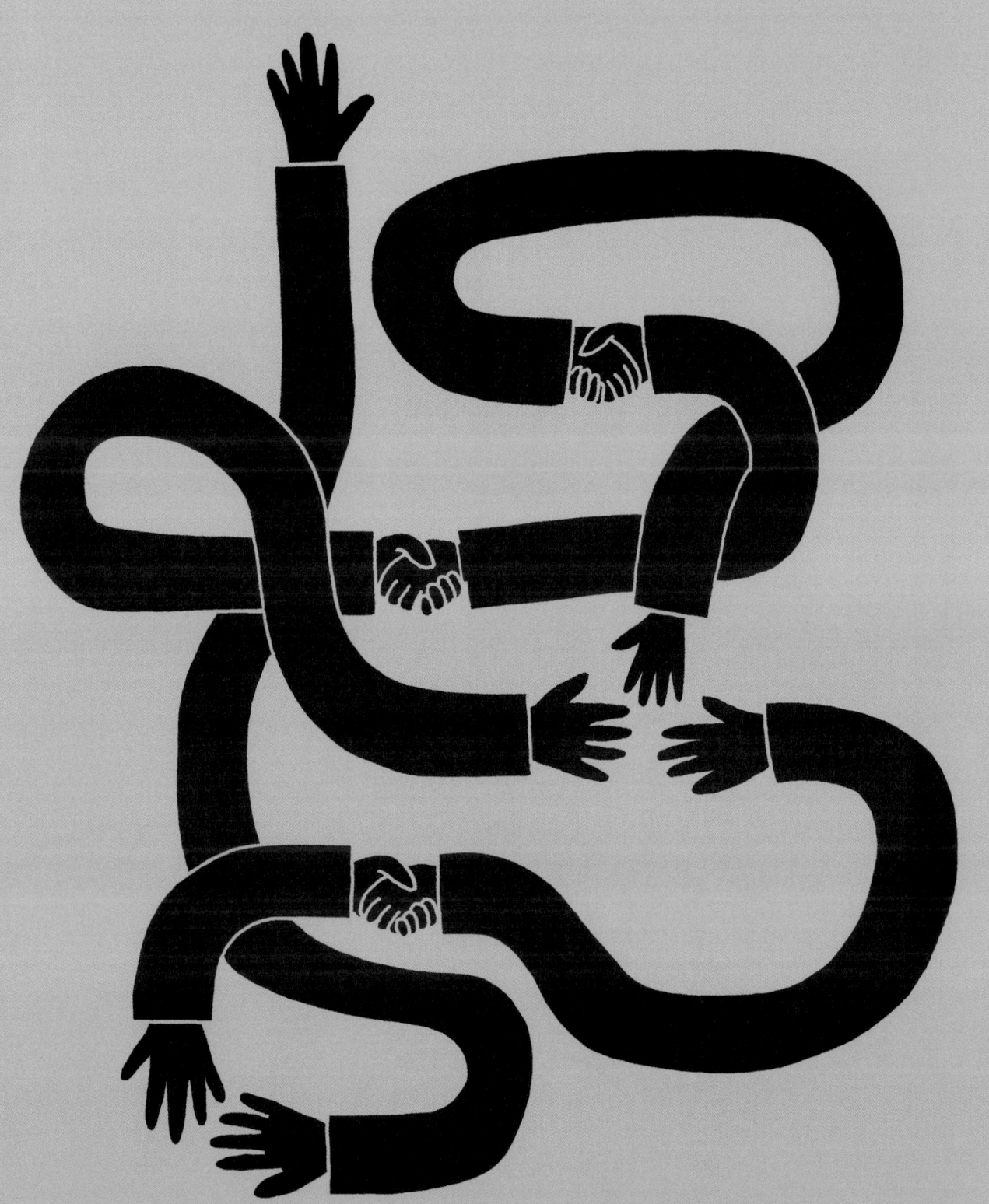

맥락읽기

초점
세계 경제

핵심사상가
대니 로드릭 (1957년~)

이전의 관련 역사
서기 1664년 : 영국의 경제학자 토마스 먼이 경제성장을 위해서는 수입을 감소시켜야 한다고 주장한다.

서기 1817년 : 영국의 경제학자 데이비드 리카도가 국제무역은 국가들을 더욱 부유하게 한다고 주장한다.

서기 1950년 : 라울 프레비시와 한스 싱어(Hans Singer)가 개발도상국은 무역의 불공평한 조건 때문에 세계화에서 손해를 본다고 주장한다.

이후의 관련 역사
서기 2002년 : 조지프 스티글리츠가 세계은행과 국제통화기금이 세계화를 부추기는 것이라고 비난한다.

서기 2005년 : 세계은행의 경제학자 데이비드 달러가 세계화는 가난한 나라들의 빈곤을 줄인다고 주장한다.

정치인, 비즈니스 업계 사람들, 사회과학자들 등에 의해 '세계화'는 다양한 의미로 사용된다. 경제학자들에게 세계화는 시장의 통합을 의미한다. 경제학자들은 세계화를 오랫동안 좋은 것으로 여겨왔다.

18세기에는 애덤 스미스가 수입품의 유입을 제한하는 데 목표를 둔 보호무역주의에 대한 낡은 중상주의적 사고를 맹비난했다. 그는 국제무역이 시장의 규모를 확대하고 특정 생산품들을 전문화함으로써 나라를 더욱 효율적으로 만들 수 있다고 주장했다. 흔히, 시장통합은 새로운 기술(스마트폰, 초고속 비행기, 인터넷의 확대 등)의 물결에 달려 있기 때문에 불가피한 것으로 여겨진다. 하지만 세계화는 또한 의식적으로든 우연히든 국가별 선택에 영향을 받는다. 국가들은 기술 변화로 한데 모이는 경향이 있지만, 정책 선택으로 서로 밀어낼 수 있다.

현대의 세계화는 이례적인 것이 아니다. 세계화는 국가들이 여러 정책을 선택해왔기 때문에 시간이 지나면서 늘었다가 줄어들기도 했다. 이런 정책 선택들이 때로는 시장통합에 대한 기술적 진보의 영향을 증가시키기도 했고, 때로는 시장통합에 방해되기도 했다.

시장통합은 많은 시장들을 하나로 융합하는 것이다. 하나의 시장에서는 상품이 단일가격을 갖는다. 가령, 파리의 동쪽과 서쪽 지역들이 같은 시장에 속해 있다면 당근의 가격은 파리 동쪽과 서쪽이 같다. 만일 파리 서쪽에서 당근 가격이 높아지면 당근 판매자들은 동쪽에서 서쪽으로 이동할 것이고 그렇게 되면 가격은 다시 같아질 것이

크리스토퍼 콜럼버스는 중국으로 가는 새로운 통상로를 찾아내려고 계획한 원정에서 우연히 아메리카 대륙을 발견했다. 무역을 세계화하려는 노력들은 수세기 동안 일어나고 있었다.

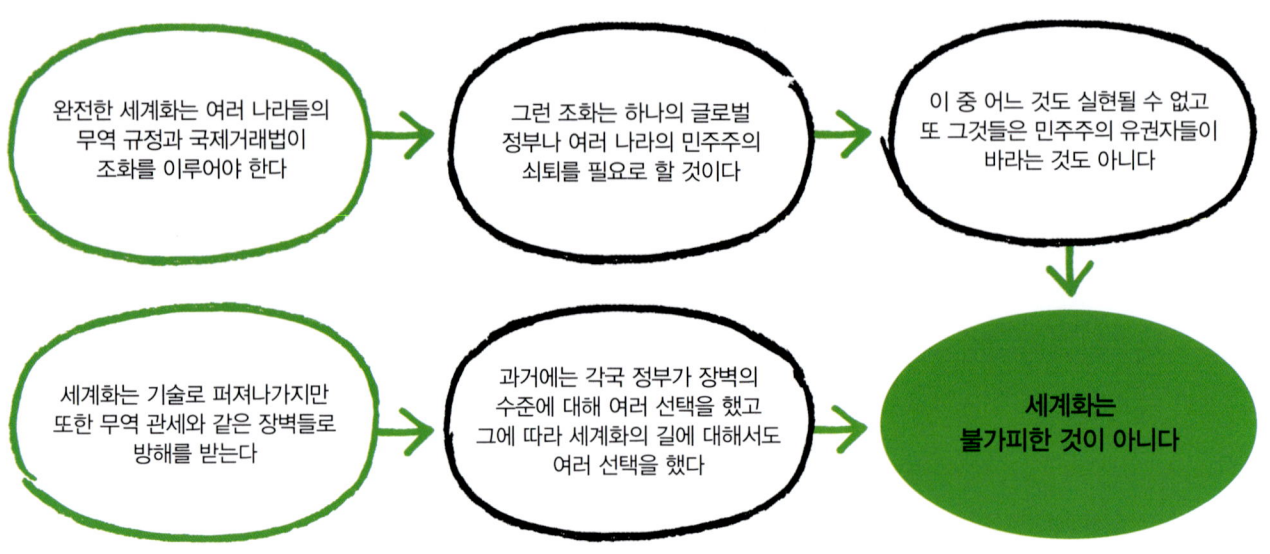

완전한 세계화는 여러 나라들의 무역 규정과 국제거래법이 조화를 이루어야 한다

그런 조화는 하나의 글로벌 정부나 여러 나라의 민주주의 쇠퇴를 필요로 할 것이다

이 중 어느 것도 실현될 수 없고 또 그것들은 민주주의 유권자들이 바라는 것도 아니다

세계화는 기술로 퍼져나가지만 또한 무역 관세와 같은 장벽들로 방해를 받는다

과거에는 각국 정부가 장벽의 수준에 대해 여러 선택을 했고 그에 따라 세계화의 길에 대해서도 여러 선택을 했다

세계화는 불가피한 것이 아니다

다. 하지만 파리와 리스본에서 당근 가격이 다를 경우를 생각해보자. 프랑스의 당근 가격이 더 비싸다고 해서 포르투갈의 판매원들이 높은 운송비를 비롯한 다른 비용을 들여 그들의 당근을 프랑스로 이동시키는 것은 비경제적일 수 있다. 결국 서로 전혀 다른 시장에서는 동일한 물품의 가격이 오랫동안 다를 수 있다.

세계 시장통합은 모든 시장들이 하나가 되면서 국가들 사이의 가격 차이가 없어지게 되는 것을 의미한다. 세계화의 진보를 따라갈 한 가지 방법은 여러 나라들 간에 가격이 어떻게 수렴되는지에 대한 추세를 살펴보는 것이다. 국가 간의 교역비용이 하락할 때 포르투갈의 당근 판매원들이 프랑스 시장으로 들어갈 수 있는 경우처럼 기업들은 가격 차이를 이용할 가능성이 더욱 높아진다. 새로운 형태의 운송이 발달하거나 기존의 운송 수단이 더 빠르고 그 운송비가 더욱 내려가면 교역비용은 하락한다. 또한 비용들이 인위적인 경우도 있다. 어떤 국가들은 수입에 대한 관세와 할당량 등 교역에 대한 장벽을 세운다. 이런 장벽들이 줄어들면 국제무역의 비용은 하락하게 된다.

세계 무역의 상승

적어도 기원전 1000년에 페니키아인들의 무역 사절단 이후 원거리 무역은 수세기 동안 지속되었다. 그런 무역은 인구와 소득이 늘어나면서 가속화되었고 이 때문에 새로운 상품들의 수요가 생겨났다. 하지만 운송비용과 같은 시장을 분리하는 근본적인

무역장벽들은 그리 많이 변화하지 못했다. 세계화는 사실상 1820년대에 도약했고 그 때 시장의 가격 차이가 줄어들기 시작했다. 그리고 이로 인해 운송 혁명이 일어나게 되었다. 증기선과 철도, 냉동의 발명, 수에즈 운하 개통 등으로 유럽과 아시아 간의 이동 시간을 대폭 줄이게 된 것이다. 제1차 세계대전이 일어나기 직전에 국가 간 전례 없는 자본, 재화, 노동 등의 이동으로 세계 경제는 20세기 말의 기준으로 봐도 높은 수준의 통합을 이루었다.

19세기부터는, 기술 변화가 시장을 통합하는 데 일조했다. 바로 이것이 세계화를 되돌릴 수 없는 것처럼 보이게 한다. 증기력을 이용한 운송 같은 기술이 발명되면 이는 그 당시 발명으로 그친 것이 아니라 더욱 많은 나라에서 경제적으로 활용되는 경향이 있다. 이런 개발은 대부분 정부의 직접적인 통제를 넘어선다. 하지만 단숨에 정부들은 수입을 제한하고 무역을 방해하는 관세와 다른 형태의 무역장벽을 내걸 수 있다.

현대 가장 극적인 세계화정책과 관련된 전환은 1930년대의 대공황 때 발생했다. 여러 나라들이 경기 침체에 부딪히자 정부들

> 민족국가들과 민주주의 정치가 여전히 상당한 힘을 발휘하는 상황에서는 경제통합이 '완전히' 이루어질 수 없다.
> **대니 로드릭**

은 관세를 부과했다. 이는 소비자들의 수요를 국내에서 생산한 제품들로 돌리려는 의도였다. 1930년에 미국은 스무트-홀리 관세법(Smoot-Hawley tariff)을 제정했는데, 이는 기록적 수준으로 올린 관세를 수입제품에 부과한 것이다. 높은 관세는 수입품의 수요를 줄였다. 다른 나라 역시 관세를 부과함으로써 그에 보복했다. 그 결과, 대공황의 영향을 악화시킨 세계무역의 붕괴가 일어

19세기 중반에 영국은 방직공장의 기계화된 베틀처럼 새로운 기술을 갖게 되었다. 그리고 이 새로운 방직기를 수출하여 여러 시장에서 경쟁을 할 수 있었다.

운송수단의 발전은 세계화의 주요 원동력이 되었다. 중국 상하이에서 미국은 더욱 안전한 선적을 위해 초대형 항만 건설에 투자했다.

나게 되었다. 그 뒤 세계 경제를 회복하는 데 수십 년이 걸렸다.

시장통합

20세기 말, 대부분의 시장에서 이루어진 세계화는 제1차 세계대전 직전의 수준으로 돌아왔다. 오늘날 시장은 운송비용이 계속 낮아지고 있고 관세 역시 대부분 폐지되고 있기 때문에 이전보다 더욱 통합의 속도가 빨라졌다.

세계화의 미래에 대한 한 가지 전망은 국가들 간의 제도적 차이로 야기된 여러 종류의 무역장벽을 없애는 일과 관련되어 있다. 시장은 재산권, 법률, 규제 등 여러 제도의 영향을 받고 있다. 나라 간 제도의 차이가 관세나 거리에서 비용이 생기는 것처럼 똑같은 방식에서 거래비용을 만들어낸다. 예를 들어, 구매자가 돈을 지불하지 못할 때 발생하는 일에 대해 케냐와 중국에서는 각각 다른 법이 적용될 수 있다. 이는 중국의 한 수출업자가 케냐의 시장에 자사가 들어갈 수 없게 된 논쟁으로 손해를 보았다면 이를 회복하기가 어려울 수 있다는 것이다. 이 때문에 관세의 폐지에도 불구하고 세계는 하나의 시장이 될 수 없다. 이런 종류의 제도적 부조화는 여전히 문제가 되고 있다. 시장이 완전히 통합하려면 하나의 제도적 공간을 창출하기 위해 법률과 규제의 차이를 없애는 것이 필요하다.

어떤 경제학자들은 이 과정은 진행 중이고 불가피한 것이며, 또한 세계시장이 국가들 간 제도의 조화를 추진하고 있다고 주장한다. 공장을 어느 나라에 지을지 선택하는 다국적 기업을 고려해보라. 그 기업의 투자를 끌어들이기 위해 정부는 세율을 내리고, 규제조건들을 완화할 것이다. 다른 경쟁국 역시 그와 같은 조건을 내걸 것이다. 그 결과 낮은 세입(稅入) 때문에 정부는 복지국가와 교육 프로그램을 위한 자금을 조달할 능력이 줄어들 것이다. 모든 정책결정은 세계 경제와의 통합을 극대화하는 방향으로 지향되고 있다. 재화나 서비스도 이와 양립할 수 없다면 제공되지 않을 것이다.

세계화 대 민주주의

터키의 경제학자 대니 로드릭은 이런 '완전한 통합'의 전망을 비난했다. 그는 그런 통합은 바람직하지 않고 불가피하지도 않으며, 또한 사실상 국가들 간의 상당한 제도적 다양성은 지속되고 있다고 주장했다. 로드릭의 주장은 세계화를 지향하는 선택이 정치적 '트릴레마(trilemma, 삼중고)'에 영향을 받는다는 점에서 시작된다. 사람들은 시장통합이 가져오는 번영 때문에 통합을 원한다. 사람들은 또한 민주주의를 원하고, 독립적이고 자주적인 국민국가를 원한다. 로드릭은 이 세 가지가 양립할 수 없다고 주장한다. 두 가지는 어느 상황이든 양립이 가능하다. 트릴레마가 해결되는 방법은 전혀 다른 종류의 세계화를 의미한다.

이 트릴레마는 더욱 완전한 시장통합을 이루기 위해 국가들 사이의 제도적인 변수

금융시장의 자유화

투자를 위한 자금을 빌릴 수 있는 자본(금융)시장의 자유화는 세계화의 속도에서 중요한 역할을 했다. 1970년대 이후 국가들 사이에는 자본이 더욱 자유롭게 흘러가는 경향이 있었다.

오늘날의 경제 이론에서는 자본시장의 자유화가 경제발달에 도움이 될 것이라고 주장한다. 개발도상국은 국내 저축을 제한하여 경제성장에 투자하게 했는데, 그 자금은 금융시장의 자유화로 인해 세계적인 자금의 바다로 다가갈 수 있다. 세계 자본시장은 또한 투자가들이 위험을 무릅쓰고 더 큰 범위로 투자하게 한다.

하지만 어떤 사람들은 자본의 자유로운 흐름이 금융 불안정의 위험을 높인다고 주장한다. 1990년대 말 동아시아의 위기는 이런 종류의 자유화의 결과로 생기게 된 것이다. 강력한 금융 제도와 강력한 규제 환경이 없다면 자본시장의 세계화는 성장이 아닌 경제 불안정의 씨앗을 뿌릴 수 있다.

태국 정부가 국제시장에서 바트화를 흘러가게 하려고 했을 때 동아시아의 위기가 시작되었고, 결국 태국 정부는 바트화 환율의 달러 연동을 포기하게 되었다.

> 19세기에는 세계화의
> 대폭발이 있었다.
> **제프리 G 윌리엄슨, K. H. 오루크**

국가들은 민주주의와 독립, 그리고 완전한 세계 경제의 통합을 원한다. 하지만 어떤 상황이든지 세 가지 중 오직 두 가지만 서로 양립할 수 있다. 이 도해에서 삼각형의 꼭지점 부분은 가능한 조합을 나타낸다.

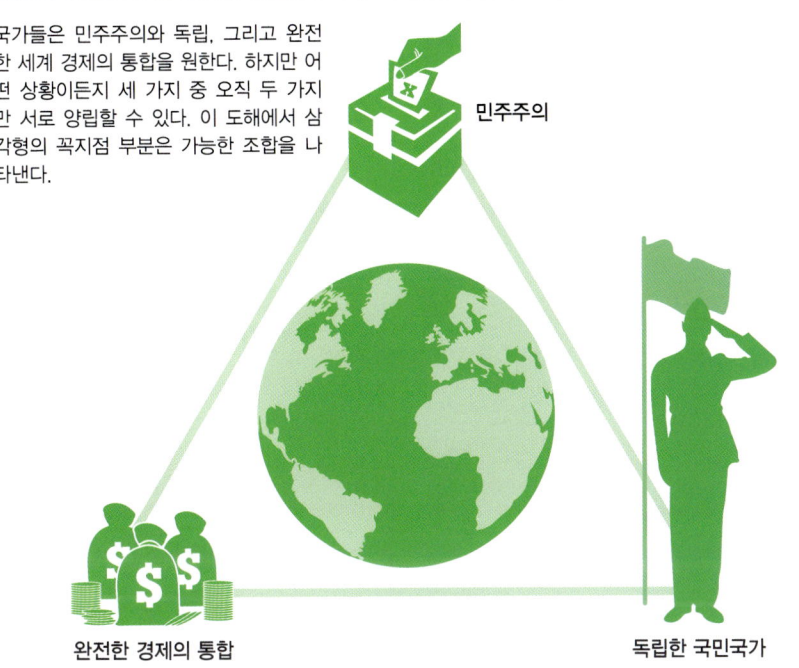

를 없애야 한다는 사실에서 비롯된다. 하지만 여러 나라의 유권자들은 여러 형태의 제도를 원한다. 미국 유권자들에 비해 유럽 여러 나라의 유권자들은 큰 복지국가를 선호하는 경향이 있다. 따라서 하나로 통합한 세계의 제도적 틀은 어떤 나라에서는 유권자들의 선호도를 무시한다는 것을 의미할 수 있다. 이는 민주주의와 충돌할 수 있고, 정부는 미국의 저널리스트 토마스 프리드만이 '황금 구속복(golden straitjacket)'이라 부른 상황에 처하게 될 것이다. 반면, '세계연방주의(global federalism)'를 요구하는 국가들도 있다. 다시 말해, 이는 단일로 구성된 세계시민 유권자와 민족국가의 해체를 의미한다.

우리는 '황금 구속복'이나 '세계연방주의'가 될 수 없다. 민족국가는 강하고 또한 각국 제도의 다양성은 여러 민족의 다양한 선호도가 여전히 중요하다는 것을 나타낸다. 제2차 세계대전 이후, 로드릭의 트릴레마는 완전한 통합을 단념함으로써 해결되었다. 세계의 시장들은 여러 국가의 제도적 다양성 속에서 일종의 합의를 이루었다. 로드릭은 이것을 '브레턴우즈 타협'이라 칭했는데, 이는 전후 확립된 세계의 제도들을 나타낸다. 그 제도로는 관세 및 무역에 관한 일반협정(GATT), 세계은행, 국제통화기금 등이 있다. 이 조직들은 일종의 세심히 관리되는 통합의 형태를 통해 1930년대에 나타났던 비극적인 파장의 반복을 예방하는 데 목표를 두었다. 그리고 그 통합 안에서 민족국가들은 그들만의 국내정책을 자유롭게 추구하고 다양한 제도적 길을 따라 자유롭게 개발했다.

1980년대부터의 자유화 시대에는 완전한 통합의 목표로 추진된 정책의제와 함께 브레턴우즈 타협이 약화되고 있었다. 로드릭은 제도적 다양성이 완전한 통합으로 보존되어야 한다고 주장한다. 복지국가와 공중보건 제도에 대한 유럽 유권자들의 갈망은 경제학에 관한 것일 뿐만 아니라 그들의 공평성의 관점에 관한 것이다. 제도적 다양성은 이런 여러 가치관들을 반영한다. 더욱 실질적으로, 보건경제학을 향한 제도적 노선은 더욱 다양하다. 오늘날 개발도상국 성장의 필요조건은 선진국의 경우와 다를 수 있다. 하나로 통합된 세계를 위한 제도적 틀을 도입하려는 것은 각국의 독자적인 경제개발을 질식시키는 이른바 구속복의 상황에 처하게 하는 위험이 있다. 그러면 세계화는 제한을 받게 될 것이고, 이는 경제의 완전한 융합의 실현은커녕 궁극적으로 바람직하지도 않다는 의미가 될 수 있다. ■

사회주의는 텅 빈 가게들을 초래한다

계획경제의 생산량 부족

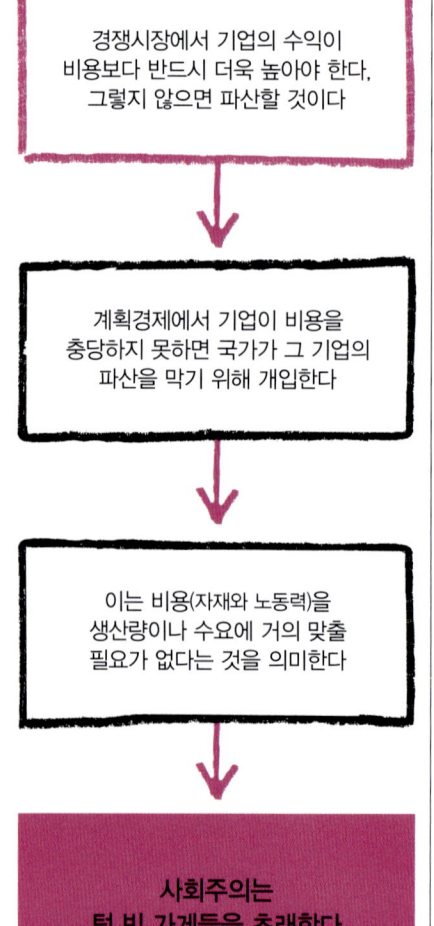

경쟁시장에서 기업의 수익이 비용보다 반드시 더욱 높아야 한다. 그렇지 않으면 파산할 것이다

↓

계획경제에서 기업이 비용을 충당하지 못하면 국가가 그 기업의 파산을 막기 위해 개입한다

↓

이는 비용(자재와 노동력)을 생산량이나 수요에 거의 맞출 필요가 없다는 것을 의미한다

↓

사회주의는 텅 빈 가게들을 초래한다

동유럽의 중앙계획경제는 제2차 세계대전 이후 초반에 급속한 성장을 추진하다가, 명백한 한계에 부딪혔다. 그들은 군비생산과 같은 큰 규모의 명확한 사업에 자원을 동원할 수 있었지만 좀더 다양한 수요를 충족시키는 데 어려움을 겪는 것처럼 보였다. 그들은 계획경제에도 불구하고 재화와 용역이 제때 전달되지 않았기 때문에 필요한 수량이나 적절한 품질에서 부족함이 많이 생겼다. 그로 인해 동유럽과 서구의 차이는 더 크게 벌어졌다.

연성예산제약

많은 정권들은 중앙계획 체제에 개혁을 도입하려고 했다. 헝가리는 1960년대부터 계속 시장경제의 요소들을 도입하면서 대부분의 정권들보다 더 앞서갔다. 이론적으로 이는 완전고용과 같은 범위가 넓은 사회적 재화를 전달하기 위한 계획의 능력을 유지하면서 혁신을 불러일으키고, 선택을 확대하면서 시장의 이점들을 도입하기로 되어 있었다. 실제로 이 체제는, 일부 초기의 성공 이후 계속해서 부족함과 비능률성을 만들어냈다.

헝가리의 경제학자 야노스 코르나이(János Kornai)는 그 문제를 알아내기 위해

참조 : ■ 자유시장 경제학 54~61쪽 ■ 마르크스주의 경제학 100~105쪽 ■ 경쟁시장 126~129쪽 ■ 중앙계획 142~147쪽 ■ 경제적 자유주의 172~177쪽

'연성예산제약(soft budget constraint)'이라는 개념을 고안해냈다. 경쟁시장에서는 기업의 결정이 일반적으로 '경성예산제약(hard budget constraint)'에 영향을 받는다. 즉 그들의 수익은 적어도 비용을 충당해야 하고 그렇지 않으면 재정손실을 초래한다. 이는 수익을 최대화하는 방법으로 회사들을 비용 절감 및 생산 증대에 단련시킨다. 코르나이는 헝가리의 경우처럼 계획경제에서는 기업들이 이런 규율에 영향을 받지 않는다는 데 주목했다. 코르나이는 경성예산제약이 아닌 연성예산제약을 지향했다. 국가는 기업을 파산의 위협으로부터 보호했다. 필수적인 재화를 만들어내는 기업들은 결코 폐쇄될 수 없었기 때문이다. 시장개혁이 시행된 이후에도 국가는 실패하는 기업들을 계속 구제해야 했다. 게다가 기업들은 보급품에 대한 비용을 적게 주거나 세금을 피하기 위해 정치 협상을 이용할 수 있었다.

연성예산제약은 기업이 수익으로 비용을 충당할 필요가 없다는 것을 의미한다. 기업은 생산수준에 비해 지나친 양의 투입을 요구하는 경향이 있다. 그렇게 되면 특정 비용 투입이 지나쳐 비능률성 때문에 생기는 생산량 부족을 초래하게 된다. 생산량의 부족은 결국 소비에 영향을 미쳐 소비자들은 가게의 진열대가 비어 있는 것을 발견하게 된다. 코르나이에 따르면, 생산량 부족은 소비자들이 '강요된 대리인(forced substitution)'이 되어야 한다는 것을 의미한다. 즉 소비자들이 어떤 물량이 부족하면 다음으로 이용 가능한 물품을 구매해야 하는 존재가 된다는 것이다.

긴급구제

이 같은 비능률성은 계획경제의 심각한 약점이 되었다. 긴급구제가 보장되어 있고 예산 규율이 부족하다는 점은 기업이 재화와 용역을 충분히 공급하기 위한 장려책을 거의 갖고 있지 않다는 의미였다.

코르나이는 연성예산제약으로 치료될 수 없는 중앙계획의 이른바 '증후군'이라고 설명했다. 이는 완전한 제도적 변화만이 해결책을 가져올 수 있기 때문이다. 그 문제는 사회주의 국가에만 국한되는 것이 아니다. 코르나이는 서구의 주요 은행들이 연성

생산량 부족은 중앙계획경제에서 하나의 삶의 특징이었다. 물품을 구매하기 하기 위한 줄이 하나 생기기 시작하면 구매자들은 대체로 그것에 참여하게 된다. 이는 어떤 필수품을 잠시 이용할 수 있다는 것을 의미했기 때문이다.

예산제약에 직면하고 있다고 주장했다. 그들은 은행 제도에서 비효율적으로 높은 수준의 위험부담을 초래하면서 정부에 의해 구제되기를 기대하고 있기 때문이다. 반면, 경성예산제약을 모든 국가나 지방정부 당국의 결정(어떤 파산한 가게에 감옥을 강요하는 것처럼)으로 도입하는 것은 부당한 것으로 보일 수 있다. 실제로는 아무리 자유로운 시장경제라도 경성예산제약과 연성예산제약이 혼합되어 있다. ■

야노스 코르나이

헝가리의 경제학자 야노스 코르나이는 계획경제에 대한 업적으로 가장 잘 알려져 있다. 그는 파시즘의 공포를 직접 경험했고(아버지가 아우슈비츠에서 사망함), 이것이 그를 공산주의로 이끌었다. 그는 부다페스트에서 철학을 공부했지만 마르크스의 『자본론』을 읽은 후 경제학으로 전공을 바꾸었다. 1947년 코르나이는 공산당 신문사에서 일하기 시작했지만 공산당이 죄 없는 친구를 고문한 일 때문에 충격을 받은 뒤, 1950년대 초 공산당과 절연했다. 그리고 1955년 비판적인 글을 게재하여 신문사에서 해고당했다. 헝가리를 떠날 허가를 받지 못한 그는 1985년까지 헝가리 과학원에서 일했고, 1985년 하버드 대학에 자리를 잡았다. 미국에 거주하던 코르나이는 2001년 헝가리로 귀국했다. 그는 '중대한 문제'를 처리하고 해답을 찾는 것보다 추상적인 이론을 선호하는 신고전주의 경제학을 비난했다.

주요 저서

1959년 『경제행정의 과도한 중앙집권화 *Overcentralization in Economic Administration*』
1971년 『반평형 상태*Anti-equilibrium*』
1992년 『사회주의 체제*The Socialist System*』

상대방은 내가 무엇을 할 것이라고 생각할까

게임 이론

맥락읽기

초점
의사결정

핵심사상가
존 내시(1928년~)

이전의 관련 역사
서기 1928년 : 미국의 수학자 존 폰 노이만이 예상되는 최대의 손실을 최소화하는 것이 가장 좋은 전략이라는 '미니맥스 규칙'을 만들어낸다.

이후의 관련 역사
서기 1960년 : 미국의 경제학자 토머스 셰링이 냉전의 맥락에서 전략을 개발하는『갈등의 전략』을 출간한다.

서기 1965년 : 독일의 경제학자 라인하르트 젤텐이 여러 횟수로 진행되는 게임을 분석한다.

서기 1967년 : 미국 경제학자 존 하사니는 게임의 상대방이 불확실하더라도 게임을 분석할 수 있는 방법을 보여준다.

당신이 뭔가를 할 때 상대방이 어떻게 반응할 것인지 고려하는 것은 전략적인 계산을 하는 것과 관련이 있다. 사회적, 경제적 상호작용을 통해 당신의 방법을 성공적으로 협상하는 것은 한 게임 참가자가 다른 게임 참가자의 대항 수단이 무엇일지를 고려하면서 움직임을 선택해야 하는 체스 게임과 비슷하다.

1940년대까지 경제학은 이런 쟁점을 대체로 피했다. 경제학자들은 시장에서 모든 구매자와 판매자의 힘이 시장의 전체 규모에 비해 매우 작아서 그들이 물건에 지불

우리의 일상의 상호작용들은 체스 게임과 비슷한 전략적 판단과 관련이 있다. 체스 게임에서처럼 참여자는 상대가 어떻게 반응할 것이라고 생각하는지를 기반으로 그 움직임을 선택한다는 것이다.

한 가격이나 그들이 노동을 팔고 받은 임금에 대해 아무도 어떤 선택을 하지 않았다고 추정했다. 개인별 선택은 다른 선택에 영향을 주지 않아서 그것들은 아무 문제없이 무시될 수 있었다고 판단되었다. 하지만 1838년에 이미 프랑스 경제학자 앙투안 오귀스탱 쿠르노는 상대 회사가 무엇을 할지 생각하는 것을 기반으로 두 회사가 얼마나 많이

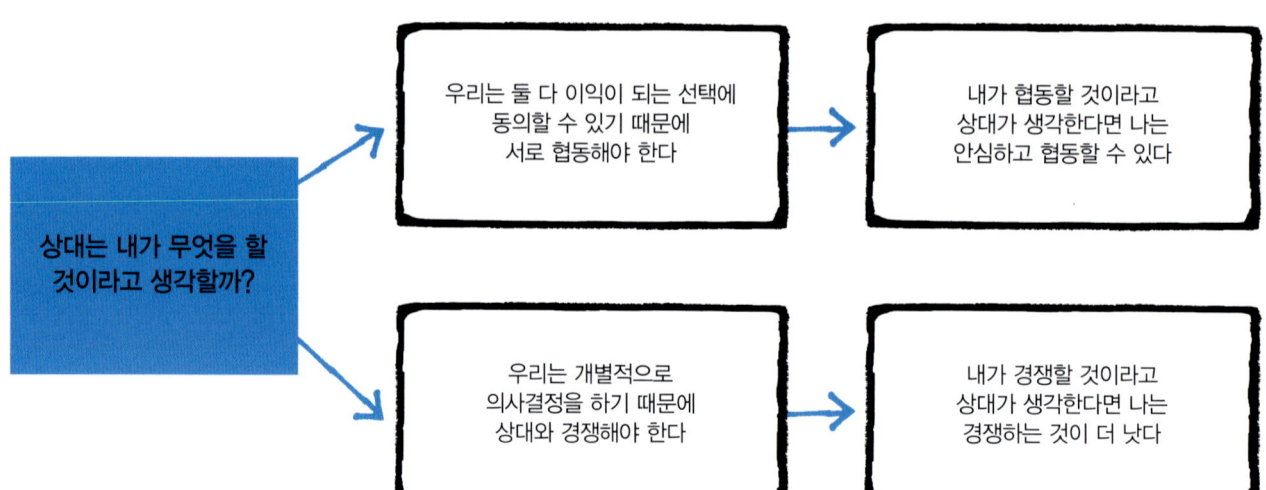

상대는 내가 무엇을 할 것이라고 생각할까?

→ 우리는 둘 다 이익이 되는 선택에 동의할 수 있기 때문에 서로 협동해야 한다

→ 내가 협동할 것이라고 상대가 생각한다면 나는 안심하고 협동할 수 있다

→ 우리는 개별적으로 의사결정을 하기 때문에 상대와 경쟁해야 한다

→ 내가 경쟁할 것이라고 상대가 생각한다면 나는 경쟁하는 것이 더 낫다

생산할 수 있는지를 살펴보았다. 이는 전략적 상호작용을 분석한 유일한 사례였다.

1944년에 미국의 수학자 존 폰 노이만(John von Neumann)과 오스카 모르겐슈테른(Oskar Morgenstern)은 『게임 이론과 경제적 행동Theory of Games and Economic Behaviour』이라는 획기적인 저서를 출간했다. 그들은 경제 체제의 많은 부분들이 대기업, 노동조합, 정부 등 소수의 참여자들에 의해 지배된다고 주장했다. 그런 상황에서 경제행위는 전략적 상호작용과 관련하여 설명될 필요가 있었다. 두 사람은 '제로섬(zerosum)'이라는 간단한 2인 게임을 분석함으로써 모든 상황에서 사람들 간의 전략적 행동에 대한 일반적인 규칙을 만들어내기를 바랐다. 이것이 게임 이론으로 알려지게 되었다.

폰 노이만과 모르겐슈테른은 참여자들이 각각 자신만의 특별한 결과나 보상과 함께 가능한 많은 행동들이 주어지는 협력 게임을 살펴보았다. 그 참여자들은 상황을 토론하고 합의된 행동계획에 도달하는 기회가 주어졌다. 그러한 게임의 실제 사례는 미국의 수학자 메릴 플러드(Merrill Flood)가 제시한 것인데, 그는 자신의 세 명의 십대 아이들을 두고, 그들 중 한 명이 최고 4달러를 받고 아기 돌보는 일을 할 수 있는 권리를 두고 경쟁하게 했다. 그들은 그 문제를 토론하고 연합을 이루는 것이 허용되었지만 그들 간에 합의를 이룰 수 없다면 최저 입찰자가 우승할 수 있었다. 플러드에게는 제비뽑기로 정하거나 수익금을 똑같이 나누는 것 등 그 문제에 대한 쉬운 해결책이 있었다. 하지만 그의 아이들은 해결책을 찾을 수 없었고 결국 그들 중 한 명이 그 일을 하기 위해 90센트로 응찰했다.

내시 균형

1950년대 초에 존 내시라는 한 젊은 미국 수학자가 이 이론을 참여자들이 비협력 상황(의사소통이나 협업할 기회가 없는 상황)에서 독자적인 판단을 내릴 때 일어나는 일을 검토하는 것으로 확대했다. 협력은 각 참여자가 개별적인 성공의 기회를 최대화하는 것으로 여길 때만 일어날 수 있는 결과다. 내시는 어느 참여자도 그들의 행동을 바꾸기를 원하지 않는 그런 게임에서 균형의 상태가 있다는 것을 알아냈다. 참여자들은 상대방 또한 가장 좋은 전략을 선택하고 있다는 기반에서 가장 좋은 전략을 선택한다. 내시는 어느 참여자도 그들의 행동을 '각 참여자의 전략이 다른 사람의 전략에 반대되어 최적의 상태가 되는 것'으로 바꾸기를 원하지 않는 그런 게임에서 그 균형 상태를 확인했다. 이는 현재 '내시 균형(Nash equilibrium)'으로 알려져 있다.

제2차 세계대전 후, 대부분의 싱크탱크 랜드(RAND, 'Research ANd Development'에서 유래된 명칭)에서 게임 이론에 대한 믿을 수 없을 정도의 전성기가 있었다. 1946년에 미국 정부가 설립한 랜드는 국가안보 업무에

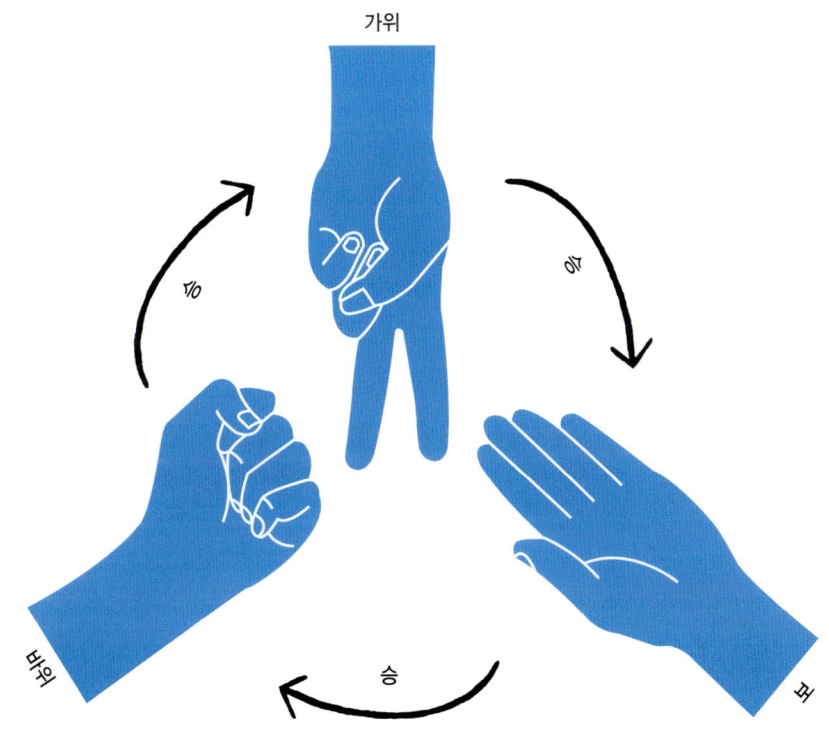

가위바위보는 한 참여자가 이기면 상대는 지게 되는 간단한 제로섬 게임의 한 예다. 각 참여자는 같은 순간 동시에 손을 내밀어 세 형태 중 하나를 취해야 한다. 한 참여자가 내민 형태는 상대편의 형태와 일치하거나 이기거나 지게 될 것이다. 바위는 가위를 이기고 가위는 보를 이기고 보는 바위를 이기게 된다. 게임 이론의 추종자들은 인간의 행동에 관한 일반적인 규칙을 발견하기 위해 이와 같은 게임을 분석한다.

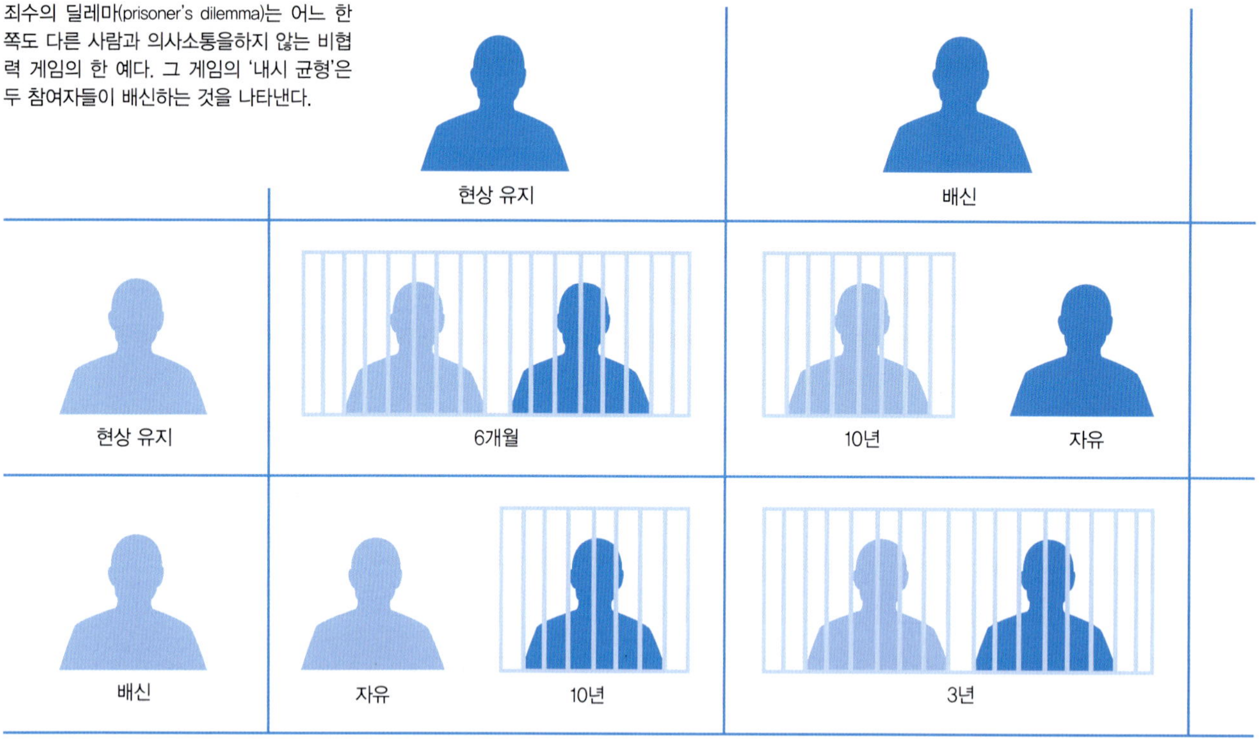

죄수의 딜레마(prisoner's dilemma)는 어느 한 쪽도 다른 사람과 의사소통을 하지 않는 비협력 게임의 한 예다. 그 게임의 '내시 균형'은 두 참여자들이 배신하는 것을 나타낸다.

	현상 유지	배신
현상 유지	6개월	10년 / 자유
배신	자유 / 10년	3년

과학을 활용하는 것을 책임지고 있었다. 그들은 게임 이론과 같은 분야를 연구하기 위해 수학자, 경제학자, 과학자 등을 고용했는데, 이는 특히 냉전의 정치와 관련된 것으로 여겨졌다.

1950년에 랜드의 이론가들은 비협력 게임의 두 사례를 만들어냈다. 첫 번째는 '안

> 게임 이론은 사회적 상황에서 합리적인 행동이다.
> 존 하사니

녕, 바보(So Long Sucker)'라는 이름으로 발표되었다. 이 게임은 가능한 한 심리적으로 잔인한 선택을 하는 것으로 특별히 고안되었다. 참여자들이 연합하도록 강요받지만, 최종적으로 승리하기 위해서는 파트너를 배신해야 했다. 게임을 실험한 후 남편과 아내로 구성된 참여자들은 대부분 따로 택시를 타고 집으로 돌아갔다고 한다.

죄수의 딜레마

비협력 게임의 가장 유명한 사례는 '죄수의 딜레마'일 것이다. 이는 멜빈 드레서(Melvin Dresher)와 메릴 플러드(Merrill Flood)가 1950년에 만들어낸 것으로 내시의 연구를 기반으로 한다. 이 딜레마는 사로잡힌 두 범죄자들과 관련이 있는데, 그들은 심문을 받는 동안 각각 격리되어 다음 선택을 제안받는다. 그들은 서로에게 불리한 증언을 한다면 각자 고통스럽지만 참을 만한 징

역형을 훨씬 줄어든 기간으로 받게 된다. 그리고 어느 누구도 서로에게 불리한 증언을 하지 않는다면 그들은 둘 다 쉽게 이겨낼 수 있는 단기형을 받게 된다. 하지만 한 사람이 증언에 동의하고 다른 사람이 동의하지 않는다면 증언한 사람은 자유로워질 것이고 침묵을 지키는 사람은 인생을 망칠 장기간의 형을 받게 된다.

죄수의 딜레마는 다음과 같다. 배반하거나, 배반하지 않는 것이다. 한 사람이 파트너를 배반한다면 그는 자유롭게 되거나 가벼운 형량을 살 것이다. 반면, 파트너가 배반하지 않을 것이라고 믿는다면 그는 단기간의 형량을 받거나 감옥에서 매우 긴 시간을 보낼 수 있다. '바보의 보상(sucker's payoff, 결국 장기 형량을 받는 것)'의 가능성을 피하기 위해서는 내시 균형은 늘 배반하는 것으로 결론을 맺는다. 흥미로운 점은 상호 배반의 가장 좋은 '지배적인' 전략은 집단을

위해 행복을 극대화하지 않는다는 것이다. 그들이 둘 다 배반하는 것을 거부했다면 전체 형량은 최소화되었을 것이다.

드레셔와 플러드는 내시의 예측이 옳은지를 확인하기 위해 동료 두 명에게 죄수의 딜레마를 시험했다. 그들은 각 참여자가 다른 참여자를 신뢰할 것인지 배반할 것인지에 관한 게임을 만들었다. 그 보상은 '바보의 보상'뿐만 아니라 두 참여자에게 이익을 줄 협력 거래라는 선택이 있도록 고안되었다. 이는 폰 노이만과 모르겐슈테른의 협력 게임에 관련된 초기 연구를 반영한 해결책이다. 그 실험은 약 100회 시행되었다. 게임이 반복되는 이런 형태는 참여자들에게 파트너의 이전 행동을 처벌하거나 보상할 기회를 제공했다. 그 결과 배반의 내시 균형은 협력 해결을 위한 68번의 기회에 대해 14번 선택했다는 결론이 나왔다. 드레셔와 플러드는 실제 사람들이 이익을 극대화하는 전략을 선택하는 것을 재빨리 배운다는 결론을 내렸다. 내시는 그 실험이 너무 많은 상호작용을 허용했고 유일한 진짜 평형점(equilibrium point)이 배반이 되었기 때문

스텔스 폭격기(Stealth Bomber)와 같은 고가의 기술은 냉전 동안 개발되었다. '바보의 보상'을 피하기 위해 게임 이론은 냉전 시기 양측이 모두 이런 기술에 돈을 써야 한다고 주장했다.

> 각 참여자의 최적 전략은 상대방의 최적 전략에 반대가 된다.
> 존 내시

에 그 실험은 결함이 있다고 주장했다.

평화–전쟁 게임

죄수의 딜레마의 반복되는 형태는 '평화-전쟁 게임'으로 알려지게 되었다. 이는 소련과의 냉전에서 가장 좋은 전략을 설명하는 데 사용되었다. 대륙 간 탄도 미사일과 같은 새로운 기술이 개발되면서 각 진영은 이러한 무기류를 획득하기 위해 막대한 양의 돈을 투자해야 하는지를 결정해야 했다. 상대측이 새로운 무기를 개발하지 않았다면 그 새로운 기술은 비교적 고통 없이 전쟁을 이길 능력을 야기할 수 있다. 또한 새로운 무기를 개발하지 않은 결과는 상대측도 그 무기를 개발하지 않았다면 거대한 자금을 비축하는 일이 되었거나, 또는 상대측이 무기를 개발했다면 완전한 패배라는 '바보의 보상'이 되었을 것이다.

보다 넓은 맥락에서 내시의 연구의 중요성은 독립적인 이익을 도모하는 개개인들 사이에서 생길 수 있는 하나의 균형이 안정성과 질서를 만들어낼 수 있다는 것을 입증

존 내시

1928년에 미국의 한 가정에서 태어난 존 내시는 학교에서 늘 소외되었다. 하지만 부모는 그의 뛰어난 학습능력을 알아보았다. 1948년 그는 프린스턴 대학에서 장학금을 받았다. 그의 이전 가정교사가 "이 사람은 천재입니다" 라는 한 줄의 추천서를 써주었다. 프린스턴 대학에서 내시는 백지상태에서 아이디어를 개발하는 것을 선호하면서 강의 듣는 것을 회피했다. 대학에서 그는 게임 이론에 관한 아이디어를 개발하여 노벨상을 받았다. 1950년대에 그는 랜드연구소와 매사추세츠 공과대학(MIT)에서 일했지만 그의 정신상태는 더욱 악화되고 있었다. 1961년에 그의 아내는 그의 정신분열증 치료에 헌신했다. 내시는 그 후 25년 동안 그 병과 싸웠지만 무엇보다 수학의 연구에 가치를 둘 수 있다는 희망을 버리지 않았다.

주요 저서

1950년 『N인 게임 균형점*Equilibrium Points in N-person Games*』
1950년 『협상의 문제*The Bargaining Problem*』
1952년 『실 대수 다양체*Real Algebraic Manifolds*』

하는 데 있었다. 사실상, 그들 자신의 보상을 극대화하려고 노력하는 개개인들에 의해 성취된 균형은 참여자들이 서로 편의를 봐주려고 할 때보다 비협조적 상황에서 더욱 안전하고 더욱 안정된 결과를 만들어낸다고 주장되었다.

내시는 게임 이론을 개발하는 데 일조한 다른 두 경제학자들과 함께 1994년 노벨 경제학상을 수상했다. 헝가리 출신의 경제학자 존 하사니는 참여자들이 동기에 대한 완전한 정보를 가지지 못했거나 다른 참여자들의 보상이 여전히 분석될 수 없었던 그 게임을 입증했다. 실제의 전략적 결정들은 대부분 불확실성의 혼란으로 만들어져 있기 때문에 이는 하나의 중요한 획기적 발견이었다. 실제적인 사례는 금융시장이 인플레이션과 실업에 대한 중앙은행의 태도에 확신을 가질 수 없을 때, 그에 따라 인플레이션을 줄이기 위해 이자율을 높여야 할지 고용을 늘리기 위해 이자율을 낮춰야 할지 알 수 없는 경우다.

금융시장에서 회사들의 이익이 중앙은행이 앞으로 정할 금리에 의해 결정되기 때문에 회사들은 다소간의 자금을 대출할 위험을 평가할 수 있어야 있다. 하사니는 중앙은행이 어떤 목표에 더욱 관심이 있는지 시장이 알려주지 않더라도 게임 이론은 그 문제에 대한 해결책인 내시 균형을 파악할 수 있다고 주장했다.

지네 게임

더욱 발전된 게임 이론을 만들어낸 또 다른 경제학자는 독일의 라인하르트 젤텐(Reinhard Selten)이었다. 그는 다단계로 이루어진 게임에서 '부분 게임의 완전함(sub-game perfection)'이라는 개념을 도입했다. 그 개념은 각 단계에서 균형이 있어야 하거나 전체 게임의 '부분 게임'이어야 한다는 것이다. 이는 중요한 의미를 나타낼 수 있다. 그런 게임의 한 사례로는 지네 게임(centipede game)이 있다. 이 게임은 많은 참여자들이 서로 돈의 총액을 주고받고, 그렇게 주고받을 때마다 그 돈이 20퍼센트씩 증가되는 것이다. 이 게임이 끝나는 데에는 두 가지 방법이 있다. 돈은 100회 동안 그들 사이에서 건네지고, 그런 다음 돈을 모두 담은 항아리를 모두가 공유하거나 아니면 어떤 단계에서 한 참여자가 주어진 돈더미를 가지기로

결정한다. 각 참여자의 선택은 돈을 건네면서 협동하거나 아니면 중간에 변절하여 돈을 모두 가지는 것이다. 그리고 마지막 회에서는 한 참여자가 변절하여 그 단지를 모두 가져감으로써 게임에서 이기게 된다.

이는 마지막에서 한 회 전에 변절하는 것이 더 좋은 선택임을 나타낸다. 그때 상대자가 앞으로 변절할 것인지 예측할 수 있다. 이 게임은 첫 회부터 변절할 수 있는 부분 게임의 완전한 선택으로 이루어져 있기 때문에 변절이 모든 회에서 지배하는 것처

진상 파악하기

구매자와 흥정을 벌일 때 판매자는 자신이 받아들이고 싶은 가격으로 여러 번 흥정을 시작할 수 있지만 그렇게 함으로써 판매 손실을 초래하는 위험이 따른다.

1960년에 러시아 출신의 경제학자 레오니트 후르비치(Leonid Hurwicz)는 시장 원리에 입각해 수학을 연구하기 시작했다. 고전적인 이론에서는, 공정한 가격에서 그리고 가장 원하는 사람들에게 상품이 효율적으로 거래될 것이라고 추정된다. 하지만 실생활에서는 시장이 이와 같은 효과를 내지는 않는다. 예를 들어, 후르비치는 중고차의 구매자와 판매자가 각각 그 차가 얼마나 많은 가치가 있는지에 관한 거짓말을 하기 위한 장려책을 갖고 있다는 것을 알아냈다.

양측이 얼마나 많이 사거나 팔려는지가 드러날지라도, 그리고 가격의 차이가 갈리는 데 동의할지라도, 이 원리는 최적의 결과를 만들어낼 가능성이 없다. 판매자들은 당연히 실제 요구보다 훨씬 높은 가격을 요구할 것이지만 구매자들은 지불해야 하는 가격보다 적게 지불하려고 할 것이다. 그런 상황에서는 그들이 거래를 원하더라도 합의에 도달하기 어려울 것이다. 후르비치는 참여자들이 진상을 밝히도록 설득될 수 있다면 양측의 이익은 극대화될 수 있다는 결론을 내렸다.

협동 게임에서 참여자들은 동맹을 형성할 기회를 갖는다. 줄다리기와 같은 이런 대부분의 게임들에서 한 개인이 우승할 유일한 가능성은 다른 사람들과 협동하는 것이다.

럼 보인다. 하지만 이 결과는 역설적인 것처럼 보이는데, 첫 회에서는 돈의 양이 매우 적기 때문에 변절할 가치가 거의 없기 때문이다.

　이 개념은 한 나라의 곳곳에 할인점포를 갖는 거대한 체인이 있고, 경쟁 상대가 하나 이상인 지역에서 그 시장에 들어갈 준비를 하고 있는 상황에 응용되었다. 그 체인은 새로운 경쟁 상대가 들어가려고 준비 중인 지역에서 할인가격을 행사하는 것으로 위협을 할 수 있었다. 이 위협은 믿을 만하고 가치 있는 것처럼 보일 수 있다. 이는 그 체인이 너무 많은 비용을 들이지 않고 경쟁 상대가 그 지역에 들어가려는 것을 단념하게 할 수 있기 때문이다.

　내시 균형의 관점에서 최적 전략은 그 체인이 가격전쟁을 하여 새로운 경쟁 상대가 그 시장에 들어가지 못하게 하는 것처럼 보인다. 하지만 셀턴에 따르면, 기존 점포가 새로운 경쟁자의 시장 진입 때마다 가격

나는 핵 교착 상태에 대한 이론을 세울 때, 사실상 소련 내에 무슨 일이 일어나고 있는지 알아낼 필요가 없었다.
토마스 셸링

을 줄일 수밖에 없다면 누적되는 손실이 너무 클 것이므로, 앞을 내다보면서 뒤로 이치를 따지는 가격전쟁의 위협은 비이성적이라고 주장했다. 셸턴은 새로운 경쟁자가 가격전쟁 없이 시장에 들어가는 것이 완벽한 부분 게임이라는 결론을 내린다.

제한된 합리성
　이런 역설들은 게임을 하는 개개인이 완전히 이성적이라는 가설에서 비롯된다. 셸턴은 의사결정에 관한 더욱 실제적인 이론을 제시했다. 사람들이 때로는 이성적인 계산을 통해 결정을 내릴지라도 흔히 그들은 과거의 경험과 경험에 근거한 규칙에 기반을 두고 결정을 내리는 것이다. 사람들이 늘 이성적인 계산을 사용할 수 있는 것은 아니다. 대신 그들은 게임 이론의 추종자들이 지칭하는 '제한적으로 이성적인(boundedly rational)' 상태일 수 있다. 즉 완벽한 부분 게임이 될 수 없는 게임들에 대한 더욱 직관적으로 호소하는 해결책을 선택할 수 있다는 의미이다.

게임 이론에도 비판가들은 있다. 그들은 게임 이론이 대단한 정보를 알려주지만 과학적인 이론의 주요 시험에는 실패한다고 주장한다. 즉 일어날 일에 대한 유용한 예측을 전혀 할 수 없다는 것이다. 게임은 많은 균형들이 있을 수 있다. 기업 담합을 야기하는 산업은 가격할인 전쟁으로 빠져드는 것만큼이나 이성적인 결과일 수 있다. 게다가 사람들은 무한정 '내가 이것을 하면 그들은 이것을 하고, 내가 그것을 하면 그들은 그것을 한다'에 기반을 두고 의사결정을 하지 않는다.

　미국의 경제학자 토마스 셸링은 행동을 유발하는 계기는 단순히 수학적 확률에 근거를 두지 않는다는 개념을 연구함으로써 이 쟁점을 처리했다. 두 참여자들이 똑같은 종류의 카드놀이를 한다고 생각하면 보상을 받는 '조정 게임(coordination game)'에서, 당신은 다른 사람과 일치하기를 원한다면 어떤 카드를 선택할 것인가? 스페이드의 에이스를 고를 것인가?■

부유한 나라는 가난한 나라를 더 가난하게 한다

종속 이론

빈국(貧國)은 국제무역의 경계를 개방한다면 가난한 자국의 경제가 성장할 것이라는 말을 듣는다

부유한 나라들은 지배적인 위치에 있기 때문에 불공정한 무역 조건으로 가난한 나라들을 착취한다

착취는 빈국의 경제를 침체시키거나 위축시킨다

반면에 부유한 나라들은 더욱 부유해진다

부유한 나라들은 가난한 나라들을 더욱 가난하게 한다

부유한 나라들은 그들이 가난한 나라들을 더욱 가난하게 만드는 것이 아니라 오히려 서로의 관계가 양측에 도움이 될 것이라고 주장한다. 하지만 1960년대에 독일의 경제학자 안드레 군더 프랑크(Andre Gunder Frank)는 자유무역과 투자, 그리고 서구의 개발정책이 세계를 계속해서 분리시키고 있다고 주장했다. 그 정책들은 부유한 나라들의 세계 지배를 유지시켜주면서 가난한 나라들을 계속 가난한 상태로 만들고 있다. 프랑크는 이를 '종속 이론(dependency theory)'이라고 불렀다.

불균형한 무역

부유한 서구의 강국들은 자국보다 더 하위수준의 상대국들을 무역의 상대방으로 인정하지 않았다(가난한 나라들 역시 자국보다 더 낮은 경제수준의 국가들과는 무역을 꺼린다). 일부 경제학자들은 선진국들이 개발한 정책이 오늘날의 가난한 나라들에 도움이 될 수 없다는 것을 지적하기도 했다.

경제학자들은 흔히 국제무역의 자유화가 후진국의 경제를 돕는 확실한 방법이라고 극찬하고 있다. 하지만 프랑크의 종속 이론에 따르면, 그들의 경제정책은 부유한 나라들이 가난한 나라들을 좀더 자신들

참조 : ■ 보호무역주의와 무역 34~35쪽 ■ 비교우위 80~85쪽 ■ 개발경제학 188~193쪽 ■ 경제성장 이론 224~225쪽 ■ 시장통합 226~231쪽 ■ 아시아의 호랑이 경제 282~287쪽 ■ 국제적 채무면제 314~315쪽

의 이익에 휘둘리도록 이용하는 상황을 야기한다고 주장한다. 후진국이 원자재를 생산하면 부유한 나라는 그 원자재를 구매해, 완제품을 만들어 자국 혹은 다른 국가들에 판매한다. 이 때문에 대다수의 가난한 나라들과 부유한 선진국들 사이에는 불균형한 무역 체계가 형성되고, 부유한 나라들의 무역은 주로 국내 또는 다른 선진국들 간에 이루어진다. 그리고 극히 일부의 선진국들만 개발도상국과 무역을 한다. 더 크고 부유한 강국과 거래하고자 하는 가난한 나라들은 불리한 거래 위치에 있다는 것을 알게 되고, 그들의 경제발전에 필요한 유리한 거래 조건을 성사시키지 못한다.

이런 영향력은 소외된 가난한 나라들이라는 '주변'에서 흘러나온 부들이 부유한 나라들이라는 '핵심'으로 들어가는 세계 경제의 분리를 초래한다고 주장된다. 또한 가난한 나라의 경제는 한 국가의 경제성장에서 핵심 추진체가 되고 있는 투자를 방해받는 식으로 조장되는 경향이 있다.

부유한 나라들은 가난한 나라들에 산업시설을 건설하고 투자를 한다면, 가난한 나

나이지리아의 많은 노동자들은 외국계 석유회사에서 일한다. 이 회사들은 나이지리아에 투자금을 쏟아 붓기는 했지만, 그 지역의 낮은 임금과 귀중한 원자재로부터 더 큰 이익을 얻을 수 있다.

라의 경제를 성장시키는 데 도움이 될 것이라고 주장한다. 그러나 종속 이론을 주장하는 학자들에 따르면, 사실상 투자가 필요한 지역의 자원들은 헐값에 거래되고, 노동자들은 열악한 보수를 받으며, 또한 그 수익은 그 지역 경제에 재투자되는 것이 아닌 외국 주주들에게 분배된다고 주장한다.

대안의 모색

종속 이론을 주장하는 학자들에 따르면, 수탈의 위험을 피하기 위해 일부 가난한 나라들은 다른 경로를 선택했다. 세계무역, 세계화, 외자유치 등에 직접적으로 개방하고, 대응하지 못하는 나라들은 정반대의 입장을 택하여 자국을 보호하기로 했다. 아시아의 호랑이들(홍콩, 싱가포르, 타이완, 한국)의 급부상과 중국의 놀라운 경제성장은 종속 이론의 결점을 드러내고 있다. 여기에

저개발은 구식의 제도와 자본의 부족 때문이 아니라, 자본주의 개발 자체 때문에 생겨난다.
안드레 군더 프랑크

국제무역이 급속한 성장과 산업화의 엔진이 되는 개발도상국들의 집단이 있었다. 더욱 최근에 종속 이론은 고전적인 접근에 계속 문제를 제기하는 반세계화 운동에서 공감을 얻게 되었다. ■

불공평한 수출 : 원자재와 제조품

1949년과 1950년에 독일의 경제학자 한스 싱어(Hans Singer)와 아르헨티나의 라울 프레비시(Raúl Prebisch)는 개발도상국이 선진국과 거래할 때 직면하는 불이익을 입증한 논문을 발표했다.

그들의 주장에 따르면, 무역의 조건은 주요 수출상품이 이미 제조된 완제품인 나라들보다 원자재이거나 기본 물품인 나라들에 더욱 불공정하다. 이는 소득이 증가하면서 식량과 기본 물품의 수요가 안정된 상태를 유지하는 경향이 있다는 사실로 설명될 수 있다.

반면에, 높은 수익은 완제품과 사치품에서 더 강한 수요를 유발한다. 이 때문에 가격이 상승하여 그 결과 가난한 나라들은 수출로 받은 돈으로 제조품을 수입할 여유가 더욱 없어질 수 있다.

당신은 사람들을 속일 수 없다

합리적 기대

제 2차 세계대전 이후 정부의 개입과 재정지출의 증가는 경제학자들에게 경제 전반에 대해 성장을 제고할 수 있는 새로운 방법을 제공했다. 그들은 특히 정부가 높은 생산량과 낮은 실업률을 달성하기 위해 통화정책과 국가 재정(세금과 지출)정책을 사용함으로써 경제를 신장시킬 수 있다고 믿었다.

이러한 케인스 모형에 대한 초기의 비판은 '기대'라는 개념을 더욱 중점적으로 검토하는 것과 관련이 있었다. 사람들이 미래에 일어나는 일이 현재 그들의 행동에 영향을 준다고 생각하기 때문에 기대는 중요하다. 처음에는 기대가 '적응할 수 있는 것'으로

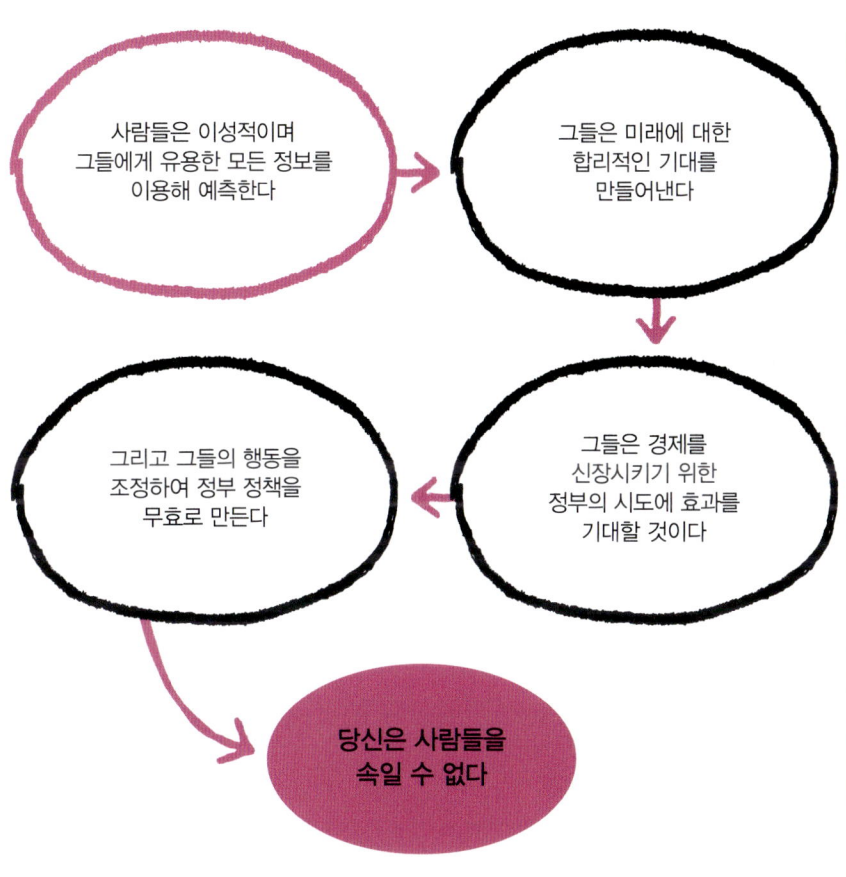

사람들은 이성적이며 그들에게 유용한 모든 정보를 이용해 예측한다

그들은 미래에 대한 합리적인 기대를 만들어낸다

그리고 그들의 행동을 조정하여 정부 정책을 무효로 만든다

그들은 경제를 신장시키기 위한 정부의 시도에 효과를 기대할 것이다

당신은 사람들을 속일 수 없다

아버지가 아들에게 차의 정비에 관한 지식을 물려준다. 아들은 이 지식을 일부 근거로 하여 어떤 차를 사야 할지 등 앞으로의 경제적인 결정을 내릴 것이다.

은 가능하다. 하지만 이는 단기간에만 효과가 있다. 사람들의 기대가 적응하게 되면 그들은 실질 임금이 오르지 않고 또한 경제는 원래의 낮은 고용수준으로 돌아간다는 것을 깨닫는다.

합리적 기대

기대를 모형으로 하는 이 방식은 간단하지만 중대한 결함이 있었다. 사람들이 미래에 대해 예측을 할 때 과거만 살펴본다면 그들은 계속 잘못된 예측을 내릴 가능성이 있다. 경제에 대한 뜻밖의 충격은 과거에서 밀쳐내더라도 예측에서 계속된 실수로 전환될 수 있다. 하지만 예측에 있어서 계속 실수를 한다면, 시장에서 손해를 입게 될 것이다.

이 적응기대론에 대한 불만으로 미국의 경제학자 존 무스는 1961년 '합리적 기대 (rational expectations)' 이론을 만들어냈다. 이 가설은 고전파 경제학자들의 주장처럼 사람들은 합리적으로 현상을 판단하므로, 정부가 어떤 경제정책을 펴든지 간에 미리 합리적으로 예상하여 행동한다는 점을 주장한다. 사용 가능한 모든 정보를 활용하여 미

받아들여졌다. 이는 사람들이 이전에 일어난 일에 대해서만 기반을 둔 미래의 기대를 만들어낸다는 것을 의미한다. 다시 말해, 사건 A가 사건 B를 이끈다면 이는 다시 그렇게 될 것이다. 각각의 경우에서, 개개인들은 그들이 일어날 것이라고 기대하는 것과 실제로 일어난 결과 사이의 간격을 조정한다.

경제 이론 내에서 기대를 고려하는 필요성은 정부가 수요를 높이기 위해 재정지출을 증가시키는 케인스 정책의 성과를 약화시키는 것으로 인식되었다. 이 정책은 사람들의 임금이 정부가 경제를 신장시킨 결과로 증가된다면 그들의 실제 경제활동은 증가할 것이고, 그로 인해 그들은 더 많은 일자리를 공급할 것이라고 주장한다.

사실상 증가된 수요는 물가를 상승시키고, 그로 인해 실질적으로 그들의 임금은 증가하지 않는다. 사람들은 그들의 증가된 명목임금이 실질임금의 상승을 반영한다는 생각 때문에 일시적으로 속는다. 그들이 물가 또한 상승한다는 것을 깨닫는 데 시간이 좀 걸리기 때문이다. 다시 말해, 앞으로의 물가 상승에 대한 기대에 천천히 적응하게 된다는 것이다.

이런 식으로, 정부가 (사실상) 사람들을 현혹시켜 통화정책이나 국가 재정정책을 통해 경제성과가 좋아진 것처럼 보이는 것

오스트레일리아의 한 농부가 농작물을 살펴보고 있다. 농부들은 과거만을 기반으로 무엇을 심을지 결정하지 않는다. 그들은 날씨와 수요의 정도 등의 요소들 또한 가늠한다.

래를 합리적으로 예측하면, 다소 틀린 부분이 있다 하더라도 전체적으로는 옳게 된다.

합리적 기대 이론의 핵심에는 매우 간단한 아이디어가 있다. 시장에서 이성적인 구매자들은 단순히 이전의 물가를 살펴봄으로써 미래의 물가를 추측하지 않는다는 것이다. 대신, 그들은 유용한 정보와 경제의 올바른 모형을 비평적으로 사용하는 것에 기반을 두고 미래의 물가를 예측하려고 할 것이다. 또한 그들은 과거의 행동에 무턱대고 따르지 않고 지식에 의한 예측을 할 것이다. 이렇게 하는 것은 그들이 합리적 기대를 만들어내지 않으면 시장에 의해 대가를 치를 것이고 자금을 손실할 것이기 때문이다.

우리는 항상 합리적 기대를 사용한다. 예를 들어, 농부들은 과거에 책정된 물가, 현재의 조건, 미래의 개연성 등을 기반으로 무엇을 심을지에 대해 결정한다. 그들이 5년 전과 똑같은 농산품을 똑같은 양으로 재배한다면 이것이 현재 시점에도 똑같은 시장 가격을 형성할 것이라고 추정되지는 않는다. 또한 농산품을 거래하는 사람들에게도 마찬가지다.

시장의 힘이 야기하는 가혹한 대가로 사람들은 이성적으로 행동하게 되었고, 시간이 지나면서 그들의 기대는 가장 유용한 경제적 모형만큼 좋은 것으로 추정된다. 합리적 기대 이론은 단박에 현혹될 정도로 단순하지만 놀라운 결과를 갖는다. 적응기대로 이루어진 정부의 개입은 사람들을 깜짝 놀라게 만들 수 있기 때문에 일시적으로 효과를 볼 수 있다. 그들이 미래의 정부 정책을 예상할 수 없으므로 단기간의 실제 효과를 낸 뜻밖의 재정지출 확대는 경제에 긍정적인 '충격'인 것처럼 보일 수 있다. 이런 일시적인 효과조차 합리적 기대 이론에서는 불가능하다. 사람들의 물가 상승에 대한 예측이 즉시 적응되기 때문이다.

예측되는 기대

1975년 미국의 두 경제학자 토마스 사전트(Thomas Sargent)와 닐 월리스(Neil Wallace)는 기대가 합리적이라면 개인들은 정부 개입을 기대하기 시작할 뿐 아니라 효과적이지 못한 정책에 그들의 행동을 적응할 수 있다고 주장했다. 합리적 기대를 추정하는

기대가 이전에 합리적인 역동성 모형으로 여겨지지 않았던 것이 다소 놀랍다. 기업가적 행동의 모든 측면에서 합리성이 추정되기 때문이다.
존 무스

사람들은 정부가 실업률을 낮추려는 충격요법과 같은 장려책을 갖고 있다는 것을 알 것이다. 그리고 그에 맞춰 그들의 기대를 적용할 것이다.

예를 들어, 개인은 정부가 고용을 유지하기 위해 (금리 인하와 같은) 통화정책을 사용하려고 시도할 때 이것이 더 높은 인플레이션을 유발한다는 것을 안다. 따라서 사람들은 그에 맞춰 임금과 물가 상승에 대한 자신의 기대를 변경시킨다. 더 부유해졌다고 느끼는 대신 그들의 인플레이션에 대한 기대는 정부가 주도하는 저금리 효과를 상쇄시킨다. 이런 식으로 통화정책은 완전히 비효율적인 상태가 되는데, 이는 사람들의 변화된 행동이 그것을 무효로 만들 것이기 때문이다.

정책결정자들은 이전에 실업과 인플레이션 간에 하나의 균형이 있다고 믿었다. 정부는 경제를 신장시키고 높은 인플레이션으로 장기간 높은 고용을 달성할 수 있었다. 합리적 기대 이론에서는 이런 균형이 사라진다. 실업은 회사의 생산성 및 기술적 능력과 시장의 효율성이라는 경제의 생산능력에 따라서 결정된다. 정책 결정자들은 이런 고용수준 이상으로 경제를 신장시킬 수 없다.

루카스 비판

미국의 경제학자 로버트 루카스(Robert Lucas)는 개개인의 기대가 정책에 적용한다면 이는 경제의 전체 구조(가정, 기업, 정부 간의 관계)가 정책의 변화로 달라진다는 것을 의미한다고 지적했다. 결과적으로, 정책은 늘 의도하고자 하는 효과를 거두는 것은 아니다.

이는 '루카스 비판(Lucas critique)'으로 알려지게 되었고, 케인스 모형이 그랬듯이 구조적 관계들을 통해 전체 경제를 모형으로 만들려는 시도 자체가 결함이라고 대부분

의 경제학자들을 설득할 정도로 강력했다. 대신, 그 모형으로 만들려는 기준은 사람들의 더욱 깊고 근본적인 선호도와 개인별 행동으로 향하는 자원과 기술에 중점을 두어야 한다.

루카스는 부분적으로 케인스 세계 이전으로 돌아가는 것을 제시하면서 거시경제학에 대한 '신고전적인' 접근을 주장했다. 이후에 '실제 비즈니스 순환(real business cycle)' 모형들은 고용의 변화가 생산성 증가나 사람들이 일보다 여가를 선호하는 변화 등 실제 노동요소들의 변화로 추진된다고 주장했다. 실제 비즈니스 순환과 새로운 고전 모형의 중대한 특징은 그것들이 개개인의 이성적인 행동의 결과를 본떠서 거시경제학을 만든다는 데 있다.

사람들이 실제로 합리적 기대를 완전히 갖고 있지 않더라도 그들의 추정은 경제학자들에게 있어 경제의 역할에 관한 유용한 지침이 되는 실행 가능한 모형을 만드는 데 도움을 준다. 합리적 기대는 더욱 심리적으로 실제적 모형에 관해 연구하는 행동경제학자들의 비판을 받아왔다. ∎

> 인플레이션의 이점은 경제행위자들을 속여서 그들에게 이익이 되지 않더라도 사회적으로 선호하는 방법으로 행동하게 하는 확대 정책의 이용에서 비롯된다.
> 로버트 홀

금융시장 거래자들은 직장 동료의 행동에 기반을 둔 합리적 기대를 만들어낸다. 금융 시세를 파악하는 데 실패하면 시장의 가혹한 대가를 받게 될 것이다.

존 무스

미국의 경제학자 존 무스는 1930년에 태어났다. 미국 중서부에서 성장한 그는 세인트루이스의 워싱턴 대학에서 산업공학을, 피츠버그의 카네기테크(Carnegie Tech)에서 경제수학을 전공했다. 무스가 박사학위를 공부했던 1950년대에 카네기테크 대학에는 대단한 연구진이 포진해 있었다. 훗날 노벨상을 수상하는 프랑코 모딜리아니(Franco Modigliani), 존 내시, 허브 사이먼(Herb Simon), 그리고 이후 로버트 루카스 등이 포함되어 있었다.

무스의 합리적 기대에 관한 첫 논문은 1961년에 발표되었는데, 당시에는 거의 주목받지 못했다. 내성적이고 점잖았던 무스는 이후 그 주제에 대한 논문을 출판하기 어렵자, 다른 분야에 관한 연구로 전향했고, 결국 운영관리와 인공지능 분야에서 중대한 업적을 이뤄냈다. 루카스가 기대에 관한 무스의 연구를 더욱 발전시켰고 그들의 기여로 중요한 수상을 했지만 무스는 그 넓은 세상에서 인정받지 못한 상태였다. 그는 인디애나 블루밍턴 대학에서 학생들을 가르쳤다. 그곳에서는 직위가 높은 것은 아니었지만, 그의 넓은 지적 호기심을 충족시키는 데 충분했다. 무스는 현재 '합리적 기대혁명'의 아버지로 여겨지고 있다. 그는 2005년에 세상을 떠났다.

주요 저서

1960년 『기하급수적으로 편중된 예측의 최적 자산Optimal Properties of Exponentially Weighted Forecasts』
1961년 『합리적 기대와 가격 운동 Rational Expectations and the Theory of Price Movements』
1966년 『예측 모형Forecasting Models』

사람들은 선택할 때 확률을 따지지 않는다

의사결정의 역설

주류 경제학은 1960년대에 사람들의 의사결정을 이해하기 위한 원칙들을 정했다. 인간은 이성적이고 계산적인 존재들이다. 그들은 여러 대안과 불확실한 미래에 직면했을 때 각각 가능한 미래의 결과에 대한 확률을 배정하고 그에 따라 선택을 한다. 그들은 미래의 여러 결과의 확률에 대한 신념을 기준으로 '기대효용(expected utility, 그들이 기대하는 만족도의 양)'을 증대시켜 가장 높은 기대효용을 지닌 것을 선택하려고 한다.

하지만 이런 개념들은 인간이 그 이론에 따라 행동하지 않는다는 것을 주장하는 결과를 야기한 실험들에 의해 문제가 제기되었다. 그 중 가장 중요한 것은 1961년에 미국의 경제학자 대니얼 엘즈버그가 보급한 '엘즈버그 역설(Ellsberg paradox)'로 제기된 것이었지만 1930년대에 존 메이너드 케인스에 의해 처음 설명된 개념에 의존하고 있었다.

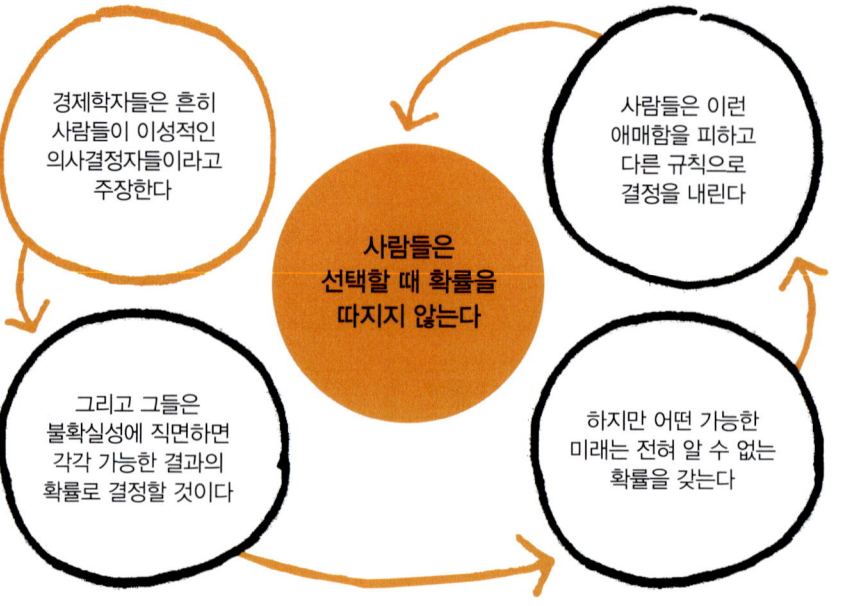

경제학자들은 흔히 사람들이 이성적인 의사결정자들이라고 주장한다

사람들은 이런 애매함을 피하고 다른 규칙으로 결정을 내린다

사람들은 선택할 때 확률을 따지지 않는다

그리고 그들은 불확실성에 직면하면 각각 가능한 결과의 확률로 결정할 것이다

하지만 어떤 가능한 미래는 전혀 알 수 없는 확률을 갖는다

참조 : ■ 경제인 52~53쪽 ■ 경제 버블 98~99쪽 ■ 위험과 불확실성 162~163쪽 ■ 비이성적인 의사결정 194~195쪽 ■ 행동경제학 266~269쪽

한 확률 실험에서 내기의 선택이 제안되었다. 참여자들은 한 항아리에 검정색 공과 노란색 공이 불특정하게 섞인 60개의 공과 30개의 붉은 공이 있다고 들었다. 붉은 공을 꺼내면 100달러를 주거나, 아니면 검은 공을 꺼내면 100달러를 주는 것으로 그 선택권이 주어졌다 참여자들은 대부분 붉은 공을 선택했다

또 다른 경우로 붉은 공이나 노란 공을 꺼내면 100달러를 주거나, 아니면 검은 공이나 노란 공을 꺼내면 100달러를 주는 것으로 선택권이 주어졌다. 이번에는 참여자들이 대부분 검은 공이나노란 공을 선택했다. 각각의 경우에서, 참여자들은 알 수 없는 가망성보다 알 수 있는 가망성을 선호한다는 것이 밝혀졌다.

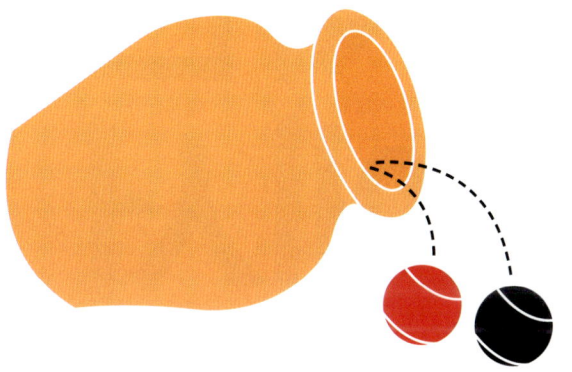
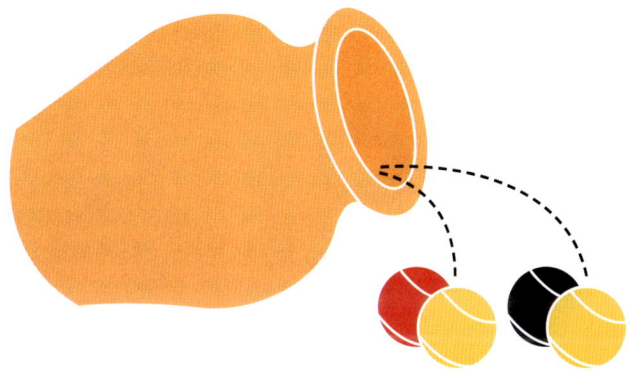

모호성 회피

엘즈버그는 특정 색의 공을 한 항아리에서 꺼내면 상금을 제공한다는 사고 실험을 설명했다. 실험 결과, 그 내기는 사람들이 확률의 정도에서 어떤 정보가 주어지고 그에 따라 위험이 평가될 수 있을 때 이치에 맞는 선택을 시도하는 경향이 있음이 입증되었다. 하지만 미래의 결과가 모호한 것처럼 보이면 그들의 행동은 변하는데, 이는 기대효용 이론에서 벗어나는 역설이다.

사람들은 그들이 직면한 불확실성에 대해 더 많은 것을 알고 싶어 한다. 미국의 전 국방장관 도널드 럼스펠드(Donald Rumsfeld)가 언급했듯이, 사람들은 '모른다는 것을 모르는 것(unknown unknowns)'보다 '모른다는 것을 아는 것(known unknowns)'을 더 선호한다.

그 실험 결과는 엘즈버그가 논문을 발표한 이후 몇 가지 실제 실험으로 재현되었다. 이는 '모호성 회피(ambiguity aversion)'로 알려지게 되었고, 미국의 경제학자 프랭크 나이트 이후에는 '나이트의 불확실성(Knightian uncertainty)'으로 알려지게 되었다. 사람들은 '모른다는 것을 모르는 것'에 대해 더 알고 싶어 할 때 이전의 더욱 논리적인 선택에 모순되게 행동할 수 있고, 그들이 선택할 때 확률의 문제를 무시할 수 있다.

모른다는 것을 아는 것

엘즈버그의 역설은 논쟁의 여지가 많았다. 어떤 경제학자들은 그것이 기존의 학설 내에 안전하게 포함될 수 있고 또한 그 실험 조건이 실생활의 모호성에 직면했을 때 사람들의 행동을 적절히 재현하지 못한다고 주장한다. 하지만 2008년의 금융위기는 모호성의 문제에서 새로운 관심을 불러일으켰다. 사람들은 모른다는 것, 즉 기대효용론이 설명할 수 없는 수량화할 수 없는 위험에 대해 더 많이 알고 싶어 한다. ■

대니얼 엘즈버그

1931년에 태어난 대니얼 엘즈버그는 미국 하버드 대학에서 경제학을 공부했고 1954년 미 해병대에 입대했다. 1959년에 그는 백악관의 분석가가 되었다. 그리고 1962년 역설을 제시한 것으로 박사학위를 받았다. 그 뒤 일급기밀을 취급하는 일을 맡았던 엘즈버그는 베트남 전쟁에 환멸을 느끼고, 1971년 전쟁에 승리할 수 없다는 펜타곤(Pentagon, 미국 방부)의 분석결과를 상세히 열거한 일급비밀 문서를 폭로하여 당국에 체포되었다. 백악관 대리인이 그의 집에 불법적인 도청장치를 사용한 것이 밝혀지면서 그의 재판은 무효가 되었다.

주요 저서

1961년 『위험과 모호성, 그리고 미개한 공리Risk, Ambiguity, and the Savage Axioms』
2001년 『위험과 모호성, 그리고 의사결정Risk, Ambiguity and Decision』

유사한 경제는 단일 통화에서 이익을 얻을 수 있다

환율과 통화

맥락읽기

초점
세계 경제

핵심사상가
로버트 먼델(1932년~)

이전의 관련 역사
서기 1953년 : 밀턴 프리드먼이 변동환율로 시장의 힘이 국제수지에서 발생하는 문제들을 해결할 수 있다고 주장한다.

이후의 관련 역사
서기 1963년 : 미국의 경제학자 로널드 매키넌이 소규모 경제가 대규모의 경제보다 충격을 더 완화시킬 수 있기 때문에 통화동맹으로부터 이익을 얻을 수 있다는 것을 입증한다.

서기 1996년 : 미국의 경제학자 제프리 프랭켈과 앤드류 로즈가 통화지역 기준이 이전의 경제 발전에 저절로 영향을 받는다고 주장한다.

전쟁 이후의 경제 제도가 1960년대 초 제자리를 잡았다. 제2차 세계대전이 끝날 무렵, 브레턴우즈 체제는 서구의 자본주의를 전 세계적으로 자본과 자금의 흐름을 통제한 고정환율 제도에 기반을 두면서 대규모 산업국가들 간의 금융 관계를 규제하기 시작했다. 국제무역은 두 차례에 걸친 세계대전 사이의 세월 동안 불황을 겪은 후 회복되었고, 경제 성장은 급속히 이루어졌다.

하지만 이 제도에는 결함들이 있었다. 우선 국제수지(한 나라가 다른 나라와 행한 모든 경제적 거래에 따른 수입과 지급의 차이)의 문제들이 있었다. 국제수지에서 발생하는 위기는 각국이 국제 제도 내에서 그들의 환율에 쉽게 적응할 수 없었기 때문에 생겼다. 국가들이 외부의 경제적 충격에 적응할 수 있었던 이전의 자동적인 시장 주도의 원리가 긴축된 노동시장에 신축성 없는 국내 물가가 결합되어 제 기능을 발휘하지 못했다. 그 결과 각국은 수출의 수익을 사용함으로써 수입에 값을 치르지 못해 야기된 연이은 위기가 생겨났다.

이와 함께 유럽 경제의 통합을 향한 잇따른 움직임이 유럽 나라들 간의 통화동맹 가능성을 내놓기 시작했다. 이는 1951년에 석탄 및 철강 공동시장을 설립한 파리 조약(Treaty of Paris)으로부터 시작되었다. 1961년에는 캐나다의 경제학자 로버트 먼델(Robert Mundell)이 그가 '최적 통화 지역(optimal currency area)'이라고 부른 이론에 대한 분석을 최초로 시도했다.

통화 지역

먼델은 처음에는 이상한 질문처럼 보일 수 있는 문제의 해답을 찾으려고 했다. 지리적 지역에서 한 가지 형태의 통화가 사용되어야 할까? 당시 거의 제기되지 않는 쟁점이었다. 국가 경제가 그들의 고유 통화를 사용하는 것을 그저 당연한 일로 여겼다. 이것이 가장 좋은 방식이 아닐 수 있다는 생각은 사실상 어느 누구도 해보지 않았다.

먼델은 역사가 국가들에게 그들만의 통화를 제공했지만 이는 그들에게 가장 좋은 통화 방식을 제공했다는 의미는 아니라는 것을 깨달았다. 다양한 통화를 사용하는 일에는 다른 관련 비용이 발생한다. 무역에 의한 거래가 발생할 때마다 환전이 필요했기 때문이었다. 극단적인 예를 들자면, 한 도시의 우편번호가 다른 지역마다 다른 통화를 가지는 것은 매우 비효율적일 것이다.

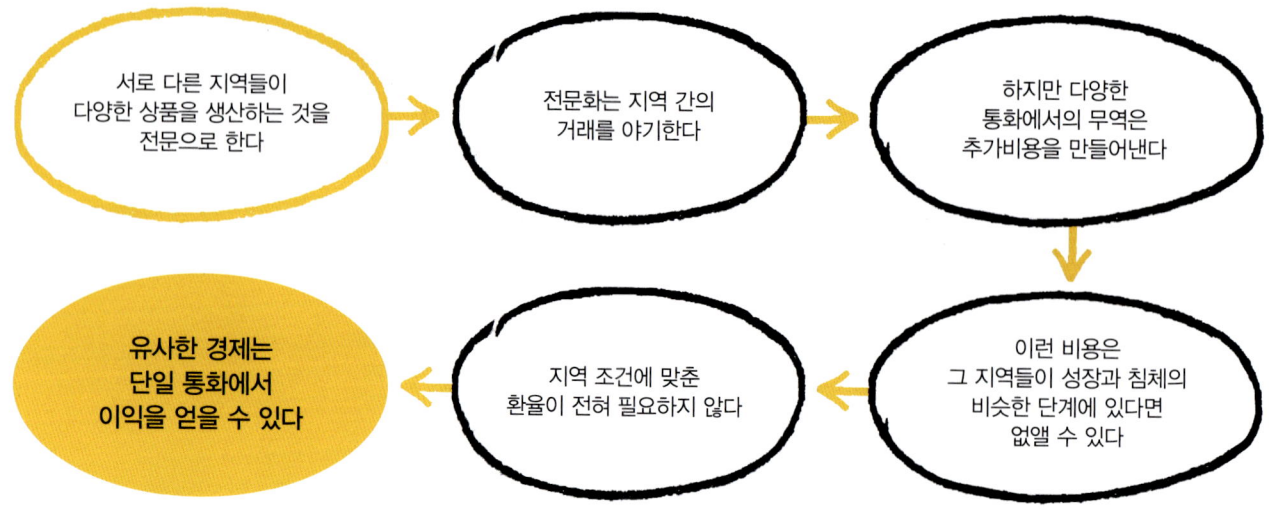

참조 : ▪ 호황과 불황 78~79쪽 ▪ 비교우위 80~85쪽 ▪ 국제무역과 브레턴우즈 체제 186~187쪽 ▪ 시장통합 226~231쪽 ▪ 투기와 평가절하 288~293쪽

국경에 걸쳐 있는 작은 지역은 단일 통화로 수익을 얻을 수 있다. 어떤 지역은 환율의 비용 없이 국경 너머의 발전소로부터 전기를 수입할 수 있다.

반면 전 세계를 위한 하나의 통화는 매우 다양한 경제에서 바람직하지 않은 구속이 될 것이다. 먼델은 이 두 극단적인 경우 사이에서 가장 효율적인 것이 무엇인지 의문을 가졌다.

우선, 각국이 다양한 통화가 필요한 이유를 이해하는 것이 중요하다. 고유의 통화를 갖는 나라는 통화 공급과 금리에 대해 결정을 내릴 수 있고 그에 따라 그 나라만의 국내 경제 조건에 맞는 통화정책을 정할 수 있다. 또한 통화의 환율이 고정되어 있지 않으면 무역 상대국들과의 환율이 무역 불균형을 상쇄하도록 조정할 수 있다.

가령, 농업이 전문인 나라가 제조업 경제와 거래하고 있다고 가정해보자. 제조업 경제의 생산성이 갑자기 증가하게 되면 농업 생산품의 과잉 수요와 제조 물품의 과잉 공급을 초래할 수 있다. 제조업 경제는 수출보다 (가치에 따라) 수입을 하면서 국제수

다른 방식을 선호하면서
자국의 통화를 영원히 포기하는 것은
정치적 실현 가능성의
영역 내에 거의 나타나지 않는다.
로버트 먼델

지 적자로 빠져든다. 그 적자로 제조업 경제국의 통화는 가치가 떨어지고, 더 낮은 가격으로 수출을 하게 된다. 그리고 그에 따라 수출이 신장되어 무역은 균형 상태로 회복된다.

하지만 그 대신 제조업 경제와 농업 경제가 통화를 공유한다고 가정해보자. 이런 경우에 앞서 설명한 형태의 조정은 불가능할 것이고 개별 통화들이 더욱 이익이 될 수 있을 것이다. 이는 또한 단일 경제지역(제조업 경제로 구성된 것과 같은)이 사실상 몇몇 민족국가로 구성되어 있는 경우일 수 있다. 따라서 그들은 통화를 공유하는 것이 효율적일 수 있다.

경기순환

이후 이 주제에 관한 통찰은 통화 지역이 가장 경제적으로 실행 가능한 조건을 명확히 하는 데 도움이 되었다. 단일 통화에 가장 적합한 지역의 경우, 이는 시장수요에 반응하여 자유롭게 움직이게 할 수 있는 자본과 노동을 위한 유연한 시장을 필요로 할 것이다. 그 결과, 물가와 임금은 수요와 공급 변화에 적응하고, 가야 할 곳으로 움직임이 자유로운 자본과 노동에 신호를 보낼 수 있는 유연성을 필요로 한다.

또한 그 지역의 여러 부분에서는 단일 통화를 위해 공유된 중앙은행이 전체 지역을 위해 적절한 활동을 하도록 만드는 경기순환을 공유할 필요가 있을 것이다. 그리고 경기순환이 그 지역 전체에서 완전히 동시에 이루어지지 않을 때의 상황을 처리하기 위한 기구도 필요할 것이다. 이 중에서 가장 명백한 것은 국가 재정의 이동이다. 다시 말해, 성장을 누리고 있는 한 지역에서 세금을 받아 경기침체에 있는 다른 지역에 재분배하는 것을 말한다. 이 마지막 조건과 이를 실행하는 것의 실패는 유럽에 중대한 영향을 미치게 되었다.

군중이 1999년 1월 1일에 유로화라는 유로존의 단일 통화를 개시하기 위해 독일 프랑크푸르트에 모여들고 있다. 한동안 유로화는 국가별 통화와 함께 거래되었다.

유로화 도입

유럽의 단일 통화라는 개념은 1979년에 구체화되기 시작했다. 유럽 통화 제도(European Monetary System ; EMS)가 환율을 안정화하기 위해 형성되었다. 마침내 1999년 유로존(eurozone, 단일 통화 지역)이 유럽연합(European Union ; EU)의 11개국 회원들로 설립되었다. EU 국가들이 서로의 무역에 크게 의존하고 그들의 제도가 노동과 자본과 재화의 이동에 대한 제한을 없앴지만 유럽 회원국들 간에는 통화가 효율적으로 기능을 발휘할 수 있도록 보장하기 위해 더 많은 제약을 실시할 필요성을 느끼게 되었다.

1992년의 마스트리히트 조약(Maastricht Treaty)에 명시되어 있는 '경제적 수렴조건(convergence criteria)'은 유로화에 가입하기를 바라는 모든 나라들이 비슷한 경제를 공유하고 그들의 경기순환(성장이나 침체)에서 비슷한 단계에 있을 수 있도록 보장하기 위해 작성되었다. 이전의 환율조정 제도(Exchange Rate Mechanism ; ERM)가 EU 내에서 서로에 대한 국가 통화를 고정시키려고 시도한 적이 있었다. 유로화는 모든 국가 통화를 없애면서 한 단계 더 나아갔고 사실상 계속해서 환율을 고정시켰다. 그리고 정부 부채에 대한 중요한 규칙들이 도입되었다. 1997년 안정 및 성장에 관한 협약 하에, 어느 나라도 국내총생산(GDP)의 60퍼센트 이상 국가채무를 지지 않았고, 적자 역시 국내총생산의 3퍼센트를 초과하지 않았다. 새로운 유럽중앙은행(European Central Bank)은 국가의 중앙은행들을 대신하고 유럽 회원국들 전체에 대한 통화정책을 정하면서 유로 지역을 위해 활동했다.

치명적인 약점

하지만 유로의 조항들에는 위험을 공유할 기구가 없었다. 결정적으로 그들은 유럽

로버트 먼델

1932년 캐나다 킹스턴에서 태어난 로버트 먼델은 밴쿠버의 브리티시컬럼비아 대학에서 공부한 뒤 시애틀의 워싱턴 대학으로 옮겨갔다. 그는 1956년 매사추세츠 공과대학에서 박사학위를 받았다. 그리고 1966~1974년 시카고 대학에서 경제학 교수로 활동한 뒤 뉴욕의 컬럼비아 대학으로 옮겼다.

학문적 연구 이외에도 먼델은 캐나다와 미국 정부를 비롯하여 국제연합과 국제통화기금(IMF)을 포함한 조직 등의 자문위원 역할을 했다. 최적 통화 지역에 관한 그의 연구와 함께 먼델은 거시적 경제정책이 대외무역과 환율에 어떻게 상호작용하는가를 입증하기 위한 최초의 모형을 개발했다. 그는 거시경제학에 관한 연구의 공로로 1999년 노벨 경제학상을 받았다.

주요 저서

1968년 『국제 경제학*International Economics*』
1968년 『인간과 경제학*Man and Economics*』
1971년 『통화 이론*Monetary Theory*』

> 단단한 국제무역 관계로
> 이루어져 있고 긍정적인
> 경기순환과 연관된 나라들은
> 유럽통화연맹에 가입하여
> 이익을 얻을 가능성이 높다.
> **제프리 프란켈, 앤드류 로즈**

각국의 국가재정(세입) 이동을 위한 수단을 포함하지 않았다. 그 이유는 간단했다. 바로 정치적인 문제 때문이었다. 유럽의 공동 농업정책(Common Agricultural Policy)과 같은 일부 국가재정 이동 기구의 오랜 확립에도 불구하고 EU 국가들은 그 누구도 그들 고유의 세금과 재정지출 수준을 정하는 결정권을 잃고 싶지 않았던 것이다. 대륙 전체에 걸친 국가재정 이동에는 흑자 지역으로부터 세금을 걷어서 부족한 지역에 재분배할 수 있는(예를 들어, 독일에서 세금을 걷어 그리스에 지출하는) 강력한 중앙권력이 필요했을 것이다. 하지만 이를 수행할 정치적 의지는 결여되어 있었다. 대신, 유럽의 지도자들은 안정과 성장에 관한 협약이 정부 활동들에 충분한 구속력을 제공할 수 있으므로 명시적인 국가재정 이동 기구가 필요하지 않을 것이라고 희망했다.

유로존은 11개국 유럽연합 국가들의 통화동맹으로 1999년 설립되었다. 2012년 기준 17개국의 유로존 회원국가들로 구성되어 있으며, 8개국이 더 가입할 예정이다.

유로존의 위기

유로화는 개시 후 거의 10년 동안 활발한 통화로 자리 잡았다. 한 추정치에 따르면 유럽의 무역은 15퍼센트까지 증가했다. 자본과 노동시장은 더욱 유연해졌다. 그리고 아일랜드와 유럽 남부의 가난한 나라들의 성장이 두드러졌다. 하지만 이런 상황에도 심각한 문제가 있었다. 노동비용의 차이는 여러 나라들 간에 무역 불균형을 악화시키는 데 일조했다. 유로 지역은 전체적으로 대략 수입만큼 수출을 하면서 다른 국가들과 폭넓게 균형을 이루었다.

하지만 유로 지역 내에서 거대한 차이가 나타났다. 북유럽에서는 남유럽의 무역수지 적자의 증가로 균형이 맞춰진 무역수지 흑자의 증가가 있었다. 흑자국과 적자국 간에 국가재정 이동을 제공할 기구가 없었기 때문에 이러한 적자는 (사실상) 남유럽에서 부채가 늘어나는 몫으로 자금이 마련되고 있었다. 2008년에 금융위기가 일어났을 때 이 불균형 제도는 벼랑 끝으로 내몰리게 되었다.

유로의 위기로 유럽이 최적 통화 지역인지에 대한 문제가 제기되었다. 어떤 나라들은 무역 조건에 잘 맞지 않는 것처럼 보였고, 국가재정 이동 기구의 부재는 이러한 불균형을 극복할 수 없다는 의미였다. 안정 및 성장에 관한 협약은 별개의 국가 경제들을 수렴하게 할 정도로 강력하지 못했다.

유로 회원국들은 현재 어려운 선택의 기로에 놓여 있다. 국가재정 이동을 담당할 기구가 세워진다면 유로 회원국들은 그들의 불균형을 극복할 수 있지만, 그런 기구를 만들기 위한 정치적 합의에 도달할 수 없다면 유로의 존재는 위협받게 될 것이다. ■

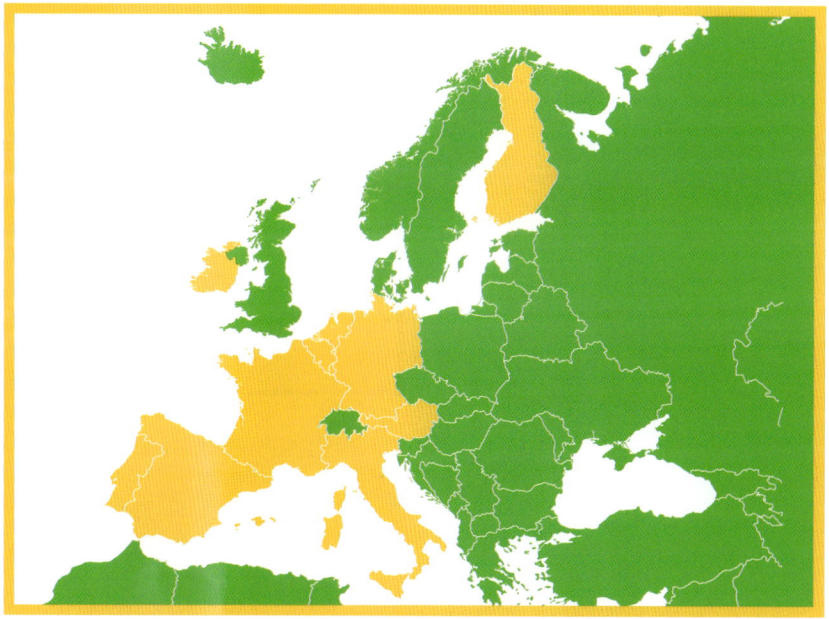

기근은 풍작에도 일어날 수 있다

권리부여 이론

맥락읽기

초점
성장과 개발

핵심사상가
아마르티아 센(1933년~)

이전의 관련 역사
서기 1798년 : 토마스 맬서스가 『인구론』에서 인구의 증가는 기근과 죽음을 초래할 것이라고 결론짓는다.

서기 1960년대 : 식량가용성의 감소 때문에 기근이 발생한다는 관점이 널리 퍼진다.

이후의 관련 역사
서기 2001년 : 영국의 경제학자 스티븐 드브루스가 소유권 이론은 기근에 대한 정치적 명분을 놓치고 있다고 주장한다.

서기 2009년 : 노르웨이의 교수 댄 바닉이 저서 『기아와 인도의 민주주의』를 출간하여, 민주주의 기능에도 불구하고 기아와 영양실조가 어떻게 여전히 일어날 수 있는지에 관해 설명한다.

가정은 노동의 대가로 돈을 받아 생존에 필요한 식량을 구입한다

↓

노동이나 식량의 가격에 변화가 있다면…

↓

그리고 임금이 너무 작아서 가족이 필요한 최소의 식량조차 살 수 없다면…

↓

대량의 식량이 생산되고 있지만 그 가족은 굶을 것이다

↓

기근은 풍작에도 일어날 수 있다

인도의 경제학자인 아마르티아 센(Amartya Sen)은 1943년의 벵골 대기근 시기에 자랐다. 40일 동안 아무것도 먹지 못한 한 남자가 그의 학교에 도착했을 때 그는 겨우 아홉 살이었다. 이 일이 있기 전까지 센은 그가 살던 지역에서 일어나고 있던 고통을 인식하지 못했다. 그의 가족, 또는 친구들의 가족들은 누구도 그러한 고통에 영향을 받지 않았다. 어린 나이에 센은 계급을 바탕으로 한 고통의 특성에 충격을 받았다. 거의 40년이 지난 후 센은 벵골의 기근에 관해 떠올리며 1981년에 그 주제에 대해 연구하여 『빈곤과 기아 : 권리부여와 박탈에 관하여』를 저술했다. 센은 일반적인 생각과 달리, 기근은 주로 식량의 부족으로 유발되는 것이 아니라는 결론을 내렸다. 흉작, 가뭄, 식료품 수입의 감소 등이 흔히 기근의 요인들이지만 더욱 중요한 요인은 식량이 분배되는 방식이다.

권리부여

식량이 절대적으로 부족한 것은 드문 일이다. 하지만 식량이 필요한 사람들에게 식량 공급이 제대로 이루어지지 않는 것은 더더욱 흔한 일이다. 센은 개인이 이용할 수 있는 일단의 재화와 용역을 '권리부여

참조 : ■ 시장과 도덕 22~23쪽 ■ 인구통계와 경제학 68~69쪽 ■ 수요와 공급 108~113쪽 ■ 빈곤 문제 140~141쪽 ■ 개발경제학 188~193쪽

아마르티아 센에 따르면, 2008년의 콩고 기근과 같은 기근들은 경제적 실패로 초래되었다. 그는 민주주의가 이루어지는 곳에서 기근이 발생하는 것은 전혀 알려져 있지 않은 상태라고 주장했다.

(entitlements)'라고 칭했다. 기근은 권리부여가 실패한 사례이고 권리부여는 생산되는 식량의 양 이상에 의존한다. 교환에 의존적인 현대 경제에서 사람들은 대부분 그들만의 식량을 만들어내지 않는다. 그들은 어떤 물품(노동)을 다른 물품(돈)으로 교환한 다음 그 물품을 다시 식량과 교환한다. 한 가족이 살 수 있을 정도로 충분한 식량을 가질 수 있는지 여부는 식량의 가격과 비교하여 무엇을 팔거나 교환할 수 있는지에 달려 있다. 가족의 권리부여(일반적으로 이용가능한 양이 아니라 그들이 이용 가능한 재화)가 생존의 기본수준 이하로 떨어지면 기근이 발생한다. 이는 식량가격이 오르거나 임금이 내려가면 발생할 수 있다.

센은 그의 이론을 뒷받침하기 위한 실증적인 증거를 모으기 위해 1943년의 벵골 기근과 좀더 최근에 발생한 아프리카와 아시아의 기근을 분석했다. 그는 벵골의 경

우, 전체 식량생산량이 기근이 시작되기 전의 해보다는 낮았지만 이전의 기근이 없었던 해보다 훨씬 더 높았다는 것을 알아냈다. 그는 기근의 주요 원인이 캘커타(지금의 콜카타)에서 농장 노동자들의 임금이 인플레이션으로 가속화된 식량의 치솟는 가격에 따라가지 못하는 것에 있었다고 결론지었다. 그 당시 영국의 통치를 받고 있던 인도는 호황기였다. 영국 정부가 전쟁에 기울

이는 총력의 일부로 돈을 쏟아 부었기 때문이었다. 그 결과, 노동자들은 식량을 살 능력이 떨어져 고통을 겪었고 그로 인해 결국 굶어야 했다.

센은 특히 민주주의 국가들이 최악의 기근을 막을 수 있어야 한다고 주장했다. 그의 획기적인 접근은 기존의 신념들을 완전히 바꾸게 하여 기근 문제에 대한 접근을 야기했다. ■

아마르티아 센

아마르티아 센은 1933년 인도 서벵골에 있는 산티니케탄에서 태어났다. 그의 아버지는 화학과 교수였지만 센은 경제학을 공부하여 1953년 캘커타 대학을 졸업했다. 같은 해에 그는 영국의 케임브리지 대학에서 두 번째 학위를 받았다. 센은 23살에 캘커타의 자다브푸르 대학(Jadavpur University) 경제학부의 최연소 학장이 되었다. 그는 장학금을 받아 전문분야를 철학 분야로까지 다양화했다. 센은 인도의 콜카타와 델리의 대학에서 학생들을 가르쳤고 미국의 MIT, 스탠퍼드, 버클리, 코넬 등을 비롯해 영국의 옥스퍼드와 케임브리지 대학에서도 학생들을 가르쳤다. 그리고 1988년 노벨 경제학상을 받았다. 2004년 하

버드 대학으로 옮겨가 그곳에서 현재 경제학과 철학 교수로 재직 중이다. 센은 두 번 결혼했고 네 자녀를 두고 있다.

주요 저서

1970년 『집단적 선택과 사회후생 Collective Choice and Social Welfare』
1981년 『빈곤과 기아 : 권리부여와 박탈에 관하여 Poverty and Famines : An Essay on Entitlement and Deprivation』
1999년 『자유로서의 발전 Development as Freedom』

CONTEM ECONOM
1970-PRESENT

PORARY
ICS

현대 경제학

서기 1970년~현재

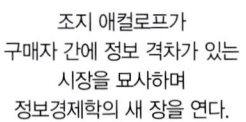

조지 애컬로프가
구매자 간에 정보 격차가 있는
시장을 묘사하며
정보경제학의 새 장을 연다.

산유국 단체인
석유수출국기구(OPEC)가
석유금수(엠바고) 조치로 전
세계를 경제적 위기에
빠뜨린다.

아서 래퍼가
래퍼 곡선으로 세금을
높여도 세수가 감소할 수
있음을 입증한다.

에드워드 프레스콧과
핀 쉬들란이 독립적인
중앙은행을 지지한다.

1970년　　**1973년**　　**1974년**　　**1977년**

1971년　　**1973년**　　**1974년**　　**1979년**

리처드 닉슨 대통령이
밀턴 프리드먼의 조언에 따라
미국 달러화와
금 가격 간의 연결고리를 끊는다.

아우구스토 피노체트가
쿠데타로 집권한 칠레에서
세계 최초로 통화주의
경제정책을 시행한다.

하이먼 민스키가
금융 불안정성 가설을
통해 안정성이
불안정성으로 바뀌는
과정을 설명한다.

심리학자인
아모스 트버스키와
대니얼 카너먼이 행동경제학의
초석이 된 『전망 이론』을
출간한다.

제2차 세계대전이 끝나고 25년 동안, 서방 세계는 국가의 적극적인 경제 개입을 주장하는 케인스식 정책에 힘입어 번영을 구가했다. 영국 총리 해럴드 맥밀런(Harold Macmillan)의 말을 빌리자면, 국민들은 "이렇게 좋은 상태를 누려본 적이 없었다." 그러나 1970년대 초반의 석유파동은 경기침체를 유발했다. 실업률과 물가상승률이 가파르게 상승했고, 케인스식 모델이 더 이상 작동하지 않는 듯했다.

그러자 몇 년 전부터 자유시장정책으로 회귀해야 한다고 주장해온 보수주의 경제학자들의 주장이 다시 진지하게 검토되기 시작했다. 미국의 경제학자 밀턴 프리드먼은 케인스식 사상에 반대하는 시카고 학파의 대표 주자로 부상했다. 그는 실업문제 대신 인플레이션에 경제정책의 초점을 맞

춰야 하고, 정부의 유일한 역할은 통화 공급을 통제하여 시장의 작동을 돕는 것이라는 통화주의 학설을 주장했다.

우파의 부상

케인스식 정책에 대한 신뢰가 사그라지면서, 프리드먼의 통화주의 경제학을 굳게 신봉하던 로널드 레이건과 마가렛 대처의 우익 정당이 각각 미국과 영국에서 집권에 성공했다. 이들이 1980년대에 도입한 정책은 시장 기구에 자체적으로 맡겨두면 자연히 시장의 안정성과 효율성, 성장성이 제고되리라는 오랜 믿음으로의 복귀를 알렸다.

이른바 레이거노믹스(Reaganomics)와 대처리즘(Thatcherism) 등의 사회정책은 경제를 국가 대신 개인 중심으로 사유하는 오스트리아 경제학자 프리드리히 하이에크와

세금을 낮추면 세수가 증대한다고 주장하던 경제학자들에게 영향을 받았다.

자유화는 곧 새로운 지상명제가 되었다. 금융기관에 대한 규제가 완화되면서 기업들은 돈을 차입하기가 쉬워졌고, 대출기관은 제로 리스크에 높은 수익률을 약속하는 신종 금융공학 상품에 빠져들게 되었다. 1980년대 내내 전 세계의 경제적 분위기가 변하고 있었다. 소련의 개혁이 결과적으로 소비에트 블록의 붕괴로 이어지면서, 사회주의 정책은 효과가 없다는 보수 경제학자들의 신념이 한층 강화되었다. 그러나 유럽 본토는 영미식대로 케인스에서 프리드먼으로 급선회하기를 거부하고, 오로지 점진적으로 자유시장 경제정책을 도입해갔다.

미하일 고르바초프가
소비에트 연방에서
'페레스트로이카(perestroika)'라는
일련의 경제개혁에
착수한다.

앨리스 암스덴이
동아시아 호랑이 경제의
부상을 설명한다.

알베르토 알레시나와
대니 로드릭이 경제성장과
불평등의 관계를 연구한다.

니콜라스 스턴이 인류 사회가
직면한 '최대의 집단행동
문제'로 지구 온난화를
지목한다.

1985년   **1989년**   **2000년대**   **2006년**

1988년   **1994년**   **2005년**   **2008년**

메릴린 웨어링이
저서 『만약 여성이
계산된다면』으로 경제학에
성차(性差)적 관점을
부여한다.

로버트 플러드와
피터 가버가 최초의
통화위기 모형을
개발한다.

제프리 색스가 『빈곤의
종말』에서 제3세계의 부채를
탕감하면 경기를 부양할 수
있다고 주장한다.

은행위기로 대출금이
회수되고 주택거품이
붕괴되면서 세계적인
불황이 초래된다.

자유시장에 대한 재고

통화주의와 시장 자유화는 1980년대와 1990년대에 시장을 효율화하는 데 기여했지만, 일부 경제학자는 이러한 정책의 지속 가능성에 대해 우려를 표했다. 미국 경제학자 하이먼 민스키는 1974년에 이미 금융기관에 내재하는 불안정성에 대해 경고한 바 있었다. 호황과 불황의 순환 주기가 가속화되면서 그의 가설이 힘을 얻기 시작했다. 규제의 완화는 위험성 높은 대출을 부추겨 기업과 은행의 파탄으로 이어졌다. 다른 경제학자들은 경제의 '과학적' 모형이 잘못된 과학에 기반을 두고 있다고 주장하며 시장의 효율성과 합리성에 의문을 제기했다. 오히려 복잡성 이론과 카오스 이론 같은 수학 및 물리학 분야의 신개념이 경제학에 가까워 보였고, 경제학자의 표준적 개념인 합리성보다는 행동심리학이 '경제인'의 행동을 더 잘 설명할 수 있었다.

한편, 신흥 경제가 성장하고 있었고, 특히 아시아에서는 개혁을 통해 중국과 인도의 경제가 급변하고 있었다. 서구에 맞서는 새로운 경제권이 브릭스 국가(BRICs)의 형태로 등장했다. 다른 국가들은 막대한 부채와 정치적 불안에 발목이 잡혀 빈곤에서 벗어나지 못하는 상태였으므로, 새로운 경제 강국들의 번영은 이른바 개발경제학에 대한 관심을 다시 한 번 자극했다. 또한 경제적 번영을 불러온 기술이 이제는 지구 온난화와 기후 변화 등의 경제적 위협으로 자리매김하며, 이 문제들을 국제적 차원에서 다뤄야 한다는 필요성이 제기되었다.

21세기의 첫 10년 동안에는 연이은 금융위기가 서구 경제를 뒤흔들었고, 자유시장 정책이 실패한 것으로 보였다. 이에 경제학은 다시 한 번 불평등과 자유시장의 사회적 결과에 관심을 갖게 되었다. 일부 경제학자는 심지어 자유시장의 실패가 곧 카를 마르크스가 예언했던 자본주의의 붕괴를 예고하는 것은 아닌지 궁금해했다. 새로운 일은 아니지만, 세계는 또 다시 극심한 경제적 변화에 직면해 있는 듯 보인다. ■

리스크 없는 투자도 가능하다

금융공학

맥락읽기

초점
은행업 및 금융업

핵심사상가
피셔 블랙(1938~1995년)
마이런 숄스(1941년~)

이전의 관련 역사
서기 1900년 : 프랑스 수학자 루이 바실리에가 주가의 일관되지만 무작위적인 행보에 대해 입증한다.

서기 1952년 : 미국 경제학자 해리 마코위츠가 리스크를 분산시켜 최적의 포트폴리오를 구성하는 방법을 제시한다.

서기 1960년대 : 금융자산에 대한 적정 수익률을 결정하기 위해 자본자산 가격 결정 모형이 개발된다.

이후의 관련 역사
서기 1990년대 : 포트폴리오의 위험손실을 측정하기 위해 VaR(Value at Risk) 모형이 개발된다.

서기 2000년대 후반 : 세계 금융시장이 붕괴된다.

전후 세계의 제도적 기반이 1960년대에 걸쳐 꾸준히 침식당했다. 금에 대해 달러화 가치를 고정시키고, 달러화에 대해 다른 통화 가치를 고정시킨 브레턴우즈 체제의 고정환율제 역시 붕괴되기 시작했다. 미국은 (수입이 수출을 능가하는) 무역수지 적자 상태를 벗어나지 못했고, 다른 부문에서도 국제수지 적자 위기가 반복되면서 자유로운 변동환율제 도입을 요구하는 목소리가 높아졌다. 1971년에 미국 대통령 리처드 닉슨(Richard Nixon)은 결정적인 조치를 취했다. 그는 금과 달러를 고정(peg)시킨 금본위 제도를 일방적으로 폐지하여, 전체적인 브레턴우즈 체제를 종식시켰다.

참조 : ▪ 금융업 26~29쪽 ▪ 공개기업 38쪽 ▪ 위험과 불확실성 162~163쪽 ▪ 행동경제학 266~269쪽 ▪ 효율적 시장 가설 272쪽 ▪ 금융위기 296~301쪽

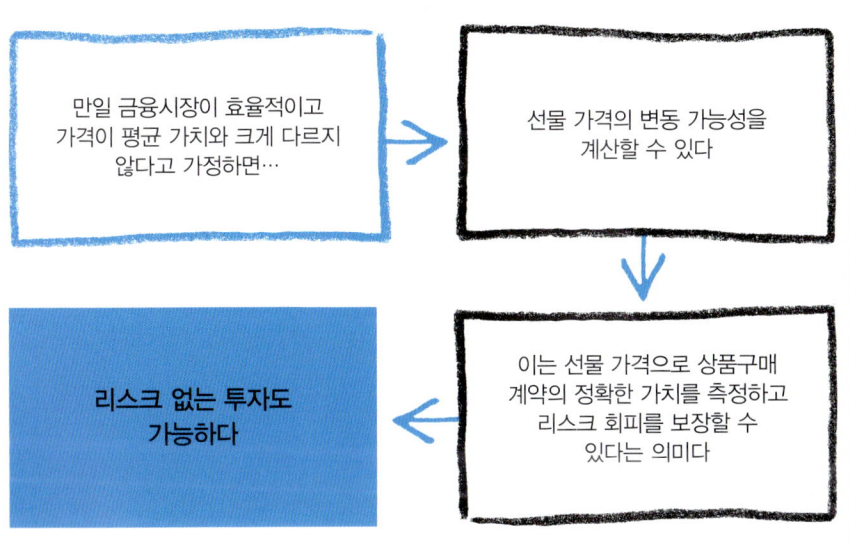

> 만일 금융시장이 효율적이고 가격이 평균 가치와 크게 다르지 않다고 가정하면…

> 선물 가격의 변동 가능성을 계산할 수 있다

> 이는 선물 가격으로 상품구매 계약의 정확한 가치를 측정하고 리스크 회피를 보장할 수 있다는 의미다

> **리스크 없는 투자도 가능하다**

파생상품 계약은 정반대로 작동할 수도 있다. 미래에 대한 보험이 아니라 미래에 대한 도박으로 이용될 수도 있는 것이다. 선도 계약은 특정 날짜에 특정 가격으로 상품을 납품하도록 정해진다. 따라서 지정된 날짜의 시장가격(spot price, 현물가격)이 선도 계약의 가격을 밑돌면, 손쉽게 이익을 얻을 수 있다. 물론 시장가격이 지정된 가격보다 높으면 손실을 보게 된다. 더욱이 파생상품 계약은 실제 자산이나 상품 대금이 오가지 않고 오직 미래에 상품을 구매할 권리만 주고받는 계약이라 사람들이 대량거래를 체결하기 쉽다. 또 파생상품은 거래자에게 레버리지 효과를 제공하여, '투자 대비 효과'가 더욱 커지게 만든다.

자산과의 분리

파생상품 계약이 표준화되자 다른 상품처럼 시장에서의 거래가 가능해졌다. 매매 가능한 농산물 파생상품을 가장 먼저 제공한 거래소는 1864년의 시카고 선물거래소(Chicago Board of Trade ; CBOT)였다. 그러

한편 미국의 국내 경제에서는 물가상승률이 꾸준히 높아지고 있었다. 전후 시기를 풍미했던 경제사상인 케인스주의는 이제 지식인들의 끊임없는 공격에 시달렸다. 1930년대 이후 엄격히 통제받아온 금융시장에서 각종 투자에 대한 규제 철폐를 강력히 요구하고 나섰다. 이러한 제약은 1972년에 마침내 폐지되어, 같은 해에 시카고 상품거래소(Chicago Mercantile Exchange)가 환율에 대한 최초의 파생상품 계약을 체결했다.

선물 계약

파생상품은 수세기 동안 존재해왔다. 파생상품 계약은 상품 자체가 아니라 상품의 일부 속성에 대해 맺는 계약이다. 예를 들어, 초창기의 전형적인 파생상품 계약은 커피 같은 상품을 인도할 미래 날짜와 가격을 지정해놓는 '선도(forward)' 계약이었다. 이 계약의 장점은 생산자가 (농산물의 경우) 실제 수확량이나 생산량에 관계없이 고정된 가격에 미래 구매자를 확보할 수 있다는 것이다. 파생상품의 목적은 리스크를 줄이고 미래에 대비해 보험을 드는 것으로, 이를 보통 '헤징(hedging)'이라고 부른다. 그러나

쌀 가격은 기후 변화에 따라 변동한다. 구매자가 특정일에 특정 가격으로 쌀을 사기로 합의하는 선도 계약을 통해 쌀 재배자의 위험 관리가 가능해진다.

나 모든 파생상품 계약에 내포된 투기 가능성 때문에 파생상품이 금지처분 당하는 일이 반복되었다. 그러자 '현금으로 결제되는' 파생상품 계약이 비상한 관심을 불러일으켰다. 지정일자에 기초자산을 인도하지 않고 현금으로 차액을 결제할 수 있는 계약이었다. 이때부터 파생 계약과 기초자산 간의 모든 실질적 접점이 사라지고, 순수한 투기 행위로 발전할 가능성이 극도로 높아졌다.

규제 완화

이러한 투기 가능성을 인식한 정부는 엄격한 규제를 도입하기 시작했다. 1930년대부터 차액결제 파생상품은 투자보다 일종의 도박으로 분류되어 까다로운 통제를 받아왔다. 거래소도 이러한 상품을 거래할 수 없었다. 그러나 1971년에 고정환율 체제가 무너지면서, 잠재적으로 불안정한 변동환율에 대한 헤징의 필요성이 급격히 증가했다. 결국 규제가 완화되면서 파생상품 시장

옵션 계약은 구매자에게 커피 같은 상품을 특정 일자에 특정 가격에 팔거나 살 수 있는 옵션을 제시하는 파생상품 계약의 일종이다. 옵션은 반드시 행사하지 않아도 된다.

이 빠르게 확대되었다.

이 조치가 결정적인 문제를 야기하는 배경이 되었다. 파생상품은 본래부터 고도로 복잡한 계약이므로 신뢰할 만큼 정확한 가격 산정방법이 없었다. (미래의 특정 시점에 기초자산을 거래할 권리가 주어지지만 반드시 이행할 책임은 없는) 간단한 '옵션' 상품조차 그 가격은 기초자산의 현재 가격, 옵션 만기시점, 예상 가격변동성 등 여러 변수에 의해 결정되었다. 파생상품의 가격 산정을 위한 수학적 공식을 제공하는 문제는 결국 1973년 미국 경제학자인 마이런 숄스(Myron Scholes)와 피셔 블랙(Fischer Black)이 해결했고, 같은 해에 동료 미국 학자인 로버트 머튼(Robert C. Merton)이 모형을 확장시켰다.

이 경제학자들은 금융시장에 대한 특정한 가정과 통찰력을 기초로 문제를 단순화했다. 첫 번째로 이들은 '무차익거래' 원칙을 적용했다. 제대로 작동하는 금융시장에서는 가격이 이용 가능한 모든 정보를 반영한다는 가정이었다. 그렇게 되면 각각의 주가는 기업의 현재 가치와 더불어 시장 거래자들이 향후 기업에 기대하는 바를 나타내게 된다. 가격에 이미 우리가 헤징에 이용할 모든 정보가 반영되어 있으므로, 미래 리스크를 헤징하여 보장된 이익을 얻기란 불가능할 터였다.

두 번째는 자산 포트폴리오를 그대로 반영한 옵션 계약을 언제든지 구성할 수 있다는 가정이었다. 달리 말하자면, 조합 가능한 모든 자산 포트폴리오는 옵션으로 완벽하게 헤징될 수 있다는 것이다. 이러한 보장을 통해 모든 리스크가 사라진다.

세 번째로 이 경제학자들은 시간의 흐름에 따라 자산 가격이 무작위적으로 변하더라도 '정규분포'라는 일정한 방식에 따른다고 가정했다. 이것은 가격이 일반적으로 단기간 내에 아주 급격히 변동하지는 않으리라는 의미였다.

이러한 가정 하에서 블랙, 숄스, 머튼은 기초자산의 가격 움직임에 기초하여 표준 옵션 계약의 가격을 산정하는 견고한 수학적 모형을 제시할 수 있었다. 한때 신뢰할 수 없는 금융상품으로 간주되던 파생상품 계약은 이제 컴퓨터 기술을 이용하여 대규모의 처리가 가능해졌다. 파생상품 거래가 무한히 확장될 수 있는 길이 열린 것이다.

블랙, 숄스, 머튼이 고안한 옵션 가격 모형은 금융시장을 완전히 새롭게 생각하는 방식을 제공했다. 모형은 심지어 역방향으로 실행할 수도 있었다. 기존 옵션 가격을 모형에 거꾸로 대입하여 '내재변동성(Implied Volatility)'을 역산해내는 것이다. 이로써 위험을 관리하는 새로운 방식이 탄생했다. 가격이나 기대가격을 기초로 위험을 거래하는 대신, 시장가격에 반영된 위험성을 바탕으로 자산 포트폴리오를 직접 구성할 수 있게 되었다. 수학적 모형에서 설명하는 바대로, 위험 자체를 거래 및 관리하게 된 것이다.

강의 평균 수심이 4피트라면,
강을 건너지 말아야 한다.
니콜라스 탈레브

2008년 금융위기로 치달을 때까지 은행들은 투자 리스크가 '정규분포' 패턴(파란선)에 따르기 때문에 작은 이득을 볼 가능성은 높은 반면, 큰 이득이나 손실을 볼 가능성은 지극히 낮다고 가정했다. 그러나 실제로는 투자 리스크가 다른 패턴(점선)에 따르는 극단적인 경우가 훨씬 더 빈번히 발생했다.

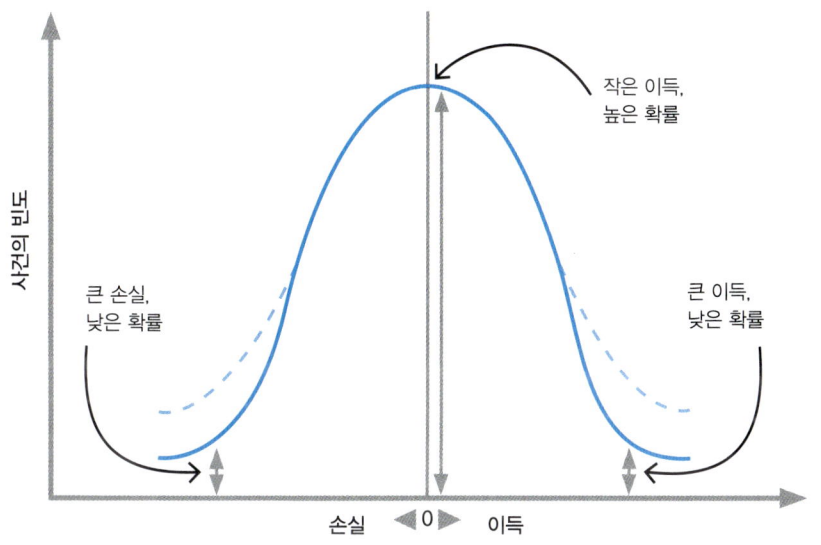

큰 손실,
낮은 확률

작은 이득,
높은 확률

큰 이득,
낮은 확률

사건의 빈도

손실 ◀ 0 ▶ 이득

2008년 금융위기

고도로 정교한 수학과 점점 확대되는 컴퓨팅 파워에 힘입은 폭발적인 금융혁신으로 금융 시스템이 수십 년에 걸쳐 이례적으로 급팽창하게 되었다. 1970년대에는 미미한 수준이던 세계 파생상품 시장이 매년 평균 24퍼센트씩 성장하여 2008년에는 세계 GDP의 약 20배 수준인 총 457조 유로 규모에 달했다. 기업들이 대출 관련 위험을 관리하는 겉보기에 안전하고 수익성 높은 새로운 방식을 찾아내면서 계약건수도 수배로 증가했다.

그러나 2008년 9월에 미국 투자은행인 리먼브러더스가 파산을 신청하면서 이러한 급성장 추세에 치명적인 문제가 있음이 분명해졌다. 그 중에서도 결정적인 약점은 정규분포에 의존하는 기본 가정이었다. 이 가정에서는 대부분의 가격이 평균 근처에 몰려 있고 극단적인 가격 변동은 매우 드물다고 상정했지만, 프랑스 수학자 브누아 망델브로(Benoît Mandelbrot)는 1963년에 이미 극단적인 가격 움직임이 예상보다 훨씬 빈번하게 발생한다고 주장하여 이의를 제기한 바 있었다.

금융위기 이후 이러한 모형은 재검토되고 있다. 행동경제학자와 경제물리학자(Econophysicist)들은 금융시장과 리스크를 더욱 잘 이해하기 위해 물리학에서 도출된 모형 및 통계적 기법을 사용하고 있다. ■

저위험, 고수익

레바논 출신의 미국 경제학자 니콜라스 탈레브는 일견 정교해 보이는 금융 모형이 극단적인 가격 변동의 위험을 과소평가하여 투자자들을 실제 위험에 과도하게 노출시켰다고 주장한다. 부채담보부증권(Collateralized Debt Obligations ; CDO)이 그러한 전형적 사례다. 이 증권은 채권을 발행하여 마련한 자금을 대출 등이 포함된 혼합자산에 투자하는 금융상품이다. CDO는 채무불이행 가능성이 대단히 높은 비우량(서브프라임) 자산의 위험을 떠안고, 거기에 만기 1년 미만의 미국 국채(US Treasury bill) 같은 안전자산을 결합한다. 그러면 겉보기에 위험성은 줄고 수익성은 높아진다. 이 상품은 여러 자산의 부도 리스크가 통합되면 정규분포의 패턴에 따라 안전해진다는 가정에 기반을 둔다. 그러나 미국의 서브프라임 모기지론이 계속 증가하면서 이 가정이 성립되지 않는다는 사실이 입증되었고, 결국 거대한 CDO시장은 붕괴되고 말았다.

검은 백조는 드물게 발견되지만, 분명 존재한다. 니콜라스 탈레브는 을 크게 벗어나는 시장의 극단적인 움직임을 '블랙 스완 사건(black swan events)'이라고 부른다.

인간은 100퍼센트 합리적이지 않다

행동경제학

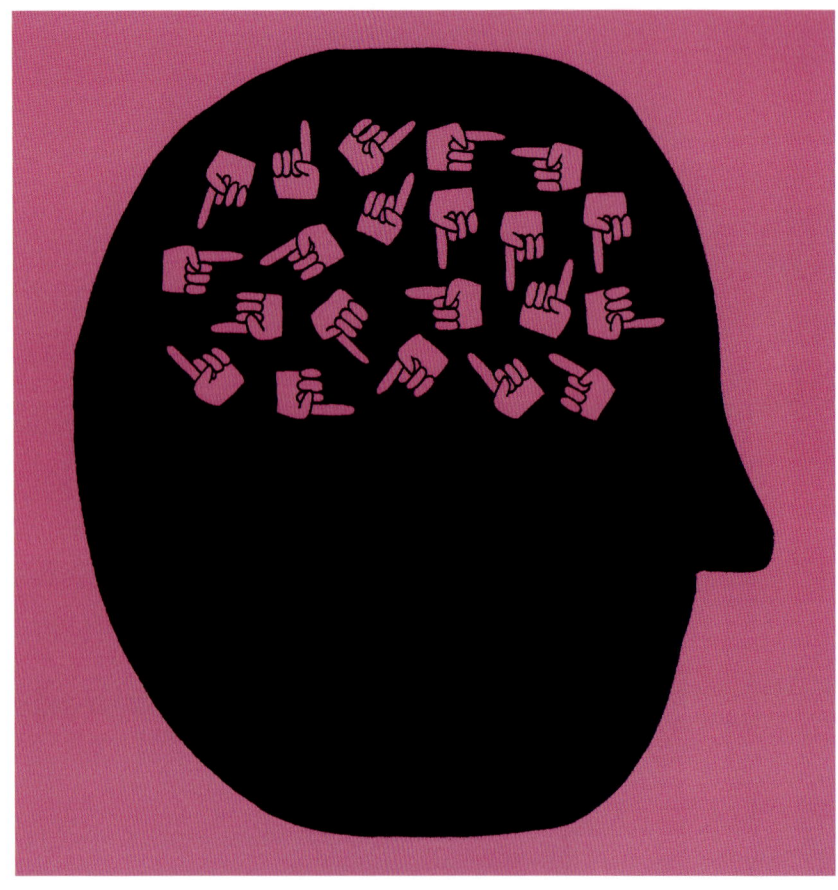

19 80년대까지 표준적인 경제 이론에서는 '합리적인 경제인'의 개념이 지배적이었다. 개개인은 모든 선택지를 합리적으로 고려하고 그에 따른 비용과 이득을 따져본 후 최선의 결과를 얻는 방향으로 의사결정을 내리는 주체라고 간주되었다. 경제학자들은 상황이 확실하든 불확실하든 사람들이 언제나 이렇게 행동한다고 믿었고, 기대효용 이론을 통해 합리적인 의사결정의 개념을 공식화했다. 그러나 현실 속의 인간은 최대의 보상을 기대하기는커녕 심지어 자신의 앞길을 해칠 수도 있는 비합리적인 결정을 내릴 때가 많다. 이러한 기이한 행동에 대한 연구는 이스라엘 출신

참조 : ■ 경제인 52~53쪽 ■ 자유시장 경제학 54~61쪽 ■ 경제 버블 98~99쪽 ■ 위험과 불확실성 162~163쪽 ■ 비이성적인 의사결정 194~195쪽
■ 의사결정의 역설 248~249쪽

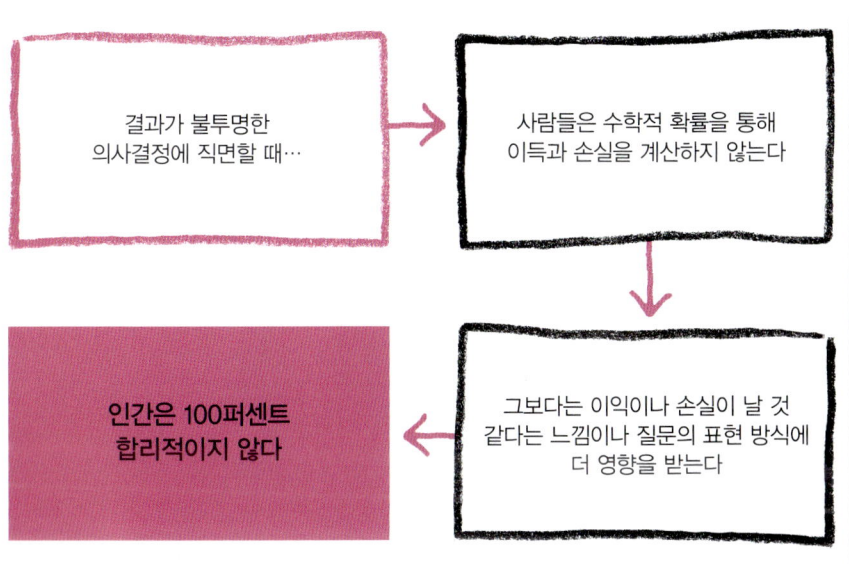

결과가 불투명한
의사결정에 직면할 때…

사람들은 수학적 확률을 통해
이득과 손실을 계산하지 않는다

그보다는 이익이나 손실이 날 것
같다는 느낌이나 질문의 표현 방식에
더 영향을 받는다

**인간은 100퍼센트
합리적이지 않다**

의 미국 심리학인 아모스 트버스키(Amos Tversky)와 대니얼 카너먼(Daniel Kahneman)이 1979년에 처음 시작했다. 이들은 의사결정에 개입된 심리를 살펴보고 경험적 사례를 들어 자신들의 가설을 뒷받침했다. 또 핵심 논문인 〈전망 이론 : 리스크 하에서의 의사결정 분석Prospect Theory : An Analysis of Decision under Risk〉에서는 행동경제학으로 알려진 새로운 연구 분야의 초석이 된 이론을 요약했다. 이 이론의 목적은 의사결정에 대한 경제학자들의 이론을 심리학적으로 보다 현실화하는 것이었다.

리스크 처리

트버스키와 카너먼은 사람들의 행동이 경제학의 표준적 가정에 위배되기 일쑤이고, 특히 결과가 불확실할 때 그렇다는 사실을 발견했다. 연구 결과, 사람들은 합리적인 이해관계에 따라 행동하지 않고, 선택지가 표현되는 방식에 영향을 받거나 표준 이론과는 다른 식으로 반응했던 것이다. 경제학에서는 오래 전부터 사람들이 대체로

'위험 회피적'이라는 사실을 인식해왔다. 예를 들어 확실하게 1천만 원을 받거나 50퍼센트의 확률로 2천500만 원을 받는 두 가지 선택지가 존재할 경우, 평균 기댓값은 1천250만 원으로 불확실한 후자가 더 높아도, 사람들은 대부분 확실히 보장된 1천만 원을 선택한다. 같은 사람에게 심리학자들은 다시 확실하게 1천만 원을 잃거나 50퍼센트는 한 푼도 손해를 보지 않고 50퍼센트는 2천500만 원을 잃게 될 두 가지 선택지를 제시했다. 그러자 앞의 사례에서는 안전한 쪽을 택했던 사람들이 이번에는 손해를 보지 않거나 더 큰 손해를 볼 수 있는, 보다 위험한 도박 쪽을 선택했다. 이른바 위험 추구적인 행동을 보인 것이다.

불확실성 하의 의사결정에 대해 경제학의 표준적 접근법에서는 모든 개인이 세 가지 유형, 즉 위험 회피적이거나 위험 애호적이거나 아예 위험에 무감각한 경우에 속한다고 가정해왔다. 이득과 손실 등 어떠한 종류의 위험에서도 개인의 위험성향은 일관되게 유지된다고 본 것이다. 그러나 트버

스키와 카너먼은 사람들이 이득 앞에서는 위험 회피적이지만 손실 앞에서는 위험 선호적이라는 사실을 발견했다. 개인의 위험 성향이 변화하는 것이다. 두 사람의 연구는 사람들이 대체로 '손실 회피적'이라 손실을 피할 수 있다면 기꺼이 위험을 감수하려 하지만, 이익을 얻을 때는 위험을 원치 않는다는 것을 입증했다. 예컨대, 1만 원을 잃을 때 감소되는 효용이 10만 원을 얻을 때 증가하는 효용보다 더 크다는 것이다.

이러한 행동 성향은 설령 궁극적인 결과가 동일할 때에도 선택사항이 표현되는 방식에 따라 사람들의 의사결정이 달라질 수 있음을 말해준다. 예를 들어, 어떤 질병으로 600명의 사망자가 예상되는 상황을 가정해보자. 이 병을 막기 위해 두 가지 정책이 존재하는데, A의 경우 200명을 확실히 구할 수 있는 반면, B의 경우는 600명을 모두 구할 확률이 3분의 1이고 아무도 못 구할 확률이 3분의 2라고 해보자. 이런 식으로 문제를 설명하면, 대다수의 사람들은 스스로 위험 회피적인 성향을 드러내며 확실히 200명을 구할 수 있는 A정책을 택한다. 그러나 질문의 표현 방식을 바꾸어서 C의 경우 400명이 죽을 것이고, D의 경우 아무

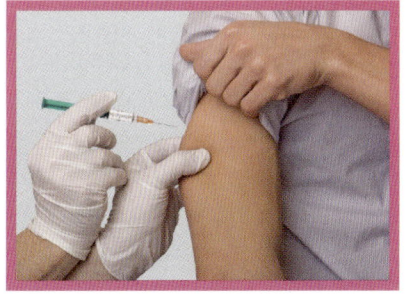

정부가 국민에게 예방주사를 맞도록 설득하려면 예방접종을 하지 않을 경우 사망 확률이 높아진다는 점을 강조해야 한다. 사람들은 이득에 기뻐하는 정도보다 손해를 싫어하는 정도가 더 크기 때문이다.

Q : 이것은 2단계 게임이다
1단계에서는 선택지가 없고
2단계로 올라갈 확률은 25퍼센트뿐이다
게임을 계속 수행하겠는가?

A : 그렇다

Q : 2단계에서 당신은 두 가지
선택지를 부여받는다
A는 3천만 원을 확실히 보장받는 것이고,
B는 4천만 원을 얻을 80퍼센트의
확률을 보장받는 것이다
그러나 2단계에 올라가서(만약 갈 수 있다면)
어느 쪽을 선택할 것인지는 1단계를
시작하기 전에 미리 결정해야 한다

A : 3천만 원을
확실히 보장받는
A를 선택하겠다

Q : 그것이 최종적인 대답인가?
A를 선택하면 3천만 원을 얻을
25퍼센트의 확률이 생기고,
B를 선택하면 4천만 원을 얻을
20퍼센트의 확률이
생기는데도 말인가?

A : 정말 그런가?
그렇다면 B를
선택하겠다!

다단계 게임에서 사람들의 선택은 질문이 제시되는 방식에 따라 달라진다. 만약 이 예제의 1단계처럼 두 선택지에 공통되는 요소를 무시하도록 유도하면, 사람들은 일관성 없는 선택을 보일 것이다.

도 죽지 않을 확률이 3분의 1에 600명이 모두 죽을 확률이 3분의 2라고 설명하면, 대부분의 사람들은 보다 위험한 D정책을 택할 것이다.

이 선택지들의 궁극적인 결과는 동일하다. A와 C에서는 400명이 확실히 사망하는 반면, B와 D에서는 400명이 사망하리라는 결과가 예상된다. 그러나 이제 사람들은 좀 더 도박에 가까운 선택지를 선호한다. 사람들은 생명을 구하기(이득)보다 사망(손실)을 막을 때 더 위험을 감수하려 든다. 우리는 무엇인가를 얻을 때보다 잃는 데에 더 주관적인 가치를 부여한다. 10파운드를 잃는 상실감이 10파운드를 얻는 기쁨보다 더 크게 느껴지는 것이다.

이러한 손실 회피적인 성향에 따르면, 변화에 대한 선택지를 그 결과가 부정적으로 보이도록 제시할 때 사람들이 그 변화를 문제로 인식할 가능성이 더욱 높아진다. 이 사실을 알면, 사람들에게 영향을 미치는 쪽으로 활용할 수 있게 된다. 예를 들어, 정부가 국민들이 무엇인가를 채택해주기를 바란다면, 그 의사결정에 수반되는 긍정적인 이익을 강조함으로써 성공할 확률을 높일 수 있다. 반대로 정부가 국민들이 무엇인가를 거부하기를 바란다면, 그 결정으로 잃게

실전 속의 행동경제학

행동경제학이라는 새로운 분야는 기업들에 새로운 사업 추진방식을 제시했다. 2006년에 일군의 경제학자들이 대출 확대를 원하는 남아프리카 공화국의 한 은행을 위해 실험을 고안했다. 전통적인 경제학자들은 은행에 대출 수요를 자극하기 위해 이자율을 낮추라고 조언했다. 그러나 이 은행은 경제학자들이 은행의 수익을 극대화할 다양한 방법을 찾아주기를 기대했다. 경제학자들은 높거나 낮은 여러 종류의 금리가 적힌 5만 장의 고객 편지를 발송했다.

이 편지에는 직원 사진도 동봉했고, 편지에 답장을 보낼 경우 경품을 받을 수 있는 다양한 기회가 적힌 단순하거나 복잡한 표도 들어 있었다.

어떠한 고객이 편지에 응답하는지를 추적함으로써, 이자율이라는 순전히 경제적인 요소와는 별개로 심리적 요인의 효과 측정이 가능해졌다. 이 실험 결과 이자율은 대출 수요를 자극하는 세 번째로 중요한 요소에 불과하다는 사실이 밝혀졌고, 마케팅에서 여직원의 사진을 동봉하는 것이 금리를 5포인트

떨어뜨리는 것과 동일한 효과를 발휘했다. 이것은 대단히 획기적인 연구 결과였다. 수요를 자극하는 심리적 요인을 식별하는 쪽이 이자율을 낮추는 쪽보다 훨씬 싸게 먹힐 수 있었던 것이다.

될 사항을 부각시켜야 할 것이다.

과정과 결과

트버스키와 카너먼은 나아가 의사결정 과정이 그 최종 결과에 영향을 미치지 않을 때에도 선택에 영향을 미친다는 사실을 입증했다.

예를 들어, 2단계에 오르기만 하면 두 가지 보상 중 하나를 선택할 수 있는 게임을 생각해보자. 그러나 2단계에서 어떤 보상을 선택할지는 1단계가 시작하기 전에 결정해야 한다. 이 게임의 예제는 왼쪽 페이지 그림에 소개되어 있다.

이 게임에서 사람들은 대부분 확실히 보장된 3천만 원을 선택한다. 그러나 4천만 원을 얻을 조금 낮은 확률과 3천만 원을 얻을 조금 높은 확률 중에 택일하라고 바꾸어 설명하면, 사람들은 대부분 확률이 낮더라도 더 많은 돈을 얻는 쪽을 택한다. 왜 이렇게 결정이 변하는 것일까?

사람들은 보통 2단계를 생각할 때 양쪽 선택지에 공통된다는 이유로 1단계를 무시한다. 그리하여 1단계에 따라 확률이 바뀔 텐데도 불구하고, 이 선택을 확실한 이득과 기대이득 중의 선택으로 여긴다. 이 실험은 의사결정이 단지 최종 결과에만 영향을 받는다는 표준 경제학의 합리성과 상충된다.

합리적 인간의 멸종?

이 연구의 주된 시사점, 즉 사람들이 이득을 얻기보다 손해 보기를 더 싫어하고, 손실과 이득을 맥락의 관점에서 해석한다는 발견은, 그들이 효용 이론이나 '합리적인 경제인'의 개념에 배치되는 결정을 내리는 이유를 설명하는 데 주효하다. 이 이론은 행동경제학의 주축이 되었고, 마케팅과 광고에도 광범위한 영향을 미쳤다. 사람들이 결정을 내리는 과정을 이해함으로써, 마케터들은 훨씬 더 효과적으로 제품을 판매

할 수 있게 되었다. 상품 가격을 미리 부풀려놓고 '엄청난 할인 혜택'을 제공하는 매장 내 프로모션이 그 좋은 예다.

전망 이론(Prospect Theory)은 다양한 경제적 의사결정에 대해서도 통찰력을 제공한다. 일례로 이 이론은, 사람들이 15만 원짜리 DVD에서 5만 원을 깎기 위해 다른 마을까지 달려가면서도, 400만 원짜리 TV에서 5만 원을 깎기 위해서는 그런 수고를 하지 않는 이유를 말해준다. 양쪽에서 절감되는 비용은 동일함에도 불구하고 말이다.

동일한 결정 사항도 다른 방식으로 제시되면 선택지의 상대적 매력이 달라진다는 사실을 알게 될 것이다.
아모스 트버스키, 대니얼 카너먼

암표상은 현금을 받고 경기 티켓을 판다. 구매자와 판매자가 티켓에 매기는 가격은 그 효용가치뿐 아니라 구매자가 티켓을 입수한 방식 등 다른 요소에 의해서도 달라진다.

손실 회피의 개념은 또 이른바 '소유효과(endowment effect)'를 설명해준다. 사람들은 어떤 물건을 단순히 '잠재적인 소유물'로 여길 때보다 실제 소유했을 때 거기에 더 높은 가치를 부여하며 상실할까봐 두려워한다.

행동경제학은 경제를 이해하는 데 필수적이고, 현대 경제학에 심리적 사실주의를 도입했다. 전망 이론은 인간이 100퍼센트 합리적인 기계가 아니라고 주장한 최초의 이론이었다. 이러한 깨달음이 경제 이론과 정부 정책에 미친 영향력은 포괄적이었다. 예를 들어, 관리자에게 주인의식을 부여함으로써 관리 대상을 더욱 잘 돌보게 만드는 식으로 응용되었다. ■

감세로 조세수입이 늘어날 수 있다

조세와 경제적 유인

정부가 공공 서비스에 지출을 늘리기 위해 더 많은 자금을 마련하려면, 상식적으로 국민의 반대를 무릅쓰고라도 세금을 많이 거두어야 한다. 같은 맥락에서 감세란 공공 서비스를 축소한다는 의미로 받아들여진다. 그러나 일각에서는 항상 그런 것은 아니라며, 감세로 오히려 정부 수입을 확대할 수 있다고 주장해왔다.

이것이 1980년대 '공급 측면(supply-side)' 경제학의 핵심 개념이다. 공급 측면이란 제품을 구매하는 수요 측면과 반대로 제품을 만들고 판매하는 경제주체 측이다. 공급 측면 경제학자들은 기업 규제를 완화하고 보조금과 최고 세율을 삭감하여 공급 측면의

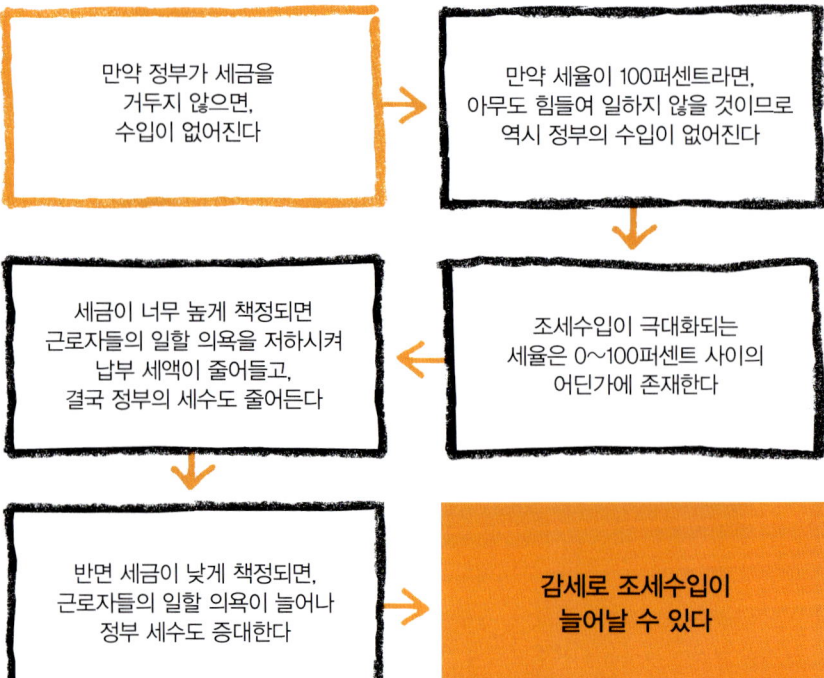

만약 정부가 세금을 거두지 않으면, 수입이 없어진다

만약 세율이 100퍼센트라면, 아무도 힘들여 일하지 않을 것이므로 역시 정부의 수입이 없어진다

세금이 너무 높게 책정되면 근로자들의 일할 의욕을 저하시켜 납부 세액이 줄어들고, 결국 정부의 세수도 줄어든다

조세수입이 극대화되는 세율은 0~100퍼센트 사이의 어딘가에 존재한다

반면 세금이 낮게 책정되면, 근로자들의 일할 의욕이 늘어나 정부 세수도 증대한다

감세로 조세수입이 늘어날 수 있다

참조 : ■ 조세 부담 64~65쪽 ■ 시장의 공급 과잉 74~75쪽 ■ 차입과 부채 76~77쪽 ■ 케인스의 승수효과 164~165쪽 ■ 기업지배구조 168~169쪽 ■ 통화정책 196~201쪽

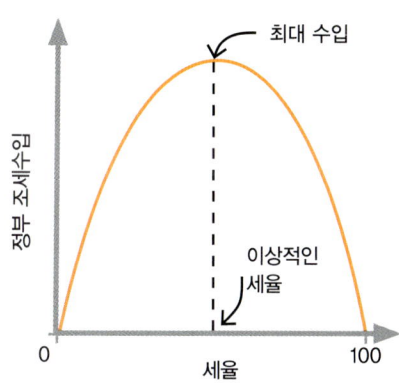

래퍼 곡선은 세율과 정부 세수 간의 관계를 나타낸다. 이 곡선은 세율이 높아진다고 조세수입도 반드시 늘어나는 것은 아님을 보여준다.

여건을 개선하는 것이 경제를 부양하는 최선의 방법이라고 주장한다.

세금부터 조세피난처까지

조세수입을 위한 감세 주장은 미국의 경제학자 아서 래퍼(Arthur Laffer)가 처음 제기했다. 그는 만약 정부가 세금을 거두지 않으면 수입이 없어질 것이고, 100퍼센트의 세금을 거두면 아무도 일하지 않을 것이므로 역시 수입이 없어질 것이라고 말했다. 그러나 세율이 100퍼센트 이하라고 해도, 과도한 소득세율은 국민들의 근로의욕을 떨어뜨린다. 그 결과 근로시간 감소효과가 세율 인상효과를 능가하여, 전체 조세수입은 줄어들게 된다. 최고 세율이 너무 높은 경우에도 최고소득층이 외국으로 떠나거나 세금이 거의 또는 아예 없는 조세피난처로 자금을 옮겨, 정부의 세수가 그만큼 감소할 수 있다. 래퍼는 세율의 양 극점인 0퍼센트와 100퍼센트 사이 어딘가에 정부 수입이 극대화되는 지점이 존재한다는 것을 입증하기 위해 종 모양의 곡선(왼쪽 그림)을 그렸다.

그는 높은 세율에서부터 세금을 감면하면 공급 측면을 강화하는 다른 정책과 함께 경제 효율성을 향상시키고 세수 증대에 기여할 수 있다고 주장했다. 1970년대에 래퍼가 이 이론을 개발했을 당시, 일부 국가에서는 일부 국민에게 70퍼센트의 세율을 부과했고, 심지어 최고소득층에게 소득의 90퍼센트를 과세하는 국가도 있었다. 래퍼 곡선의 최고점이 어디에 놓이느냐에 대해서는 경제학자마다 의견이 분분했다. 정치적

1970년대에 모나코 등의 작은 국가와 섬들이 투자를 유치하기 위해 세금을 낮추거나 아예 없애면서 많은 조세피난처가 생겨났다.

우파에 속하는 경제학자는 현 경제가 곡선 최고점의 오른쪽에 위치하고 있어, 세금을 낮추면 조세수입이 늘어날 것이라고 주장했다. 당연히 좌파 경제학자들은 여기에 반대했다.

윈-윈 상황

우파의 정치인에게는 래퍼의 이론이 매력적이었다. 공공 서비스를 유지하면서도 세금을 감면하여 국민에게 인기를 얻을 수 있었기 때문이다. 덕분에 미국의 로널드 레이건 대통령은 1981년에 최고 세율을 인하하고도 여전히 미국 극빈층 다수의 영웅으로 군림할 수 있었다. 그러나 이 이론이 실제로 유효하다는 증거는 거의 없다. 미국과 다른 국가의 현행 세율은 1970년대의 수준을 훨씬 밑돌고 있지만, 기대하던 세수 급증효과는 아직 나타나지 않았다. 대신 감세로 줄어든 수입은 주로 해외차입을 늘려 충당해가고 있다. ■

공급 측면 경제학

공급 측면 경제학 이론은 1970년대에 등장했을 당시 상당한 논란을 야기했다. 이 이론은 케인스의 정부 개입 정책이 경제침체와 인플레이션이 동시에 발생하는 이른바 스태그플레이션 상태를 타개하는 데 명백히 실패하면서 그에 대한 반발로 등장했다. 이 용어를 유행시킨 사람은 미국의 언론인 주드 와니스키(Jude Wanniski)였으나, 경제학계가 여기에 관심을 갖게 된 계기는 미국 경제학자인 아서 래퍼의 세금곡선이었다.

'래퍼 곡선'은 만약 세율을 낮춘다면 국가 생산량이 증가하여 결국 조세수입도 늘어날 것이라고 주장했던 캐나다 경제학자 로버트 먼델의 지도 하에 개발되었다. 정부의 세수는 일시적으로 줄어들다가 실제로 증가했지만, 과연 이 이론이 옳은지 여부는 그 뒤로도 엄청난 논쟁거리가 되었다.

가격이 모든 것을 말해준다

효율적 시장 가설

맥락읽기

초점
시장과 기업

핵심사상가
유진 파마(1939년~)

이전의 관련 역사
서기 1863년 : 프랑스의 주식중개인 쥘 르뇨(Jules Regnault)가 주식시장의 변동은 예측할 수 없다는 논지의 『내기와 증권거래소의 철학』을 출간한다.

서기 1964년 : 미국 경제학자 폴 쿠트너(Paul Cootner)가 『주식 시장가격의 무작위적 특성』에서 시장의 변동에 대한 르뇨의 주장을 발전시킨다.

이후의 관련 역사
서기 1980년 : 미국 경제학자 리처드 탈러(Richard Thaler)가 행동경제학에 대한 최초의 연구를 발표한다.

서기 2011년 : 미국 연방준비제도 이사회(FRB) 전 의장인 폴 볼커(Paul Volcker)가 2008년의 금융위기를 "합리적 기대와 시장 효율성에 대한 부당한 신념" 탓으로 돌린다.

투자자들에게는 본인이 주식시장의 평균 수익률을 능가할 수 있다는 공통적인 믿음이 존재한다. 그러나 미국의 경제학자 유진 파마(Eugene Fama)는 여기에 반대한다. 그는 『효율적 자본시장*Efficient Capital Markets*』에서 지속적으로 시장을 이기는 것은 불가능하다고 결론지었다. 이 이론은 오늘날 효율적 시장 가설로 알려져 있다.

파마는 모든 투자자가 경쟁자와 마찬가지로 공개적인 정보에 접근할 수 있으므로 주가에는 이미 이용 가능한 모든 정보가 충분히 반영되어 있다고 주장했다. 이것이 바로 '효율적인 시장'이다. 그는 또 앞으로 어떠한 정보가 나올지는 누구도 알 수 없으므로, 경쟁에 이용할 수 없는 불법적인 '내부 정보'를 동원하지 않는 한 투자자가 이익을 얻기란 거의 불가능하다고 역설했다.

그러나 행동경제학이 등장하면서 이 가설의 문제점이 부각되었다. 행동경제학자들은 이 이론이 투자자의 과도한 자신감과 집단 심리를 설명하지 못한다고 지적한다. 이러한 문제는 '비이성적 과열(irrational

효율적 시장에서는
어느 시점에라도 주식의
실제 가격이 그 내재적 가치에 대한
적절한 추정치일 것이다.
유진 파마

exuberance)'로 인해 첨단산업주의 가격이 비정상적으로 급등했던 1990년대의 닷컴 버블과 최근 2007~2008년의 금융위기에서 명백히 드러난다.

이러한 위기를 거치며 많은 비평가들이 이 이론의 무용성을 선언했고, 일부는 심지어 위기에 대한 책임을 묻기도 했다. 유진 파마 본인도 정보를 얻지 못한 투자자들이 시장 혼란을 야기하여 '다소 비이성적인' 가격이 형성될 수 있다고 시인했다. ■

참조 : ■ 경제 버블 98~99쪽 ■ 경제 이론의 계량분석 170쪽 ■ 금융공학 262~265쪽 ■ 행동경제학 266~269쪽

시간이 지나면 이기적인 사람도 남들과 협력한다

경쟁과 협력

맥락읽기

초점
의사결정

핵심사상가
로버트 액설로드(1953년~)

이전의 관련 역사
서기 1859년 : 영국의 생물학자 찰스 다윈이 적자생존의 원칙을 주장하며 『종의 기원』을 출간한다.

서기 1971년 : 미국의 생물학자 로버트 트리버스(Robert Trivers)가 『호혜적 이타주의의 진화』를 발표하여, 이타성과 협력이 개인에게 어떻게 이로운지 밝힌다.

이후의 관련 역사
서기 1986년 : 미국의 경제학자 드루 푸덴버그(Drew Fudenberg)와 에릭 매스킨(Eric Maskin)이 반복 게임에서의 협력 전략을 연구한다.

서기 1994년 : 영국의 경제학자 케네스 빈모어(Kenneth Binmore)가 도덕성의 발달을 연구하기 위해 게임 이론을 도입한 『공정한 게임』을 출간한다.

미국 경제학자 로버트 액설로드(Robert Axelrod)는 1984년 〈협력의 진화*The Evolution of Cooperation*〉를 집필했다. 이 논문은 게임 이론 전략의 우열을 가리기 위해 각 전략 전문가들이 컴퓨터 프로그램을 통해 벌인 일련의 게임 결과에 기반을 두었다. 이들이 수행한 게임은 경찰관에 체포된 두 도둑이 등장하는 죄수의 딜레마였다. 각각의 도둑은 자백을 해야 할까, 침묵으로 일관해야 할까, 아니면 다른 도둑을 '팔아넘겨야' 할까? 게임은 상호이익을 위한 협력과 이기적인 행동 중 어느 쪽이 더 현명한지를 저울질한다.

최고의 전략

액설로드는 각자 자기 이익을 추구하는 가운데 협력이 이루어질 수 있음을 발견했다. 일련의 게임을 통해 다양한 전략을 실험한 결과 가장 성공적인 전략은 단순 맞대응(tit-for-tat)으로, 죄수가 처음에는 다른 죄수와 협력한 뒤, 다음부터는 상대의 전략을 따라 하되 절대로 먼저 상대를 '밀고하지' 않는 방법이었다. 결국 가장 성공적인 접근법은 '선량한(nice)' 쪽이다. 협력은 서로에게 가장 유리한 결과를 만들어낸다. 그러나 무조건 선량하기만 해서는 안된다. 만일 상대가 배신하면, 다음번에는 반드시 보복해야 한다. 신뢰관계를 유지하기 위해서라도, '밀고당한' 죄수들은 즉각 응징에 나서야 한다. 경쟁과 협력에 대한 이러한 분석적 접근은 사회 규칙과 도덕률의 등장 과정까지 검토하는 연구 분야로 발전했다. ∎

미국 부시 대통령과 러시아 푸틴 대통령은 핵무기 보유량을 대폭 축소하기 위해 2002년에 상호 불신을 무릅쓰고 모스크바 조약(Treaty of Moscow)을 체결했다.

참조 : ■ 경제인 52~53쪽 ■ 제한경쟁의 영향 90~91쪽 ■ 경제학과 전통 166~167쪽 ■ 게임 이론 234~241쪽

거래되는 중고차는 대부분 고물차일 것이다

시장 불확실성

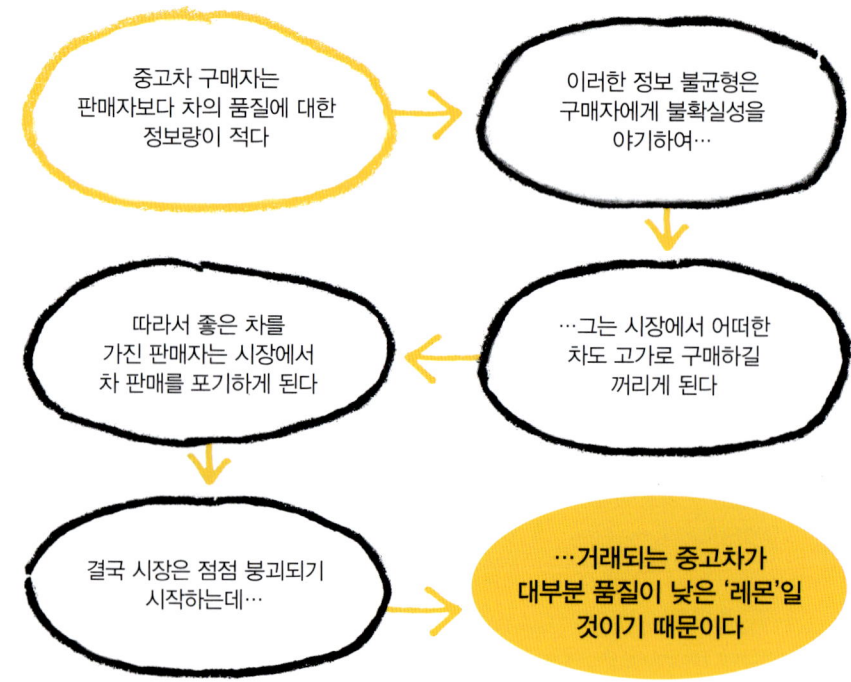

중고차 구매자는 판매자보다 차의 품질에 대한 정보량이 적다

이러한 정보 불균형은 구매자에게 불확실성을 야기하여…

…그는 시장에서 어떠한 차도 고가로 구매하길 꺼리게 된다

따라서 좋은 차를 가진 판매자는 시장에서 차 판매를 포기하게 된다

결국 시장은 점점 붕괴되기 시작하는데…

…거래되는 중고차가 대부분 품질이 낮은 '레몬'일 것이기 때문이다

미국 경제학자 조지 애컬로프(George Akerlof)가 1960년대에 가격과 시장에 대한 연구에 착수하기 전까지, 경제학자들은 대부분 시장에서 특정 가격에 물건을 팔려는 모든 사람이, 그 가격에 물건을 사려는 누구와도 거래를 성사시킬 수 있다고 믿었다.

그러나 애컬로프는 실제로 그렇지 않은 경우가 많다는 사실을 입증했다. 그는 1970년 『레몬 시장The Market for Lemons』에서 제한된 정보에 따른 불확실성이 어떻게 시장실패를 초래하는지 설명한다. 애컬로프는 구매자와 판매자가 가진 정보량이 다르고, 이러한 차이 또는 불균형이 시장의 작동에 비극적인 결과를 초래할 수 있다고 주장했다.

참조 : ■ 자유시장 경제학 54~61쪽 ■ 시장 정보와 장려책 208~209쪽 ■ 시장과 사회적 성과 210~213쪽 ■ 신호 발송과 선별 281쪽

비대칭 정보

중고차 구매자는 이미 그 차를 소유한 판매자에 비해 차의 품질에 대한 정보가 적을 수밖에 없다. 판매자는 그 차가 유사한 다른 차량에 비해 품질이 더 좋은지 나쁜지, 미국식 용어대로라면 '레몬'인지 아닌지를 판단할 수 있다.

결과적으로 결함 차량을 구매한 사람은 누구든지 속았다고 느낄 것이다. 구매자는 시장에 식별할 수 없는 결함 차량이 뒤섞여 있다는 사실에 불확실성을 느끼며, 판매 중인 모든 중고차의 품질을 의심하게 된다. 이러한 불확실성 때문에 구매자는 어떠한 차에 대해서는 지불의사 가격을 낮추기 시작하고, 그 결과 시장 전체의 자동차 가격이 하락하게 된다.

애컬로프의 이론은 사실 영국의 금융업자 토머스 그레셤 경이 처음 발견한 사실을 현대식으로 변형한 것이다. 그레셤은 은(銀) 함량이 높고 낮은 동전이 함께 유통될 경우, 은 함량이 높은 동전은 사람들이 시장에 내놓지 않아 결국 "악화(惡貨)가 양화(良貨)를 구축(驅逐)한다"는 사실을 발견했

다. 같은 논리로, 평균보다 좋은 차를 가진 판매자는 그 차가 고물차인지 아닌지 판별하지 못하는 구매자로부터 적정 가격을 받기 힘들어지면서 시장에 내놓았던 차량을 다시 회수하게 된다. 바꿔 말하면 "거래되는 중고차는 대부분 결함 있는 차"라는 의미가 된다. 그 결과 제품 가격이 점점 떨어져 시장이 붕괴되고, 물건을 사고 팔려는 사람이 아무리 많아도 어떠한 가격에서도 거래가 성립되기 어려워진다.

역선택

'레몬'이 거래에 영향을 미치는 또 다른 영역은 보험시장이다. 예를 들어 의료보험에서, 보험에 가입하려는 사람은 판매자에 비해 자신의 건강상태를 더 잘 안다. 그래서 보험회사는 종종 계약을 맺지 말았어야 할 만큼 건강이 나쁜 사람들과 보험계약을 체결하게 된다. 고령자에 대한 보험료가 높아질수록 계약가입자 중 '레몬'의 비율이 높아지지만, 보험사는 여전히 그들을 정확히 식별해낼 길이 없다. 이것이 바로 '역선택(adverse selection)'으로, 역선택 가능성이란

중고차 딜러는 차를 판매할 때 품질 보증을 통해 구매자의 리스크를 줄일 수 있다. 많은 경우 시장들은 정보 비대칭성을 해소하는 방향으로 조정해 간다.

결국 보험회사가 평균적인 보험료로 감당할 수 있는 수준보다 훨씬 큰 리스크를 떠안게 된다는 의미다. 그 결과 일부 지역에서는 일정 연령을 넘는 사람들의 의료보험 계약이 철회되는 사태가 벌어졌다. ■

조지 애컬로프

1940년 미국 코네티컷에서 출생한 조지 애컬로프는 학구적인 집안에서 성장했다. 그도 학창시절에 역사와 경제학 등 사회과학에 관심을 갖게 되었다. 아버지의 불안정한 고용 패턴도 케인스 경제학에 대한 그의 관심을 증폭시켰다.

애컬로프는 예일 대학에서 공부하여 경제학 학위를 받은 후 1966년 매사추세츠 공과대학(MIT)에서 박사학위를 취득했다. 그리고 버클리 대학의 부교수로 취임한 직후에 인도로 건너가 1년간 머물며 실업 문제를 연구했다. 그 후 런던경제대학에 재직하다가 1978년 버클리 대학 교수로 복귀했다. 2001년에는 마이클 스펜스와 조지프 스티글리츠와 함

께 노벨 경제학상을 수상했다.

주요 저서

1970년 『레몬 시장』
1988년 『공정성과 실업 Fairness and Unemployment』(재닛 옐런과 공저)
2009년 『야성적 충동 : 인간의 비이성적 심리가 경제에 미치는 영향 Animal Spirits : How Human Psychology Drives the Economy』(로버트 쉴러와 공저)

정부의 약속은 신뢰할 수 없다

독립적인 중앙은행

만일 정부가 재량껏 행동할 수 있다면 약속도 충분히 깰 수 있으므로…

↓

정부의 약속은 신뢰할 수 없다

↓

합리적인 개인이라면 이러한 약속이 깨질 것을 예상하고, 그에 따라 행동을 달리 한다

↓

따라서 정부의 재량적 정책은 효과를 발휘할 수 없다

↓

정부는 재량적 정책을 택하지 말고, 단순한 원칙을 고수하여 신뢰감을 주어야 한다

제2차 세계대전 이후의 경제학은 케인스의 사상이 지배해왔다. 그는 정부가 일련의 조치로 특정한 목표를 달성하기 위해 도입한 두 가지 유형의 재량 정책을 통해 실업률을 낮게 유지할 수 있다고 주장했다. 고용을 유지하기 위한 두 가지 정책 유형이란 재정정책(정부 지출과 조세)과 통화정책(금리와 통화 공급)이었다.

1977년에 두 명의 경제학자, 즉 노르웨이의 핀 쉬들란(Finn Kydland)과 미국의 에드워드 프레스콧(Edward Prescott)은 『재량보다 준칙Rules Rather than Discretion』을 발표하여, 재량적 정책이 오히려 문제를 더 키운다고 주장했다. 이 주장은 미국의 경제학자 존 무스가 발전시킨 합리적 기대의 개념에 근거를 두었다. 무스는 가격에 대한 믿음이 잘못되면 큰 손해를 볼 수 있으므로, 합리적인 개인은 미리 이러한 위험을 고려하여 잘못을 최소화하도록 계획한다고 주장했다.

이전의 거시경제학 모형은 개인이 오로지 과거만 돌아보며 미래도 과거와 같을 것으로 기대한다는 가정 하에 작동했다. 그러나 새로운 모형에서는 만약 사람들이 합리적이고 정보 수집이 가능하다면 정부의 개입을 예상할 것이고, 또 실제로 예측 가능

참조 : ■ 경제인 52~53쪽 ■ 케인스의 승수효과 164~165쪽 ■ 통화정책 196~201쪽 ■ 인플레이션과 실업 202~203쪽 ■ 합리적 기대 244~247쪽

정부는 수해보험에 보조금을 지급하지 않음으로써 상습침수 구역의 주택 건설을 저지할 수 있다. 그러나 과거에 정부에서 홍수 피해 주민을 구제한 적이 있다면, 이 조치로는 이 지역의 주택건설을 막지 못할 것이다.

하다고 내다봤다. 그럴 경우 개인들은 자신이 기대하는 정부 정책에 맞추어 행동하기 때문에 본래의 정책은 힘을 잃게 된다. 결국 재량적 정책은 오직 개인들이 예상치 못한 경우에만 효과를 발휘하는데, 합리적인 개인을 놀라게 하기란 쉬운 일이 아니다. 이 이치를 이해하기 위해 게으른 학생에게

숙제를 시키려고 노력하는 관대한 교사를 생각해보자. 교사는 학생에게 만약 숙제를 제출하지 않으면 벌을 주겠다고 말한다. 그러나 학생은 관대한 선생님이 처벌을 좋아하지 않는 것을 알고 있다. 그는 숙제를 제출하지 않더라도 벌을 받지 않으리라 예상하고, 그 결과 숙제를 하지 않는다. 학생에게 숙제를 시키려던 교사의 의도는 학생의 합리적 행동 때문에 실패하고 마는 것이다.

쉬들란과 프레스콧은 인플레이션 억제를 약속하는 정부도 똑같은 문제에 직면한다고 말했다. 정부는 실업률의 증가를 원하지 않는다. 따라서 실업률을 낮게 유지하기 위해 경기를 부양하고, 그 결과 인플레이션이 심화된다. 처벌할 생각이 없으면서 처벌하겠다고 학생을 위협하는 교사와 마찬가지로, 정부도 상충되는 목표를 가지고 있다. 개인들은 이 사실을 알기 때문에 인플레이션을 억제한다는 정부의 약속을 믿지 않는다. 수요를 확대시켜 고용 창출을 유도한다는 정책 목표 역시 사람들이 높은 임금이 높은 물가로 상쇄될 것을 알기 때문에 실패로 돌아간다. 합리적 기대를 감안하면,

경기를 부양해봤자 인플레이션만 확대될 뿐이다.

타협 없는 원칙

앞선 교사의 해결책은 숙제를 늦게 제출한 학생을 처벌하는 교칙을 강행하여 이를 준수하는 것이다. 마찬가지로, 쉬들란과 프레스콧은 정부가 경제정책에 대한 자유 재량권을 행사하지 말고 명확한 원칙을 일관되게 준수해야 한다고 주장했다. 교사의 딜레마에 대한 보다 철저한 해결책은 처벌을 엄한 교장에게 위임하는 것이다. 거시경제학에서는 독립적인 중앙은행이 이러한 역할을 맡을 수 있다. 정부에 비해 고용 문제에 대한 가중치를 낮추고 인플레이션 억제에 더 높은 가중치를 두는 것이다. 중앙은행이 통화정책을 관장함으로써 정부는 고용 문제에 전념하여 신뢰를 얻을 수 있다. 2000년대에 나타난 저인플레이션 기조는 바로 독립적인 중앙은행의 등장에 힘입은 바가 컸다. ■

핀 쉬들란

1943년에 노르웨이 기예스달(Gjesdal)의 농장에서 태어난 핀 쉬들란은 6남매 중 맏이였다. 그는 고등학교를 마친 후 수 년 동안 초등학교에서 학생들을 가르치다가 동료 교사의 권유로 회계학을 공부하면서 사업에 관심이 생겼다. 그래서 1965년 노르웨이 경제대학(NHH)에서 경제학 학위 과정을 시작했다.

쉬들란은 본래 사업가가 될 생각이었지만, 졸업 후에 스텐 토레(Sten Thore) 교수의 조교가 되어 그를 따라 미국의 카네기멜론 대학으로 옮겼다. 그 후 1973년에 다시 노르웨이 경제대학으로 돌아와 에드워드 프레스콧과 함께 주요 논문을 발표했다. 1976년에는 다시 미국으로 건너가 지금까지 그곳에서 학생들

을 가르치고 있다. 2004년에 노벨 경제학상을 수상했다.

주요 저서

1977년 『재량보다 준칙』(에드워드 프레스콧과 공저)
1982년 『경기변동의 형성 및 축적 시간 *Time to Build and Aggregate Fluctuations*』(에드워드 프레스콧과 공저)
2002년 『아르헨티나의 잃어버린 10년 *Argentina's Lost Decade*』(카를로스 자라가와 공저)

개인이 혼란스럽지 않을 때도 경제는 혼돈 상태다

복잡성과 혼돈

지금껏 발견된 어떠한 시스템도 주식시장에서 높은 수익을 보장하지 못한다. 한때는 경제가 항상 균형 상태로 복귀한다는 이론적 모형과 더불어, 경제학이 우리에게 그러한 도구를 제공하리라 기대한 적도 있었다. 대부분의 경제학 이론은 1680년대에 개발된 운동의 법칙, 즉 모든 행위가 결과로 이어지고 모든 사건이 '선형적' 과정인 시간에 따라 앞뒤의 사건과 연쇄적인 인과관계를 맺는다는 법칙 하에 개발되었다. 표준 경제학은 가격에 반응하는 합리적 개인들의 행동이 집결된 결과 경제가 평형 상태에 도달할 것이라는 거대한 가정을 세웠다.

복합성을 찾아서

그렇지만 실세계가 정말 이렇게 움직인다면, 주식시장의 붕괴를 예측하기가 왜 그토록 어려운 것일까? 일부 경제학자는 완전한 선형적 접근법이 더 이상 쓸모없다고 여긴다. 오스트리아 경제학자 프리드리히 하이에크는 경제학이 물리학과 같은 방식으로 모형을 만들기에는 너무 복잡하다고 믿었다. 이러한 의구심에 대한 답변 중 하나가 바로 러시아계 벨기에 화학자 일리야 프리고진(Ilya Prigogine)의 열역학 연구에서 등장한 복잡성 이론이다. 표준 경제학과 달리, 이 이론은 개개인의 예측 가능하고 규칙적인 행동이 반드시 안정적이고 예측 가능한 경제로 이어지지는 않는다는 사실을 인정한다.

프랑스 경제학자 장 미셸 그랑몽(Jean-Michel Grandmont)과 알랑 키르망(Alan Kirman)은 1975년에 경제가 '복잡계(complex systems)'라고 주장했다. 표준 경제학의 완전경쟁 모형에서는, 개인들이 서로 직접 교류

초기 조건의 미세한 변화가 결과적으로 엄청난 차이를 초래할 수 있다. 이것이 이른바 '나비효과(butterfly effect)'로, 브라질의 나비 한 마리의 날갯짓이 텍사스에서 돌풍을 일으킬 수 있다는 에드워드 로렌츠의 주장을 말한다.

참조 : ■ 경제인 52~53쪽 ■ 경제 버블 98~99쪽 ■ 경제 이론의 계량분석 170쪽 ■ 행동경제학 266~269쪽

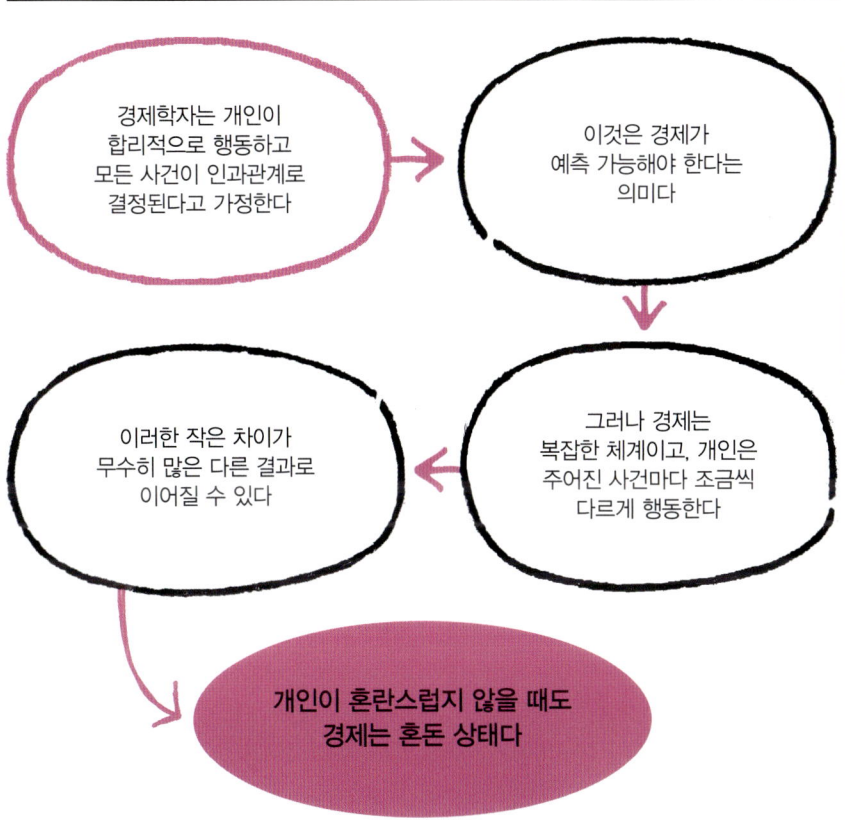

경제학자는 개인이 합리적으로 행동하고 모든 사건이 인과관계로 결정된다고 가정한다

이것은 경제가 예측 가능해야 한다는 의미다

이러한 작은 차이가 무수히 많은 다른 결과로 이어질 수 있다

그러나 경제는 복잡한 체계이고, 개인은 주어진 사건마다 조금씩 다르게 행동한다

개인이 혼란스럽지 않을 때도 경제는 혼돈 상태다

난폭한 무작위성

1960년대와 1970년대에 미국의 수학자 브누아 망델브로는 경제학자들이 평균치를 찾고 극단값을 무시하며 경제 수치를 평준화하려 노력하는 것은 잘못이라고 주장했다. 또 참된 실상을 보여주는 것은 오히려 극단적 수치라고 역설했다.

망델브로의 비판은 하나의 가격이 다른 가격에 직접 영향을 미쳐 종국에는 모든 수치가 평균에 수렴한다는 가정 하에 주가 및 상품가격 모형을 개발하던 사람들을 겨냥한 것이었다. 그는 이러한 모형에 내재된 순화된 형태의 무작위성은 판단을 그르칠 소지가 있다고 믿었다. 모형은 변화의 발생에 따른 각각의 기현상이 중요하다는 '난폭한 무작위성(wild randomness)'의 가정에 근거해야 한다는 주장이었다. 망델브로는 시장이 경제학자들의 주장보다 훨씬 변동성이 높은데도 불구하고, 이들이 고전 물리학 법칙처럼 작용하는 경제학 법칙을 찾는 데만 매달리는 과오를 저지르고 있다고 지적했다.

하지 않고 단지 주어진 가격 하에서 최선의 결과를 얻기 위해 자신의 행동과 가격을 끊임없이 변화시킨다. 그러나 경제와 같은 복잡계에서는 개인들이 마치 벌집의 꿀벌과 비슷하게 합리적인 계산보다는 단순한 '경험칙(rule of thumb)'을 이용하여 직접 상호교류한다. 그 결과 경제 전체적으로는 복잡한 행동 패턴이 나타나게 된다.

혼돈스러운 경제

그랑몽과 키르망의 주장과 관련된 개념은 미국의 수학자 겸 기상학자인 에드워드 로렌츠가 1950년대에 처음 개발한 카오스 이론에서 찾아볼 수 있다. 로렌츠는 먼 미래의 기후를 예측할 수 없는 이유를 밝혀내기 위해 연구 중이었다. 그는 컴퓨터 모의실험 결과 대기의 미세한 변화가 증폭되어 기후의 극적인 차이를 초래한다는 사실을 발견했다.

이론가들은 혼란스런 움직임을 분석하기 위해 일종의 '비선형적' 수학을 개발했다. 이들은 기후와 마찬가지로 주식시장의 변동이나 경제성장 등에서도 초기 조건의 미세한 변화가 겉보기에 혼란스러울 만큼 판이한 결과를 초래할 수 있다고 주장한다. 만약 이 말이 옳다면, 경제 이론 태반의 근간을 이루는 예측 가능한 균형 상태란 상당히 요원한 이야기일 것이다. ■

핀볼은 미세한 속도 차이에 따라 전혀 다른 방향으로 날아간다. 핀볼 플레이어와 마찬가지로 경제학자도 늘 주가의 이동 방향을 옳게 예측할 수는 없다.

사회적 네트워크도 일종의 자본이다

사회적 자본

맥락읽기

초점
사회와 경제

핵심사상가
로버트 퍼트넘(1941년~)

이전의 관련 역사
서기 1916년 : 미국의 교육학자 리다 하니판의 글에서 '사회적 자본'이란 용어가 처음 등장한다.

서기 1988년대 : 미국의 사회학자 제임스 콜먼(James Coleman)이 사회적 자본을 고등학교 중퇴 현상에 적용시켜 설명한다.

이후의 관련 역사
서기 1999년 : 미국의 정치학자 프랜시스 후쿠야마(Francis Fukuyama)가 미국과 같은 선진국의 사회적 자본이 붕괴되지 않았다고 주장한다.

서기 2001년 : 영국의 마르크스주의 경제학자 벤 파인(Ben Fine)이 사회적 자본의 개념을 비판한다.

서기 2003년 : 영국의 사회학자 존 필드(John Field)가 사회적 자본 이론은 '관계가 중요하다'는 의미라고 설명한다.

흔히 '자본'이란 용어는 생산에 필요한 기계류 등 물적자본을 가리킬 때 사용된다. 더 확장된 정의에는 노동인구의 기술, 즉 인적자본이 포함된다. 물적자본 및 인적자본의 효율적인 활용이 오랫동안 경제의 핵심으로 여겨져왔으나 1990년대에 미국의 정치학자 로버트 퍼트넘(Robert Putnam)은 사회적 관계로 구성된 무형적인 자본 개념을 제시했다.

퍼트넘은 사회적 네트워크 역시 경제적

선량하지만 고립된 개인이 많은 사회는 사회적 자본이 풍부하지 않을 수 있다.
로버트 퍼트넘

성과에 중요하다고 주장했다. 스크루드라이버(물적자본)나 대학 교육(인적자본)이 생산성을 높일 수 있듯이, 사회적 관계도 개인과 집단의 생산성에 영향을 미칠 수 있다는 것이다. 직장이나 공동체에서, 혹은 여가시간 등에 이루어지는 사람들 간의 상호교류는 '사회적 자본'으로 간주될 수 있다.

사회적 네트워크는 개개인이 능력을 기르고 경력을 증진할 수 있게 도울 뿐 아니라 협동과 정보 공유를 장려하여 전반적인 생산성을 향상시킨다. 반대로 이러한 연계성이 줄어들면 경제적 성과도 감소한다. 퍼트넘은 1960년대 이래로 선진국 국민들이 점차 고립되면서, 도시 지역에서 별다른 공동체 의식 없이 살아가고 있다고 지적했다. 나아가 이것이 경기침체의 원인 중 하나라고 주장한다. 모든 경제학자가 그의 분석에 동의하는 것은 아니지만, 오늘날 사회적 자본은 경제성장의 주요인으로 널리 인정받고 있다. ■

참조 : ■ 보호무역주의와 무역 34~35쪽 ■ 비교우위 80~85쪽 ■ 규모의 경제 132쪽 ■ 시장통합 226~231쪽

교육이 능력을 키워주지는 않는다

신호 발송과 선별

미국의 경제학자 조지 애컬로프가 1970년대에 정보 격차를 해소할 방법에 대한 연구를 발표하면서 새로운 경제학 분야가 발전했다.

미국 경제학자 마이클 스펜스(Michael Spence)는 실생활에서 A라는 사람이 B보다 거래에 대한 정보가 많을 경우에는, A가 B에게 신호를 보내어 결정에 필요한 정보를 제공할 가능성이 높다고 말했다.

스펜스가 제시한 사례는 입사 면접으로, 이 경우에 고용주는 지원자의 잠재적 능력에 대해 본인보다 정보가 적을 수밖에 없다. 그래서 지원자는 당장 지원한 업무와는 관련성이 없더라도 지원 의사와 근무 의욕에 대한 신호를 보내기 위해 학업성취도 등을 상세히 기록한 이력서를 제출한다. 스펜스가 보기에 높은 학력은 직업 훈련과 달리 대부분 신호 발송효과가 있으므로, 장래의 '우수한' 직원이라면 자신의 높은 잠재적 생산성을 신호로 보내기 위해 더 많은 교육에 투자할 것이다.

이와 반대되는 경우는, 예를 들어 고용주가 면접을 통해 정보를 이끌어내는 이른

학생이 취득한 학위의 전공 분야와 관련 지식은 입사 지원에서 대부분 부차적인 문제일 뿐. 그보다는 학위 자체가 업무능력과 역량에 대한 신호가 된다.

바 '선별' 과정이다. 중고차를 구매하거나 차관 제공을 검토하는 사람은 결정하기에 앞서 선별용 질문을 이용해 정보를 유도할 것이다. 신호 발송과 선별 과정은 모든 형태의 상거래에서 활용된다. ■

참조 : ■ 행동경제학 266~269쪽 ■ 시장 불확실성 274~275쪽 ■ 경직성 임금 303쪽 ■ 탐색과 매칭 304~305쪽

동아시아에서는 정부가 시장을 지배한다

아시아의 호랑이 경제

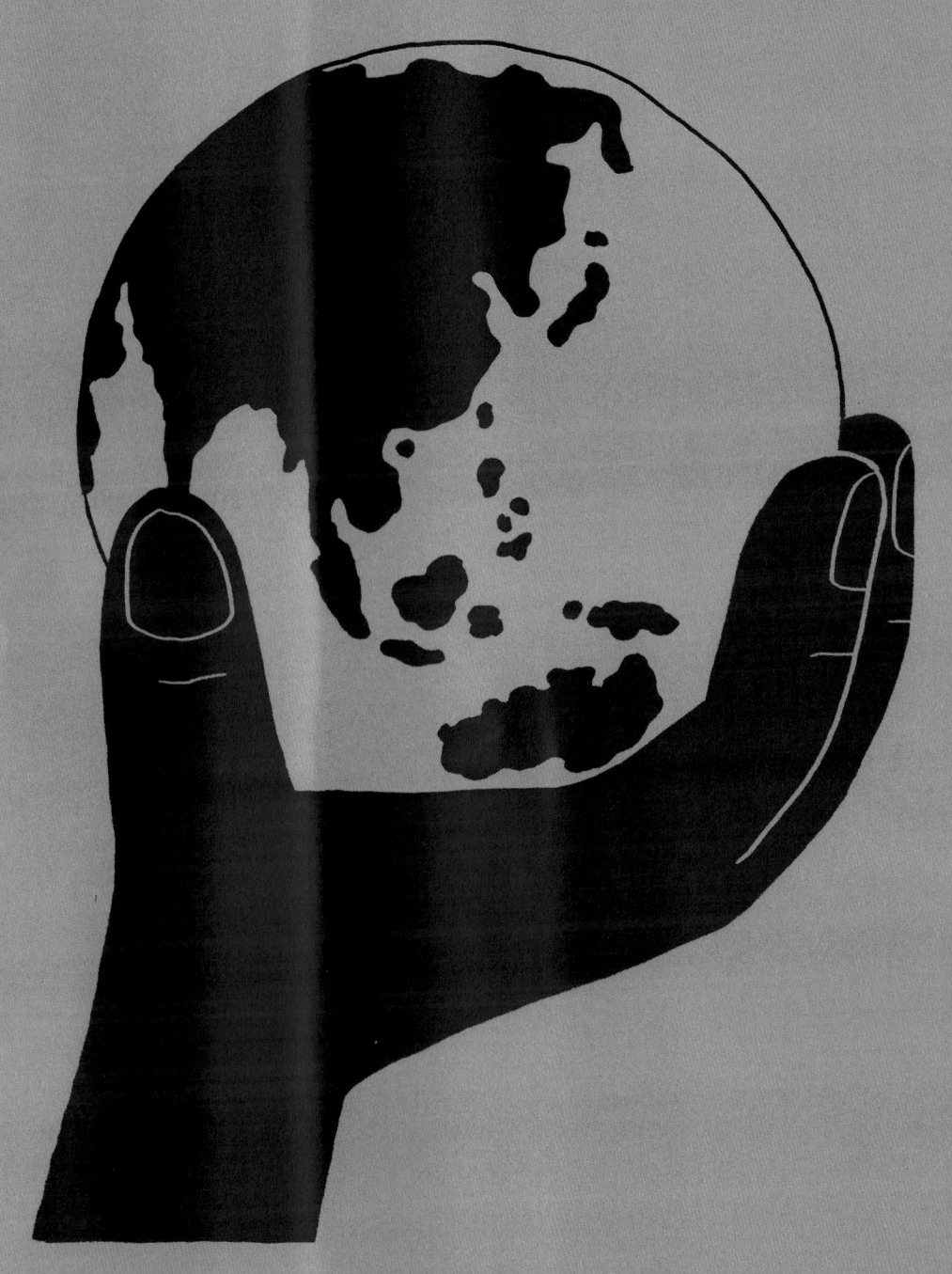

맥락읽기

초점
성장과 개발

핵심사건
일본의 투자가 1965년부터 한국 경제로 유입되기 시작한다.

이전의 관련 역사
서기 1841년 : 독일의 경제학자 프리드리히 리스트가 산업보호가 경제 다변화에 기여할 것이라고 주장한다.

서기 1943년 : 폴란드의 경제학자 폴 로젠스타인-로단이 개발도상국의 발전에는 정부 투자를 통한 '빅 푸시'가 필요하다고 주장한다.

이후의 관련 역사
서기 1992년 : 미국의 경제학자 앨리스 암스덴(Alice Amsden)이 한국에서 성과 기준을 도입하여 산업성장을 촉진했다고 주장한다.

서기 1994년 : 미국의 경제학자 폴 크루그먼이 동아시아의 경제적 도약은 진정한 혁신이기보다 물적자본을 집약시킨 결과라고 주장한다.

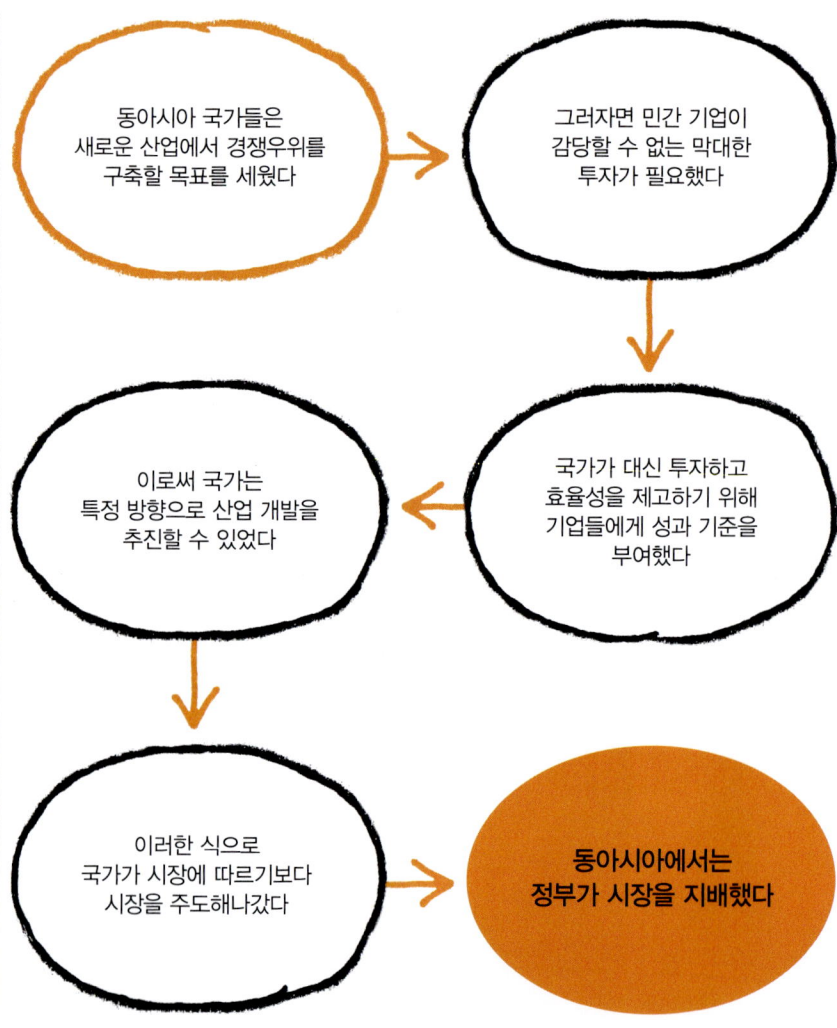

동아시아 국가들은 새로운 산업에서 경쟁우위를 구축할 목표를 세웠다

그러자면 민간 기업이 감당할 수 없는 막대한 투자가 필요했다

국가가 대신 투자하고 효율성을 제고하기 위해 기업들에게 성과 기준을 부여했다

이로써 국가는 특정 방향으로 산업 개발을 추진할 수 있었다

이러한 식으로 국가가 시장에 따르기보다 시장을 주도해나갔다

동아시아에서는 정부가 시장을 지배했다

제2차 세계대전 이후, 몇몇 동아시아 국가들의 경제가 비약적으로 성장했다. 적극적인 개입주의를 표방하는 새로운 정부 집단의 주도 하에, 이들 국가는 경제 후진국에서 불과 수십 년 만에 역동적인 산업국가로 변신했다. 한국, 홍콩, 싱가포르, 대만 등 이른바 '아시아의 호랑이(Asian Tiger)' 국가를 필두로 말레이시아, 태국, 인도네시아, 그리고 중국이 뒤따르고 있었다.

이 국가들은 다른 어느 지역보다 빠른 속도로 1인당 소득의 지속적인 성장을 이루었다. GDP(국내총생산, 즉 재화와 용역에서 산출된 전체 국민소득)는 국부를 측정하는 데 자주 사용되는 지표다. 한국의 1인당 GDP는 1950년까지만 해도 브라질의 절반 수준이었지만 1990년에 이르자 브라질의 두 배가 되었고, 2005년에는 세 배로 증가했다. 눈부신 성장의 결과 빈곤층도 현저히 감소했다. 20세기 후반에 이르자, 아시아의 4대 호랑이는 "동아시아의 기적"이라 불리는 역사상 유례없는 경제성장을 구가하며 서유럽에 필적할 만한 생활수준을 누리게 되었다.

아시아의 호랑이가 등장한 배경에는 '발전국가(Developmental State)' 경제 모델로 불리는 국가와 경제 간의 밀접한 연계성과 국가 개입주의가 자리 잡고 있다. 제2차 세계대전 이후 빈곤국에서는 개발에 대한 기대가 높아졌고, 급속한 경제 발전이란 목표가 정부 경제정책의 추동력으로 작용했다. 막강한 관료 집단이 민간 부문의 경제활동에 직접 개입하여, 서유럽에는 한 번도 시도된 적이 없는 방식으로 경제 발전을 이끌었다. 그러면서도 사기업을 보호했기 때문에, 이 새로운 모델은 공산권 국가의 계획경제와는 거의 공통점이 없었다.

아시아의 호랑이 국가들은 투자를 전략

참조 : ■ 근대 경제의 출현 178~179쪽 ■ 개발경제학 188~193쪽 ■ 경제성장 이론 224~225쪽 ■ 시장통합 226~231쪽 ■ 무역과 지리학 312쪽

한국의 급속한 발전은 1961년에 육군 장군이던 박정희가 시동을 걸었다. 그는 과거에 한국을 점령했던 일본과의 관계를 회복하고 일본의 투자를 유치했다.

산업에 몰아주고 생산 기업의 기술 발전을 촉진하여 경제 개발을 이루었다. 그 결과 근로자들이 농촌을 떠나 급성장하는 산업 분야로 이동했다. 교육 분야에 대대적으로 투자하여 노동자들은 새로운 산업에 필요한 기술력을 획득했고, 기간산업체는 곧 제품 수출을 시작하여 지속적인 수출 주도형 성장의 동력이 되었다.

새로운 유형의 정부

이것은 정부의 역할에 대한 경제학의 고전적 견해에 반기를 드는, 전혀 새로운 유형의 정부였다. 표준 경제학에서 규정하는 정부의 역할이란 국방과 가로조명 등 민간 시장이 조달할 수 없는 공공재를 제공하며 시장실패를 해결하는 것이다. 또 정부는 법원 등의 기관이 본연의 기능을 다하여 계약 준수, 재산권 보호 등을 보장하지만, 그 외의 역할은 미미하다.

이제 국제금융의 주요 중심지가 된 홍콩은 독자적인 정부 체제를 유지하면서도 중국의 지속적인 경제성장에 중요한 역할을 하고 있다.

고전 경제학에서는 일단 시장 가동에 필요한 기본 전제조건이 충족되고 나면, 가격 메커니즘이 저절로 작동할 수 있도록 국가가 철수해야 한다고 주장한다. 시장 친화적인 제도와 제한된 정부를, 영국이 산업화 단계에서 성공을 거둔 비결로 꼽았던 것이다.

일각에서는 성공한 동아시아 경제에서도 이러한 현상이 나타났다고 주장한다. 이 국가들이 개발에 성공한 것은 정부가 시장을 방해하지 않고 지지했기 때문이라는 것이다. 이들 정부의 개입은 시장에 부합하는 방식으로 자원과 투자를 할당하는 데 기여했다. 어떤 의미에서는 정부가 '가격을 정상화했다'는 것이다.

이를 위해 정부는 투자자에게 확신을 주는 데 필수적인 거시경제의 안정에 힘썼다. 우선 국방과 교육을 통해 시장실패를 개선하는 방향으로 개입했다. 또 초기 투자비용이 막대하여 민간 기업은 엄두를 못내는 공항과 철도 등의 사회기반시설을 구축했다. 결국 동아시아의 발전국가는 시장 원리에 따랐기 때문에 성공한 것으로 평가된다.

시장을 주도한다

뉴질랜드의 경제학자 로버트 웨이드(Robert Wade)는 동아시아의 발전국가들이 시장을 추종하는 동시에 주도했다고 주장한다. 이들 정부는 지리 융자와 보조금을 제공하여 특혜 산업의 발전을 유도했다. 정부가 시장을 주도함에 따라, 이 국가들이 선택한 자원 배분은 시장 기구만으로 결정되는 경우와는 현저히 달랐다.

미국의 경제학자 앨리스 암스덴은 이것을 국가가 새로운 유형의 경쟁우위를 확보하기 위해 의도적으로 '가격을 왜곡하는' 상황으로 특징지었다. 여기에서 중요한 대목은 신생 '유치산업(infant industries)'이 보조금과 보호무역에 힘입어 궁극적으로 성장했다는 점이다. 또 정부는 필요한 경우 언제든 특혜를 철회할 수 있었기에 기업들에게 성과 기준을 강제로 부과할 수 있었다.

로버트 웨이드는 이러한 국가들이 시장을 주도하기 위해 선택한 방식을 보면 아무런 기반이 없던 산업에서 비교우위를 창출하는 방법을 배울 수 있다고 주장한다. 초창

'아시아의 호랑이'의 급속한 성장은 수출에 기반을 두었다. 정부에서는 산업 성장을 촉진하기 위해 싱가포르의 이 항만과 같이 컨테이너선을 관리하는 대규모 시설을 건설했다.

기에 신생 산업의 제품들은 대부분 국제적인 가격 경쟁력이 부족할 것이다. 더욱이 신상품을 생산하려면 전후방 연관 산업과 사회기반시설을 동시에 구축해야 하는 경우가 많다. 이 과정을 조율하기에는 민간 기업보다 국가가 훨씬 유리할 것이 틀림없다.

유치산업은 이렇게 보호받는 한편, 효율화 방안을 익힐 고전적인 인센티브까지 제공받아 경쟁력을 확보하게 되었다. 정부는 이렇게 신생 기업의 경제 교육과 초기 생산의 조정역을 수행하기 위해 초창기 시장가격을 왜곡할 필요가 있었던 것이다. 이러한 사례는 한국의 철강 산업에서 찾아볼 수 있다. 1960년대에 한국 정부는 세계은행(World Bank)으로부터 다른 국가들보다 가격 경쟁력이 떨어져 비교우위가 없으므로 철강 분야에 진출하지 말라는 조언을 받았다. 그러나 1980년대에 이르자 한국의 대기업 포스코(Posco)는 세계에서 가장 효율적인 철강 생산업체 중 하나로 성장했다.

정치적 간섭

동아시아 외의 지역에서는 국가 개입주의 정책을 시도했다가 실패하여 발전국가

의 명성을 실추시켰다. 라틴아메리카와 아프리카에서는 기업과 산업 부문에 부여한 특혜가 동기 부여로 이어지지 못했다. 정부가 기업을 경쟁에서 차단시킬 뿐 성과 기준은 요구하지 않았던 것이다. 그 결과 유치산업은 끝내 성공적인 수출 산업으로 성장하지 못했다.

특히 라틴아메리카에서는 특혜가 정치와 결부되어 경제적 효과가 거의 없었다. 정치권과 결탁한 기업들이 보조금과 관세 보호를 받았지만, 생산성은 향상되지 않았다. 시간이 지날수록 이들 기업은 자원을 생성하기보다 흡수해가며 정부 예산을 축냈다. '가격 왜곡'도 새로운 산업에서 비교우위를 구축하는 데 도움이 되지 않았다. 그저 비효율적인 생산과 경기침체로 이어질 뿐이었다.

동아시아에서 성공한 정부들은 사리사욕의 압력을 보다 잘 견뎌낸 듯하다. 한국 정부는 1960년대에 새로운 철강기업을 설립한 후, 이 회사가 지속적으로 효율성 목표를 달성하도록 압박했다. 만약 정치적 이해관계에 휩쓸려 이 기업을 훈육하는 데 소홀했다면, 국가는 경제 전반의 효율성이 아

니라 사적인 이해집단에 복무하게 되었을 것이다. 이 정부는 자율성을 유지하며 특정 집단의 편파적 특권 요구에 저항해야 했다. 또 기업에 융자와 기술적 자문을 지원하는 한편 그 성과를 감시하기 위해 정부의 촉수는 경제의 가장 하위단위까지 뻗어 있어야 했다. 이에 경제 관료들은 모든 잠재적 투자자에 대해 상세한 정보를 보유하고 산업계 경영자들과 효과적인 관계를 유지해야 했다.

미국 경제학자 피터 에반스(Peter Evans)는 성공적인 발전국가의 특징을 '배태된 자율성(embedded autonomy)'이라 명명했다. 정부가 이러한 요소를 갖추어야만, 기득권층의 이익에 복속되지 않고 '가격을 왜곡'할 기회가 생긴다는 것이다. 배태된 자율성은 형성하기가 쉽지 않아, 그 부재가 다른 개발 지역에서 국가 개입주의가 실패한 요인으로 지적된다.

국가는…
수익성 높은 투자 기회를
조성하기 위해 상대가격을
고의로 '잘못되게' 설정했다.
앨리스 암스덴

중국의 부상

1990년대에 동아시아 금융위기가 발생하면서, 다시금 발전국가 모델에 대한 의문이 제기되었다. 제2차 세계대전 이후 급격한 산업 성장을 이룩한 제도들이 20세기 후반에 접어들며 동력을 잃었다고 지적하는 사람이 많았다. 반면, 중국의 눈부신 성장은 발전국가, 혹은 적어도 표준적인 고전 경제학과는 다른 방식으로 급속한 경제적 발전을 이루는 정책과 제도라는 개념을 부활시켰다.

중국은 1970년대 후반에 일련의 공산주의 체제 개혁에 나섰다. 중국은 아시아의 호랑이와 유사한 독자적인 발전국가 브랜드를 만들었고, 민간 부문과 수출의 촉진을 책임지는 권위주의적 정부가 존재했다. 농업은 집단 농장에서 탈피했고, 국유 산업은 더 많은 자율성을 부여받는 대신 더욱 치열한 경쟁에 노출되었다. 중국은 이러한 개혁을 통해 서구식 재산권 개념을 도입하지 않고도 민간 경제활동의 확장을 유도할 수 있었다.

대안적인 인센티브는 중국의 독특한 제도에서 비롯되었다. 예를 들어, '농가책임생산제(Household Responsibility System)'에 따르면 사적소유권 개념 없이도 현지 관리자가 전 조직의 손익을 책임진다. 그 결과

는 놀라웠다. 중국은 서유럽에 비하면 여전히 가난하지만 1990년대에 급속한 경제성장을 일구어 1억 7천만 인구를 빈곤에서 구제했는데, 이는 개발 지역의 빈곤 감소 인구 중 75퍼센트에 해당하는 규모였다.

중국과 아시아의 호랑이의 역사는 발전에 유일한 왕도가 없다는 사실을 입증한다. 이 국가들이 경제에 개입한 방식은 유럽이 경제발전 과정에서 따랐던 방식과 전혀 달랐다. 그러나 모든 발전 모델이, 비록 성공한 모델일지라도 종국에는 한계에 봉착하는 것 또한 사실이다.

1990년대 들어 아시아의 호랑이 국가에서 발전국가의 이점은 점차 줄어들었고, 10년간 힘을 발휘하던 제도가 그 후에는 실패하기 시작했다. 언젠가는 중국 정부 역시 그 발전 동력을 상실할 것이다. 만약 지금의 눈부신 성장을 유지하려면, 스스로 새롭게 거듭나야 할 것이다. ■

대부분의 중국 도시와 마찬가지로 항주라는 동부 도시도 급속한 성장을 보였고, 중국의 산업화에 따라 도시화가 진행 중이다.

산업정책과 인센티브

동아시아의 발전국가들은 선호하는 산업 부문의 기업들에 특혜를 제공하는 한편, 성과에 따른 인센티브를 마련했다. 이 국가들은 기업에 포상하기 위한 경연대회를 개최하는 등 인센티브를 통해 성과 기준의 달성을 촉구했다.

일반적으로 포상의 기준은 성공적인 수출이었다. 상품은 여신한도나 외환 접근권이었다. 예를 들어 한국과 대만에서는 기업들이 수출 주문을 받았음을 입증해야 했다. 그래야만 포상을 받을 수 있었다. 한국은 조선업과 같은 신생 산업의 대형 프로젝트를 놓고 민간 기업들끼리 입찰 경쟁을 붙였다. 여기에서 이긴 기업은 당분간 국제 시장으로부터 보호를 받았다. 성과 기준에는 기업이 일정 시기까지 국제 경쟁력을 갖춰야 한다는 조항도 포함되었다. 기준에 미달하는 기업은 처벌을 받았다.

한국의 철강 산업은 발전국가가 거둔 큰 성공이다. 2011년 현재 한국은 세계에서 여섯 번째로 큰 철강 생산국이다.

믿음이 통화위기를 야기할 수 있다

투기와 평가절하

통화위기란 한 나라의 통화 가치가 다른 통화에 비해 갑자기 폭락하는 것이다. 제2차 세계대전 이후 약 30년 동안 세계의 주요 통화는 조정 가능한 고정환율제도에 기반을 둔 브레턴우즈 체제의 지배를 받았다.

이 체제가 1971년에 종식되자, 통화위기가 더 자주 일어났다. 일반적으로 통화위기는 일국의 통화를 대량으로 매도하는 사람들 때문에 발생한다. 이 행위는 사람들의 기대와 경제에 내재된 특정한 약점(이른바 '펀더멘털') 간의 상호작용에서 기인하는 듯 보인다. 다시 말해, 인식된 문제에 대한 사람들의 반응인 것이다. 경제학자들은 이 상호작용을 수학적 모형으로 만들고자 했으나, 데이터에 적합한 모형을 찾았다고 생각할 때마다 새로운 유형의 위기가 등장하곤 했다.

역사 속의 통화위기

허리케인처럼 금융위기도 놀랍도록 자주 발생하지만 예측하기는 힘들다. 화폐를 귀금속으로 만들던 수세기 전에는 대개 통치자가 주화의 귀금속 함량을 줄여 화폐 가치가 떨어지면서 통화로서의 가치도 사라지곤 했다. 중앙은행에서 돈을 지폐로 발행하기 시작한 후로는 높은 인플레이션이 통화 가치를 급락시켰다. 이 사태가 벌어졌던 1923년의 독일에서는, 한동안 상품 가격이 이틀마다 두 배씩 상승했다.

그러나 극심한 인플레이션만이 통화위기를 초래하는 것은 아니다. 1929~1933년의 대공황 때는 광물과 식품 등의 가격이 급락하면서, 이 상품들의 수출 무역에 의존하던 라틴아메리카 국가들의 통화 가치도 함께 떨어졌다.

일관성 없는 정책

한편 미국 경제학자 폴 크루그먼은 1979년의 저작에서 정부의 일관성 없는 환율정책만으로도 통화위기가 초래될 수 있음을 입증했다.

크루그먼의 주장은 제1세대 외환위기 모형의 근간이었다. 이 모형은 자국 통화와 해외 통화의 환율이 고정되어 있고, 재정적자(세수보다 지출이 더 많은 경우)에 시달리는 자국 정부가 화폐 발행을 통해 자금을 조달한다는 가정에서 시작한다. 이 정책은 통화 공급을 늘림으로써 고정환율로 고정된 통화 가치와의 불일치를 야기한다. 다른 조건이 동일할 경우 이 정책은 자국 통화의 '실질' 가치를 하락시킨다.

다음으로 이 모형은 중앙은행이 통화를 지원하기 위해 외환 보유고를 매도한다고 가정한다. 그러나 사람들이 종국에는 중앙은행의 외환보유고가 고갈될 것임을 알 수 있다고도 가정한다. 그러면 환율은 '변동(자유롭게 거래)'되다가 떨어질 것이다.

이 모형에서는 중앙은행이 고정환율을 방어하지 않는다면 이르게 될 '잠재환율(shadow exchange rate)'이 존재한다고 주장한다. 사람들은 정부의 재정적자를 보고 특정 시점의 잠재환율을 가늠할 수 있다. 이

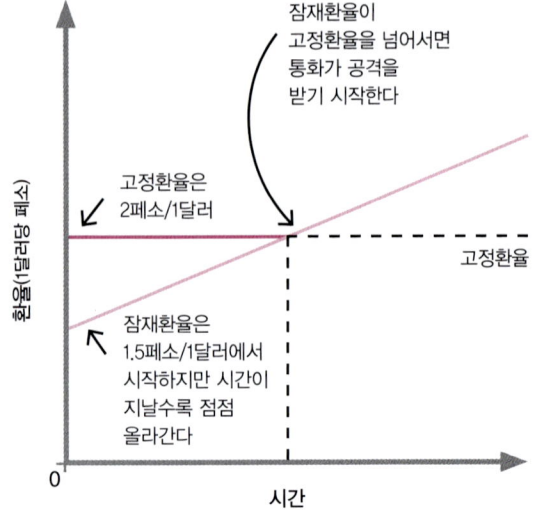

잠재환율이 고정환율을 넘어서면 통화가 공격을 받기 시작한다

고정환율은 2페소/1달러

잠재환율은 1.5페소/1달러에서 시작하지만 시간이 지날수록 점점 올라간다

환율(1달러당 페소) / 시간 / 고정환율

'1세대' 위기 모형에서 한 통화가 다른 통화에 고정되어 있을 때, 그 '실질' 가치나 잠재환율은 고정된 가치 이하로 떨어진다. 이 그래프에 나타난 것은 잠재환율이 2페소/1달러 이상으로 올라가는 부분에 해당한다. 이런 사태가 발생하면, 투기자들이 평가절하를 기대하고 이 나라의 외환보유고를 매수하여 통화가 공격에 취약해지게 된다.

참조 : ■ 케인스의 승수효과 164~165쪽 ■ 인플레이션과 실업 202~203쪽 ■ 지출을 위한 저축 204~205쪽 ■ 합리적 기대 244~247쪽

들은 자국 통화를 잠재환율보다 고정환율로 파는 것이 낫다고 판단하는 순간, 투기적 공격을 개시하여 중앙은행의 모든 외환 보유고를 매수할 것이다. 그러면 자국 통화는 가치가 변동될 수밖에 없고, 결국 평가절하된 잠재환율이 실제 환율이 될 것이다. 투기적 공격은 꾸준히 가치가 하락하는 잠재환율이 고정환율과 같아지는 시점에 발생한다.

이 모형은 1982년의 멕시코 위기를 비롯한 1970년대와 1980년대의 라틴아메리카 통화위기에 부합하는 듯하다. 그러나 1992~1993년에 유럽 통화 제도(European Monetary System ; EMS) 내에서 발생한 통화위기와는 상충되어 보였다. 그 부속 제도인 환율 조정 제도(Exchange Rate Mechanism ; ERM) 하에서 유럽 국가들은 각국 통화를 독일의 마르크화(DM)에 효과적으로 고정(또는 '페그')시켰다. 그런데 일부 통화가 투기자들, 특히 금융인 조지 소로스(George Soros)의 공격을 받게 되었다.

영국과 같은 국가가 앞의 모형처럼 목표 환율과 불일치하는 정책을 편다고 주장하기는 어려울 것이다. 영국은 재정 적자가

RESERVE BANK OF ZIMBABWE
10
Ten Dollars

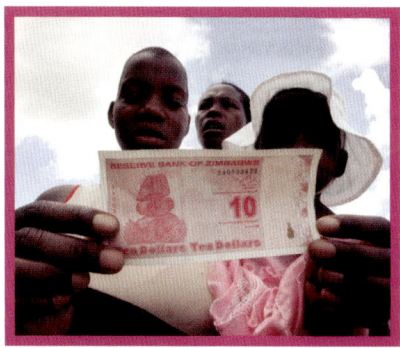

2009년에 여자들이 새로운 짐바브웨 달러 지폐를 살펴보고 있다. 이 나라는 기존 지폐에서 12개의 '0'을 제거하여 통화를 재평가했다.

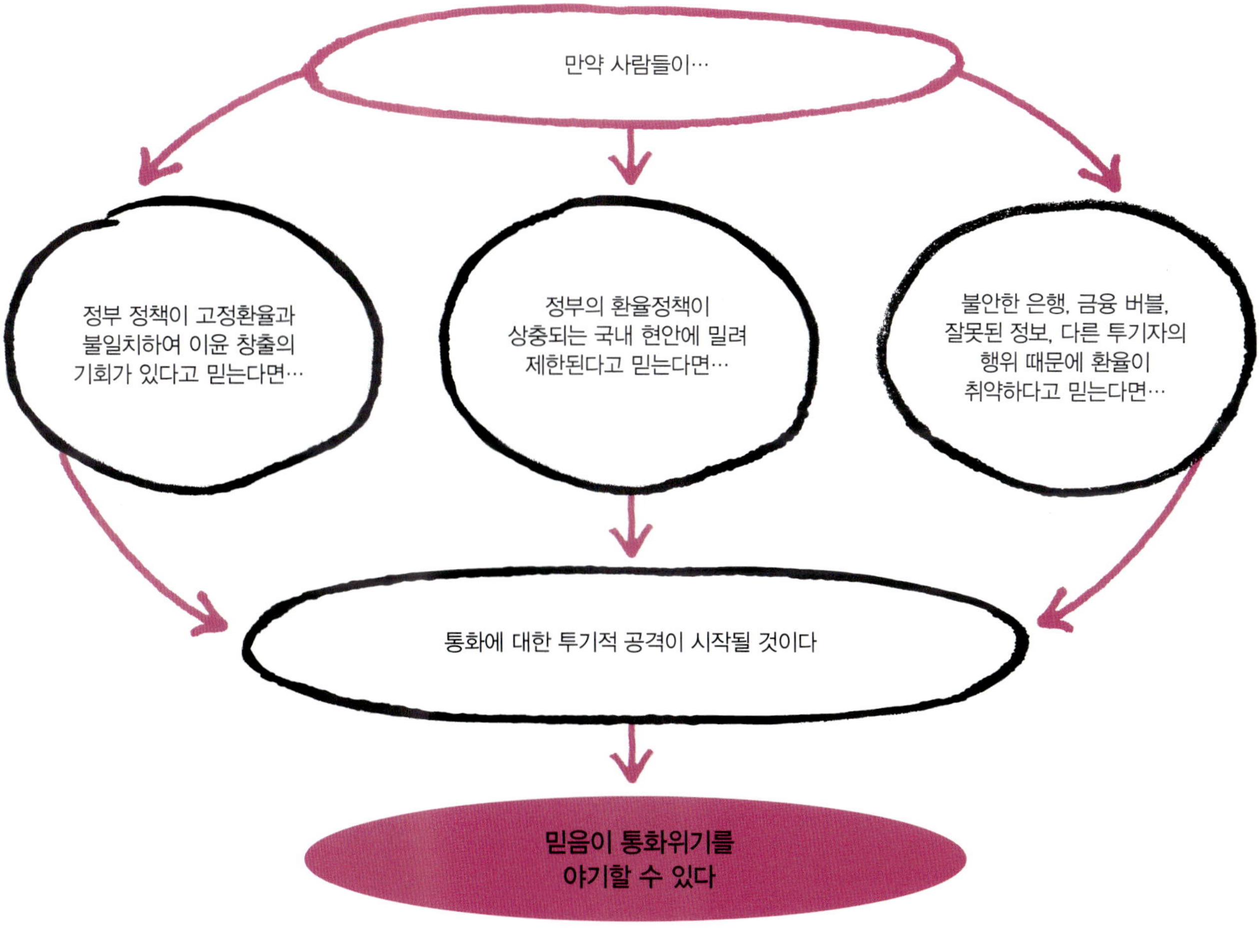
만약 사람들이…
정부 정책이 고정환율과 불일치하여 이윤 창출의 기회가 있다고 믿는다면…
정부의 환율정책이 상충되는 국내 현안에 밀려 제한된다고 믿는다면…
불안한 은행, 금융 버블, 잘못된 정보, 다른 투기자의 행위 때문에 환율이 취약하다고 믿는다면…
통화에 대한 투기적 공격이 시작될 것이다
믿음이 통화위기를 야기할 수 있다

국내외의 경제적 요인이 통화가치의 하락 압력을 가중시킴

통화 'X'가 고정된 해외 통화의 가치는 변함이 없음

통화 'X'는 가치가 떨어질 수밖에 없음

한 국가의 통화가 다른 국가와 환율이 고정되어 있을 때, 그 국가가 받는 국내외의 압력 때문에 그 연결 고리가 끊어질 수 있다. 이 지점에서 통화의 가치는 급락할 것이다.

매우 적었고, 그 전에는 재정 혹자를 유지했으나 1992년에 강제로 ERM에서 탈퇴하여 재무장관(Chancellor of the Exchequer)이던 노먼 러몬트(Norman Lamont)에게 대단한 정치적 타격을 안겼다. 이 사건을 설명하려면 새로운 모형이 필요했다.

자기실현적 위기

1세대 모형에서는 정부의 정책이 '고정적'이었다. 당국이 자국 통화를 방어하려면 무조건 외환 보유고를 매각해야 했던 것이다. 2세대 모형에서는 정부에 선택권을 부여한다. 정부는 고정환율제를 고수할 수 있지만, 이 '규칙'에는 예외 조항이 있다. 만약 실업이 극도로 심각해지면, 정부는 고정환율제를 포기해야 한다. (고금리 등을 통해) 통화를 방어하는 사회적 비용이 너무 커지기 때문이다. 실제로 이러한 어려운 선택을 2012년 그리스 사태에서 목격한 바 있다. 그러나 투기적 공격이 없었다면, 이러한 추가 사회적 비용은 발생하지 않았을 것이다.

결국 이 모형은 하나 이상의 결과가 나타날 수 있음을 시사하고, 경제학자들은 이를 '복수 균형(multiple equilibria)'이라 부른

다. 만약 다른 사람들이 통화를 공격할 것이라고 믿는 사람이 많아지면, 투기적 공격이 일어날 수 있다. 그러면 이들 역시 통화를 공격하여 위기상황이 전개될 것이다. 그러나 사람들이 이렇게 믿지 않으면, 위기는 발생하지 않는다.

이 모형에서 위기는 '자기실현적'이다. 극단적으로 보자면 이 모형의 위기는 일국의 경제적 펀더멘털과는 무관하게 발생할 수 있다. 미국의 모리스 옵스펠트(Maurice

> 통화에 대한 투기적 공격을 막는 유일하고도 절대적으로 확실한 방법은…
> 독립된 통화를 갖지 않는 것이다.
> **폴 크루그먼**

Obstfeld) 등의 경제학자의 연구에 기반을 둔 이 모형은 통화 가치 하락을 막기 위하여 금리를 높이는 등 정부가 통화를 방어하기 위해 금리 등의 수단을 사용할 수 있다는 점에서 이전 모형보다 현실적으로 보인다. 또 정부의 환율정책이 높은 실업률 때문에 제약을 받았던 ERM 위기 사태와도 일맥상통한다.

금융 취약성

1997년의 동아시아 위기는 앞의 두 모형에 해당되지 않는 듯했다. 실업이 관건이 아니었음에도 동아시아의 통화들은 갑작스런 대규모 투기적 공격을 받았다. 2세대 모형에서 평가절하의 예외 조항은 경제의 사회적 비용을 줄이기 위한 것이었으나, 동아시아에서는 통화가 갑작스레 붕괴되면서 비록 단기적이나마 심각한 침체 국면이 뒤따랐다. 은행의 호황과 불황으로 초래된 금융 취약성이 중요한 역할을 했다.

이러한 견지에서 경제학자들은 경제적 약점과 투자자의 자기실현적 기대의 상호작용에 초점을 맞추기 시작했다. 이 3세대 모형은 이제 기업과 은행이 외환으로 대출

받거나 자국 통화로 대출할 경우 야기되는 새로운 유형의 금융 취약성을 고려했다. 화폐 가치가 떨어지면 은행은 부채를 상환할 수 없을 터였고, 이러한 종류의 약점이 투기적 공격과 위기를 촉발할 수 있었다.

경제학자들은 이론을 개발할 뿐 아니라 통화위기의 징후가 될 만한 근거를 주시해 왔다. 1996년의 논문에서, 제프리 프란켈(Jeffrey Frankel)과 앤드류 로즈(Andrew Rose)는 1971년부터 1992년까지 발생한 105개 개발도상국의 통화위기를 검토했다.

프란켈과 로즈는 외자 도입이 줄어들거나 중앙은행의 외환 보유고가 낮을 때, 국내 신용대출이 빠르게 증가하거나 주요 외환(특히 미국 달러화)의 금리가 상승할 때, 그리고 실질 환율(거래되는 상품의 해외 가격 대비 국내 가격의 비율)이 높아 그 나라의 상품이 해외 시장에서 경쟁력이 없을 때, 통화 가치가 저하된다는 사실을 발견했다. 경제학자들은 이러한 경고 신호를 모니터링하여 위기를 한두 해 미리 예측할 수 있다고 주장한다.

위기 예방

연구에 따르면 최근 역사에서 각종 위기를 겪었던 기간이 5~25퍼센트에 해당한다고 한다. 새로운 위기가 닥칠 때마다 우리는 계속 놀라겠지만, 통화위기가 몰려오고 있음을 미리 경고해주는 지표들(실질 환율, 수출 및 경상수지, 중앙은행의 국제준비금 보유량 대비 국내 통화량 등)도 있다.

지난 수십 년간의 경험은 위기의 경제적 근원을 노출시켰다. 경제학자들은 이제 통화위기와 은행위기의 악순환을 뜻하는 '쌍둥이위기(twin crises)'를 거론한다. 급속한 금융규제 완화와 국제 자본시장의 자유화가 금융 및 규제 제도가 취약한 국가에서 위기를 초래하는 주범으로 지목된다. 정부는 미래 위기의 거시경제적 징후를 주시할 뿐 아니라, 이러한 제도적 취약성도 개선해 나가야 할 것이다. ∎

동아시아의 금융위기

1997년의 동아시아 위기는 막대한 성장세와 정부 재정흑자를 자랑하던 눈부신 국가들에서 난데없이 발생한 사건처럼 보였다. 그때까지 이 지역의 국가들은 대부분 환율을 미국 달러화에 고정시킨 상태였다.

위기의 첫 번째 신호는 태국과 한국에서 실패한 기업들이었다. 고정환율을 유지하기 위한 수개월간의 전쟁 끝에 1997년 7월 2일 태국이 통화를 평가절하했다. 그 후 필리핀이 7월 11일, 말레이시아가 7월 14일, 인도네시아가 8월 14일에 환율을 변동시켰다. 채 1년도 지나지 않아 인도네시아, 태국, 한국, 말레이시아, 필리핀의 화폐 가치는 40~85퍼센트나 급락했다. 오로지 홍콩만이 투기자들에 맞서 버티고 있었다.

이 위기로 인해 심각한 은행권 위기가 시작되었다. 대출이 주로 단기로 이루어지고, 외국 대출기관이 자본 회수에 나서자, 연쇄효과를 일으키며 통화 가치가 곤두박질쳤다.

아이슬란드 사람들이 크로나화의 가치가 3분의 1 이상 떨어졌던 2008년 통화위기에 대한 정부 대응을 맹비난하며 레이캬비크(Reykjavik)의 거리로 뛰쳐나왔다.

경매 낙찰자는 바가지를 쓰게 된다

승자의 저주

매각 품목의 가치가 불확실한 경매에서는 모든 입찰자가 그 가치를 스스로 결정한다

↓

평가액을 개인적으로 결정하면, 사람마다 평가액의 편차가 발생한다

↓

해당 품목의 실질적 가치는 다양한 입찰자들의 평가액 중 중간 수준에 가까울 것이다

↓

상품은 그 가치를 가장 과대평가한 입찰자가 구매하게 된다

↓

경매 낙찰자는 바가지를 쓰게 된다

경매의 역사는 장구하지만, 경제학자들은 근래에 와서야 경매가 게임 이론의 경쟁 전략을 실험하기에 이상적인 장임을 깨달았다. 게임 이론은 1950년대에 수학자들이 간단한 게임으로 사람들의 직접적인 경쟁 상황을 설명할 수 있음을 발견하면서 주목받기 시작했다. 물론 이 이론을 현실 세계에 그대로 적용하기에는 무리가 있었지만, 참가자가 제한되고 포커 비슷한 구매 전략이 등장하는 경매의 엄격한 규칙은 게임 이론에 훨씬 더 근접해 보였다.

경매의 유형

1960년대에 게임 이론을 경매에 처음 적용한 사람은 캐나다의 경제학자 윌리엄 비크리(William Vickrey)였다. 그는 가장 일반적인 세 가지 경매 유형을 비교했다. '영국식 경매(English auction)'는 한 명의 입찰자가 남을 때까지 호가를 계속 높여가는 방식으로 영국의 미술품 경매에서 사용된다. 네덜란드의 꽃시장 등에서 사용되는 '네덜란드식 경매(Dutch Auction, 역경매)'는 최초 입찰자가 나올 때까지 호가가 점점 낮아진다. '최고가 경매(first-price auction)'에서는 입찰자들이 밀봉호가를 제출하여 최고 가격을 써낸 사람이 낙찰받는다. 비크리가 제안한

참조 : ■ 경쟁시장 126~129쪽 ■ 위험과 불확실성 162~163쪽 ■ 사회선택 이론 214~215쪽 ■ 게임 이론 234~241쪽

경매에서는 경매 품목을 과대평가한 입찰자가 낙찰받는 이른바 '승자의 저주'가 벌어질 위험이 있다.

네 번째 유형의 경매는 최고가 경매와 비슷하지만 낙찰자가 두 번째로 높은 입찰가를 지불하는 방식이다. 비크리는 수학을 이용하여, 입찰자들이 독립적으로 품목의 가치를 평가하면 네 유형의 경매 모두 판매자의 수입이 동일하다는 '수입등가 정리(revenue equivalence theorem)'를 증명했다.

할인 입찰

비크리는 입찰자 입장에서는 자신의 가치 평가액보다 낮은 액수로 입찰하는 이른바 '할인 입찰(shading)' 전략이 유리하고, 그러지 않으면 바가지를 쓰게 될 수 있다고 주장했다. 할인 입찰은 1970년대에 해외 석유 채굴권을 놓고 정유사들이 입찰 경쟁을 벌여 낙찰가가 과도하게 치솟는 사례가 빈번해지면서 특히 주목을 받았다. 경매 이론

가들은 경매 품목이 그것을 가장 과대평가한 입찰자에게 돌아가는 '승자의 저주' 현상을 발견했다. 예를 들어 그림 한 점을 100파운드로 입찰하여 낙찰받았다고 생각해 보자. 낙찰자는 다른 누구보다 높게 입찰했기 때문에 이긴 것이다. 다음으로 높은 입찰가가 98파운드였다고 가정해보면, 98.01파운드만 입찰했어도 이길 수 있었을 것이다. 이 경우 낙찰자는 거금 1.99파운드를 '너무 많이' 지불한 셈이다.

경매 이론은 판매자의 수익을 극대화하고 재화 가치를 가장 높게 평가한 구매자에게 낙찰되도록 경매를 설계하는 데도 이용할 수 있다. 1990년대 미국 정부의 주파수 경매제의 성공은 이 새로운 경제학 영역에 대한 입소문을 퍼뜨렸다. 많은 사람들이 이 일을, 게임 이론이 단지 이론에 그치지 않고 실제 시장에도 적용된다는 증거로 받아들였다. 일각에서는 경매가 특별한 유형의 시장이고, 이 시장조차 게임 이론만으로는 충분히 설명될 수 없다고 주장한다. 어쨌든 경매가 정부조달 사업과 공채 발행 등의 기존 영역을 넘어 널리 확장되고 있는 것만은 분명해 보인다. ■

주파수 경매

경매 이론은 정부 경매가 봇물처럼 쏟아져 나오던 1990년대 미국의 산업 민영화 과정에서 그 진가를 발휘했다. 최대 규모의 매각은 통신사들이 전송 가능한 전자기 스펙트럼(주파수)을 할당받기 위해 막대한 자금을 동원하면서 성사되었다. 미국 정부는 수익을 극대화할 뿐 아니라 이 주파수의 가치를 가장 높게 평가하는 입찰자가 낙찰받기를 바랐다.

1993년 미국 연방통신위원회(Federal Communication Commission ; FCC)는 경매 이론가를 초빙하여 2천500개의 주파수 이용권에 대한 경매를 설계했다. 한편 통신사들은 입찰 전략을 짜기 위해 경매 이론가를 고용했다. 결국 FCC는 영국식 경매 방식을 택하되 약간 수정을 가하여, 보복 입찰이나 입찰자 간의 가격 담합을 막기 위해 입찰자의 신원을 공개하지 않았다. 이 경매는 모든 기록을 갱신했고, 그 접근법은 폭넓게 모방되었다.

네덜란드의 알스메르(Aalsmeer) 꽃시장에서 사용되는 네덜란드식 경매에서는 호가가 높게 시작해서 점점 떨어진다. 그 과정에서 가격의 하락을 멈추게 하는 첫 번째 입찰자가 꽃을 사게 된다.

안정적인 경제는 불안정성의 씨앗을 품고 있다

금융위기

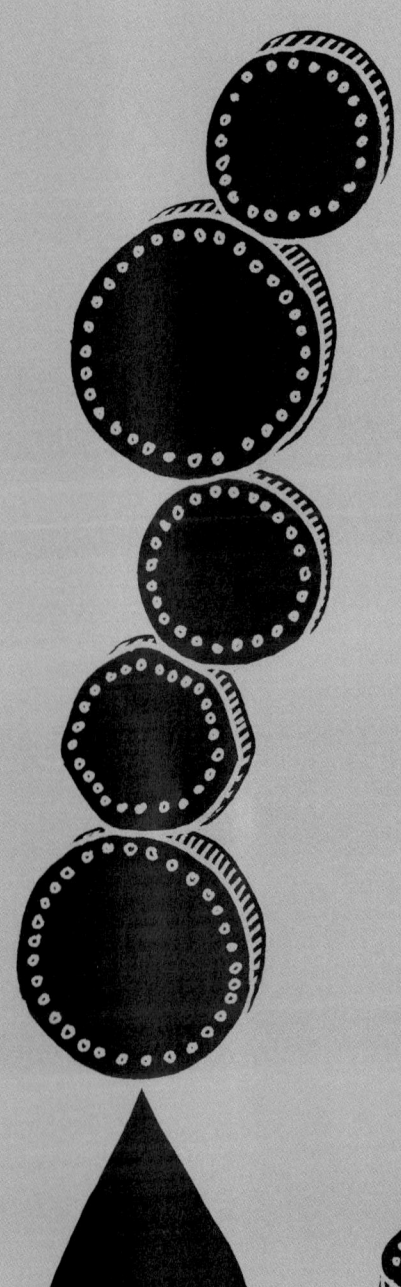

맥락읽기

초점
은행과 금융

핵심사상가
하이먼 민스키(1919~1996년)

이전의 관련 역사
서기 1933년 : 미국 경제학자 어빙 피셔가 부채가 어떻게 불황을 초래할 수 있는지를 설명한다.

서기 1936년 : 영국 경제학자 존 메이너드 케인스가 금융시장이 기존의 생각보다 경제 기능에 훨씬 더 중대한 역할을 한다고 주장한다.

이후의 관련 역사
서기 2007년 : 레바논 출신의 미국 리스크 연구가 나심 니콜라스 탈레브가 금융시장의 리스크 관리 절차를 비판하는 『블랙 스완』을 출간한다.

서기 2009년 : 미국의 대형 투자펀드를 운영하던 폴 맥컬리(Paul McCulley)가 거품이 꺼지는 순간을 가리키는 '민스키 모멘트(Minsky moment)'란 용어를 만든다.

경제 시스템의 불안정은 경제사상의 전 역사에 걸쳐 논의되어왔다. 애덤 스미스에서 시작된 전통에 따르는 고전 경제학자들은 경제가 항상 안정적인 평형 상태로 수렴된다고 믿었다. '경기순환'이라고도 불리는 호황과 불황을 초래하는 불안요인은 언제나 상존하겠지만, 궁극적으로는 안정적인 완전고용 경제를 향해 나아간다는 것이다.

1929년에 대공황이 시작되자 일부 경제학자는 경기순환을 좀더 면밀히 검토하기 시작했다. 1933년에 미국 경제학자 어빙 피셔는 호황이 과도한 부채와 가격 하락에 따른 불안정 때문에 불황으로 이어지는 과정을 묘사했다. 3년 후, 존 메이너드 케인스는 경제가 자동으로 복원된다는 개념에 의구심을 느꼈다. 그는 저서 『일반이론』에서 경제가 탈출 가능성이 거의 없는 침체 상태에 빠질 수도 있다는 이론을 개진했다.

이러한 연구는 현대 경제의 불안정성을 이해하는 분기점이었다. 1992년에 하이먼 민스키(Hyman Minsky)는 〈금융 불안정성 가설Financial Instability Hypothesis〉이라는 논문에서 이 문제를 다시 검토했다. 이 논문은 현대 자본주의 경제에 그 파멸의 씨앗

찰스 폰지가 1910년 미국에서 체포된 직후에 찍은 사진으로, 그는 실현 불가능한 수익을 약속하며 투자 사기를 벌였다. 민스키는 자본주의의 호황을 언젠가 붕괴될 운명의 폰지 사기에 비유했다.

이 숨어 있다고 주장했다.

케인스의 관점에 따르면, 현대 자본주의 경제는 18세기에 존재하던 경제와 달랐다. 주요한 차이는 화폐 및 금융기관의 역할이었다.

1803년 프랑스 경제학자 장 바티스트 세는 경제의 본질은 사람들이 물건을 생산하여 돈으로 바꾼 다음, 이 돈을 다시 자신이 원하는 물건과 바꾸는 세련된 물물교환 시스템이라는 고전적인 해석을 내놓았다. 실제 교환하는 것은 물건과 물건이고, 돈은 단지 윤활유 역할을 한다는 것이다.

그러나 케인스는 돈이 그 이상의 역할을 한다고 주장했다. 돈이 다른 시점 간의 거래를 가능케 한다는 것이다. 기업은 오늘 돈을 빌려 공장을 짓고, 거기에서 발생된 수익으로 미래에 대출금과 이자를 상환할 수 있으리라 기대한다.

민스키는 기업만 이런 과정에 속한 것이 아니라고 지적했다. 정부도 국채를 발행하여 자금을 조달하고, 소비자도 차나 집을 사기 위해 거액을 빌린다. 이들 역시 다른

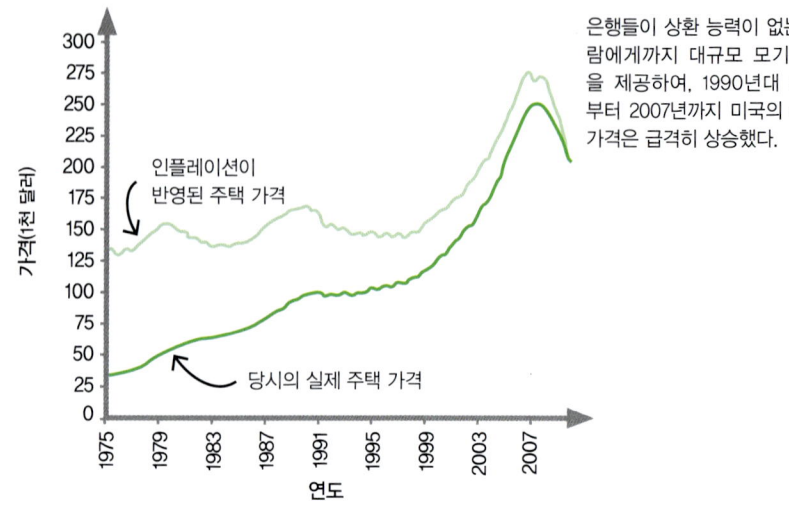

은행들이 상환 능력이 없는 사람에게까지 대규모 모기지론을 제공하여, 1990년대 후반부터 2007년까지 미국의 주택 가격은 급격히 상승했다.

인플레이션이 반영된 주택 가격

당시의 실제 주택 가격

가격(1천 달러)

연도

참조 : ■ 금융업 26~29쪽 ■ 호황과 불황 78~79쪽 ■ 경제 버블 98~99쪽 ■ 경제 균형 118~123쪽 ■ 금융공학 262~265쪽 ■ 예금인출 사태 316~321쪽 ■ 세계의 저축 불균형 322~325쪽

시점 간의 거래에 자금을 제공하는 복잡한 금융시장의 일부인 것이다.

부채의 상인

민스키는 현대 경제와 자본주의 이전 경제 사이에는 또 다른 큰 차이가 있다고 주장했다. 은행 시스템이 단지 차입자와 대출자를 연결해주는 데 그치지 않는다는 것이다. 은행 역시 자금을 팔고 사는 방식의 혁신에 많은 노력을 기울인다.

비근한 예로 1970년대에 개발된 부채담보부증권(CDO)이라는 금융상품을 들 수 있다. CDO는 리스크가 높거나 낮은 다양한 금융자산(대출채권)을 한데 묶어 신종 자산을 만든 다음, 작은 단위로 분할하여 매각한다. 그러므로 각 단위에는 다양한 부채가 혼합되어 있다.

또 1994년에는 CDO 자산의 부도 위험을 막기 위해 신용부도스와프(Credit Default Swap ; CDS)가 도입되었다. 이 혁신적인 두 가지 상품은 대출채권을 금융 시스템에 공급하여 유동성 또는 화폐 공급을 늘리는 데 기여했다.

민스키는 이러한 금융 혁신 때문에 정부가 더 이상 자국 경제의 통화량을 통제하지 못하게 되었다고 결론지었다. 대출에 대한 수요만 있다면, 금융시장은 어떻게든 그 수요를 충족시킬 방법을 찾아낼 터였다.

민스키에 따르면, 자본주의 경제는 제2차 세계대전 후부터 정부나 대기업의 지배에서 벗어나는 대신, 대규모 단기 금융시장의 영향을 받게 되었다. 금융시장은 사람

> 돈은 실제 경제요인의
> 움직임을 감추는 베일이다.
> 아서 피구

들의 행동에 영향을 미쳐, 자체적인 파멸의 씨앗을 품은 체제를 만들어냈다. 민스키는 안정적인 경제 성장기가 길어질수록, 이 번영이 계속되리라 믿는 사람도 늘어난다고 주장했다. 자신감이 커지면, 위험을 감수하려는 성향도 높아질 것이다. 역설적이게도 경제적 안정이 오래 지속된 결과 치명적으로 불안해질 가능성이 높은 경제로 전환되는 것이다.

민스키는 사람들이 고를 수 있는 세 가지 유형의 투자 선택을 관찰함으로써 안정에서 불안정으로 바뀌는 경로를 설명했다. 투자 선택 유형은 주택 구매 방식을 살펴보면 간단하게 도식화될 수 있다.

가장 안전한 결정은 자신의 소득으로 대출금에 대한 이자를 상환하고 또 장기간에 걸쳐 원금도 갚을 수 있는 금액을 빌리는 것이다. 민스키가 '헤지 조달(Hedge Unit)'이라고 부르는 이 대출은 대출자나 차입자에게 거의 리스크가 발생하지 않는다.

여기에서 미래에 대한 자신감이 더 커지면, 사람들은 소득으로 대출금 이자는 갚아도 대출 원금은 갚을 수 없는 더 큰 규모의 IO(Interest Only) 모기지론을 이용할 것이다.

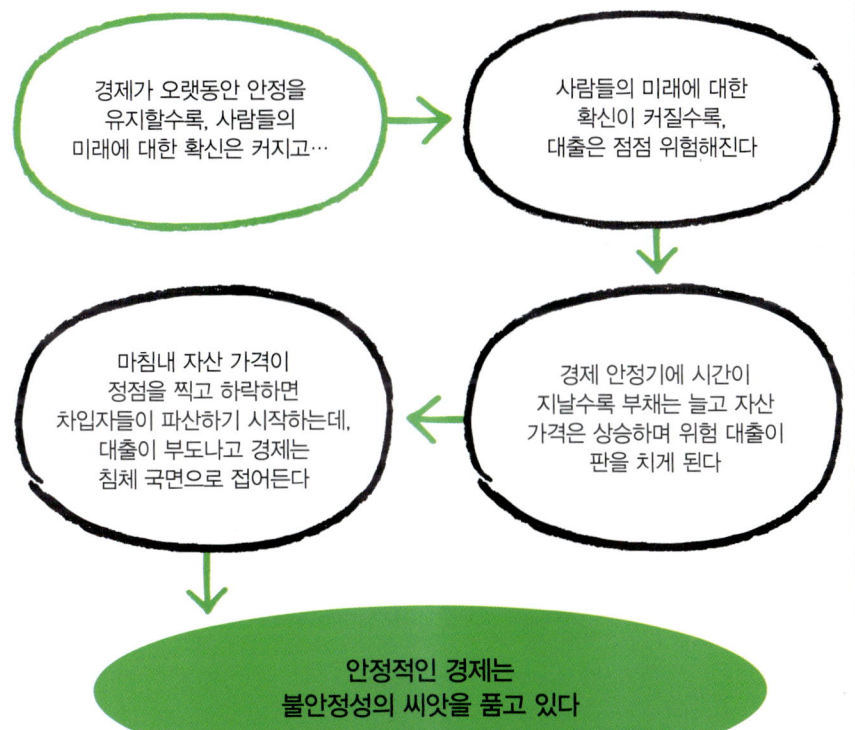

경제 안정기에는 미래에 대한 자신감이 강해져, 사람들이 점점 위험한 투자를 감행한다. 그 결과 언젠가는 터지고 말 자산가격 거품이 형성된다.

안정기 초반에는
자산 가격이 합리적임

시간이 지날수록
자산 가격이 상승함

시간이 더 흐르면,
가격이 너무 높아져
자신감이 사라짐

저위험 투자

저위험 투자 + 고위험 투자

저위험 투자 + 고위험 투자 +
무분별한 투자

경제성장 전망이 낙관적인 안정기에는 수요가 계속 증가하여 만기 시점의 집값이 구매 시점에 비해 크게 올라 있으리라 기대하는 것이다. 민스키는 이런 사람들을 '투기적(speculative)' 조달자라고 불렀다.

시간이 흘러도 계속 안정성과 자신감이 유지되면, 사람들은 더 큰 리스크를 떠안고 소득으로 대출 이자조차 감당이 안 되는 큰 집을 사려고 나설 것이고, 그로 인해 총 부채 수준이 적어도 단기적으로는 급증할 것이다. 여기에는 주택 가격이 이자 상환 부족액을 채우고도 남을 만큼 빠르게 오를 것이라는 기대가 깔려 있다. 이 세 번째 유형의 투자는 미래의 불안정성을 더욱 확대시킬 것이다.

민스키는 이러한 세 번째 유형의 투자를 찰스 폰지(Charles Ponzi)의 이름을 따서 '폰지(ponzi)' 조달자라고 명명했다. 찰스 폰지는 이탈리아에서 미국으로 이민을 와서, 이제는 그의 이름이 붙은 금융사기를 치다 붙잡힌 최초의 인물 중 하나다.

'폰지 사기'란 매우 높은 수익률을 제공

함으로써 자금을 유치한다. 사기꾼들은 처음에는 신규 투자자의 자금을 끌어다가 기존 투자자에게 수익금으로 돌려준다. 이렇게 하면 수익성이 높은 투자라는 환상을 유지시켜, 계속 새로운 투자자를 유치할 수 있다. 하지만 이내 약속했던 높은 수익금을 지급하지 못하게 되어, 이 계획은 탄로나고 만다. 이러한 사기에 걸려드는 투자자는 투자액의 대부분을 손해 볼 가능성이 높다.

주택 거품

최근 미국 주택시장의 역사는 오랜 안정

중개인이 한 부부에게 집을 구경시키고 있다. 미국의 주택 호황기에는 은행들이 주택 가격 상승을 기대하고 대출했기 때문에, 모기지론을 감당할 능력이 없는 사람도 구매를 권유받았다.

기를 구가한 경제 내에서 불안정성의 요건들이 자체적으로 생성되는 과정을 잘 보여주는 사례다. 1970년대와 1980년대만 해도 민스키가 헤지 조달이라 부른, 이자와 원금 상환이 보장되는 방식으로 표준적인 모기지론이 판매되었다. 그러나 1990년대 말에 이르도록 성장이 지속되고 주택 가격이 상승하자, 집값이 계속 오를 것이라는 예상으로 만기까지 이자만 상환하는 모기지론을 구매하는 사람들이 늘어났다. 그러자 금융업계는 소득이 너무 낮아 이자 상환 능력도 안 되는 사람들에게 각종 '폰지식' 모기지론을 제공하기 시작했다. 이것이 바로 '서브프라임' 모기지였다.

매월 상환하지 못하는 이자 부족분은 총 부채에 추가되는 구조였다. 그래도 주택 가격이 계속 상승하는 한, 자산 가치가 부채를 초과할 전망이었다. 주택시장에 새로운 구매자가 계속 유입되는 한, 주택 가격은 계속 상승했다. 동시에 모기지론을 매각하는 금융업계는 다시 이 모기지 채권을 묶어 30년간 미래 소득 흐름이 발생하는 자산으로 다른 은행에 판매했다.

이 게임이 끝난 것은 2006년 들어서였다. 미국 경제가 주춤하면서, 소득이 줄어들고 새로운 주택 수요가 감소했다. 주택 가격 오름세가 둔화되기 시작하자, 차입자들의 부채가 줄기는커녕 증가하면서, 최초의 대규모 부도 사태가 벌어졌다. 점점 더 많은 물량의 압류 주택이 시장에 풀리면서, 집값은 곤두박질쳤다.

2007년에 미국 경제는 이른바 '민스키 모멘트', 즉 지속 불가능한 투기가 위기로 전

> 자본주의 경제의 기묘한 특성은
> 주로 금융이 그 시스템의 움직임에
> 미치는 영향에서 기인한다.
> **하이먼 민스키**

환되는 지점에 도달했다. 주택시장의 붕괴로 은행들은 막대한 부채를 떠안았고, 악성 모기지 채권이 누구에게 흘러갔는지 알 길이 없었으므로, 금융기관끼리도 서로 대출을 중지했다. 그 결과 은행이 파산하기 시작했고, 가장 유명한 사례가 2008년의 리먼 브러더스 사태였다. 민스키가 예언했듯이, 안정기에 막대한 부채가 누적되어 대단히 불안정한 상황이 조성되면서, 금융 제도가 거의 파멸에 가까운 붕괴의 조짐을 보였다.

민스키는 치명적인 불안정을 막을 수 있는 세 가지 조치와 여기에 수반될 문제점까지 예견했다.

우선, 중앙은행이 실패한 은행 시스템을 구제하는 최후의 대출기관 기능을 할 수 있다. 그러나 민스키는 이럴 경우 은행들이 구제받을 것을 알고 안심하여 더 큰 리스크를 떠안게 되어 미래의 은행 시스템은 더욱 불안정해질 것으로 내다봤다.

둘째, 정부가 경제의 수요를 자극하기 위해 지출을 늘릴 수 있다. 그러나 위기 시점에는 정부조차 자금 조달에 어려움을 겪게 된다.

셋째, 금융시장이 규제를 강화할 수 있다. 민스키는 결국에는 이 조치가 필요하다고 믿어 의심치 않았다. 그러나 금융시장의 혁신이 워낙 급속히 이루어지다보니, 규제를 강화하기에도 대단한 어려움이 따를 것이다.

민스키가 보기에는, 금융 불안정성이야말로 현대 자본주의를 설명하는 핵심이었다. 돈은 더 이상 실물 경제를 가려주는 베일에 그치지 않고, 경제 그 자체가 되었다. 그의 사상에 대한 관심은 지금도 계속 커지고 있다. ■

2009년에 금융인 버나드 매도프(Bernard Madoff)는 사상 최대의 폰지 금융사기로 유죄 판결을 받았다. 그는 사기가 발각되기까지 40년에 걸쳐 180억 달러가 넘는 투자를 유치했다.

하이먼 민스키

정치적으로 좌파 경제학자인 하이먼 민스키는 시카고 출신으로, 그의 부모는 카를 마르크스 지지 집회에서 만난 러시아인과 유대인 이민자 부부였다. 그는 시카고 대학에서 수학을 공부하다가 경제학으로 전공을 바꾸었다. 민스키는 더 나은 세상을 꿈꾸었지만, 그에 못지않게 현실적인 상업에도 매력을 느껴 미국의 한 은행에서 고문이자 이사로 30년간 재직했다. 그는 제2차 세계대전 동안 미군으로 해외에 파병되었다가 복귀한 후 경력 대부분을 워싱턴 대학의 경제학 교수로 지냈다.

독창적인 사상가이자 천부적인 의사소통자였던 그는 친구를 쉽게 사귀었다. 학문적으로는 딱딱한 수학보다 사상에 더 관심이 많았다. 그의 연구 전반을 관통하는 개념은 돈의 흐름이다.

그는 평생, 어느 정도 자의에 의해 주류 경제사상의 주변부에 머물렀으나, 사후에 특히 그의 예견대로 2007~2008년에 위기가 발생한 후로는 엄청난 사상적 영향력을 미치게 되었다. 슬하에 두 자녀를 두었던 그는 1996년 77세의 나이에 암으로 사망했다.

주요 저서

1965년 『노동과 빈곤과의 전쟁*Labor and the War against Poverty*』
1975년 『존 메이너드 케인스*John Maynard Keynes*』
1986년 『불안정한 경제의 안정화 *Stabilizing an Unstable Economy*』

기업은 시장 임금보다 더 높은 임금을 지급한다

인센티브와 임금

미국의 경제학자 칼 샤피로(Carl Shapiro)와 조지프 스티글리츠는 시장에 언제나 실업 노동자 집단이 존재하므로, 기업들이 근로자에게 시장 임금보다 높은 임금을 지급하는 셈이라고 주장한다. 두 사람은 이 현상을 '효율임금(efficiency wage)'의 개념으로 설명한다. 고용주가 시장 임금보다 많이 지급하는 것은, 그럴 경우 직원에게서 더 많은 것을 얻게 되어 그만한 가치가 있기 때문이다.

이 상황은 시장의 '불완전성'에서 비롯된다. 고용주는 비용 없이는 직원들의 근무태도를 감독할 수 없다(경제학에서 말하는 '도덕적 해이' 문제). 그렇기 때문에 샤피로와 스티글리츠는 효율임금이 '근무 태만(shirking)'을 감소시킨다고 주장한다. 만약 직원들이 해고되더라도 금방 다른 일자리를 구할 수 있다고 생각하면, 업무 도중에 나태해지기 쉽다. 그러나 임금이 인상되고 해고가 장기 실업으로 이어질 수 있다고 생각하면, 직장을 잃는 비용이 늘어나 노동자의 근무 태만은 줄어들 것이다.

고용주는 비용을 들이지 않고는 직원의 능력을 파악할 수 없으므로, 효율임금에는 더 우수한 지원자를 유치하려는 목적도 있다. 또 직원의 사기를 진작시키고 이직률을 낮추려는 고용주의 바람에서 비롯된다는 설명도 있다(임금이 높아지면 고용 유지와 직원훈련비 절감이 용이해진다). 그리고 고임금은 직원 건강을 유지시켜 업무 효율을 높이는 효과도 있다. 그밖에도 효율임금은 수요가 떨어져도 임금을 삭감하지 못하는 이유를 설명해준다. 만일 그랬다가는 숙련된 직원들이 회사를 그만둘 것이기 때문이다. ■

노동자들이 1913년에 헨리 포드(Henry Ford)의 혁명적인 조립라인에서 '모델 T' 자동차를 생산하고 있다. 포드의 통찰 중 하나는 직원들 역시 자사의 최고 고객이 될 수 있음을 깨달은 것이다.

참조 : ■ 수요와 공급 108~113쪽 ■ 대공황과 실업 154~161쪽 ■ 시장 정보와 장려책 208~209쪽

불황기에는 실질 임금이 상승한다

경직성 임금

케인스 경제학에서는 명목임금이 떨어지지 않는 경향이 있다고 가정한다. 임금은 '경직성' 때문에 시장 상황의 변화에 느리게 반응한다는 것이다. 따라서 경제 불황이 닥쳐 자산 가격이 떨어지면, 실질임금의 가치는 올라간다. 그러면 기업의 노동 수요가 줄어들어 실업이 증가하게 된다.

미국 경제학자 존 테일러(John Taylor)와 같은 신케인스 학파 경제학자들은 이러한 경직성을 설명하고자 한다. 1970년대에 합리적 기대 개념이 등장하면서 케인스 경제학은 힘을 잃게 되었다. 임금이 떨어지면 영구적 실업이 발생할 수 없고, 정부의 경기부양책도 효과가 없을 것이기 때문이었다. 하지만 신케인스 학파는 합리적 기대 하에서도 실업이 잔존하고 정부 정책도 효과적일 수 있음을 입증했다. 임금의 경직성이 합리적 개인과 공존할 수 있기 때문이었다.

테일러와 미국 경제학자 그레고리 맨큐는 이른바 '메뉴 비용', 즉 새로운 가격표를 만드는 비용 등 가격 변경에 따르는 비용 때문에 가격이 경직된다고 주장한다. 또 일정 기간 임금을 고정시키는 노동계약도 가격 경직성의 원인이 될 수 있다. 초기 케인스 모형에는 개인의 행동과 합리성 개념이 빠져 있었다. 신케인스 학파 경제학자들은 케인스의 결론에 더욱 단단한 이론적 토대를 다지는 역할을 했다. ■

만약 경제에서 직면하는 문제를 이해하기 위해 단 한 명의 경제학자에게 의지해야 한다면, 그 경제학자는 의심의 여지없이 존 메이너드 케인스일 것이다.
그레고리 맨큐

참조 : ■ 대공황과 실업 154~161쪽 ■ 케인스의 승수효과 164~165쪽 ■ 합리적 기대 244~247쪽 ■ 인센티브와 임금 302쪽

304

구직활동은 배우자나 집을 구하는 일과 비슷하다

탐색과 매칭

맥락읽기

초점
의사결정

핵심사상가
조지 스티글러(1911~1991년)

이전의 관련 역사
서기 1944년 : 영국의 정치가 윌리엄 베버리지(William Beveridge)가 실업률이 높으면 비어 있는 일자리 수가 적다고 주장한다.

이후의 관련 역사
서기 1971년 : 미국 경제학자 피터 다이아몬드(Peter Diamond)가 많은 비용이 드는 탐색 마찰 때문에 '동일 임금' 원칙이 시행되지 못한다고 주장한다.

서기 1971년 : 미국 경제학자 데일 모텐슨(Dale Mortensen)이 일자리가 있을 때도 숙련 노동자 실업이 증가하는 이유를 설명한다.

서기 1994년 : 영국 경제학자 크리스토퍼 피서라이즈(Christopher Pissarides)가 탐색과 매칭 이론의 모형과 경험적 데이터를 제시한다.

빵이나 비누를 구매할 곳을 정하기는 통상 어렵지 않다. 상점도 많고, 찾기도 쉽기 때문이다. 하지만 특정 회사의 중고차나 골동품 악기를 찾는다면 어떨까? 수요와 공급이 항상 균형을 이룬다는, 시장에 대한 고전적 관점에 따르자면, 구매자와 판매자는 추가 비용 없이 서로를 금방 찾아내고, 모든 재화와 용역의 가격에 대해 완벽한 정보가 있어야 한다. 그러나 중고차나 집, 배우자를 찾아나서 본 사람이라면 누구나 현실은 그렇지 않다는 것을 잘 안다.

탐색 마찰

시장에는 '탐색 마찰'이 존재하여 구매자와 판매자가 서로를 저절로 발견할 수 없다고 한다. 경제학자들은 이 마찰을 연구하기 위해 '탐색 이론'을 발전시켰다. 이 이론의 주된 초점은 구직과 실업 문제였다.

고전적인 노동시장 모형에서는 노동 공급 계획(주어진 임금을 받고 일하려는 노동자 수)과 노동 수요 계획(주어진 임금에서 제공되는 일자리 개수)을 가정한다. 양 계획의 임금이 일치할 때, 수요와 공급은 같아지고 시장은 평형을 이룬다. 만일 그렇다면 구직자와 구인기업이 항상 그렇게 많은 현상은 어떻게 설명해야 할까?

온라인 중매 서비스는 이용자가 구매자인 동시에 판매자인 시장이다. 개인이 무한정 탐색할 수는 없으므로, 일정 범위 내에서 탐색하는 것이 가장 효과적일 것이다.

1960년대에 미국 경제학자 조지 스티글러(George Stigler)는 고전 경제학자들이 사용하던 '동일 임금' 시장은 제공하거나 구하려는 임금 정보에 비용이 들지 않을 때나 가능하다고 주장했다. 상품(직업 등)이 각기 다른 모든 시장에서는 탐색에 비용이 든다. 탐색비용이 커질수록, 유사한 일자리의 임금 격차도 확대될 것이다. 구직자는 고용주에 따라 임금이 다르므로, 탐색 범위와 기간부터 정해야 한다는 사실을 깨닫는다. 스티글러의 연구는 구직자가 자신의 '유보 임

참조 : ■ 자유시장 경제학 54~61쪽 ■ 대공황과 실업 154~161쪽 ■ 합리적 기대 244~247쪽 ■ 경직성 임금 303쪽

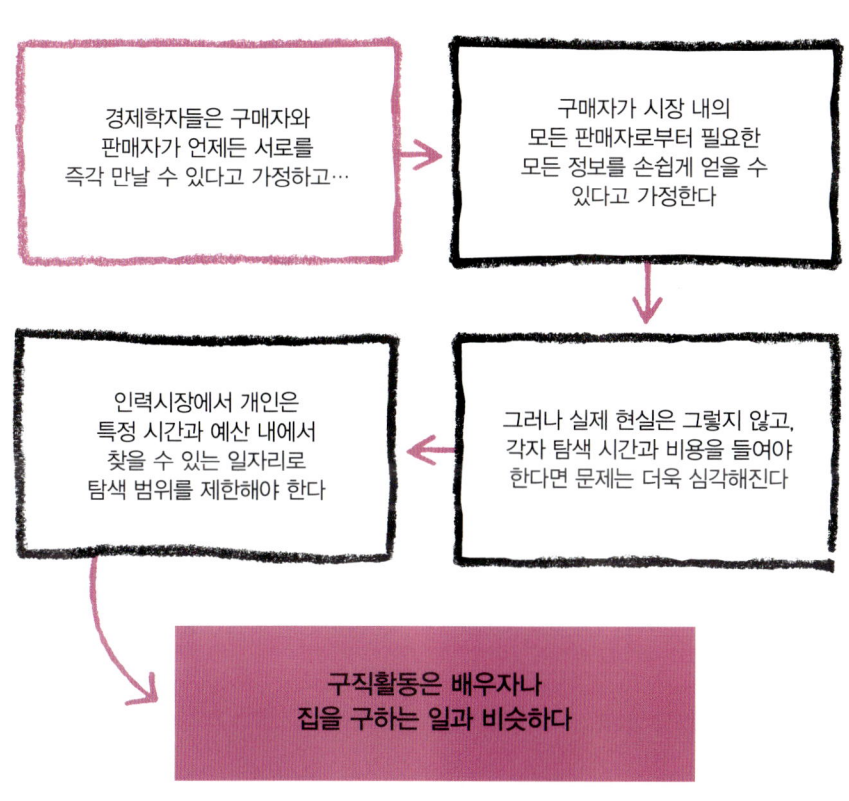

경제학자들은 구매자와 판매자가 언제든 서로를 즉각 만날 수 있다고 가정하고…

구매자가 시장 내의 모든 판매자로부터 필요한 모든 정보를 손쉽게 얻을 수 있다고 가정한다

인력시장에서 개인은 특정 시간과 예산 내에서 찾을 수 있는 일자리로 탐색 범위를 제한해야 한다

그러나 실제 현실은 그렇지 않고, 각자 탐색 시간과 비용을 들여야 한다면 문제는 더욱 심각해진다

구직활동은 배우자나 집을 구하는 일과 비슷하다

전 세계 실업

오늘날 많은 사람들이 보수도 좋고 만족스러운 일에 종사하지만, 세계의 일부 지역에서는 여전히 실업률이 높다. 게다가 취업시장이 변화하고 있어, 세계 선진국에서도 좋은 일자리는 자취를 감춰 가고 있다.

2012년 3월에는 25세 이하의 스페인인과 그리스인의 거의 절반이 실업 상태였고, 남아프리카 공화국의 실업률은 거의 30퍼센트에 육박했다. 미국에서도 실업률이 9.1퍼센트를 웃돌았다. 이러한 현상은 저임금도 마다하지 않는 사람에게는 언제나 일자리가 있다는 주장에 배치되는 듯 보인다.

미국 경제학자 에드먼드 펠프스(Edmund Phelps)는 세계화가 실업의 주된 요인이라고 주장한다. 선진국에서 창출되는 일자리가 주로 공공, 의료 서비스 등 '대체될 수 없는' 분야인 반면, (휴대전화 생산 등) 쉽게 대체 가능한 일자리는 중국이나 필리핀처럼 임금이 전반적으로 낮은 국가로 이동하기 때문이다. 이렇듯 실업 문제의 해결은 오늘날 경제학자들의 주된 관심사 중 하나다.

금(reservation wage, 받고자 하는 최소한의 임금)'보다 낮은 임금은 전부 거부하되, 그보다 높은 임금 제안은 무조건 수락할 때 탐색이 최적화된다는 것을 입증했다. 수용 가능한 수준에 선을 긋는 이 모형은 탐색이 필요한 모든 시장, 심지어 중매시장에도 적용될 수 있다.

2010년에 경제학자인 피터 다이아몬드, 데일 모텐슨, 크리스토퍼 피서라이즈는 탐색과 매칭 이론 연구로 노벨 경제학상을 공동 수상했다. 다이아몬드는 탐색비용이 약간만 증가해도 재화 가격의 인상으로 이어진다는 사실을 발견했다. 구매자는 제2, 제3의 탐색에 비용을 들이기를 꺼리므로, 현재 탐색 중인 시장에서 가격이 조금 오르더라도 달리 비교할 탐색 대상이 없어 금방

눈치채지 못한다는 사실을 판매자가 알기 때문이다.

탐색과 매칭 이론은 효율적인 실업급여 설계에도 시사하는 바가 있다. 조건 없는 실업급여는 구직자가 일자리를 탐색하거나 제안을 받아들일 동기를 부여하지 못한다. 그러나 탐색을 권장하는 방향으로 설계된다면, 노동시장의 효율성 제고에 도움이 될 것이다. ■

스스로 '로스 인디그나도스(Los Indignados, 분노한 사람들)'라 부르는 수천 명의 스페인인들이 2011년 40퍼센트의 실업률에 항의 시위를 벌이며 브뤼셀로 행진했다.

집단행동의 최대 과제는 기후변화다

경제학과 환경

산업혁명 이래로 경제적 발전과 번영은 대부분 석탄, 석유, 가스 등의 연료를 동력원으로 삼는 기술을 통해 이루어졌다. 그러나 여기에는 그만큼 대가가 따른다는 사실이 점차 분명해지고 있다. 천연자원이 급속히 고갈되고 있을 뿐 아니라 화석연료의 연소로 대기가 오염되고 있는 것이다. 온실가스, 특히 이산화탄소(CO_2)의 배출로 지구 온난화가 진행 중이라는 증거가 속속 등장했고, 세계 과학자들 사이에서는 이산화탄소 배출량을 신속히, 대폭 감축하지 않으면 파괴적인 기후변화의 위험을 감수해야 한다는 합의가 이루어졌다.

그 함의는 환경적 측면 못지않게 경제적

약 150년 전에 시작된 산업혁명은 막대한 양의 화석연료를 사용하는 국가들을 탄생시켰다. 그 배출물은 대기 중에서 '온실효과'를 유발한다.

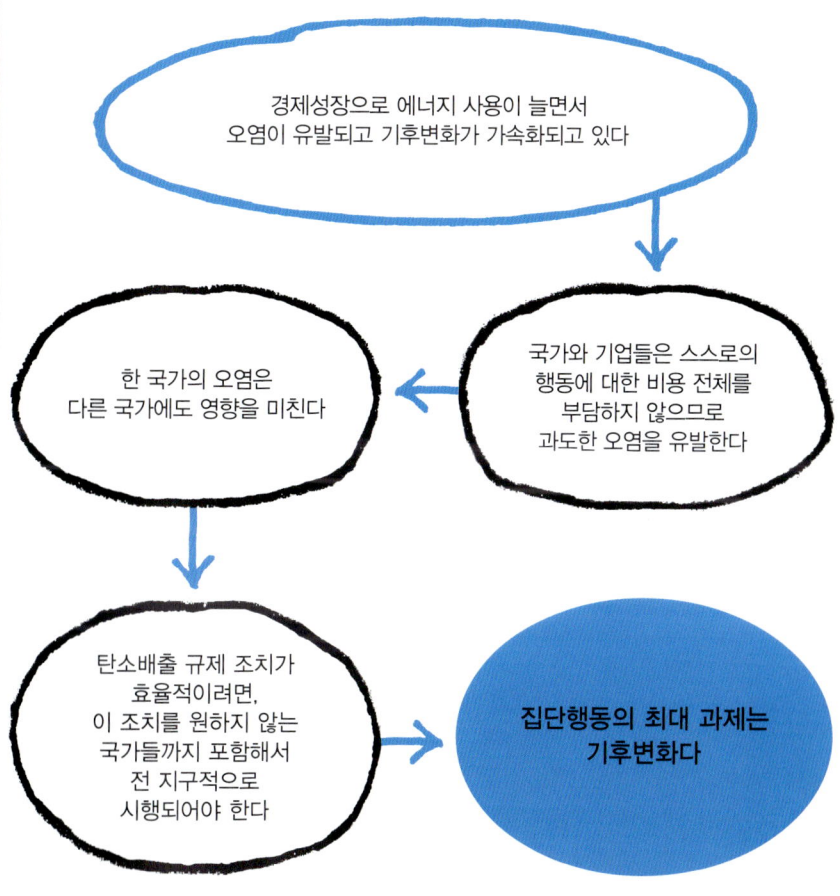

경제성장으로 에너지 사용이 늘면서 오염이 유발되고 기후변화가 가속화되고 있다

국가와 기업들은 스스로의 행동에 대한 비용 전체를 부담하지 않으므로 과도한 오염을 유발한다

한 국가의 오염은 다른 국가에도 영향을 미친다

탄소배출 규제 조치가 효율적이려면, 이 조치를 원하지 않는 국가들까지 포함해서 전 지구적으로 시행되어야 한다

집단행동의 최대 과제는 기후변화다

이지만, 취해야 할 조치에 대해서는 여러 경제학자와 정부의 의견이 엇갈리고 있다. 최근까지도 기후변화 방지비용이 잠재적 혜택보다 경제적 번영에 미치는 손실이 더 크다고 주장하는 사람이 많았다. 기후변화가 인재라는 증거를 반박하는 사람도 있는가 하면, 지구 온난화가 오히려 도움이 될 수 있다고 주장하는 사람도 있었다. 그러나 점점 더 많은 사람들이 이 문제를 반드시 해결해야 하고, 경제적 해결책도 강구해야 한다는 데 의견을 모으고 있다.

경제적 사실

1982년에 미국 경제학자 윌리엄 노드하우스(William Nordhaus)는 기후변화의 경제적 영향을 상세히 분석하고 가능한 해결책을 제시하는 저서 『우리는 얼마나 빨리 인류 공유자산을 고갈시킬 것인가?How Fast Should We Graze the Global Commons?』를 출간했다. 그는 기후 문제의 몇 가지 특징, 즉 오랜 소요기간, 다양한 불확실성, 문제의 국제적 범위, 전 세계에 걸친 비용과 혜택의 불균등한 분포 등이 경제적 해결책

모색에 독특하게 작용한다고 지적했다.

2006년에 영국 정부는 경제학자 니콜라스 스턴(Nicholas Stern)에게 기후변화의 경제학에 대한 연구를 의뢰했다. '스턴 보고서(Stern Review)'의 결론은 명백했다. 온실가스 배출을 줄이기 위한 즉각적인 조치가 필요한 이유를 경제적으로 타당하게 입증한 것이다. 스턴은 기후변화에 따른 최종 비용이 GDP(국내총생산, 총국민소득)의 20퍼센트까지 늘어날 수 있지만, 조속히 조치를 취한다면 GDP의 약 1퍼센트 정도로 해결할 수 있다고 예측했다. 2009년에는 노드하우스가 현행 조건대로라면 2099년에 가서 기후

변화에 따른 경제적 손실이 세계 연간 총생산량의 약 2.5퍼센트에 이를 것으로 추산했다. 최대 피해 지역은 열대 아프리카와 인도 등 소득이 낮은 열대 지방이 될 터였다.

이제 관건은 우리가 배출량을 감축할 여력이 있느냐가 아니라 감축하지 않고도 과연 버틸 수 있느냐, 또 어떻게 해야 가장 잘 감축할 수 있느냐가 되었다. 정부의 개입에 대한 강력한 요구도 있다. 경제학의 관점에서 대기는 공공재에 해당하여 시장만으로는 공급이 부족한 경향이 있다. 또 공해는 외부효과로 볼 수 있어, 행위의 사회적 비용이 가격에 온전히 반영되지 않기 때문에 가

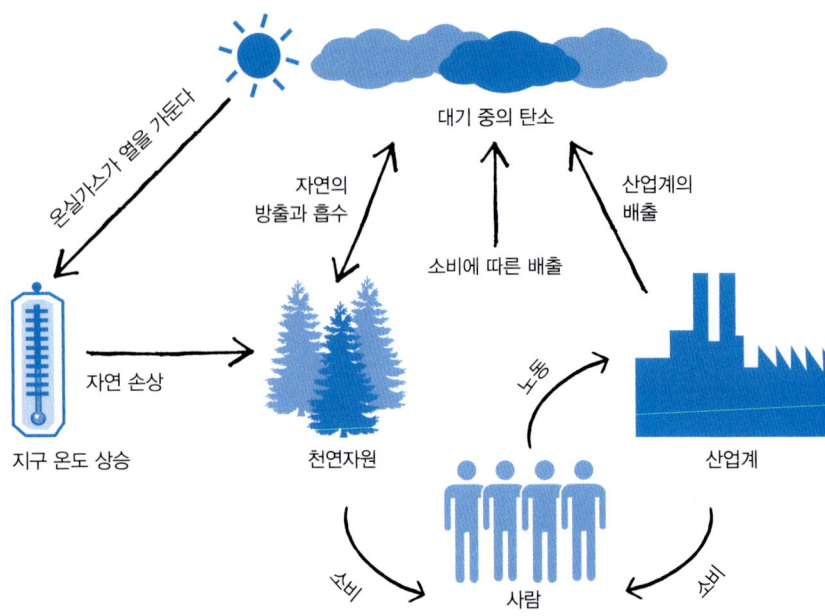

윌리엄 노드하우스는 기후변화 요인들이 어떻게 상호작용하고 어디에서 생태 및 금융 비용이 발생하는지를 보여주기 위해 'DICE'라는 컴퓨터 프로그램을 개발했다. 이 금융 모델링 시스템은 정부에 현재의 소비와 자원, 수요를 감안하여 선택 가능한 대안들의 (그들과 지구에 미치는) 비용과 혜택을 비교해볼 기회를 제공한다.

해자가 충분히 책임지지 못하는 특성이 있다. 이러한 이유로, 스턴은 기후변화를 사상 최대의 시장실패라고 규정짓기도 했다.

국가들 간의 불공평성

노드하우스와 스턴 같은 경제학자가 직면한 첫 번째 난관은 단기적으로는 경제적 손실이 있더라도 장기적으로는 극도로 심각한 결과를 완화할 수 있는 조치들을 도입하도록 정부를 설득하는 일이었다. 그리고 두 번째는 배출 규제정책을 가장 효율적으로 시행할 방법을 찾는 것이었다.

모든 정부가 쉽게 납득하지는 않았다. 선진국일수록 주로 온대 지역에 위치하여 지구 온난화로 인한 피해가 크지 않은 편이다. 기후변화는 가난한 국가들에 더욱 심각한 피해를 야기할 가능성이 높다. 다시 말해, 기후변화를 막아야 할 필요성이 가장

큰 국가들이 대부분 가장 적은 오염을 유발하는 국가라는 뜻이다.

미국, 유럽, 호주 등 최악의 오염국들은 정부 지출이 큰 정책을 시행해야 한다는 사실을 받아들이기를 꺼려왔다. 문제는 그 국가들이 그런 식으로 배출한 오염이 해당 대륙에만 머무르지 않는다는 것이다. 오염은 전 세계에 영향을 미치기 때문에, 전 지구적 차원의 집단행동이 요구되는 것이다.

집단행동의 필요성이 처음 인정된 것은 모든 회원국에 온실가스 배출 억제를 요구했던 1992년의 유엔 지구정상회의(Earth Summit)에서였다. 많은 정부가 이 정책을 구현하기 위해 환경정책과 전략을 개발해왔다. 과도한 오염물질 유발에 대한 벌금 등 처벌 형태의 규제가 해결책 중 하나지만, 관련된 모든 기업들에 공정한 배출 할당량을 설정하기가 힘들다는 문제가 있다.

또 벌금제의 집행에도 어려움이 따른다.

또 다른 대안은 1920년에 영국 경제학자 아서 피구가 처음 제안한 대로 환경오염에 세금을 부과하는 방법이다. 온실가스를 배출하는 기업과 에너지 공급업체 및 생산업체에 각자 대기로 방출하는 탄소 양만큼 세금을 부과하면 오염을 줄이는 인센티브로 작용할 수 있다. 화석연료에 세금을 부과하면 과도한 연료 소비가 줄어들 것이다. 피구의 주장은 각자가 자신의 행위에 대해 완전한 사회적 비용을 부담하게 하여 외부효과를 '내부화'하자는 것이었다.

탄소 거래 제도

오염은 보통 거래할 시장이 없기 때문에 일종의 시장실패로 볼 수 있다. 경제학자들은 만약 오염을 거래할 시장이 있다면, 오염자가 자신의 행동에 따른 비용 전체를 부담하게 되어 사회적으로 최적화된 오염량이 배출될 것이라고 가정한다. 그래서 기후 문제에 대해 제안된 또 다른 해결책은 배출권을 거래하는 오염 거래시장을 만들자는 것이다.

그러자면 우선 정부(경우에 따라서는 협력하는 여러 정부)가 허용 가능한 수준의 이산

국제협조탄소세 같은 가격 유형의 접근방식은 정책 조정과 지구 온난화 저지에 효과적인 수단이다.
윌리엄 노드하우스

2005년에 허리케인 카트리나(Katrina)가 미국 뉴올리언스를 휩쓸고 지나갔다. 그 피해액이 810억 달러로 추산되면서 기후변화의 경제적 영향에 전 세계의 관심이 쏠렸다.

화탄소 배출량 등을 결정한 다음 이산화탄소 배출과 관련된 사업을 하는 기업에 배출권을 경매한다. 이 배출권은 거래가 가능하여, 만약 배출량을 늘려야 할 기업이 있으면 배출 할당량이 남은 기업에서 배출권을 구매할 수 있다. 이러한 유형의 제도는 배출량을 감축하여 남는 배출권을 판매할 수 있는 기업에 보상을 준다는 장점이 있다. 또 기업이 배출 할당량을 초과하여 추가로 배출권을 구매하지 않도록 막을 수 있다. 그러나 전체 배출량은 여전히 동일하게 유지되고, 중앙정부의 통제 하에 놓이게 된다.

교토의정서

배출권 거래 제도가 분명히 올바른 방향으로 한발 나아가긴 했지만, 기후변화의 위험을 막으려면 국제적 차원에서 문제에 접근해야 한다. 그러나 교토의정서 같은 국제협약은 모든 국가의 비준을 받는 데 실패했다. 1997년에는 141개국이 토론에 참여했지만, 2012년에는 37개국만이 온실가스 배출량 목표를 지키겠다는 데 동의했다. 미국은 시종일관 협약 조건을 거부해왔고, 캐나다는 2011년 협약에서 탈퇴했다. 배출량 감축을 약속한 국가들조차 저감 목표를 달성

하지 못할 때가 많다. 미국과 호주 같은 선진국은 비준시 경제적 손실이 너무 크다고 주장하고 중국, 인도, 브라질 같은 개발도상국은 (비록 자국들도 급속도로 주요 오염국의 대열에 들어서고 있지만) 서방 국가들이 유발한 오염비용을 부담할 수는 없다고 주장한다. 반면 독일, 덴마크 등의 환경 선진국은 20퍼센트 이상의 저감 목표에 동의했다.

경제적 모형

경제학자들은 기후변화의 경제적 영향을 연구하기 위해 다양한 모형을 개발했다. 1992년에 발표된 노드하우스의 '기후와 경제의 동태적 통합(Dynamic Integrated model of Climate and the Economy ; DICE)' 모형을 그 예로 들 수 있다. 이 모형은 CO_2 배출량, 탄소순환, 기후변화, 기후로 인한 손실과 경제성장에 영향을 미치는 요인을 연계시킨다.

대부분의 경제학자는 이제 기후변화가 장기적으로 심각한 피해를 유발할 가능성이 높은 복잡한 문제라는 데 동의한다. 해법은 여전히 불투명하지만, 노드하우스는 2007년에 성공의 비결은 교토의정서 같은 야심찬 대형 프로젝트가 아니라 국제협조 탄소세(harmonized carbon tax) 같은 "보편적이고 예측 가능하며 그래서 뻔한" 아이디어에 있으리라 믿는다고 말했다. ∎

인도의 늘어나는 수요

2012년 인도의 경제성장률은 연간 7~8퍼센트에 이를 것으로 추정된다. 인도의 비즈니스 지도자들은 이 성장률이 계속 유지된다면 에너지 부족이 심화되리란 것을 잘 안다. 에너지가 부족해지면 그만큼 저가의 '더러운' 석탄과 디젤 연료가 사용되리라는 우려에서, 에너지 효율을 높이는 한편 태양열, 풍력, 지열 기술을 활용한 재생에너지 제품의 사용을 장려하려는 노력을 이어가고 있다.

경제학자들은 (청정에너지로 평가되는) 각종 재생에너지와 핵에너지를 합치면 인도의 늘어나는 수요를 감당할 수 있으리라 희망한다. 그러나 태양열 같은 재생에너지는 아직 대규모 상용화가 가능한 단계가 아니다. 이 말은 정부 보조금을 통한 단기 부양책을 확대할 필요가 있다는 의미다. 인도의 야심찬 '기후변화 관련 국가행동계획(National Action Plan on Climate Change)'은 바로 이러한 맥락에서 2008년 6월에 도입되었다.

인도 북부의 히말라야에서 태양 전지판이 태양에너지를 포집하고 있다. 태양열 발전은 햇빛이 강렬한 인도에서 효율적인 재생에너지의 원천이 될 것이다.

GDP는
여성을 무시한다

성과 경제학

맥락읽기

초점
사회와 경제

핵심사상가
메릴린 웨어링(1952년~)

이전의 관련 역사
서기 1932년 : 러시아계 미국 경제학자 사이먼 쿠즈네츠가 최초로 미국 전체의 경제 수지를 제시한다.

서기 1987년 : 미국 경제학자 메리앤 퍼버(Marianne Ferber)가 여성과 경제학에 관한 선행 연구를 정리한 『여성과 노동 : 유급 및 무급 노동』을 출간한다.

이후의 관련 역사
서기 1990년 : 국민소득 지수에 반영된 것보다 더 폭넓은 개발 성과를 설명하려는 시도로써 UN 개발지수가 처음 발표된다.

서기 1996년 : 미국 경제학자 바넷 와그먼(Barnet Wagman)과 낸시 폴브러(Nancy Folbre)가 미국 국민소득 중 가사노동의 기여도를 분석한다.

국내총생산(GDP)은 가장 흔하게 인용되는 경제 통계수치다. GDP는 1년 동안 국내에서 일어난 경제활동을 요약한 수치를 제시하므로, 가계 소득이나 고용률 같은 중요한 요인과 직접적으로 연계되어 있다. 그러나 경제적 논의에서 차지하는 중요성에도 불구하고, GDP는 상당한 문제점을 안고 있다.

GDP의 문제와 한계는 산출 방식과 포함 항목에 집중된다. GDP는 경제 거래에 대한 집계 자료를 바탕으로 측정된다. 원칙적으로 GDP에는 해당 연도에 사고 판 모든 거래가 반영되어야 한다. 정부의 통계 담당자는 이 수치를 측정하기 위해 심층 조사를 실시한다. 그러나 국내에서 거래된 모든 것이 국내에서 벌어진 모든 경제활동과 정확히 일치하지는 않는다.

또 사람들이 국가에서 가치를 두는 활동이 최종 수치에 대부분 포함된다는 보장도 없다. 예를 들어, 환경론자라면 GDP에 천연자원의 고갈분이 반영되지 않는다고 지적할 것이다. 삼림 벌채는 일반적으로 목재가 판매된다는 가정 하에 GDP에 추가된다. 그러나 잠재적으로 무엇으로도 대체할 수

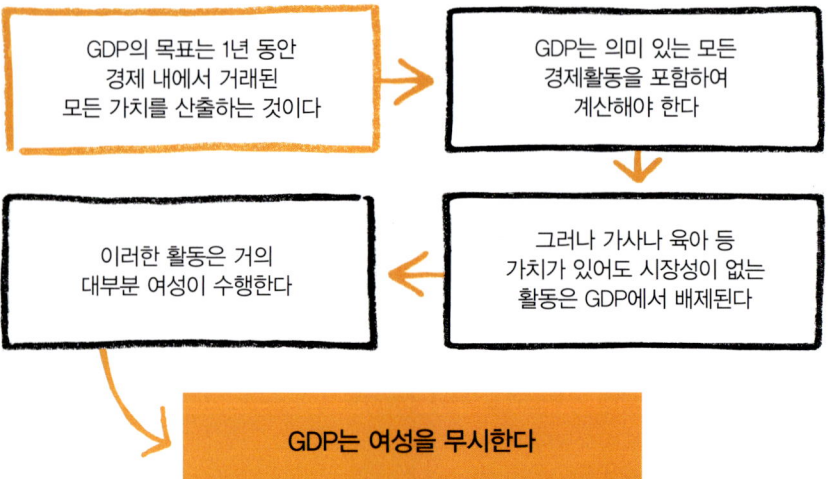

참조 : ■ 부의 측정 36~37쪽 ■ 경제학과 전통 166~167쪽 ■ 행복의 경제학 216~219쪽 ■ 사회적 자본 280쪽

육아를 비롯한 많은 종류의 집안일을 주로 여성이 수행한다. 이러한 일은 경제에 필수적이지만, 유급 노동이 아니라는 이유로 GDP에 반영되지 않는다.

없는 천연자원의 소모량은 GDP에 전혀 반영되지 않는다. 마찬가지로, 경제활동은 오염을 유발하지만 GDP는 오로지 매매된 상품만 반영할 뿐, 생물 다양성의 파괴나 공중보건의 악화 같은 바람직하지 않은 부작용은 무시한다.

여성의 노동

GDP 계산에 반영하기 어려운 부분은 이뿐만이 아니다. 뉴질랜드의 하원의원을 지낸 메릴린 웨어링(Marilyn Waring)은 큰 반향을 불러일으킨 1988년의 저서 『만약 여성이 계산된다면』에서, GDP가 체계적으로 여성의 노동을 과소하게 반영한다고 주장했다.

여성은 보육과 노인 간호를 비롯해 전세계 가정에서 수행되는 엄청난 양의 노동을 담당한다. 이러한 노동은 예컨대 노동인구의 재생산 등에 기여하므로 분명히 경제적으로 필수적이다. 그러나 대부분의 경우 유급노동이 아니라는 이유로 GDP 계산에는 포함되지 않는다.

여성의 배제

경제 생산량 측정과 관련된 회계의 차이는 본질적으로 동일한 노동을 전혀 다르게 취급한다는 점에서 대단히 자의적일 수 있다. 예를 들어 요리의 경우, 만든 음식을 판매하면 '경제활동'이지만 그러지 않으면 '비경제활동'이다. 여기서 유일한 차이는 시장거래의 유무일 뿐, 활동 자체는 동일하다. 그런데도 한쪽은 여성을 배제하고, 다른 한쪽은 그러지 않는다.

이처럼 국가 회계는 암묵적으로 심한 성 편견에 기반을 두고, 전통적인 회계 시스템은 여성이 수행하는 노동의 진정한 경제적 가치를 체계적으로 과소평가한다. 웨어링은 한발 더 나아가 국민소득을 계산하는 국제 표준 시스템인 유엔 국가회계 체제(United Nations System of National Accounts ; UNSNA)가 '가부장제의 적용' 사례라고 주장한다. 남성 중심의 경제가 지구상에서 성별 분업을 강화하는 방식으로 여성을 배제하려 든다는 것이다.

웨어링을 비롯한 페미니스트 경제학자들의 비판은 국민소득회계의 미래에 대해 논의하는 계기가 되었다. 최근 웰빙(well-being)의 정의를 둘러싸고 벌어지는 논쟁이나 경제적 진보를 더욱 폭넓게 반영하는 사회적 지표 개발은 가치의 척도로서 GDP의 제약과 한계를 극복하려는 열망이 점점 커지고 있음을 시사한다. ■

메릴린 웨어링

뉴질랜드의 최초 여성 하원의원 중 한 명인 메릴린 웨어링은 1952년에 태어났다. 그녀는 국민당(National Party)의 수상 로버트 멀둔(Robert Muldoon)에게 발탁되어 1978년 공공지출위원회(Public Expenditure Committee)의 회장이 되었다. 그러나 1984년에 뉴질랜드에서 핵무기와 원자력을 금지하는 반대편 입장을 지지하는 쪽에 투표하겠다고 위협하면서, 정부와 사이가 틀어졌다. 멀둔은 이에 대응해 조기 총선을 실시했고, 여기에서 국민당이 패했다.

의정활동 이후, 웨어링은 농업과 경제학의 관심 분야에 매진했다. 2006년에는 오클랜드 공과대학(Auckland University of Technology)의 공공정책 교수가 되어, 전통적인 경제학에서 제외된 분야를 측정하는 연구를 계속해오고 있다.

주요 저서

1988년 『만약 여성이 계산된다면 : 새로운 페미니스트 경제학 *If Women Counted : A New Feminist Economics*』

우리 여성은 서로에게 가시적이고 가치 있는 존재다. 이제 수십억 명에 달하는 우리는 이러한 가시성과 가치를 분명히 알려야 한다.
메릴린 웨어링

비교우위는 우연이다

무역과 지리학

경제학자들은 국가들이 서로 다르기 때문에 교역을 한다고 믿어왔다. 열대 국가는 온대 국가에 설탕을 팔고, 온대 국가는 양모를 수출했다. 국가들마다 특정 제품의 생산에서 강점을 보였다. 기후나 토양에 기인한 '비교우위'가 있었던 것이다.

그러나 이것만이 전부는 아니라고 주장할 만한 충분한 이유가 있다. 미국 조지아 주 돌턴 출신의 캐서린 에번스는 1895년에 친구네 집을 방문했다가 수제 침대보를 발견했다. 여기에서 영감을 얻은 그녀는 비슷한 제품을 만들고 다른 사람들을 가르치기 시작했다. 곧 섬유 기업들이 생겨나 카펫 업계를 형성하며 시장을 지배하게 되었다. 조지아 주는 카펫 생산에 비교우위가 없었으므로, 이 경우는 국제무역에 대한 일반적인 설명에 부합하지 않았다.

역사의 장난

1979년에 미국 경제학자 폴 크루그먼(Paul Krugman)은 조지아 주의 우연한 사건에서 시작된 산업처럼 역사에서 우연의 영향을 인정하는 새로운 이론을 제시했다. 그는

> 역사적인 이유로 한발 앞서 생산 중심지로 발돋움한 지역은 점점 더 많은 생산업체를 유치하게 될 것이다.
> **폴 크루그먼**

유사한 경제들 간에도 많은 무역이 일어나는 것을 관찰했다. 생산에는 규모의 경제가 있다. 자동차 공장은 초기 투자비 때문에 더 많은 차를 생산할수록 단가가 더 낮아진다. 양국 모두 자동차를 생산할 수 있었어도 어느 한쪽이 먼저 시작하면, 다른 한쪽이 침범하기 힘든 '원가우위(cost advantage)'가 구축된다. 그러므로 한 지역이 특정 제품의 무역을 지배하게 되는 것은 순전히 역사의 장난일 수 있다. ■

참조 : ■ 보호무역주의와 무역 34~35쪽 ■ 비교우위 80~85쪽 ■ 규모의 경제 132쪽 ■ 시장통합 226~231쪽

컴퓨터도 증기력처럼 경제적 혁명을 일으켰다

기술 비약

경제는 혁신과 발명에서 성장의 원동력을 얻는다. 혁신은 점진적인 경우도 있지만, 혁명적인 경우도 있다. 성능이 더 좋은 드릴은 경제적 생산성을 점진적으로 향상시키는 수많은 작은 혁신 중 하나일 것이다. 하지만 전기의 발명은 진정한 혁명으로, 지난 200년간 새로운 유형의 기계류를 등장시키며 경제를 변혁했다. 최근에 경제학자들은 이러한 비약을 연구하기 시작

1980년대까지 컴퓨터는 수많은 사람들의 업무방식을 혁명적으로 바꾸었다. 그러나 그런 근본적인 변화가 생산성 향상으로 반영되기까지는 수년이 걸릴 수 있다.

했다. 미국의 경제학자 티모시 브레스나한(Timothy Bresnahan)과 마뉴엘 트라첸버그(Manuel Trajtenberg)는 전기를 '범용기술'이라고 부른다. 더 좋은 드릴은 건축업자에게 도움이 되지만, 전기는 모든 기업의 생산성을 제고하기 때문이다. 그러나 이러한 획기적 변화의 긍정적인 효과를 체감하기까지는 오랜 시간이 걸릴 수 있다.

신기술의 활용

1980년대 후반에 미국 경제학자 로버트 솔로는 역설을 발견했다고 주장했다. 정보통신기술(ICT)이 확산되는데도 생산성에 뚜렷한 변화가 없는 듯 보였던 것이다. 산업혁명 내내 증기력은 놀라울 만큼 느린 속도로 전파되었다. 증기력의 비용 대비 효과가 높아지고, 기업들이 이를 인식하고 사용하기까지는 꽤 오랜 시간이 걸렸다. 정보통신기술은 그보다 빨리 정착되었지만, 역시 보급되기까지 시간이 걸렸다. 솔로의 역설은 범용기술의 충분한 혜택을 누리려면 시간이 걸린다는 사실로 설명된다. ■

참조 : ■ 근대 경제의 출현 178~179쪽 ■ 제도경제학 206~207쪽 ■ 경제성장 이론 224~225쪽

부채 탕감으로 가난한 경제를 촉진시킬 수 있다

국제적 채무면제

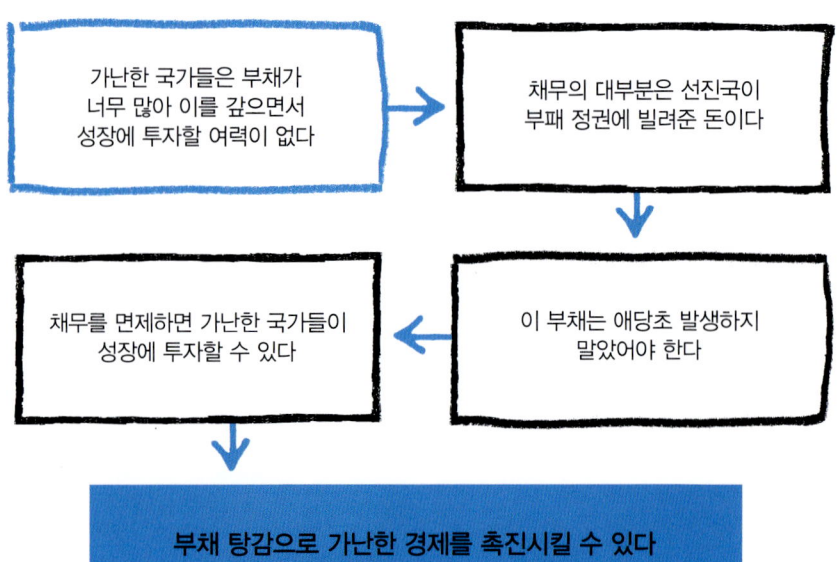

가난한 국가들은 부채가 너무 많아 이를 갚으면서 성장에 투자할 여력이 없다

채무의 대부분은 선진국이 부패 정권에 빌려준 돈이다

이 부채는 애당초 발생하지 말았어야 한다

채무를 면제하면 가난한 국가들이 성장에 투자할 수 있다

부채 탕감으로 가난한 경제를 촉진시킬 수 있다

20세기 말의 수십 년에 걸쳐, 세계 최빈국의 채무는 1970년의 250억 달러에서 2002년의 5천230억 달러로 눈덩이처럼 불어나며, 엄청난 액수의 부채가 누적되었다.

1990년대에 이르자 채무위기가 도래했음이 분명해졌다. 과다 채무를 진 아프리카 국가들은 한 번도 번영했던 적이 없었다. 실상은 대부분의 국가가 지독한 경제적 곤경에 빠져, 경제 쇠퇴의 악순환에서 벗어나기 위한 투자는 고사하고, 끔찍한 고통 없이는 채무 상환조차 불가능한 지경이었다. 이에 부채 탕감을 요구하는 목소리가 높아졌다.

대다수의 운동가는 도덕적인 입장에서, 과도한 부채를 빌려준 세계은행 및 IMF 등의 기관과 선진국들이 방만하거나 이기적이라고 비난했다. 아울러 선진국이 냉전에서 지지를 얻거나 자국 기업의 계약 수주를 보장하기 위해 제공한 차관이므로 채무를

참조 : ■ 국제무역과 브레턴우즈 체제 186~187쪽 ■ 개발경제학 188~193쪽 ■ 종속 이론 242~243쪽 ■ 아시아의 호랑이 경제 282~287쪽 ■ 투기와 평가절하 288~293쪽

> 아프리카와 아시아의 어린이들이
> 치료 가능한 질병으로 죽게 내버려두고
> 학교에 못 다니게 막아 의미 있는
> 일을 할 기회를 빼앗아야 할까요?
> 고작 그들의 선조가 진 부당하고
> 불법적인 빚을 갚자고 말입니까?
>
> **남아프리카 공화국 대주교
> 데즈먼드 투투**

면제해줄 의무가 있다고 주장했다.

한편 미국 경제학자 마이클 크레머는 법적인 노선을 택했다. 그는 부채의 대부분이 부패 정권의 부정 축재를 위해 제공되었으므로, '부정한' 돈으로 볼 수 있다고 주장

했다. 예를 들어, 세계은행은 IMF 관계자가 자이르(현재 콩고 민주공화국)의 전 독재자 모부투 세세 세코(Mobutu Sese Seko)의 횡령 사실을 지적한 후에도 계속해서 그에게 돈을 빌려주었다. 또 남아프리카 공화국의 부채 대부분은 많은 사람들이 합법 정부로 여기지 않는 아파르트헤이트 정권에 대출된 것이었다.

제프리 색스(Jeffrey Sachs)와 같은 사람들은 경제학적 주장을 내놓았다. 색스는 채무를 면제하고 원조를 늘리면 가난한 국가들의 경제성장을 촉발할 수 있다고 주장했다. 이 주장은 큰 호응을 얻어, 세계 주요 8개국(G8)은 2005년 400억 달러가 넘는 부채 탕감에 합의했다.

또 다른 미국인 윌리엄 이스털리(William Easterly)는 채무면제가 원조받는 국가의 후진적인 정책과 부패를 온존시킨다고 주장한다. 또 많은 이들이 원조의 조건으로 요구되는 자유시장 개혁 프로그램을 비판한다. 원조 대상국들의 경제성장을 오히려 저해한다는 것이다.

흥미롭게도 부채위기는 이제 후진국에

서 한때 강성했던 유럽 국가들로 옮겨가고 있다. 이곳에서도 유사한 자유시장 긴축정책이, 그러나 결정적으로 부채 탕감 조건은 빠진 채로 강행되고 있다. ■

남아프리카 공화국의 과다 부채는 아파르트헤이트 정권이 진 것이다. 많은 사람들이 아파르트헤이트 정권은 합법 정부가 아니므로, 그 시절의 부채는 탕감되어야 한다고 주장한다.

제프리 색스

세계에서 가장 논쟁적인 경제학자 중 한 명인 제프리 색스는 1954년 미국 디트로이트에서 태어났다. 그는 1985년에 볼리비아의 초인플레이션 극복을 지원하는 계획으로 처음 세간의 이목을 끌었다. '충격 요법'이라 불리는 이 계획은 볼리비아를 외국 기업이 접근하기 쉬운 국가로 바꾸는 것이 핵심이었다. 이는 곧 볼리비아의 시장을 개방하고, 정부 보조금을 중단하며, 수입 쿼터를 철폐하고, 볼리비아의 통화를 미국 달러와 연동시켰다는 의미다. 그 결과 실제로 인플레이션이 억제되었고, 색스는 세계 경제 문제의 해결사라는 명성을 얻었다.

1990년에는 급속한 민영화로 폴란드가 공

산주의에서 탈피하도록 도왔고, 비슷한 시기에 러시아에도 같은 해법을 처방했다. 2000년대 들어서는 전세계 개발 문제로 관심을 돌려, 원조와 소액대출(microloan) 등의 적절한 개입을 통해 20년 내에 극심한 빈곤을 근절할 수 있다고 주장했다.

주요 저서

2005년 『빈곤의 종말*The End of Poverty*』

비관론은 우량 은행도 무너뜨릴 수 있다

예금인출 사태

대공황 시절인 1930년대 초, 미국 은행 약 9천 개가 도산했다. 전체 은행의 3분의 1에 해당하는 규모였다. 그럼에도 경제학자들은 1980년대에 와서야 은행의 존립 근거와 예금인출 사태의 발생 원인 같은 기본적인 문제를 연구하기 시작했다. 예금인출 사태란 예금자들이 공황 상태에 빠져 파산할 위험이 있다고 생각하는 은행에 예금을 인출하러 몰려드는 현상을 말한다. 이 논쟁을 촉발한 논문은 1983년에 미국 경제학자 더글러스 다이아몬드(Douglas Diamond)와 필립 디빅(Philip Dybvig)이 쓴 『예금인출 사태, 예금보험, 유동성Bank Runs, Deposit Insurance, and Liquidity』이었다. 두 사람은 우량 은행도 예금인출 사태를 겪으면 파산할 수 있음을 보여주었다.

유동적 투자

다이아몬드와 디빅은 은행인출 사태의 발생 과정을 설명하기 위해 수학적 경제학 모형을 개발했다. 이 모형에서는 월요일, 화요일, 수요일 등 세 가지 시점이 있고, 사람들이 소비나 투자 등에 사용 가능한 상품은 한 가지뿐이라고 가정한다.

> 하나의 은행이 도산할 경우, 곧 다른 은행들에서도 예금인출 사태가 연쇄적으로 발생할 수 있다. 예금자들의 불안과 패닉은 광범위한 은행 파산으로 이어질 가능성이 있다.
> 헨리 손턴

사람들은 각자 일정량의 상품을 가지고 시작한다. 월요일에 사람들은 상품을 이용해 두 가지 일을 할 수 있다. 우선 상품을 저장해두면 화요일에 소비할 수 있는 같은 양의 상품을 받는다. 혹은 상품을 투자할 수도 있는데, 월요일에만 가능한 이 상품 투자를 선택할 경우 수요일에 더 많은 상품

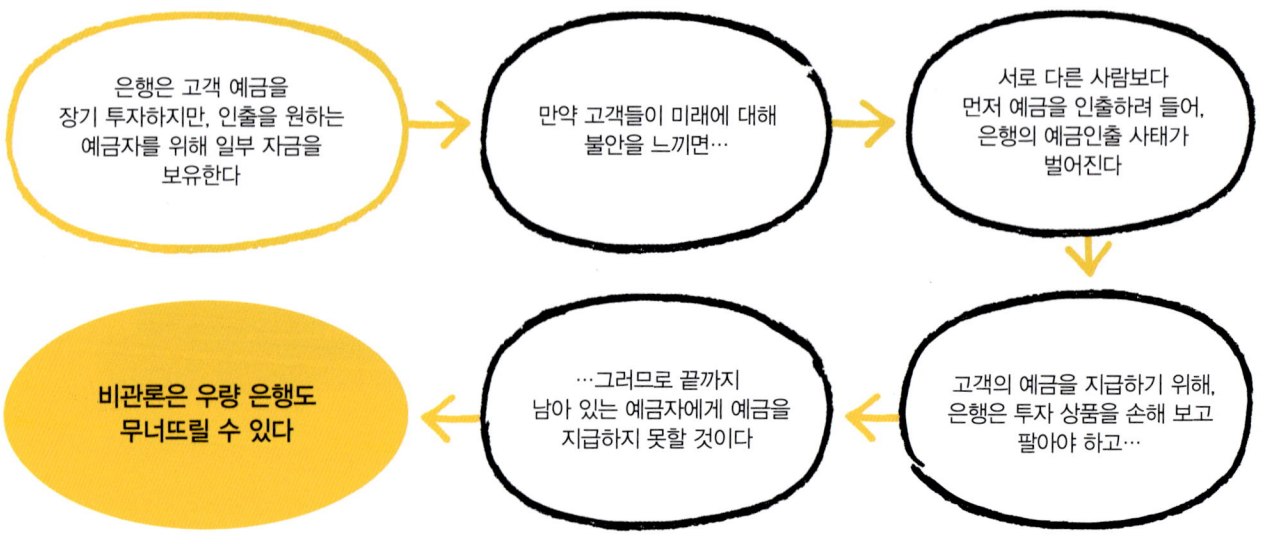

은행은 예금의 비교적 적은 비율만큼만 현금 준비금으로 보유한다. 만일 은행의 모든 예금자가 같은 날 예금 인출을 요구한다면, 은행 창구 대기줄의 앞쪽에 선 예금자만 돈을 찾아갈 수 있을 것이다.

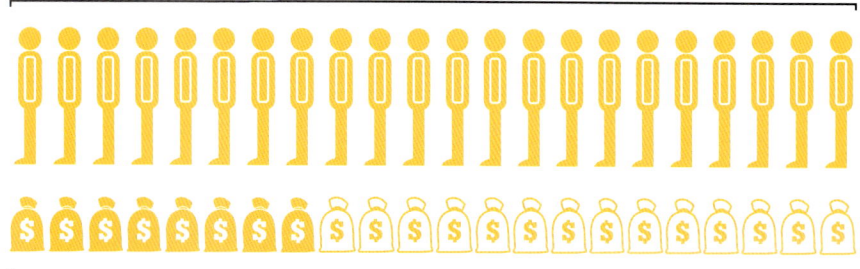

전체 예금자

은행

현금 준비금 보유액

전체 예금액

을 돌려받게 된다. 그러나 만약 화요일에 미리 투자 상품을 돌려받으면, 당초 투자량에 못 미치는 상품을 받을 것이다. 정해진 기간 동안 유지되는 이러한 투자는 이른바 '비유동적' 투자다. 유동자산만큼 쉽게 현금으로 바꿀 수 없는 투자라는 뜻이다.

인내심과 조급함

다이아몬드와 디빅은 두 종류의 사람이 있다고 가정한다. 더 많이 소비할 수 있는 수요일까지 기다리려는 인내심 있는 사람과 당장 화요일에 소비하려는 조급한 사람. 그러나 사람들은 화요일이 되기까지 스스로 어떤 유형의 사람인지 알지 못한다. 사람들이 월요일에 직면하는 결정은 얼마만큼 저장하고 얼마만큼 투자할 것인가다. 이 모형에서 유일한 불확실성은 사람들이 참을성이 있는지 없는지뿐이다. 은행은 이 확률에 관해 좋은 정보가 있다. 일반적으로 사람들의 30퍼센트는 조급하고 70퍼센트는 인내심이 있다고 알려져 있다. 따라서 사람들이 저장하고 투자하는 양도 결국 이

비율을 반영할 가능성이 있다. 하지만 개인의 입장에서 보자면, 조급한 사람은 투자를 할 수 없고, 인내심 있는 사람은 아무것도 저장할 수 없으므로, 어느 쪽을 택하든 가장 효율적인 결과는 아닐 것이다. 이 문제를 해결할 수 있는 곳이 바로 은행이다. 위의 모형에서 모든 사람이 상품을 한데 모아놓고 위험을 나누기로 합의한 은행이 있다고 가정해보자. 이 은행은 사람들과 예금 계약을 맺은 후 직접 상품을 대량으로 투자 및 저장한다.

이 예금 계약은 저장보다는 높지만 투자보다는 낮은 수익률을 제공하는 대신, 사람들이 화요일이나 수요일 중 어느 때라도 벌금 없이 은행에서 상품을 찾을 수 있게 해준다. 사람들의 상품을 한데 모은 은행은 참을성이 있는 사람과 없는 사람의 비율을 알기 때문에 조급한 사람의 수요를 충족시킬 만큼의 상품을 저장하고, 참을성 있는 사람들의 수요를 충족시킬 만큼의 상품을 투자한다. 다이아몬드-디빅 모형에서는 이러한 은행이 개인보다 더 효율적인 결과에

도달하게 되는데, 은행은 다량의 상품을 이용하여 개인 혼자서는 불가능한 방식으로 이 작업을 수행하기 때문이다.

화요일에 은행은 비유동자산을 보유한다. 수요일에 수익을 거둘 인내심 있는 사람들의 투자분이다. 동시에 은행은 조급한 사람들에게 그들의 예금을 바로 지급해야 한다. 이 역할을 수행하는 것이 바로 은행

우리 모형에서 예금인출 사태는, 거의 모든 요인에서 영향을 받을 수 있는 기대의 변화 때문에 발생한다.
더글러스 다이아몬드, 필립 디빅

1914년에 독일의 한 은행 앞에서 경찰이 공황상태에 빠진 군중을 저지하고 있다. 선전포고로 예금자들 사이에 비관론이 확산되면서 수많은 예금인출 사태가 벌어졌다.

금을 인출할 것이라고 믿는다면, 우리도 은행이 부도날지도 모른다는 두려움 때문에 역시 예금을 인출하기로 결정한다. 다른 많은 사람들도 우리와 똑같이 믿는다면, 바로 그 믿음 때문에 원래는 오늘이나 내일 아무 문제 없이 제 기능을 수행했을 은행에 예금인출 사태가 발생할 수도 있는 것이다. 이것이 바로 경제학자들이 말하는 '복수 균형(multiple equilibria)', 즉 두 가지 이상의 결과가 나오는 사례. 여기에서는 은행이 유지되는 '좋은' 경우와 예금인출로 파산하는 '나쁜' 경우의 두 가지 결론이 존재한다. 그리고 우리가 도달하는 결론은 은행의 실제 건전성이 아니라 사람들의 믿음과 기대에 따라 결정된다.

의 존재 이유다.

다이아몬드와 디빅은 또한 이러한 속성 때문에 은행이 도산하기 쉬워진다는 사실을 입증했다. 은행의 파산은, 화요일에 인내심 있는 사람들이 다음날 은행에서 받을 수익에 불안을 느껴 그날 당장 예금을 찾으려고 나설 때 발생한다. 이들의 행동은 은행이 당장 손해를 보고 투자를 매각해야 한다는 의미이고, 그러면 은행은 모든 고객에게 예금을 돌려줄 자원을 확보하지 못하여,

나중에 예금을 인출하려는 고객에게는 돈을 돌려주지 못하게 된다. 이 사실을 아는 고객은 더욱 기를 쓰고 남보다 먼저 예금을 인출하려고 든다.

비관론은 투자, 다른 고객의 인출, 은행의 존립에 대한 우려에서 비롯될 수 있다. 중요한 점은, 은행이 재정적으로 탄탄할 경우에도 비관론이 자기실현적으로 예금인출 사태를 초래할 수 있다는 사실이다. 예를 들어, 화요일에 우리가 다른 사람이 예

예금인출 사태의 예방

다이아몬드와 디빅은 정부가 예금인출 사태를 경감할 수 있는 방법을 제시했다. 이들의 모형은 정부가 모든 은행의 예금 가치를 일정 액수까지 보장해주는 미국의 연방예금보험 제도를 부분적으로 정당화했

현대의 예금인출 사태

2007년 9월 영국에서, 1866년 이래 최초의 연쇄적 예금인출 사태가 발생했다. 영국에서 여덟 번째로 큰 은행인 노던록(Northern Rock)은 모기지 대출기관으로서 급성장하던 중이었다. 이 은행은 사업 확장을 위해 개인 예금보다는 다른 기관을 상대로 거래하는 '도매(wholesale)' 금융에 지나치게 의존하기 시작했다.

2007년 8월 9일에 도매금융시장이 동결되자, 기관들의 점진적이고 눈에 띄지 않는 예금인출 사태가 벌어졌고, 동시에 구

제책이 모색되었다. 9월 13일 목요일 저녁 8시 30분에 BBC 텔레비전 뉴스는 영국의 중앙은행인 잉글랜드 은행(Bank of England)이 다음날 긴급 유동성 지원을 발표할 것이라고 보도했다.

잉글랜드 은행의 총재인 머빈 킹(Mervyn King)이 또 다른 영국 은행 로이즈(Lloyds)의 구제 제안에 반대했다는 사실은 나중에야 알려졌다. 킹은 중앙은행의 지원이 예금자들을 안심시킬 것으로 믿었다. 그러나 그런 일은 벌어지지 않았고, 당장 그날 저녁 인터넷

을 통해 개인들의 예금인출이 시작되었다. 영국의 예금보험 제도는 2천 파운드가 넘는 예금은 전액을 보장하지 않았기 때문에, 다음날 아침부터 노던록 지점 앞에는 긴 줄이 늘어섰다. 이 예금인출 사태는 정부가 예금 전액을 보장하겠다고 발표한 다음 월요일 저녁에야 중단되었다.

다. 1933년에 도입된 이 제도는 은행 파산을 감소시켰다. 그밖에도 프랭클린 D. 루스벨트 대통령은 1933년 3월에 사람들의 예금인출을 막기 위해 전국 은행 휴일을 선포했다. 또 중앙은행이 시중은행에 대한 '최종 대출자' 역할을 하는 방법도 있다. 그러나 이 경우 중앙은행의 역할은 불확실한 측면이 많다. 그에 비해 예금보험은 인내심 있는 사람들이 예금인출 사태에 뛰어들지 않게 보장한다는 점에서 이상적이다.

또 다른 견해

은행의 존재 이유에 대해서는 다른 설명도 있다. 일각에서는 은행의 투자 기능에 초점을 둔다. 은행은 투자에 대한 내밀한 정보를 수집 및 관리하면서 좋고 나쁜 투자를 선별할 수 있고, 예금자에게 제공하는 수익을 통해 이런 정보를 효과적으로 반영할 수 있다. 은행은 이러한 모니터링 기능을 잘 수행해야만 예금자에게 수익을 돌려줄 수 있다.

1991년에 미국의 경제학자 찰스 칼로미리스(Charles Calomiris)와 찰스 칸(Charles Kahn)은 다이아몬드-디빅의 관점에서 이 문제를 다룬 논문을 발표했다. 두 사람은 예금인출 사태가 은행에 이로운 일이라고

1933년에 미국 대통령 루스벨트는 은행 예금을 보장하는 조치에 서명했다. 그 결과 예금인출 사태는 감소했지만, 일각에서는 이러한 예금보험이 위험한 대출을 증가시킨다고 주장한다.

주장했다. 예금보험이 없으면, 예금자가 은행을 더욱 관심을 갖고 지켜볼 유인이 생긴다. 예금인출 사태의 위협은 은행에도 더 잘 투자해야 할 동기를 부여한다. 이것은 결국 '도덕적 해이'의 문제이다. 이 관점에서 보자면, 은행 담당자는 저축성 예금이 보장된다는 사실을 알면 예금보험이 없을 때보다 더욱 위험한 결정을 내릴 것이다. 도덕적 해이의 문제는 1980년대에 모기지 대출기관이 점점 위험한 대출을 제공하여 예금보험액이 급증했던 저축대부조합 사태에서 확연히 드러났다. 결국 미국 은행의 파산도 증가했다.

최근의 위기

예금인출 사태에 대한 이런 두 가지 견해 중 어느 쪽이 옳다고 말하기는 힘들다. 실제로는 어느 한쪽만 떼어내어 생각할 수가 없기 때문이다. 은행에는 수많은 형태의 도덕적 해이가 존재한다. 주주라면 전부 잃어봤자 투자액뿐이므로 은행이 위험을 감수하길 바랄 것이다. 은행 직원은 기껏해야 직장을 잃을 뿐이므로 성과급을 받고 기꺼이 위험을 감수할 것이다. 도덕적 해이에 공통적으로 제시되는 한 가지 해결책은 규제의 강화다.

최근의 은행 위기는 대부분 투자 손실에서 비롯되었다. 은행은 차입을 줄이기 위해 자산을 매각할 수밖에 없다. 그 결과 자산 가격이 추가 하락하면서 손실은 더욱 늘어난다. 그러면 예금인출 사태가 이어지고, 이는 다시 다른 은행으로까지 확대되어 공황상태에 빠지게 된다. 2007~2008년 위기 때는 예금보험 제도가 있는데도 불구하고 예금인출 사태가 벌어졌다. 최근의 위기는 은행만큼 강한 규제를 받지 않으면서도 결국 '싸게 빌려 비싸게 빌려주는' 은행과 유사한 역할을 하는 헤지펀드에 상당부분 책임이 있다.

한편 도덕적 해이에 대한 주장은 미래의 잠재적 위기로부터 경제를 방어하려는 노력이란 점에서 다소 화재 예방과 비슷한 구석이 있다. 그렇지만 예방적 조치를 고민해야 할 시점이 위기가 한창일 때는 분명 아닐 것이다. ■

해외 과잉 저축이 국내 투기를 조장한다

세계의 저축 불균형

맥락읽기

초점
세계 경제

핵심사상가
벤 버냉키(1953년~)

이전의 관련 역사
서기 2000년 : 미국 경제학자 모리스 옵스펠트(Maurice Obstfeld)와 케네스 로고프(Kenneth Rogoff)가 미국의 대규모 무역 적자에 대해 우려를 제기한다.

서기 2008년 : 영국의 역사학자 니얼 퍼거슨(Niall Ferguson)이 신용의 남발로 위기에 처한 세계를 묘사한다.

이후의 관련 역사
서기 2009년 : 미국 경제학자 존 테일러가 과잉저축의 존재에 대해 반대론을 펼친다.

서기 2011년 : 이탈리아의 경제학자 클라우디오 보리오(Claudio Borio)와 태국의 경제학자 피티 디스야탓(Piti Disyatat)이 전 세계 저축의 불균형이 금융위기를 유발했다는 생각은 옳지 않다고 주장한다.

20 12년 2월에 1억 1천100만 명의 미국인이 텔레비전으로 슈퍼볼을 지켜보았다. 하프타임(중간 휴식시간)에 크라이슬러(Chrysler) 자동차 광고가 흘러나왔고, 이것이 전국적인 논란거리가 되었다. "미국도 지금 하프타임이다"라고 이 광고는 말했다. "사람들은 일자리를 잃고 고통받고 있다. 디트로이트는 우리에게 해낼 수 있다는 것을 보여준다. 미국은 한방에 나가떨어질 만한 나라가 아니다."

크라이슬러가 미국인의 일자리를 구할 테니 자동차를 사달라는 이 노골적으로 애국적인 광고의 함의는, 미국의 경제력이 외국, 특히 중국의 손아귀로 흘러들어가고 있

참조 : ▪ 금융업 26~29쪽 ▪ 경제 버블 98~99쪽 ▪ 시장통합 226~231쪽 ▪ 금융공학 262~265쪽 ▪ 금융위기 296~301쪽 ▪ 주택 공급과 경기순환 330~331쪽

디트로이트의 이 크라이슬러 공장처럼 공장들이 폐쇄된 후, 미국은 수출보다 수입이 많은 무역수지 적자 상태에 빠졌다.

다는 많은 미국인들의 위기감과 맥을 같이 했다. 미국 연방준비제도(Federal Reserve) 의장 벤 버냉키(Ben Bernanke)의 2008년 세계 금융위기에 대한 설명이 그토록 널리 호응을 얻었던 것도 바로 이러한 생각이 기저에 깔려 있었기 때문이다. 그는 본격적인 위기가 닥치기 전인 2005년부터 줄곧 이러한 주장을 펼쳐왔고, 그의 논지는 저축과 소비의 국제적 불균형에 초점을 맞췄다.

버냉키 주장의 핵심은 미국의 국제수지(BOP)다. 일국의 국제수지란 그 나라와 세계 다른 국가들 사이의 모든 경제거래를 집계한 계정이다. 만약 그 나라의 수입이 수출보다 많다면 무역수지는 적자가 되겠지만, 장부는 여전히 균형을 이루어야 한다. 따라서 그 부족액은 몇 가지 다른 방식으로 보충되는데, 이를테면 외국인 투자자금이나 중앙은행 준비금을 통해서다.

버냉키는 미국의 적자가 1990년대 후반에 급격히 증가하여 2004년에는 GDP의 5.5퍼센트인 6천400억 달러에 도달했다고 지적했다. 이 당시 국내 투자는 상당히 안정적이었지만, 국내 저축은 1996년에 GDP의 16.5퍼센트에서 2004년에 GDP의 14퍼센트로 하락했다. 국내 저축이 줄어드는데 국내 투자는 꾸준히 유지되는 경우, 적자를 해소할 방법은 외국인 자본을 유치하는 길뿐이었다.

과잉 저축

버냉키는 미국의 적자가 '세계의 과잉 저축', 즉 미국 외의 다른 나라에서 누적된 저축으로 충당되고 있다고 주장했다. 예를 들어, 미국과의 무역에서 엄청난 흑자를 기록하는 중국은 그렇게 얻은 이익을 국내 투자에 쏟아 붓거나 소비에 사용하지 않는다.

어느 국가에서 수입이 수출보다 많다면(무역 적자), 다른 국가는 반드시 수출이 수입보다 많아야 한다(무역 흑자)

↓

적자국은 무역 불균형에 자금을 조달해야 하는 반면, 흑자국은 과잉 저축을 형성할 수 있다

↓

흑자국의 저축은 적자국에 대출되어, 금융투기를 부추길 수 있다

↓

해외 과잉 저축이 국내 투기를 조장한다

그저 저축과 외환 보유고로 쌓아둘 뿐이다. 버냉키는 국제적인 과잉 저축이 형성되는 수많은 이유를 강조하는데, 거기에는 중국인의 절약 외에도 유가 상승과 향후 금융 쇼크에 대처하기 위한 '활동자금' 비축 등이 포함된다.

일견 저축은 미래에 대비하는 신중한 일

로 보인다. 그러나 글로벌 자본주의 사회에서 저축이란 양날의 칼과도 같다. 저축으로 흘러드는 모든 자금은 직접 투자나 소비 지출에서 빠져나온 돈이지만 단순히 사라지는 것이 아니다. 버냉키의 주장에 따르면, 해외의 과잉 저축으로 축적된 자금은 결국 미국 금융시장으로 물밀듯이 밀려든다.

넘쳐나는 돈

이런 자금은 시중 금리를 떨어뜨리고 미국인과 유럽인의 저축 의욕을 꺾는다. 외견상 대출시장에 저리 자금이 넘쳐나다 보니, 대출기관이 오히려 대출고객 유치에 열을 올린다. 몰려드는 해외자금의 투자처를 마련하기 위해, 미국의 금융공학자들은 부채담보부증권(CDO) 같은 상품을 개발해냈다. CDO란 고위험 모기지 증권을 보다 안전한 부채와 묶어 리스크가 매우 낮은 것을 의미하는 'AAA' 신용등급 채권으로 만든 것이다. 한편, 저소득층도 자산 사다리(한 가정이 일생 동안 가격이 싼 주택에서 보다 비싼 주택으로 옮겨가는 과정)에 한 발을 내디딜 수 있게 되면서, 20여개 국가에서 주택 가격이 폭등했다. 이 주택시장 호황에 자금을 공급했던

> 장기적으로는 선진국들이 집단적으로 경상수지 흑자를 유지하고 개발도상국에 자금을 빌려주어야 하지, 그 반대가 되어서는 안 된다.
> 벤 버냉키

1990년대에 부채담보부증권(CDO)이라는 새로운 금융상품이 등장했다. 고위험 모기지론을 안전한 채권과 결합시켜, 저위험 부채라는 허상을 심어주는 상품이었다. 이러한 담보부증권이 2007~2008년에 신용 제도를 붕괴시키는 결정타가 되었다.

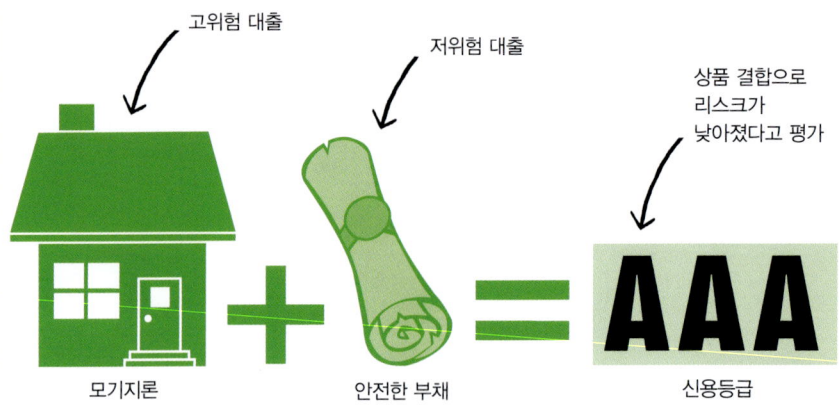

고위험 대출 · 저위험 대출 · 상품 결합으로 리스크가 낮아졌다고 평가

모기지론 + 안전한 부채 = AAA 신용등급

모기지론 중 일부는 상환능력이 없는 사람에게까지 제공되어, 미국에서는 '서브프라임' 모기지라 불리게 되었다.

위기 국면

2008년에 서브프라임 모기지론의 대량 부실 사태로, 많은 금융기관이 실제 자본가치보다 얼마나 크게 부풀려 투자를 해왔는지가 만천하에 드러났다. 리먼브러더스 투자은행이 2008년에 파산했고, 다른 많은 금융기관도 대대적인 몰락의 조짐을 보여, 세계 경제선진국 대부분에서 정부가 구제금융에 발 벗고 나서야 했다.

버냉키의 주장을 간단히 요약하자면, 금융위기의 책임은 모두 중국인의 저축과 미국인의 과소비로 귀결된다는 것이다. 이것은 또한 니얼 퍼거슨의 『금융의 지배The Ascent of Money』의 메시지이기도 하다. 그는 이 책에서 신용경색을 분석하고 불행한 최후를 맞는 '차이메리카(Chimerica)', 즉 미국과 중국의 공생관계(보기에 따라서는 기생관계)에 초점을 맞추었다. 이 개념은 마치 금융위기의 책임이 검소한 중국인에게 있다는 인상을 풍기며, 미국의 재계 종사자들

에게 큰 호응을 얻었다.

버냉키는 중국 자금이 미국의 과열 양상을 부채질하고 있다고 단언한다. 비록 고위험 자산에서 중국 자금이 차지하는 비중은 극히 일부지만 말이다. 2011년에 그는 이렇게 말했다. "중국의 경상수지 흑자는 거의 전적으로 미국의 자산을 취득하는 데 사용되고, 그 80퍼센트 이상이 매우 안전한 채권과 기관들로 몰린다."

사라지는 과잉

많은 경제학자들이 버냉키의 이론에 이의를 제기했다. 경제 블로그 '벌거벗은 자본주의(Naked Capitalism)'에서 이브 스미스(Yves Smith)는 전 세계의 저축이 1980년대 중반 이후 거의 변화가 없었다는 점을 들어 세계적인 과잉 저축이란 허상에 불과하다고 주장해왔다. 또 미국 경제학자 존 테일러는 비록 미국 외의 국가에서 저축이 늘기는 했지만, 미국 내의 저축이 감소했다는 것은 전 세계의 저축과 투자에 차이가 없다는 의미이므로, 저리 자금으로 넘쳐나는 세계라는 개념에는 문제가 있다고 반박한다.

다른 경제학자들은 미국과 다른 국가들

> 나는 중국이 소유한
> 미국의 자산이
> 미국을 경제적 위기에
> 빠뜨릴 정도로 많다고
> 생각하지 않는다.
> 벤 버냉키

의 경상수지 적자가 자금 흐름의 2퍼센트에도 훨씬 못 미치는 수준이므로, 그 영향도 분명 미미할 것이라고 지적한다. 과잉 저축 이론은 또한 유럽에 적용해보면 더욱 힘을 잃는다. 예를 들어, 2008년 위기에 이르는 시기에 독일은 저축이 풍부했다. 과잉 저축 이론에 따르면, 독일 저축자들은 자국 내 금융기관에 저축하기보다 아일랜드나 스페인의 투기적 금융계약을 체결했어야 하는데, 그러할 가능성은 매우 희박해 보였다.

과잉 금융?

프린스턴 대학의 경제학 교수 신현송은 모기지 증권을 노리는 엄청난 투기자금이 과잉 저축보다는 '그림자 금융(shadow banking)' 시스템을 통해 형성된 것이라고 주장해왔다. 그림자 금융이란 헤지펀드, 머니마켓, 구조화 투자회사(SIV) 등 정상적인 금융 시스템을 벗어난 온갖 복잡하고 다양한 금융업체를 의미한다. 유럽과 미국의 그림자 금융업체들이 그러한 증권을 찾으려고 기를 쓰다가, 아일랜드와 스페인은 물론 미국에서 원하는 상품을 발견했다는 의미다.

이렇게 그림자 금융이 성행하는 시장에서는 파생상품이 지배적이다. 파생상품은 독창적인 수학 공식에 근거하여 향후 시장이 움직일 방향에 대한 베팅에 다시 베팅을 거는 '금융상품(financial instrument)'이다. 이때 문제는 파생상품 거래가 과도한 위험 부담을 떠안길 수 있다는 것이다. 파생상품 거래는 또 주택저당증권(MBS)의 부실 등 각종 실패에 베팅함으로써 막대한 이익을 챙길 수도 있다.

과잉 저축의 준비금 초과분과 이 가상 카지노는 아마 무관할 것이다. 오히려 금융업체들이 충분한 자금 여력 없이 거래를 해왔다는 것이 문제로 보인다. 버냉키는 중국과 중동의 투자자들이 무역 흑자와 석유 수출로 마련한 자금으로 미국 증권을 매수한 반면, 유럽 은행은 차입 자금으로 매수에 나섰기 때문에 금융위기에 노출된 것이라고 지적한다.

경제학자들은 과잉 저축의 근간을 이루는 무역 불균형에 대해서도 의견이 분분하다. 일각에서는 미국의 무역 적자가 지탱될 수 있고, 앞으로도 해외 저축에서 쉽게 자금을 조달할 것이라고 주장했다. 다른 학자들은 자금 유입이 끊길 경우 초래될 미국 경제의 경착륙에 대해 우려한다. 한편 미국 정치가들은 중국이 무역 흑자를 위해 불공정하게 낮은 환율을 유지한다고 비난하여, 이 문제는 상당부분 중국과 미국, 양국 간의 정치적 이슈로 변해가고 있다. ∎

벤 버냉키

벤 셜롬 버냉키(Ben Shalom Bernanke)는 미국 사우스캐롤라이나에서 태어나 자랐다. 1970년대 초에 버냉키는 하버드 대학에서 공부한 후 매사추세츠 공과대학으로 옮겨 장차 이스라엘 은행의 총재가 될 스탠리 피셔(Stanley Fischer)의 지도 하에 경제학 박사학위를 받았다.

버냉키는 2002년에 미국 연방준비제도 이사회(FRB)에 합류했다. 2004년에는 현대의 통화정책이 사실상 경기순환의 변동성을 제거했다는 '대(大) 안정기(Great Moderation)'의 개념을 주창했다. 2006년에 버냉키는 미국 연방준비제도 의장에 올랐다. 연준 의장으로서 그의 임기는 평탄하지 않았고, 금융위기를 예측하지 못하고 월스트리트 금융사들을 구제했다는 이유로 비난받아왔다.

주요 저서

2002년 『디플레이션 : 미국에서는 일어나지 않을 것이 확실한Deflation : Making Sure It Doesn't Happen Here』
2005년 『세계 과잉 저축과 미국의 경상수지 적자The Global Saving Glut and the US Current Account Deficit』
2007년 『세계 경제 불균형Global Imbalances』

평등한 사회일수록 빠르게 성장한다

불평등과 성장

부는 사회에
불공평하게 분배된다

축적된 자본이 없는
사람은 불만을 느끼고…

…정부에 재분배 정책을
확대할 것을 요구한다

그러나 재분배를 위해서는
축적된 자본에 대한
세금을 늘려야 하고…

…세금을 늘리면
경제성장이 둔화된다

**평등한 사회일수록
빠르게 성장한다**

거의 20세기 내내, 경제학자들은 경제성장이 국민소득에 미치는 영향을 자문해왔다. 경제성장은 소득 불평등을 증대시킬까, 아니면 감소시킬까? 그러나 이탈리아의 경제학자 알베르토 알레시나(Alberto Alesina)와 터키 경제학자 대니 로드릭(Dani Rodrik)은 1994년에 질문의 방향을 거꾸로 뒤집어, 소득 분포가 경제성장에 미치는 영향을 문제로 제기했다.

알레시나와 로드릭은 그들의 모형에서 두 가지 요소, 즉 노동과 자본(축적된 부)을 검토했다. 두 사람은 경제성장이 총 자본의 증가에서 비롯되는 한편, 정부 서비스는 자본에 부과되는 세금으로 재원이 마련된다고 주장했다. 이 말은 축적된 부에 대한 세금이 높아질수록, 자본을 축적하려는 유인이 줄어들어 경제성장률이 낮아질 것이라는 의미였다.

대부분의 소득을 축적된 자본에서 얻는 사람들은 세율이 낮아지길 바란다. 반면, 축적된 자본이 없고 소득을 전적으로 노동에서 얻는 사람은 더 높은 세율을 선호하는 편이다. 그만큼 공공 서비스가 늘어나고 축적된 부의 재분배가 확대될 수 있기 때문이다.

세율은 정부에서 결정하고, 정부는 국민의 관심사에 민감하게 반응한다. 독재정권

참조 : ■ 조세 부담 64~65쪽 ■ 근대 경제의 출현 178~179쪽 ■ 사회선택 이론 214~215쪽 ■ 경제성장 이론 224~225쪽 ■ 조세와 경제적 유인 270~271쪽

> 부와 소득의 불평등이
> 확대될수록, 세율은 높아지고
> 성장률은 낮아진다.
> **알베르토 알레시나, 대니 로드릭**

조차 타도당할 위험 때문에 국민의 뜻을 완전히 무시할 수는 없다. 따라서 세율은 가급적 다수의 국민을 만족시키는 방향으로, 즉 중도파 유권자(다양한 유권자의 스펙트럼에서 정확히 중간에 위치한 사람)가 선호하는 수준으로 결정된다.

알레시나와 로드릭의 논리에 따르면, 자본과 축적된 부가 사회적으로 평등하게 분배될 경우, 중도파 유권자는 상대적으로 자본이 풍부하여 성장을 해치지 않을 정도의 적당한 세율을 요구할 것이다. 하지만 경제적 불평등이 심하여 축적 자본의 대부분이 극소수 상류층에 편중된 상태라면, 국민 대다수가 가난하기 때문에 성장의 발목을 잡을 정도로 높은 세율을 요구할 것이다. 알레시나와 로드릭은 어떠한 사회에서든 경제적으로 평등할수록 경제성장률이 높아질 것이라고 주장한다.

성장과 평등

알레시나와 로드릭의 설명이 모든 경우에 해당되지는 않는다. 일각에서는 두 경제학자가 원인과 결과를 혼동했다고 지적한다. 예를 들어, 스페인 경제학자 사비에르 살라이마틴(Xavier Sala-i-Martin)은 경제성장이 전 세계의 소득 불평등 정도를 줄여왔다고 주장한다.

세계은행에서는 (불평등 해소에 일조할 수 있는) 전 세계 빈곤 퇴치가 주로 경제성장을 통해 이루어진다고 믿어왔다. 반면, 대부분의 아프리카 국가를 비롯한 저개발 국가들은 지난 수십 년간 거의 또는 전혀 성장하지 못하여, 생활수준은 극도로 악화되고 빈곤 퇴치는 요원해졌다. 결국 최빈국은 낙후된 채로 불평등이 지속되고 있는 것이다. ■

스웨덴 같은 북유럽 국가는 알레시나와 로드릭의 결론에 위배되는 듯 보인다. 이 국가들은 세율과 생활수준이 동시에 높으면서 빈부 격차는 세계에서 제일 작다.

알베르토 알레시나

알베르토 알레시나는 1957년 브로니(Broni)라는 북부 이탈리아 마을에서 태어났다. 그는 밀라노의 보코니 대학에서 경제학과 사회학을 공부하고 1981년에 우수한 성적으로 졸업했다.

그 후 알레시나는 미국 하버드 대학 경제학과에서 석사와 박사 학위를 취득했다. 1986년에 공부를 마친 뒤 1993년 하버드 대학의 정교수가 되었고, 2003~2006년에는 경제학과의 학과장을 역임했다.

알레시나는 다섯 권의 저서를 출간했다. 그의 연구는 정치학과 경제학에 걸쳐 있고, 주로 미국과 유럽의 경제 및 정치 체제에 초점을 둔다. 그는 정치가 경제 문제에 미치는 영향에 대해 관심을 환기시킨 업적을 널리 인정받고 있다.

주요 저서

1994년 『분배 정치와 경제성장 *Distributive Politics and Economic Growth*』 (대니 로드릭과 공저)
2003년 『국가의 규모 *The Size of Nations*』 (엔리코 스폴라오레와 공저)
2004년 『미국과 유럽의 빈곤 퇴치 : 전혀 다른 세계 *Fighting Poverty in the US and Europe : A World of Difference*』 (에드워드 글레이저와 공저)

328

유익한 경제개혁도 실패할 수 있다

경제 변화에 대한 저항

맥락읽기

초점
경제정책

핵심사상가
대니 로드릭
대런 에이스모글루(1967년~)

이전의 관련 역사
서기 1989년 : 영국 경제학자 존 윌리엄슨이 '워싱턴 컨센서스(Washington Consensus)'라는 용어를 최초로 사용한다.

서기 2000년 : 남아프리카 공화국의 경제학자 니콜라스 반 데 왈레(Nicolas van de Walle)가 IMF에서 지원한 아프리카의 '구조조정' 개혁의 실패를 기록한다.

이후의 관련 역사
서기 2009년 : 미국의 경제학자 더글러스 노스(Douglass North), 존 윌리스(John Wallis), 배리 와인개스트(Barry Weingast)가 폭력 문제에 대한 사회의 반응을 기초로 개혁에 대한 새로운 접근법을 제시한다.

서기 2011년 : 2008년 금융위기에 따른 유럽의 개혁안이 반대에 부딪힌다.

개혁은 경제를 촉진시키고 제도 변화를 통해 국민 전체에 혜택을 주기 위해 설계된다. 경제에 보탬이 되는 개혁안은 국민의 환영 속에서 시행될 것이라고 기대하기 쉽다. 그러나 때로는 개혁을 통해 혜택을 받게 될 사람들조차 개혁에 격렬히 반대한다.

경제를 '개선'하고 성장세로 전환하려면, 경제 체제 내의 비효율성을 제거할 필요가 있다. 개발도상국에서 흔히 그렇듯이, 만약 국가 자체의 이득을 등한시하는 정치 세력이 국정을 운영한다면, 개혁은 매우 어려울 수 있다.

개혁과 영향

터키 경제학자 대니 로드릭과 대런 에이스모글루(Daron Acemoğlu)는, 만약 유력 집단이 경제 개혁의 결과 자신들의 특권이 사

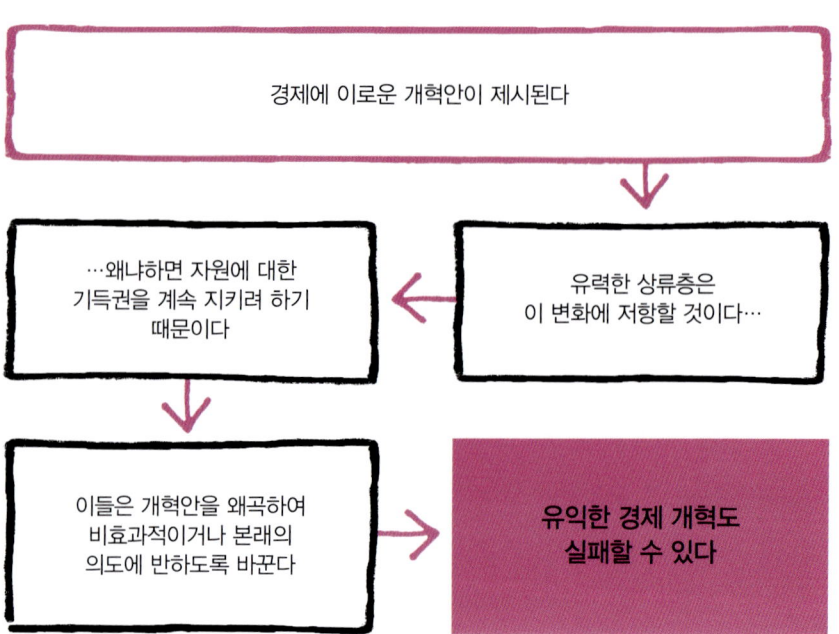

참조 : ■ 자유시장 경제학 54~61쪽 ■ 제도경제학 206~207쪽 ■ 차선 이론 220~221쪽 ■ 경제성장 이론 224~225쪽 ■ 독립적인 중앙은행 276~277쪽 ■ 아시아의 호랑이 경제 282~287쪽

> 효과적인 정책은
> 반드시 인기를 얻지만,
> 그 시간적 격차가 너무 길어
> 개혁가들이 그 인기를 개혁에
> 이용하지 못할 수도 있다.
> 대니 로드릭

라질 것이라 예상하게 되면, 영향력을 행사하여 본인들에게 소득이나 권력이 재분배되는 경제정책을 도입하거나 아예 개혁정책을 왜곡하여 효과적으로 실행되지 못하게 만들 것이라고 지적했다. 에이스모글루는 정치 엘리트가 극도로 무책임하고 그들의 행동에 대한 견제와 균형이 제한될 때 이러한 일이 자주 발생한다고 주장했다.

이러한 경우 개혁은 통상 실패로 끝나는데, 정치 세력이 정치적 제약을 강화하

는 일에 선뜻 착수할 리 없기 때문이다. 반대로 정치 지도자가 책임감이 매우 강한 국가라면, 개혁이 없어도 이미 그 혜택이 실현되어 있을 가능성이 높다. 따라서 개혁은 상당한 긍정적 결실을 거둘 가능성이 높고 정치 엘리트가 개혁을 방해할 만큼 막강하지 않은 '중간 수준의 국가'에서 가장 효과적일 것이다.

승자와 패자

그러나 중간 수준의 국가에서 개혁을 추진할 때도 문제가 있다. 경제개혁이 제안될 당시에는, 보통 개혁에 따른 득실 관계가 명확히 구분되지 않는다. 이러한 이유로 사람들은, 심지어 개혁의 결과 이익을 볼 것이 분명한 사람들조차 이 제안을 받아들이기를 주저한다. 사람들은 대개 현상 유지를 선호하는 편향성이 있어, 이미 가진 것을 지키면서 그것을 상실할 위험을 최소화하고자 노력한다.

만약 유익한 경제적 개혁을 제안했다가 대중의 지지가 부족해 보류된 경우라면, 정치가나 경제학자는 그 제안이 경제와 사회

사니 아바차(Sani Abacha)는 1994년 나이지리아에서 권력을 잡았다. 그의 부패한 독재정권은 법의 관할권 밖에 존재하여, 그의 가족은 국고에서 50억 파운드를 착복할 수 있었다.

에 이롭다는 신념 때문에 추후에 다시 한 번 그것을 발의할 수 있다. 하지만 새롭게 지지할 만한 정보가 없는 한, 그 사회는 개혁안을 또다시 거부할 것이다. 그럼에도 불구하고 대중의 반대를 무릅쓰고 유익한 개혁안을 시행하여 결과적으로 손해보다 이익 보는 사람이 많아진다면, 그때서야 개혁은 대중의 지지를 획득하여 계속 유지될 것이다.

또 대부분의 개혁 시도들이 주로 법원과 투표제 등의 '공식적인' 제도를 바꾸는 데 초점을 둔다. 그러나 개혁의 성공 여부는 그 바탕이 되는 '비공식적인' 제도와 주변 정치가 개혁을 얼마나 지지하는가에 달려 있다. 이러한 지지기반 없이 제도와 헌법의 개혁만으로는 많은 것을 변화시키기 어려울 것이다. ■

워싱턴 컨센서스

'워싱턴 컨센서스'라는 용어는 1980년대에 위기에 처한 개발도상국에 처방된 자유시장경제 개혁안을 지칭하기 위해 영국 경제학자 존 윌리엄슨이 1989년에 처음 만들었다.

이 정책은 사회주의 붕괴 이후 동유럽 국가들과 라틴아메리카의 국가 주도 경제를 민영화된 자유시장으로 바꾸는 것이 목표였다. 그리하여 국영 기업의 민영화, 국내외 무역의 자유화, 경쟁력 있는 환율 도입, 균형적인 재정(조세)정책 등에 주력했다.

그러나 1990년대에 들어와서 워싱턴 컨

센서스에 대한 신뢰도가 떨어졌다. 그토록 다양한 집단의 국가에서 정치적 제약조건의 명백한 차이를 무시한 채 거의 일괄적으로 개혁안을 적용했기 때문이다. 아프리카에서는 특히 동태적 시장이 극빈층을 가난에서 구제하는데도 말이다.

주택시장은 호황과 불황을 반영한다

주택 공급과 경기순환

주택시장의 움직임은 전반적인 경제의 '호황과 불황' 주기를 반영한다. 호황과 불황이란 보통 3~7년 사이의 기간 동안 수축과 팽창을 반복하며 움직이는 경기순환에서 경제의 실질 생산량이 최고점과 최저점에 달하는 시기를 뜻한다.

경제 성장기에 주택투자가 증가하는 이유에는 여러 가지가 있다. 우선, 구할 수 있는 일자리가 늘어나면서, 주택 구매를 고려하는 사람들이 많아진다. 동시에, 모기지 대출기관이 대출요건을 완화하기 시작하여 주택 구매가 용이해지고, 그 결과 실제 주택 판매가 늘어난다. 이렇게 되면 주택 수요가 증가하고 주택 가격이 상승한다. 주택 판매자는 거액의 모기지론을 완전히 청산할 수 있다. 주택 건설업계는 집값 상승으로 이익을 얻기 위해 주택 보유량 확보에 계속 투자한다.

주택 가격은 비교적 비탄력적일 때가 많다. 즉 주택 가격이 영향 요인의 변동에 민감하게 반응하거나 쉽게 변하지 않는다는 뜻이다. 이것이 주택이 바람직한 투자처로 여겨지는 여러 이유 중 하나로, 주택은 판매량이 감소할 때도 가격이 하향 조정되기보다는 기존 수준을 안정적으로 유지하는 편이다.

활황기였던 2004년에 미국 워싱턴 주에서는 농지에 새로운 주택 개발 단지가 들어섰다. 모기지 대출 기준이 대폭 완화되면서 건설이 호황을 누렸다.

경기침체의 신호

주택 가격은 보통 비탄력적이지만, 아예 정체될 때가 있다. 그에 동반되는 주택 투자의 감소는 보통 불황이 발생할 것이라는 첫 번째 선행지표가 된다. 선진국에서는 지난 50년간 대규모 불황이 닥칠 때마다 그에 앞서 주택시장이 붕괴되기 시작했다. 주택시장은 소비자들이 주택 가치가 상승할 것이라고 확신할 때에야 비로소 회복된다. 이러한 자신감은 경제가 호전될 때 나타난다. 주택 판매가 평상수준으로 복귀하기 시작하면, 주택 투자가 증가하면서 일자리가 다시 늘어나 경제성장기로의 전환을 더욱 가

참조 : ■ 호황과 불황 78~79쪽 ■ 경제 버블 98~99쪽 ■ 수요와 공급 108~113쪽 ■ 경제 이론의 계량분석 170쪽 ■ 금융위기 296~301쪽

> 경제가 성장할수록, 주택을 구매할 만큼 자신감을 느끼는 사람들이 늘어난다

⬇

> 그 결과 주택 수요가 증가하여 주택 가격의 상승으로 이어진다. 주택 건설업자는 건설 물량을 늘린다

⬇

> 가격이 감당하기 힘든 수준까지 오르면서 수요가 정체된다

⬇

> 주택 투자가 중단되고 관련 업종의 일자리가 사라진다. 주택 가격이 부진해지며 경제 전반이 타격을 입는다

⬇

주택시장은 호황과 불황을 반영한다

속화한다.

경제학자들은 주택 가격과 전반적인 경제의 관계를 분석한 결과, 주택 투자수준을 연구하면 경기침체와 회복 시기를 정확히 예측할 수 있다고 믿게 되었다. 영국 경제학자 찰스 굿하트(Charles Goodheart)와 보리스 호프만(Boris Hofmann)은 2006년 공저 『주택 가격과 거시경제*Housing Prices and the Macroeconomy*』에서 경제적 성과와 주택 가격의 상관관계를 입증했다. 이들은 향후 적절한 정책이 뒤따른다면, 불황이라는 최악의 결과를 대폭 완화하거나 회피할 수 있으리라고 주장한다.

그러나 불행히도 2008년의 미국 주택시장 '거품' 붕괴의 경우에는 그렇치 못했다. 이때는 급속한 금융혁신이 모기지 금융에서 불안정을 야기하여, 소비자의 투자심리가 동요되면서 호황이 유지되지 못했다. 주택시장이 궁극적인 파탄의 원인이었던 것이다. ■

주택시장의 무분별한 대출

2008년의 경제위기는 모기지론 시장의 자유화와 은행들의 무책임한 대출이 가장 큰 원인이었다. 처음에는 대출기관들이 차입자에게 엄격한 대출요건을 부과하여, 대출원금의 원리금을 모두 감당할 수 있는 사람에게만 대출을 허용했다. 그러나 경제가 호전되면서 당장 이자만 지급할 수 있는 사람에게도 모기지론이 제공되었다. 이 사람들은 향후에 소득이나 주택 가격이 상승하여 대출원금을 상환할 수 있을 것으로 기대했다.

그 후 미국의 대출업계는 심지어 이자도 상환할 능력이 없는 사람에게까지 모기지론을 제공하기 시작했다. 이러한 대출은 주택 가격이나 차입자의 소득이 크게 오를 경우에나 회수될 수 있었다. 그래서 경제가 주춤하고 차입자들이 하나둘씩 대출을 갚지 못하게 되자, 전체 경제가 붕괴되고 말았다.

2008년 금융위기 이후 은행의 주택 압류가 급증하면서, 미국 뉴저지의 이 집처럼 판자로 폐쇄된 집들이 흔한 풍경이 되었다.

DIRECTO

RY

인물사전

DIRECTORY 인물사전

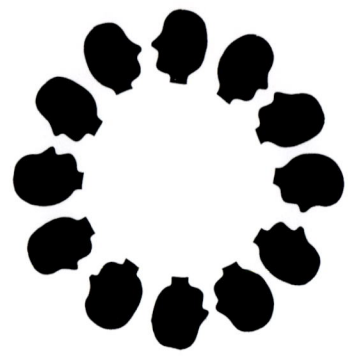

이 책은 경제학의 최초 태동기부터 정치경제학의 발전과 오늘날 우리가 아는 다양한 주제에 이르기까지, 경제사에서 가장 중요한 사상을 두루 조망한다. 그 과정에서 애덤 스미스와 존 메이너드 케인스, 프리드리히 하이에크 같은 주요 경제학자의 사상과 업적은 필연적으로 살펴보게 되지만, 그 외에도 하나 이상의 연구 영역에서 중요한 업적을 세워 이름만 거론하고 넘어가기에는 충분하지 않은 수많은 경제학자들이 있다. 지금부터 소개할 사상가들은 모두 경제학을 현대 산업사회에서 필수적인 학문으로 자리매김하고, 그 복잡성을 이해하며, 오늘날 세계의 경제활동에 대한 우리의 이해를 증진시키는 데 일익을 담당한 학자들이다.

장 바티스트 콜베르
(Jean-Baptiste Colbert)
1619~1683년

장 바티스트 콜베르는 프랑스 랭스(Rheims)의 상인 집안 출신임에도 불구하고 상업 대신 정치 분야로 진로를 정했다. 그는 1665년에 루이 14세의 재상이 되어, 정치 부패를 종식시킬 대책을 강구했다. 또 조세 제도를 개혁하고, 프랑스 산업을 발전시키고 해외 무역을 장려할 정책을 시행했으며, 프랑스 기반시설을 개선했다.

참조 : 조세 부담 64~65쪽

피에르 드 부아기유베르
(Pierre De Boisguilbert)
1646~1714년

프랑스 귀족 가문에서 태어난 피에르 르 프장 시외르 드 부아기유베르(Pierre Le Pesant, sieur de Boisguilbert)는 법조계에서 경력을 쌓았다. 그는 하급 법관과 판사직을 거쳐 1690년에 루앙(Rouen) 시의 행정과 사법을 책임지는 왕의 대리인(Bailie)이 되어 1714년에 사망할 때까지 이 보직을 유지했다. 그는 지역 경제에 조세가 미치는 영향을 검토하고, 장 바티스트

콜베르가 도입한 조세 제도에 반대했다. 또 생산과 무역이 부를 창출한다고 믿고, 조세개혁을 통해 자유무역을 권장해야 한다고 주장했다.

참조 : 조세 부담 64~65쪽

야마가타 반토
(Yamagata Banto)
1748~1821년

야마가타 반토는 일본 오사카 시에서 가장 존경받던 학자인 동시에 환전상이었다. 그는 오사카의 사립학교 '가이토쿠도'의 다른 학자들과 함께 일본 제도에 서구식 합리주의 사상을 도입하여, 당대까지 유교 사상에 뿌리를 두던 일본의 봉건 사회를 종식시키는 데 기여했다. 반토의 방대한 저서 『유메노 시로(夢の 代)』는 이른바 '신들의 시대'에 지배를 받던 구체제를 비판하면서, 산업과 무역에 기반을 둔 근대 일본의 사회적, 정치적, 경제적 구조에 대한 이성적이고 과학적인 접근을 주장했다.

참조 : 비교우위 80~85쪽

앙리 드 생시몽
(Henri De Saint-Simon)
1760~1825년

프랑스 파리의 귀족 가문에서 태어난 클로드 앙리 드 루브루아(Claude Henri de Rouvroy)는 일종의 사회주의를 지지했기 때문에 '백작(comte)'이라는 합법적인 작위를 거부했다. 그의 사상은 미국의 독립혁명 이후 미국에 수립된 새로운 사회에서 큰 영향을 받았다. 그는 협력과 기술 혁신을 통해 빈곤을 근절할 수 있고, 탐욕에 이끌려 남을 착취하고 사회적 특권을 추구하는 사람들은 교육을 통해 다스릴 수 있다고 주장했다. 그의 연구는 19세기의 사회주의 사상가와 특히 카를 마르크스에게 영향을 미쳤다.

참조 : 마르크스주의 경제학 100~105쪽

프리드리히 리스트
(Friedrich List)
1789~1846년

프리드리히 리스트는 고향인 독일 로이틀링겐(Reutlingen)에서 공무원으로 경력을 시작하여 급속도로 고위 관직에 올랐다. 그러나 그는 1822년에 개혁을 주장하다가 투옥되어, 프

랑스로, 그 후 다시 영국으로 도망쳤다. 그는 결국 미국으로 망명하여, 함부르크(Hamburg)와 라이프치히(Leipzig)의 미국 영사가 되었다. 1843년에는 '국민적 체제(National System)'의 관세 동맹을 확장시키면 전 독일을 통일할 수 있다는 자신의 주장을 알리기 위해 신문을 발간했다. 말년에는 건강과 재정문제가 악화되어 오랫동안 고생하다가 1846년에 자살로 생을 마감했다.

참조 : 비교우위 80~85쪽

조제프 베르트랑
(Joseph Bertrand)
1822~1900년

프랑스의 대중과학 저술가의 아들로 태어난 조제프 베르트랑은 어렸을 때부터 수학에 대한 남다른 재능을 보여, 1856년에 파리 공과대학교(École Polytechnique)의 교수가 되었다. 그는 정수론과 확률 분야에서 명성을 얻었고, 동료 수학자인 앙투안 오귀스탱 쿠르노가 주장한 과점 이론에 반대하며 대안적인 가격경쟁 모형을 제시했다.

참조 : 제한경쟁의 영향 90~91쪽

카를 멩거
(Carl Menger)
1840~1921년

오스트리아 학파의 창시자 중 하나인 카를 멩거는 지금은 폴란드에 속하는 갈리시아(Galicia)에서 출생했다. 그의 저서 『국민경제학의 기본원리Principles of Economics』에는 오스트리아 학파의 사상적 요체인 한계성 이론(재화의 가치는 한 단위 추가될 때의 증분 가치에서 비롯된다)이 요약되어 있다. 멩거는 빈 대학의 경제학 교수로 재직하며 『사회과학 방법론Method of the Social Sciences』을 저술하여, 19세기의 낭만주의적 이상에 기초한 독일 역사학파(German Historical School)에서

탈피하는 결정적 계기를 만들었다.

참조 : 경제적 자유주의 172~177쪽

루요 브렌타노
(Lujo Brentano)
1844~1931년

루요 브렌타노는 독일 바바리아(Bavaria) 출신으로 법학과 경제학 박사학위를 취득했다. 1868년에는 노동조합주의를 공부하기 위해 통계학자 에른스트 엥겔과 함께 영국으로 건너갔고, 이때의 경험에서 사상적으로 큰 영향을 받았다. 브렌타노는 독일역사학파의 일원이었음에도 불구하고 이 학파의 여러 이론에 문제를 제기하며 사회개혁, 인권, 정부의 민생 책임 등을 주창했다. 그는 특히 사회적 시장경제를 형성하는 데 크게 기여했다.

참조 : 사회적 시장경제 222~223쪽

오이겐 폰 뵘바베르크
(Eugen Von Böhm-Bawerk)
1851~1914년

오스트리아 학파의 창립 멤버인 오이겐 폰 뵘바베르크는 (지금은 체코 공화국에 속하는) 오스트리아 브륀(Brünn)에서 태어났다. 그는 빈 대학에서 법학을 공부한 후, 학문적으로나 정치적으로나 성공적인 경력을 밟아, 1890년대에 재무장관을 두 차례 역임했고, 그 와중에 긴축적인 균형 예산에 대한 신념을 실천에 옮길 수 있었다. 그의 마르크스주의 경제학에 대한 비판과 이자 및 자본에 관한 이론은 큰 반향을 얻었고, 특히 그의 제자였던 조지프 슘페터와 루트비히 폰 미제스에게 지대한 영향을 미쳤다.

참조 : 조세 부담 64~65쪽

프리드리히 폰 비저
(Friedrich Von Wieser)
1851~1926년

프리드리히 폰 비저는 빈에서 태어났다. 매부인 오이겐 폰 뵘바베르크처럼 그도 본래는 법학을 공부하다가 카를 멩거의 저작을 읽고 경제학으로 전공을 바꾸었다. 그는 몇 년 동안 공무원으로 일하다가 1903년에 빈 대학의 교수가 되어 멩거의 뒤를 이었다. 그의 가장 중요한 업적은 레옹 발라스와 빌프레도 파레토에게 영향을 받은 가치 이론으로, 그는 '한계효용(재화를 한 단위 더 소비할 때 얻게 되는 만족)'이란 용어를 만들어냈다. 그 후에는 경제학 이론을 사회학에 적용시키는 쪽으로 관심을 돌려, 중요한 사회경제 이론과 기회비용의 개념을 고안했다.

참조 : 기회비용 133쪽

소스타인 베블런
(Thorstein Veblen)
1857~1929년

미국 경제학계의 이단아로 유명한 소스타인 베블런은 미네소타의 농장에 살던 노르웨이인 이민자의 아들로 태어났다. 그는 독특한 배경 덕분에 미국 사회에 대한 국외자적 시각을 갖게 되었고, 교사들의 인습적인 가르침을 거부했다. 그는 사회학과 경제학을 결합한 새로운 제도주의(institutionalism)적 접근법을 개발했다. 1899년에는 저서 『유한계급론The Theory of the Leisure Class』을 출간하여, '과시적 소비'의 개념을 도입하고 자본주의 체제의 비효율성과 부패, 그리고 거기에 '기생하는' 영리추구 계급(business class)을 비판한다.

참조 : 과시적 소비 136쪽

아서 피구
(Arthur Pigou)
1877~1959년

아일오브와이트(Isle of Wight) 섬의 라이드(Ryde)에서 태어난 아서 피구는 영국 케임브리지 대학에서 역사를 전공하며 경제학에 대한 관심을 키우는 한편 알프레드 마셜을 만났다. 피구는 졸업 후 1908년에 마셜의 교수직을 넘겨받아 제1차 세계대전이 터질 때까지 모교에서 강의했다. 그는 외부효과(제3자에게 '흘러가는' 비용 또는 편익)를 상쇄하기 위해 고안한 '피구세(Pigouvian taxes)'로 가장 잘 알려져 있다.

참조: 외부비용 137쪽

니콜라이 드미트리예비치 콘드라티예프
(Nikolai Dmitriyevich Kondratiev)
1892~1938년

러시아 코스트로마(Kostroma) 부근의 농민 집안에서 태어난 니콜라이 콘드라티예프는 상트페테르부르크 대학(University of St Petersburg)에서 경제학을 전공한 후 공직에서 일했다. 1917년에 차르 니콜라스 2세(Nicholas II)가 축출되자, 콘드라티예프는 혁명사회주의당(Revolutionary Socialist Party)의 일원으로서 조달부 장관(Minister of Supply)에 임명되었다. 한 달 후에 임시정부가 무너지면서 그는 다시 학자의 삶으로 돌아왔다. 그는 오늘날 '콘드라티예프 파동'이라 불리는, 자본주의 경제의 50~60년 주기 이론을 개발했다. 1930년에는 그의 사상이 빌미가 되어 체포되었고, 8년 후에 처형당했다.

참조: 호황과 불황 78~79쪽

랑나르 프리슈
(Ragnar Frisch)
1895~1973년

노르웨이 크리스티아나(Christiana)에서 태어난 랑나르 프리슈는 경제학에 수학과 통계학을 접목시킨 선구적인 인물이었다. 그는 계량경제학, 미시경제학, 거시경제학 등의 용어를 만들어냈다. 그는 처음에는 가업을 잇기 위해 금 세공술을 배웠지만, 그 후 프랑스와 영국에서 경제학과 수학을 공부했다. 1932년에는 오슬로 경제연구소(Oslo Institute of Economics)를 설립하고, 1969년에는 동료인 얀 틴베르헌(Jan Tinbergen)과 함께 최초의 노벨 경제학상을 수상했다.

참조: 경제 이론의 계량분석 170쪽

폴 로젠스타인-로단
(Paul Rosenstein-Rodan)
1902~1985년

오스트리아가 지배하던 크라쿠프(Kraków)의 폴란드계 유대인 집안에서 태어난 로젠슈타인-로단은 오스트리아 학파의 일원으로 경력을 시작했다. 1930년에는 고국의 반유대주의를 피해 런던으로 망명하여, 런던경제대학에서 학생들을 가르쳤다. 1940년대에는 개발경제학으로 관심 분야를 옮겨, '빅 푸시(big push)' 이론을 주장했다. 제2차 세계대전 후에는 미국으로 이주하여 세계은행에서 일하면서 인도, 이탈리아, 칠레, 베네수엘라 등의 경제 자문을 맡았다.

참조: 개발경제학 188~193쪽

얀 틴베르헌
(Jan Tinbergen)
1903~1994년

1969년에 랑나르 프리슈와 함께 노벨 경제학상을 공동 수상한 네덜란드의 이론가 얀틴베

르헌은 본래 수학과 물리학을 공부하다가 과학적 원리를 경제학 이론에 적용하기 시작했고, 그 과정에서 계량경제학이라는 새로운 분야를 창설했다. 그는 대학 교수이자 국제연맹 및 네덜란드 중앙통계청(Dutch Central Bureau of Statistics)의 고문을 역임했는데, 바로 이곳에서 1936년에 새로운 국가 거시경제학 모형을 개발했다. 이 모형은 그 후 다른 국가에도 적용되었다.

참조: 경제 이론의 계량분석 170쪽

리처드 칸
(Richard Kahn)
1905~1989년

리처드 페르디난트 칸(Richard Ferdinand Kahn)은 런던에 거주하는 독일인 부모 밑에서 태어나 영국 케임브리지 대학에서 물리학 학위를 취득한 뒤 경제학으로 전공을 바꾸어 존 메이너드 케인스의 지도 하에 1년 만에 최우수 학위를 받았다. 그는 25세에 케인스 경제학의 핵심 요소인 승수에 관한 논문을 발표하여 명성을 얻었다. 현실적인 경제학자였던 그는 제2차 세계대전 동안 영국 정부에 자문을 제공하다가 케임브리지 대학으로 복귀하여 1972년에 은퇴할 때까지 학생들을 가르쳤다.

참조: 케인스의 승수효과 164~165쪽

래그나 넉시
(Ragnar Nurkse)
1907~1959년

(당시는 러시아 제국의 일부였던) 에스토니아 캐루(Käru)에서 태어난 래그나 넉시는 타르투 대학(University of Tartu)에서 법학과 경제학을 공부했다. 그 후에는 스코틀랜드와 빈에서 공부를 계속했다. 넉시는 1934년에 국제연맹(League of Nations)의 재무분석관으로 경력을 시작했고, 국제 개발경제학에 관심을 갖게 되었다. 제2차 세계대전 이후에는 미국

으로 이주하여 컬럼비아 대학과 프린스턴 대학에서 강의를 했다. 그는 폴 로젠스타인-로단과 함께 현대의 개발경제학 분야를 정착시켰고, '빅 푸시' 이론을 지지했다.

참조 : 조세 부담 64~65쪽

존 케네스 갤브레이스
(John Kenneth Galbraith)
1908~2006년

존 케네스 갤브레이스는 캐나다 온타리오(Ontario)에서 태어나 캐나다와 미국에서 경제학을 공부했다. 나중에는 영국 케임브리지 대학에서 강의하면서, 거기에서 만난 존 메이너드 케인스에게 큰 영향을 받았다. 제2차 세계대전 당시 미국 연방정부 물가관리국(Office of Price Administration)의 부국장을 지냈지만, 항시적인 물가 관리를 주장하다가 1943년에 물러나고 말았다. 그는 저널리스트, 학자, 존 F. 케네디 대통령의 경제 고문으로 일하며, 1958년에는 『풍요한 사회The Affluent society』라는 저서를 출간하여 큰 인기를 끌었다.

참조 : 과시적 소비 136쪽

조지 스티글러
(George Stigler)
1911~1991년

조지 스티글러는 미국 시카고 대학에서 박사 과정을 밟을 당시 지도교수였던 프랭크 나이트에게 큰 영향을 받고, 친구이자 동년배였던 밀턴 프리드먼과 함께 시카고 학파의 대표주자가 되었다. 그는 경제학 사상사 연구로 잘 알려져 있지만, 공공선택론 분야(정부의 행동에 대한 분석)도 연구했고, 최초로 정보 경제학 분야에 관심을 갖기도 했다. 1982년에 노벨상을 수상했다.

참조 : 조세 부담 64~65쪽

제임스 토빈
(James Tobin)
1918~2002년

미국 일리노이(Illinois)에서 태어난 제임스 토빈은 금융 거래의 투기를 막기 위해 고안한 '토빈세(Tobin tax)'로 대중적인 인지도를 얻었다. 그러나 경제학자들에게는 그가 케인스 경제학의 지지자로서 투자 및 재정(조세) 정책에 대해 쓴 논문으로 더욱 유명하다. 토빈은 1935년에 미국 하버드 대학에 들어가서 존 메이너드 케인스를 만났다. 1950년에는 예일 대학에서 교수직을 얻어, 남은 평생 동안 그곳에 머물렀다. 또 케네디 행정부의 경제 자문을 맡아 1960년대 내내 미국 경제정책을 수립하는 데 일조했으며, 1981년에 노벨상을 받았다.

참조 : 불황과 실업 154~161쪽, 케인스의 승수효과 164~165쪽

앨프리드 챈들러
(Alfred Chandler)
1918~2007년

미국 귀앙쿠르(Guyencourt)에서 출생한 앨프리드 챈들러는 1940년에 미국 하버드 대학을 졸업했다. 그는 제2차 세계대전 중 미국 해군에서 복무한 후, 증조부인 금융전문가 헨리 바늄 푸어(Henry Varnum Poor)가 그에게 남긴 문서를 바탕으로 관리 구조에 대한 박사논문을 썼다. 1960년대부터는 대규모 기업의 관리 전략과 조직 연구에 매진했다. 그는 많은 책을 썼고, 1977년작 『보이는 손The Visible Hand』으로 퓰리처 상을 받았다. 이 책에서는 대규모 기업의 성장을 '제2차 산업혁명'으로 묘사했다.

참조 : 조세 부담 64~65쪽

로버트 루카스
(Robert Lucas)
1937년~

로버트 루카스는 시카고 학파의 가장 영향력 있는 경제학자 중 하나이자 신고전학파 거시경제학의 창시자다. 그는 미국 시카고 대학에서 공부하고 1974년부터 그곳의 교수로 재임 중이다. 케인스의 사상에 반박하며, 합리적 기대(사람들이 충분한 정보를 바탕으로 합리적 결정을 내릴 수 있기 때문에, 그들의 행동은 당초 정부 정책이 의도했던 결과와 달라질 수 있다는 개념)에 대한 연구로 1980년대의 통화정책에 큰 영향을 미쳤다.

참조 : 합리적 기대 244~247쪽

유진 파마
(Eugene Fama)
1939년~

이탈리아계 미국인 3세인 유진 파마는 가족 중에 최초로 대학에 진학했다. 처음에는 프랑스어를 공부하다가 점차 경제학에 매료되었다. 그는 시카고 대학에서 장학금을 받으며 박사 과정을 마쳤고, 그 후로 계속 모교에서 강의하고 있다. 파마는 충분한 정보를 가진 많은 거래자가 있는 시장에서는 가격에 이미 이용 가능한 모든 정보가 반영되어 있다는 효율적 시장가설의 창시자로 가장 잘 알려져 있다. 그밖에도 시장 효율성과 시장 균형 간의 상관관계를 입증하여 명성을 얻었다.

참조 : 효율적 시장 가설 272쪽

케네스 빈모어
(Kenneth Binmore)
1940년~

영국의 학자인 케네스 빈모어는 수학자이자 경제학자 겸 게임이론가이다. 그의 연구는 선구적으로 전통 경제학에 새로운 수학적 기

법과 실험의 방법론을 접목시켰다. 그는 교섭행동 이론과 진화적 게임 이론 분야의 여러 이론을 개발했다.

참조 : 경쟁과 협력 273쪽

피터 다이아몬드
(Peter Diamond)

1940년~

미국 경제학자인 피터 다이아몬드는 미국 예일 대학의 수학과를 졸업한 후 매사추세츠 공과대학(MIT)에서 경제학을 공부하고, 대부분의 경력을 역시 이곳에서 강의하며 보내왔다. 그는 사회보험에 대한 연구로 가장 잘 알려졌고, 사회보장정책에 대한 정부 고문으로 활동했다. 최근에는 노동시장의 탐색 및 매칭 이론에 대한 연구로 데일 모텐슨, 크리스토퍼 피사리데스와 함께 2010년 노벨상을 공동 수상했다.

참조 : 탐색과 매칭 304~305쪽

마이클 토다로
(Michael Todaro)

1942년~

미국 경제학자인 마이클 토다로는 미국 펜실베이니아의 하버퍼드 대학(Haverford College)을 졸업한 후 1년 동안 멘토인 필립 벨(Philip Bell) 교수와 함께 아프리카에서 생활하며 개발경제학에 대한 열정을 키웠다. 1967년에 발표된 그의 박사논문은 개발도상국의 인구 이동 이론의 토대를 형성했고, 이른바 '토다로 역설'로 발전했다. 그는 아프리카의 록펠러 재단(Rockefeller Foundation)과 뉴욕의 인구자문회의(Population Council)에서 근무하다가 뉴욕 대학(New York University)에서 영구교수직을 맡고 있다.

참조 : 개발경제학 188~193쪽

로버트 액설로드
(Robert Axelrod)

1943년~

미국 경제학자이자 정치학자인 로버트 액설로드는 1974년부터 줄곧 미시간 대학에서 학생들을 가르치면서 경력 대부분을 보내왔다. 그는 협력 및 복잡성 이론에 대한 업적으로 가장 잘 알려져 있다. 그의 저서 『협력의 진화The Evolution of Cooperation』에 소개된 '죄수의 딜레마'는 적대적인 상황이든 우호적인 상황이든 맞대응(Tit for Tat) 전략을 통해 협력적인 행동에 이를 수 있음을 보여준다. 액설로드는 유엔, 세계은행, 미국 국방부 등에 국가 간의 협력 증진에 대해 자문을 제공해왔다.

참조 : 경쟁과 협력 273쪽

마이클 스펜스
(Michael Spence)

1943년~

마이클 스펜스의 아버지는 제2차 세계대전 동안 오타와(Ottawa)에 체류했기 때문에, 스펜스는 뉴욕에서 태어나고도 어린 시절을 캐나다에서 보냈다. 그는 미국 프린스턴 대학에서 철학을 공부한 후 하버드 대학에서 경제학으로 전공을 바꾸어 박사 과정을 밟았다. 그는 대부분의 경력을 미국 하버드 대학과 스탠퍼드 대학의 교수로 보냈다. 그의 연구는 주로 정보경제학(정보가 경제에 어떠한 영향을 미치는가)과 정보에 대한 간접적인 '신호(예를 들어 구직자가 자신의 학력을 통해 특정 직업에 대한 자격을 '신호'로 알리는 것)'의 개념에 초점을 맞추었다. 그는 시장 내의 정보 비대칭성에 대한 연구로 2001년에 조지 애컬로프 및 조지프 스티글리츠와 함께 노벨상을 받았다.

참조 : 시장 불확실성 274~275쪽

조지프 스티글리츠
(Joseph Stiglitz)

1943년~

당대 가장 영향력 있고 (논쟁적인) 경제학자로 꼽히는 조지프 스티글리츠는 미국 인디애나(Indiana)에서, 그의 표현에 따르자면 "정치적 사안에 대한 토론을 즐기는" 집안에서 태어났다. 그는 미국과 영국의 여러 유수한 대학에서 교수로 재임해왔고, 미국 대통령 클린턴과 오바마의 자문을 맡았으며, 세계은행의 수석 이코노미스트(Chief Economist)를 역임했다. 그는 1970년대에 정보경제학에 대한 연구로 명성을 얻고, 2001년 노벨상을 공동 수상했다. 1990년대에는 워싱턴 컨센서스를, 특히 개발도상국에 적용하는 데에 반대했다.

참조 : 인센티브와 임금 302쪽

앨리스 암스덴
(Alice Amsden)

1943~2012년

'두려움을 모르는' 경제학자로 불리는 앨리스 암스덴은 신흥국 경제의 발전과 산업화 연구에 주력했다. 그녀는 미국 코넬 대학을 졸업하고 런던경제대학에서 박사 과정을 밟은 후 대학에서 고위 직책을 얻고도 세계은행과 경제협력개발기구(OECD)에서 일했다. 2009년에는 유엔의 3년 임시직에 임명되기도 했다. 그녀는 특히 『변방국의 부상The Rise of "The Rest"』 등의 저서를 통해 기존의 세계화 이념에 도전하는 활동으로 잘 알려져 있다.

참조 : 아시아의 호랑이 경제 282~287쪽

로버트 배로
(Robert Barro)
1944년~

미국 경제학자인 로버트 배로는 본래 물리학을 공부했으나 박사 과정에서 경제학으로 전공을 바꾸었다. 그는 미국의 여러 대학에서 학생을 가르쳤고, 북경중앙대학교(Central University of Beijing)의 중국경제연구소(China Economics Academy)의 명예소장을 맡고 있다. 배로는 신고전학파 거시경제학의 창설에 앞장선 인물로, 1974년에 현재의 차입과 미래의 조세의 효과에 대한 연구로 처음 관심을 끌었다. 최근에는 문화가 정치경제학에 미치는 영향을 연구하는 데 주력하고 있다.

참조: 차입과 부채 76~77쪽

크리스토퍼 피사리데스
(Christopher Pissarides)
1948년~

아그로스(Agros)라는 그리스-키프로스의 마을에서 태어난 크리스토퍼 피사리데스는 영국 에섹스 대학(University of Essex)에서 경제학을 전공했다. 그 후 1973년에 런던경제대학에서 박사 학위를 취득하고, 1976년부터 교수로 재직 중이다. 그는 노동시장의 탐색과 매칭, 그리고 실업 분야에서 가장 중요한 업적을 세웠다. 1990년대에는 데일 모텐슨과 함께 고용 창출 및 소멸 모형을 개발했다. 결국 그와 모텐슨은 시장 분석에 대한 공로로 피터 다이아몬드와 함께 2010년 노벨상을 수상했다.

참조: 탐색과 매칭 304~305쪽

폴 크루그먼
(Paul Krugman)
1953년~

무역거래 형태에 대한 분석으로 2008년 노벨상을 수상한 미국의 경제학자 폴 크루그먼은 국제무역과 금융 분야에서의 선구적 연구와 외환위기 및 재정(조세) 정책에 대한 분석으로 잘 알려져 있다. 그는 많은 대학에서 교수직을 맡아왔고, 1980년대에는 레이건 정권의 경제 고문을 담당했지만, 정치적 성향은 좌파에 가까운 것으로 평가받는다. 1990년대에는 오늘날 신무역 이론(New Trade Theory)으로 알려진 국제무역에 대한 분석적 접근법을 개발했다.

참조: 무역과 지리학 312쪽

대니 로드릭
(Dani Rodrik)
1957년~

터키 이스탄불에서 태어난 대니 로드릭은 대학 진학을 위해 미국으로 이주했다. 하버드 대학의 국제정치경제학 교수로 재직 중인 그의 주된 관심 분야는 국제 개발경제학이다. 그는 현재 경제정책연구센터(Centre for Economic Policy Research), 글로벌경제개발센터(Center for Global Development), 국제경제연구소(Institute for International Economics) 등 여러 국제기구의 자문을 맡고 있다.

참조: 시장통합 226~231쪽, 경제 변화에 대한 저항 328~329쪽

장하준
(Ha-Joon Chang)
1963년~

한국에서 태어난 장하준은 주류 경제학을 비판하는 대표적인 학자다. 그는 서울대학교를 졸업하고 영국으로 건너가 케임브리지 대학에서 박사 학위를 얻은 후 계속 연구에 매진하고 있다. 그는 다수의 유엔 기구, 세계은행, 아시아개발은행과 많은 정부 기관 및 비정부기구(NGO)에서 자문역을 맡고 있다. 그는 세계은행에서 지지하는 기존의 개발정책을 비판하면서, 저서 『그들이 말하지 않는 23가지 23 Things They Don't Tell You About Capitalism』를 통해 대안경제학의 여러 측면을 대중에 알리는 데 기여했다.

참조: 아시아의 호랑이 경제 282~287쪽

르노 고셔
(Renaud Gaucher)
1976년~

심리학, 역사학, 지리학, 경제학을 전공한 프랑스 사상가 르노 고셔는 사회과학의 요소들을 경제사상과 통합하는, 좀더 전체론적인 접근법을 모색해왔다. 그는 긍정심리학의 관점에서 돈의 심리학과 행동경제학을 연구하는 한편, 리처드 이스털린(Richard Easterlin)과 같은 경제학자의 연구에 따라 '행복의 경제학'을 강조하면서 개발 및 기후변화 정책에 접목시킬 방법을 모색 중이다.

참조: 행복의 경제학 216~219쪽

GLOSSARY 용어사전

가격(Price)
구매자가 판매자에게 재화나 용역에 대한 대가로 지불해야 할 화폐나 재화의 양.

감가상각(Depreciation)
시일이 경과할수록 자산 가치가 감모 또는 진부화로 인해 감소하는 현상.

강세장(Bull market)
주가나 다른 상품 가격이 상승세인 기간.

거시경제학(Macroeconomics)
이자율, 물가상승률, 성장률, 실업률 등의 경제 요인을 검토하는 경제 전반에 대한 연구.

게임 이론(Game theory)
상호작용하는 개인이나 기업들의 전략적 의사결정에 대한 연구.

경기순환(Business cycle)
확장기(호황)와 수축기(불황)가 반복되는 경제 성장세의 변동.

경기침체(Recession)
경제의 총 생산량이 감소하는 시기.

경쟁(Competition)
둘 이상의 생산자가 최고의 조건을 제시함으로써 구매 고객을 확보하려 노력할 때 경쟁이 발생한다.

경제(Economy)
특정 국가나 지역 내에서 발생하는 모든 생산, 노동, 거래, 소비로 구성된 종합적인 경제적 활동 체계.

경제적 자유주의(Economic liberalism)
사람들에게 소비에 대해 선택할 최대한의 개인적 자유를 부여할 때 최대한의 이익이 얻어진다고 주장하는 사상. 경제적 자유주의는 자유시장 경제를 옹호한다.

경직성 임금(Sticky wages)
시장 조건의 변화에 느리게 반응하는 임금.

계획경제(Planned economy)
중앙통제경제(Command economy) 참조.

고전경제학(Classical economics)
애덤 스미스와 데이비드 리카도가 발전시킨 초기의 경제학 접근방식으로, 국가와 자유시장의 성장에 중점을 둔다.

공공재(Public good)
거리의 조명처럼 사기업에서 제공하지 않는 재화나 용역.

공급(Supply)
팔려고 내놓는 재화의 양.

공급곡선(Supply curve)
다양한 가격에 따라 생산되는 재화나 용역의 양을 나타내는 그래프.

공리주의(Utilitarianism)
최대 다수의 행복을 증진시키는 방향으로 선택이 이루어져야 한다고 주장하는 철학.

공산주의(Communism)
재산과 생산 수단을 집단적으로 소유하는 마르크스주의적 경제 체제.

과점(Oligopoly)
소수의 기업이 지배하는 산업. 과점 시장에서는 기업들이 카르텔을 형성하여 가격을 높게 유지할 위험이 있다.

관세(Tariff)
보통 국내 생산자를 외국과의 경쟁에서 보호하기 위해 수입품에 부과하는 조세.

국내총생산(Gross Domestic Product ; GDP)
1년 동안 발생한 국민소득의 측정치. GDP는 한 나라의 연간 생산액을 전부 합산하여 산출되며, 종종 일국의 경제활동과 부를 측정하는 단위로 사용된다.

국민총생산(Gross National Product ; GNP)
국민이 소유한 국내외의 모든 기업에서 1년 동안 생산한 모든 재화와 용역의 가치 총합.

국제통화기금(International Monetary Fund ; IMF)
1944년에 전후 외환 체계를 감독하기 위해 설립된 국제 기구로, 최근에는 빈곤국에 구제 금융을 지급하는 역할을 담당하고 있다.

균형(Equilibrium)
체제 내의 평형 상태. 경제학에서는 수요와 공급이 일치할 때 시장이 균형 상태에 이른다.

금본위 제도(Gold standard)
금 보유고에 의해 통화 가치가 보장되어, 이론상으로는 요구가 있을 때마다 통화와 일정량의 금을 교환할 수 있는 통화 체계. 오늘날에는 이 제도를 택하는 국가가 없다.

기업가(Entrepreneur)
이윤을 낼 수 있다는 희망으로 상업적 위험을 무릅쓰는 사람.

담합(Collusion)
둘 이상의 기업이 결탁하여 경쟁하지 않고 가격을 높게 유지하는 행위.

대공황(Great Depression)
1929년부터 1930년대 중반까지 지속된 세계

적인 경제 불황기. 미국에서 월스트리트 붕괴로 처음 시작되었다.

독점(Monopoly)
오로지 하나의 기업이 지배하는 시장. 독점 기업은 일반적으로 생산량을 줄여 높은 가격에 판매한다.

디플레이션(Deflation)
시간이 지날수록 재화와 용역의 물가가 하락하는 상태. 디플레이션은 경기침체기에 나타난다.

명목가치(Nominal value)
해당 시점의 화폐로 표현된 현금 가치. 명목 가격이나 임금은 물가상승률에 따라 변하므로, 서로 다른 시점끼리 비교하기에는 유용하지 않다(예를 들어 50파운드의 임금으로 1980년과 2000년에 구매할 수 있는 재화량은 동일하지 않다).

무역수지(Balance of trade)
일정 기간 동안 발생한 한 나라의 수출액과 수입액의 차이.

물물교환 시스템(Barter system)
돈 같은 교환의 매개수단 없이 직접 재화나 용역을 교환하는 방식.

미시경제학(Microeconomics)
개인과 기업의 경제적 행위에 관한 연구.

보이지 않는 손(Invisible hand)
개개인이 시장에서 각자의 사리를 추구하다 보면, 마치 '보이지 않는 손'의 조정을 받는 듯이 결과적으로 사회 전체의 이익에 이르게 된다는 애덤 스미스의 사상.

보호무역주의(Protectionism)
국가가 국제 무역을 제한하기 위해 수입품에 관세나 쿼터를 부과하는 경제 정책.

복점(Duopoly)
두 개의 기업이 전체 시장을 석권하는 상황.

부채(Debt)
채무자가 채권자에게 차입금을 상환하겠다는 약속.

불환 화폐(Fiat money)
금과 같은 실물 상품과 연계되지 않고, 그 사용자들의 확신에 의해 가치가 보장되는 종류의 화폐. 오늘날 세계의 주요 통화는 모두 불환 화폐다.

불황(Depression)
경제활동이 장기적으로 심각하게 저하되는 상태로, 생산량이 급감하고 실업률이 상승하며 신용이 경색된다.

브레턴우즈 체제(Bretton Woods system)
1945년에 세계의 주요 선진국들이 체결한 국제 환율 제도로, 달러화의 가치를 금과 연계시키고, 다른 통화의 가치를 달러화에 연결시켰다.

비교우위(Comparative advantage)
전체적인 효율성은 떨어지더라도, 한 나라가 다른 나라보다 비교적 더 효율적으로 제품을 생산할 수 있는 능력.

비대칭 정보(Asymmetric information)
정보의 비대칭성. 예를 들어 특정 제품에 대해 구매자와 판매자가 갖는 정보량은 서로 동일하지 않다.

사회적 시장경제(Social market)
제2차 세계대전 이후 독일에서 개발된 경제 모델로, 정부가 민간 기업을 장려하는 한편, 사회적 정의를 보장하기 위해 직접 경제에 개입하는 혼합경제 체제가 특징이다.

상품(Commodity)
시장에서 매매될 수 있는 모든 재화나 용역을 통칭하는 용어. 경제학에서는 대체로 동일한 품질을 유지하고 대량으로 구매 가능한 원재료를 지칭하는 경우가 많다.

생산요소(Factors of production)
재화나 용역의 생산 과정에 투입되는 자원으로 토지, 노동, 자본, 기업가 경영(enterprise)으로 분류된다.

세계화(Globalization)
자금, 상품, 사람이 국경을 넘어 자유롭게 이동하는 추세로, 재화, 노동, 자본 시장이 통합되면서 국가들의 경제적 상호 의존성이 더욱 높아지고 있다.

소비(Consumption)
구입한 재화나 용역의 가치. 정부는 각각의 구매 행위를 종합하여 국가 전체의 소비 관련 수치를 산출한다.

수요(Demand)
한 사람 또는 집단에서 구매할 의사와 능력이 있는 재화와 용역의 양.

수요곡선(Demand curve)
다양한 가격에 따라 구매되는 재화나 용역의 양을 나타내는 그래프.

스태그플레이션(Stagflation)
물가상승률과 실업률이 높고 경제성장률은 낮은 시기.

시장실패(Market failure)
시장이 사회적으로 자원 배분을 최적화하지 못하는 경우로, 경쟁의 결여(독점 등), 불완전한 정보, 원인 불명의 비용과 편익(외부효과), 사리 창출 가능성의 부족(공공재 등)에 기인한다.

시카고 학파(Chicago School)
미국 시카고 대학에 기반을 두고 열렬히 자유시장을 옹호하는 일군의 경제학자들로, 시장 자유화와 규제 철폐라는 이들의 이상은 1980년대에 경제학의 주류로 자리매김했다.

신고전주의 경제학(Neoclassical economics)
오늘날의 주류 경제학으로, 수요와 공급, 합리적인 개인에 기반을 두고, 주로 수학적 용어로 설명된다.

신용경색(Credit crunch)
금융권 내에서 신용의 이용 가능성이 급작스럽게 줄어드는 현상. 신용경색은 보통 신용이 쉽게 이용 가능하던 시기 이후에 발생한다.

실질가치(Real value)
실제 구매할 수 있는 재화나 용역의 양으로 측정한 가치.

약세장(Bear market)
주가나 다른 상품 가격이 하락세인 기간.

양적 완화(Quantitative easing)
중앙은행이 시중에 신규 자금을 직접 투입하는 정책.

역관계(Inverse relationship)
하나의 변수가 증가하면 다른 변수는 감소하는 상황.

예산(Budget)
계획된 모든 수입과 지출을 기록한 재정 계획서.

예산제약(Budget constraint)
주어진 예산으로 구매할 수 있는 재화와 용역의 한계.

오스트리아 학파(Austrian School)
19세기 후반에 카를 멩거가 창시한 경제학파로, 모든 경제활동을 개개인의 행동과 자유로운 선택에 맡기고, 어떠한 형태로든 정부가 경제에 간섭하는 데 반대한다.

완전경쟁(Perfect competition)
구매자와 판매자가 완전한 정보를 지니고, 동일한 제품을 생산하는 기업이 워낙 다양하여 어떠한 판매자도 단독으로 시장 가격에 영향을 미칠 수 없는 이상적인 경쟁 상태.

외부효과(Externality)
특정 행위와 직접적인 관련이 없는 개인에게 영향을 미치고 가격에는 반영되지 않는 모든 경제활동으로 인한 비용 또는 편익.

유동성(Liquidity)
어떤 자산으로 그 가치의 손실없이 다른 것을 구매할 수 있는 편이성. 현금은 그 가치에 영향을 미치지 않고 즉각적으로 재화나 용역을 구매하는 데 사용할 수 있으므로 가장 유동적인 자산이다.

유로존(Eurozone)
유럽연합에서 통화 동맹을 체결한 국가들. 이들은 모두 단일 화폐인 유로화를 사용하고, 유럽중앙은행(European Central Bank)에서 통화정책을 총괄한다.

이자율(Interest rate)
돈을 빌리는 대가. 차입 이자율은 보통 빌린 원금에 대해 추가로 상환해야 할 연간 이자의 비율로 표시된다.

인플레이션(Inflation)
경제 내에서 재화나 용역의 가격이 지속적으로 상승하는 상황.

자본(Capital)
수입을 창출하는 데 사용되는 자금과 (기계설비와 기반시설 등의) 물질적 자산. 토지, 노동, 기업가 경영과 더불어 경제활동의 핵심 요인이다.

자본주의(Capitalism)
생산수단이 사적으로 소유되고, 기업들이 제품을 팔아 수익을 창출하기 위해 경쟁하고, 근로자들이 노동을 제공하고 임금을 받는 경제 체제.

자유무역(Free trade)
관세나 쿼터 제한이 없는 재화와 용역의 수입과 수출.

자유방임주의(Laissez-faire)
'방임하라'는 의미의 프랑스어로, 정부 간섭에서 자유로운 시장을 묘사하는 데 사용되었다.

자유시장 경제(Free-market economy)
개인이나 기업이 수요와 공급에 기초하여 생산에 대한 결정을 내리고, 시장을 통해 가격이 결정되는 경제.

재정정책(Fiscal policy)
정부의 조세와 지출에 대한 계획.

재화(Goods)
소비자의 욕구나 요구를 충족시키는 것으로, 보통은 제품이나 원재료를 지칭한다.

적자(Deficit)
불균형 상태. 무역적자(trade deficit)란 수입이 수출보다 많은 경우이고, 정부 재정적자(government budget deficit)란 정부 지출이 세수를 초과하는 경우를 뜻한다.

절대우위(Absolute advantage)
한 나라가 다른 나라보다 더 효율적으로 제품을 생산할 수 있는 능력.

조세(Tax)
정부가 기업이나 개인에 부과하는 징수금. 조세 납부는 법적으로 강제되는 의무다.

종속 이론(Dependency theory)
자원이나 부가 후진국에서 선진국으로 흘러가기 때문에 저개발국이 발전할 수 없다는 이론.

주식(Shares)
기업에 대한 소유권의 단위로, 보통주(equities)라고도 불린다.

중상주의(Mercantilism)
16세기부터 18세기까지 서유럽 경제를 지배했던 경제 기조. 무역 흑자를 유지하기 위해 정부가 해외 무역을 통제하는 것이 중요하다고 강조했다.

중앙계획(Central planning)
중앙집권적인 정부가 경제를 통제하는 체제로, 재화의 생산과 분배에 대한 의사결정이 정부 위원회에서 이루어진다.

중앙은행(Central bank)
일국의 통화를 관리하고, 통화 공급을 조정하며, 금리를 결정하는 기관. 또 시중 은행에 대한 최후의 대출 기관 역할도 수행한다.

중앙통제경제(Command economy)
정부 등의 중앙 당국이 경제활동의 모든 국면을 통제하는 경제 체제. 계획경제라고도 불린다.

채권(Bond)
자금 조달에 사용되는 이자부 차입 방식. 채권이란 (정부나 기업 등의) 채권 발행자가 일정액을 빌리는 대가로, 향후 차입 원금에 확정금리의 이자를 얹어 상환하기로 합의하고 발행하는 채무 증권이다.

채무불이행(Default)
합의된 계약 조건에 따라 차입금을 상환하지 못하는 상태.

초인플레이션(Hyperinflation)
극심한 인플레이션이 나타나는 상황.

총계(Aggregate)
총량. 예를 들어 총수요(aggregate demand)는 한 경제 내의 재화와 용역에 대한 전체 수요를 의미한다.

카르텔(Cartel)
특정 제품의 생산량을 제한하여 가격을 상승시키기로 공모한 기업들의 집단.

카오스 이론(Chaos theory)
초기 조건의 작은 변화가 종국에는 엄청난 결과를 초래할 수 있음을 보여주는 수학의 한 분야.

케인스의 승수효과(Keynesian Multiplier)
경제에서 정부 지출이 증가하면 증가분의 수 배에 해당하는 소득이 창출된다는 이론.

케인스주의(Keynesianism)
정부 지출을 늘려 경제 침체기를 벗어나도록 촉구하는 존 메이너드 케인스의 사상에 기반을 둔 경제학파.

탄력성(Elasticity)
한 경제변수(수요 등)의 또 다른 변수(가격 등)에 대한 민감도. 제품의 가격은 탄력적이거나 비탄력적이다.

통화정책(Monetary policy)
정부가 경제를 부양하거나 둔화하기 위해 화폐 공급이나 금리를 조정하는 정책.

통화주의(Monetarism)
정부의 주된 역할은 통화 공급량을 통제하는 것이라고 주장하는 경제학파. 통화주의는 미국 경제학자 밀턴 프리드먼과 1970~1980년대의 미국 보수주의 정권과 관련이 깊다.

투자(Investment)
새로운 기계 도입이나 종업원 훈련 등 미래의 생산을 늘리기 위해 추가로 투입하는 자본.

파레토 효율성(Pareto efficiency)
어떤 사람의 후생을 감소시키지 않고서는 다른 사람의 후생을 증대시킬 수 없는 자원 배분 상태. 빌프레도 파레토(Vilfredo Pareto)의 이름을 딴 명칭이다.

파산(Bankruptcy)
특정 개인이나 기업이 채무를 변제할 능력이 없다는 법적인 선언.

필립스 곡선(Phillips curve)
물가상승률과 실업률 사이의 역(逆)의 상관관계를 나타내는 수학적 그래프.

한계비용(Marginal cost)
생산물 한 단위를 추가로 생산할 때 필요한 총비용의 증가분.

한계수확 체감(Diminishing marginal returns)
한 요소가 단위량만큼씩 증가할 때 그로 인한 수익 증가분이 연속적으로 줄어드는 상황.

한계효용(Marginal utility)
재화나 용역 한 단위를 추가로 소비할 때 얻어지는 총 효용 또는 만족의 증가분.

행동경제학(Behavioural economics)
심리적, 사회적 요인이 의사결정에 미치는 영향을 연구하는 경제학 분야.

혼합경제(Mixed economy)
생산수단의 일부는 정부가 소유하고 일부는 개인이 소유하는 식으로 계획경제와 시장경제가 절충된 형태의 경제. 엄밀히 말하자면 오늘날 거의 모든 경제가 혼합경제지만, 그 균형점은 저마다 크게 다를 수 있다.

환율(Exchange rate)
일국 통화와 타국 통화와의 교환 비율. 환율이란 다른 통화들로 환산한 한 통화의 가치를 말한다.

효용(Utility)
재화나 용역을 소비함으로써 얻어지는 만족 또는 행복을 측정하는 단위.

흑자(Surplus)
불균형 상태. 무역 흑자(trade surplus)란 수출이 수입보다 많은 경우이고, 정부 재정흑자(government budget surplus)란 세수가 정부 지출을 초과하는 경우를 뜻한다.

INDEX 색인

ACKNOWLEDGMENTS 자료출처

Dorling Kindersley would like to thank Niyati Gosain, Shipra Jain, Payal Rosalind Malik, Mahua Mandal, Anjana Nair, Pooja Pawwar, Anuj Sharma, Vidit Vashisht, and Shreya Anand Virmani for design assistance; and Lili Bryant for editorial assistance.

PICTURE CREDITS

The publisher would like to thank the following for their kind permission to reproduce their photographs:

(Key: a-above; b-below/bottom; c-centre; f-far; l-left; r-right; t-top)

20 **Getty Images:** Barcroft Media (bc). 23 **Alamy Images:** The Art Gallery Collection (tl). **Getty Images:** The Bridgeman Art Library (tr). 24 **Getty Images:** AFP (cr). 25 **Getty Images:** Nativestock / Marilyn Angel Wynn (br). 27 **Corbis:** Bettmann (tr). 28 **Dorling Kindersley:** Judith Miller / The Blue Pump (tr). **Getty Images:** John Moore (bl). 29 **Getty Images:** Jason Hawkes (br). 31 **Library Of Congress, Washington, D.C.:** (tr). 33 **Getty Images:** Universal Images Group / Leemage (tl). 35 **Getty Images:** AFP / Fred Dufour (tr). 37 **Alamy Images:** The Art Archive (bl). **Getty Images:** Hulton Archive (tr). 38 **Corbis:** Heritage Images (br). 42 **Corbis:** The Gallery Collection (tc). 43 *Tableau Économique*, 1759, François Quesnay (bl). 44 **Alamy Images:** The Art Gallery Collection (bl). 45 **Getty Images:** Hulton Archive (tr). 47 **Corbis:** Bettmann (tr); Hemis / Camille Moirenc (tl). 53 **Corbis:** Godong / Philippe Lissac (tr); John Henley (bl). 56 **The Art Archive:** London Museum / Sally Chappell (bl). **Corbis:** Johnér Images / Jonn (tr). 58 **Getty Images:** The Bridgeman Art Library (b). 60 **Corbis:** Robert Harding World Imagery / Neil Emmerson (bl). 61 **Corbis:** Justin Guariglia (tl). **Library Of Congress, Washington, D.C.:** (tr). 63 **Corbis:** Sebastian Rich (br). 65 **Corbis:** The Art Archive / Alfredo Dagli Orti (tr). **Dreamstime. com:** Georgios Kollidas (bl). 67 **Corbis:** Tim Pannell (tl). **Getty Images:** AFP (br). 68 **Getty Images:** Paula

Bronstein (bc). 69 **Corbis:** Bettmann (tr). 71 **Getty Images:** Bloomberg (tr). 73 **Getty Images:** Bloomberg (bl). **Library Of Congress, Washington Science & Society Picture Library** (bl). 97 **Corbis:** Bettmann (tl). **Getty Images:** Per-Anders Pettersson (br). 98 Flora's Mallewagen, c.1640, Hendrik Gerritsz. Pot (bc). 102 **akg-images:** German Historical Museum, Berlin (tr). 103 **Getty Images:** Science & Society Picture Library (bl). 104 **Corbis:** Michael Nicholson (tl). 105 **Corbis:** Bettmann (tr). **Getty Images:** CBS Photo Archive (bl). 110 **Alamy Images:** INTERFOTO (bl). 112 **Getty Images:** Yawar Nazir (bl). 113 **Getty Images:** AFP (tl). 115 Popular Science Monthly, volume 11, 1877 (tr). 117 **Corbis:** EPA / Abdullah Abir (tr); Imaginechina (tl). 120 **Alamy Images:** INTERFOTO (bl). **Dreamstime. com:** Ayindurdu (tr). 122 **Getty Images:** Jeff J. Mitchell (tr). 124 **Corbis:** Cultura / Frank and Helena (cr). 125 **Alamy Images:** INTERFOTO (tr). 129 **Getty Images:** Bloomberg (tr); Taxi / Ron Chapple (bl). 131 **Library Of Congress, Washington, D.C.:** (tr). 132 **Getty Images:** Photographer's Choice / Hans-Peter Merten (bc). 135 **Getty Images:** Bloomberg (tr); Hulton Archive (bl). 136 **Library Of Congress, Washington, D.C.:** (bc). 139 **Getty Images:** Hulton Archive (bl); SuperStock (tl). 141 **Corbis:** Viviane Moos (br). **Getty Images:** Hulton Archive (tl). 145 **Getty Images:** De Agostini Picture Library (tr). 147 **Corbis:** Bettmann (bl). **Courtesy of the Ludwig von Mises Institute, Auburn, Alabama, USA.** 149 **Corbis:** Bettmann (tr); Rolf Bruderer (bl). 156 **Getty Images:** Hulton Archive (cr). 157 **Getty Images:** Gamma-Keystone (tr). 159 **Corbis:** Bettmann (tr). 160 **Getty Images:** Ethan Miller (bl). 161 **Corbis:** Bettmann (tr); Ocean (tl). 163 **Corbis:** Paulo Fridman (cr). 165 **Corbis:** Xinhua Press / Xiao Yijiu (tc). 167 **Corbis:** Macduff Everton (bc). **Library Of Congress, Washington, D.C.:** (tr). 168 **Dreamstime. com:** Gina Sanders (bc). 169 **Corbis:** Dennis Degnan (br). 171 **Corbis:** Darrell Gulin (br). 175 **Corbis:** Reuters / Korea News Service (br). 177 **Corbis:** Hulton-Deutsch Collection (tr). **Getty Images:** Bloomberg (tl). 179 **Corbis:** Heritage Images (tr). **Getty Images:** AFP (bl).

181 **Getty Images:** The Agency Collection (bl); Hulton Archive / Express Newspapers (tr). 186 **Corbis:** Hulton-Deutsch Collection (bc). 187 **Corbis:** Reuters (br). 192 **Corbis:** Gideon Mendel (tl). 193 **Corbis:** Reuters / Carlos Hugo Vaca (br). **Getty Images:** Photographer's Choice / Wayne Eastep (bl). 195 **Getty Images:** AFP / Gabriel Duval (bl). 198 **Library Of Congress, Washington, D.C.:** U.S. Farm Security Administration / Office of War Information / Dorothea Lange (t). 199 **Corbis:** Bettmann (tr); Hulton-Deutsch Collection (tc). 201 **Corbis:** Reuters (tl). **Getty Images:** Brad Markel (br). 203 **Getty Images:** Dorothea Lange (cr). 205 **Getty Images:** The Agency Collection / John Giustina (bl); Archive Photos / Bachrach (tr). 207 **Getty Images:** Andreas Rentz (tc). University of Nebraska-Lincoln: (tr). 209 **Corbis:** Bettmann (bl); Stuart Westmorland (tl). 211 **Corbis:** Imaginechina (bc). **Getty Images:** AFP (tr). 213 **Getty Images:** Chris Hondros (bc). 215 **Getty Images:** The Bridgeman Art Library (tr). 217 **Corbis:** Blend Images / Sam Diephuis / John Lund (tr). 218 **Corbis:** Christophe Boisvieux (br). 219 **Corbis:** Nik Wheeler (tr). 223 **Corbis:** SIPA / Robert Wallis (tr). 225 **Corbis:** Sygma / Ira Wyman (bl). **Getty Images:** AFP / Frederic J. Brown (tr). 228 **Corbis:** The Gallery Collection (cr). 229 **Getty Images:** Science & Society Picture Library (br). 230 **Corbis:** EPA / Udo Weitz (br); Imaginechina (tl). 233 **Corbis:** Peter Turnley (tr). Courtesy Professor János Kornai. 236 **Dreamstime.com:** Artemisphoto (tr). 239 **Corbis:** Reuters (tr). **Digital Vision:** (bl). 240 **Corbis:** Lawrence Manning (bl). 241 **Corbis:** Tim Graham (tr). 243 **Corbis:** EPA / George Esiri (tl). 245 **Corbis:** Cultura / Colin Hawkins (tr). 246 **Getty Images:** Photolibrary / Peter Walton Photography (tl). 247 **Corbis:** EPA / Justin Lane (bl). 249 **Dreamstime. com:** Ivonne Wierink (t/Urn); Zoommer (t/Balls). 253 **Corbis:** George Hammerstein (tr). 254 **Corbis:** Sygma / Regis Bossu (tr). **Getty Images:** Bloomberg (bl). 257 **Getty Images:** AFP / Tony Karumba (tr); Jeff Christensen (bl). 263 **Corbis:** Robert Essel NYC (br). 264 **Getty Images:** Glow Images, Inc. (tl).

265 **Dreamstime.com:** Zagor (br). 267 **Dreamstime. com:** Digitalpress (br). 269 **Getty Images:** Paula Bronstein (tr). 271 **Corbis:** John Harper (tr). 273 **Getty Images:** Konstantin Zavrazhin (br). 275 **Corbis:** Big Cheese Photo (tr). **Getty Images:** Dan Krauss (bl). 277 **Corbis:** Reuters / Wolfgang Rattay (bl). **Getty Images:** Lisa Maree Williams (tl). 278 **Corbis:** Frans Lanting (bc). 279 **Corbis:** Louis K. Meisel Gallery, Inc. (br). 281 **Corbis:** Ocean (cr). 285 **Corbis:** Bettmann (tl). **Dreamstime.com:** Leung Cho Pan (br). 286 **Corbis:** Justin Guariglia (tl). 287 **Corbis:** Topic Photo Agency (br); Xinhua Press / Xu Yu (bl). 291 **Corbis:** Reuters / Philimon Bulawayo (tr). 293 **Corbis:** Xinhua Press / Guo Lei (br). 295 **Corbis:** Hemis / René Mattes (br). 298 **Corbis:** Bettmann (tr).

300 **Getty Images:** The Image Bank / Stewart Cohen (bc). 301 **Corbis:** Reuters / Shannon Stapleton (tr). 302 **Corbis:** Bettmann (bc). 304 **Corbis:** Images.com (cr). 305 **Corbis:** EPA / Mondelo (br). 307 **Getty Images:** UpperCut Images / Ferguson & Katzman Photography (tl). 309 **Corbis:** Eye Ubiquitous / David Cumming (br). **Getty Images:** Helifilms Australia (tl). 311 **Getty Images:** Stone / Bruce Ayres (tl). 313 **Corbis:** Roger Ressmeyer (bc). 315 **Corbis:** EPA / Kim Ludbrook (cr). **Getty Images:** WireImage / Steven A. Henry (bl). 320 **Library Of Congress, Washington, D.C.:** George Grantham Bain Collection (tl). 321 **Corbis:** Bettmann (tc). 323 **Getty Images:** Archive Photos / Arthur Siegel (tc). 325 **Getty Images:** Mark Wilson (tr). 327 **Corbis:** Robert

Harding World Imagery / Duncan Maxwell (cr). **Getty Images:** Bloomberg (bl). 329 **Getty Images:** AFP / Issouf Sanogo (tr). 330 **Getty Images:** Stone / Ryan McVay (cr). 331 **Corbis:** Star Ledger / Mark Dye (br)

All other images © Dorling Kindersley.

For more information see
www.dkimages.co.uk